GRUNDRISSE DES RECHTS

Ulrich Eisenhardt · Gesellschaftsrecht

Gesellschaftsrecht

von

Dr. iur. Dr. iur. h.c. Ulrich Eisenhardt

em. o. Professor
an der Fernuniversität Hagen

13., ergänzte und überarbeitete Auflage

Verlag C. H. Beck München 2007

Verlag C. H. Beck im Internet:
beck.de

ISBN 978 3 406 55628 9

Wilhelmstraße 9, 80801 München
Druck und Bindung: Nomos Verlagsgesellschaft
In den Lissen 12, 76547 Sinzheim

Satz: Druckerei C. H. Beck Nördlingen

Gedruckt auf säurefreiem, alterungsbeständigem Papier
(hergestellt aus chlorfrei gebleichtem Zellstoff)

Vorwort

Das Buch soll die Aufgabe erfüllen, den Studierenden den wesentlichen Stoff des Gesellschaftsrechts zu vermitteln. Dazu gehört auch, daß der Leser mit den aktuellen Problemen und neueren Entwicklungen des Gesellschaftsrechts vertraut gemacht wird.

In der 13. Auflage ist das Buch wiederum ergänzt und überarbeitet worden. Neue gesetzliche Regelungen und neue Entwicklungen in der Rechtsprechung haben Änderungen und Ergänzungen sowohl im Personen- als auch im Kapitalgesellschaftsrecht erforderlich gemacht. Aufgrund der Entwicklung des europäischen Rechts hat die englische Limited (private company limited by shares) auch in Deutschland immer mehr an Bedeutung gewonnen. Ich habe deshalb im Anschluss an die Darstellung des deutschen GmbH-Rechts ein Kapitel über diese Gesellschaftsform eingefügt. Für die Erarbeitung dieses Kapitels habe ich Herrn Dr. J. Hofmeister zu danken.

Hagen, im Juni 2007 *Ulrich Eisenhardt*

Inhaltsverzeichnis

3. Kapitel. Der eingetragene Verein

7. Kapitel. Die Kommanditgesellschaft

8. Kapitel. Die stille Gesellschaft

9. Kapitel. Die Aktiengesellschaft

14. Kapitel. Verbundene Unternehmen

Abkürzungsverzeichnis

einschließlich der abgekürzt zitierten Literarur

a. A.	anderer Ansicht
a. a. O.	am angegebenen Ort
Abs.	Absatz
AcP	Archiv für die zivilistische Praxis
ADHGB	Allgemeines Deutsches Handelsgesetzbuch
a. F.	alte Fassung
AG	Aktiengesellschaft
AG	Die Aktiengesellschaft (Zeitschrift)
AktG	Aktiengesetz
Anm.	Anmerkung
ArbeitsgerichtsG	Arbeitsgerichtsgesetz
BAG	Bundesarbeitsgericht
BayObLG	Bayerisches Oberstes Landesgericht
BB	Der Betriebsberater
BetrVG	Betriebsverfassungsgesetz
BFH	Bundesfinanzhof
BGB	Bürgerliches Gesetzbuch
BGH	Bundesgerichtshof
BGHLM	Nachschlagewerk des Bundesgerichtshofs, hrsg. von Lindenmaier-Möhring
BGHZ	Entscheidungen des Bundesgerichtshofs in Zivilsachen
BiRiLiG	Bilanzrichtlinien-Gesetz vom 19. 12. 1985
BRAO	Bundesrechtsanwaltsordnung
BVerfG	Bundesverfassungsgericht
BVerfGE	Entscheidungen des Bundesverfassungsgerichts
BVerwG	Bundesverwaltungsgericht
DB	Der Betrieb
d. h.	das heißt
Diss.	Dissertation
DFB	Deutscher Fußballbund
DNotZ	Deutsche Notar-Zeitschrift
DStR	Deutsches Steuerrecht (Zeitschrift)
Eder	Eder, Berg, Tillmann, Gaul, Handbuch der GmbH
EGV	Vertrag zur Gliederung der Europäischen Gemeinschaft vom 25. 3. 1957
EinkStG	Einkommensteuergesetz
Ennecerus-Nipperdey	Allgemeiner Teil des Bürgerlichen Rechts, 15. Aufl., Band I.1, 1959; Band I.2, 1960

ErbStG	Erbschaftsteuergesetz
EuInsVO	Europäische Verordnung über Insolvenzverfahren
EWIV	Europäische wirtschaftliche Interessenvereinigung
FGG	Gesetz über die Angelegenheiten der freiwilligen Gerichtsbarkeit
Fn.	Fußnote
FS Bärmann	Festschrift für Johannes Bärmann zum 70. Geburtstag, hrsg. v. Marcus Lutter, Helmut Kollhosser und Winfried Trusen, 1975
FS Ballerstedt	Beiträge zum Zivil- und Wirtschaftsrecht: Festschrift für Kurt Ballerstedt zum 70. Geburtstag am 24. Dezember 1975, hrsg. v. Werner Flume, 1975
FS Barz	Festschrift für Carl Hans Barz zum 65. Geburtstag am 6. Dezember 1974, hrsg. v. Robert Fischer, 1974
FS Böhm	Festschrift zum 70. Geburtstag von Franz Böhm am 16. Februar 1965, hrsg. v. Helmut Coing, 1965
FS Bötticher	Festschrift für Eduard Bötticher zum 70. Geburtstag, 29. 12. 1969, hrsg. v. Karl-August Bettermann u. a. 1969
FS K. Duden	Festschrift für Konrad Duden zum 70. Geburtstag, hrsg. v. Hans-Martin Pawlowski, 1977
FS Geßler	Festschrift für Ernst Geßler zum 65. Geburtstag am 5. März 1970. Hrsg. v. Kurt Ballerstedt und Wolfgang Hefermehl, 1971
FSHadding	Festschrift für Walter Hadding zum 70. Geburtstag am 8. Mai 2004, hrsg. v. V. F. Häuser u. a., 2004
FS Hefermehl	Festschrift für Wolfgang Hefermehl zum 70. Geburtstag am 18. September 1976, hrsg. v. Robert Fischer, Ernst Geßler u. a. 1976
FS Kellermann	Festschrift für Alfred Kellermann zum 70. Geburtstag am 29. November 1990, hrsg. v. Reinhard Goerdeler u. a. 1990
FS Knur	Festschrift für Alexander Knur, hrsg. v. Werner Flume und Richard Hamm, 1972
FS Lukes	Festschrift für Rudolf Lukes zum 65. Geburstag, hrsg. v. Herbert Lessmann, 1989
FS Nipperdey	Festschrift für Hans Carl Nipperdey zum 70. Geburtstag, 21. Januar 1965, hrsg. v. Rolf Dietz und Heinz Hübner, 1965
FS Pfeiffer	Strafrecht, Unternehmensrecht, Anwaltsrecht. Festschrift für Gerd Pfeiffer zum Abschied aus dem Amt als Präsident des Bundesgerichtshofes. Hrsg. v. Otto Friedrich Freiherr vom Gamm, Peter Raisch und Klaus Tiedemann, 1988

FS Quack	Festschrift für Karlheinz Quack zum 65. Geburtstag am 3. Januar 1991, hrsg. v. Harm Peter Westermann u. a., 1991
FS Reinhardt	Festschrift für Rudolf Reinhardt zum 70. Geburtstag, 7. Juni 1972, hrsg. v. Klemens Pleyer u. a., 1972
FS Schilling	Festschrift für Wolfgang Schilling zum 65. Geburtstag am 5. Juni 1973, hrsg. v. Robert Fischer und Wolfgang Hefermehl, 1973
FS Reimer Schmidt	Festschrift für Reimer Schmidt, hrsg, v. Fritz Reichert-Facilides, 1976
FS Walter Schmidt	Festschrift für Walter Schmidt zum 70. Geburtstag am 18. Dezember 1959, hrsg. v. Benvenuto Samson, 1959
FS Westermann	Festschrift für Harry Westermann zum 65. Geburtstag, hrsg. v. Wolfgang Hefermehl u. a., 1974
GBO	Grundbuchordnung
GebrMG	Gebrauchsmustergesetz vom 28. 8. 1986
GenG	Gesetz betreffend die Erwerbs- und Wirtschaftsgenossenschaften
GG	Grundgesetz für die Bundesrepublik Deutschland
GmbH	Gesellschaft mit beschränkter Haftung
GmbHG	Gesetz betreffend die Gesellschaften mit beschränkter Haftung
GmbH-Rdsch.	GmbH-Rundschau
GS	Gedächtnisschrift
GWB	Gesetz gegen Wettbewerbsbeschränkungen (Kartellgesetz)
HGB	Handelgesetzbuch
HS.	Halbsatz
i. E.	im Ergebnis
i. V. m.	in Verbindung mit
InsO	Insolvenzordnung vom 5. 10. 1994
JR	Juristische Rundschau
JuS	Juristische Schulung
JW	Juristische Wochenschrift
JZ	Juristenzeitung
KG	Kommanditgesellschaft, Kammergericht
KGaA	Kommanditgesellschaft auf Aktien
KStG 1977	Körperschaftsteuergesetz 1977
KündigungsschutzG	Kündigungsschutzgesetz
LG	Landgericht
MDR	Monatsschrift für Deutsches Recht
MBG	Mitbestimmungsgesetz
NaStraG	Gesetz zur Namensaktie und zur Erleichterung der Stimmrechtsausübung

n. F.	neue Fassung
NJW	Neue Juristische Wochenschrift
OHG	Offene Handelsgesellschaft
OLG	Oberlandesgericht
OLGE	Entscheidungssammlung der Oberlandesgerichte
OLGZ	Entscheidungen der Oberlandesgerichte in Zivilsachen
PartGG	Gesetz über Partnerschaftsgesellschaften Angehöriger Freier Berufe vom 27. 7. 1984
PatAO	Patenanwaltsordnung
PatG	Patentgesetz vom 16. 12. 1980
RAG	Reichsarbeitsgericht
Rn.	Randnummer
RG	Reichsgericht
RGZ	amtliche Entscheidungssammlung des RG in Zivilsachen
s.	section
S.	Seite, Satz
SE	Societas Europaea
Soergel/(Bearbeiter)	Soergel-Sieber, Kommentar zum BGB, 13. Aufl. ab 1995
SprAuG	Sprecherausschussgesetz vom 20. 12. 1988
StBerG	Steuerberatungsgesetz
StGB	Strafgesetzbuch
StiftG NW	Stiftungsgesetz für das Land Nordrhein-Westfalen
UBGG	Gesetz über Unternehmensbeteiligungsgesellschaften
UMAG	Gesetz für Unternehmensintegrität und Modernisierung des Anfechtungsrechts
UmwG	Umwandlungsgesetz
UmwStG	Umwandlungssteuergesetz
UWG	Gesetz gegen den unlauteren Wettbewerb
VStG	Vermögensteuergesetz
Vorbem.	Vorbemerkung
WEG	Wohnungseigentumsgesetz
WM	Wertpapier-Mitteilungen
WpHG	Wertpapierhandelsgesetz vom 9. 9. 1998
WPo	Wirtschaftsprüferordnung
WpÜG	Wertpapiererwerbs- und Übernahmegesetz vom 20. 12. 2001
Wolff	Wolff, H. J.: Verwaltungsrecht, Bd. II., 5. Aufl. 1987
ZfA	Zeitschrift für Arbeitsrecht
ZGR	Zeitschrift für Unternehmens- und Gesellschaftsrecht
ZHR	Zeitschrift für das gesamte Handels- und Wirtschaftsrecht

Ziff.	Ziffer
ZIP	Zeitschrift für Wirtschaftsrecht
zit.	zitiert
ZPO	Zivilprozessordnung
ZRP	Zeitschrift für Rechtspolitik
z. T.	zum Teil

Literaturhinweise

I. Lehr- und Lernbücher

Canaris, Claus-Wilhelm: Handelrecht, 24. Aufl. 2006
Emmerich/Habersack: Konzernrecht, 8. Aufl. 2005
Flume, Werner: Allgemeiner Teil des Bürgerlichen Rechts I/1, Die Personengesellschaft, 1977
Flume, Werner: Allgemeiner Teil des Bürgerlichen Rechts I/2, Die juristische Person, 1983
Grunewald, Barbara: Gesellschaftsrecht, 6. Aufl. 2005
Hadding/Hennrichs: Die HGB-Klausur, 3. Aufl. 2003
Hopt/Hehl/Vollrath: Handels- und Gesellschaftsrecht Bd. II, 4. Aufl. 1996
Hueck, Alfred: Das Recht der OHG, 4. Aufl. 1971
Hueck/Windbichler: Gesellschaftsrecht, 20. Aufl. 2003
Hüffer, Uwe: Gesellschaftsrecht, 6. Aufl. 2003
Kindler, Peter: Grundkurs Handels- und Gesellschaftsrecht, 2. Aufl. 2007
Klunzinger, Eugen: Grundzüge des Gesellschaftsrechts, 14. Aufl. 2005
Kraft, Alfons/Kreutz, Peter: Gesellschaftsrecht, 12. Aufl. 2004
Kübler, Friedrich/Assmann, Heinz-Dieter: Gesellschaftsrecht, 6. Aufl. 2006
Raisch, Peter: Unternehmensrecht, 2 Bde, 1973 und 1974
Raiser, Thomas/Veil, Rüdiger: Recht der Kapitalgesellschaften, 4. Aufl. 2006
Roth, Günther H.: Handels- und Gesellschaftsrecht, 6. Aufl. 2001
Schmidt, Karsten: Gesellschaftsrecht, 4. Aufl. 2002
Schmidt, Karsten: Handelsrecht, 5. Aufl. 1999
Timm, Wolfram/Schöne, Torsten: Fälle zum Handels- und Gesellschaftsrecht, 6. Aufl. 2006
Wiedemann, Herbert: Gesellschaftsrecht, Bd. 1, Grundlagen, 1980

II. Kommentare und Handbücher

Aktiengesetz. Großkommentar, 4. Aufl. ab 1992
Baumbach/Hopt, Handelsgesetzbuch, Kommentar, 32. Aufl. 2006
Baumbach/Hueck, GmbH-Gesetz, Kommentar, 17. Aufl. 2006
Beuthien, Volker, Genossenschaftsgesetz, Kommentar, 14. Aufl. 2004
Ebenroth/Boujong/Joost, Handelsgesetzbuch, Kommentar, 2002
Fitting/Wlotzke/Wißmann, Mitbestimmungsgesetz mit Wahlordnungen, Kommentar, 3. Aufl. 1997
Geßler/Hefermehl, Eckardt/Kropf Aktiengesetz, Kommentar, seit 1973
Hachenburg, Max, Gesetz betreffend die Gesellschaften mit beschränkter Haftung, Kommentar, 8. Aufl. seit 1992
Henn, Günter, Handbuch des Aktienrechts, 7. Aufl. 2002
Henssler, Martin, Partnerschaftsgesellschaftsgesetz, Kommentar, 1997
Hüffer, Uwe, Aktiengesetz, Kommentar, 6. Aufl. 2004

Kölner Kommentar zum Aktiengesetz, 2. Aufl. seit 1986; 3. Aufl. seit 2004
Koller/Roth/Morck, Handelsgesetzbuch, Kommentar, 5. Aufl. 2005
Lutter/Hommelhoff, GmbH-Gesetz, Kommentar, 16. Aufl. 2004
Meyer/Meulenbergh/Beuthien: Genossenschaftsgesetz, Kommentar, 13. Aufl. 1993
Münchener Kommentar zum Aktiengesetz, 2. Aufl. seit 2000
Münchener Kommentar zum Bürgerlichen Gesetzbuch, 4. Aufl. seit 2001
Münchener Kommentar zum Handelsgesetzbuch, seit 1996
Münchener Handbuch des Gesellschaftsrechts, seit 1991
Palandt, Otto, Bürgerliches Gesetzbuch, 65. Aufl. 2005
Roth/Altmeppen, Gesetz betreffend die Gesellschaften mit beschränkter Haftung, Kommentar, 4. Aufl. 2003
Rowedder/Schmidt-Leithoff, Gesetz betreffend die Gesellschaft mit beschränkter Haftung, Kommentar, 4. Aufl. 2002
Scholz, Franz, Kommentar zum GmbH-Gesetz, 9. Aufl. 2000/2002
Staub, Herrmann, Großkommentar zum Handelsgesetzbuch, 4. Aufl. seit 1983

1. Kapitel. Grundlagen und Grundbegriffe des Gesellschaftsrechts

§ 1. Das Gesellschaftsrecht und seine Bedeutung für die Rechts- und Wirtschaftsordnung der Bundesrepublik Deutschland

Literatur: *Ballerstedt,* Was ist Unternehmensrecht? FS Duden, S. 15 ff.; *M. Habersack,* Europäisches Gesellschaftsrecht, 1999; *von Halen,* Das internationale Gesellschaftsrecht nach dem Überseering-Urteil des EuGH, WM 2003, 571 ff.; *ders.*, Europäisches Gesellschaftsrecht und deutsche Unternehmensverfassung – Aktionsplan und Interdependenzen, ZIP 2005, 461 ff.; *M. Herdegen,* Internationales Wirtschaftsrecht, 6. Aufl. 2007, § 15; *K.J. Hopt,* Europäisches Gesellschaftsrecht – Krise und neue Anläufe, ZIP 1998, 96 ff.; *P. Jung,* Individualschutz durch Wirtschaftsgrundrechte im Gesellschaftsrecht, JZ 2001, 1004 ff.; *Th. Raiser,* Das Unternehmen in der verfassungsrechtlichen Ordnung der Bundesrepublik nach dem Mitbestimmungsurteil des Bundesverfassungsgerichts, JZ 1979, 489 ff.; *V. Röhricht,* Insolvenzrechtliche Aspekte im Gesellschaftsrecht, ZIP 2005, 505 ff.; *D. Schneeloch,* Rechtsformwahl und Rechtsformwechsel mittelständischer Unternehmen, 2. Aufl. 2006.

I. Der Begriff Gesellschaftsrecht

In der Bundesrepublik Deutschland wird ein großer Teil der wirtschaftlichen Aktivitäten von Personenvereinigungen unternommen, die als Gesellschaften bezeichnet werden. Das Wort Gesellschaft wird allgemein, aber auch in der Rechtssprache unterschiedlich verwandt. Hier wird Gesellschaft als Oberbegriff für alle unten aufgeführten privatrechtlichen Personenvereinigungen verstanden. 1

Viele wichtige Industrieprodukte, wie z.B. Flugzeuge, Computer, Automobile und Kraftwerke, können nur von Organisationen erzeugt werden, die Tausende von Mitarbeitern beschäftigen. Aber auch für weniger schwierige Aufgaben erweist sich die Bildung von privaten Organisationen als sinnvoll und notwendig, weil auf diese Weise persönliche und finanzielle Ressourcen vieler Personen für die Verfolgung gemeinsamer Zwecke dienstbar gemacht werden können, was ohne eine Organisation dieser Art nicht er-reichbar wäre. Das wirtschaftliche Leben in der Bundesrepublik Deutschland wird deshalb entscheidend von privaten Organisationen, den Gesellschaften, geprägt. Mit den Regelungen über diese privaten Organisationen befasst sich das Gesellschaftsrecht.

2 Das Gesellschaftsrecht ist ein wichtiges Teilgebiet des Privatrechts. Es enthält u. a. Regelungen über die

- zulässigen Organisationsformen von Gesellschaften,
- Gründung und Beendigung der Gesellschaften,
- zulässige innere Struktur, insbesondere über die Willensbildung und das Verhältnis der Gesellschafter untereinander, sowie
- privatrechtlichen Beziehungen der Gesellschaft zu außenstehenden Dritten, insbesondere die Haftung und die Vertretungsmacht der Gesellschafter.

Beispiele: Die Frage, wie eine Gesellschaft gegründet werden und welchen inneren Aufbau sie haben kann, ist im Gesellschaftsrecht geregelt. Ebenso bestimmt das Gesellschaftsrecht, wer für die Verbindlichkeiten einer Gesellschaft haftet und wer für die Gesellschaft rechtsverbindlich handeln kann.

K. Schmidt (Gesellschaftsrecht, § 1 I 1) definiert das Gesellschaftsrecht als das Recht der privatrechtlichen Zweckverbände und der kooperativen Vertragsverhältnisse. Das Gesellschaftsrecht ist jedenfalls Schuldrecht und in weitem Umfange auch Verbandsrecht (vgl. dazu und zum Verbandsbegriff *K. Schmidt,* Gesellschaftsrecht, § 7 I).

Das Gesellschaftsrecht bildet einen Kernbereich des *Unternehmensrechts,* des Teils der Privatrechtsordnung also, der durch einzelwirtschaftliche, sozialpolitische und gesamtwirtschaftliche Aspekte geprägt wird (*Ballerstedt,* FS Duden, S. 15, 28).

II. Das Gesellschaftsrecht und seine Stellung zu anderen Rechtsgebieten

3 Das Gesellschaftsrecht ist nicht nur in einem Gesetz geregelt. Gesellschaftsrechtliche Vorschriften finden sich u. a. im BGB, im HGB und in einer Reihe von Spezialgesetzen, wie z. B. dem Aktiengesetz, dem GmbH-Gesetz, dem Partnerschaftsgesellschaftsgesetz, dem Genossenschaftsgesetz, dem Mitbestimmungsgesetz und dem Umwandlungsgesetz.

Die allgemeinen Regeln des bürgerlichen Rechts, wie z. B. diejenigen über die Geschäftsfähigkeit, die Willenserklärungen und die Auslegung, gelten auch für das Gesellschaftsrecht.

Beispiel: Die Kündigung eines Gesellschafters einer offenen Handelsgesellschaft führt zu dessen Ausscheiden aus der Gesellschaft und richtet sich nach §§ 132, 131 Abs. 3 Nr. 3 HGB i.V.m. dem Gesellschaftsvertrag, den die Gesellschafter der offenen Handelsgesellschaft abgeschlossen haben. Ob eine Erklärung, mit der ein Gesellschafter einer offenen Handelsgesellschaft die Gesellschaft im Wege der Kündigung auflösen möchte, zugegangen und damit wirksam geworden ist, richtet sich nach §§ 130ff. BGB.

Enge Verbindungen bestehen heute insbesondere zwischen dem Gesellschaftsrecht und dem Steuerrecht. Steuerrechtliche Aspekte beeinflussen sehr häufig die Wahl der Gesellschaftsform. Das Steuerrecht ist gegenüber den einzelnen Gesellschaftsformen nicht neutral. Deshalb spielen steuerrechtliche Überlegungen bei der Rechtsformwahl und einem etwaigen Rechtsformwechsel eine bedeutende Rolle (Siehe zu alledem *D. Schneeloch*, insb. S. 95ff.). 4

Wichtige Vorschriften über die innere Organisation von Gesellschaften finden sich im Mitbestimmungsgesetz und im Betriebsverfassungsgesetz, einem Teil des Rechts, der dem Arbeitsrecht zugeordnet ist.

Eng verbunden ist dem Gesellschaftsrecht das Kapitalmarktrecht, das dem Anlegerschutz und der Funktionsfähigkeit der Kapitelmärkte dient. Da die Aktiengesellschaft diejenige Gesellschaftsform ist, die dafür geschaffen ist, am Markt Kapitel zu sammeln, enthält das Aktienrecht einen Teil der kapitalmarktrechtlichen Regelungen. Wichtige Gesetze mit kapitalmarktrechtlichen Regelungstatbeständen sind darüber hinaus das Wertpapierhandelsgesetz (WpHG) von 1994 und das Gesetz zur Regelung von öffentlichen Angeboten zum Erwerb von Wertpapieren und von Unternehmensübernahmen (WpÜG) von 2001. Beide Gesetze enthalten Reglungen betreffend die Pflichten von Organmitgliedern im Interesse des Anlegerschutzes.

Gesellschaftsrechtlichen und kapitalmarktrechtlichen Bedürfnissen dient das Bilanzrecht, das im Wesentlichen im 3. Buch des HGB verankert ist. Darin hat das bisher umfangreichste Vorhaben der Europäischen Gemeinschaft zur Harmonisierung des Gesellschaftsrechts seinen Niederschlag gefunden, mit dem es gelungen ist, das gesamte Bilanzrecht für die Kapitalgesellschaften in ihren unterschiedlichen Ausprägungen und die Genossenschaft unter Einbeziehung der wichtigsten Grundsätze ordnungsmäßiger Buchführung für die Personenhandelsgesellschaften an das Recht innerhalb der Europäischen Gemeinschaft anzugleichen. 4a

Dem Gesellschaftsrecht ebenfalls eng verbunden ist das Kartell und Wettbewerbsrecht. Darunter ist in erster Linie das Recht gegen Wettbewerbsbeschränkungen zu verstehen, das die Bekämpfung von Beschränkungen des Wettbewerbs durch Wettbewerber zum Gegenstand hat. Es geht u.a. um die Fusionskontrolle, also um die wettbewerbsrechtliche Kontrolle von Zusammenschlüssen, die der Aufrechterhaltung eines funktionierenden Marktes dienen soll.

4b Enge Bezüge gibt es auch zwischen Gesellschaftsrecht und dem in der Insolvenzordnung geregelten Insolvenzrecht. Eine der Aufgaben des Insolvenzrechts besteht darin, die Marktteilnahme von Gesellschaften zu unterbinden, die ihren Verpflichtungen nicht mehr nachkommen können und deshalb eine Gefahr für den Rechtsverkehr darstellen (vgl. *V. Röhricht*, ZIP 2005, 505, 506).

Die Gründe, die zur Eröffnung eines Insolvenzverfahrens über das Vermögen einer Gesellschaft oder eines Gesellschafters führen, ergeben sich aus der Insolvenzordnung. Es sind dies Zahlungsunfähigkeit (§ 17 InsO) und bei juristischen Personen auch die Überschuldung (§ 19 InsO). Die Folgen, welche die Eröffnung des Insolvenzverfahrens auf eine bestehende Gesellschaft haben, ergeben sich aus dem Gesellschaftsrecht. Wird z.B. über das Vermögen einer Gesellschaft bürgerlichen Rechts das Insolvenzverfahren eröffnet, so führt das gemäß § 728 Abs. 1 BGB zur Auflösung der Gesellschaft; gleiches gilt für andere Gesellschaftsformen (z.B. nach § 262 Abs. 1 Nr. 3 AktG für die Aktiengesellschaft). Auch durch die Eröffnung des Insolvenzverfahrens über das Vermögen eines einzelnen Gesellschafters wird die BGB-Gesellschaft aufgelöst (§ 728 Abs. 2 BGB); bei der OHG und der KG führt die Gesellschafterinsolvenz lediglich zum Ausscheiden des Gesellschafters, während die Gesellschaft selbst bestehen bleibt (§ 131 Abs. 3 Nr. 2 HGB). Die Eröffnung des Insolvenzverfahrens über das Vermögen einer Gesellschaft kann auch haftungsrechtliche Folgen haben. So kann z.B. bei einer Gesellschaft ohne Rechtspersönlichkeit, wie z.B. der OHG, die persönliche Haftung eines Gesellschafters für Verbindlichkeiten der Gesellschaft (z.B. § 128 HGB) nach der Eröffnung des Insolvenzverfahrens nur noch vom Insolvenzverwalter geltend gemacht werden (§ 93 InsO).

Darüber hinaus stellt das Insolvenzrecht eine rechtliches Instrumentarium gegen Handlungen zur Verfügung, welche die Vermögensmasse eines Schuldners, die zur Befriedigung der Gläubiger in einem geordneten Verteilungsverfahren zur Verfügung stehen soll, im Vorfeld der Insolvenzeröffnung schmälern. In diesem Zusammenhang weisen die Kapitalschutzvorschriften des

Gesellschaftsrechts einen erheblichen Bezug zum Insolvenzrecht auf (vgl. *V. Röhricht*, ZIP 2005, 505 ff.).

Allenfalls gesellschaftsrechtliche Bezüge hat das am 1. Januar 5
1987 in Kraft getretene und zum 1. April 1998 geänderte Gesetz über Unternehmensbeteiligungsgesellschaften (UBGG), mit dem den nicht börsennotierten mittelständischen Unternehmen der indirekte Zugang zum Kapitalmarkt eröffnet und damit ihre Außenfinanzierungsmöglichkeit verbessert werden soll. Das UBGG schafft den zur Verwirklichung dieser Ziele notwendigen Organisationsrahmen. Danach sind Unternehmensbeteiligungsgesellschaften in den Rechtsformen der AG, GmbH, KGaA und der KG zulässig (§ 2 UBGG). Wegen der weiteren Einzelheiten wird auf Rn. 470 ff. verwiesen.

III. Gesellschaftsrecht und Wirtschaftsordnung

Das Gesellschaftsrecht ist ein wichtiger Bestandteil der Wirt- 6
schaftsordnung der Bundesrepublik Deutschland. Das deutsche Gesellschaftsrecht gewährt zusammen mit der Berufs- und Gewerbefreiheit jeder Person das Recht, sich mit anderen Personen zur Verfolgung wirtschaftlicher Ziele zu Organisationen zusammenzuschließen sowie andere Personen in abhängiger Arbeit zu beschäftigen. Dieses Recht ist ein entscheidendes Strukturmerkmal der Wirtschaftsordnung. In der Bundesrepublik Deutschland können also grundsätzlich alle Personen frei entscheiden, ob sie sich zusammenschließen wollen und mit welchen Mitteln sie das zu welchem Zweck und in welcher Rechtsform tun wollen.

Als systemgebundenes Recht ist das Gesellschaftsrecht zwi- 7
schen unterschiedlichen Gesellschafts- und Wirtschaftsordnungen nicht frei austauschbar. Dort, wo – wie z. B. ehemals in den Staaten des sog. Ostblocks – das private Eigentum an den Produktionsmitteln im Sinne von Verfügungs- und Nutzungsfreiheit sowie die Vertragsfreiheit und darauf basierend die private Wirtschaftsinitiative nicht zu den Essentialien der Rechts- und Wirtschaftsordnung gehören, ist das Gesellschaftsrecht der Bundesrepublik Deutschland nicht denkbar.

Die Grundentscheidungen für die Rechts- und damit auch die 8
Wirtschaftsordnung in der Bundesrepublik Deutschland sind in der Verfassung, dem Grundgesetz, niedergelegt. Das Grundgesetz ordnet das Staatswesen Bundesrepublik Deutschland als Repub-

lik, Demokratie, sozialen Rechtsstaat und Bundesstaat. Es enthält auch eine Reihe von Normen, die das Wirtschaftsleben entscheidend prägen. Als Beispiele seien die Garantie des Privateigentums (Art. 14 Abs. 1 GG), die Sozialbindung des Eigentums (Art. 14 Abs. 2 GG), die Vereinigungsfreiheit (Art. 9 GG) und die Berufsfreiheit (Art. 12 GG) genannt. In der Frage, ob und inwieweit das Grundgesetz wirtschaftspolitische Festlegungen getroffen hat, herrscht weitgehende Übereinstimmung. Das Grundgesetz lässt die Frage nach der Wirtschaftsordnung bewusst offen, um der freien Auseinandersetzung und Gestaltung Raum zu lassen (vgl. *Hesse,* Grundzüge des Verfassungsrechts der Bundesrepublik Deutschland, 20. Aufl., Nachdruck 1999, § 1 III 2a; *BVerfGE* 50, 290, 336ff.; *Raiser,* JZ 1979, 489). Es ist dem Gesetzgeber überlassen, die ihm jeweils sachgemäß erscheinende Wirtschaftspolitik zu verfolgen, sofern er die konkreten Verfassungsrechtssätze beachtet, von denen einige oben genannt sind. Auch die heute praktizierte Marktwirtschaft ist als solche verfassungsrechtlich nicht verankert (vgl. *Raiser,* JZ 1979, 489). Einigkeit herrscht allerdings darüber, dass die Grundrechte eine totale Planwirtschaft nicht zulassen. Insgesamt gesehen genießt der Gesetzgeber also einen beträchtlichen Spielraum, um eine aus verschiedenartigen Komponenten zusammengesetzte gemischte Wirtschaftsordnung zu realisieren (vgl. *Raiser,* JZ 1979, 489). Der vom Grundgesetz geschaffene Gestaltungsraum wird u.a. durch das Gesellschaftsrecht ausgefüllt, das damit ein wichtiges Strukturprinzip der Rechts- und Wirtschaftsordnung in der Bundesrepublik Deutschland darstellt.

9 Das Gesellschaftsrecht gehört zu denjenigen Rechtsgebieten, die von besonderem gesellschaftspolitischen Interesse sind. Dies sei durch folgende Beispiele belegt:

- Im Bereich des Gesellschaftsrechts ist die Ausstrahlungswirkung der Grundrechte schwach ausgeprägt. Nur in seltenen Fällen werden durch gesellschaftsvertragliche Vereinbarungen grundrechtlich geschützte Rechtspositionen eines Gesellschafters verletzt. In der Regel ist der von den Gesellschaftern gefundene vertraglich festgelegte Interessenausgleich von den Gerichten zu respektieren (vgl. *BVerfGE* 81, 242, 254), zumal ein Gesellschafter auf Grund der Privatautonomie durch Verträge auf grundrechtlich verbürgte Rechtspositionen verzichten kann (zu alledem *P. Jung,* JZ 2001, 1004, 1008ff.).
- Die Forderung nach Einführung der paritätischen Mitbestimmung in den Großunternehmen, die gesetzliche Regelung der

unternehmerischen Mitbestimmung im Mitbestimmungsgesetz von 1976 und die gerichtlichen Auseinandersetzungen, die sich daran angeschlossen haben und die nur teilweise mit dem Mitbestimmungsurteil des Bundesverfassungsgerichts (*BVerfGE* 50, 290ff.) beendet worden sind, haben wie kaum eine andere Frage die gesellschaftspolitische Diskussion in der Bundesrepublik Deutschland in den letzten Jahrzehnten beherrscht.
– Die große wirtschaftliche Macht der Großunternehmen berührt das Interesse der Allgemeinheit. Die Öffentlichkeit hat deshalb ein Interesse daran, Einblick in die wirtschaftlichen Verhältnisse der großen Aktiengesellschaften, aber auch in die in anderen Rechtsformen betriebenen Großunternehmen zu nehmen. Gesellschaftsrechtliche Vorschriften haben zu einer Verschärfung der Publizitätspflichten für Großunternehmen geführt.

IV. Europäisches Gesellschaftsrecht

Die Entwicklung eines europäischen Gesellschaftsrechts verläuft zeitlich weitgehend parallel zur EU-Rechtsangleichung allgemein. Sie beruht auf der Idee, ein europäisches Privatrecht insgesamt zu schaffen. Das Gesellschaftsrecht ist wie kaum ein anderer Bereich des Privatrechts durch europäisches Sekundärrecht beeinflusst (zu den Einzelheiten siehe *M. Habersack*). 10

Das europäische Gesellschaftsrecht kann man in drei Bereiche aufteilen:
– Die Harmonisierung und Koordinierung der nationalen Gesellschaftsrechte. In Art. 44 Abs. 2g EGV enthält das primäre Gemeinschaftsrecht einen ausdrücklichen Auftrag, der die Angleichung und Koordinierung der nationalen Gesellschaftsrechte zum Ziel hat.
– Die Schaffung supranationaler Gesellschaftsformen.
– Die Ausübung der Niederlassungsfreiheit durch die Gesellschaften.

Im Bereich der Harmonisierung und Koordinierung der natio- 10a
nalen Rechte sind die teils bereits erlassenen, teils erst vorgeschlagenen europäischen Rechtsakte auf dem Gebiet des Gesellschaftsrechts, zumeist Richtlinien, zahlreich und betreffen viele Bereiche. Sie reichen von der Gründung der Gesellschaft bis zu ihrer Liquidation (vgl. zu den Einzelheiten *Hopt*, ZIP 1998, 96, 97ff. mit Nachw. und *M. Habersack*). Bei den vom europäischen Gesellschaftsrecht erfassten Gesellschaftstypen stand zunächst die Ak-

tiengesellschaft im Vordergrund. Viele Richtlinien und Richtlinienvorschläge betreffen aber auch andere Gesellschaftsformen, wie z. B. die GmbH (vgl. zu Einzelheiten *Hopt,* ZIP 1998, 96, 103 und *M. Habersack*). Inzwischen hat das Europäische Gesellschaftsrecht die deutsche Unternehmensverfassung in vielfacher Hinsicht geprägt (siehe dazu *K. Hopt,* ZIP 2005, 461 ff.).

Was die supranationalen Gesellschaftsformen angeht, so besteht seit 1989 die Möglichkeit, dass Unternehmen aus jedenfalls zwei Mitgliedstaaten der EU sich zu einer Europäischen wirtschaftlichen Interessengemeinschaft (EWIV) zusammenschließen. Dabei handelt es sich um eine Personenhandelsgesellschaft, auf die in Deutschland überwiegend das Recht der OHG anzuwenden ist (vgl. dazu unten Rn. 27 und 208 f.).

10b Darüber hinaus gewährt das Inkrafttreten des Statuts über die Europäische Aktiengesellschaft (Societas Europaea = SE) die Möglichkeit, die erste supranationale Rechtsform für eine Kapitalgesellschaft zu nutzen (siehe dazu unten Rn. 27 a und 481 c f.). Entwürfe für die Schaffung weiterer supranationaler Gesellschaftsformen liegen vor, und zwar für eine Europäische Genossenschaft, einen Europäischen Verein und eine Europäische Gegenseitigkeitsgesellschaft. Darüber hinaus ist die Diskussion über die Schaffung einer Europäischen Privatgesellschaft weit gediehen. Diese neue Gesellschaftsform wäre eine Art Europäische GmbH (vgl. zu alledem *K. Hopt,* ZIP 2005, 461 ff.).

Bei der Ausübung der Niederlassungsfreiheit durch Gesellschaften geht es um die Nichtdiskriminierung von Gesellschaften aus anderen Mitgliedsstaaten der EU und die Herstellung der rechtlichen Möglichkeiten für grenzüberschreitende Tätigkeiten durch Agenturen, Zweigniederlassungen und Tochtergesellschaften. Außerdem ist das Problem der Fusionen mit Gesellschaften aus anderen Mitgliedsstaaten angesprochen.

V. Das Internationale Gesellschaftsrecht

10c Das Internationale Gesellschaftsrecht ist dasjenige Recht, das bestimmt, nach welchem Recht eine Personenvereinigung zu behandeln ist, wenn auf Grund eines Sachverhalts auch ein anderes als das nationale Recht Anwendung finden könnte (Gesellschaftsstatut). Das Internationale Gesellschaftsrecht ist Teil des Internationalen Privatrechts, das nationales Recht ist und die sog. Kollisionsnormen enthält.

Für das Gesellschaftsstatut gibt es im Wesentlichen zwei Anknüpfungsmethoden, die Sitztheorie und die Gründungstheorie. Nach der Sitztheorie ist diejenige Rechtsordnung anzuwenden, die an dem tatsächlichen Verwaltungssitz des Unternehmens gilt. Nach der Gründungstheorie gilt die Rechtsordnung, nach deren Bestimmungen der Gesellschaftsvertrag geschlossen worden ist.

Beispiel: Verlegt eine belgische Gesellschaft, die in Brüssel gegründet worden ist, ihren Hauptsitz und den Schwerpunkt der Geschäftstätigkeit nach Berlin, so wäre nach der Sitztheorie auf diese Gesellschaft nun deutsches Recht anwendbar. Anders wäre es nach der Gründungstheorie; es fände weiterhin belgisches Recht Anwendung.

Innerhalb der EU führt die Anwendung der Sitztheorie zu 10d
Schwierigkeiten, da die Gesellschaften nach Art. 43 und 48 EGV Niederlassungsfreiheit und nach Art. 49 und 55 EGV Dienstleistungsfreiheit genießen. Der EUGH (Urt. vom 5. 11. 2002, ZIP 2002, 2372) hat in einem Fall, in dem es um die Anerkennung der Rechts- und Parteifähigkeit einer ausländischen Gesellschaft durch ein deutsches Gericht ging, entschieden, es verstoße gegen die Art. 43 und 48 EGV, wenn einer Gesellschaft, die nach dem Recht des Mitgliedstaates, in dessen Hoheitsgebiet sie ihren satzungsmäßigen Sitz hat, gegründet worden ist und von der nach dem Recht eines anderen Mitgliedstaates angenommen wird, dass sie ihren tatsächlichen Verwaltungssitz dorthin verlegt hat, in diesem Mitgliedstaat die Rechtsfähigkeit und die Parteifähigkeit abgesprochen wird. Das bedeutet: Macht eine Gesellschaft, die nach dem Recht des Mitgliedstaates gegründet worden ist, in dessen Hoheitsgebiet sie ihren satzungsmäßigen Sitz hat, in einem anderen Mitgliedstaat von ihrer Niederlassungsfreiheit Gebrauch, so ist dieser andere Mitgliedstaat nach den Art. 43 und 48 EGV verpflichtet, die Rechtsfähigkeit und damit auch die Parteifähigkeit zu respektieren, die diese Gesellschaft nach dem Recht ihres Gründungsstaates besitzt (vgl. dazu *v. Halen*, WM 2003, 571 ff.).

Beispiel: Einer Gesellschaft, die in den Niederlanden nach dem Recht dieses Staates gegründet worden und nach niederländischem Recht rechts- und parteifähig ist, darf für den Fall, dass der Hauptsitz der Gesellschaft nach Deutschland verlegt worden ist, von einem deutschen Gericht unter Berufung auf deutsches Recht nicht die Rechts- und Parteifähigkeit abgesprochen werden.

Für die sachliche Anwendung der sog. Grundfreiheiten des Eu- 10e
ropäischen Gemeinschaftsrechts ist entscheidend, dass die ausge-

übte Tätigkeit zum Wirtschaftsleben i.S. des Art. 2 EGV zählt. Ein Idealverein, der nicht gewinnorientiert als Wettbewerber zu kommerziellen Unternehmen am Markt auftritt, kann die Niederlassungsfreiheit nach Art. 43 und 48 EGV nicht für sich in Anspruch nehmen (so *OLG Zweibrücken* MDR 2006, 219f.).

§ 2. Organisationsformen im wirtschaftlichen Bereich

Literatur: *V. Beuthien*, Zur Grundlagengewissheit des deutschen Gesellschaftsrechts, NJW 2005, 855ff.; *Ebenroth*, Das Verhältnis zwischen joint venture-Vertrag, Gesellschaftssatzung und Investitionsvertrag, JZ 1987, 265ff.; *Mertens*, Die Grundrechtsfähigkeit der juristischen Person und das Gesellschaftsrecht, JuS 1989, 857ff.; *Müller/Gugenberger*, EWIV – Die neue europäische Gesellschaftsform, NJW 1989, 1449ff.; *R. Weimar*, Einmann-Personengesellschaft – ein neuer Typ des Gesellschaftsrechts?, ZIP 1997, 1769ff.

I. Arten von Gesellschaften

11 Unter einer Gesellschaft wird der auf einem Rechtsgeschäft beruhende Zusammenschluss von Personen zur Verfolgung eines gemeinsamen Zweckes verstanden.

Die wichtigsten Gesellschaften sind:

a) Die Gesellschaft bürgerlichen Rechts (BGB-Gesellschaft; §§ 705ff. BGB),
b) die offene Handelsgesellschaft (OHG; §§ 105ff. HGB),
c) die Kommanditgesellschaft (KG; §§ 161ff. HGB),
d) die Partnerschaftsgesellschaft (PartGG),
e) die stille Gesellschaft (§§ 230ff. HGB),
f) der eingetragene Verein (§§ 21ff. und 55ff. BGB),
g) der nichtrechtsfähige Verein (§ 54 BGB),
h) der wirtschaftliche Verein (§ 22 BGB),
i) die Aktiengesellschaft (AG; AktG),
j) die Kommanditgesellschaft auf Aktien (KGaA; §§ 278ff. AktG),
k) die Gesellschaft mit beschränkter Haftung (GmbH; GmbHG),
l) die eingetragene Genossenschaft (eG; GenG),
m) die Reederei (§§ 489ff. HGB),
n) der Versicherungsverein auf Gegenseitigkeit (Gesetz über die Beaufsichtigung der privaten Versicherungsunternehmen und Bausparkassen vom 6. Juni 1931).

II. Personengesellschaften und juristische Personen

1. Überblick

Fast alle der oben genannten Vereinigungsarten lassen sich auf zwei Grundtypen zurückführen, die beide im BGB geregelt sind: 12
- die Gesellschaft bürgerlichen Rechts (§§ 705ff. BGB)
- und den eingetragenen Verein (§§ 21ff. und 55ff. BGB).

Die auf dem Grundtyp der BGB-Gesellschaft beruhenden Gesellschaften sind *Personengesellschaften;* diejenigen Vereinigungen, die auf den eingetragenen Verein zurückzuführen sind, sind juristische Personen.

Die Personengesellschaften sind: die BGB-Gesellschaft, die offene Handelsgesellschaft, die Kommanditgesellschaft, die Partnerschaftsgesellschaft und die stille Gesellschaft. Der Zusammenschluss beruht auf dem persönlichen Vertrauen, das sich die einzelnen Gesellschafter entgegenbringen. Deshalb ist der Fortbestand einer Personengesellschaft grundsätzlich von der unveränderten Zusammensetzung des Personenkreises abhängig, der sich zu der Gesellschaft zusammengeschlossen hat. Das bedeutet u.a.:
- im Zweifel endet die Gesellschaft mit dem Tode eines Gesellschafters (§ 727 BGB);
- grundsätzlich muss sich keiner der Gesellschafter gegen seinen Willen einen anderen Gesellschafter aufzwingen lassen.

Beispiel: Der Anteil an einer OHG, einer typischen Personengesellschaft, kann ohne die Zustimmung aller Gesellschafter nicht auf eine andere Person, die bisher nicht Gesellschafter war, übertragen werden. Dieser Grundsatz dient lediglich dem Schutz der Gesellschafter. Er kann deshalb durch eine davon abweichende Regelung im Gesellschaftsvertrag abgeändert werden.

Die gesetzlichen Regelungen über Personengesellschaften sind 13
im BGB, im HGB und im Partnerschaftsgesellschaftsgesetz enthalten. Die Vorschriften über die BGB-Gesellschaft finden auch auf die OHG, die KG, die Partnerschaftsgesellschaft und die stille Gesellschaft Anwendung, soweit das HGB im Verhältnis zum BGB nicht Sonderregelungen enthält (siehe § 105 Abs. 3 und § 161 Abs. 2 HGB).

Der rechtsfähige Verein ist eine juristische Person und als solche vom Wechsel der Mitglieder unabhängig. Sein Zweck soll die Einzelpersönlichkeit der Mitglieder überdauern. Der Verein besteht deshalb auch weiter, wenn ein oder mehrere Mitglieder ausscheiden.

Auch ein vollständiger Mitgliederwechsel ist grundsätzlich zulässig.

Zu den Vereinigungsarten, die auf den eingetragenen Verein zurückzuführen und deshalb ebenfalls juristische Personen sind, gehören u.a. die Aktiengesellschaft und die Gesellschaft mit beschränkter Haftung, obwohl beide als Gesellschaften bezeichnet werden.

Die juristische Person, wie z.B. eine GmbH oder eine Aktiengesellschaft, kann auch dann noch bestehen, wenn nur ein Mitglied vorhanden ist. Das bedeutet z.B., dass eine Aktiengesellschaft oder eine GmbH weiterbesteht, wenn sich die Anteile auf Grund des Ausscheidens der anderen Gesellschafter in einer Person vereinigen. Eine GmbH und eine AG können sogar als Einmann-GmbH gegründet werden (vgl. dazu unter Rn. 755ff.).

14 Fraglich ist, ob es eine Einmann-Personengesellschaft geben kann. Während die Gründung einer Personengesellschaft mit nur einer Person nach geltendem Recht nicht möglich ist, wird die Einmann-Personengesellschaft als Fortsetzungs- oder Liquidationsgesellschaft zur Diskussion gestellt und von manchen bejaht (vgl. dazu § 140 Abs. 1 S. 2 n.F. HGB). *Weimar* (ZIP 1997, 1769ff.) verweist in diesem Zusammenhang auf die EWIV-Regelung des europäischen Gesellschaftsrechts, nach der eine EWIV mit nur einem Gesellschafter grundsätzlich bestehen kann.

Demgegenüber vertritt *K. Schmidt* (Gesellschaftsrecht, § 8 IV 2b) mit Hinweis auf die Sozietätskonstruktion der Personengesellschaften die Auffassung, dass es eine Einmann-Personengesellschaft grundsätzlich nicht geben könne (vgl. auch *OLG Hamm* NZG 2000, 250ff.). Das ergibt sich vor allem aus dem – später noch zu erläuternden (siehe unten Rn. 66ff.) – Gesamthandsprinzip. Erwirbt ein Gesellschafter alle Anteile einer Personengesellschaft oder scheidet der zweitletzte Gesellschafter aus, so endet das Gesellschaftsverhältnis durch Konfusion, d.h. durch die Vereinigung der Rechtsstellungen in einer Person; die Gesamthand erlischt ohne Auseinandersetzung (vgl. *K. Schmidt*, Gesellschaftsrecht, § 8 IV 2b; vgl. auch *Kübler/Assmann*, § 6 IV 2d).

2. Die juristische Person

15 Juristische Personen sind soziale Organisationen, denen die Rechtsordnung eine eigene Rechtsfähigkeit zuerkennt, damit sie selbst Träger von Rechten und Pflichten sein können. Die juristischen Personen sind also selbst rechtsfähig. Ihre Rechte und

Pflichten sind ihre eigenen und nicht diejenigen der ihr angehörenden natürlichen Personen.

Beispiel: Eigentümer des Grundstücks, auf dem die „Europäische Erdöl-Aktiengesellschaft" eine Raffinerie betreibt, ist die Aktiengesellschaft als juristische Person, wenn sie das Eigentum an dem Grundstück erworben hat, und nicht die Aktionäre oder der Vorstand der Aktiengesellschaft.

Die Schaffung der Rechtsfigur „juristische Person" war notwendig, um einen selbstständigen juristischen Zuordnungspunkt für Rechte und Pflichten zu schaffen, die nicht einer natürlichen Person zugeordnet sind. Mit der juristischen Person werden Organisationsformen ermöglicht, die für den Rechtsverkehr in einer modernen Industriegesellschaft unerlässlich sind.

Zurzeit der Entstehung des BGB wurde erbittert darüber gestritten, welcher Rechtsnatur die juristische Person sei. U.a. ging es darum, ob sie eine nur gedachte „fiktive" Person (Fiktionstheorie) oder auf Grund der soziologischen Realität der Verbände und Organisationen eine „wirkliche und volle Person gleich den Einzelpersonen" sei (Theorie der realen Verbandspersönlichkeit) (vgl. zum ehemaligen Streitstand *Enneccerus/Nipperdey,* § 103). Dieser Streit ist im Wesentlichen abgeklungen. (Zu alledem siehe *K. Schmidt,* Gesellschaftsrecht, § 8 II.)

Man unterscheidet zwischen den juristischen Personen des öffentlichen Rechts, z.B. Bund, Ländern, Gemeinden, Kreisen, und den juristischen Personen des Privatrechts. Zu den juristischen Personen des Privatrechts gehören u.a.: eingetragene Vereine, Aktiengesellschaften, Gesellschaften mit beschränkter Haftung, eingetragene Genossenschaften, Versicherungsvereine auf Gegenseitigkeit und der wirtschaftliche Verein.

Die Rechtsfähigkeit erwerben juristische Personen erst mit der 16
Eintragung in ein staatliches Register (Vereinsregister, Handelsregister, Genossenschaftsregister) oder durch staatliche Verleihung, wie z.B. der Versicherungsverein auf Gegenseitigkeit.

Allein der Erwerb der Rechtsfähigkeit setzt die juristische Person allerdings noch nicht in den Stand, im Rechtsverkehr zu handeln, wie z.B. einen Kaufvertrag abschließen zu können. Eine juristische Person kann im Rechtsverkehr nur mit Hilfe von natürlichen Personen handeln, die die Organe der juristischen Person bilden. Organe, die diesen Zweck erfüllen, sind z.B. der Vorstand eines eingetragenen Sportvereins und der Vorstand einer Aktiengesellschaft.

Die Organe können außerdem der Willensbildung innerhalb der 17
juristischen Person dienen. Einen solchen Zweck hat z.B. die Mit-

gliederversammlung eines Sportvereins oder die Mitgliederversammlung (auch Hauptversammlung genannt) einer Aktiengesellschaft.

Beispiel: Organe der Aktiengesellschaft sind: der Vorstand, der Aufsichtsrat und die Hauptversammlung (Mitgliederversammlung).

Es gibt auch Organe, die eine Kontrollfunktion wahrnehmen.

Beispiel: Der Aufsichtsrat einer Aktiengesellschaft kontrolliert den Vorstand.

Das Verhalten der Organe einer juristischen Person wird nur der juristischen Person selbst zugerechnet. Die juristische Person handelt also selbst, wenn ihre Organe für sie handeln. Man kann sagen: Die juristische Person handelt durch ihre Organe.

18 Die unmittelbaren privatrechtlichen Folgen des Handelns, im Wesentlichen der Erwerb von Rechten und Pflichten, treffen deshalb nur die juristische Person selbst. Den Gläubigern einer juristischen Person haftet nur deren Vermögen. Grundsätzlich haften die Mitglieder der juristischen Person nicht mit ihrem Privatvermögen.

Beispiel: Wenn der Vorstand für die Aktiengesellschaft einen Kaufvertrag mit einer anderen Person abschließt, handelt die Aktiengesellschaft selbst. Die Aktiengesellschaft und nicht der Vorstand oder einzelne Vorstandsmitglieder wird aus dem Kaufvertrag berechtigt und verpflichtet. Ist die Aktiengesellschaft nicht in der Lage, ihre Pflichten aus dem Kaufvertrag zu erfüllen, können sich die Gläubiger nicht an die Mitglieder des Vorstandes der Aktiengesellschaft halten und von diesen die Leistung verlangen. Nicht der Vorstand oder dessen einzelne Mitglieder, sondern die Aktiengesellschaft als solche ist Träger der Verbindlichkeit.

Während die juristischen Personen die Rechtsfähigkeit auf Grund eines konstitutiven Staatsaktes, der Eintragung in ein Register, erwerben, erlangen Personengesellschaften, wie die Personenhandelsgesellschaften, die Partnerschaftsgesellschaften und die Außengesellschaften bürgerlichen Rechts die Rechtsfähigkeit ohne staatliche Mitwirkung. Dies wird allerdings durch die Haftungsregeln kompensiert (vgl. *K. Schmidt*, Gesellschaftsrecht, § 8 II). Während die Mitglieder einer juristischen Person das Haftungsprivileg genießen, also für Verbindlichkeiten der juristischen Person nicht mit ihrem Privatvermögen einstehen müssen, haften die Gesellschafter der Personengesellschaften grundsätzlich für alle Verbindlichkeiten der Gesellschaft mit ihrem Privatvermögen.

Grundsätzlich können auch juristische Personen, wie z.B. eine Aktiengesellschaft, Träger des Allgemeinen Persönlichkeitsrechts sein. Allerdings ist diese Rechtsträgerschaft inhaltlich begrenzt. Die Begründung dafür ergibt sich aus dem Entstehungsgrund, nämlich der Ableitung des Persönlichkeitsschutzes aus Art. 1 und 2 GG zur Ausfüllung einer Lücke. Nach Ansicht des *BGH* (*BGHZ* 98, 94, 97f.) ist eine Ausdehnung der Schutzwirkung des Persönlichkeitsrechts über natürliche Personen hinaus auf juristische Personen nur insoweit gerechtfertigt, als sie aus ihrem Wesen als Zweckschöpfung des Rechts und ihren Funktionen dieses Rechtsschutzes bedürfen. Dies ist der Fall, wenn juristische Personen in ihrem „sozialen Geltungsanspruch als Arbeitgeber oder als Wirtschaftsunternehmen betroffen werden" (so *BGHZ* 98, 94, 97). 19

Das *BVerfG* (*BVerfGE* 68, 193, 208f.; *BVerfG* NJW 1990, 1783) vertritt die Auffassung, juristische Personen als Grundrechtsinhaber anzusehen und sie in den Schutzbereich bestimmter materieller Grundrechte einzubeziehen, sei nur dann gerechtfertigt, wenn deren Bildung und Betätigung Ausdruck der freien Entfaltung der privaten natürlichen Personen sei, insbesondere, wenn der „Durchgriff" auf die hinter ihr stehenden Personen es als sinnvoll und erforderlich erscheinen lasse (zur Problematik siehe *Mertens*, JuS 1989, 857ff.). 20

Der *BGH* (*BGHZ* 161, 376ff.) hat z.B. bejaht, dass einer Aktiengesellschaft als juristischer Person des Privatrechts gemäß Art 12 GG das Grundrecht auf freie Berufswahl zusteht.

3. Unterschiede zwischen juristischer Person und Personengesellschaft

Das bürgerliche Recht knüpft im Hinblick auf die Rechtsfähigkeit an den grundlegenden Begriff der Person an. Es unterscheidet zwischen natürlichen Personen (Menschen) und juristischen Personen (z. B. eingetragenen Vereinen und Aktiengesellschaften). Die wichtigste Eigenschaft einer Person ist die Rechtsfähigkeit. Das Gesellschaftsrecht unterschied ehemals zwischen rechtsfähigen und nicht rechtsfähigen Vereinigungen. Nach traditioneller Auffassung konnte eine Vereinigung die Rechtsfähigkeit nur durch die Eintragung in ein öffentliches Register oder durch staatliche Verleihung erlangen; erst damit wurde sie zur juristischen Person. Nicht rechtsfähig waren deshalb bei den Personengesellschaften die Gesellschaft bürgerlichen Rechts und bei den Kör- 20a perschaften der nicht eingetragene Verein. Zwischen rechtsfähigen und nicht rechtsfähigen Vereinigungen standen die Personenhandelsgesellschaften OHG und KG, die in das Handelsregister einzutragen sind, dadurch aber nicht zur juristischen Person werden (zu alledem *V. Beuthien,* NJW 2005, 855f.). OHG und KG haben nach § 124 HGB die Fähigkeit, unter ihrer Firma Rechte zu erwerben und Verbindlichkeiten einzugehen. Damit sollten sie nach traditioneller Auffassung allerdings nicht rechtsfähig, sondern nur verkehrstauglicher gemacht werden (vgl. *V. Beuthien,* NJW 2005, 855f.).

Diese Begrifflichkeit ist im Laufe der letzten Jahrzehnte stufenweise – nicht zuletzt durch die Einführung der Teilrechtsfähigkeit – verloren gegangen. Das BGB kennt inzwischen in § 14 Abs. 2 BGB die rechtsfähige Personengesellschaft als eine „Personengesellschaft, die mit der Fähigkeit ausgestattet ist, Rechte zu erwerben und Verbindlichkeiten einzugehen." Demnach sind also jedenfalls die OHG und die KG rechtsfähig. Der *BGH* (*BGHZ* 146, 341ff.) hat die Gesellschaft bürgerlichen Rechts, soweit sie Außengesellschaft ist, ebenfalls als rechtsfähig anerkannt. Damit ist die Gesellschaft bürgerlichen Rechts als rechtsfähige Personengesellschaft im Sinne des § 14 Abs. 2 BGB einzuordnen.

20b Der *BGH* (*BGHZ* 146, 347) spricht von Personengesellschaften, die rechtsfähig sind, „ohne als Gesamthandsgemeinschaften den Status einer juristischen Person zu besitzen". Wenn nun aber die Rechtsfähigkeit einer Vereinigung nicht mehr die entscheidende Abgrenzung zwischen juristischen Personen und Personengesellschaften darstellt, ist die Abgrenzungsfrage neu zu stellen. Neuerdings kennt man im Gesellschaftsrecht rechtsfähige Vereinigungen mit Rechtspersönlichkeit (eingetragener Verein, AG, GmbH) und rechtsfähige Vereinigungen ohne Rechtspersönlichkeit (OHG, KG und GbR). Die Ausdrücke „Rechtsperson" bzw. „Rechtspersönlichkeit" und „Rechtssubjekt" bzw. „Rechtssubjektivität" verbinden sich inzwischen zu einem begrifflichen Knäuel (zu alledem *V. Beuthien,* NJW 2005, 856f.).

K. Schmidt (Gesellschaftsrecht, § 8 I 3c) gelangt nach Diskussion um die Verselbständigung der Gesamthand neben der juristischen Person zu der Frage, ob die OHG, die KG und die BGB-Außengesellschaft etwa nichtkörperschaftliche juristische Personen seien. Er weist darauf hin, dass die *formelle Seite der Rechtsfähigkeit,* wie z.B. die Eintragung in das Vereinsregister oder das Handelsregister, die der Gesetzgeber des 19. Jahrhunderts noch für selbstverständlich erachtet hatte, jedenfalls in der 2. Hälfte des 20. Jahrhunderts mehr und mehr außer Betracht gelassen worden ist. Die Rechtsentwicklung hat zunehmend Rechtsträger ohne konstitutiven Rechtsakt entstehen lassen. Zu denken ist etwa an den nicht rechtsfähigen Verein, die Vor-GmbH und die Außen-BGB-Gesellschaft. Allerdings wird die Gewinnung der Rechtsfähigkeit ohne staatliche Mitwirkung durch strenge Haftungsregeln kompensiert (vgl. *K. Schmidt,* Gesellschaftsrecht, § 8 II 5 c).

Die Grenzen zwischen einer Personengesellschaft und einer juristischen Person sind also fließend geworden. Das gewährt die Freiheit, die wenigen gesetzlich bereit gestellten Vereinigungsformen (siehe oben Rn. 12) ausgestalten zu dürfen (so *V. Beuthien,* NJW 2005, 855, 860). Dennoch existieren nach wie vor gravierende Unterschiede zwischen Personengesellschaften und juristischen Personen, so u. a.: **20 c**

- Die Personengesellschafter sind kraft Mitgliedschaft geschäftsführungs- und vertretungsbefugt, während die Geschäftsführungs- und Vertretungsbefugnis bei einer juristischen Person Organen zugewiesen ist.
- Bei den Personengesellschaften muss stets mindestens ein Gesellschafter geschäftsführungs- und vertretungsbefugt sein; diese Befugnisse können nicht Dritten übertragen werden (Prinzip der Selbstorganschaft bzw. Verbot der Drittorganschaft, siehe oben Rn. 80). Im Gegensatz dazu können bei juristischen Personen auch Nichtmitglieder geschäftsführungs- und vertretungsbefugt sein.
- Die juristischen Personen sind vom Wechsel der Mitglieder unabhängig; die Mitgliedschaft ist grundsätzlich frei übertragbar. Anders ist es bei den Personengesellschaften. Der Mitgliederwechsel ist nur durch eine Änderung des Gesellschaftsvertrages zu bewerkstelligen, bedarf also grundsätzlich der Zustimmung aller Gesellschafter.
- Für die Verbindlichkeiten der juristischen Person haftet den Gläubigern nur das Vermögen der juristischen Person; die Mitglieder haften nicht persönlich mit ihrem Privatvermögen, genießen also das sog. Haftungsprivileg. Im Gegensatz dazu haften die Personengesellschafter grundsätzlich für alle Verbindlichkeiten der Gesellschaft persönlich mit ihrem Privatvermögen (vgl. oben Rn. 18).

III. Gibt es einen Allgemeinen Teil des Gesellschaftsrechts?

21 Da das Gesellschaftsrecht in verschiedenen Gesetzen geregelt ist, sind Überlegungen darüber angestellt worden, ob sich die ungeschriebenen oder auch nur teilweise in den Organisationsgesetzen zum Ausdruck gekommenen Grundregeln in einem „Allgemeinen Teil des Gesellschaftsrechts" zusammenfassen lassen. Einem solchen Allgemeinen Teil könnten sich Sätze entnehmen lassen, die bei der Rechtsanwendung jedenfalls dort hilfreich sein könnten, wo schlichte Gesetzesauslegung nicht ausreicht. Einen solchen groß angelegten Versuch hat Wiedemann in seinem Lehrbuch des Gesellschaftsrechts unternommen und sich dabei u.a. mit den Gesellschaften in der Verfassungs- und Wirtschaftsordnung, den Strukturprinzipien und den Wertungsmaximen des Gesellschaftsrechts auseinandergesetzt.

Darstellungen der Grundlagen des Gesellschaftsrechts und Diskussionen darüber zeigen heute, dass es gewisse gemeinsame Grundprinzipien gibt, die sich z.B. auf die Auslegung von Gesellschaftsverträgen bzw. Satzungen, den Grundsatz der Gleichbehandlung aller Gesellschafter und die Problematik der Inhaltskontrolle von Gesellschaftsverträgen und Satzungen erstrecken können. Seitdem Treuepflichten der Gesellschafter untereinander und der Gesellschaft gegenüber auch für die GmbH und die Aktiengesellschaft anerkannt sind, zählen z.B. die Treuepflichten zu den Gemeinsamkeiten aller Gesellschaften.

Stets ist aber zu berücksichtigen, dass alle Personenvereinigungen sich letztlich auf die beiden Grundtypen „Gesellschaft bürgerlichen Rechts" und „eingetragener Verein" zurückführen lassen. Da sich aus den beiden Grundtypen in mancherlei Hinsicht recht unterschiedliche Strukturprinzipien ergeben, dürfte es schwierig sein, ohne weiteres allgemeine Regeln für alle Arten von Personenvereinigungen aufzustellen.

IV. Der Begriff Kapitalgesellschaft

22 Häufig wird, wenn die verschiedenen Vereinigungsarten eingeteilt werden, auch der Begriff Kapitalgesellschaft verwandt. Man kann die verschiedenen Organisationsformen in Personengesellschaften einerseits und Kapitalgesellschaften andererseits ein-

teilen. Personengesellschaften können sein: die Gesellschaft bürgerlichen Rechts, die offene Handelsgesellschaft, die Kommanditgesellschaft, die GmbH & Co. KG und die stille Gesellschaft. Kapitalgesellschaften sind: die Aktiengesellschaft, die Kommanditgesellschaft auf Aktien und die Gesellschaft mit beschränkter Haftung. Letztere sind juristische Personen und damit rechtsfähig. Sie werden auch deshalb Kapitalgesellschaften genannt, weil bei ihnen in der Regel die Höhe der eingezahlten Kapitalbeträge die Grundlage für die Entscheidungsbefugnisse und die Gewinnverteilung in der Gesellschaft bildet.

V. Der Joint venture-Vertrag und die Gesellschaftssatzung

Wegen der wachsenden internationalen wirtschaftlichen Zusammenarbeit haben joint venture-Verträge ständig an Bedeutung gewonnen. Nicht nur Direktinvestitionen in Ländern der Dritten Welt werden oft in der Form von joint ventures vorgenommen; auch die grenzüberschreitende Zusammenarbeit von transnationalen Unternehmen vollzieht sich oft in der Form solcher Gemeinschaftsunternehmen (joint ventures). 23

Juristisch stellt sich die Gründung eines joint venture-Unternehmens und dessen anschließende Inbetriebnahme als ein mehrstufiges Verfahren dar. Der Abschluss eines joint venture-Vertrages ist von der nachfolgenden Feststellung der Satzung für die Trägergesellschaft zu unterscheiden. Der eigentliche joint venture-Vertrag ist eine privatrechtliche Vereinbarung zwischen den Partnern, ein joint venture-Unternehmen gründen zu wollen. Zu den typischen Regelungsgegenständen eines solchen Vertrages gehören u.a.: eine Präambel über die Intention und den Zeitplan der Unternehmensgründung, Bestimmungen über die Gesamtkosten des Unternehmens und die Aufbringung derselben, über Grundkapital, Darlehen etc. sowie über die Grundzüge des engineering und des Betriebs-know-how, die Bestellung und Kontrolle des Managements, Konkurrenzklauseln, Gewinnverwendung etc. (vgl. *Ebenroth,* JZ 1987, 265, 266). Dringend geraten ist eine Vereinbarung über das anzuwendende Recht (Rechtswahl) und den Gerichtsstand. 24

Man kann den joint venture-Vertrag als einen Konsortialvertrag zwischen den Beteiligten ansehen, der auf die Gründung, häufig aber auch auf den Betrieb der künftigen Trägergesellschaft 25 gerichtet ist. Dieser Vertrag dürfte in der Regel ein Gesellschaftsvertrag i.S. des § 705 BGB sein (vgl. *Ebenroth*, JZ 1987, 265, 267). Der davon zu unterscheidende Gesellschaftsvertrag (die Satzung) der zu gründenden Trägergesellschaft enthält alle Organisationsbedingungen der Gesellschaft, die im Regelfall eine Aktiengesellschaft sein wird, also insbesondere Regelungen über die Beziehungen der Gesellschafter untereinander. Welches Recht auf diese Gesellschaft Anwendung findet, ist nicht generell zu beantworten (vgl. dazu *Ebenroth*, JZ 1987, 265, 267 mit Nachw.).

VI. Europäische Gesellschaftsformen

26 Mit dem Inkrafttreten des Gesetzes zur Ausführung der EWG-Verordnung über die Europäische wirtschaftliche Interessenvereinigung (EWIV-Ausführungsgesetz) am 1.1. 1989 ist in Deutschland die Voraussetzung dafür geschaffen worden, dass Unternehmen in der Europäischen Gemeinschaft als zusätzliche Rechtsform für die Organisation grenzüberschreitender Zusammenarbeit die „Europäische wirtschaftliche Interessenvereinigung" (EWIV) benutzen können.

Aus dem EWG-Vertrag selbst ergibt sich, dass die Schaffung eines gemeinsamen Marktes auch Maßnahmen im Bereich des Gesellschaftsrechts erfordert (vgl. *Müller/Gugenberger*, NJW 1989, 1449). Die „Verordnung (EWG) des Rates vom 25. 7. 1985 über die Schaffung einer Europäischen wirtschaftlichen Interessenvereinigung (EWIV)" (Text u.a. BT-DrS. 11/352, S. 12) bildet die Grundlage für die Schaffung einer Gesellschaftsform europäischen Rechts, die trotz der verschiedenen Bestimmungen in den Einzelstaaten einen einheitlichen Organisationsrahmen hat (vgl. *Müller/Gugenberger*, NJW 1989, 1449).

27 Die EWIV (nach dem EWIV-Ausführungsgesetz vom 14. 4. 1988) ist eine Personengesellschaft, die in der Struktur der OHG ähnlich ist (vgl. dazu unten Rn. 208f.).

Mit der Verordnung des Rates über das Statut der Europäischen Gesellschaft (SE-VO) aus dem Jahre 2002 ist mit der Europäischen Aktiengesellschaft – Societas Europaea (= SE) – die erste supranationale Rechtsform für eine gemeinschaftsrechtliche Kapitalgesellschaft geschaffen worden.

Die SE ist eine Gesellschaft mit eigener Rechtspersönlichkeit und beschränkter Haftung, die im Wesentlichen auf Großunternehmen zugeschnitten ist. Mit dieser Rechtsform soll den europaweit tätigen Unternehmen die Möglichkeit gegeben werden, in der Zukunft mit nur einer Gesellschaft an Stelle einer komplizierten Konzernstruktur zu operieren (vgl. zur SE unten Rn. 481c ff.).

§ 3. Gesellschaftsvertrag und Privatautonomie

Literatur: *Wiedemann,* Die Auslegung von Satzungen und Gesellschaftsverträgen, DNotZ Sonderheft 1977, S. 99ff.; *ders.,* Die Personengesellschaft – Vertrag oder Organisation? ZGR 1996, 286ff.

Jeder privatrechtliche Verband beruht auf einem Vertrag, in 28
dem sich mehrere Personen verpflichtet haben, einen gemeinsamen Zweck zu erreichen. Der Abschluss eines solchen Vertrages ist die Voraussetzung für das Entstehen einer Gesellschaft. Der Vertrag regelt zu einem wesentlichen Teil das Verhältnis der Gesellschafter zueinander. Er wird *Gesellschaftsvertrag* genannt.

Partner eines Gesellschaftsvertrages können sowohl natürliche als auch juristische Personen sein.

Beispiel: Drei deutsche Aktiengesellschaften schließen sich zu einer BGB-Gesellschaft zusammen, deren Zweck es ist, in einem Entwicklungsland eine Düngemittelfabrik zu errichten. Partner des Gesellschaftsvertrages und damit Gesellschafter der BGB-Gesellschaft sind die drei Aktiengesellschaften (juristische Personen).

Bei den juristischen Personen wird der Gesellschaftsvertrag *Satzung* genannt. Auch diese beruht auf einem rechtsgeschäftlichen Akt (vgl. *K. Schmidt,* Gesellschaftsrecht, § 5 I 1). Satzungen und Gesellschaftsverträge der Personengesellschaften haben Organisationscharakter (vgl. *Wiedemann,* ZGR 1996, 286, 288ff. u. *K. Schmidt,* Gesellschaftsrecht, § 5 I 1c).

Nach dem Inkrafttreten sind Satzungen nicht mehr ohne weiteres wie Verträge zu behandeln, sondern vielmehr nach den Regeln, die für die Beurteilung objektiven Rechts anwendbar sind. Dieser Unterschied ist z.B. bei Problemen der Auslegung wichtig.

Der Grundsatz der *Privatautonomie* gilt auch für das Gesell- 29
schaftsrecht. Jede Person ist grundsätzlich frei in der Entscheidung darüber, ob und mit wem sie gegebenenfalls einen Gesellschaftsvertrag abschließen will. Jeder, der mit anderen eine Gesellschaft gründen möchte, ist grundsätzlich auch frei in der Auswahl der Gesellschaftsform. Die Auswahl ist allerdings auf die in den Gesetzen geregelten Gesellschaftsformen beschränkt.

Beispiel: A, B und C wollen eine Gesellschaft gründen, die den An- und Weiterverkauf von Erdölprodukten betreibt. Sie wollen die persönliche Haftung so weit wie möglich beschränken, aber auch die Zahlung der Körperschaftssteuer vermeiden. Sie gründen deshalb durch Abschluss eines Vertrages eine sog. Handelsgesellschaft auf Einlagen als eine Personengesellschaft, bei der keiner der Gesellschafter unbeschränkt haften soll. Die von A, B und C gewählte Gesellschaftsform ist im Gesetz nicht geregelt. Es handelt sich vielmehr um eine vom Gesetzgeber bisher nicht übernommene Neuschöpfung. Da es sich um eine vom Gesetzgeber nicht zugelassene Gesellschaftsform handelt, können A, B und C wirksam eine Handelsgesellschaft auf Einlagen nicht gründen.

30 Im Gesellschaftsrecht gibt es also nur eine beschränkte Anzahl zugelassener Gesellschaftsformen, unter denen diejenigen, die eine Gesellschaft gründen wollen, auswählen können (numerus clausus).

Eine andere Frage ist, wie weit bei den vom Gesetzgeber zur Wahl gestellten Gesellschaftsformen Raum zur rechtsgeschäftlichen Ausgestaltung bleibt. Es geht also um das Problem, inwieweit durch den Abschluss des Gesellschaftsvertrages bei den einzelnen Gesellschaftsformen die diese Gesellschaftsformen betreffenden gesetzlichen Regelungen ersetzt, abgeändert oder ergänzt werden können.

Beispiel: Bei einer Kommanditgesellschaft, der sehr viele Kommanditisten angehören, kann es zweckmäßig sein, dass die Kommanditisten einen Verwaltungs- oder Aufsichtsrat wählen, der ihre im Gesetz geregelten Kontrollrechte wahrnimmt. Ein solches Gremium sieht das Gesetz nicht vor. Wenn ein Verwaltungs- oder Aufsichtsrat in einem Gesellschaftsvertrag verankert werden soll, ist die Frage zu entscheiden, ob eine solche Regelung überhaupt zulässig ist.

31 Bei der Frage, welchen Raum die Gesellschafter zur Ausgestaltung beim Abschluss des Gesellschaftsvertrages überhaupt haben, ist zu unterscheiden zwischen den Personengesellschaften einerseits und Gesellschaften, die juristische Personen sind, andererseits. Bei der BGB-Gesellschaft, der OHG und der KG sind nur die gesetzlichen Vorschriften, die das Verhältnis der Gesellschaft mit den Gläubigern, Schuldnern und anderen Außenstehenden regeln (Außenverhältnis), im Wesentlichen zwingendes Recht. Das bedeutet: Diejenigen gesetzlichen Regelungen, die das Außenverhältnis betreffen, können grundsätzlich durch entsprechende Vereinbarungen im Gesellschaftsvertrag nicht wirksam abgeändert werden. Der Grund für diese Regelung ist darin zu sehen, dass diejenigen, die mit der Gesellschaft in Kontakt kommen,

sich auf sichere Haftungs- und Vertretungsregeln verlassen können müssen, damit sie das Risiko abschätzen können, das sie auf sich nehmen, wenn sie mit der Gesellschaft in Kontakt treten. Die Rechtssicherheit gebietet es, dass gesetzliche Vorschriften, die außenstehende Dritte berühren, nicht zur Disposition der Gesellschafter gestellt werden, weil sonst die Rechte Außenstehender erheblich gefährdet wären.

Beispiel: A, B und C gründen eine Kommanditgesellschaft. Die Hauptgeldgeber A und B sollen Kommanditisten, C soll persönlich haftender Gesellschafter sein. Im Gesellschaftsvertrag wird vereinbart, dass der persönlich haftende Gesellschafter nur insoweit vertretungsbefugt sein soll, als er Rechtsgeschäfte abschließt, deren Gegenstandswert 500,– nicht übersteigt. Nach der gesetzlichen Regelung hat der persönlich haftende Gesellschafter einer Kommanditgesellschaft unbeschränkte Vertretungsmacht. Der Umfang der Vertretungsmacht betrifft das Verhältnis der Gesellschaft zu Dritten (das Außenverhältnis). Die Vereinbarung über die Beschränkung der Vertretungsmacht ist deshalb unwirksam (*BGHZ* 51, 198, 200f.). Eine Regelung über Umfang und Art der Vertretungsmacht entzieht sich der Dispositionsfreiheit der Gesellschafter.

Was die Gestaltung der inneren Struktur der Gesellschaft anbetrifft, d.h. des Verhältnisses der Gesellschafter untereinander, so besteht in größerem Umfange Gestaltungsfreiheit, da nicht die Rechte außenstehender Dritter gefährdet sind. Es ist grundsätzlich möglich, die gesetzlichen Regelungen durch Vereinbarungen zu ergänzen oder von den gesetzlichen Regelungen abzuweichen. **32**

Beispiel: Das Gesetz sieht für die Kommanditgesellschaft keinen Aufsichtsrat oder Beirat vor. Dennoch bestehen keine Bedenken, im Rahmen der Gestaltungsfreiheit der Kommanditgesellschaft durch die Schaffung eines solchen Gremiums eine von der üblichen Gestaltung abweichende Struktur zu geben.

Auch bei den Gesellschaften, die juristische Personen sind, besteht im Hinblick auf ihre Beziehungen zu Dritten (Außenverhältnis) keine Gestaltungsfreiheit. Im Vergleich zur BGB-Gesellschaft, zur OHG und zur KG ist auch die Gestaltungsfreiheit bei der inneren Struktur dieser Gesellschaften (Innenverhältnis) erheblich eingeschränkt.

Beispiel: Die gesetzlichen Bestimmungen über die Satzung einer Aktiengesellschaft sind zwingend, soweit das Gesetz nicht ausdrücklich eine Ausnahme zulässt (§ 23 Abs. 5 AktG).

Bei der GmbH besteht jedoch insofern mehr Gestaltungsfreiheit, als der Gesellschaftsvertrag im Hinblick auf das Verhältnis der Gesellschafter untereinander unter Beachtung zwingenden Rechts beliebige ergänzende Regelungen enthalten kann.

33 Eine zulässige Formenvermischung kann dadurch erreicht werden, dass eine Aktiengesellschaft oder GmbH Gesellschafterin einer Personenhandelsgesellschaft wird, wie das etwa bei der GmbH & Co KG der Fall ist (die GmbH ist dabei persönlich haftende Gesellschafterin der Kommanditgesellschaft).

2. Kapitel. Die BGB Gesellschaft

§ 4. Begriff und Bedeutung der Gesellschaft bürgerlichen Rechts und der Gesellschaftsvertrag

Literatur: *Ballerstedt,* Der gemeinsame Zweck als Grundbegriff des Rechts der Personengesellschaften, JuS 1963, 253 ff.; *Heublein,* Die Rechtsanwalts-Aktiengesellschaft vor der Eintragung ins Handelsregister, AnwBl 1999, 304 ff.; Römermann, Anwalts-GmbH im Wettbewerb, GmbH-Rdsch. 1998, 966 ff.; *Wiedemann,* Der Gesellschaftsvertrag der Personengesellschaften, WM 1990, Sonderbeilage Nr. 8, S. 1 ff.; *W. Winzer,* Forschungs- und Entwicklungsverträge, 2006; *Zuck,* Die berufsrechtliche Zulassung der Anwalts-GmbH, AnwBl 1999, 297 ff.

I. Begriff und Bedeutung der Gesellschaft bürgerlichen Rechts

1. Der Begriff

Die Gesellschaft bürgerlichen Rechts ist als Personengesell- 34
schaft ein auf einem Gesellschaftsvertrag beruhender Zusammenschluss mehrerer Personen mit dem Ziel, durch gemeinsame Leistungen auf der Grundlage des persönlichen Zusammenwirkens der Mitglieder einen gemeinsamen Zweck zu erreichen (§ 705 BGB). Der Zusammenschluss der Gesellschafter muss nicht auf eine gewisse Dauer ausgerichtet sein (*BGH* WM 1977, 840, 841).

Beispiel: Der Gesellschaftszweck kann auch die gemeinsame Durchführung einer lediglich fünftägigen Ausstellung sein.

Die (Außen-)BGB-Gesellschaft ist rechtsfähig und parteifähig. Gesellschafter der Gesellschaft bürgerlichen Rechts können natürliche und juristische Personen sein.

Beispiel: H, G und die Zenia-Industrieabfallverwertungs-GmbH gründen eine Gesellschaft bürgerlichen Rechts, deren Gegenstand (gemeinsamer Zweck) die Verwaltung der im Eigentum der Gesellschaft stehenden Grundstücke ist. H und G sind natürliche Personen. Die GmbH ist als juristische Person Gesellschafter der BGB-Gesellschaft mit den gleichen Rechten und Pflichten wie die Gesellschafter H und G.

Auch andere Personengesellschaften können Gesellschafter einer BGB-Gesellschaft sein. Das gilt nicht nur für die OHG und die KG; auch der BGB-Gesellschaft selbst wird die Fähigkeit zuerkannt, Gesellschafterin einer anderen Gesellschaft bürgerlichen Rechts zu sein.

2. Die Rechtsquellen

35 Die BGB-Gesellschaft hat eine ausführliche Regelung in den §§ 705 ff. BGB erfahren. Da sie die Grundform für alle Personengesellschaften darstellt, finden die Vorschriften der §§ 705 ff. BGB auch auf die übrigen Personengesellschaften, die OHG, die KG und die Partnerschaftsgesellschaft, Anwendung, soweit das HGB für diese Gesellschaftsformen keine Spezialregelungen enthält.

3. Die Bedeutung

a) Überblick

36 Die BGB-Gesellschaft erfreut sich in der Praxis einer großen Beliebtheit, weil sie für eine Vielzahl von denkbaren Zwecken geeignet ist. Dies rührt daher, dass die Vorschriften über die BGB-Gesellschaft kaum zwingende, die private Gestaltungsfreiheit einengende Regelungen enthalten. Die BGB-Gesellschaft ist, was ihre Ausgestaltungsmöglichkeiten anbetrifft, im Vergleich zu den anderen Gesellschaftsformen besonders elastisch und anpassungsfähig.

b) Freie Berufe

Eine besondere Bedeutung kam der BGB-Gesellschaft als der Gesellschaftsform zu, in der sich die Angehörigen der freien Berufe zusammenschließen können. Gesellschaftsrechtliche Schranken einerseits und standesrechtliche Einschränkungen andererseits machten es den Angehörigen der freien Berufe in der Vergangenheit fast unmöglich, sich in einer anderen Gesellschaftsform als der der BGB-Gesellschaft zusammenzuschließen.

Beispiele: Eine echte Sozietät von Rechtsanwälten, d. h. eine Sozietät, bei der die Einkünfte der Gesellschaft zufließen und die Gewinne oder Verluste verteilt werden sollen, ist eine Gesellschaft bürgerlichen Rechts (vgl. *BGH* BB 1960, 681).

Die Gemeinschaftspraxis von Ärzten (Arztsozietät) ist häufig eine Gesellschaft bürgerlichen Rechts. Der gemeinsame Zweck im Sinne des § 705 BGB, zu dessen Erreichung sich die Ärzte zusammenschließen, ist die gemeinsame Ausübung des Berufs (so Palandt/*Thomas,* § 705 Rn. 37 ff.).

120 Zahnärzte schließen sich zu einer Gesellschaft bürgerlichen Rechts zusammen, deren Ziel es ist, die Gesellschafter von der Verwaltung ihrer Zahnarztpraxen zu entlasten und durch eine einheitliche Verwaltung und Buchführung für die Gesellschafter Kosten zu sparen (vgl. *OLG Stuttgart* JZ 1982, 766).

Was den Zusammenschluss von Anwälten angeht, so hat die Entwicklung der letzten zehn Jahre neue Möglichkeiten eröffnet. Nach dem Inkrafttreten des Gesetzes zur Schaffung von Partnerschaftsgesellschaften am 1. Juli 1995 (PartGG) ist es möglich, dass Anwälte sich zu einer Partnerschaftsgesellschaft zusammenschließen (siehe dazu unten Rn. 359 ff.). 37

Nachdem der Gesetzgeber in die BRAO einen zweiten Abschnitt (§§ 59c–59m BRAO) über die Rechtsanwaltsgesellschaften (= Anwalts-GmbH) eingefügt hat (vgl. *Zuck,* AnwBl 1999, 297 ff.), ist es auch Rechtsanwälten ausdrücklich erlaubt, sich zu einer Anwalts-GmbH zusammenzuschließen. Die Regelungen der BRAO normieren jedoch – zumindest rechtssystematisch betrachtet – keine eigenständige Gesellschaftsform, wie sie durch das Partnerschaftsgesellschaftsgesetz geschaffen worden ist, sondern stellen lediglich eine durch das Berufsrecht der Rechtsanwälte determinierte Applikation der GmbH dar (in diesem Sinne auch *Römermann,* GmbH-Rdsch. 1998, 966, 968). Der Ausschluss der persönlichen Haftung in der Rechtsanwaltsgesellschaft mit beschränkter Haftung wird durch den obligatorischen Abschluss einer Berufshaftpflichtversicherung gemäß § 59j BRAO mit einer Mindestversicherungssumme von 5 Mio. DM ausgeglichen. Wird sie nicht abgeschlossen, haften die Gesellschafter persönlich nach § 59j Abs. 4 BRAO.

Auch die Zulässigkeit der Anwalts-AG mit beschränkter Haftung wird bejaht (*Heublein,* AnwBl 1999, 304 f.).

Gemäß § 6 Abs. 2 HGB i.V.m. § 13 Abs. 3 GmbHG und § 3 Abs. 1 AktG sind diese Gesellschaften dem Handelsrecht unterstellt, obwohl in den Regelungen der §§ 59c ff. BRAO nicht direkt auf das GmbH- und Aktienrecht verwiesen wird.

c) Andere Vorhaben

Eine BGB-Gesellschaft kann auch zur gemeinsamen Durchführung einzelner Geschäftsvorhaben gegründet werden. Sie wird dann häufig als *Konsortium* oder als Arbeitsgemeinschaft (ARGE) bezeichnet. Ein Konsortium ist eine Gelegenheitsgesellschaft, zu 38 der sich mehrere Personen zur Durchführung eines Geschäftes oder einer Reihe von Geschäften zusammenschließen. Es ist zwar auf eine wirtschaftliche Betätigung gerichtet, kann aber weder eine OHG noch eine KG sein, weil es nicht den dauernden Betrieb eines Handelsgewerbes zum Gegenstand hat.

Beispiele: Mehrere Banken schließen sich zusammen, um einen Großkredit zur Finanzierung eines Vorhabens aufzubringen. Hier handelt es sich im Zweifel um ein sog. Finanzierungs- und Kreditkonsortium in Gestalt einer BGB-Gesellschaft.

Häufig werden auch Emissionskonsortien gebildet: Mehrere Banken schließen sich zusammen, um die Aktien einer neu gegründeten Aktiengesellschaft zu übernehmen und auf dem Markt unterzubringen. Ein Emissionskonsortium als eine nur vorübergehende Verbindung von Banken zur Erledigung einer konkreten Aufgabe liegt auch dann vor, wenn mehrere Banken „junge Aktien" bei einer Kapitalerhöhung übernehmen, um für diese Erwerber zu finden.

Gründen in der Bundesrepublik Deutschland mehrere Unternehmen eine „Arbeitsgemeinschaft", um in einem Land der Dritten Welt ein Stahlwerk zu errichten, so handelt es sich im Zweifel um ein Konsortium in Gestalt einer BGB-Gesellschaft als einer vorübergehenden Verbindung zur Erledigung einer konkreten Einzelaufgabe.

39 Häufig schließen Personen sich in Form von BGB-Gesellschaften zusammen, um bestimmte unternehmerische Teilfunktionen gemeinsam auszuüben. Solche BGB-Gesellschaften werden oft als *Interessengemeinschaften* bezeichnet.

Häufig schließen Unternehmen Verträge über Forschungs- und Entwicklungskooperationen ab. Gegenstand solcher Kooperationen kann alles sein, was von Unternehmen entwickelt, hergestellt und vertrieben wird und was es an Herstellungsverfahren und -vorrichtungen hierfür benötigt. Dazu gehören einzelne Produkte, Systeme und Anlagen, Software jeder Art und Verfahren jeder Art. Wenn die Vertragsparteien keine Kapitalgesellschaft, wie z.B. eine GmbH, gründen, um die Kooperation durch zuführen, handelt es sich in der Regel um eine Gesellschaft bürgerlichen Rechts (zu alledem *W. Winzer*, S. 7ff., 12. ff.)

Beispiele: Drei Chemieunternehmen schließen sich zusammen, um gemeinsam Forschungsanlagen zu errichten und zu nutzen. Dies kann in der Form einer BGB-Gesellschaft geschehen, die als Interessengemeinschaft bezeichnet wird.

Mehrere Unternehmen, die Einzelteile für die Kraftfahrzeugindustrie herstellen, schließen sich zusammen, um in der Zukunft gemeinsam für ihre Produkte auf dem europäischen Markt zu werben. Auch dies kann in der Form einer BGB-Gesellschaft geschehen.

BGB-Gesellschaften, die die gemeinsame Ausübung bestimmter unternehmerischer Teilfunktionen zum Gegenstand haben, können auch auf die Poolung von etwaigen Gewinnen gerichtet sein. BGB-Gesellschaften dieser Art sind häufig Vorstufen zu Konzernen.

Auch *Kartelle*, also privatrechtliche Zusammenschlüsse von selbstständigen Unternehmen, deren gemeinsamer Zweck es ist, die Marktverhältnisse durch Beschränkung des Wettbewerbs zu beeinflussen, können in Form einer BGB-Gesellschaft begründet werden. 40

Beispiel: Die Unternehmen A, B und C, die gleichartige und gleichwertige Waren herstellen und veräußern, vereinbaren, in Norddeutschland für ihre Produkte die gleichen Preise zu fordern. Hier wollen sich die Unternehmen A, B und C in einer Gesellschaft bürgerlichen Rechts zu einem Kartell zusammenschließen.

Zu beachten ist allerdings, dass mit dem *Gesetz gegen Wettbewerbsbeschränkungen* erreicht werden soll, dass der Wettbewerb auf den Märkten erhalten bleibt und deshalb Beeinträchtigungen des Wettbewerbs verhindert werden (§ 1 GWB. Vgl. dazu auch das europäische Wettbewerbsrecht, insbesondere Art. 85, 86 EGV. Zu der Frage, ob ein Gesellschaftsvertrag, dessen Zweck gegen § 1 UWG verstößt, wirksam oder unwirksam ist, vgl. *K. Schmidt*, Gesellschaftsrecht, § 6 III 3c aa).

In dem oben geschilderten **Beispiel** ist der beabsichtigte Zusammenschluss von A, B und C geeignet, die Marktverhältnisse durch Beschränkung des Wettbewerbs zu beeinflussen. Er ist deshalb gemäß § 1 GWB verboten.

Die BGB-Gesellschaft ist eine der möglichen Formen, um einen 41
Konzern zu bilden, allerdings wohl kaum die überwiegend genutzte. Wird bei der Konzernbildung die BGB-Gesellschaft gewählt, so werden die sich verbindenden Unternehmen Gesellschafter der BGB-Gesellschaft.

Schließen Personen einen Vertrag ab, in dem sie sich zur Gründung einer Gesellschaft verpflichten (sog. Gründungsvorvertrag), so kann damit eine BGB-Gesellschaft entstehen.

Beispiel: X, Y und Z vereinbaren, eine Bauträgergesellschaft in Form einer Kommanditgesellschaft zu gründen und in der nächsten Zeit alle Anstrengungen zu unternehmen, um dieses Ziel zu erreichen. Es handelt sich bei dieser Vereinbarung um den Abschluss eines Vertrages, durch den eine Gesellschaft bürgerlichen Rechts entsteht. Der gemeinsame Zweck im Sinne des § 705 BGB, der erreicht werden soll, ist die Gründung einer Kommanditgesellschaft als Bauträgergesellschaft.

Beispiel: Vereinbaren A, B und C, eine GmbH zu gründen, so bilden sie bis zum Abschluss des notariell beurkundeten Gesellschaftsvertrages der GmbH eine Vorgründungsgesellschaft in der Rechtsform der BGB-Gesellschaft (siehe dazu unten Rn. 687ff.).

II. Der gemeinsame Zweck

42 **Fall:** S, W und K schließen sich zusammen, um Düngemittel an- und weiterzuverkaufen. Schon im ersten Jahr erzielen sie einen Umsatz von über 1,5 € Millionen. Sie sind der Meinung, eine BGB-Gesellschaft gegründet zu haben. Mit Recht?

Als gemeinsamer Zweck, zu dessen Erreichung die Gesellschafter sich durch den Gesellschaftsvertrag zusammenschließen, kommt jeder erlaubte Zweck in Betracht. Dieser Zweck kann ein erwerbswirtschaftlicher oder ein ideeller sein.

Eine Reihe von Gesellschaftszwecken erwerbswirtschaftlicher Art sind oben unter Rn. 36ff. bereits aufgezählt worden.

43 Bei der Gründung von Gesellschaften bürgerlichen Rechts zu erwerbswirtschaftlichen Zwecken hat der Gesetzgeber allerdings Grenzen gezogen. Ist der angestrebte gemeinsame Zweck der Betrieb eines kaufmännischen Gewerbes, so kann die Gesellschaftsform, in der dieser Zweck erreicht werden soll, nicht eine BGB-Gesellschaft sein. Eine Personengesellschaft kann ein kaufmännisches Gewerbe nur in den vom Gesetz dafür vorgesehenen Formen der OHG oder KG betreiben. Betreibt eine Personengesellschaft, die als BGB-Gesellschaft gegründet worden ist, ein Gewerbe, so wird sie von Gesetzes wegen ohne jeden Publizitätsakt zu einer personen- und strukturgleichen OHG, sobald das Unternehmen nach Art und Umfang einen in kaufmännischer Weise eingerichteten Geschäftsbetrieb erfordert (§ 105 Abs. 1 u. § 1 Abs. 2 HGB).

Im oben geschilderten **Fall** betreiben S, W und K ein Umsatzgeschäft, also ein Handelsgewerbe. Bei einem Umsatz von über 1,5 € Millionen ist davon auszugehen, dass das Geschäft einen in kaufmännischer Weise eingerichteten Gewerbebetrieb erfordert. Da hier ein kaufmännisches Gewerbe betrieben wird, kann es sich nicht um eine BGB-Gesellschaft handeln, sondern, da eine Haftungsbeschränkung einzelner Personen nicht vereinbart worden ist, um eine OHG. Betreibt eine Personengesellschaft ein Handelsgewerbe, ohne dass eine Haftungsbeschränkung für einzelne Gesellschafter vorgesehen ist, wird sie unabhängig vom Willen der Gesellschafter zur OHG.

Häufig werden BGB-Gesellschaften gegründet, um kulturelle oder gesellschaftliche Zwecke zu verfolgen. Es handelt sich dann um *ideelle Zwecke*. 44

Beispiele: 20 für das Theaterspiel interessierte Personen schließen sich mit dem Ziel zusammen, regelmäßig Theaterstücke zu proben und in jedem Halbjahr mindestens eine Aufführung zu veranstalten. Der Erlös soll caritativen Zwecken dienen. Es handelt sich hierbei um eine BGB-Gesellschaft.

Nachbarn, die sich zur Erlangung eines Preisvorteils für eine jährliche Heizölsammelbestellung zusammengeschlossen haben, können eine BGB-Gesellschaft bilden (vgl. *LG Konstanz* NJW 1987, 2521; dazu *K. Schmidt*, JuS 1988, 444 ff.).

III. Der Gesellschaftsvertrag

1. Überblick

Eine BGB-Gesellschaft entsteht durch einen Gesellschaftsvertrag, in dem sich die Gesellschafter verpflichten, einen gemeinsamen Zweck zu erreichen. Die Gesellschafter fördern die Erreichung des gemeinsamen Zwecks insbesondere durch die Zahlung der vereinbarten Beiträge. 45

Die Verpflichtung der Gesellschafter, zur Erreichung des gemeinsamen Zwecks zusammenwirken zu wollen, und eine Beschreibung der Art und Weise, wie das geschehen soll, bilden deshalb den Mindestinhalt des Gesellschaftsvertrages. Mit Wirkung für das Innenverhältnis können die Gesellschafter vereinbaren, dass die Gesellschaft zu einem Zeitpunkt, der vor Abschluss des Vertrages liegt, bereits als entstanden gilt (*BGH* WM 1976, 972, 974).

Bei der Ausgestaltung des Gesellschaftsvertrages können die Gesellschafter in dem zulässigen Rahmen von ihrer Gestaltungsfreiheit Gebrauch machen (vgl. oben Rn. 28 ff.).

2. Die Rechtsnatur des Gesellschaftsvertrages

Will man die *Rechtsnatur des Gesellschaftsvertrages* bestimmen, 46
so ist zu berücksichtigen, dass die Vertragschließenden

- sich einerseits zur Erbringung bestimmter Leistungen verpflichten, also eine *Gläubiger- und Schuldnerstellung* schaffen,
- andererseits aber auch eine *Gemeinschaft errichten* wollen, deren Mitglieder sie werden möchten.

Daraus folgt: Der Gesellschaftsvertrag, durch den die BGB-Gesellschaft begründet wird, ist sowohl ein *Schuldvertrag* als auch ein *organisationsrechtlicher Vertrag*, der auf die Gründung einer Personenvereinigung abzielt (MünchKomm-BGB/*Ulmer*, § 705 Rn. 155 ff.).

Der Gesellschaftsvertrag ist demnach ein schuldrechtlicher Vertrag, der einerseits die wechselseitigen Rechte und Pflichten der Gesellschafter – wie z. B. die Beitragspflicht – regelt, andererseits aber auch Bestimmungen über die Organisation der Gesellschaft enthält. *Wiedemann* (WM 1990, Sonderbeilage Nr. 8, S. 1, 3) spricht im Hinblick auf diese Doppelnatur des Gesellschaftsvertrages davon, dass dieser gleichzeitig Gründungs- und Verfassungsvertrag sei, der Entstehungstatbestand und Grundordnung für das weitere Zusammenarbeiten darstelle.

Soweit der Gesellschaftsvertrag ein schuldrechtlicher Vertrag ist, finden auf ihn nicht nur die allgemeinen Normen des BGB über Rechtsgeschäfte (1. Buch des BGB, Allgemeiner Teil), sondern auch die Vorschriften des allgemeinen Schuldrechts (2. Buch des BGB) grundsätzlich Anwendung. Es wird nach wie vor darüber gestritten, ob der Gesellschaftsvertrag ein gegenseitiger Vertrag ist. Praktische Bedeutung hat dies z. B. für die Frage, ob § 320 BGB an-wendbar ist. Reichsgericht (u. a. *RGZ* 78, 303, 305; 163, 385, 388) und Bundesgerichtshof (u. a. NJW 1951, 308; WM 1959, 53, 54) sind teilweise von der Gegenseitigkeit des Gesellschaftsvertrages ausgegangen. Der *BGH* hat dabei allerdings betont, dass der Gesellschaftsvertrag sich vom reinen Austauschvertrag wesensmäßig unterscheidet.

47 In der Literatur werden gegensätzliche Positionen vertreten. *Ulmer* (MünchKomm-BGB/*Ulmer*, § 705 Rn. 125) sieht in dem Gesellschaftsvertrag die *Grundlage für den Personenverband* als die aus den Gesellschaftern bestehende, im Rechtsverkehr durch ihre Organe handlungsfähige Gruppe. *Westermann* (Rn. I 85 ff.) unterscheidet zwischen dem Verhältnis des einzelnen Gesellschafters zur Gesellschaft einerseits und dem Verhältnis der Gesellschafter untereinander andererseits. Bei der typischen Erwerbsgesellschaft stehen sich nach Westermann die Beitragspflicht des Gesellschafters und die Pflicht der Gesellschaft, diesen am Gewinn zu beteiligen, im Verhältnis von Leistung und Gegenleistung – wohl als Austauschverhältnis mit Hauptpflichten gedacht – gegenüber.

48 Mit Recht wird verneint, dass der Gesellschaftsvertrag ein Austauschvertrag ist, weil die Gesellschafter, die sich zusammenschließen, dies in erster Linie tun, um durch ihr Zusammenwirken einen gemeinsamen Zweck zu erreichen, nicht aber, um Leistungen auszutauschen (vgl. *Hueck/Windbichler*, Gesellschaftsrecht, § 6 Rn. 3). Wenn aber die Verpflichtung zur Förderung des gemeinsamen Zweckes im Vordergrund steht, so ist damit im Grundsatz unvereinbar, dass ein Gesellschafter gemäß §§ 320ff. BGB die eigene Einlageleistung von dem Erbringen der anderen Beiträge abhängig macht.

Da der Gesellschaftsvertrag kein Austauschvertrag ist und die synallagmatische Verknüpfung von Leistungspflichten fehlt, ist schon deshalb die Anwendung der §§ 323 bis 326 BGB ausgeschlossen, d.h. z.B., dass ein Rücktritt vom Vertrage nicht möglich ist. Es kommen in der Regel nur noch Kündigung (§ 723 BGB) oder Auflösung der Gesellschaft statt des Rücktritts vom Vertrage mit Wirkung für die Zukunft als Möglichkeiten der Beendigung der Gesellschaft in Betracht, die den Besonderheiten einer Personengesellschaft entsprechen (vgl. MünchKomm-BGB/*Ulmer*, § 705 Rn. 163ff.). 49

Der *BGH* (WM 1982, 1226ff.) hat bisher in Fällen der Schlechterfüllung bei Gesellschaftsverträgen als Verträgen ohne gesetzliche Gewährleistungsvorschriften allein die Grundsätze über die Haftung für positive Vertragsverletzung angewandt. In diesen Fällen sowie auch dann, wenn ein Gesellschafter mit der Erfüllung von Mitgliedspflichten aus einem Leistungsverhältnis gegenüber der Gesellschaft in Verzug gerät, können nun Ansprüche aus § 280 BGB entstehen.

Beispiel: Mit einem Gesellschaftsvertrag i.S. des § 705 BGB haben sich mehrere Gesellschafter zur Herstellung und Vervielfältigung eines mehrbändigen Nachschlagewerkes zu einer Gesellschaft bürgerlichen Rechts zusammengeschlossen. Im Gesellschaftsvertrag hat ein Gesellschafter die Vertriebspflicht als eine gesellschaftsrechtliche Verpflichtung zur Leistung von Diensten i.S. von § 706 Abs. 3 BGB übernommen, der er nur unzureichend nachgekommen ist. Der *BGH* (WM 1982, 1226f.) hat die Anwendung des § 326 a.F. BGB abgelehnt und die oben genannte Schlechterfüllung nach den Grundsätzen über die Haftung für positive Vertragsverletzungen beurteilt. Jetzt wären in diesem Fall §§ 280ff. BGB anwendbar.

Bei der Anbahnung von Verhandlungen zum Abschluss eines Gesellschaftsvertrages kommt dadurch, dass sich die Verhandelnden Vertrauen entgegenbringen, ein vorvertragliches Schuldverhältnis mit den daraus erwachsenden Verpflichtungen zustande (§ 311 Abs. 2 BGB). Schuldhafte Verletzungen vorvertraglicher Verhaltenspflichten können zur Entstehung eines Anspruches aus culpa in contrahendo (§§ 280, 311 Abs. 2, 241 Abs. 2 BGB) auf Ersatz des Vertrauensschadens führen (so *BGH* WM 1987, 1336f.).

3. Die Form

50 Grundsätzlich ist der Abschluss des Gesellschaftsvertrages, mit dem die BGB-Gesellschaft begründet wird, formfrei. Der Vertrag bedarf nur dann einer Form, wenn er ein formbedürftiges Leistungsversprechen enthält.

Beispiel: Ein Gesellschafter verpflichtet sich im Gesellschaftsvertrag, ein Grundstück einzubringen, das zum Gesellschaftsvermögen gehören soll. Da der Gesellschaftsvertrag eine Einheit bildet, bedarf er insgesamt gemäß § 311 b BGB der notariellen Beurkundung.

4. Die Auslegung von Gesellschaftsverträgen

51 In der Praxis spielt die *Auslegung von Gesellschaftsverträgen* eine nicht unerhebliche Rolle. Sie richtet sich grundsätzlich nach den allgemeinen Regeln der §§ 133, 157 und 242 BGB. Das gilt auch für solche Klauseln, die nicht nur für die Gesellschafter selbst, sondern auch für außenstehende Dritte von Bedeutung sein können, wie z.B. für eine gesellschaftsvertragliche Bestimmung, nach der die Gesellschafterrechte nur an Familienangehörige abgetreten werden können (*BGH* WM 1978, 514 f.).

Auch die allgemeinen Grundsätze über die ergänzende Vertragsauslegung finden auf Gesellschaftsverträge Anwendung. Falls die Gesellschafter bei Abschluss des Gesellschaftsvertrages einen regelungsbedürftigen Punkt nicht bedacht und deshalb auch keine entsprechende ausdrückliche Vereinbarung in den Vertrag aufgenommen haben, so ist auf der Grundlage des Vertrages zu ermitteln, wie die Gesellschafter den offen gebliebenen Punkt nach Treu und Glauben geregelt hätten, wenn sie an ihn gedacht hätten.

Wenn auch grundsätzlich die allgemeinen Regeln über die Auslegung (§§ 133, 157, 242 BGB) auf den Gesellschaftsvertrag anwendbar sind, so ergeben sich doch einige Besonderheiten. Diese gründen sich einerseits auf die meist lange Vertragsdauer und das Eigenleben, das die Gesellschaft im Laufe der Zeit entfaltet, andererseits auf die im Vergleich mit anderen Rechtsgeschäften stärkere und deshalb auch für die Auslegung zu beachtende Bedeutung des Vertragszwecks und der Treuepflicht. Letztere kann zu einer Auslegung führen, die bei einem mehrdeutigen Wortlaut des Gesellschaftsvertrages den sachlich berechtigten Belangen der verschiedenen Gesellschafter am besten Rechnung trägt (vgl. MünchKomm-BGB/*Ulmer*, § 705 Rn. 171 ff.).

§ 5. Die Rechtsbeziehungen der Gesellschafter untereinander (Das Innenverhältnis)

Literatur: *Flume,* Gesellschaft und Gesamthand, ZHR 136 (1972) 177ff.; *Grunewald,* Die Gesellschafterklage in der Personengesellschaft und der GmbH, 1990; *E. Kießling,* Das Gesamthandsprinzip bei Personengesellschaften. FS Hadding, S. 477ff.; *Th. Raiser,* Das Recht der Gesellschafterklagen, ZHR 153 (1989) 1ff.; *Schünemann,* Grundprobleme der Gesamthandsgesellschaft 1975; *Schulze/Osterloh,* Das Prinzip der gesamthänderischen Bindung, 1972.

I. Überblick

Die Rechte und Pflichten der Gesellschafter ergeben sich aus dem Gesellschaftsvertrag und den gesetzlichen Vorschriften der §§ 705ff. BGB. 52

Die meisten Vorschriften der §§ 705ff. BGB sind dispositiver Natur. Sie können also von den Gesellschaftern, die den Vertrag abschließen, durch entsprechende Vereinbarungen im Gesellschaftsvertrag abgeändert bzw. ergänzt werden. Die gesellschaftsvertragliche Vereinbarung geht im Zweifel der gesetzlichen Regelung vor.

Nur in seltenen Fällen ist es sinnvoll, die gesetzliche Regelung für das Innenverhältnis, die Rechtsverhältnisse der Gesellschafter untereinander, unverändert gelten zu lassen. Je nach den für die beteiligten Personen vorgesehenen Funktionen, dem Gesellschaftszweck und der Höhe der Beteiligung sind in der Regel vom Gesetz abweichende, zweckentsprechendere Vereinbarungen im Gesellschaftsvertrag notwendig.

Beispiel: Gemäß § 709 BGB steht die Geschäftsführung allen Gesellschaftern in der Weise gemeinschaftlich zu, dass die Zustimmung aller Gesellschafter zu den einzelnen Maßnahmen erforderlich ist. In der Regel dürfte es zweckmäßig sein, das gesetzlich vorgesehene schwerfällige Einstimmigkeitsprinzip durch eine entsprechende Regelung im Gesellschaftsvertrag zu ersetzen, indem etwa die Geschäftsführung nur einem Gesellschafter oder einer begrenzten Zahl von Gesellschaftern eingeräumt wird.

Nicht nur in Bezug auf die Geschäftsführungsmaßnahmen erfolgt die Willensbildung in der Gesellschaft durch Beschluss. Das gilt vor allem für die Änderung des Gesellschaftsvertrages. Die Grundlage für das Beschlussrecht in der BGB-Gesellschaft bildet 52a der § 709 BGB, dessen Wirkung also über bloße Geschäftsführungsmaßnahmen hinausreicht.

Nach § 709 Abs. 1 BGB ist für die Wirksamkeit eines Beschlusses Einstimmigkeit vorgesehen. Der Gesellschaftsvertrag kann eine davon abweichende Regelung vorsehen.

Das BGB verzichtet ebenso wie das HGB für die OHG und die KG auf Vorschriften über die Gesellschafterversammlung. Der Gesellschaftsvertrag kann gestützt auf den Grundsatz der Vertragsfreiheit Bestimmungen darüber treffen.

Jedem Gesellschafter stehen eine Reihe von Verwaltungsrechten zu. Dazu gehören u.a. das Recht zur Geschäftsführung einschließlich das Widerspruchsrecht, die Informations- und Kontrollrechte, das Recht, an der Liquidation mitzuwirken und das Kündigungsrecht.

§ 717 BGB stellt für alle aus der Mitgliedschaft herrührenden Rechte (Mitgliedschaftsrechte) den Grundsatz der Unübertragbarkeit auf (Abspaltungsverbot). Nicht übertragbar sind gemäß § 717 S. 1 BGB alle Verwaltungsrechte, die oben genannt sind. Umstritten ist, ob sog. Stimmbindungsverträge zulässig sind oder gegen das Abspaltungsverbot verstoßen. Während Stimmbindungsverträge mit Mitgesellschaftern zulässig sein dürften, ist die Zulässigkeit solcher Verträge mit außen stehenden Dritten umstritten (vgl. MünchKomm-BGB/*Ulmer*, § 717 Rn. 20 mit Nachw.).

II. Die Beitragspflicht

a) Überblick

53 Die Gesellschafter sind regelmäßig zur Leistung von Beiträgen verpflichtet (§§ 705ff. BGB). *Beiträge* der Gesellschafter sind alle Leistungen, zu denen diese sich durch den Gesellschaftsvertrag zur Förderung des Gesellschaftszweckes verpflichten. Beiträge können z.B. sein: Geldzahlungen, die Übereignung von beweglichen Sachen und Grundstücken, die Einbringung von Wertpapieren, das Überlassen von Patenten und Lizenzen, die Gestattung des Gebrauchs von Sachen zur gemeinsamen Nutzung sowie Dienstleistungen.

Beispiel: Zwei Chemieunternehmen, die Pharma-Süd AG und die Lenne Arzneimittelfabrik GmbH, schließen sich zu einer „Interessengemeinschaft“ – einer BGB-Gesellschaft – zusammen, um Arzneimittelforschung zu betreiben. Im Gesellschaftsvertrag wird vereinbart, dass die Gesellschafter u.a. folgende

Beiträge zu erbringen haben: Die Pharma-Süd AG verpflichtet sich zur Gestattung des Gebrauchs ihrer umfangreichen Forschungsanlage zur gemeinschaftlichen Nutzung; die Lenne Arzneimittelfabrik GmbH hat der Gesellschaft 20 im Vertrage genau benannte Patente zu überlassen.

Die Beiträge müssen der Höhe nach im Gesellschaftsvertrag nicht festgelegt sein. Ihre Bestimmung kann einem Mehrheitsbeschluss der Gesellschafter vorbehalten bleiben, wenn der Gesellschaftsvertrag eine Obergrenze für die Beiträge festgesetzt hat und für die Erhöhung der Beiträge einen Mehrheitsbeschluss vorsieht (*BGH* WM 1976, 1053, 1055).

Der Beitrag eines Gesellschafters kann nach § 706 Abs. 3 BGB **53a**
auch in der Leistung von Diensten bestehen.

Schließen sich Anwälte zu einer Gesellschaft bürgerlichen Rechts zusammen, so besteht ihr Beitrag zur Förderung des gemeinsamen Zwecks im Zweifel darin, dass sie für die Gesellschaft Dienstleistungen – nicht zuletzt Mandanten gegenüber – erbringen und dabei ihre Kenntnisse und Fähigkeiten einsetzen. Man kann auch sagen, die im Gesellschaftsvertrag vereinbarte Beitragspflicht besteht in der Pflicht zur aktiven Ausübung des Berufs (vgl. *M. Henssler*, Partnerschaftsgesellschaftsgesetz, § 1 Rn. 7).

b) Die Folgen der Verletzung von Beitragspflichten

Fraglich ist, wie zu verfahren ist, wenn ein Gesellschafter seine **53b**
Beitragspflicht nicht oder schlecht erfüllt. Zu klären ist insbesondere, ob und gegebenenfalls welche Ansprüche aus **Leistungsstörungen** entstehen können.

Wie oben (Rn. 46ff.) schon erörtert, ist der Gesellschaftsvertrag, durch den die BGB-Gesellschaft begründet wird, sowohl ein Schuldvertrag als auch ein organisationsrechtlicher Vertrag, der auf die Gründung einer Personenvereinigung abzielt. Es handelt sich demnach um einen schuldrechtlichen Vertrag, der einerseits die wechselseitigen Rechte und Pflichten der Gesellschafter, wie z. B. die Beitragspflicht, regelt, andererseits aber auch Bestimmungen über die Organisation der Gesellschaft enthält. Soweit der Gesellschaftsvertrag ein schuldrechtlicher Vertrag ist, können grundsätzlich auch die Vorschriften des allgemeinen Schuldrechts auf ihn angewandt werden.

Deshalb haftet ein Gesellschafter, der die für ihn aus dem Gesellschaftsvertrage erwachsenden Pflichten verletzt, für den daraus entstehenden Schaden nach den allgemeinen Regeln des Vertragsrechts, im Zweifel aus Pflichtverletzung gemäß § 280 BGB. Hat ein Gesellschafter einer Gesellschaft bürgerlichen Rechts seine Beitragspflicht im Sinne des § 706 Abs. 3 BGB unzureichend erfüllt, so kann die Gesellschaft gegen ihn einen Schadensersatzanspruch aus § 280 BGB erworben haben (so *BGH* NJW 1983, 1188f.; MünchKomm-BGB/*Ulmer*, § 706 Rn. 27, 29; Palandt/*Sprau*, § 706 Rn. 5; Jauernig/*Stürner*, § 706 Rn. 8).

Bei der Erfüllung der ihnen aus dem Gesellschaftsverhältnis insgesamt erwachsenden Verpflichtungen haben die Gesellschafter nach der gesetzlichen Regelung (§ 708 BGB) nur für diejenige Sorgfalt einzustehen, die sie in eigenen Angelegenheiten anzuwenden pflegen (diligentia quam in suis). Das bedeutet im Höchstfall den Ausschuss der Haftung für leichte, nicht aber für grobe Fahrlässigkeit (§ 277 BGB).

c) Keine Nachschusspflicht

54 Nach der gesetzlichen Regelung (§ 707 BGB) besteht *grundsätzlich keine Nachschusspflicht*, d.h. die Gesellschafter sind nicht verpflichtet, die im Gesellschaftsvertrag vereinbarten Beiträge nachträglich zu erhöhen oder eine durch Verlust verminderte Einlage nachträglich zu ergänzen. Nach Abschluss des Gesellschaftsvertrages kann die Beitragspflicht nur durch eine entsprechende Änderung des Gesellschaftsvertrages erhöht werden. Dazu ist im Regelfall die Zustimmung aller betroffenen Gesellschafter erforderlich. Diese Regelung bietet den Vorteil, dass jeder Gesellschafter bei Beginn der Gesellschaft überschauen kann, welchen Umfang seine Beitragspflicht erreicht. Beitragserhöhungen können also nur mit Zustimmung eines jeden Gesellschafters beschlossen werden. Solche Zustimmungen können die Gesellschafter im Gesellschaftsvertrag auch antizipiert erteilen. Die Wirksamkeit einer solchen gesellschaftsvertraglichen Bestimmung hängt allerdings davon ab, ob sie eindeutig ist und Ausmaß und Umfang einer möglichen zusätzlichen Belastung erkennen lässt (vgl. BGHZ 132, 263, 268). Das erfordert bei Beitragserhöhungen die Angabe einer Obergrenze oder sonstige Kriterien, die das Erhöhungsrisiko eingrenzen (vgl. *BGH* ZIP 2005, 1455f.).

Beispiel: Im Gesellschaftsvertrag einer BGB-Gesellschaft haben die Mitglieder sich damit einverstanden erklärt, dass der Vorstand für die Zukunft ermächtigt sein soll, Nachschusspflichten für die Gesellschafter „in angemessenem Umfang" zu begründen, wenn er das für erforderlich hält. Hier fehlen die Angabe einer Obergrenze oder sonstige Kriterien, die das Erhöhungsrisiko eingrenzen. Für die Gesellschafter ist nicht erkennbar, wie hoch Ausmaß und Umfang einer möglichen zusätzlichen Belastung sein können. Den oben beschriebenen Erfordernissen wird nicht genügt. Die Bestimmung im Gesellschaftsvertrag kann deshalb nicht Grundlage einer Nachschussverpflichtung sein.

§ 707 BGB stellt dispositives Recht dar und kann deshalb durch den Gesellschaftsvertrag ausgeschlossen werden. Allerdings ist die in § 707 BGB getroffene Grundsatzentscheidung, dass ein Gesellschafter während des Bestehens der Gesellschaft grundsätzlich nicht zu Nachschüssen verpflichtet ist, bei der Auslegung des Gesellschaftsvertrages zu beachten. Demnach muss aus dem Gesellschaftsvertrag eindeutig hervorgehen, dass über die eigentliche Einlageschuld hinausgehende Beitragspflichten begründet werden sollen (vgl. *BGH* WM 2006, 774f.).

Der Gesellschafterbeschluss einer Personengesellschaft, durch den eine Nachschusspflicht begründet werden soll, die im Gesellschaftsvertrag keine Grundlage hat, ist demjenigen Gesellschafter gegenüber, der seine Zustimmung nicht gegeben hat, unwirksam (so *BGH* ZIP 2007, 766f.). Der betroffene Gesellschafter kann die bestehende Unwirksamkeit des Beschlusses durch eine Feststellungsklage gemäß § 256 ZPO geltend machen.

III. Die Geschäftsführung

1. Die Begriffe der Geschäftsführung und Vertretung

Die Gesellschaft als solche kann nicht handeln. Deshalb müssen Gesellschafter (natürliche Personen) für sie tätig werden. Bei der Tätigkeit für die Gesellschaft unterscheidet das Gesetz zwischen Geschäftsführung und Vertretung. 55

Unter *Geschäftsführung* ist die auf die Verfolgung des Gesellschaftszweckes gerichtete Tätigkeit der Gesellschafter zu verstehen. Die Geschäftsführung kann bestehen in
– rein tatsächlichen Handlungen und
– rechtsgeschäftlichen Handlungen.

Beispiele für tatsächliche Handlungen, die Geschäftsführungstätigkeiten darstellen: Die Leitung eines Unternehmens, das in der Form einer Handelsgesellschaft betrieben wird; das Aufstellen von Bilanzen; die Kontrolle der Arbeitnehmer im Betrieb.

Beispiele für rechtsgeschäftliches Handeln, das Geschäftsführungstätigkeit darstellt: Der Abschluss von Arbeitsverträgen mit dem Personal; der Abschluss von Kaufverträgen betreffend den Einkauf und Verkauf von Waren im Namen der Gesellschaft.

56 Die zuletzt geschilderten Handlungen stellen allerdings nicht nur Geschäftsführungstätigkeiten dar. Es handelt sich gleichzeitig um Vertretungsmaßnahmen. Unter *Vertretungsmaßnahmen* versteht man die rechtsgeschäftlichen Erklärungen, die die Gesellschafter im Namen der Gesellschaft abgeben und entgegennehmen. Die Rechtsfolgen der Erklärungen treffen nach § 164 BGB die Gesellschaft, für die gehandelt wird und nicht die sie vertretenden Gesellschafter.

Zur Geschäftsführung gehören solche Maßnahmen nicht, die die Beziehungen der Gesellschafter zueinander und damit die Grundlagen der Gesellschaft selbst berühren (so *RGZ* 162, 370, 374). Änderungen des Gesellschaftsvertrages und die Auflösung der Gesellschaft sind deshalb keine Akte der Geschäftsführung.

Wenn das Gesetz auch in den §§ 709ff. BGB und §§ 714ff. BGB zwischen Geschäftsführung und Vertretung unterscheidet, so bedeutet das nicht, dass Handlungen, die die Gesellschafter vornehmen, entweder eine Geschäftsführungsmaßnahme oder eine Vertretungshandlung sind. Häufig ist – wie oben bereits dargestellt – ein und dieselbe Handlung sowohl eine Geschäftsführungsmaßnahme als auch eine Vertretungshandlung.

Beispiel: Stellt eine BGB-Gesellschaft eine Sekretärin ein, so ist der Abschluss des Arbeitsvertrages sowohl ein Akt der Geschäftsführung als auch eine Vertretungshandlung, die die Gesellschaft rechtsgeschäftlich bindet.

2. Die Geschäftsführung im Einzelnen

57 Nach der gesetzlichen Regelung (§ 709 Abs. 1 BGB) steht die Geschäftsführung den Gesellschaftern in der Weise gemeinschaftlich zu, dass zu jeder Geschäftsführungsmaßnahme die Zustimmung aller Gesellschafter erforderlich ist (Grundsatz der Gesamtgeschäftsführung).

Beispiel: Die Entscheidung darüber, ob für eine aus 20 Gesellschaftern bestehende Gesellschaft bürgerlichen Rechts ein PKW angeschafft werden soll oder nicht, darf nicht ein einzelner oder ein Teil der Gesellschafter allein treffen. Falls der Gesellschaftsvertrag im Hinblick auf die Geschäftsführung keine andere Regelung vorsieht, müssen nach § 709 Abs. 1 BGB alle 20 Gesellschafter ihre Zustimmung geben.

Die vom Gesetz als Regelfall vorgesehene Lösung bietet zwar dem einzelnen Gesellschafter einen weitgehenden Schutz, erweist sich aber bei größeren Gesellschafterzahlen als schwerfällig und unpraktikabel. Das Gesetz räumt in den §§ 709 Abs. 2, 710 und

711 BGB die Möglichkeit ein, durch den *Gesellschaftsvertrag* andere Geschäftsführungsregelungen zu treffen:

a) Alle Gesellschafter nehmen an der Geschäftsführung teil. 58
Entscheidungen werden durch Beschlüsse getroffen. (Zu den Gesellschafterbeschlüssen im Einzelnen siehe unten Rn. 255ff.) Sind nicht alle Gesellschafter bereit, zu einer vorgesehenen Maßnahme der Geschäftsführung ihre Zustimmung zu erteilen, entscheidet die Stimmenmehrheit, die – je nach gesellschaftsvertraglicher Regelung – nach Köpfen (jeder Gesellschafter hat eine Stimme) oder nach Kapitalanteilen zu berechnen ist.

b) Alle Gesellschafter sollen geschäftsführungsbefugt sein, aber jeder Gesellschafter ist berechtigt, allein zu handeln; allerdings kann auch jeder andere Gesellschafter der Geschäftsführungsmaßnahme mit der Wirkung widersprechen, dass das Geschäft unterbleiben muss (§ 711 BGB).

c) Die Führung der Geschäfte kann einem oder mehreren Gesellschaftern in der Weise übertragen werden, dass die übrigen von der Geschäftsführung ausgeschlossen sind (§ 710 BGB) und ihnen auch kein Widerspruchsrecht gemäß § 711 BGB zusteht (so *RGZ* 102, 410, 412).

Verletzt ein Gesellschafter schuldhaft seine Geschäftsführungspflicht, so ist er der Gesellschaft aus Pflichtverletzung gemäß § 280 BGB schadenersatzpflichtig. Der Haftungsmaßstab wird durch § 708 BGB bestimmt.

IV. Der Aufwendungserstattungsanspruch

Der Geschäftsführer kann gemäß § 713 i.V.m. § 670 BGB von 59
der Gesellschaft Aufwendungsersatz verlangen.

Unter *Aufwendungen* sind alle Vermögensopfer zu verstehen, die ein Gesellschafter im Interesse der Gesellschaft erbringt.

Beispiel: Ein Gesellschafter zahlt den Kaufpreis an einen Verkäufer, mit dem die BGB-Gesellschaft einen Kaufvertrag abgeschlossen hat. Er hat einen Anspruch auf Zahlung der Kaufpreissumme gegen die Gesellschaft gemäß §§ 713, 670 BGB.

Der Anspruch richtet sich gegen die Gesellschaft. Eine anteilige 60
Haftung der Mitgesellschafter ist wegen § 707 BGB (= keine Nachschusspflicht; siehe dazu Rn. 54) grundsätzlich bis zur Auseinandersetzung ausgeschlossen. Der Gesellschaftsvertrag kann allerdings Abweichendes vorsehen.

Ein Ausgleichsanspruch gegen die Mitgesellschafter kann sich allerdings aus § 426 BGB ergeben.

V. Die Treuepflichten

61 Wie in jedem Rechtsverhältnis, gibt es auch in der Gesellschaft und im Verband Loyalitätspflichten. Diese allgemeinen Loyalitätspflichten können sich zu konkreten Förder- und Interessenwahrungspflichten verdichten. Pflichten dieser Art werden Treuepflichten genannt (vgl. *K. Schmidt,* Gesellschaftsrecht § 20 IV 1a mit Nachw.) Ihre Grundlage ist der Gesellschaftsvertrag in Verbindung mit § 242 BGB.

Auch in der BGB-Gesellschaft ergibt sich als Nebenpflicht für die Gesellschafter die Treuepflicht. Daraus folgt, dass jeder Gesellschafter zur Verwirklichung des gemeinsamen Zwecks beizutragen und dabei die Belange der Gesellschaft und seiner Mitgesellschafter zu berücksichtigen hat (vgl. *K. Schmidt,* Gesellschaftsrecht, § 59 III 1b). Den durch den Gesellschaftsvertrag festgelegten und vereinbarten gemeinsamen Interessen kommt stets Vorrang zu. Für die Wahrnehmung eigener Interessen ist nur Raum, wenn dadurch die Belange der Gesellschaft nicht tangiert werden (MünchKomm-BGB/*Ulmer,* § 705 Rn. 226). Demzufolge können sich Unterlassungspflichten, wie z.B. Wettbewerbsverbote, aber von Fall zu Fall auch Pflichten zu aktivem Tun, wie z.B. ausnahmsweise zur Vertragsanpassung, ergeben. Treuepflichtig sind vor allem, aber nicht nur, die die Geschäfte führenden Gesellschafter (vgl. *K. Schmidt,* Gesellschaftsrecht, § 59 III 1b).

62 Handlungspflichten der Gesellschafter sind vor allem insoweit zu bejahen, als es um die vertraglich vereinbarte Förderung des gemeinsamen Zwecks geht (MünchKomm-BGB/*Ulmer,* § 705 Rn. 223). Darunter fallen z.B. Angelegenheiten der Geschäftsführung einschließlich der Ausübung des Widerspruchsrechts nach § 711 BGB und die Beschlussfassung über Geschäftsführungsmaßnahmen.

Aus der Treuepflicht ist also abzuleiten: Dem Gesellschaftsinteresse kommt grundsätzlich der Vorrang vor den Einzelinteressen der Gesellschafter zu. Soweit die Ausübung eigennütziger, den Gesellschaftern im eigenen Interesse verliehener Gesellschafterrechte in Frage steht, hat die Treuepflicht in erster Linie **Schrankenfunktion.** Sie verpflichtet den Gesellschafter zur Wahl des schonendsten Mittels bei der Verfolgung seiner Interessen. Daraus kann sich z.B. ein Wettbewerbsverbot zu Lasten der Gesellschafter ergeben (vgl. MünchKomm-BGB/*Ulmer,* § 705 Rn. 223).

Bei den Treuepflichten geht es sowohl im Verhältnis der Gesellschafter zur Gesellschaft als auch im Verhältnis zu den Mitgesellschaftern stets um den durch den Gesellschaftszweck definierten mitgliedschaftlichen Bereich (vgl. MünchKomm-BGB/*Ulmer,* § 705 Rn. 229), also um das **Innenverhältnis.** Hier können sich Unterlassungspflichten wegen der Wahrnehmung eigennütziger, nicht dem Gesellschaftszweck dienender Eigeninteressen ergeben. Es kann aber auch eine Pflicht zum Tun, wie z.B. die Zustimmung zu einer Geschäftsführungsmaßnahme oder ausnahmsweise zur Vertragsanpassung, erwachsen. Treuepflichten werden hingegen nicht verletzt, wenn ein Gesellschafter im Außenverhältnis, etwa im Verhältnis zu Mandanten oder Gläubigern, fehlerhaft handelt und damit einen Schadensersatzanspruch des Dritten gegen die Gesellschaft provoziert. Denn dadurch wird der innergesellschaftliche Bereich, in dem es um die loyale Wahrnehmung der mitgliedschaftlichen Rechte geht, nicht berührt.

VI. Der Grundsatz der gleichmäßigen Behandlung der Gesellschafter

Anerkannt ist ein verbandsrechtlicher Gleichbehandlungsgrundsatz, der besagt, dass jedes Mitglied unter gleichen Voraussetzungen ebenso zu behandeln ist wie die übrigen Mitglieder. Anders ausgedrückt bedeutet dies ein Verbot unsachlicher Differenzierung zwischen den Gesellschaftern (so *Wiedemann,* Bd. 1, § 8 II 2) bzw. ein Verbot sachlich nicht gerechtfertigter, willkürlicher Ungleichbehandlung der Gesellschafter (so MünchKomm-BGB/*Ulmer,* § 705 Rn. 245). 63

Der Grundsatz der gleichmäßigen Behandlung der Gesellschafter ist dispositiver Natur, soweit nicht die Schranke des § 138 BGB eingreift (vgl. MünchKomm-BGB/*Ulmer,* § 705 Rn. 247).

Wie sich der Gleichbehandlungsgrundsatz auf die Gesellschafter auswirkt, richtet sich nach der Struktur der Vereinigung. Für die BGB-Gesellschaft hat das Gesetz in den §§ 706, 709 Abs. 2, 722, 734f. BGB zu erkennen gegeben, dass es von einer gewissen Gleichberechtigung der Gesellschafter ausgeht. Dabei handelt es sich jedoch überwiegend um Auslegungsregeln, die in der Regel dispositiver Natur sind (zur beschränkten Reichweite des Gleichbehandlungsgebots siehe insbesondere *Wiedemann,* Bd. 1, § 8 II 2b mit Nachw.).

Beispiel: Im Hinblick auf die Beitragsleistung kann sich jeder Gesellschafter, gestützt auf den Gleichbehandlungsgrundsatz, weigern, in stärkerem Maße als die Mitgesellschafter auf Erfüllung in Anspruch genommen zu werden, sofern nicht eine Ungleichbehandlung im Gesellschaftsvertrag vorgesehen ist oder ein sachlich gerechtfertigter Grund für diese Ungleichbehandlung vorliegt (vgl. MünchKomm-BGB/*Ulmer*, § 705 Rn. 204 mit Nachw.).

VII. Die Verteilung von Gewinn und Verlust

64 Nach der gesetzlichen Regelung haben die Gesellschafter ohne Rücksicht auf die Höhe des von ihnen zu erbringenden Beitrages gleichen Anteil am Gewinn und Verlust (§ 722 BGB). Es ist den Gesellschaftern jedoch unbenommen, im Gesellschaftsvertrag eine Gewinn- und Verlustbeteiligung nach Kapitaleinlagen oder anderen Gesichtspunkten zu vereinbaren.

VIII. Das Gesellschaftsvermögen als Gesamthandsvermögen

65 Mit der Gründung einer Personengesellschaft wird ein Sondervermögen gebildet, das vom Privatvermögen der Gesellschafter streng zu trennen ist. Zu diesem Sondervermögen (= Gesellschaftsvermögen) gehört das, was die Gesellschafter als Beiträge geleistet haben, und die Gegenstände, die durch die Geschäftsführung für die Gesellschaft erworben worden sind (§ 718 BGB). Dazu können zählen: bewegliche Sachen, Grundstücke, Forderungen und sonstige Rechte aller Art.

Die zum Gesellschaftsvermögen gehörenden Sachen und Rechte unterliegen einigen Sonderregelungen, die sich daraus ergeben, dass das Gesellschaftsvermögen nicht mehr dem unabhängigen und freien Willen des einzelnen Gesellschafters zur Verfügung stehen kann, sondern dem Gesellschaftszweck dienen soll und daher dem nach den gesetzlichen Vorschriften oder dem Gesellschaftsvertrag gebildeten Willen der Gesellschafter unterliegt.

66 Das Gesellschaftsvermögen ist *Gesamthandsvermögen.* Das heißt: Das Vermögen steht den Gesellschaftern in ihrer personenrechtlichen Verbundenheit in der Art zu, dass ein einzelner Gesellschafter über seinen Anteil an dem Gesellschaftsvermögen und auch an den einzelnen dazu gehörenden Gegenständen nicht frei verfügen kann. Über das Gesellschaftsvermögen als Ganzes sowie auch über Teile des Gesellschaftsvermögens können nur alle Ge-

sellschafter gemeinsam verfügen (§ 719 BGB). Gesamthandsvermögen bedeutet also: die dazu gehörenden Sachen und Rechte stehen allen Gesellschaftern gemeinschaftlich zu. Über einzelne Vermögensgegenstände können die Gesellschafter nur gemeinsam verfügen.

Ob es Anteile an den einzelnen zum Gesellschaftsvermögen gehörenden Gegenständen überhaupt gibt, ist bestritten (bejahend: *Schulze-Osterloh,* Das Prinzip der gesamthänderischen Bindung, 1972; so wohl auch Palandt/*Thomas,* § 719 Rn. 5). Der Text des § 859 Abs. 1 S. 2 ZPO („der Anteil eines Gesellschafters an den einzelnen, zu dem Gesellschaftsvermögen gehörenden Gegenständen ist der Pfandung nicht unterworfen") und des § 719 BGB spricht für die Existenz eines Anteils an den einzelnen zum Gesellschaftsvermögen gehörenden Gegenständen. Der Streit über diese Frage ist in der Regel aber kaum mehr als akademisch, da weder die Gesellschafter über einen solchen Anteil – sollte es ihn geben – verfügen können (§ 719 Abs. 1 BGB), noch ein solcher Anteil der Pfändung unterliegt (§ 859 Abs. 1 S. 2 ZPO). 67

Da alle Gesellschafter als Gesamthänder – jeder vollständig und alle zugleich – die Gegenstände des gemeinschaftlichen Vermögens innehaben, gibt es keinen Bruchteil, der dem einzelnen Gesellschafter an einzelnen Gegenständen oder am Vermögen der Gesellschaft als Ganzem zusteht (vgl. *Kießling,* in: FS Hadding, S. 489). 67a

Wenn ein Gesellschafter aus der Gesellschaft ausscheidet, so wächst sein Anteil am Gesellschaftsvermögen (Gesamthandsvermögen) nach § 738 Abs. 1 BGB den in der Gesellschaft verbleibenden Gesellschaftern zu. Die Gesamthandsberechtigung des Gesellschafters, also die Mitinhaberschaft an den der Gesamthand zugeordneten Vermögensgegenständen setzt die Zugehörigkeit zur Gesellschaft voraus; sie kann ohne diese nicht fortbestehen.

Beispiel: Scheidet von drei gleich berechtigten Gesellschaftern einer aus der Gesellschaft aus, so wächst sein Eindrittelanteil gemäß § 738 Abs. 1 BGB nun – zu je einem Sechstel – den übrigen Gesellschaftern zu, so dass von diesen nun jeder einen Anteil von ein Halb inne hat.

Wird ein neuer Gesellschafter durch Aufnahmevertrag in die Gesellschaft aufgenommen, so wird er mit dem Moment seines Eintritts in die Gesellschaft automatisch – durch „Abwachsung" bei den Mitgesellschaftern – Mitberechtigter am Gesamthandsvermögen (vgl. MünchKomm-BGB/*Ulmer,* § 718 Rn. 8). 67b

Beispiel: Tritt in Fortführung des oben geschilderten Beispiels ein neuer Gesellschafter ein, der die gleichen Rechte wie die übrigen haben soll, so wächst ihm ein Drittel am Gesamthandsvermögen zu, das bei den anderen Gesellschaftern – zu je einem Sechstel – „abwächst".

68 Es ist stets zu unterscheiden zwischen dem Vermögen der BGB-Gesellschaft (Gesamthandsvermögen) einerseits und dem Privatvermögen der einzelnen Gesellschafter andererseits. Die Vermögensgegenstände, die ein Gesellschafter in die Gesellschaft eingebracht hat, unterliegen nicht mehr seiner ausschließlichen Verfügungsgewalt. Die zum Gesellschaftsvermögen gehörenden Gegenstände stehen nämlich den Gesellschaftern in der oben bezeichneten Weise gemeinschaftlich zu (§ 719 BGB).

Beispiel: Hat ein Gesellschafter einer Gesellschaft bürgerlichen Rechts, der sich im Gesellschaftsvertrag verpflichtet hatte, einen ihm gehörenden LKW in die Gesellschaft einzubringen, diesen LKW der Gesellschaft wirksam übereignet, so gehört dieser LKW nicht mehr zu seinem Privatvermögen. Er ist nun Teil des Gesellschaftsvermögens. Träger des Vermögens der Gesellschaft sind zwar die einzelnen Gesellschafter, die Verfügung über das Gesellschaftsvermögen steht jedoch nicht mehr dem einzelnen einbringenden Gesellschafter zu. Verfügungen erfolgen vielmehr nur noch nach dem Willen der Gesellschaft, der nach den gesellschaftsvertraglichen oder gesetzlich vorgeschriebenen Regeln zustande kommt.

IX. Das Geltendmachen von Forderungen, die der Gesellschaft gegen einzelne Gesellschafter zustehen

69 Erfüllt ein Gesellschafter die ihm aus dem Gesellschaftsverhältnis erwachsenden Verpflichtungen nicht, kann die Gesamtheit der Gesellschafter den Anspruch auf Erfüllung gegen diesen Gesellschafter geltend machen (Sozialanspruch). Aus der Personenbezogenheit der gesellschaftlichen Rechte und Pflichten folgt allerdings, dass auch ein einzelner Gesellschafter das Recht haben kann, Forderungen der Gesellschaft im eigenen Namen geltend zu machen. Mit Rücksicht darauf, dass es sich stets um Ansprüche handelt, die allen Gesellschaftern materiellrechtlich zustehen, kann die Leistung allerdings nur an die Gesellschaft verlangt werden. Das bedeutet: Jeder Gesellschafter – das gilt für alle Personengesellschaften – hat ohne Rücksicht darauf, ob er geschäftsführungsbefugt ist oder nicht, die Befugnis zur Gesellschafterklage (actio pro socio; vgl. u.a.: *BGHZ* 25, 47, 49f.; *BGH* WM 1985, 1227). Diese Befugnis des einzelnen Gesellschafters ergibt sich aus dem Gesellschaftsvertrag, durch den jeder Gesellschafter jedem anderen Gesellschafter gegenüber verpflichtet wird. *Th. Raiser* (ZHR 153 (1989), 1, 9) sieht die Gesellschafterklage als ein eigenes

Mitgliedschaftsrecht eines jeden Gesellschafters an, das ihm zum Schutz seiner persönlichen, mit der Mitgliedschaft verbundenen Interessen zusteht (vgl. zur Problematik *Grunewald*, Gesellschafterklage, S. 8ff.).

Beispiel: A, B und C haben sich zu einer Gesellschaft bürgerlichen Rechts zusammengeschlossen. C ist trotz Fälligkeit und mehrfacher Mahnung seiner Beitragspflicht, die in der Einzahlung von 5000 € besteht, nicht nachgekommen. A ist befugt, von C Zahlung von 5000 € an die Gesellschaft zu verlangen und diese Forderung notfalls im Wege der Gesellschafterklage geltend zu machen (actio pro socio).

§ 6. Die Rechtsbeziehungen der BGB-Gesellschaft zu Dritten

Literatur: *Altmeppen,* Deliktshaftung in der Personengesellschaft, NJW 2003, 1553ff.; *Ch. Armbrüster,* Die Schranken der „unbeschränkten" persönlichen Gesellschafterhaftung in der BGB-Gesellschaft, ZGR 2005, 34ff.; *Canaris,* Die Übertragung des Regelungsmodells des §§ 125–130 HGB auf die Gesellschaft bürgerlichen Rechts als unzulässige Rechtsfortbildung contra legem, ZGR 2004, 69ff.; *B. Dauner-Lieb,* Das Ende der BGB-Gesellschaft – was nun?, DStR 1999, 1992ff.; *B. Dauner-Lieb,* Unternehmen in Sondervermögen, 1998; *Flume,* Schuld und Haftung bei der Gesellschaft des bürgerlichen Rechts, FS Westermann, S. 119ff.; *Fabricius,* Zur Haftung der BGB-Gesellschaft für unerlaubte Handlungen aus der Geschäftsführung von Gesellschaftern, GS Rudolf Schmidt, 1966, S. 171ff.; *U. Habersack/J. Schürnbrand,* Die Haftung des eintretenden Gesellschafters für Altverbindlichkeiten der Gesellschaft bürgerlichen Rechts, JuS 2003, 739ff.; *W. Hadding,* Zur Rechts- und Parteifähigkeit der (Außen-)Gesellschaft bürgerlichen Rechts sowie zur Haftung ihrer Gesellschafter für Gesellschaftsverbindlichkeiten, ZGR 2001, 712ff.; *Kowalski,* Zur Bereicherungshaftung in Gesellschaften bürgerlichen Rechts, NJW 1991, 3183ff.; *P. Pohlmann,* Rechts- und Parteifähigkeit der Gesellschaft bürgerlichen Rechts – Folgen für Erkenntnisverfahren, Zwangsvollstreckung und freiwillige Gerichtsbarkeit, WM 2002, 1421ff.; *K. Schmidt,* Die BGB-Außengesellschaft: rechts- und parteifähig, NJW 2001, 993ff.; *ders.* Die Sozietät als Sonderform der BGB-Gesellschaft, NJW 2005, 2801ff.; *P. Ulmer,* Die Haftungsverfassung der BGB-Gesellschaft, ZIP 2003, 1113ff.; *G. Wagner,* Grundbuchfähigkeit der Gesellschaft bürgerlichen Rechts, ZIP 2005, 637ff.; *Wiedemann,* Rechtsverhältnisse der BGB-Gesellschaften zu Dritten, WM 1994, Sonderbeilage Nr. 4, S. 1ff.

I. Die Rechtsfähigkeit und Parteifähigkeit der Gesellschaft bürgerlichen Rechts

1. Die Rechtsfähigkeit der Gesellschaft bürgerlichen Rechts

70 Der *BGH* (*BGHZ* 146, 341 ff.) hat inzwischen anerkannt, dass die BGB-Gesellschaft, wenn sie Außengesellschaft ist, rechtsfähig ist. Er folgt damit einem beachtlichem Teil der rechtswissenschaftlichen Literatur (vgl. zum Rechtszustand zuvor K. Schmidt, NJW 2001, 993 ff.). Die Rechtssubjektivität der Gesamthand ist damit anerkannt.

71 Nach Ansicht des *BGH* (*BGHZ* 146, 341 ff.) ist die (Außen-) BGB-Gesellschaft rechtsfähig, ohne juristische Person zu sein. Der *BGH* verweist auf § 14 Abs. 2 BGB, der zeige, dass Personengesellschaften, die keine juristischen Personen seien, wie z.B. OHG und KG, sehr wohl rechtsfähig und damit Träger von Rechten und Pflichten sein könnten; ebendies müsse auch für die BGB-Gesellschaft gelten. Die systematische Grenzlinie zwischen rechtsfähigen und nicht rechtsfähigen Gesellschaften wird also nicht durch die Einordnung einer Gesellschaft als juristische Person markiert (so *W. Hadding*, ZGR 2001, 712, 718).

Die BGB-Gesellschaft kann demnach im Rechtsverkehr grundsätzlich jede Rechtsposition einnehmen, soweit nicht spezielle Gesichtspunkte entgegenstehen (so schon *BGHZ* 116, 86, 88 u. 136, 254, 257). Sie kann Trägerin von Rechten und Pflichten sein.

Beispiel: Die BGB-Gesellschaft kann Partner eines Kaufvertrages oder eines Mietvertrages sein. Daraus erwachsende Ansprüche sind Ansprüche der BGB-Gesellschaft, nicht solche der einzelnen Gesellschafter.

Beispiel: Schließt der Mandant M mit der Anwaltssozietät „Anwaltsgemeinschaft A und B" einen Vertrag, so kontrahiert M mit der Sozietät und nicht mit einem einzelnen Anwalt. Ob M einen Anspruch darauf hat, dass ihn gerade der Anwalt B betreut, ist nicht eine Frage der Vertragspartei, sondern des Vertragsinhaltes (so zutreffend K. Schmidt, Gesellschaftsrecht, § 60 II).

72 Sachen, die zu Eigentum in die Gesellschaft eingebracht werden, sind Eigentum der Gesellschaft (vgl. zu alledem *K. Schmidt*, Gesellschaftsrecht, § 60 II 2). Da die BGB-Gesellschaft als Gesamthandsgemeinschaft gemäß § 718 Abs. 1 BGB Rechtspositionen wie namentlich das Eigentumsrecht einnehmen kann und insoweit rechtsfähig ist, steht ihr auch das Grundrecht auf Eigentum zu. Sie ist also grundrechtsfähig (so *BVerfG*, NJW 2002, 3533).

Umstritten ist die Grundbuchfähigkeit der BGB-Gesellschaft (vgl. *P. Pohlmann,* WM 2002, 1421, 1428ff. mit Nachw.). Nach Ansicht des *BayObLG* (ZIP 2002, 2175ff.) stehen der Grundbuchfähigkeit die Besonderheiten des Grundbuchrechts und die Eigenart dinglicher Rechtspositionen entgegen. Diese bestehen darin, dass das Eigentum an einem Grundstück und die Berechtigung an einem dinglichen Recht grundsätzlich nur durch Eintragung in das Grundbuch erlangt werden können (§ 873 Abs. 1 BGB) und die Eintragung im Einzelnen durch die grundbuchrechtlichen Vorschriften festgelegt ist. Für die Eintragung ist bei Berechtigten, die nicht natürliche Personen sind, gemäß § 32 GBO notwendig, dass sie ihre Vertretungs- und Verfügungsbefugnis nachweisen. Dieser Nachweis kann durch ein öffentliches Register, z.B. Handelsregister, geführt werden. Mangels Eintragung in ein öffentliches Register kann ein solcher Nachweis für die BGB-Gesellschaft nicht geführt werden. Eine entsprechende Anwendung des § 124 Abs. 1 HGB auf die BGB-Gesellschaft lehnt das *BayObLG* (ZIP 2002, 2175, 2176) mit dem Hinweis auf die fehlende Registerpublizität ab.

Die Auffassung des *BayObLG* führt dazu, dass der BGB- **72a**
Gesellschaft die Grunderwerbsfähigkeit abgesprochen wird. Mit Recht weist *G. Wagner* (ZIP 2005, 637, 646) darauf hin, dass die vom *BayObLG* hervorgehobenen Probleme im Wahrheit Einwände gegen die Rechtsfähigkeit der BGB-Gesellschaft sind, und nicht solche gegen ihre Grundbuchfähigkeit. Die Grundentscheidung ist mit der Anerkennung der Rechtsfähigkeit getroffen worden. Daraus folgt die Grunderwerbsfähigkeit der BGB-Gesellschaft als integraler Bestandteil der Rechtsfähigkeit. Deshalb ist des weiteren zu akzeptieren, dass die Gesellschaft in das Grundbuch eingetragen werden kann (so *G. Wagner,* ZIP 2005, 637, 645). Man kann allenfalls noch darüber streiten, wie das geschehen soll. Wenn die Gesellschaft einen Namen hat, könnte sie unter diesem Namen eingetragen werden. Trägt die Gesellschaft keinen Namen, muss sie durch die Aufzählung ihrer Gesellschafter identifiziert werden (so *G. Wagner,* ZIP 2005, 637, 645).

Der *BGH* (MDR 2007, 285) hat einerseits klar gestellt, dass materiell-rechtlich das Eigentum an einer zum Gesellschaftsvermögen gehörenden Liegenschaft nicht den Gesellschaftern, sondern der Gesellschaft selbst zusteht, andererseits aber darauf hingewiesen, dass die Frage, ob die Gesellschaft selbst als Eigentümerin in das Grundbuch eingetragen werden kann, streitig sei und eine Entscheidung darüber offen gelassen. Mit Bezug auf diese Entscheidung des BGH hat das *OLG Stuttgart* (ZIP 2007, 419ff.) die

Grundbuchfähigkeit der rechtsfähigen Außen-GbR bejaht. Es betont, eine BGB-Gesellschaft könne unter ihrem eigenen Namen (ihrer eigenen Bezeichnung) in das Grundbuch eingetragen werden, wenn sie einen unterscheidungsfähigen Namen führe.

73 Die BGB-Gesellschaft kann nicht nur Gläubigerin vertraglich begründeter Ansprüche sein, sondern auch Gläubigerin von Ansprüchen aus ungerechtfertigter Bereicherung (§ 812 BGB), unerlaubter Handlung (§ 823 BGB) und aus § 1 UWG. Konsequenterweise müsste auch die Markenfähigkeit i.S. des § 7 MarkenG bejaht werden (vgl. zu alledem *K. Schmidt,* NJW 2001, 993, 997f.).

2. Die Parteifähigkeit der BGB-Gesellschaft

74 Da die (Außen-)BGB-Gesellschaft Trägerin von Rechten und Pflichten sein kann, ist es nur konsequent, ihr auch die Parteifähigkeit im Zivilprozess (§ 50 ZPO), die mit der Rechtsfähigkeit korrespondiert, zuzuerkennen (so jetzt *BGHZ* 146, 341). Die BGB-Gesellschaft kann also Partei, d.h. Klägerin oder Beklagte, im Prozess sein (Zur BGB-Gesellschaft im Zivilprozess siehe *P. Pohlmann,* WM 2002, 1421ff.).

Beispiel: Die BGB-Gesellschaft hat als Verkäuferin gegen X (Käufer) einen Anspruch aus § 433 Abs. 2 BGB auf Zahlung des Kaufpreises erworben. In einem möglichen Zivilprozess wäre die BGB-Gesellschaft die Klägerin.

3. Die BGB-Gesellschaft als Mitglied eines anderen Verbandes

75 Dass die Gesellschaft bürgerlichen Rechts Mitglied eines anderen Verbandes (einer Personengesellschaft oder einer juristischen Person) sein kann, folgt schon aus der Rechtsfähigkeit als der Fähigkeit, Träger von Rechten und Pflichten sein zu können, sofern es sich um eine Gesamthandsgesellschaft (als Außengesellschaft) handelt.

Die Fähigkeit der Gesellschaft bürgerlichen Rechts, Gesellschafterin (Mitglied) einer juristischen Person zu sein, ist also zu bejahen (so *BGHZ* 116, 86, 88). Sie kann sowohl Aktionärin einer AG sein als auch einen Geschäftsanteil einer GmbH erwerben (so schon *BGHZ* 78, 311, 312); für die Beteiligung an einer Genossenschaft gilt im Grundsatz nichts anderes (so *BGHZ* 116, 86, 88).

76 Die (Außen-)BGB-Gesellschaft kann auch persönlich haftende Gesellschafterin einer OHG oder KG sein (vgl. *BGHZ* 148, 291ff.). Ihr wird auch die Fähigkeit zuerkannt, Gesellschafterin einer anderen Gesellschaft bürgerlichen Rechts zu sein.

Wird die BGB-Gesellschaft z. B. Kommanditistin, so sind neben der BGB-Gesellschaft auch die ihr zum Zeitpunkt des Beitritts angehörenden Gesellschafter in das Handelsregister einzutragen (*BGHZ* 148, 291, 295).

II. Die Vertretung

1. Die Vertreter der Gesellschaft

Die Vertretungsmacht als die Befugnis, im Namen der Gesellschaft mit Wirkung für und gegen alle Gesellschafter rechtsgeschäftliche Erklärungen (Willenserklärungen) abzugeben und entgegenzunehmen, steht nach § 709 BGB den Gesellschaftern gemeinschaftlich zu. Das bedeutet, dass grundsätzlich für jedes Geschäft die Zustimmung aller Gesellschafter erforderlich ist. Nach § 714 BGB richtet sich die Vertretungsmacht im Zweifel nach der über die Geschäftsführungsbefugnis getroffenen Vereinbarung im Gesellschaftsvertrag. Das bedeutet: Wenn keine von der gesetzlichen Regelung abweichende Vereinbarung vorliegt, decken sich Geschäftsführungsbefugnis und Vertretungsmacht. Haben z. B. nach dem Gesellschaftsvertrag mehrere Gesellschafter Einzel- oder Gesamtgeschäftsführungsbefugnis gemäß § 710 BGB, so ist im Zweifel anzunehmen, dass sie dementsprechend Einzel- oder Gesamtvertretungsmacht haben sollen. 77

Der Grundsatz der Gesamtvertretung gilt nicht ausnahmslos; es kann auch einer der Mitgesellschafter mit der alleinigen Vertretung der Gesellschaft betraut werden. Dies muss nicht ausdrücklich, sondern kann auch in konkludenter Form geschehen (*BGH* MDR 2005, 762 f.).

Beispiel: In der aus A und B bestehenden Gesellschaft beschränkte A seinen Wirkungskreis über viele Jahre auf die internen Verhältnisse der Gesellschaft; dem anderen geschäftsführenden Gesellschafter B überließ der A ausschließlich die Regelung der Außenverhältnisse, d. h. er ließ ihm dafür freie Hand. Das führte dazu, dass B alle Verträge mit Dritten im Namen der Gesellschaft allein unterschrieb. Darin hat der *BGH* (MDR 2005, 762 f.) eine konkludent erteilte Vollmacht zur Alleinvertretung der Gesellschaft gesehen. Im Zweifel handelt es sich um eine Duldungsvollmacht, weil A es wissentlich geschehen ließ, dass B für die Gesellschafter wie ein Alleinvertretungsbefugter auftrat. In der Duldung des A ist eine durch konkludentes Handeln abgegebene Willenserklärung zu sehen, mit der dem B die Alleinvertretungsbefugnis erteilt wurde.

Die Gesellschafter haben die Möglichkeit, durch den Gesellschaftsvertrag die Vertretungsmacht unabhängig von der Geschäftsführungsbefugnis zu regeln.

78 Haben die Gesellschafter vertraglich Einzelgeschäftsführung mit Einzelvertretungsmacht vereinbart, so lässt ein Widerspruch, den ein Gesellschafter gemäß § 711 BGB gegen Geschäftsführungsmaßnahmen einlegt, die zugleich eine Vertretungshandlung darstellen, die Vertretungsmacht unberührt (so *BGHZ* 16, 394, 398). Der Widerspruch kann nach außen, d.h. im Verhältnis zu Dritten im Interesse der Verkehrssicherheit jedenfalls dann keine Wirkung entfalten, wenn er Dritten nicht bekannt war.

Werden die vertretungsberechtigten Gesellschafter im Namen der Gesellschaft rechtsgeschäftlich Dritten gegenüber tätig, wird daraus die BGB-Gesellschaft berechtigt und verpflichtet.

79 Da durch den Zusammenschluss der Gesellschafter bei einer BGB-Gesellschaft eine unbeschränkte und unbeschränkbare Vertretungsmacht in Analogie zu § 126 HGB wie bei der OHG *nicht* begründet wird, kann es zu Schwierigkeiten kommen, wenn die Geschäftsführungsbefugnis der Gesellschafter und damit auch deren Vertretungsbefugnis beschränkt ist, aber ein Gesellschafter gegenüber Dritten seine Vertretungsmacht überschreitet.

Beispiel: Der Gesellschaftsvertrag sieht Einzelvertretung vor, beschränkt die Geschäftsführungsbefugnis aber auf 10000 €. Gesellschafter B kauft für und im Namen der Gesellschaft bei V einen PKW für 20000 €. Hier hat B die Grenzen der Vertretungsmacht überschritten. Er konnte die Gesellschaft nicht wirksam vertreten.

Soweit ein Gesellschafter die Grenzen der Vertretungsmacht überschreitet, handelt er als Vertreter ohne Vertretungsmacht. Die §§ 177 bis 179 BGB sind anwendbar.

Beispiel: Im oben genannten **Beispiel** ist B Vertreter ohne Vertretungsmacht. Der Vertrag zwischen der BGB-Gesellschaft und V ist schwebend unwirksam (§ 177 Abs. 1 BGB). Falls die Gesellschaft den Vertrag nicht genehmigt, haftet B gemäß § 179 Abs. 1 BGB.

79a Bei Vorliegen der entsprechenden Voraussetzungen kann eine Verpflichtung der Gesellschaft auf die Grundsätze der Anscheins- oder Duldungsvollmacht gestützt werden. Eine Anscheinsvollmacht kommt insbesondere in denjenigen Fällen in Betracht, in denen die Gesellschaft durch die Art ihres Auftretens im Rechtsverkehr, wie z.B. durch die Verwendung eines auf eine Firma hindeutenden Namens, den Anschein einer Handelsgesellschaft erweckt hat (vgl. MünchKomm-BGB/*Ulmer,* § 714 Rn. 28).

Das Verbot des Selbstkontrahierens gilt auch für die Geschäftsführer der BGB-Gesellschaft, wenn sie im Namen der Gesellschaft mit sich selbst im eigenen Namen oder als Vertreter eines

Dritten rechtsgeschäftlich handeln, es sei denn, es liegt eine der in § 181 BGB genannten Ausnahmen vor.

2. Der Grundsatz der Selbstorganschaft

Nach herrschender Meinung kann bei Personengesellschaften, also auch bei der BGB-Gesellschaft, nicht gesellschaftsvertraglich vereinbart werden, dass alle Gesellschafter von der Vertretung und Geschäftsführung der Gesellschaft ausgeschlossen werden sollen und stattdessen ein Nichtgesellschafter geschäftsführungs- und vertretungsbefugt sein soll (vgl. u.a. *BGHZ* 33, 105, 108; 41, 367, 369; 51, 198, 199f.). Man spricht in diesem Zusammenhang vom Grundsatz der Selbstorganschaft und vom Verbot der Drittorganschaft. Demnach kann außenstehenden Dritten zwar rechtsgeschäftliche, aber keine organschaftliche Vertretungsmacht eingeräumt werden. Daraus folgt für die OHG und die KG (die BGB-Gesellschaft betreibt kein Handelsgewerbe), dass auch Prokura und Handlungsvollmacht nur von einem vertretungsberechtigten Gesellschafter verliehen werden können (vgl. *Wiedemann,* WM 1994, Sonderbeilage Nr. 4, S. 11). Dieser Grundsatz ist weder aus dem BGB noch aus dem HGB direkt abzuleiten; auch dem § 709 BGB, der dispositiven Charakter hat, lässt sich dazu nichts entnehmen. Begründet wird der Grundsatz der Selbstorganschaft bzw. das Verbot der Drittorganschaft (Fremdorganschaft) mit dem Wesen der Personengesellschaft, wonach eine zwingende Verbindung von Mitgliedschaft und Geschäftsführung bestehen soll, die idealiter zur einsatzbereiten und verantwortungsbewußten Geschäftsleitung führt. Man geht davon aus, dass die Koppelung von Unternehmensleitung und persönlicher Haftung einen Kontrollmechanismus darstellt, der eine anderweitige Überwachung durch Abberufung und Organhaftung überflüssig macht (vgl. *Wiedemann,* WM 1994, Sonderbeilage Nr. 4, S. 11). Das Verbot der Drittorganschaft wird außerdem auf das Verbot der Abspaltung von Mitverwaltungsrechten von der Gesellschafterstellung zurückgeführt. 80

III. Die Haftung für Verbindlichkeit der Gesellschaft

1. Die akzessorische Haftung der Gesellschafter für rechtsgeschäftliche Verbindlichkeiten

Für alle Verbindlichkeiten der Gesellschaft haftet stets das Ge- 81
sellschaftsvermögen. Ob und gegebenenfalls auf welche Art und Weise daneben auch unmittelbar die einzelnen Gesellschafter als

Gesamtschuldner mit ihrem Privatvermögen in Anspruch genommen werden können, war lange Zeit heftig umstritten. Vor allem wurde die Meinung vertreten, zur Begründung einer persönlichen Verpflichtung der Gesellschafter sei neben dem Vertragsschluss durch die Gesellschaft eine besondere rechtsgeschäftliche Verpflichtung der Gesellschafter persönlich erforderlich; diese sollte regelmäßig zugleich mit dem rechtsgeschäftlichen Handeln namens der Gesellschafter durch einen Vertreter derselben (§ 714 BGB) erfolgen (sog. Doppelverpflichtungstheorie).

82 Nach nunmehr herrschender Meinung (vgl. *BGHZ* 142, 315ff.) haften grundsätzlich alle Gesellschafter einer Gesellschaft bürgerlichen Rechts für alle rechtsgeschäftlichen Verbindlichkeiten persönlich und gesamtschuldnerisch. Der *BGH* begründet dies mit dem allgemeinen Grundsatz des bürgerlichen Rechts und des Handelsrechts, dass derjenige, der als Einzelperson oder in Gemeinschaft mit anderen Geschäfte betreibt, für die daraus entstehenden Verpflichtungen mit seinem gesamten Vermögen haftet, solange sich aus dem Gesetz nichts anderes ergibt oder mit dem Vertragspartner keine Haftungsbeschränkung vereinbart wird (vgl. die Anmerkung von *H. Altmeppen*, ZIP 1999, 1758ff.).

83 Die Gesellschafterhaftung ist wie bei der OHG (§§ 128f. HGB) eine *akzessorische*. Das bedeutet, soweit die Gesellschafter für Verbindlichkeiten der Gesellschaft auch persönlich haften, ist der jeweilige Bestand der Gesellschaftsschuld auch für die persönliche Haftung maßgebend (so jetzt auch *BGHZ* 146, 341, 358).

Beispiel: Die BGB-Gesellschaft ist Schuldnerin eines dem G zustehenden Werklohnanspruches in Höhe von 67000 €. Nachdem die Gesellschaft nicht mehr als 25000 € zahlen konnte, nimmt G den Gesellschafter A persönlich in Anspruch. Da der Anspruch nur noch in Höhe von 42000 € besteht, haftet A gemäß § 631 BGB und § 128 HGB analog nur in dieser Höhe.

Der *BGH* (*BGHZ* 142, 315, 321ff.) bezieht sich in seiner Begründung auch auf die Entstehungsgeschichte der Vorschriften über die Gesellschaft bürgerlichen Rechts und weist darauf hin, dass die persönliche und gesamtschuldnerische Haftung der Mitglieder einer solchen Gesellschaft für rechtsgeschäftliche Verbindlichkeiten eine selbstverständliche Folge der gemeinsamen Verpflichtung der Gesellschafter sei. Nach dem Willen des Gesetzgebers folge aus dem „Wesen und Zweck" des Gesellschaftsverhältnisses, dass durch ein Rechtsgeschäft, das ein zur Vertretung bevollmächtigter Gesellschafter mit einem Dritten schließt, die Gesellschafter selbst berechtigt und verpflichtet werden sollten (zu alledem *B. Dauner-Lieb*, DStR 1999, 1992ff.).

Da die persönliche Haftung der Gesellschafter eine akzessorische ist, die derjenigen in § 128 HGB entspricht, ist es nur folgerichtig, auch die Rechtsgrundsätze des § 129 HGB sinngemäß anzuwenden (so zutreffend *K. Schmidt,* NJW 2001, 993, 999; *P. Ulmer,* ZIP 2003, 1113, 1114). Das bedeutet: Der wegen einer Verbindlichkeit der Gesellschaft in Anspruch genommene Gesellschafter kann u. a. alle diejenigen Einwendungen (z. B. Erfüllung, Erlass, Stundung) und Einreden (z. B. Verjährung) geltend machen, die der Gesellschaft selbst zustehen.

Beispiel: Wäre die Werklohnforderung im oben genannten **Beispiel** von G in Höhe von 10 000 € erlassen worden, könnte sich nicht nur die Gesellschaft, sondern auch der persönlich in Anspruch genommene A in analoger Anwendung des § 129 HGB darauf berufen.

2. Ansprüche aus gesetzlichen Schuldverhältnissen

a) Überblick

Nachdem der BGH (siehe oben Rn. 82 ff.) seine Auffassung zur persönlichen Haftung der Gesellschafter einer Gesellschaft bürgerlichen Rechts grundlegend geändert hat, ist er zu der Auffassung gelangt, die ausnahmslose Haftung der Gesellschafter mit ihrem Privatvermögen auch für gesetzliche Verbindlichkeiten der Gesellschaft sei „im Modell der akzessorischen Haftung angelegt“ (*BGHZ* 154, 88, 95). Er betont, anders als bei rechtsgeschäftlichen Haftungsbegründungen könnten sich die Gläubiger einer gesetzlichen Verbindlichkeit ihren Schuldner nicht aussuchen; dann müsse aber erst recht wie bei vertraglichen Verbindlichkeiten das Privatvermögen der Gesellschafter als Haftungsmasse zur Verfügung stehen (*BGHZ* 154, 88, 94 f.). 84

Die Gesellschafter einer BGB-Gesellschaft können also grundsätzlich auch für Verbindlichkeiten der Gesellschaft aus gesetzlichen Schuldverhältnissen mit ihrem Privatvermögen in Anspruch genommen werden.

b) Ungerechtfertigte Bereicherung

So können die Gesellschafter grundsätzlich aus § 812 BGB in Verbindung mit § 128 HGB analog von einem Gläubiger in Anspruch genommen werden, der einen Bereicherungsanspruch gegen die Gesellschaft erworben hat. 85

Die Gesellschafter haften neben dem Gesellschaftsvermögen z. B. dann aus ungerechtfertigter Bereicherung, wenn die Bereicherung aus der Leistung eines Dritten an das Gesamthandsvermögen stammt, die der Erfüllung einer vermeintlichen vertraglichen Verpflichtung diente, und der Anspruch zur Rückabwicklung nun geltend gemacht wird.

c) Unerlaubte Handlung

85 a Da die Gesellschafter einer Gesellschaft bürgerlichen Rechts grundsätzlich auch für gesetzlich begründete Verbindlichkeiten ihrer Gesellschaft persönlich und als Gesamtschuldner einzustehen haben (*BGHZ* 154, 88 ff.), haften sie auch für Ansprüche aus unerlaubter Handlung, für welche die Gesellschaft selbst einzustehen hat.

Für eine unerlaubte Handlung, die ein geschäftsführungsbefugter Gesellschafter in Ausführung seiner Tätigkeit einem Dritten gegenüber begangen hat, haftet dieser Gesellschafter dem Dritten selbst aus § 823 Abs. 1, § 823 Abs. 2 in Verbindung mit der Verletzung eines Schutzgesetzes oder aus § 826 BGB. Ob der Dritte sich wegen des ihm entstandenen Schadens auch an das Gesellschaftsvermögen und an die einzelnen Gesellschafter mit ihrem Privatvermögen halten kann, war lange Zeit umstritten. Da die Rechtsfähigkeit der BGB-Außengesellschaft inzwischen anerkannt ist (vgl. *BGHZ* 146, 341 ff.; dazu oben Rn. 70 ff.) und die Anwendbarkeit des § 31 BGB auf gesetzliche Verbindlichkeiten außer Frage steht (*BGHZ* 154, 88, 94 f.), kann der Gläubiger eines Anspruchs aus unerlaubter Handlung, den er gegen den geschäftsführenden Gesellschafter einer BGB-Gesellschaft erworben hat, in Verbindung mit § 31 BGB auch gegen die Gesellschaft geltend machen.

Das führt allerdings dazu, dass der Gläubiger eines solchen Anspruchs aus unerlaubter Handlung sich nicht nur an das Gesellschaftsvermögen, sondern auch an die einzelnen Gesellschafter mit ihrem Privatvermögen halten kann, denn die Gesellschafter haften entsprechend § 128 HGB für alle Verbindlichkeiten der Gesellschaft als Gesamtschuldner. Das gilt auch für Verbindlichkeiten aus gesetzlichen Schuldverhältnissen. Der BGH (*BGHZ* 154, 88, 95) sieht eine solche ausnahmslose Haftung, wie oben schon erwähnt, „im Modell der akzessorischen Haftung angelegt"; denn ohne dies bliebe die Rechtssubjektivität der Gesellschaft bürgerlichen Rechts unvollkommen.

Beispiel: A, B und C haben sich zu einer ARGE, also einer Gesellschaft bürgerlichen Rechts, zusammengeschlossen, welche ein Einkaufszentrum für eine Investorengruppe in der Rechtsform der GmbH bauen soll. B und C haben die Geschäftsführung auf A übertragen. A begeht der Investorengruppe gegenüber betrügerische Handlungen, durch welche dieser ein erheblicher Schaden entsteht. Die GmbH hat gegen A selbst Schadensersatzansprüche aus unerlaubter Handlung, und zwar aus § 823 Abs. 2 BGB in Verbindung mit dem Betrugsparagraphen des StGB (§ 263) und aus § 826 BGB, erworben. In Verbindung mit § 31 BGB kann die GmbH auch die Gesellschaft mit ihrem Vermögen in Anspruch nehmen, da A die unerlaubten Handlungen als geschäftsführenden Gesellschafter in Ausübung seiner Tätigkeit für die Gesellschaft begangen hat. Darüber hinaus haften auch B und C entsprechend § 128 HGB für diese Verbindlichkeit ihrer BGB-Gesellschaft aus einem gesetzlichen Schuldverhältnis.

3. Sozialverbindlichkeiten

Bei „Sozialverbindlichkeiten", d.h. Verbindlichkeiten, die der Gesellschaft aus dem Gesellschaftsverhältnis den Gesellschaftern gegenüber entstehen, handelt es sich um typische *Gesamthandsverbindlichkeiten,* für die in erster Linie nur das Gesellschaftsvermögen, nicht aber die einzelnen Gesellschafter mit ihrem Privatvermögen haften. Ließe man die Gesellschafter auch für die Sozialverbindlichkeiten mit ihrem Privatvermögen haften, so widerspräche das dem Grundgedanken des § 707 BGB (= grundsätzlich besteht keine Nachschusspflicht für Gesellschafter; so auch Palandt/*Thomas,* § 713 Rn. 13; *BGHZ* 37, 299, 302 für die OHG). Wenn ein Gesellschafter Forderungen gegen die Gesellschaft aus eigenen Mitteln erfüllt, muss er zunächst versuchen, aus dem Gesellschaftsvermögen Ersatz für seine Aufwendungen zu erhalten. Stehen der Gesellschaft dafür keine ausreichenden Mittel zur Verfügung, hat der Gesellschafter einen anteiligen Ausgleichsanspruch gemäß § 426 BGB gegen seine Mitgesellschafter (vgl. *BGH* WM 1979, 1282). 86

Zu den *Sozialverbindlichkeiten* zählen z.B.:
- die Verpflichtung, Aufwendungen zu erstatten (§§ 713, 670 BGB),
- die Verpflichtung, einem Gesellschafter den auf ihn entfallenden Gewinnanteil auszuzahlen (§ 721 BGB).

4. Ansprüche des Gesellschafter-Gläubigers

Der Gläubiger, der zugleich Gesellschafter ist (sog. Gesellschafter-Gläubiger), kann eine aus einem von dem Gesellschaftsverhältnis verschiedenen Rechtsverhältnis stammende Forderung (wie z.B. eine Kaufpreis-, Mietzins- oder Darlehensrückzahlungsforderung) sowohl der Gesellschaft als auch über § 128 HGB analog einzelnen Gesellschaftern gegenüber geltend machen. Allerdings 87 muss sich der Gesellschafter-Gläubiger, der seine Mitgesellschafter in Anspruch nimmt, seinen eigenen Verlustanteil anrechnen lassen. Dies ist deswegen gerechtfertigt, weil der in Anspruch genommene Gesellschafter unter Umständen wiederum Ausgleichsforderungen gemäß § 426 BGB gegenüber dem Gesellschafter-Gläubiger erwerben würde und dieser deshalb dann, wenn er seinen eigenen Verlustanteil nicht berücksichtigt, etwas fordert, was er auf Grund seiner Beteiligung an der Gesellschaft möglicherweise zurückzahlen müsste.

88 **Beispiel:** Nach dem Gesellschaftsvertrag einer Gesellschaft bürgerlichen Rechts sollen die 3 Gesellschafter A, B und C an der Gesellschaft zu gleichen Teilen beteiligt sein. C hat der Gesellschaft Büroräume vermietet. Es sind in den letzten Monaten Mietrückstände in Höhe von 7500 € aufgelaufen. Da die Gesellschaft zahlungsunfähig ist, will C von A und B Zahlung verlangen. C hat gegen die Gesellschafter einen Anspruch aus § 535 BGB in Verbindung mit § 128 HGB analog. Allerdings kann er von A und B nur 5000 € verlangen, da er selbst gesamtschuldnerisch eingebunden ist und A und B wenn sie in Höhe von 7500 € zahlen würden einen Ausgleichsanspruch gemäß § 426 in Höhe von 2500 € gegen C erwerben würden.

5. Haftungsbeschränkungen

89 Bei der BGB-Gesellschaft kann die persönliche Haftung der Gesellschafter eingeschränkt werden. Der *BGH* (*BGHZ* 142, 315, 320ff.) betont, dass eine Haftungsbeschränkung nur durch eine entsprechende individualvertragliche Vereinbarung erreicht werden kann. Das bedeutet, dass jedenfalls im Hinblick auf vertragliche Verbindlichkeiten die persönliche Haftung der Gesellschaft nur im Konsens mit dem Vertragspartner abbedungen werden kann (vgl. auch *B. Dauner-Lieb,* Unternehmen in Sondervermögen, S. 522ff. mit Nachw.).

Damit ist ein einseitiger Haftungsausschluss durch einen Gesellschafter bei Vertragsschluss ohne Zustimmung des Vertragspartners *nicht* möglich. Die Gesellschafter einer Außengesellschaft bürgerlichen Rechts haben keine Möglichkeit, ihre Außenhaftung durch für Dritte erkennbare Vereinbarungen im Gesellschaftsvertrag wirksam zu beschränken (vgl. *P. Ulmer,* NJW 2003, 1113, 1116).

Beispiel: Tritt eine Gesellschaft mit der Bezeichnung „GbR mbH“ auf, so ist der daraus möglicherweise erkennbare Wille der Gesellschafter, nur mit ihrem Anteil am Gesellschaftsvermögen haften zu wollen, unbeachtlich, solange der Vertragspartner sich nicht mit einer entsprechenden Haftungsbeschränkung einverstanden erklärt.

Eine Beschränkung der Haftung des Gesellschafters ist auch nicht ohne weiteres durch eine Beschränkung der Vertretungsmacht der geschäftsführenden Gesellschafter zu erreichen. Eine Haftungsbeschränkung dieser Art entfaltet nur Wirksamkeit, wenn es dem handelnden Gesellschafter gelingt, die Beschränkung in den individuell ausgehandelten Vertrag aufzunehmen (so *BGHZ* 142, 315, 320ff.; vgl. zu alledem *B. Dauner-Lieb,* DStR 1999, 1992, 1994ff.). Eine Haftungsbeschränkungsvereinbarung in Allgemeinen Geschäftsbedingungen ist also nicht möglich. Der *BGH* (BGHZ 142, 315, 320ff.) begründet dies nicht näher. Gemeint ist aber wohl auch, dass eine entsprechende Haftungsbeschränkungsklausel in Allgemeinen Geschäftsbedingungen gegen § 307 BGB verstoßen würde (vgl. *K. Schmidt,* Gesellschaftsrecht, § 60 III 2c). Die unangemessene Benachteiligung wäre in der mangelnden Vereinbarung mit der gesetzlichen Bestimmung (hier § 128 HGB analog), zu sehen, von der abgewichen wird. *P. Ulmer* (NJW 2003, 1113, 1117) hält diesen Teil der BGH-Entscheidung für nicht begründbar, weil damit faktisch eine Beschränkungsabrede ausgeschlossen sei; denn eine solche Abrede verliere schon ihren individualvertraglichen Charakter, wenn sie nicht jeweils von Fall zu Fall auf Grund besonderer Abreden geschaffen wurde. 89a

Ähnlich argumentiert *Ch. Armbrüster* (ZGR 2005, 34, 37), der meint, die Auffassung des BGH stelle ein Verbot des Haftungsausschlusses durch Verwendung von Allgemeinen Geschäftsbedingungen dar, das der Rechtsordnung unbekannt sei.

IV. Exkurs: Haftungsprobleme bei der Anwaltssozietät als BGB-Gesellschaft

1. Überblick

Nach wie vor ist die BGB-Gesellschaft die Rechtsform, in der die meisten Rechtsanwalts- und Patentanwaltskanzleien organisiert sind. Gerade am Beispiel dieser Gesellschaften lässt sich besonders deutlich nachvollziehen, wie sehr sich die Haftungssituation der Gesellschafter in den letzten Jahren geändert hat und wo die gegenwärtigen Probleme liegen. 89b

Bei den sogenannten Anwaltsgesellschaften handelt es sich um typische „Beitragsgesellschaften“, d.h. typusprägend ist der Zusammenschluss der Gesellschafter zum Zwecke der gemeinsamen Berufsausübung. Das Erreichen dieses Zwecks fördern sie durch gemeinsame Leistungen auf der Grundlage persönlichen Zusammenwirkens. Darin besteht der wesentliche Teil der Beiträge, welche die Anwälte zu erbringen haben. Daneben sind in der Regel noch Einlagen in das Gesellschaftsvermögen zu leisten (vgl. *K. Schmidt,* NJW 2005,2801, 2802).

2. Die akzessorische Gesellschafterhaftung

89c Nachdem die Rechtsfähigkeit der BGB-Gesellschaft anerkannt ist, ist Vertragspartner des Mandanten die Sozietät, also die BGB-Gesellschaft und nicht der einzelne Anwalt. Das gilt grundsätzlich auch dann, wenn die Betreuung durch einen bestimmten Anwalt vereinbart wird, denn diese Höchstpersönlichkeit der Leistung kann auch beim Abschluss des Vertrages mit der Gesellschaft – in der Regel ein entgeltlicher Geschäftsbesorgungsvertrag nach § 675 BGB – zum Vertragsinhalt gemacht werden (so *K. Schmidt,* NJW 2005, 2801, 2805). Daraus ergibt sich als haftungsrechtliche Konsequenz, dass in erster Linie die Sozietät nach § 280 BGB in Verbindung mit § 31 BGB oder § 278 BGB für zum Schadensersatz verpflichtende Pflichtverletzungen unmittelbar haftet, nicht der mit der Wahrnehmung des Mandats befasste Anwalt.

Der Anwalt, der den Mandanten betreut und den Berufsfehler zu verantworten hat, haftet dann selbst aus §§ 280, 31 bzw. § 278 BGB in Verbindung mit § 128 HGB für diese Verbindlichkeit der Gesellschaft. Ebenso haften nach den Grundsätzen der akzessorischen Haftung auch die übrigen Gesellschafter, die nicht mit dem Fall befasst waren, bei dessen Bearbeitung der Berufsfehler geschehen ist (siehe oben Rn. 82f.).

3. Haftungsbeschränkungen zugunsten der Gesellschafter

89d Wie oben (Rn. 89f.) schon erwähnt, kann die persönliche Haftung der Gesellschafter grundsätzlich eingeschränkt werden. Nach herrschender Meinung (BGHZ 142, 315, 320ff.) kann eine Haftungsbeschränkung allerdings nur durch eine entsprechende *individualvertragliche Vereinbarung* erreicht werden. Das bedeutet:

- Ein einseitig, d.h. von der Gesellschaft oder einzelnen Gesellschaftern, ausgesprochener Haftungsausschluss oder eine entsprechende Haftungsbeschränkung ist nicht wirksam (vgl. Rn. 89).
- Eine Haftungsbeschränkungsklausel im Gesellschaftsvertrag ist Dritten, also Vertragspartnern der Gesellschaft, gegenüber wirkungslos, denn es ist ein Konsens mit dem Dritten über die Haftungsbeschränkung erforderlich.
- Eine Haftungsbeschränkung kann nicht durch eine entsprechende Klausel in Allgemeinen Geschäftsbedingungen, die von dem Vertragspartner der Gesellschaft akzeptiert sind, bewirkt werden.

Zu dem letztgenannten Grundsatz gibt es allerdings gesetzliche Sonderregelungen. So kann z.B. gemäß § 51a Abs. 2 BRAO die persönliche Haftung der Anwaltsgesellschafter auf Schadensersatz auch durch vorformulierte Vertragsbedingungen auf einzelne Mitglieder einer Sozietät, die das Mandat im Rahmen ihrer eigenen beruflichen Befugnisse bearbeiten und namentlich bezeichnet sind, beschränkt werden (ähnliche gesetzliche Haftungserleichterungen gibt es für Patentanwälte, § 45a PatAO; Steuerberater, § 67a Abs. 3 StBerG und Wirtschaftsprüfer, § 54a Abs. 2 WPO). An die entsprechende Zustimmungserklärung des Vertragspartners dazu werden allerdings strenge Anforderungen gestellt (§ 51a Abs. 2 S. 3 BRAO).

Diskutiert wird die Frage, ob § 8 Abs. 2 PartGG (siehe dazu unten Rn. 370) entsprechend auf die BGB-Gesellschafter angewandt werden kann (vgl. u.a. *K. Schmidt*, ZIP 2005, 2801, 2805f.). Danach hat neben der Partnerschaftsgesellschaft nur derjenige Partner persönlich einzustehen, der den Fehler begangen hat, der also den Schadensersatzanspruch hat entstehen lassen; die anderen Partner sind kraft Gesetzes von der persönlichen Haftung befreit. Abgesehen davon, dass die Voraussetzungen für eine Analogie nicht vorliegen (vgl. *P. Ulmer*, ZIP 2003, 1113, 1118f.), ist eine Privilegierung bestimmter Berufsgruppen mit Mitteln des Gesellschaftsrechts nicht zulässig (vgl. *M. Habersack/J. Schürnbrand*, JuS 2003, 739, 742).

4. Die Haftung der Eintretenden

a) Überblick

Kommt ein neuer Gesellschafter hinzu, so ist zu unterscheiden, **89e**

- ob es sich um den Eintritt in eine schon bestehende BGB-Gesellschaft handelt
- oder ob ein Sozius in die Kanzlei eines Einzelanwalts eintritt.

Im erst genannten Fall geht es um die analoge Anwendung des § 130 HGB. Bei dem Eintritt in die bisherige Einzelkanzlei ist die analoge Anwendung des § 28 HGB zu erörtern.

b) Die Haftung des Eintretenden

Der BGH (BGHZ 154, 370) lässt den neu in eine Gesellschaft bürgerlichen Rechts eintretenden Gesellschafter grundsätzliche auch für die bereits vor seinem Eintritt begründeten Verbindlichkeiten der Gesellschaft, die sog. Altverbindlichkeiten, haften, wendet also den § 130 HGB entsprechend an (zu den Einzelheiten siehe Rn. 93aff.). In der Literatur (vgl. *M. Habersack/J. Schürnbrand*, JuS 2003, 734ff.; *P. Ulmer*, ZIP 2003, 1113ff. jeweils mit Nachw.) ist die Entscheidung des *BGH* überwiegend auf Zustimmung gestoßen.

Ausdrücklich offen gelassen hat der *BGH* (*BGHZ* 154, 370, 377) aber die Entscheidung darüber, ob der Grundsatz der persönlichen Haftung für Altverbindlichkeiten auch auf Verbindlichkeiten aus beruflichen Haftungsfällen Anwendung finden soll, weil diese, wie die Bestimmung des § 8 Abs. 2 PartGG zeige, eine Sonderstellung einnehmen.

Zuvor hatte schon das *OLG Hamm* (ZIP 2002, 527, 529) eine Haftung des eintretenden Gesellschafters in Analogie zu § 130 HGB bejaht. Es vertritt die Auffassung, da der BGH das Akzessorietätsprinzip auf die BGB-Gesellschaft bejaht habe, sei es nur konsequent, auch die BGB-Gesellschaft „der Haftung gem. § 130 HGB zu unterwerfen, da diese ein zentraler Bestandteil des auf dem Akzessorietätsprinzip beruhenden Haftungsregimes" sei.

Demgegenüber hält das *OLG Düsseldorf* (ZIP 2002, 616ff.) eine entsprechende Anwendung des § 130 HGB auf die BGB-Gesellschaft nicht für möglich. Es betont vor allem, § 130 HGB sei eine Sondervorschrift des Handelsgesellschaftsrechts, die sich auf die Gesellschaft bürgerlichen Rechts wegen ihrer Vielgestaltigkeit von kleinen und nicht kaufmännischen Erwerbsgesellschaften bis zur Gelegenheitsgesellschaft nicht übertragen lasse; die unterschiedliche Haftung für Altschulden der Gesellschaft beruhe auf wohlerwogenen gesetzgeberischen Erwägungen, die für eine Korrektur im Wege der Rechtsfortbildung keinen Raum lasse. Dies müsse umso mehr gelten, als die rückwirkende Änderung einer gefestigten Rechtsprechung den einer BGB-Gesellschaft beitretenden Gesellschafter nachträglichen Haftungsrisiken aussetzen würde, mit denen er im Zeitpunkt des Beitritts weder rechnen konnte noch musste.

Diskutiert wird auch im Hinblick auf die Haftung des eintretenden Gesellschafters die Möglichkeit einer Haftungsbeschränkung über eine analog Anwendung des § 8 Abs. 2 PartGG. Die oben (Rn. 89a) genannten Argumente – Fehlen der Voraussetzungen für eine Analogie und Unzulässigkeit der Privilegierung eines Berufsstandes mit Mitteln des Gesellschaftsrechts – gelten auch hier.

c) Zur analogen Anwendung des § 28 HGB

89f *aa) Generell.* Fraglich ist, ob auf die entstandene Gesellschaft bürgerlichen Rechts auch § 28 HGB entsprechend anwendbar ist, wenn eine Person Verbindlichkeiten begründet hat und sich anschließend mit einer anderen Person zu einer Gesellschaft bürgerlichen Rechts zusammenschließt. Diese Frage stellt sich generell und nicht nur im Hinblick auf Anwalts-BGB-Gesellschaften.

Beispiel: Rechtsanwalt R, der bisher als Einzelanwalt tätig war, schließt sich mit seinem Kollegen A zu einer Sozietät in der Form einer Gesellschaft bürgerlichen Rechts zusammen. Vor der Gründung dieser Gesellschaft hatte der Malermeister M die Praxisräume des R renoviert. Kann M auch den A gemäß § 631 BGB in Verbindung mit §§ 28 und 128 HGB analog in Anspruch nehmen?

Eine entsprechende Anwendung des § 28 HGB auf Fälle dieser Art lässt sich begründen, wenn man davon ausgeht, dass § 28 Abs. 1 HGB den allgemeinen analogiefähigen Rechtsgedanken enthält, eine massive Gläubigerbenachteiligung zu vermeiden, die dadurch entsteht, dass die den Gläubigern bisher haftenden Aktiva eines Unternehmens auf ein anderes, dem Gläubigerzugriff ohne eine dem § 28 Abs. 1 HGB entsprechende Vorschrift nicht zugängliches Rechtssubjekt übertragen werden. Nach Meinung einiger Autoren (u.a. MünchKomm-HGB/*Lieb*, § 28 Rn. 8ff.; *K. Schmidt*, Handelsrecht, § 8 III 1a bb) sollte deshalb die Haftung für Altschulden des einbringenden Gesellschafters im Interesse des Altgläubigers auf die entstandene Gesellschaft (bürgerlichen Rechts) erstreckt werden. Das hätte allerdings zur Folge dass der hinzugetretene Gesellschafter nach § 128 HGB analog für die Altverbindlichkeiten in die Haftung geriete (ablehnend Canaris, Handelsrecht, § 7 Rn. 92). Eine entsprechende Anwendung des § 130 HGB scheidet aus, weil der zweite Gesellschafter nicht in eine bestehende Gesellschaft eingetreten ist (so *BGHZ* 157, 361ff., 364).

bb) Bei Anwaltsgesellschaften. Der BGH (*BGHZ* 157, 361ff.) lehnt eine entsprechende Anwendung des § 28 HGB in einem Fall ab, in dem durch den Zusammenschluss von bisher als Einzelanwälten tätigen Rechtsanwälten eine BGB-Gesellschaft entstand, weil § 28 HGB voraussetze, dass jemand in das Geschäft eines Einzelkaufmanns eintrete, der Anwalt aber nicht Einzelkaufmann sei, weil er kein Handelsgewerbe betreibe; außerdem stünde den Anwälten als Gesellschaftern einer BGB-Gesellschaft nicht die Möglichkeit offen, einer abweichende Vereinbarung gemäß § 28 Abs. 2 HGB Dritten gegenüber zur Geltung zu verhelfen, weil eine Eintragung in das Handelsregister nicht erfolgen könne (ebenso *Canaris*, Handelsrecht, 23. Aufl., 2000, § 7 Rn. 88). 89g

Beispiel: Folgt man der Ansicht des BGH, so ist in dem oben genannten Beispiel § 28 HGB nicht analog anwendbar, so dass A von M nicht in Anspruch genommen werden kann.

Die vom BGH verwandten Argumente sind vorwiegend formaler Natur (vgl. dazu *K. Schmidt*, NJW 2005, 2801, 2807ff.). Demgegenüber wiegt das Argument schwer, es drohe eine massive Gläubigerbenachteiligung, wenn man es zulasse, dass die den Gläubigem bisher haftenden Aktiva eines Unternehmens nun auf ein anderes, dem Gläubigerzugriff ohne eine dem § 28 Abs. 1 HGB entsprechende Vorschrift nicht zugängliches Rechtssubjekt übertragen werden können (vgl. MünchKomm-HGB/*Lieb*, § 28 Rn. 8ff.; *K. Schmidt*, Handelsrecht, § 8 III 1a bb). Deshalb ist eine analoge Anwendung des § 28 HGB auf die Außen-BGB-Gesellschaft einschließlich der Anwaltsgesellschaft zu bejahen.

Für das oben genannte **Beispiel** bedeutet das: M kann auch den A gemäß § 631 BGB in Verbindung mit §§ 28 und 128 HGB analog in Anspruch nehmen.

§ 7. Gesellschafterwechsel

Literatur: *K.-G. Baier,* Die Störung der Geschäftsgrundlage im Recht der Personengesellschaften, NZG 2004, 356 ff.; *M. Gehrlein,* Neue Tendenzen zum Verbot der freien Hinauskündigung eines Gesellschafters, NJW 2005, 1969 ff.; *P. Habersack/Schürnbrand,* Die Haftung des eintretenden Gesellschafters für Altverbindlichkeiten der Gesellschaft bürgerlichen Rechts, JuS 2003, 739 ff.; *C. Hülsmann,* Abfindungsklausel: Kontrollkriterien der Rechtsprechung, NJW 2002, 1673 ff.; *Reichold,* Das neue Nachhaftungsbegrenzungsgesetz, NJW 1994, 1617 ff.; *C. Schäfer,* Das bedingte Austrittsrecht nach § 139 HGB in der GbR, NJW 2005, 3665 ff.; *K. Schmidt,* Die BGB-Außengesellschaft: rechts- und parteifähig, NJW 2001, 993 ff.; *Seibert,* Nachhaftungsbegrenzungsgesetz – Haftungsklarheit für den Mittelstand, DB 1994, 461 ff. *P. Ulmer,* Die Haftungsverfassung der BGB-Gesellschaft, ZIP 2003, 1113 ff.

I. Überblick

90 Der Zusammenschluss zu einer Gesellschaft bürgerlichen Rechts beruht auf dem persönlichen Vertrauen, das sich die einzelnen Gesellschafter entgegenbringen. Deshalb ist der Fortbestand der BGB-Gesellschaft grundsätzlich von der unveränderten Zusammensetzung des Personenkreises abhängig, der sich zu der Gesellschaft zusammengeschlossen hat. Das bedeutet u. a.:
- im Zweifel endet die Gesellschaft mit dem Tode eines Gesellschafters (§ 727 BGB);
- grundsätzlich muss sich nach Abschluss des Gesellschaftsvertrages keiner der Gesellschafter gegen seinen Willen einen neu hinzutretenden Gesellschafter aufzwingen lassen.

Beispiel: Der Anteil an einer Gesellschaft bürgerlichen Rechts kann ohne die Zustimmung aller Gesellschafter nicht auf eine Person, die bisher nicht Gesellschafter war, übertragen werden. Dieser Grundsatz dient lediglich dem Schutz der Gesellschafter. Er kann deshalb durch eine davon abweichende Regelung im Gesellschaftsvertrag abgeändert werden.

Allerdings können die Gesellschafter, abweichend von der gesetzlichen Regelung, im Gesellschaftsvertrag vereinbaren,
- dass die Gesellschaft nach dem Tode oder dem sonstigen Ausscheiden eines Gesellschafters fortgesetzt werden soll und
- dass in die bestehende Gesellschaft andere Personen als Gesellschafter aufgenommen werden können, wenn mindestens eine qualifizierte Mehrheit der übrigen Gesellschafter damit einverstanden sind.

II. Das Eintreten neuer Gesellschafter

Da der Zusammenschluss der Gesellschafter zu einer Gesellschaft in der Regel auf dem persönlichen Vertrauen beruht, das sich die Gesellschafter entgegenbringen, sind die Rechte der Gesellschafter im Zweifel nicht auf Dritte übertragbar, damit diese nicht ohne Einverständnis der übrigen Gesellschafter in das Gesellschaftsverhältnis mit einbezogen werden können (§ 717 BGB). 91

Der Eintritt eines neuen Gesellschafters in die bereits bestehende Gesellschaft bürgerlichen Rechts kann auf verschiedene Art und Weise stattfinden.

1. Der Eintritt eines neuen (hinzutretenden) Gesellschafters

Zur Aufnahme eines neuen Gesellschafters in die bestehende Gesellschaft ist grundsätzlich das Mitwirken aller Gesellschafter erforderlich. Dies geschieht durch einen sogenannten *Aufnahmevertrag*, der zwischen den bisherigen Gesellschaftern und der als Gesellschafter eintretenden Person abgeschlossen wird (1. Möglichkeit). Die häufig verwendete Formel von der „Übertragung eines Gesellschaftsanteils" bedeutet bei der Personengesellschaft nur selten die Kombination von Ausscheiden eines Gesellschafters und Eintritt eines neuen Gesellschafters an die Stelle des Ausscheidenden. Wird ein neuer Gesellschafter durch Aufnahmevertrag in die Gesellschaft aufgenommen, so wird er mit dem Moment seines Eintritts in die Gesellschaft automatisch – durch „Abwachsung" bei den Mitgesellschaftern – Mitberechtigter am Gesamthandsvermögen (siehe oben Rn. 67a f.). 92

Gemeint ist in fast allen Fällen die rechtsgeschäftliche Übertragung der gesamten Gesellschafterstellung an einen bisher außenstehenden Dritten (2. Möglichkeit). Dazu reicht eine einfache Abtretung gem. §§ 413, 398 BGB *nicht* aus. Das Verfügungsgeschäft der Anteilsübertragung zwischen Veräußerer und Erwerber bedarf grundsätzlich der Zustimmung aller Gesellschafter. Das ergibt sich schon aus dem höchstpersönlichen Charakter des Zusammenschlusses in der Gesellschaft. Eine Zustimmung genereller Art kann allerdings schon im Gesellschaftsvertrag enthalten sein. Der Gesellschaftsvertrag kann auch durch eine eindeutig auf den Mitgliederwechsel bezogene Regelung vorsehen, dass eine Mehrheitsentscheidung für die Zustimmung genügt.

2. Die Haftung des hinzutretenden Gesellschafters

93 Streitig war die Frage, ob ein Gesellschafter, der in eine GbR eintritt, auch für die vor seinem Eintritt begründeten Gesellschaftsschulden (Altschulden) mit seinem Privatvermögen haftet.

Nachdem der *BGH* (*BGHZ* 146, 341, 358) die akzessorische Haftung der Gesellschafter einer BGB-Gesellschaft in Analogie zu § 128 HGB ausdrücklich anerkannt hatte, war die Frage zu stellen, ob es nicht konsequent wäre, den § 130 HGB entsprechend auch auf die BGB-Gesellschaft anzuwenden; denn wenn die OHG-ähnliche Gesellschafterhaftung Platz greifen soll, muss das auch für die beim Eintritt in eine BGB-Gesellschaft schon vorhandenen Gesellschaftsschulden gelten.

Beispiel: Die aus A, B und C 1995 gegründete Gesellschaft bürgerlichen Rechts hat bei der X-Bank ein Darlehen aufgenommen. Von der Darlehenssumme in Höhe von 100 000 € sind 33 000 € zurückgezahlt, als D im Juli 2002 mit Zustimmung aller in die Gesellschaft aufgenommen wird. D würde neben A, B und C entsprechend §§ 130, 128 HGB für die Rückzahlung der Darlehensrestsumme und etwaiger Zinsen haften.

93a Der *BGH* (*BGHZ* 154, 370) hat sich nun dafür ausgesprochen, dass ein neu in eine schon bestehende Gesellschaft bürgerlichen Rechts eintretender Gesellschafter grundsätzlich auch für die bereits vor seinem Eintritt begründeten Verbindlichkeiten der Gesellschaft, die sog. Altverbindlichkeiten, haftet. Das lässt sich mit dem Akzessorietätsprinzip begründen, also dem Grundsatz, dass der Gesellschafter stets so haftet wie die Gesellschaft selbst. Der *BGH* (BGHZ 154, 370, 373) stellt jedoch den Gedanken in den Vordergrund, dass ein neu in eine Gesellschaft bürgerlichen Rechts eintretender Gesellschafter auch ohne eine dahin gehende besondere Verpflichtungserklärung gegenüber den Gläubigern mit dem Erwerb der Mitgliedschaft auch in die bestehenden Verbindlichkeiten der Gesellschaft eintritt und damit nicht anders als der Altgesellschafter für alle Verbindlichkeiten der Gesellschaft ohne Unterscheidung nach dem Zeitpunkt der Begründung haftet; dies entspricht – so der *BGH* (BGHZ 154, 370, 373) – sowohl dem Wesen der Personengesellschaft als auch – damit innerlich zusammenhängend – einer im Verkehrsschutzinteresse zu Ende gedachten Akzessorietät der Haftung.

93b Letztlich begründet der *BGH* (BGHZ 154, 370, 373f.) seine Entscheidung mit dem allgemeinen Grundsatz des Personengesellschaftsrechts, wonach die persönliche Haftung aller Gesellschafter in ihrem jeweiligen personellen Bestand dem Wesen der Personengesellschaft und ihren Haftungsverhältnissen entspricht, weil die Gesellschaft kein eigenes, zugunsten ihrer Gläubiger gebundenes garantiertes Haftkapital besitzt; ihr Gesellschaftsvermögen stehe dem Zugriff der Gesellschafter jederzeit und sanktionslos offen. Bei dieser Sachlage sei die persönliche Haftung der Gesellschafter nicht nur die alleinige Grundlage ihrer Wertschätzung und Kreditwürdigkeit; sie sei vielmehr das notwendige Gegenstück zu dem Fehlen jeglicher Kapitalerhaltungsregeln.

Deshalb könne die Rechtsordnung – so der *BGH* (BGHZ 154, 370, 373f.) – nicht bei einer Haftung nur der Altgesellschafter Halt machen, denn mit dem Erwerb der Gesellschafterstellung erlange auch der neu eingetretene Gesellschafter dieselben Zugriffsmöglichkeiten auf das Gesellschaftsvermögen wie die Altgesellschafter, was angesichts der Komplementarität von Entnahmefreiheit und persönlicher Haftung sinnvollerweise nur durch Einbeziehung der Neugesellschafter in dasselbe Haftungsregime, dem auch die Altgesellschafter unterliegen, kompensiert werden könne.

Der *BGH* (BGHZ 154, 370, 374) weist noch darauf hin, dass der neu Eintretende mit seinem Eintritt in die Gesellschaft auch Anteil an dem Vermögen, der Marktstellung sowie den Kunden- bzw. Mandantenbeziehungen, die die Gesellschaft durch ihre bisherige wirtschaftliche Tätigkeit begründet habe, erwerbe. Es sei deshalb nicht unangemessen, wenn er im Gegenzug auch in die Verbindlichkeiten eintrete, die die Gesellschaft im Zuge ihrer auf Erwerb und Vermehrung dieser Vermögenswerte gerichteten wirtschaftlichen Tätigkeit begründet habe.

Im Übrigen führt der *BGH* (BGHZ 154, 370, 375f.) noch die folgenden Argumente an:

- Die Mithaftung neu eingetretener Gesellschafter auch für die vor ihrem Eintritt begründeten Gesellschaftsverbindlichkeiten könne den Vorteil für sich in Anspruch nehmen, dass sich der Gläubiger nicht auf eine gerade in der Gesellschaft bürgerlichen Rechts in Ermangelung jedweder Registerpublizität u.U. besonders heiklen Streit über die Zeitpunkte des Entstehens seiner Forderung und der Mitgliedschaft des in Anspruch genommenen Gesellschafters einlassen muss.
- Aus den dargestellten Überlegungen ergebe sich auch, dass der in § 130 Abs. 1 HGB kodifizierte Gedanke keineswegs auf Besonderheiten gerade des handelsrechtlichen Geschäftsverkehrs beruhe. Er finde seine Begründung vielmehr in den Eigenheiten rechtsfähiger Personengesellschaften mit auf dem Prinzip der Akzessorietät aufbauender Haftungsverfassung, wie auch seine Übernahme in die moderne Kodifikation der Partnerschaftsgesellschaft (§ 8 Abs. 1 Satz 2 PartGG) bestätige.

In der Literatur ist die Entscheidung des BGH überwiegend auf Zustimmung gestoßen (vgl. *M. Habersack/J. Schürnbrand,* JuS 2003, 734ff.; *P. Ulmer,* ZIP 2003, 1113ff. jeweils mit Nachw.). Dagegen wird vor allem argumentiert, eine Haftung analog § 130 HGB stelle für beitretende Gesellschafter eine nicht durch ein schutzwürdiges Gläubigerinteresse zu rechtfertigende Belastung dar (so *Ch. Armbrüster,* ZGR 2005, 34, 54).

3. Die Vererbung der Gesellschafterstellung

94 Gem. § 727 BGB ist der Tod eines Gesellschafters ein Auflösungsgrund. Allerdings kann der Gesellschaftsvertrag etwas anderes vorsehen.

Scheidet ein Gesellschafter durch Tod aus und sieht der Gesellschaftsvertrag die Fortsetzung der Gesellschaft mit allen oder einem Teil der Erben des verstorbenen Gesellschafters vor, so treten der oder die Erben an die Stelle des Gesellschafters.

Im Gesetz ist die Erbfolge in Beteiligungen an Personengesellschaften nicht besonders geregelt. Das Erbrecht des BGB erfasst die gesamte „Erbschaft" einer Person; besondere gesetzliche Anordnungen für Unternehmen oder die Beteiligung an einem unternehmerisch genutzten Vermögen in Gestalt eines „Unternehmenserbrechts" sind nicht getroffen.

Ob jemand Erbe eines verstorbenen Gesellschafters ist, ist ausschließlich nach Erbrecht zu bestimmen. Ob der Erbe allerdings Gesellschafter wird oder werden kann, ist in erster Linie nach Gesellschaftsrecht, insbesondere nach der Gestaltung des Gesellschaftsvertrages zu bestimmen. Voraussetzungen dafür, dass ein oder mehrere Erben für den durch Tod ausgeschiedenen Gesellschafter in die Gesellschaft nachrücken können, sind: Erbenstellung und eine entsprechende Fortsetzungs- bzw. Nachfolgeregelung im Gesellschaftsvertrag.

94 a In Rechtsprechung und Literatur herrscht im Grundsatz Übereinstimmung darüber, dass die Erben eines Gesellschafters auf folgende Arten in die Gesellschafterstellung des durch Tod ausgeschiedenen Gesellschafters nachrücken können:

- durch Erbenstellung und kraft Eintrittsklausel im Gesellschaftsvertrag, verbunden mit einer Eintrittserklärung des Erben, oder
- kraft Erbenstellung und Nachfolgeklausel im Gesellschaftsvertrag.

Tritt durch Erbfolge oder Aufnahmevertrag ein neuer Gesellschafter in die Gesellschaft ein, wird er Mitglied der Gesamthandsgemeinschaft. Die Identität der Gesellschaft bleibt erhalten. Das bedeutet: Der neue Gesellschafter tritt mit allen Rechten und

Pflichten, die die übrigen Gesellschafter bereits haben, in die bestehende Gesellschaft ein. (Einzelheiten dazu werden zur OHG unten in § 23 III, Rn. 316 ff. erläutert.)

Nachdem der BGH die persönliche Haftung der Gesellschafter einer BGB-Gesellschafter am Haftungsmodell der OHG ausgerichtet hat (siehe dazu oben Rn. 81 ff.), hat sich auch die Haftung der Gesellschaftererben in der BGB-Gesellschaft derjenigen der OHG weitgehend angenähert. Deshalb wird nun die Frage gestellt, ob auch dem Erben, der in die BGB-Gesellschaft einrückt, ein bedingtes Austrittsrecht in Analogie zu § 139 HGB zuzugestehen ist (dazu *C. Schäfer,* NJW 2005, 3665 ff.). Problematisch ist eine solche Analogie, weil dem Erben, der in die Stellung eines OHG-Gesellschafters nachfolgt, nach § 139 HGB ein Wahlrecht zusteht: Er kann verlangen, dass ihm die Stellung eines Kommanditisten eingeräumt wird; stimmen die anderen Gesellschafter dem nicht zu, kann der Erbe sofort sein Ausscheiden aus der Gesellschaft erklären. Diese Bedingtheit des Austrittsrechts kann nur schwer auf die BGB-Gesellschaft übertragen werden (bejahend *C. Schäfer,* NJW 2005, 3665 ff.). 94b

III. Das Ausscheiden von Gesellschaftern

1. Die Gründe für das Ausscheiden

Ein Gesellschafter kann außer durch Tod freiwillig aus der Gesellschaft ausscheiden oder zwangsweise zum Ausscheiden gezwungen werden. 95

a) Die Kündigung des ausscheidenden Gesellschafters

Wenn eine Gesellschaft nicht für eine bestimmte Zeit eingegangen ist, so kann jeder Gesellschafter sie nach § 723 Abs. 1 Satz 1 BGB jederzeit, d. h. fristlos, kündigen. Unter bestimmter Frist im Sinne dieser Vorschrift ist dabei eine Frist zu verstehen, die gleichzeitig Höchst- und Mindestdauer sein soll. Wenn die vereinbarte Zeit nur eine Höchstdauer ist, so ist die Kündigung vorher zulässig. Ist die Zeit nur eine Mindestdauer, so ist die Kündigung bis zum Ablauf der Frist ausgeschlossen; danach läuft die Gesellschaft auf unbestimmte Zeit weiter und kann jetzt gekündigt werden (vgl. *Hueck/Windbichler,* § 11 Rn. 4).

Der Wirksamkeit der Kündigung kann allenfalls entgegenstehen, dass sie zur Unzeit erfolgte (§ 723 Abs. 2 BGB). Kündigung zur Unzeit bedeutet, die Kündigung bringt gerade zu diesem Zeitpunkt für die Gesellschaft besondere Nachteile mit sich (vgl. *Hueck/Windbichler*, § 11 Rn. 4). Anders ausgedrückt: Unzeitig ist die Kündigung dann, wenn sie zu diesem Zeitpunkt die gemeinschaftlichen Interessen der Gesellschafter verletzt (vgl. Palandt/*Sprau*, § 723 BGB, Rn. 6). Die Kündigung ist dann nicht unzeitig, wenn ein wichtiger Grund zur Kündigung vorliegt.

95a Der wichtige Grund nach § 723 Abs. 1 hat eine andere Funktion als der wichtige Grund im Sinne des § 723 Abs. 2 BGB. Anders als der erst Genannte entscheidet der wichtige Grund nach § 723 Abs. 2 nicht über das Bestehen des Kündigungsrechts, sondern lediglich über die Zulässigkeit des für die Kündigung gewählten Zeitpunktes (vgl. MünchKomm-BGB/*Ulmer*, § 723 Rn. 54). Es ist dann abzuwägen zwischen den Interessen des Kündigenden an einer schnellen Auflösung der Gesellschaft und den Interessen der Mitgesellschafter an der Wahl des schonendsten Zeitpunkts; es geht also letztlich um ein Hinausschieben der Kündigung. Abzustellen ist dabei auf die Gesamtumstände des Falles (vgl. MünchKomm-BGB/*Ulmer*, § 723 Rn. 54). Der *BGH* (DB 1977, 87, 89) vertritt die Auffassung, derjenige Gesellschafter, der den Grund für die Kündigung zum fraglichen Zeitpunkt gegeben habe, könne sie nicht als unzeitig beanstanden.

Ein wichtiger Grund liegt dann vor, wenn dem kündigenden Gesellschafter bei einer Gesamtwürdigung aller Umstände im Einzelfall nach Treu und Glauben die Fortsetzung des Gesellschaftsverhältnisses nicht mehr zugemutet werden kann (vgl. *Hueck/Windbichler*, § 11 Rn. 4). Als wichtige Gründe kommen vor allem in Betracht die Zerstörung des Vertrauensverhältnisses im geschäftlichen Bereich und schwerwiegende Treuepflichtverstöße.

Die Zerstörung des Vertrauensverhältnisses als Auflösungsgrund wiegt besonders schwer, wenn sie schuldhaft herbeigeführt worden ist (vgl. MünchKomm-BGB/*Ulmer*, vor § 723 Rn. 31). Auch das außergeschäftliche Verhalten kann, soweit es Rückwirkungen auf die Gesellschaftssphäre hat, berücksichtigt werden.

b) Das Ausscheiden durch Abschluss eines Ausscheidensvertrag

95b Das Ausscheiden eines Gesellschafters durch Vertrag mit den übrigen Gesellschaftern ist im Gesetz nicht geregelt. Die Zulässigkeit ergibt sich aus dem Prinzip der Vertragsfreiheit. Eine Vereinbarung dieser Art dient meist der Vermeidung oder der Beilegung von Streitigkeiten unter den Gesellschaftern, insbesondere der Abwendung eines Ausschließungsverfahrens (vgl. *K. Schmidt*, Gesellschaftsrecht, § 50 II 6).

Grundsätzlich können also mit Zustimmung aller Gesellschafter einzelne Gesellschafter aus der Gesellschaft ausscheiden oder neue Gesellschafter aufgenommen werden. Bei einem solchen Ausscheidensvertrag handelt sich in der Regel um eine Kombination mit einer Änderung des Gesellschaftsvertrages durch Beschluss. Dabei spielt es keine Rolle, ob die Initiative vom Ausscheidenden ausgeht oder diejenigen Gesellschafter, welche die Gesellschaft fortsetzen möchten, denjenigen, der ausscheiden soll, eben darum bitten oder dazu drängen. Entscheidend ist, dass alle Gesellschafter der Änderung des Gesellschaftsvertrages zustimmen, die das Ausscheiden des einen Gesellschafters zur Folge hat.

c) Die Hinauskündigung eines Gesellschafters

Aus dem Grundsatz der Vertragsfreiheit folgt, dass in den Ge- **95c** sellschaftsvertrag noch eine Reihe von Gründen aufgenommen werden kann, die das Ausscheiden eines Gesellschafters zur Folge haben sollen.

Auch ein zwangsweises Ausscheiden eines Gesellschafters ist möglich, wenn der Gesellschaftsvertrag entsprechende Möglichkeiten einräumt, einen Gesellschafter auszuschließen. Dass auch bei einer Gesellschaft bürgerlichen Rechts die Hinauskündigung eines Gesellschafters wie bei einer Offenen Handelsgesellschaft (§§ 133, 140 HGB) und einer Kommanditgesellschaft möglich ist, ergibt sich aus § 737 BGB. Ein solches Ausschließungsrecht steht den übrigen Gesellschaftern zu, wenn in der Person des Gesellschafters, der ausgeschlossen werden soll, ein wichtiger – sachlicher – Grund im Sinne des § 723 Abs. 1 BGB vorliegt (vgl. BGHZ 68, 212ff.; 81, 263ff.). Sogenannte freie, d.h. vom Belieben des Berechtigten abhängige, Hinauskündigungsklauseln in Gesellschaftsverträgen sind grundsätzlich als nicht wirksam anzusehen (vgl. *M. Gehrlein,* NJW 2005, 1969ff.)

Nach dem Wortlaut des § 737 BGB ist eine Ausschließung aus wichtigem – sachlichen – Grund nur dann zulässig, wenn der Gesellschaftsvertrag eine Fortsetzungsklausel enthält, die sich auf den Kündigungsfall bezieht (vgl. MünchKomm-BGB/*Ulmer,* § 737 Rn. 7).

Soll die Gesellschaft aufgelöst oder ein Gesellschafter ausgeschlossen werden, so ist dies nur aufgrund der oben genannten gesetzlichen Regelungen und Grundsätze möglich. Eine Störung der Geschäftsgrundlage kann im Personengesellschaftsrecht nicht zur Auflösung der Gesellschaft oder zum Ausschluss eines Gesellschafters führen. Die Störung der Geschäftsgrundlage im Sinne des § 313 BGB kann lediglich zur Anpassung des Gesellschaftsvertrages führen, vorausgesetzt eine ergänzende Auslegung des Vertrages ist nicht möglich (vgl. *K.-G. Baier*, NZG 2004, 356ff.).

2. Die Folgen des Ausscheidens und die Haftung des ausscheidenden Gesellschafters

96 In Bezug auf das Innenverhältnis verliert der ausscheidende Gesellschafter seine Gesellschafterstellung. Die Mitgliedschaftsrechte und -pflichten erlöschen.

Sein Anteil am Gesellschaftsvermögen wächst den übrigen Gesellschaftern zu (§ 738 Abs. 1 BGB). Mit seinem Ausscheiden verliert der Gesellschafter die mit seiner ehemaligen Gesellschafterstellung verbundene Rechtsmacht, gemeinschaftlich mit den übrigen Gesellschaftern – oder gegebenenfalls allein – mit Wirkung für und gegen die Gesellschaft rechtsgeschäftlich zu handeln (vgl. *BGHZ* 79, 374, 378).

97 Ein Gesellschafter, der aus der BGB-Gesellschaft ausscheidet, haftet dem Gläubiger auch nach seinem Ausscheiden persönlich mit seinem Privatvermögen für alle Verbindlichkeiten, die bis zum Zeitpunkt seines Ausscheidens entstanden sind.

Die Ansprüche gegen die Gesellschafter verjähren nach deren Ausscheiden grundsätzlich nach Maßgabe der §§ 736 Abs. 2 BGB und 160 HGB nach fünf Jahren, soweit sie nicht einer kürzeren Verjährungsfrist unterliegen.

98 Durch § 736 Abs. 2 BGB wird für die BGB-Gesellschaft die sinngemäße Geltung der für die Personenhandelsgesellschaften bestehenden Regelungen über die Begrenzung der Nachhaftung angeordnet. Damit gilt auch für Ansprüche gegen einen ausscheidenden BGB-Gesellschafter grundsätzlich die fünfjährige Ausschlussfrist gem. § 160 Abs. 1 HGB (vgl. dazu unten Rn. 294f.). Wegen der fehlenden Registerpublizität der BGB-Gesellschaft ist Anknüpfungspunkt hinsichtlich des Fristbeginns für die Enthaftung des ausscheidenden Gesellschafters die Kenntnis jedes einzelnen Gläubigers vom Ausscheiden des BGB-Gesellschafters. Die daraus resultierenden unterschiedlichen Enthaftungszeitpunkte müssen je nach Gläubigerkenntnis als Konsequenz der fehlenden Registerpublizität hingenommen werden (so auch *Reichold*, NJW 1994, 1617, 1621; *Seibert*, DB 1994, 461, 464; vgl. auch *BGHZ* 117, 168, 178f.).

Beispiel: Aus einer Anwaltssozietät in der Rechtsform der Gesellschaft bürgerlichen Rechts scheidet S mit Zustimmung der übrigen Gesellschafter aus

Altersgründen mit Wirkung zum 31. 12. 2003 aus. Im Oktober 2003 hatte M aufgrund eines Vertrages mit der Gesellschaft deren Praxisräume renoviert. Wegen der noch nicht bezahlten Vergütung kann M aus § 631 BGB in Verbindung mit § 128 HGB analog, sowie § 736 Abs. 2 BGB und § 160 HGB Anfang des Jahres 2004 auch den S in Anspruch nehmen.

3. Die Ansprüche des ausscheidenden Gesellschafters

a) Überblick

Der ausgeschiedene Gesellschafter erwirbt gegen die Gesellschaft nach § 738 Abs. 1 S. 2 BGB einen Anspruch auf dasjenige, was er bei der Auseinandersetzung erhalten würde, wenn die Gesellschaft zum Zeitpunkt des Ausscheidens liquidiert worden wäre. Darüber hinaus hat der Ausgeschiedene einen Anspruch darauf, dass die Gesellschaft ihn von den gemeinschaftlichen Schulden befreit (§ 738 Abs. 1 S. 2 BGB). Gegebenenfalls hat der Ausgeschiedene auch einen Anspruch auf die Erstellung einer Abschichtungsbilanz. 99

b) Der Anspruch auf Schuldbefreiung gemäß § 738 Abs. 1 S. 2 BGB

Der aus dem alten Gesamthandsmodell stammende Begriff der „gemeinschaftlichen Schulden“ passt nicht zu dem modernen Verständnis der Personen-Außengesellschaft. Gemeint sind die Gesellschaftsschulden. Das bedeutet, zu befreien ist der Ausscheidende nicht eigentlich von den Gesellschaftsschulden, sondern von seiner Gesellschafterhaftung, die ihn für Altverbindlichkeiten der Gesellschaft im Außenverhältnis weiter haften lässt (vgl. *K. Schmidt*, Gesellschaftsrecht, § 50 IV 1.b). 99 a

Der Anspruch aus § 738 Abs. 1 S. 2 BGB auf Schuldbefreiung richtet sich wie der Abfindungsanspruch gegen die Gesellschaft. Die Schuldbefreiung kann entweder durch Tilgung der Gesamthandsverbindlichkeiten seitens der Gesellschaft oder durch Vereinbarung zwischen der Gesellschaft und den Gläubigern über die Entlassung des Ausgeschiedenen aus der Mithaftung erfolgen.

Der Anspruch auf Schuldbefreiung besteht auch dann, wenn der ausgeschiedene Gesellschafter keine Abfindung verlangen kann, sondern seinerseits nach § 739 BGB einen Fehlbetrag schuldet. Die Gesellschaft kann allerdings gemäß § 273 BGB bis zur Zahlung des Fehlbetrages die Schuldbefreiung verweigern (vgl. *BGH* NJW 1974, 89; MünchKomm-BGB/*Ulmer*, § 738 Rn. 77).

Der *BGH* (MDR 1974, 559, 560) begründet dies damit, dass es keinen Grund gäbe, der Gesellschaft eine Vorleistungspflicht aufzubürden und damit ein Zurückbehaltungsrecht auszuschließen, wenn die Ausgleichspflicht des Ausgeschiedenen feststehe; es wäre vielmehr unbillig, die Gesellschaft vorweg zur Befriedigung der Gläubiger oder Ablösung einer Sicherheit zu zwingen, obgleich der Ausgeschiedene mit Rücksicht auf seine Verlustbeteiligung im Innenverhältnis gerade für jene Fehlbeträge mit aufkommen muss.

c) Der Anspruch auf Erstellung einer Abschichtungsbilanz

99b Grundsätzlich kann der Ausgeschiedene zur Berechnung des Abfindungsanspruchs die Aufstellung einer „Abfindungsbilanz" (Abrechnung) auf den Stichtag seines Ausscheidens verlangen, soweit sich eine solche nicht wegen der jeweiligen vertraglichen Abfindungsvereinbarung, wie z. B. einer Buchwertklausel, erübrigt (vgl. *BGH* WM 1980, 1362 f.; MünchKomm-BGB/*Ulmer,* § 738 Rn. 27).

Die Pflicht zur Aufstellung der Abschichtungsbilanz trifft die Gesellschaft. In der Gesellschaft ist der Geschäftsführer zur Erstellung der Bilanz verpflichtet (vgl. *BGH* WM 1979, 1330; MünchKomm-BGB/*Ulmer,* § 738 Rn. 27).

d) Abfindungsanspruch oder Haftung für einen Fehlbetrag (§§ 738, 739 BGB)

99c *aa)* Der Grundgedanke der Regelung in § 738 Abs. 1 S. 2 BGB besteht darin, trotz des Verzichts auf eine Auseinandersetzung der Gesellschaft die Stellung des Ausgeschiedenen derjenigen bei einer Liquidation so weit wie möglich anzunähern (vgl. MünchKomm-BGB/*Ulmer,* § 738 Rn. 1). Deshalb bemisst sich der Abfindungsanspruch des Ausgeschiedenen nach der Höhe des ihm im Falle der Liquidation zustehenden Auseinandersetzungsguthabens, das sich nach §§ 733, 734 BGB aus der Rückerstattung der Einlagen und dem entsprechenden Anteil des Überschusses zusammensetzt.

Nach § 733 Abs. 1 S. 1 BGB sind zunächst aus dem Gesellschaftsvermögen diejenigen Verbindlichkeiten zu berichtigen, deren Erfüllung Sache der Gesellschaft ist (vgl. MünchKomm-BGB/*Ulmer,* § 733 Rn. 6).

Ob der Ausgeschiedene einen Anspruch auf Zahlung einer Geldsumme als Abfindung gegen die Gesellschaft erworben hat oder die Gesellschaft gegen ihn einen Anspruch auf anteilige Zahlung eines Fehlbetrages, ergibt sich aus der zu erstellenden Abschichtungsbilanz.

bb) Der aus der Gesellschaft bürgerlichen Rechts ausscheidende Ge-sellschafter ist gemäß § 738 BGB grundsätzlich nach dem tatsächlichen Wert seines Anteils an der Gesellschaft abzufinden. Er erwirbt einen dementsprechenden Anspruch gegen die Gesellschaft. Sein Anteil am Gesellschaftsvermögen wächst den übrigen Gesellschaftern zu. **99d**

Die Regelungen der §§ 738 bis 740 BGB gelten grundsätzlich für alle Personengesellschaften, also auch für die OHG (§ 105 Abs. 3 HGB) und die KG (§ 161 Abs. 2 HGB), da das HGB keine Sonderregelungen für die Auseinandersetzung zwischen ausscheidenden und verbleibenden Gesellschaftern trifft.

Die Vorschriften der §§ 738 bis 740 BGB stellen dispositives Recht dar. Die Parteien können also etwas anderes vereinbaren. Von dieser Möglichkeit wird in der Praxis häufig Gebrauch gemacht. Gesellschaftsvertraglich vereinbarte Abfindungsbeschränkungen, die in der Regel den Sinn haben, den Bestandsschutz der Gesellschaft durch Einschränkung des Kapitalabflusses zu gewährleisten oder die Berechnung des Abfindungsanspruches zu vereinfachen, sind grundsätzlich zulässig. Auch unter Berücksichtigung der genannten Zwecke können solche Beschränkungen allerdings nicht ohne weiteres vorgenommen werden; sie unterliegen den Grenzen, die durch § 138 Abs. 1 BGB gezogen werden (*BGHZ* 116, 359, 368). Nichtig sind insbesondere solche Vertragsgestaltungen, die von vornherein den später ausscheidenden Gesellschafter in sittenwidriger oder aus sonstigen Gründen gesetzlich mißbilligter Weise benachteiligen (vgl. *BGH* WM 1989, 783; siehe dazu auch unten Rn. 335ff.).

Diese Grundsätze sind jedoch nur dann anzuwenden, wenn die betreffende Gesellschaft sich wirtschaftlich betätigt, insbesondere auf den Betrieb eines (nichtkaufmännischen) Erwerbsgeschäfts gerichtet ist. Anderes gilt, wenn die Gesellschaft bürgerlichen Rechts nach ihrem Gesellschaftsvertrag einen rein ideellen Zweck verfolgt (vgl. *BGHZ* 135, 387ff. mit Nachw.). Denn die Beteiligung an einer Gesellschaft bürgerlichen Rechts mit ideeller Zielsetzung beruht in der Regel auf altruistischen Vorstellungen; die Vermehrung des eigenen Vermögens ist nicht beabsichtigt. Eine einem Gesellschafter persönlich zukommende Abfindung ist damit kaum zu vereinbaren (so *BGHZ* 135, 387ff.). Deshalb ist es den Gesellschaftern einer Gesellschaft mit ideeller Zielsetzung nicht verwehrt, einen Abfindungsanspruch auszuschließen (siehe zu alledem auch *C. Hülsmann,* NJW 2002, 1673 ff.).

§ 8. Die Beendigung der Gesellschaft

I. Überblick

100 Die Beendigung der Gesellschaft vollzieht sich in zwei voneinander zu unterscheidenden Abschnitten:

- Der erste Abschnitt ist die Auflösung der Gesellschaft,
- der zweite die *Auseinandersetzung* (die Liquidation) der Gesellschaft, nach deren Abschluss die Vollbeendigung der Gesellschaft erreicht ist.

Dass die Beendigung der Gesellschaft in der Regel komplizierter ist als die Beendigung der meisten anderen Schuldverhältnisse, ergibt sich u.a. daraus, dass ein gesamthänderisch gebundenes Vermögen und dazu in der Regel Gesellschaftsschulden existieren.

II. Die Auflösung

101 Das BGB nennt in den §§ 723 ff. eine Reihe von Auflösungsgründen. Es ist den Gesellschaftern allerdings unbenommen, durch entsprechende Vereinbarungen im Gesellschaftsvertrag weitere Auflösungsgründe zu schaffen.

Die wichtigsten im Gesetz genannten Auflösungsgründe sind:

- die Kündigung,
- die Zweckerreichung,
- der Tod eines Gesellschafters,
- die Eröffnung des Insolvenzverfahrens über das Vermögen eines Gesellschafters,
- das Unmöglichwerden des Erreichens des Gesellschaftszweckes,
- ein Auflösungsbeschluss der Gesellschaft.

Mit dem Eintritt einer der Gründe, die zur Auflösung der Gesellschaft führen können, ändert die Gesellschaft zunächst nur ihren Zweck. War sie zuvor auf die Erreichung des bei Abschluss des Gesellschaftsvertrages vereinbarten gemeinsamen Zweckes gerichtet, so ist sie nun auf die Liquidation, auf die Abwicklung, gerichtet. Dabei bleibt sie Gesamthandsgemeinschaft.

Nach § 726 BGB wird die Gesellschaft u.a. dann aufgelöst, wenn die Erreichung des vereinbarten Zwecks unmöglich geworden ist. Die Gesellschafter können jedoch die Fortsetzung der Gesellschaft mit einem anderen Zweck beschließen (vgl. *BGH* ZIP 2004, 356f.).

III. Die Auseinandersetzung

1. Überblick

Die Auflösung der Gesellschaft führt also noch nicht zu ihrer Beendigung, sondern zum Eintritt in das Abwicklungsstadium (Liquidation). 102

Ziel der Auseinandersetzung ist es,

- zunächst die Gläubiger aus dem Vermögen der Gesellschaft wegen ihrer Forderungen gegen die Gesellschaft zu befriedigen und
- anschließend das etwa noch übriggebliebene Vermögen der Gesellschaft unter die Gesellschafter zu verteilen.

2. Das Verfahren der Auseinandersetzung

Das Verfahren der Auseinandersetzung ist in den §§ 729 bis 740 BGB geregelt. Erst der Abschluss der Auseinandersetzung führt zur Vollbeendigung der bereits aufgelösten Gesellschaft bürgerlichen Rechts. 102a

Im Verfahren der Auseinandersetzung nach §§ 730ff. BGB ist eine Schlussabrechnung zu erstellen. Im Unterschied zu § 154 HGB ist für die Gesellschaft bürgerlichen Rechts eine formelle, nach den Grundsätzen ordnungsgemäßer Buchführung zu erstellende Schlussbilanz nicht gesetzlich vorgeschrieben. Eine solche Schlussabrechnung – auch Auseinandersetzungsbilanz genannt – muss aber jedenfalls dann errichtet werden, wenn die finanziellen Verhältnisse der Gesellschaft nicht ohne weiteres überschaubar sind und eine Auseinandersetzung unter Berechnung der auf die einzelnen Gesellschafter entfallenden Guthaben oder Nachschüsse ohne eine solche Auseinandersetzungsbilanz zu Unsicherheiten führen würde (vgl. MünchKomm-BGB/*Ulmer*, § 730 Rn. 57ff.).

Die Verpflichtung zur Aufstellung der Schlussabrechnung trifft die Abwickler, im Zweifel also alle Gesellschafter. Die Gesellschafter erwerben mit Eintritt der Auflösung einen Anspruch auf Errichtung der Schlussabrechnung als Teil des Anspruchs auf Auseinandersetzung (vgl. MünchKomm-BGB/*Ulmer*, § 730 Rn. 59).

3. Die Fortsetzung der noch nicht voll beendeten Gesellschaft

102b Soweit eine fortsetzungsfähige, also noch nicht voll beendete Gesellschaft vorhanden ist, können die Gesellschafter die aufgelöste in eine werbende Gesellschaft zurückverwandeln. Voraussetzung dafür ist allerdings, dass der Auflösungsgrund behoben ist und die Gesellschafter einstimmig die Fortsetzung beschließen. Ein solcher Fortsetzungsbeschluss muss nicht ausdrücklich gefasst werden; eine konkludente Beschlussfassung genügt. Auf eine solche kann dann geschlossen werden, wenn die Gesellschafter in Kenntnis der Auflösungsgründe von Liquidationsmaßnahmen absehen und den Geschäftsbetrieb unverändert fortsetzen, etwa indem sie gemeinsam längerfristige Verträge abschließen oder Personal einstellen (so *BGH* ZIP 1995, 1412).

Beispiel: Die Anwälte A und B haben sich vor 20 Jahren in einer BGB-Gesellschaft zusammengeschlossen, um gemeinsam eine Anwaltskanzlei zu betreiben. Nun wird B die Zulassung entzogen. Damit ist die Zweckerreichung unmöglich geworden. Die Gesellschaft ist nach § 726 BGB aufgelöst. A und B können aber vereinbaren, dass sie die Gesellschaft mit dem geänderten Zweck, ab jetzt die in den letzten 20 Jahren gemeinsam erworbenen Grundstücke zu verwalten, fortsetzen. Die Gesellschaft muss dann nicht liquidiert werden.

§ 9. Die BGB-Gesellschaft als reine Innengesellschaft

Literatur *U. Fischer,* Die Rechtsprechung des Bundesgerichtshofes zur Gesellschaft bürgerlichen Rechts und zur stillen Gesellschaft, WM 1981, 638 ff.; *H. Schulte,* Vermögensausgleich nach Beendigung einer eheähnlichen Lebensgemeinschaft und einer Gütertrennungs-Ehe, ZGR 1983, 437 ff.

I. Überblick

103 Aufgrund der Vertragsfreiheit ist es möglich, eine BGB-Gesellschaft ohne Gesamthandsvermögen zu bilden. In der Regel geschieht dies, wenn die Gesellschaft nach außen nicht hervortreten soll und die Geschäfte von einem Gesellschafter allein und im eigenen Namen geführt werden, während sie im Verhältnis der Gesellschafter untereinander (im Innenverhältnis) auf gemeinsame Rechnung gehen. Es handelt sich dann um eine sogenannte Innengesellschaft, zu deren Wesensmerkmalen das Fehlen eines Gesamthandsvermögens und einer Vertretung, überhaupt eines gemeinsamen Auftretens der beteiligten Personen als Personengemeinschaft nach außen gehört.

Beispiel: A und B schließen sich zusammen, um auf dem Grundstück des A ein Haus zu errichten, das im Eigentum des A stehen soll. Nach außen tritt nur A in eigenem Namen auf. Der *BGH* (WM 1962, 1086) nahm hier ein gesellschaftsähnliches Verhältnis an, auf das die §§ 705 ff. BGB entsprechend anzuwenden seien (vgl. auch *BGH* WM 1977, 196).

Da bei der Innengesellschaft kein gesamthänderisch gebundenes Gesellschaftsvermögen existiert, kommt nach ihrer Auflösung eine Liquidation nicht in Betracht. Es besteht lediglich ein schuldrechtlicher Anspruch der Innenbeteiligten gegen den Inhaber des Vermögens auf Auszahlung eines Abfindungsguthabens (*BGH* WM 1981, 876).

Die Rechtsprechung hat häufig BGB-Gesellschaften als reine Innengesell- 104
schaften zwischen Eheleuten angenommen, wenn der eine Ehegatte in erheblichem Umfange ohne entsprechende Vergütung in dem Geschäft des anderen mitgearbeitet hat, das nach außen nur im Namen des anderen betrieben wurde (so u. a. *BGHZ* 8, 249 ff.; *BGH* LM Nr. 5 zu § 705 BGB). Der *BGH* ist davon ausgegangen, dass in so gelagerten Fällen ein Gesellschaftsvertrag im Sinne des § 705 BGB auch durch schlüssiges Verhalten zustande kommen kann. Das schlüssige Verhalten, mit dem ein durch beiderseitige Leistungen gefördertes Verfolgen eines gemeinsamen Zweckes verabredet werde, der über den typischen Rahmen einer ehelichen Lebensgemeinschaft hinausgehe, soll allerdings eine Voraussetzung für das Zustandekommen eines Gesellschaftsvertrages sein (so *BGH* NJW 1974, 2278). Der *BGH* (WM 1990, 1463, 1464) geht von einer durch schlüssiges Verhalten begründeten Innengesellschaft insbesondere dann aus, wenn die Eheleute einen über den „typischen Rahmen der ehelichen Lebensgemeinschaft hinausgehenden Zweck dadurch verfolgen, dass sie durch Arbeit und Einsatz von Vermögenswerten gemeinsam ein Unternehmen aufbauen oder auch nur gemeinsam gleichberechtigt eine berufliche oder gewerbliche Tätigkeit ausüben" (s. auch *BGHZ* 165, 1, 6).

II. Die nichteheliche Lebensgemeinschaft

Die nichteheliche Lebensgemeinschaft ist nicht ohne weiteres 105
eine BGB-Gesellschaft, weil bei ihr die persönlichen Beziehungen derart im Vordergrund stehen, dass im Regelfall nicht von einer auf wirtschaftlichen Beziehungen beruhenden Rechtsgemeinschaft gesprochen werden kann (vgl. *U. Fischer,* WM 1981, 638, 643). Das schließt nicht aus, dass bei der Abwicklung solcher Lebensgemeinschaften gesellschaftsrechtliche Normen angewendet werden können, wenn die Umstände – wie z. B. ein von den Partnern in jahrelanger gemeinsamer Anstrengung geschaffenes Vermögen – dies nahelegen (vgl. *BGHZ* 77, 55, 56. Zu dieser Problematik eingehend MünchKomm-BGB/*Ulmer,* Rn. 82 vor § 705).

In der Sache geht es um ein „Güterstandssurrogat" (vgl. *K. Schmidt,* Gesellschaftsrecht, § 59 I 2b bb). Daran anknüpfend hat der *BGH* (*BGHZ* 84, 388, 390) angenommen, dass auch dann, wenn die Partner einer solchen Lebensgemeinschaft kein Gesellschaftsrechtsverhältnis begründet haben, eine Auseinandersetzung nach gesellschaftsrechtlichen (oder gemeinschaftsrechtlichen) Regeln in Betracht kommen könne, wenn beide Partner durch gemeinschaftliche Leistung einen Vermögensgegenstand erworben und hierbei die Absicht verfolgt haben, einen – wenn auch nur wirtschaftlich – gemeinschaftlichen Wert zu schaffen, der von ihnen nicht nur gemeinsam genutzt werden, sondern ihnen nach ihrer Vorstellung auch gemeinsam gehören sollte (vgl. dazu *H. Schulte,* ZGR 1983, 473 ff.).

106 Bei der Feststellung, ob die Partner mit dem Erwerb eines Vermögensgegenstandes einen wirtschaftlich gemeinsamen Wert schaffen wollten, der ihnen nach ihrer Vorstellung auch gemeinsam gehören sollte, geht der *BGH* (WM 1992, 611) nicht allein von der formal dinglichen Zuordnung des Vermögensgegenstandes – etwa der Position des Alleineigentümers eines Grundstücks – aus; im Rahmen einer Gesamtwürdigung sollen jedenfalls bei Vermögenswerten von erheblicher wirtschaftlicher Bedeutung, wie z. B. einem gemeinsam erworbenen oder gebauten Haus, wesentliche Beiträge des Partners, der nicht (Mit-)Eigentümer ist, einen Anhaltspunkt für eine gemeinschaftliche Wertschöpfung bilden.

In methodischer Hinsicht ist die Rechtsprechung des *BGH* mit Recht auf Kritik gestoßen. Der Hauptvorwurf geht dahin, der *BGH* löse Probleme der nichtehelichen Lebensgemeinschaft nur noch in den Rechtsfolgen, nicht aber in den Voraussetzungen gesellschaftsrechtlich, weil er Regelungen des Gesellschafts- oder Gemeinschaftsrechts auch dann anwende, wenn eine rechtsgeschäftlich verbindliche Erklärung der Partner nicht vorliege; damit weiche der *BGH* dem Problem der Willensfiktion aus, indem er Gesellschaftsverträge (und damit auch deren Fiktion) schlicht für entbehrlich erkläre (so *K. Schmidt,* Gesellschaftsrecht, § 59 I 2b bb).

Zur Entstehung einer Gesellschaft bedarf es jedenfalls konkludent abgegebener Willenserklärungen. Dass eine solche rechtsgeschäftliche Vereinbarung vorliegt, muss bei einer Lebensgemeinschaft in vielen Fällen schon deshalb bezweifelt werden, weil davon auszugehen ist, dass die Partner sich keiner rechtlichen Ordnung unterwerfen wollen (vgl. auch MünchKomm-BGB/*Ulmer,* Vor § 705 Rn. 81).

3. Kapitel. Der eingetragene Verein

§ 10. Grundbegriffe des Vereinsrechts

Literatur: *Mummenhoff*, Gründungssysteme und Rechtsfähigkeit, 1979; *Reuter*, 100 Bände *BGHZ*: Vereins- und Genossenschaftsrecht, ZHR 151 (1987), 355 ff.; *Oetker*, Der Wandel vom Ideal- zum Wirtschaftsverein, NJW 1991, 385 ff.; *K. Schmidt*, Der bürgerlich-rechtliche Verein mit wirtschaftlicher Tätigkeit, AcP 182 (1982), 1 ff.; *ders.*, Verbandszweck und Rechtsfähigkeit im Vereinsrecht, 1984; *Schockenhoff*, Der Grundsatz der Vereinsautonomie. Inhalt und Geltung eines ungeschriebenen Tatbestandsmerkmals, AcP 193 (1993), 35 ff.; *K. Stöber*, Handbuch zum Vereinsrecht, 7. Aufl. 1997.

I. Überblick

Vereine im Sinne der §§ 21 ff. BGB spielen in der Gesellschafts- 107
ordnung der Bundesrepublik Deutschland eine bedeutende Rolle. Sie prägen als Sport-, Kunst-, Schützen- oder sonstige Vereine einen Teil des gesellschaftlichen Lebens entscheidend mit. Allerdings tritt der Verein als kleine Wertegemeinschaft mehr in den Hintergrund. Stattdessen stellen sich Vereine immer häufiger als große, repräsentative und wirtschaftlich potente Vereinigungen dar (vgl. *M. Benecke*, WM 2000, 1173 ff.). Vereinsrechtlich organisiert sind neben den Parteien u. a. Arbeitgeber- und Arbeitnehmerkoalitionen und Wirtschaftsverbände.

Das Vereinsrecht mit der Möglichkeit interner Ordnungsverfahren gegen Mitglieder ist wegen vieler aufgetretener Probleme in die Diskussion geraten. Dabei wurde zwangsläufig die Frage aufgeworfen, ob das Vereinsrecht des BGB noch den Anforderungen entspricht, die in einer modernen Industriegesellschaft an eine solche Materie gestellt werden müssen.

II. Der Begriff des bürgerlich-rechtlichen Vereins

Der bürgerlich-rechtliche Verein ist eine auf Dauer begründete 108
Personenvereinigung, die der Erreichung eines selbstgesetzten gemeinsamen Zweckes dient; er tritt unter einem eigenen Namen auf, ist vom Wechsel der Mitglieder unabhängig und körperschaftlich verfasst.

Was die Erreichung des gemeinsamen Zweckes angeht, so ist der Verein der Gesellschaft ähnlich. Er unterscheidet sich von dieser aber wesentlich durch seinen körperschaftlichen Aufbau.

Das Vereinsrecht ist im BGB in den §§ 21 ff. geregelt. Es bildet in vielerlei Hinsicht auch die Grundlage für die durch besondere Gesetze geregelten wirtschaftlichen Vereine, wie die Aktiengesellschaft und die Gesellschaft mit beschränkter Haftung.

109 Der bürgerlich-rechtliche Verein ist eine Verbandsform mit weitgehender Gestaltungsfreiheit. Letztere besteht insbesondere für die Verfassung des Vereins (auch Satzung genannt), über die das BGB nur wenige Vorschriften enthält (zu alledem *Schockenhoff,* AcP 193 (1993), 35 ff.).

Das BGB unterscheidet zwischen dem in das Vereinsregister eingetragenen Verein einerseits und dem nicht eingetragenen Verein andererseits. Im Hinblick auf Zielsetzung, Funktion und Organisation unterscheiden sich der eingetragene und der nicht eingetragene Verein nicht. Ein wesentlicher Unterschied besteht allerdings in der rechtlichen Einordnung: Nur der eingetragene Verein ist juristische Person und deshalb in vollem Umfange rechtsfähig. Die nicht eingetragenen Vereine sind *keine* juristischen Personen; da auf sie nach § 54 BGB das Recht der Gesellschaften (§§ 705 ff. BGB) Anwendung finden soll, sind sie wie auch die BGB-Gesellschaft rechtsfähig (siehe oben Rn. 70 ff.).

Die *Rechtsfähigkeit* erlangt der Verein, dessen Zweck nicht auf einen wirtschaftlichen Geschäftsbetrieb gerichtet ist, erst durch Eintragung in das *Vereinsregister* des zuständigen Amtsgerichts (§ 21 BGB).

III. Der Idealverein

1. Idealverein und wirtschaftlicher Verein

110 Das Gesetz unterscheidet außer zwischen eingetragenen und nicht eingetragenen Vereinen auch noch zwischen *Idealvereinen* (Vereinen, deren Zweck nicht auf einen wirtschaftlichen Geschäftsbetrieb gerichtet ist, § 21 BGB) und *wirtschaftlichen Vereinen* (Vereinen, deren Zweck auf einen wirtschaftlichen Geschäftsbetrieb gerichtet ist, § 22 BGB).

Idealvereine sind deshalb in erster Linie Vereine, deren *Hauptzwecke* politischer, wohltätiger, sportlicher, religiöser, wissenschaftlicher, sonstiger kultureller oder geselliger Art sind. Vereinigungen, deren wirtschaftlicher Geschäftsbetrieb den Hauptzweck oder gar den ausschließlichen Zweck darstellt, sollen grundsätzlich *nicht* den Status eines Idealvereins i.S. des § 21 BGB erlangen können. Der Grund dafür ist darin zu sehen, dass eingetragene Vereine lediglich mit ihrem Vereinsvermögen haften und der Gesetzgeber auf die Schaffung von Vorschriften verzichtet hat, die – wie z.B. bei der AG und der GmbH – dem Gläubigerschutz dienen (vgl. *BGHZ* 45, 395, 397).

Da Vereine, deren Zweck auf einen wirtschaftlichen Geschäfts- 111
betrieb gerichtet ist, juristische Person nur durch staatliche Verleihung werden können (§ 22 BGB), kommt der Bestimmung des Hauptzwecks besondere Bedeutung zu. Nach h.M. (vgl. *BGHZ* 45, 395, 398) ist darauf abzustellen, ob der Zweck des Vereins hauptsächlich darauf gerichtet ist, mit Hilfe eines wirtschaftlichen Geschäftsbetriebes, d.h. einer nach außen gerichteten, planmäßigen und dauernden Tätigkeit Gewinne zu erzielen, die dem Verein selbst oder seinen Mitgliedern in irgendeiner Weise zufließen sollen. Unter einem wirtschaftlichen Geschäftsbetrieb i.S. der §§ 21, 22 BGB ist „das planmäßige und auf Dauer angelegte Auftreten des Vereins am Markt in unternehmerischer Funktion durch Einschaltung in wirtschaftliche Umsatzprozesse mit einer regelmäßig entgeltlichen Tätigkeit zu verstehen“ (so *BayObLG* MDR 1978, 843). Das unternehmerische Moment, das die Betätigung eines Vereins zum wirtschaftlichen Geschäftsbetrieb macht, ist allerdings nicht in seinem Auftreten im Rechtsverkehr als Kunde (z.B. Käufer, Besteller) zu sehen, sondern in seiner „planmäßigen Betätigung als Anbieter von Wirtschaftsgütern im weitesten Sinne gegen Entgelt“ (so *BayObLG* MDR 1978, 843). Nach *K. Schmidt* (Verbandszweck und Rechtsfähigkeit, S. 113ff.) geht es als Abgrenzungskriterium um „die planmäßige und entgeltliche Tätigkeit einer organisierten Wirtschaftseinheit am Markt“ (siehe im Einzelnen *K. Schmidt,* Gesellschaftsrecht, § 23 III).

2. Das Nebenzweckprivileg

Auch ein Verein mit einem wirtschaftlichen Geschäftsbetrieb ist 112
ein Idealverein, wenn sein Hauptzweck kein wirtschaftlicher, sondern ein idealer Zweck ist (*RGZ* 83, 231, 237; 154, 343, 354). Deshalb ist ein Verein kein wirtschaftlicher Verein, sondern ein Idealverein, wenn ein von ihm betriebener oder beabsichtigter wirtschaftlicher Geschäftsbetrieb nur Mittel zur Förderung oder Unterstützung seiner idealen Zwecksetzung ist (*BVerwG* NJW 1979,

2265. Zu den Abgrenzungsproblemen des sog. Nebenzweckprivilegs siehe *K. Schmidt,* Verbandszweck und Rechtsfähigkeit, S. 183ff.).

Beispiel: Weil der Hauptzweck, nicht aber der Nebenzweck, für die Bestimmung des Idealvereins maßgeblich ist, wird ein Tennisverein nicht deswegen zum wirtschaftlichen Verein, weil in seinem Clubhaus Getränke und Speisen gegen Entgelt verabreicht werden.

113 Der *BGH* (*BGHZ* 85, 84ff.) hatte die Frage zu entscheiden, ob die unternehmerische Tätigkeit einer vom ADAC als einem Idealverein gegründeten und betriebenen Aktiengesellschaft (der ADAC – Rechtsschutzversicherungs AG) dem Verein (dem ADAC) als eigener wirtschaftlicher Geschäftsbetrieb i.S. der §§ 21, 22 BGB zuzurechnen ist. Eine Zurechnung wäre mit den Zwecken eines Idealvereins nicht zu vereinbaren. Nach Ansicht des *BGH* schließt die organisatorische und rechtliche Trennung es aus, die Geschäftstätigkeit der Rechtsschutzversicherungs AG dem ADAC als eigene unternehmerische Tätigkeit und damit als einen eigenen wirtschaftlichen Geschäftsbetrieb i.S. der §§ 21, 22 BGB zuzurechnen. Der *BGH* (*BGHZ* 85, 84, 88f.) betont, den Vorschriften der §§ 21, 22 BGB liege der Gedanke zugrunde, aus Gründen der Sicherheit des Rechtsverkehrs, insbesondere des Gläubigerschutzes, Vereine mit wirtschaftlicher Zielsetzung auf die dafür zur Verfügung stehenden handelsrechtlichen Formen zu verweisen und die wirtschaftliche Betätigung von Idealvereinen zu verhindern, soweit es sich nicht lediglich um eine untergeordnete, den idealen Hauptzwecken des Vereins dienende wirtschaftliche Betätigung im Rahmen des sog. Nebenzweckprivilegs handele. Im zu erörternden Fall ist der *BGH* davon ausgegangen, dass der den §§ 21, 22 BGB zugrunde liegenden gesetzgeberischen Zielsetzung Rechnung getragen worden ist, weil das Versicherungsgeschäft durch eine juristisch und organisatorisch selbstständige Gesellschaft des Handelsrechts betrieben wird, die als Aktiengesellschaft ihren Gläubigem, insbesondere den Versicherten alle Sicherheiten bietet, die mit der Rechtsform einer solchen Gesellschaft verbunden sind (vgl. zu dieser Entscheidung die Anm. v. *D. Schultz,* JZ 1984, 90ff. Vgl. dazu kritisch *Reuter,* ZHR 151 (1987), 355, 357ff.).

114 Der Zweck des Vereins wird durch die Satzung bestimmt. Zur Änderung des Zweckes des Vereins ist die Zustimmung aller Mitglieder erforderlich (§ 33 Abs. 1 S. 2 BGB). Gemäß § 40 BGB handelt es sich dabei um dispositives Recht. Die Satzung kann also eine davon abweichende Regelung treffen. Aus § 33 Abs. 1 BGB ergibt sich allerdings, dass es sich bei der Zweckänderung eines Vereins um eine Entscheidung von grundlegender Bedeutung für den Verein und seine Mitglieder handelt; deshalb muss eine Satzung, die eine von § 33 Abs. 1 S. 2 BGB abweichende Regelung enthält, dieser Wertung des Gesetzes Rechnung tragen und unzweifelhaft zum Ausdruck bringen, ob von der vom Gesetz abweichenden Abstimmungsregelung auch die Zweckänderung erfasst sein soll (*BGHZ* 96, 245, 249).

Wandelt sich ein Idealverein zu einem wirtschaftlichen Verein, kann gemäß § 43 Abs. 2 BGB die Rechtsfähigkeit entzogen werden; das Registergericht ist zur Einleitung des Amtslöschungsverfahrens berechtigt (nach den §§ 159, 142 FGG), was zum Verlust der vollen Rechtsfähigkeit führt (dazu eingehend *Oetker*, NJW 1991, 385 ff.).

IV. Der wirtschaftliche Verein

Im Gegensatz zum Idealverein erwirbt der wirtschaftliche Verein die Rechtsfähigkeit durch staatliche Verleihung, § 22 BGB (Konzessionszwang). In der Praxis werden Konzessionen dieser Art kaum erteilt, weil das Gesellschaftsrecht für wirtschaftliche Vereine eine Reihe spezieller Rechtsformen, wie z. B. die Aktiengesellschaft und die GmbH, zur Verfügung stellt. Diese Rechtsformen tragen in besonderem Maße dem Schutzbedürfnis der Gesellschafter und der Gläubiger Rechnung, indem sie unabdingbare Regelungen betreffend Gründung, Kapitalaufbringung, Entnahmeverbote etc. enthalten. Wenn diejenigen Personen, die einen wirtschaftlichen Verein gründen wollen, für ihre Ziele zweckdienlicherweise eine der vom Gesellschaftsrecht angebotenen Rechtsformen, wie Aktiengesellschaft oder GmbH, wählen können, sind sie gezwungen, sich für eine solche Rechtsform zu entscheiden. Nach der Rechtsprechung des *BGH* lässt der in § 22 BGB für wirtschaftliche Vereine verordnete Konzessionszwang nicht die Möglichkeit offen, auf einem anderen Wege als in den Formen der Aktiengesellschaft, der GmbH und der eingetragenen Genossenschaft die Rechtsfähigkeit und die Nichthaftung der Mitglieder für Verbindlichkeiten der Vereinigung zu erreichen (*BGHZ* 22, 240, 244). **115**

Die Verleihungspraxis hat sich nach § 22 BGB von den Grundsätzen der Alternativität und Subsidiarität leiten zu lassen. Der Grundsatz der Alternativität bedeutet, dass nur solchen wirtschaftlichen Vereinen die volle Rechtsfähigkeit und damit der Status der juristischen Person verliehen werden darf, die nicht auch nach § 21 BGB eintragungsfähig wären. Nach dem Grundsatz der Subsidiarität kann einem wirtschaftlichen Verein die Rechtsfähigkeit nur verliehen werden, wenn es ihm wegen der besonderen Umstände des Einzelfalles nicht zumutbar ist, sich zur Erlangung der **116** vollen Rechtsfähigkeit nach den „bundesgesetzlichen Vorschriften“ (Aktiengesetz, GmbH-Gesetz oder Genossenschaftsgesetz) zu konstituieren oder aber auf die Rechtsfähigkeit zu verzichten. Der Subsidiaritätsgrundsatz verstößt nicht gegen Art. 9 GG (vgl. zur Problematik *K. Schmidt*, AcP 182 (1982), 32ff. m.w.Nachw.).

§ 11. Gründung und Verfassung des Vereins

Literatur: *Schockenhoff*, Der Grundsatz der Vereinsautonomie. Inhalt und Geltung eines ungeschriebenen Tatbestandsmerkmals, AcP 193 (1993), 35ff.

I. Die Gründung des Vereins

117 Die Gründung eines rechtsfähigen Vereins vollzieht sich in mehreren Stufen:
- Zuerst wird ein Personenverband gegründet,
- der danach seine volle Rechtsfähigkeit, die Anerkennung als juristische Person, durch die Eintragung in das Vereinsregister erlangt.

1. Der Gründungsvertrag

118 Zunächst schließen diejenigen, die den Verein gründen wollen, einen Gründungsvertrag.

Gegenstand des Gründungsvertrages ist die Einigung der Gründer
- über den Zusammenschluss zu einer Organisation, die der Erreichung eines bestimmten Zweckes dient,

  und
- über die Satzung, die ein Teil der Verfassung des Vereins ist.

Über die Rechtsnatur dieses Gründungsvertrages gehen die Meinungen auseinander. Dieser Streit ist nicht nur terminologischer Art, wenn man die Rechtsfolgen des Gründungsvertrages mit ins Auge fasst.

119 Geht man davon aus, dass die Satzung, nachdem sie durch den Gründungsvertrag verbindlich wird, auch weiterhin die rechtsgeschäftliche Grundlage der auch durch das Gesetz bestimmten Verfassung des Vereins bleibt, so kann sie nur durch Rechtsgeschäft geändert werden. Meint man hingegen, dass die Satzung als ein Teil des Gründungsvertrages zwar zunächst ein von den Gründern geschlossener Vertrag ist, nach dem Entstehen des Vereins aber

ein „unabhängiges, rechtliches Eigenleben“ erlangt und zur körperschaftlichen Verfassung des Vereins wird, so folgt nach Ansicht des *BGH* daraus, dass Wille und Interessen der Mitglieder zurücktreten und an ihre Stelle der Vereinszweck und die Mitgliederinteressen als die rechtsgestaltenden Kräfte, auf die es allein ankommen kann, treten (so *BGHZ* 47, 172, 179).

Der Gründungsvertrag ist zwar ein Rechtsgeschäft, das durch den überein- **120**
stimmenden Willen aller Beteiligten zustande kommt und die Beteiligten bindet. Er ist jedoch kein gewöhnlicher Schuldvertrag, weil er auf die Schaffung eines von der Zugehörigkeit der Gründungsmitglieder unabhängigen, diese überdauernden Verbandes gerichtet ist. Der Gründungsvertrag ist aber auch Organisationsvertrag. Ist die Körperschaft erst einmal ins Leben gerufen worden, können eine Reihe von Regelungen, wie sie das Gesetz für den gewöhnlichen Schuldvertrag vorsieht, nicht mehr ohne weiteres auf den Gründungsvertrag angewandt werden. So können z.B. Vereinsmitglieder ihre Willenserklärungen, die sie beim Zustandekommen des Gründungsvertrages abgegeben haben, zwar anfechten, die Anfechtung wirkt aber nicht in der Weise, dass der gesamte Vertrag dadurch vernichtet wird. Nichtigkeitsgründe, die mit der Beitrittserklärung eines Mitgliedes verbunden sind, wie auch Anfechtungserklärungen der Gründer wirken stets nur für die Zukunft, führen also nicht zur rückwirkenden Auflösung des Vereins oder zum rückwirkenden Ausscheiden eines Gründers.

Beispiel: Vereinsgründer A ist vor Abschluss des Gründungsvertrages arglistig getäuscht worden. Die abgegebene Anfechtungserklärung wirkt, nachdem der Verein ins Leben gerufen ist, nur noch für die Zukunft. Ob die erfolgreiche Anfechtung lediglich zum Ausscheiden des betreffenden Mitgliedes oder zur Auflösung des Vereines für die Zukunft führt, ist im Zweifel gemäß § 139 BGB zu entscheiden.

Entstanden ist der Verein mit dem Abschluss des Gründungsvertrages und dem Inkrafttreten der Satzung.

2. Die Erlangung der Rechtsfähigkeit

Volle Rechtsfähigkeit erlangt der Verein mit der Eintragung in **121**
das Vereinsregister durch das Registergericht. Diese Eintragung darf nur erfolgen, wenn bestimmte Mindestvoraussetzungen erfüllt sind. Dazu zählen:

- die Gründung des Vereins in der oben dargestellten Art und Weise;
- die Bestellung eines Vorstandes für den Verein (§§ 26, 59 BGB);
- die Anmeldung des Vereins beim Registergericht (zuständiges Amtsgericht) durch den Vereinsvorstand mit öffentlich beglaubigter Erklärung (§ 77 BGB);

– die Beifügung der Satzung in Urschrift und Abschrift, die Namen, Zweck und Sitz des Vereins enthalten muss, und die Beifügung der Niederschrift über die Bestellung des Vorstandes (§ 59 Abs. 2 BGB).

122 Darüber hinaus *sollen* folgende Voraussetzungen vorliegen: Mindestens 7 Gründer sollen vorhanden sein (§ 56 BGB) und die Satzung unterschrieben haben (§ 59 Abs. 3 BGB), die den in § 58 BGB aufgeführten Mindestinhalt haben soll.

Das Registergericht prüft nach, ob der Verein nach den oben aufgeführten Kriterien eintragungsfähig ist. Es überprüft dabei auch, ob der Gründungsvertrag mit dem Gesetz und den guten Sitten vereinbar ist (§§ 134, 138 BGB).

Gibt es keinen Grund zur Beanstandung, muss das Amtsgericht die Anmeldung der dafür zuständigen Landesbehörde – die Zuständigkeit ist nach Landesrecht geregelt – mitteilen.

122a Das deutsche Recht enthält keine Regelung darüber, dass ein rechtsfähiger Verein mit ausländischem Vereinsstatut und Sitz im Ausland, der diesen nach Deutschland verlegt, seine in dem ausländischen Staat erworbene Rechtspersönlichkeit hier fortsetzen kann. Mit anderen Worten, das deutsche Recht enthält keine Regelung über die grenzüberschreitende Verlegung des satzungsmäßigen Sitzes ins Inland. Nach deutschem Rechtsverständnis stellt sich die „Einwanderung" des ausländischen Vereins nicht als ein rein tatsächlicher Vorgang dar, sondern als ein Rechtsakt, der die zukünftige Zugehörigkeit des Vereins zur Rechtsordnung der Bundesrepublik Deutschland begründet. Deshalb wird zur Erlangung der Rechtsfähigkeit des Vereins in Deutschland dessen Neugründung nach dem Recht des BGB und die anschließende Eintragung in das Vereinsregister (§ 21 BGB) oder die Konzessionierung (§ 22 BGB) verlangt (vgl. *OLG Zweibrücken* MDR 2006, 219f.).

Der reine Idealverein kann sich auch nicht auf die Niederlassungsfreiheit nach Art. 43, 48 EGV berufen, da die sachliche Anwendbarkeit der sog. Grundfreiheiten des Europäischen Gemeinschaftsrechts eine ausgeübte Tätigkeit zum Wirtschaftsleben im Sinne des Art. 2 EGV voraussetzt. Der Idealverein ist eben kein kommerzielles Unternehmen, es sei denn, er beschafft sich die für die Verfolgung gemeinnütziger Zwecke benötigten Mittel durch wirtschaftliche Aktivitäten, die entgeltlich erbracht werden, und jedenfalls mittelbar einem Erwerbszweck dienen (so *OLG Zweibrücken* MDR 2006, 219, 220).

II. Die Verfassung des rechtsfähigen Vereins

1. Begriff und Inhalt der Verfassung des Vereins

Als die Verfassung des Vereins ist die Summe der Regelungen zu verstehen, die den inneren Aufbau und das innere Verbandsleben – die Mitgliedschaft, das Verhältnis der Organe zueinander, die Auflösung, das Schicksal des Vermögens bei der Beendigung – sowie die äußere Gestaltung – wie Zweck, Name, Sitz des Vereins sowie die Vertretung – enthält. 123

Die Verfassung setzt sich zusammen:

– aus den zwingenden Vorschriften des BGB über den Verein,
– aus der Satzung
– und aus den dispositiven Vorschriften des BGB, soweit die Satzung keine Bestimmungen trifft, die diese ersetzen.

Für den bürgerlich-rechtlichen Verein gilt der Grundsatz der *Vereinsautonomie,* der als ungeschriebenes Tatbestandsmerkmal aus § 40 BGB abgeleitet werden kann (vgl. dazu *Schockenhoff,* AcP 193 (1993), 35ff. mit Nachw.). Über den Inhalt der Vereinsautonomie besteht weitgehend Einigkeit: Sie ist die Befugnis der Verbände, ihre Struktur und ihre inneren Verhältnisse selbst zu gestalten; notwendiger Bestandteil ist die *Satzungsautonomie,* die durch die Mitgliederversammlung ausgeübt wird (vgl. *Schockenhoff,* AcP 193 (1993), 35, 39 mit Nachw.). 124

Letztlich werden dem Grundsatz der Vereinsautonomie zwei verschiedene, voneinander zu trennende Bedeutungen zugemessen:

– Der Verein soll die Freiheit genießen, seine eigenen Angelegenheiten unabhängig, d.h. ohne Fremdeinfluss, bestimmen zu können („Selbstbestimmungsrecht").
– Für die Ausübung dieser Freiheit soll, von zulässigen Delegationsmöglichkeiten abgesehen, die Mitgliederversammlung zwingend zuständig sein (Gebot der „Letztzuständigkeit der Mitgliederversammlung"; so *Schockenhoff,* AcP 193 (1993), 35, 39f.).

Zwingende Vorschriften, die durch die Satzung weder ersetzt noch abgeändert werden können, sind: §§ 26, 27 Abs. 2, 28 Abs. 2, 29, 30, 31, 34, 35, 36, 37, 39, 41 BGB (siehe § 40 BGB).

Soweit die Bestimmungen des Vereinsrechts dispositiv sind, können die Mitglieder eines Vereins sich grundsätzlich jede von ihnen gewünschte Ordnung geben. Diese Gestaltungsfreiheit findet ihre 125

Grenze jedoch dort, wo die Privatautonomie allgemein endet; diese Grenzen ergeben sich insbesondere aus den §§ 134, 138, 242 und 826 BGB. Die Grenze des Erlaubten ist jedenfalls dann überschritten, wenn die Satzung den Verein so stark unter fremden Einfluss bringt, dass er zu einer eigenen selbstständigen Willensbildung nicht mehr in der Lage ist (vgl. *OLG Frankfurt* OLGZ 1982, 309f.).

Beispiel: Die Satzung eines Vereins sieht vor, dass Änderungen der Satzung ausschließlich durch Rechtsverordnung der Evangelisch-Lutherischen Kirchengemeinschaft in den Ländern der Bundesrepublik Deutschland (Augustana-Gemeinde) erfolgen soll. Das *OLG Frankfurt* (*OLGZ* 1982, 309f.) hat darin einen Verstoß gegen den im Vereinsrecht bestehenden Grundsatz der Vereins- und Satzungsautonomie gesehen. Denn durch die entsprechende Satzungsbestimmung ist die Möglichkeit einer eigenen Willensbildung nicht nur zugunsten eines Dritten eingeschränkt, was nach Auffassung mancher (vgl. KG *OLGZ* 1974, 385, 389; MüKo/*Reuter,* § 33 Rn. 17ff.) zulässig wäre; vielmehr wird durch die entsprechende Satzungsbestimmung dem Verein die Möglichkeit entzogen, sein Recht selbst zu setzen.

2. Die Rechtsnatur der Satzung

126 Über die Rechtsnatur der Satzung als Teil der Verfassung des Vereins besteht wie bei der Beurteilung der Rechtsnatur des Gründungsvertrages keine einhellige Meinung. Die Rechtsprechung (u.a. *BGHZ* 47, 172, 177ff.) geht davon aus, dass die Satzung zunächst zwar auf einem von den Gründern geschlossenen Vertrag beruht, nach der Entstehung des Vereins aber ein „unabhängiges rechtliches Eigenleben" erlangt, zur „körperschaftlichen Verfassung des Vereins" wird und fortan das rechtliche Wollen des Vereins als der Zusammenfassung seiner Mitglieder objektiviert.

127 Nach herrschender Meinung (u.a. *BGHZ* 13, 5, 11; 21, 370, 373; 47, 172, 179) beruht die Satzung zwar auf einem Rechtsgeschäft; sie ist jedoch nach ihrem Inkrafttreten nach den Grundsätzen zu behandeln, die für die Beurteilung objektiven Rechts anwendbar sind. Das gilt insbesondere für die Auslegung.

Ob die Satzung ihren rein rechtsgeschäftlichen Charakter beibehält oder nach den Grundsätzen für die Beurteilung objektiven Rechts zu behandeln ist, wird z.B. relevant bei der Frage, ob auf die Satzung § 139 BGB anwendbar ist oder nicht. Folgt man der herrschenden Meinung, ist § 139 BGB nicht anwendbar (so *BGHZ* 47, 172, 178ff.).

128 Umstritten ist, ob bei unklaren Satzungsvorschriften, die ausgelegt werden müssen, alle Behelfe herangezogen werden dürfen, auch wenn sie nicht in der Satzung oder wenigstens in den Akten des Registergerichts enthalten sind. Für die Satzung eines Vereins hat der *BGH* (*BGHZ* 47, 172, 179f.) festgestellt, mit der Entstehung des Vereins löse sich der Verein völlig von den Personen. Damit erlange die Satzung „ein unabhängiges rechtliches Eigenleben", werde zur körperschaftlichen Verfassung des Vereins und objektiviere fortan das rechtliche Wollen des Vereins als der Zusammenfassung seiner Mitglieder. „Gründerwille und -interessen treten zurück; an ihrer Stelle gewinnen der Vereinszweck und die Mitgliedsinteressen die rechtsgestaltende Kraft, auf die es allein noch ankommen kann" (*BGHZ* 47, 172, 180). Der *BGH* (*BGHZ* 96, 245, 250) hat wiederholt betont, Vereinssatzungen seien lediglich aus ihrem Inhalt heraus auszulegen; Willensäußerungen oder Interessen der Gründer, sonstige tatsächliche Umstände aus der Entstehungsgeschichte oder der späteren Vereinsentwicklung dürften hier gerade nicht verwertet werden.

3. Der Inhalt der Satzung

a) Überblick

Die Satzung eines Vereins muss einen Mindestinhalt aufweisen. **129**
Aus ihr müssen der Zweck des Vereins, sein Name und sein Sitz entnommen werden können. Es muss aus ihr auch hervorgehen, dass der Verein eingetragen werden soll (§ 57 BGB).

Außerdem soll die Satzung eine Reihe weiterer Bestimmungen enthalten (§ 58 BGB), nämlich solche

- über den Eintritt und Austritt von Mitgliedern,
- über die Frage, ob und gegebenenfalls welche Beiträge die Mitglieder zu leisten haben,
- über die Bildung des Vorstandes,
- über die Voraussetzungen, unter denen die Mitgliederversammlung zu berufen ist,
- über die Form der Berufung der Mitgliederversammlung und
- über die Beurkundung der Beschlüsse.

b) Inhaltskontrolle

Die Frage, ob auch Vereinssatzungen einer richterlichen Inhaltskontrolle unterworfen werden können, ist umstritten (vgl. **130**
zum Streitstand *K. Schmidt*, Gesellschaftsrecht, § 5 III 4). Der *BGH* (*BGHZ* 105, 306) hat eine richterliche Inhaltskontrolle gemäß § 242 BGB jedenfalls im Hinblick auf solche verbandsinternen Normen bejaht, die die Rechtsstellung in denjenigen Vereinen und Verbänden regeln, die im wirtschaftlichen oder sozialen Bereich eine überragende Machtstellung innehaben.

Der *BGH* (*BGHZ* 105, 306, 318) hat eine solche – eingeschränkte – Inhalts- **131**
kontrolle u. a. wie folgt begründet: Sowenig wie es solchen Vereinigungen frei-

gestellt werden könne, Bewerber, die auf die Mitgliedschaft bei ihnen angewiesen seien, willkürlich abzuweisen, sowenig könne es ihnen freistehen, ihre Mitglieder willkürlichen oder unbilligen, Treu und Glauben (§ 242 BGB) widerstreitenden Satzungsgestaltungen zu unterwerfen; wenn auch die Mitglieder auf Grund ihrer vereinsrechtlichen Mitwirkungsrechte an der Gestaltung des Verbandsrechts beteiligt seien, so gelte dies, abgesehen davon, dass Mitglieder auch zu einer unterlegenen Minderheit gehören könnten, nur für diejenigen, die auf Grund bestehender Mitgliedschaft schon an der Satzung des Verbandsrechts beteiligt seien, nicht jedoch für die später Hinzutretenden.

Auf Vereinssatzungen finden gemäß § 310 BGB die Vorschriften über Allgemeine Geschäftsbedingungen (§§ 305 ff. BGB) keine Anwendung.

III. Die Organe des Vereins

1. Überblick

132 Der Verein muss jedenfalls zwei Organe haben: die Mitgliederversammlung und den Vorstand.

Weitere Organe können gebildet werden. Sie sind vom Gesetz jedoch nicht zwingend vorgeschrieben.

Beispiel: Die Satzung eines Vereins kann vorsehen, dass ein „Ältestenrat" oder „Beirat" zu bilden ist, zu dessen Aufgaben u. a. die Ausübung der „Vereinsstrafgewalt" (die Verhängung von Strafen, wie Geldbußen, Ausschluss aus dem Verein etc.) nach Maßgabe der Satzung gehören soll.

2. Die Mitgliederversammlung

a) Funktion und Aufgaben

133 Man kann die Mitgliederversammlung als das oberste Organ des Vereins bezeichnen, weil sie über alle Angelegenheiten zu entscheiden hat, deren Besorgung nicht durch Gesetz oder Satzung dem Vorstand übertragen ist (§ 32 BGB). Sie führt ihre Entscheidungen nicht selbst aus. Diese Aufgabe obliegt dem Vorstand, dem auch die Vertretung des Vereins nach außen zusteht.

Die Mitgliederversammlung ist unter den im Gesetz oder in der Satzung genannten Voraussetzungen auch zur Satzungsänderung befugt.

134 Sie trifft ihre Entscheidungen durch Beschlussfassung, d.h. durch Stimmabgabe der Mitglieder und Feststellung des Ergebnisses. Da § 32 Abs. 1 S. 3 BGB von der „Mehrheit der erschienenen Mitglieder" spricht, ist über die Auslegung dieser Vorschrift zunächst gestritten worden. Der *BGH* (*BGHZ* 83, 35) vertritt mit

Hinweis auf entsprechende Regelungen im AktG (§ 133 Abs. 1), GmbHG (§§ 47 Abs. 1 u. 53 Abs. 2) und GenG (§§ 16 Abs. 2 und 43 Abs. 2) die Auffassung, bei der Beschlussfassung im Verein sei die Mehrheit nur nach der Zahl der abgegebenen Ja- und Nein-Stimmen zu berechnen, Enthaltungen seien nicht mitzuzählen.

Die Satzung kann – da es sich bei § 32 BGB gem. § 40 BGB um dispositives Recht handelt – festlegen, wieviele Stimmen ein Mitglied hat und welche Art von Mehrheit für bestimmte Entscheidungen maßgeblich sein soll.

Die Mitgliederversammlung muss über die in der Satzung genannten Fälle hinaus einberufen werden,
- wenn das Interesse des Vereins das erfordert (§ 36 BGB) oder
- der durch die Satzung bestimmte Teil oder, falls eine solche Bestimmung fehlt, eine Minderheit von 10% der Mitglieder dies unter Angabe des Zweckes und der Gründe fordert (§ 37 Abs. 1 BGB).

b) Fehlerhafte Beschlüsse

Fehlerhafte Beschlüsse der Mitgliederversammlung sollen nach 135
der noch herrschenden Auffassung (vgl. *BGHZ* 59, 369, 372) ipso jure nichtig bzw. unwirksam sein. Die Nichtigkeit ist durch Feststellungsklage gemäß § 256 ZPO geltend zu machen, nachdem die vereinsinternen Rechtsbehelfe ausgeschöpft sind (vgl. Palandt/*Heinrichs,* § 32 BGB Rn. 9). Eine Unterscheidung zwischen nichtigen Beschlüssen – etwa wegen Verstoßes gegen die §§ 134, 138 BGB – einerseits und lediglich anfechtbaren Beschlüssen andererseits, wie sie im Aktienrecht in den §§ 241 ff. AktG, die auf die GmbH entsprechend anwendbar sind, geregelt ist, ist im Vereinsrecht noch nicht anerkannt (vgl. zur Anwendung der §§ 241 ff. AktG unten Rn. 623 ff. und 736). Der *BGH* (*BGHZ* 59, 369 ff.) hat eine entsprechende Anwendung der §§ 241 ff. AktG auf Vereinsbeschlüsse verneint, jedenfalls soweit sie eine Anfechtungsklage vorsehen. Mit Recht fordert *K. Schmidt* (Gesellschaftsrecht, § 24 III 3 f.), auf Beschlüsse des Vereins wie bei der GmbH die §§ 241 ff. AktG analog anzuwenden. Seine Begründung dafür, der Verein sei schließlich ein parteifähiger Verband mit einem auf Mehrheitsbeschlüsse angelegten Willensbildungsorgan, vermag zu überzeugen. Hinzu kommt, dass auch im Hinblick auf Vereinsbeschlüsse das Bedürfnis vorhanden ist, zwischen nichtigen Beschlüssen einerseits und nur anfechtbaren Beschlüssen andererseits zu unterscheiden.

3. Der Vorstand

a) Aufgabenbereich

136 Der von der Mitgliederversammlung durch Beschluss bestellte Vorstand besteht in der Regel aus mehreren Personen. Er ist das Geschäftsführungs- und Vertretungsorgan des Vereins. Er vertritt diesen gerichtlich und außergerichtlich (§§ 26 ff. BGB). Handlungen und Willensäußerungen des Vorstandes sind die des Vereins.

Grundsätzlich ist der Umfang der Vertretungsmacht des Vorstandes gemäß § 26 Abs. 2 S. 1 BGB unbeschränkt; er kann allerdings gemäß § 26 Abs. 2 S. 2 BGB mit Wirkung gegen Dritte durch die Satzung beschränkt werden. Eine entsprechende Bestimmung in der Satzung muss allerdings eindeutig die Beschränkung der Vertretungsmacht des Vorstandes erkennen lassen (*BGH* WM 1980, 1170 f.).

137 Häufig ist es zweckmäßig, in die Satzung Bestimmungen über die Art und Weise der Beschlussfassung im Vorstand aufzunehmen und – je nach Art des Vereins – den Vorstandsmitgliedern bestimmte Aufgabengebiete zuzuweisen. Diese Fragen können jedoch auch durch eine Geschäftsordnung für den Vorstand geregelt werden.

Beispiel: Der Vorstand eines Sportvereins kann nach der Satzung z. B. aus dem ersten Vorsitzenden und dessen Stellvertreter, dem Schatzmeister, dem Sportwart und dem Jugendbeauftragten bestehen.

Ein Verein, der durch seine Satzung den Vorstandsmitgliedern Einzelvertretungsmacht eingeräumt hat, kann in der Satzung die Geschäftsführung einem anderen Organ als dem Vorstand übertragen, weil zwischen geschäftsführendem und vertretungsberechtigtem Organ keine Identität bestehen muss (*BGHZ* 69, 250, 252 ff.).

b) Die Haftung des Vereins für zum Schadenersatz verpflichtende Handlungen seiner Organe

138 Der Verein ist zum Ersatz derjenigen Schäden verpflichtet, die seine Organe in Ausführung einer ihnen zustehenden Verrichtung durch zum Schadensersatz verpflichtende Handlungen einem Dritten zugefügt haben (§ 31 BGB). Da diese Regelung jede Möglichkeit der Entlastung, wie sie etwa § 831 BGB zulässt, ausschließt, wird der Verein durch § 31 BGB so gestellt, als ob er die zum Schadensersatz verpflichtende Handlung selbst begangen hätte (so die herrschende Meinung: *RGZ* 128, 162, 169; *BGH* NJW 1952, 537 f.).

§ 31 BGB ist allein keine Anspruchsgrundlage. Er erlegt nur dem Verein die Schadensersatzpflichten auf, die nach anderen Vorschriften der Person oder den Personen entstanden wären, wenn diese für sich und nicht als Organ für den Verein gehandelt hätten. Eine Schadensersatzpflicht des Vereins für Handlungen seiner Organe entsteht also über § 31 BGB nur in Verbindung mit anderen Anspruchsgrundlagen, seien sie vertraglicher Art, wie z.B. § 280 BGB, oder aus dem Deliktsbereich, wie z.B. §§ 823 ff. BGB (vgl. u.a. *BGHZ* 90, 92, 95).

Beispiel: Das dafür zuständige Vorstandsmitglied zahlt den Kaufpreis aus einem Kaufvertrag nicht, der zwischen dem Verein und V zustande gekommen ist. V entsteht dadurch ein Verzugsschaden, den er gemäß §§ 280, 286 BGB i.V.m. § 31 BGB von dem Verein fordern kann.

Dem § 31 BGB kommt über den Bereich des eingetragenen Vereins hinaus große Bedeutung zu, weil er auf alle juristischen Personen und auch auf die BGB-Gesellschaft, OHG und die KG entsprechend angewandt wird.

§ 12. Die Mitgliedschaft

Literatur: *Baecker,* Zur Nachprüfbarkeit von Vereinsstrafen, NJW 1984, 906 ff.; *Bartodziej,* Ansprüche auf Mitgliedschaft in Vereinen und Verbänden, ZGR 1991, 517 ff.; *M. Benecke,* Der Ausschluss aus dem Verein. Zum Konflikt zwischen Vereinsautonomie und Individualinteresse, WM 2000, 1173 ff.; *Böttcher,* Wesen und Arten der Vertragsstrafe sowie deren Kontrolle, ZfA 1970, 3 ff., 44 ff.; *M. Gehrlein,* Gerichtlicher Prüfungsmaßstab für die Wirksamkeit von Vereinsausschlüssen, ZIP 1997, 1912 ff.; *B. Grunewald,* Vereinsaufnahme und Kontrahierungszwang, AcP 182 (1982), 181 ff.; *Nicklisch,* Der verbandsrechtliche Aufnahmezwang und die Inhaltskontrolle satzungsmäßiger Ausnahmevoraussetzungen, JZ 1976, 105 ff.; *D. Reuter,* Der Ausschluss von dem Verein, NJW 1987, 2401 ff.; *K. Schmidt,* Die Vereinsmitgliedschaft als Grundlage von Schadensersatzansprüchen, JZ 1991, 157 ff.; *H.P. Westermann,* Zur Legitimität der Verbandsgerichtsbarkeit, JZ 1972, 537 ff.

I. Der Begriff der Mitgliedschaft

Die Mitgliedschaft ist der Inbegriff der Rechte und Pflichten, 139
die sich aus den Rechtsbeziehungen zwischen dem Verein und seinen Mitgliedern ergeben. Die Mitgliedschaft ist personenrechtlich geprägt. Daraus folgt, dass sie nicht übertragbar und nicht vererb-

lich ist und ihre Ausübung auch nicht anderen überlassen werden kann (§ 38 BGB).

Unter *Mitgliedschaft* im Verein sind üblicherweise zwei streng voneinander zu unterscheidende Rechtsinstitute zu verstehen:
- die Mitgliedschaft als subjektives Recht
- und die Mitgliedschaft als Sonderrechtsbeziehung (vgl. *K. Schmidt,* JZ 1991, 157, 161). Letztere besteht „mit den aus ihr fließenden spezifischen Rechten und Pflichten" zwischen dem Verein und seinen Mitgliedern (so *BGHZ* 110, 323, 324).

Als subjektives Recht ist die Mitgliedschaft durch § 823 Abs. 1 BGB geschützt. Sie wird als sonstiges Recht i.S. des § 823 Abs. 1 BGB angesehen, dessen Verletzung Schadensersatzansprüche nach deliktischen Grundsätzen auslösen kann (vgl. *BGHZ* 110, 323, 327ff.).

II. Die Rechte und Pflichten aus der Mitgliedschaft

140 Aus der Mitgliedschaft ergeben sich in der Regel für das Mitglied gegenüber dem Verein folgende Rechte:
- das Recht auf Teilnahme an der Vereinsverwaltung mit Stimmrecht und aktivem und passivem Wahlrecht zu den Ämtern des Vereins;
- das Recht, an den Veranstaltungen des Vereins teilzunehmen;
- das Recht, die vom Verein zum Gebrauch für die Vereinsmitglieder bestimmten Sachen zu benutzen.

Beispiel: Die Mitglieder eines Tennisvereins haben das Recht, die Plätze des Vereins zum Tennisspielen zu benutzen und das Clubhaus aufzusuchen.

141 Außerdem hat jedes Vereinsmitglied aus der Sonderrechtsbeziehung gegenüber dem Verein einen Anspruch darauf, dass der Vorstand seine Mitgliedschaftsrechte nicht verletzt. Geschieht dies dennoch, so begründet das wegen einer Pflichtverletzung gemäß § 280 BGB Schadensersatzpflichten, für die der Verein nach § 31 BGB haftet vgl. *BGHZ* 90, 92, 95).

Beispiel (nach *BGHZ* 90, 92, 95): Der Vorstand schließt ein Vereinsmitglied trotz fehlender Zuständigkeit aus dem Verein aus. Dem Mitglied entsteht ein Schaden in Gestalt von Anwaltskosten, weil es seine Rechte wahrgenommen hat. Diesen Schaden kann das Mitglied aus Pflichtverletzung gemäß § 280 BGB i.V.m. § 31 BGB vom Verein ersetzt verlangen. Ist der rechtswidrige Entzug der Mitgliedschaft schuldhaft erfolgt, entsteht daneben noch ein Anspruch aus § 823 Abs. 1 i.V.m. § 31 BGB (so *BGHZ* 110, 323; vgl. dazu *K. Schmidt,* JZ 1991, 157, 161 f.).

Aus der oben bezeichneten Sonderrechtsbeziehung zwischen dem Verein und dem Mitglied erwachsen für beide Seiten *Treuepflichten.* 142

Der *BGH* (*BGHZ* 110, 323, 330) geht davon aus, dass aus dieser Sonderbeziehung heraus Verein und Mitglied *Treuepflichten* haben, die nicht nur Obliegenheiten, sondern echte Rechtspflichten sind und den Beteiligten nach „dem allgemeinen Grundsatz des § 242 BGB erhöhte Treue- und Förderpflichten" auferlegen.

Zu den aus der Mitgliedschaft erwachsenden Verpflichtungen können gehören:
- die Pflicht, Beiträge zu leisten;
- die Pflicht, an Versammlungen und anderen Veranstaltungen des Vereins teilzunehmen;
- die Verpflichtung, Ämter im Verein zu übernehmen.

Auch für den Verein gilt der verbandsrechtliche Grundsatz der Gleichbehandlung der Mitglieder, der allerdings nicht zwingend ist, sondern zur Disposition der Vereinsautonomie steht (vgl. *Kübler/Assmann,* § 10 IV 2). Deshalb können durch die Satzung einzelnen Mitgliedern oder Gruppen von Mitgliedern *Sonderrechte* eingeräumt werden, die, sind sie einmal eingeräumt, nicht ohne Zustimmung der begünstigten Mitglieder beeinträchtigt oder gar entzogen werden können (§ 35 BGB). 143

Zu solchen Sonderrechten gehören z. B.:
- mehrfaches Stimmrecht in der Mitgliederversammlung;
- dauernder Sitz im Vorstand des Vereins;
- ganze oder teilweise Befreiung von der Beitragspflicht.

Beispiel: Die Satzung eines Sportvereins sieht vor, dass Jugendliche unter 18 Jahren und Studenten nur die Hälfte des Geldbetrages als jährlichen Beitrag zu leisten haben, den die übrigen Mitglieder zahlen müssen.

Die Beitragspflicht der Vereinsmitglieder endet mit der Eröffnung der Vereinsinsolvenz, wenn die Satzung nichts Abweichendes bestimmt. Die Begründung dafür ist darin zu sehen, dass der Gesetzgeber im Hinblick auf Vereine mit nicht wirtschaftlicher Zielsetzung besondere Vorschriften zum Schutze der Gläubiger für nicht notwendig erachtet hat (vgl. *BGHZ* 45, 395, 397). Demnach können Mitgliederbeiträge nicht mit handelsrechtlichen Gesellschaftereinlagen verglichen werden, die zur Gläubigerbefriedigung zur Verfügung stehen müssen und dazu auch noch im Abwicklungsstadium eingefordert werden können. In die Insolvenzmasse fallen deshalb nur die im Zeitpunkt der Eröffnung des Insolvenzverfahrens rückständigen Mitgliederbeiträge (so *BGHZ* 96, 253, 256 f.).

III. Der Erwerb der Mitgliedschaft

1. Überblick

144 Die Mitgliedschaft wird, wenn das Mitglied nicht schon zu den Gründern gezählt hat, durch Eintritt in den Verein unter den Voraussetzungen, die die Satzung festlegen soll, erworben (§ 58 Ziff. 1 BGB). Meist vollzieht sich der Erwerb der Mitgliedschaft so, dass der Eintrittswillige seine Bereitschaft zum Eintritt erklärt, der Vorstand als das von der Satzung dafür bestimmte Organ über die Aufnahme beschließt und nach einem positiven Beschluss dem Eintrittswilligen gegenüber eine entsprechende Erklärung abgibt. Bei dem Eintritt in einen Verein auf die geschilderte Art und Weise handelt es sich um ein *Rechtsgeschäft,* und zwar um einen Vertrag, der auf die Begründung eines Rechtsverhältnisses abzielt.

Durch die Satzung kann bestimmt werden, dass neue Vereinsmitglieder nur aufgenommen werden können, wenn sie bestimmte Voraussetzungen erfüllen, wie z.B. die Zugehörigkeit zu einer bestimmten Berufsgruppe oder ein Mindestalter.

Beispiel: Ein „Verein der Filmfreunde e.V." legt in seiner Satzung fest, dass Mitglieder nur Personen werden können, die volljährig sind.

2. Besteht ein Anspruch auf Aufnahme in einen Verein?

145 Da die Aufnahme in einen Verein durch den Abschluss eines Vertrages geschieht (vgl. oben Rn. 144), ist die Frage nach der Verpflichtung zur Aufnahme neuer Mitglieder im Grunde nichts anderes als ein Spezialfall des Kontrahierungszwangs (vgl. dazu *Grunewald,* AcP 182 (1982), 181, 185). Deshalb besteht grundsätzlich kein subjektives Recht des Einzelnen darauf, in einen bestimmten Verein aufgenommen zu werden. Ein solcher Anspruch kann auch nicht aus dem Grundgesetz (Art. 9 Abs. 3 GG) abgeleitet werden. Nicht nur die einzelne Person kann eine privatautonome Entscheidung darüber treffen, in welchem Verein sie Mitglied werden möchte; auch die Vereine können grundsätzlich frei darüber entscheiden, wen sie als Mitglied aufnehmen möchten (vgl. *Kübler/Assmann,* § 34 III).

146 Der *BGH* (*BGHZ* 63, 282, 284ff.; 93, 151; *BGH* NJW 1999, 1326ff.) vertritt unter Anwendung von § 826 BGB und in Anlehnung an die Tatbestandselemente von § 20 GWB die Auffassung, dass ein Verein zur Aufnahme verpflichtet sein kann, wenn der

Verein eine Monopolstellung einnimmt und die Ablehnung einer Aufnahme auch dann, wenn sie in einer von der Satzung vorgesehenen Art und Weise geschieht, im Verhältnis zu den bereits aufgenommenen Mitgliedern sachlich nicht gerechtfertigt ist und zu einer ungleichen Behandlung und unbilligen Benachteiligung eines die Aufnahme beantragenden Bewerbers führt.

Beispiel: Der Sportverein „Sportfreunde e. V." mit Sitz in B begehrt die Aufnahme in den örtlichen Sportverband, einem Zusammenschluss von Sportvereinen in B, dessen Zweck in der Pflege und Förderung des Sports auf gemeinnütziger Grundlage besteht, insbesondere der Unterstützung der Mitglieder gegenüber Behörden und Verbänden bei der Beschaffung von Turn- und Sportplätzen und der Abhaltung sportlicher Wettbewerbe. Dem Vorstand des Sportverbandes gehören u. a. der Oberbürgermeister und der Vorsitzende des Sportamtes der Stadt als beratende Mitglieder an. Aufgrund seiner überragenden Machtstellung (Monopolstellung) im sozialen Bereich auf örtlicher Ebene unterliegt der Sportverband bzgl. des Sportvereins „Sportfreunde e. V." einem Aufnahmezwang. Seine Nichtaufnahme würde im Verhältnis zu den Sportvereinen, die bereits Mitglied sind, zu einer sachlich nicht gerechtfertigten ungleichen Behandlung und unbilligen Benachteiligung führen.

Der *BGH* (WM 1979, 1114) hält es darüber hinaus auch für möglich, dass ein Aufnahmezwang für solche Vereinigungen entstehen kann, die keine Monopolstellung erlangt haben, die aber eine erhebliche wirtschaftliche und soziale Machtstellung besitzen, und der Bewerber zur Verfolgung oder Wahrung wesentlicher Interessen auf die Mitgliedschaft angewiesen ist (vgl. dazu *Nicklisch,* JZ 1976, 105 ff.). Diese Regeln, nach denen bestimmte Vereinigungen einem Aufnahmezwang für beitrittswillige Bewerber ihres Wirkungskreises unterworfen sind, hat der *BGH* (*BGHZ* 93, 151) auch auf Gewerkschaften, insbesondere die IG Metall, angewandt.

Beispiel: Der Maschinenschlosser M stellt einen Antrag auf Aufnahme als Mitglied in der IG Metall. Für die Gewerkschaft besteht insoweit ein Aufnahmezwang, da die IG Metall eine schlechthin überragende Machtstellung unter den Gewerkschaften einnimmt. M ist als Metall-Arbeitnehmer auf die Mitgliedschaft angewiesen, wenn er im sozialen Bereich angemessen und schlagkräftig repräsentiert sein will.

Der *BGH* (*BGHZ* 93, 151, 154) weist allerdings nachdrücklich darauf hin, dass ein Aufnahmeanspruch nicht in jedem Fall besteht, weil es auf eine Bewertung und Berücksichtigung der Interessen des Verbandes ankomme, die im Einzelfall durchaus dahin gehen könne, den Bewerber von der Mitgliedschaft fernzuhalten, sofern dafür ein sachlich gerechtfertigter Grund existiert. Einen solchen sachlich gerechtfertigten Grund, die Aufnahme von Bewerbern abzulehnen, hat der *BGH* (JZ 1985, 532) in einem Fall, in dem es ebenfalls um die Aufnahme in die IG Metall ging, darin gesehen, dass es sich bei den Bewerbern um eine geschlossene Gruppe mit eigenem Publikationsorgan handelte, die von vornherein die Solidarität gegenüber der von der Mehrheit der Mitglieder getragenen inneren Vereinssatzung verweigert und mit der ausdrücklichen Erklärung die Aufnahme verlangt hatte, dass sie als Gruppe in der Gewerkschaft selbstständig und ohne Bereitschaft zur Integration agieren wolle.

147 Keinesfalls darf allerdings ein Aufnahmezwang – gestützt auf die Monopolstellung, eine ihr gleichkommende Machtstellung oder soziale Stellung – eine Vereinigung treffen, die allein oder überwiegend die Förderung der Geselligkeit ihrer Mitglieder zum Ziele hat. Dies muss auch dann gelten, wenn diese Vereinigung die Einzige ihrer Art ist und die Mitgliedschaft ein gewisses Geltungsbedürfnis befriedigt (so zutreffend *BGH* WM 1979, 1114). Eine andere Lösung wäre ein unzulässiger Eingriff in die geschützte und allgemein anerkannte Verbandsautonomie (so i.E. auch *K. Schmidt,* JuS 1980, 145; grundlegend zum Problemkreis Aufnahmegebot und Vereinigungsfreiheit *Wiedemann,* Bd. 1, § 12 I 3c).

Beispiel: Der in Hagen wohnhafte Orchideenzüchter O möchte Mitglied des dort ansässigen und einzigen Orchideenzüchtervereins werden. Hier besteht keine Pflicht zur Aufnahme des O als Mitglied, wenn der Verein im rein gesellschaftlichen Bereich tätig ist und O – objektiv betrachtet – auf die Mitgliedschaft im Orchideenzüchterverein nicht angewiesen ist.

148 Der *BGH* (*BGHZ* 63, 282, 285; 93, 151, 153) stützt letztlich einen Anspruch derjenigen Personen, die in einen Verein oder Verband als Mitglied aufgenommen werden möchten, auf § 826 BGB. Dies ist, abgesehen davon, dass die relativ hohe Verschuldensschwelle oder die Frage nach der Sittenwidrigkeit Schwierigkeiten bereiten kann, schon deswegen bedenklich, weil es nicht um irgendeine Art der Schadenskompensation geht (so zu Recht *Bartodziej,* ZGR 1991, 517, 519).

IV. Der Verlust der Mitgliedschaft

149 Die Mitgliedschaft endet, wenn nicht durch Tod, in der Regel durch Austritt aus dem Verein. Die Satzung kann bestimmen, dass der Austritt nur zum Schluss eines Geschäftsjahres oder nach dem Ablauf einer Kündigungsfrist möglich ist (§ 39 Abs. 2 BGB). Darüber hinaus hat jedes Mitglied das Recht, die Mitgliedschaft fristlos aus wichtigem Grund zu kündigen (*RGZ* 130, 375ff.; *BGH* LM Nr. 2 zu § 39 BGB).

V. Vereinsstrafen und Ausschluss von Mitgliedern

1. Allgemeine Grundsätze

Es besteht Einigkeit darüber, dass der Verein zulässigerweise die Möglichkeit hat, Mitglieder auszuschließen, wenn dies in der Satzung vorgesehen ist und ein satzungsgemäßer Ausschließungsgrund vorliegt. Darüber hinaus ist es dem Verein auch möglich, ein Mitglied auszuschließen, wenn die Satzung eine entsprechende Regelung nicht enthält, aber ein *wichtiger Grund* vorliegt, etwa eine grobe Pflichtverletzung gegenüber dem Verein. 150

Der wirksame Ausschluss beendet die Mitgliedschaft durch einseitigen Gestaltungsakt des Vereins. Da der Ausschluss in der Regel mit Handlungen begründet wird, die mit dem Vorwurf des vereinsschädigenden Verhaltens oder sonst zu missbilligenden Handelns verbunden werden, trägt der Ausschluss fast stets den Charakter einer *Vereinsstrafe*.

Deshalb müssen für den Ausschluss aus dem Verein grundsätzlich dieselben Regeln gelten wie für die Vereinsstrafe. 151

Im Schrifttum wird allerdings auch die Auffassung vertreten, der Ausschluss aus dem Verein sei stets eine Kündigung des Mitgliedschaftsverhältnisses, die als ordentliche nur mit, als außerordentliche auch ohne satzungsmäßige Grundlage zulässig sei. Die überwiegende Meinung erkennt allerdings ein Nebeneinander von strafweisem und kündigungsweisem Ausschluss an (vgl. dazu *Reuter*, NJW 1987, 2401, 2402 mit Nachw.).

Als Vereinsstrafe kommt nicht nur der Ausschluss in Betracht. *Vereinsstrafen* sind darüber hinaus u.a.: 152

- Rügen,
- Geldbußen,
- zeitweiliger Ausschluss von den Veranstaltungen des Vereins.

Die Satzung des Vereins kann vorsehen, dass ein Mitglied durch Beschluss des Vorstandes ausgeschlossen werden kann.

Beispiel: Die Satzung des Kleingärtnervereins „Gartenverein Weiter Blick e.V." enthält in § 10 folgende Regelung: „Ein Mitglied kann durch Beschluss des Vorstandes ausgeschlossen werden, wenn es das Ansehen oder die Interessen des Vereins schädigt, seinen Beitragsverpflichtungen nicht nachkommt oder aus einem anderen wichtigen Grund." Wenn das Vereinsmitglied A schon seit drei Jahren fällige Beiträge nicht gezahlt hat, kann der Vorstand, gestützt auf § 10 der Satzung, den A durch Beschluss ausschließen.

153 Allerdings ist der Vorstand nicht berechtigt, ein Vorstandsmitglied aus dem Verein auszuschließen, und zwar auch dann nicht, wenn ihm die Satzung allgemein das Recht zur Ausschließung von Vereinsmitgliedern zuweist (*BGHZ* 90, 92 ff.). Der *BGH* (*BGHZ* 90, 92, 95) hat dies zutreffend damit begründet, dass der Vorstand, stünde ihm eine derartige Befugnis zu, sich leicht eines jeden, ihm mißliebigen Vorstandsmitgliedes entledigen könnte; so würde jedes Vorstandsmitglied in eine mit seiner Stellung als Vorstandsmitglied unvereinbare Abhängigkeit von der Vorstandsmehrheit geraten, wenn diese es aus dem Verein ausschließen und damit den Verlust seines Vorstandsamtes bewirken könnte. Den Ausschluss eines Vorstandsmitgliedes aus dem Verein kann deshalb nur die Mitgliederversammlung beschließen, die den Vorstand auch bestellt.

Der *BGH* (*BGHZ* 102, 265) bejaht jedenfalls uneingeschränkt die Überprüfung der Rechtmäßigkeit der Ausschließung von Mitgliedern solcher Vereine und Verbände, die eine überragende Machtstellung im wirtschaftlichen oder sozialen Bereich innehaben.

2. Vereinsstrafe und Verbandsgerichtsbarkeit

154 Welche Bedeutung der Verhängung von Vereinsstrafen, häufig als „Sportgerichtsurteile" bezeichnet, und der Verbandsgerichtsbarkeit überhaupt zukommt, ist einer breiten Öffentlichkeit, aber auch vielen Juristen erst durch die in der Fußballbundesliga aufgetauchten Probleme bewusst geworden.

Die herrschende Meinung in der Rechtsprechung und in der Literatur geht davon aus, dass ein Verein, wenn die Satzung entsprechende Bestimmungen trifft, gegenüber seinen Mitgliedern eine Strafgewalt hat, auf Grund derer er befugt ist, nach selbst gesetzten Maßstäben Strafen gegen Mitglieder zu verhängen (*RGZ* 140, 23 ff.; *BGHZ* 13, 5, 15; 21, 370 ff.; 47, 381 ff.). Der *BGH* (*BGHZ 47*, 381, 385) spricht davon, dass in jeder Art von Vereinen die Mitglieder sich mit ihrem Eintritt der Vereinsstrafgewalt unterwerfen.

155 Im Laufe der Jahre ist deutlich geworden, dass die den Vereinsbereich prägende private Satzungsautonomie und die daraus abgeleitete Vereinsstrafgewalt dazu führen können, dass sich

zwischen Staat und Gesellschaft „behördenähnliche Gewaltenträger“ bilden, „die nach außen als Repräsentanten von Gruppeninteressen, z.T. fast nationalen Belangen, fungieren und nach innen, den Verbandsmitgliedern gegenüber, quasi hoheitlich tätig werden“ (so *H.P. Westermann,* JZ 1972, 537). Dass sich eine solche Entwicklung vollziehen konnte, hängt u.a. damit zusammen, dass das Vereinsrecht des BGB wenig Raum für die gestaltenden Funktionen von Verbänden in Staat und Gesellschaft lässt und für manche Bereiche einfach nicht mehr passt. Das gilt vor allem für den in Vereinsform organisierten Bereich des Berufssports.

Im Mittelpunkt der Auseinandersetzungen um Zulässigkeit und Grenzen der Vereinsstrafgewalt steht u.a. die Frage, ob damit der „Boden des Privatrechts verlassen wird und dabei eine Anmaßung öffentlicher Strafgewalt“ vorliegt (dazu *BGHZ* 21, 370, 374). **156**

Die Zulässigkeit dessen, was gemeinhin als Vereinsstrafen bezeichnet wird, ist heute unbestritten, soweit diese in der Satzung eine Grundlage finden (zu den unterschiedlichen Begründungen siehe *Benecke,* WM 2000, 1173ff. mit Nachw.). **157**

Meines Erachtens ist es richtig, nicht von Strafen zu sprechen, sondern von „besonderen Maßnahmen“, die die Vereinsorgane gegen einzelne Mitglieder verhängen können, wenn diese einen Tatbestand erfüllen, der in der Satzung verankert ist. Mit der Möglichkeit, dass bei Vorliegen bestimmter Voraussetzungen ein Vereinsorgan solche Maßnahmen verhängen kann, hat sich jedes Vereinsmitglied durch den rechtsgeschäftlichen Akt seines Beitritts (Eintritt) einverstanden erklärt. Aus dieser rechtsgeschäftlichen Übereinkunft ist die Möglichkeit, im Einzelfall diese Maßnahmen zu verhängen, abzuleiten (so auch *Bötticher,* ZfA 1970, 44). Folgt man dem, so gibt es bei der Verhängung von Maßnahmen gegen Vereinsmitglieder keinen Bereich, der sich der Nachprüfung durch die staatlichen Gerichte entzieht.

3. Die Kontrolle durch die staatlichen Gerichte

Nach rechtsstaatlichen Grundsätzen ist der Beschluss eines Vereinsorgans über die Verhängung der oben bezeichneten Maßnahmen auf seine Rechtmäßigkeit voll durch staatliche Gerichte nachprüfbar. Die Gerichte können deshalb u.a. nachprüfen: **158**

- ob die ergangene Maßnahme eine Stütze im Gesetz oder in der Satzung hat;

– ob eine derartige, in der Satzung vorgesehene Maßnahme im Hinblick auf die Zwecke des Vereins nicht unverhältnismäßig, grob unbillig oder willkürlich ist;
– ob das in der Satzung für solche Zwecke vorgesehene Verfahren eingehalten worden ist (vgl. zu alledem *Gehrlein,* ZIP 1997, 1912ff.).

159 Der *BGH* (*BGHZ* 87, 337ff.) vertritt schon seit 1983 die Ansicht, dass in vereinsrechtlichen Disziplinarverfahren auch die Tatsachenermittlung der Nachprüfung durch staatliche Gerichte unterliegt (vgl. dazu *Baecker,* NJW 1984, 906f.).

Der *BGH* (*BGHZ* 87, 337, 344) geht zu Recht davon aus, die freiwillige Unterwerfung unter die Vereinsstrafgewalt könne *nicht* dahin ausgelegt werden, dass die Mitglieder bei ihrem Eintritt damit einverstanden seien, für Taten verantwortlich gemacht zu werden, die sie nicht begangen haben. Der *BGH* weist auf die große gesellschaftliche Macht hin, die heute von Organisationen wie Gewerkschaften, Berufsverbänden etc. – Organisationen, bei denen von einer Freiwilligkeit des Beitritts häufig nur noch bedingt gesprochen werden könne, weil ein Beitritt nicht selten aus beruflichen oder sonstigen Gründen einfach geboten sei – über ihre Mitglieder ausgeübt werden könne. Schon im Hinblick darauf lasse sich die These, die Mitglieder verzichteten im Voraus auf die Überprüfung des im vereinsrechtlichen Disziplinarverfahren festgestellten Sachverhalts durch die staatlichen Gerichte, nicht aufrechterhalten. Schließlich werde die Vereins- bzw. Verbandsautonomie durch die gerichtliche Nachprüfung der Sachverhaltsermittlung nicht beeinträchtigt; den Vereinen werde lediglich die „Mißbrauchs"-Möglichkeit genommen, ihren Disziplinarverfahren Sachverhalte zugrunde zu legen, die sich bei objektiver, an rechtsstaatlichen Grundsätzen ausgerichteter Tatsachenermittlung nicht feststellen lassen (*BGHZ* 87, 337, 345).

160 Der *BGH* (*BGHZ* 93, 151, 153ff.; WM 1991, 98) ist der Auffassung, dass es Verbände gibt, die auf Grund ihrer überragenden Machtstellung im wirtschaftlichen oder sozialen Bereich – wie z.B. die Gewerkschaften – bei ihrer Entscheidung über die Aufnahme und folglich auch den Ausschluss eines Mitgliedes nur einen beschränkten Spielraum für sich in Anspruch nehmen können (vgl. auch *BGHZ* 102, 265). Die Entscheidung solcher Verbände, eines ihrer Mitglieder auszuschließen, kann von den staatlichen Gerichten daraufhin überprüft werden, ob die Ausschließungsentscheidung eine Grundlage in der Satzung hat, in einem ordnungs-

gemäßen Verfahren zustande gekommen und durch sachliche Gründe gerechtfertigt, d.h. nicht unbillig ist.

Nach Ansicht des *BGH* (NJW (1995, 583ff.) können sich auch Nichtmitglieder der Disziplinargewalt eines Sportverbandes unterstellen. 161

§ 13. Auflösung und Beendigung des Vereins

Das Gesetz unterscheidet in nicht ganz klar definierter Weise zwischen Auflösung und Verlust der Rechtsfähigkeit. Beides führt zum Untergang der juristischen Person. 162

Auflösung ist die Einstellung (Beendigung) des Vereinslebens. Erloschen ist der Verein erst, wenn mit der Verteilung des Vereinsvermögens die Abwicklung (Liquidation) beendet ist (vgl. *Stöber*, Rn. 820f.).

Zu den Auflösungsgründen gehören:
- die Auflösung durch Beschluss der Mitgliederversammlung (§ 41 BGB);
- der Eintritt von Terminen oder Tatsachen, die nach der Satzung zur Auflösung führen sollen;
- der Wegfall sämtlicher Mitglieder (vgl. *BGHZ* 19, 51ff.).

Wird ein rechtsfähiger Verein aufgelöst, erfolgt ein Liquidationsverfahren nach den vom Gesetz festgelegten Regeln, die durch die Satzung ergänzt werden können. Mit der Liquidation sollen alle Schulden des Vereins beglichen werden. Ein etwa verbleibender Vermögensrest fällt an die in der Satzung bestimmten Personen (§ 45 BGB). Die Auflösung hat die Beendigung aller rechtlichen Beziehungen der Mitglieder untereinander zur Folge. 163

Soweit der Zweck der Liquidation dies erfordert, gilt der Verein bis zur Beendigung der Liquidation als fortbestehend (§ 49 Abs. 2 BGB), kann also weiterhin Träger von Rechten und Pflichten sein. Wenn die Mitgliederversammlung den Verein aufgelöst hat (§ 41 BGB), die Liquidation abgeschlossen und verteilbares Vermögen unstreitig nicht mehr vorhanden ist, ist der Verein materiellrechtlich nicht mehr existent (*BGHZ* 74, 212, 213).

Gründe für den Verlust der Rechtsfähigkeit können sein: 164
- die Eröffnung des Insolvenzverfahrens über das Vermögen des Vereins (§ 42 Abs. 1 BGB). Bei Überschuldung des Vereinsvermögens hat der Vorstand die Eröffnung des Insolvenzverfahrens zu beantragen (§ 42 Abs. 2 BGB);

- die Entziehung der Rechtsfähigkeit durch das zuständige Gericht, wenn die Mitgliederzahl unter drei sinkt (§ 73 BGB);
- die Sitzverlegung ins Ausland (so *OLG Hamburg* OLGE 16, 121);
- die Entziehung der Rechtsfähigkeit durch die zuständige Verwaltungsbehörde in den in § 43 BGB genannten Fällen, insbesondere beim Wandel vom Ideal- zum Wirtschaftsverein (§ 43 Abs. 2 BGB).

Beispiel: Ein Tennisverein, zu dessen Vermögen eine Reihe von Grundstücken gehört, baut auf den Grundstücken Eigentumswohnungen und veräußert sie mit Gewinn. Aus dem Erlös erwirbt er andere Grundstücke und baut erneut Eigentumswohnungen, um sie zu veräußern. Diese Tätigkeiten sind in der Satzung nicht vorgesehen. Hier könnte für die zuständige Verwaltungsbehörde ein Grund für die Entziehung der Rechtsfähigkeit nach § 43 Abs. 2 BGB vorliegen.

165 Auch der Entzug der Rechtsfähigkeit kann zur Liquidation führen. Im Gegensatz zur Auflösung eröffnet sich auch die Möglichkeit, die Personenvereinigung beizubehalten und als nichtrechtsfähigen Verein fortzuführen. Soll die Personenvereinigung als nichtrechtsfähiger Verein bestehen bleiben, ist keine Liquidation erforderlich. Auch eine Vermögensübertragung ist nicht notwendig. Das gesamte Vermögen geht mit Aktiven und Passiven auf den nichtrechtsfähigen Verein über.

§ 14. Der nichtrechtsfähige Verein

Literatur: *A. Bergmann,* Ein Plädoyer für § 54 Satz 1 BGB: Der nicht rechtsfähige Verein als körperschaftlich verfasste Gesellschaft – zugleich ein Beitrag zur geplanten Reform des Vereinsrechts, ZGR 2005, 685 ff.; *Habscheid,* Der nicht rechtsfähige Verein zwischen juristischer Person und Gesellschaft, AcP 155 (1956), 375 ff.; *K. Schmidt,* Die Partei- und Grundbuchunfähigkeit nichtrechtsfähiger Vereine, NJW 1984, 2249 ff.; *ders.,* Gesellschaftsrecht, § 25.

I. Begriff und Bedeutung des nichtrechtsfähigen Vereins

166 Verzichten die Mitglieder eines Vereins darauf, die Schritte zu unternehmen, die notwendig sind, um die Rechtsfähigkeit zu erlangen, so handelt es sich gleichwohl um einen Verein, wenn eine körperschaftliche Organisation auf der Grundlage einer Satzung vorhanden ist. Wenn der Verein nicht eingetragen ist, ist er nicht juristische Person; es fehlt ihm die volle Rechtsfähigkeit.

Der nichtrechtsfähige Verein ist eine auf Dauer angelegte Personenvereinigung, die vom Mitgliederwechsel unabhängig ist und der Erreichung eines gemeinsamen, selbst gesetzten Zweckes dient. Er ist körperschaftlich verfasst, hat einen Vorstand und tritt nach außen unter eigenem Namen als selbstständige Einheit auf.

Die Abgrenzung zwischen den nichtrechtsfähigen Vereinen und den Gesellschaften bereitet Schwierigkeiten und ist umstritten. Nach zutreffender Auffassung (vgl. *K. Schmidt,* Gesellschaftsrecht, § 25 I 2) liegt dann, wenn von einem auf Dauer nichtrechtsfähigen Verband ein Unternehmen betrieben wird, eine Gesellschaft und kein Verein vor, und zwar auch dann, wenn die Organisation Vereinselemente aufweist. Wird ein kaufmännisches Unternehmen betrieben, handelt es sich um eine OHG oder KG, sonst um eine Gesellschaft bürgerlichen Rechts. 167

Die praktische Bedeutung der nichtrechtsfähigen Vereine ist nicht unerheblich. Nichtrechtsfähige Vereine sind u. a. politische Parteien und Gewerkschaften. Vor allem ist zu berücksichtigen, dass die meisten – später eingetragenen – Vereine zunächst als nichtrechtsfähige Vereine gegründet werden.

II. Das auf den nichtrechtsfähigen Verein anwendbare Recht

Weil der nichtrechtsfähige Verein nicht juristische Person ist, 168
hat der Gesetzgeber die Vorschriften über die Gesellschaft bürgerlichen Rechts (§§ 705 ff. BGB) für anwendbar erklärt (§ 54 S. 1 BGB). Diese Regelung wird überwiegend für den Fall als verfehlt angesehen, dass der nichtrechtsfähige Verein außer der vollen Rechtsfähigkeit alle Merkmale eines rechtsfähigen Vereins aufweist, weil der nach körperschaftlichen Grundsätzen aufgebaute, nicht eingetragene Verein die typischen Merkmale einer Personengesellschaft *nicht* aufweist.

Das seit 100 Jahren im Wesentlichen unveränderte Vereinsrecht soll nun modernisiert und den heutigen Bedürfnissen angepasst werden (*Bundesministerium der Justiz,* Entwurf eines Gesetzes zur Änderung des Vereinsrechts, Stand August 2004). Es soll vor allem die Vorschrift des § 54 Satz 1 BGB über den nicht rechtsfähigen Verein den rechtstatsächlichen Verhältnissen angepasst werden. Nach dem Entwurf sollen die Vorschriften der §§ 21 bis 53 BGB auf den nichtrechtsfähigen Verein Anwendung finden, soweit nicht die Rechtsfähigkeit oder die Registereintragung des Vereins vorausgesetzt wird (siehe dazu kritisch *A. Bergmann,* ZGR 2005, 654ff.).

Der nichtrechtsfähige Verein ist auf Grund seiner Struktur eben nicht Gesellschaft, sondern Verein.

169 Dem Rechnung tragend hat der *BGH* (*BGHZ* 13, 5, 11) die Anwendung der Grundsätze über die Ausschließung und die Vereinsgewalt auf den nichtrechtsfähigen Verein damit begründet, dass auch der nichtrechtsfähige Verein eine körperschaftliche Organisation mit einer selbstständigen Vereinsgewalt aufweise und sich insoweit grundlegend von einer Gesellschaft unterscheide. Noch weitergehend hat der *BGH* (*BGHZ* 43, 316, 319) später festgestellt, in der sozialen Wirklichkeit stehe der nichtrechtsfähige Verein dem rechtsfähigen Verein sehr viel näher als der BGB-Gesellschaft (hier handelte es sich um eine politische Partei), die Rechtsprechung müsse deshalb dem Auseinanderklaffen von sozialer Wirklichkeit und positivem Recht Rechnung tragen (so auch schon *BGHZ* 42, 210, 216 u. später *BGHZ* 50, 325, 328ff. im Hinblick auf Gewerkschaften). *Kübler/Assmann* (§ 11 I 1c) ziehen aus dieser Entwicklung den Schluss, dass für den nichtrechtsfähigen Verein heute grundsätzlich die §§ 21ff. BGB und nicht die §§ 705ff. BGB gelten.

Die Regelung des § 54 BGB hat sozialgeschichtliche Gründe. Der Gesetzgeber stand den nichtrechtsfähigen Vereinen reserviert gegenüber. Die Haltung ist u.a. mit seiner Einstellung zur Gewerkschaftsbewegung erklärbar. Die Gewerkschaften waren zum größten Teil als nichtrechtsfähige Vereine organisiert. Sie vermieden es, die Rechtsfähigkeit zu erlangen, weil der für rechtsfähige Vereine geltende, inzwischen aber aufgehobene § 43 Abs. 3 BGB Vereine mit sozialpolitischen Zielen der Kontrolle der Verwaltungsbehörden unterstellte, was die Möglichkeit eines Verbotes einschloss.

170 Besonderheiten gegenüber dem rechtsfähigen Verein ergeben sich also im Wesentlichen daraus, dass der nichtrechtfähige Verein nicht juristische Person ist. Nach herrschender Auffassung (vgl. *K. Schmidt,* Gesellschaftsrecht, § 25 II 1 mit Nachw.) ist der nichtrechtsfähige Verein auch Gesamthand. Das bedeutet, dass er, obwohl nicht juristische Person, doch Träger von Rechten und Pflichten sein kann (vgl. dazu oben Rn. 65ff.). *K. Schmidt* (Gesellschaftsrecht, § 25 II) meint deshalb, der aus der Terminologie der Jahrhundertwende zu erklärende Begriff des „nicht rechtsfähigen Vereins" solle durch den passenderen des „nicht eingetragenen Vereins" ersetzt werden.

Obwohl gemäß § 54 S. 1 BGB auf den nichtrechtsfähigen Verein die §§ 705ff. BGB Anwendung finden, hat sich in der Realität schon seit langer Zeit ein „Sonderrecht der nichtrechtsfähigen Vereine“ entwickelt (vgl. dazu *K. Schmidt,* Gesellschaftsrecht, § 25 II 2 mit Nachw.). Weil viele Vorschriften der §§ 705ff. BGB als für den nichtrechtsfähigen Verein unpassend angesehen werden, werden stattdessen eine Reihe von vereinsrechtlichen Vorschriften angewandt, wie z.B. die §§ 25, 26 BGB, die Grundsätze des § 27 BGB statt § 709 BGB; statt § 709 BGB soll das Mehrheitsprinzip (§§ 28, 32 BGB) gelten.

III. Die Haftung der Mitglieder

Als Gesamthand kann der nichtrechtsfähige Verein selbst Träger von Rechten und Pflichten sein; er kann also selbst Schuldner sein. Aus Rechtsgeschäften, die der Vorstand für den nichtrechtsfähigen Verein abschließt, haftet der Verein als Vertragspartner. Bei Pflichtverletzungen (§§ 280 BGB) findet § 278 BGB oder § 31 BGB Anwendung (vgl. *K. Schmidt*, Gesellschaftsrecht, § 25 III 1). **171**

Nach heute herrschender Auffassung (vgl. *K. Schmidt,* Gesellschaftsrecht, § 25 III 2 mit Nachw.) haften die Mitglieder eines nichtrechtsfähigen Idealvereins für die Verbindlichkeiten desselben nicht persönlich mit ihrem Privatvermögen. Das wird überwiegend mit der Konstruktion einer stillschweigenden Beschränkung der Vertretungsmacht begründet: Der körperschaftlichen Verfassung des nichtrechtsfähigen Vereins entnimmt man den Willen der Gründer und Mitglieder, von der nach § 714 BGB zulässigen Möglichkeit Gebrauch zu machen und dem Vorstand nur insoweit Vertretungsmacht einzuräumen, als er zwar das Gesamthandsvermögen des Verbandes, nicht aber die einzelnen Mitglieder mit ihrem Privatvermögen verpflichten kann (so *Kübler/Assmann,* § 11 III 3). Ob diese Begründung angesichts der neueren Rechtsprechung des *BGH* (vgl. oben Rn. 93) zur akzessorischen Haftung der Gesellschafter einer BGB-Gesellschaft noch haltbar ist, ist zweifelhaft.

Bei nichtrechtsfähigen Vereinen mit wirtschaftlicher Zielsetzung ist eine Beschränkung der Haftung aus Rechtsgeschäften auf das Gesamthandsvermögen jedenfalls ausgeschlossen. Bei nichtrechtsfähigen wirtschaftlichen Vereinen haften die Mitglieder vielmehr unbeschränkt und gesamtschuldnerisch mit ihrem ge- **172** samten Privatvermögen. Das ergibt sich daraus, dass die Rechtsordnung im Bereich wirtschaftlicher Betätigung grundsätzlich von der unbeschränkten Haftung ausgeht und eine Haftungsbeschränkung auf eine bestimmbare Vermögensmasse nur zulässt, wenn – wie bei der Aktiengesellschaft und GmbH – Voraussetzungen geschaffen sind, die geeignet sind, die Gläubiger zu schützen (vgl. MünchKomm-BGB/*Reuter,* § 54 BGB Rn. 22ff.; Soergel/*Hadding,* § 54 Rn. 25).

Neben der Haftung des nichtrechtsfähigen Vereins und unabhängig von ihr begründet § 54 S. 2 BGB eine Haftung des Handelnden, d.h. desjenigen, der für einen außenstehenden Dritten erkennbar rechtsgeschäftlich im Namen des Vereins auftritt (vgl. Soergel/*Hadding,* § 54 Rn. 26ff.). Diese sog. Handelndenhaftung entsteht aus dem Zweck dieser Vorschrift ohne Rücksicht darauf, ob der Handelnde Vertretungsmacht hatte oder nicht (Soergel/*Hadding,* § 54 Rn. 27). Diese gesetzliche Haftung des Handelnden gemäß § 54 S. 2 BGB kann im konkreten Fall durch eine entsprechende Vereinbarung mit dem an dem Rechtsgeschäft Beteiligten ausgeschlossen werden. Ein solcher Haftungsausschluss muss in der Regel ausdrücklich vereinbart werden (so Soergel/*Hadding,* § 54 Rn. 30).

173 Bei *unerlaubten Handlungen,* die Organe des nichtrechtsfähigen Vereines begangen haben, ist § 31 BGB entsprechend mit der Folge anzuwenden, dass die Haftung auf das Vereinsvermögen beschränkt bleibt (*Habscheid,* AcP 155 (1956), 375, 410; *Kübler/Assmann,* § 11 III 4). Der dafür maßgebliche Gesichtspunkt ist: Auch der Vorstand eines nichtrechtsfähigen Vereins handelt in erster Linie für einen nach Art einer Körperschaft organisierten Personenverband und nicht für dessen einzelne Mitglieder; dies wird auch in der Öffentlichkeit so aufgefasst.

IV. Die passive und aktive Parteifähigkeit im Zivilprozess

174 Nach § 50 Abs. 1 ZPO kann in einem Rechtsstreit grundsätzlich nur derjenige Partei sein, der rechtsfähig ist. Um es den Gläubigern zu ermöglichen, ihre Ansprüche gegen einen nichtrechtsfähigen Verein durchzusetzen, „erklärt" § 50 Abs. 2 ZPO den nichtrechtsfähigen Verein für passiv parteifähig. Das bedeutet: Der nichtrechtsfähige Verein kann unter seinem Namen verklagt und so Prozesspartei werden.

Dass der Gesetzgeber dem nichtrechtsfähigen Verein die aktive Parteifähigkeit versagt hat, ist historisch mit dem Misstrauen den aufstrebenden Gewerkschaften gegenüber zu erklären. Die Bildung einflussreicher Vereinigungen mit politischer, sozialer oder religiöser Zielsetzung sollte erschwert werden (vgl. dazu *BGHZ* 50, 325 ff.). Der *BGH* hatte anerkannt, dass diese Regelung der seit Anfang dieses Jahrhunderts fortschreitend vollzogenen Sozial- und vor allem Rechtsentwicklung nicht mehr gerecht wird und eine Beschränkung der Gewerkschaften auf die passive Parteifähigkeit mit dem Wertsystem der geltenden materiellen Rechtsordnung nicht mehr vereinbar ist. Insbesondere unter Berücksichtigung der Tatsache, dass sich das Verhältnis des Staates zu den Gewerkschaften grundlegend gewandelt hat, sieht der *BGH* die Gewerkschaften, die ihrer Tradition, sich nicht in das Vereinsregister eintragen zu lassen, treu geblieben sind, im Zivilprozess als parteifähig an (*BGHZ* 50, 325 ff.). Obwohl die ZPO dem nicht eingetragenen Verein die aktive Parteifähigkeit noch bewusst versagt, neigt die heute herrschende Meinung in der Literatur (vgl. Palandt/*Heinrichs,* § 54 Rn. 10; MünchKomm-BGB/*Reuter,* § 54 BGB Rn. 16; nunmehr auch *K. Schmidt,* Gesellschaftsrecht, § 25 IV 1) dazu, die aktive Parteifähigkeit des nicht eingetragenen Vereins schlechthin – also über die Gewerkschaften hinaus – für das Erkenntnisverfahren und das Vollstreckungsverfahren zu bejahen. **175**

Dieser Ansicht ist der *BGH* (*BGHZ* 109, 15 ff.) mit der Begründung nicht gefolgt, die gesetzliche Regelung mit der Versagung der aktiven Parteifähigkeit für nichtrechtsfähige Vereine sei klar und eindeutig; bloße Zweckmäßigkeitserwägungen reichten zu einer Gewährung der aktiven Parteifähigkeit contra legem nicht aus. Seitdem der *BGH* (*BGHZ* 146, 341 ff.) die Parteifähigkeit der Außengesellschaft bürgerlichen Rechts anerkannt hat, dürfte die Regelung des § 50 Abs. 2 ZPO als überholt anzusehen sein (vgl. *K. Schmidt*, NJW 2001, 993, 1002 f.).

4. Kapitel. Die Abgrenzung von Gesellschaften und rechtsfähigen Vereinen von Vereinigungen und Organisationen anderer Art

176 Gesellschaften bürgerlichen Rechts und Vereine sowie die auf diesen Grundformen basierenden Vereinigungsarten sind von solchen Organisationen und Vereinigungen abzugrenzen, die weder Vereine noch BGB-Gesellschaften sind und auch nicht von diesen abgeleitet werden können.

§ 15. Körperschaften und Anstalten des öffentlichen Rechts

I. Körperschaften des öffentlichen Rechts

177 Körperschaften des öffentlichen Rechts, wie z. B. die Bundesrepublik Deutschland, das Land Nordrhein-Westfalen und die Stadt Hagen, sind rechtsfähige Verbände, die mitgliedschaftlich verfasst sind und öffentlichen Zwecken dienen, zugleich aber auch private Interessen befriedigen können. Körperschaften des öffentlichen Rechts sind vom Wechsel der jeweiligen Mitglieder unabhängig bestehende, mit Hoheitsgewalt ausgestattete, selbstständige, staatlicher Aufsicht unterliegende Verwaltungseinheiten. Sie sind in der Regel juristische Personen des öffentlichen Rechts.

Körperschaften des öffentlichen Rechts – und hier liegt einer der wesentlichen Unterschiede zu den Körperschaften des privaten Rechts – werden nach den Vorschriften des öffentlichen Rechts gebildet und beendet. Sie sind mit hoheitlichen Befugnissen ausgestattet und haben die ihnen zugewiesenen Aufgaben mit ihren eigenen Organen und ihrem Personal, mit einem eigenen Haushalt und in eigener Verantwortung zu erfüllen.

II. Anstalten des öffentlichen Rechts

178 Anstalten des öffentlichen Rechts sind rechtsfähige oder nicht rechtsfähige Verwaltungseinheiten zur dauerhaften Verfolgung ei-

nes bestimmten Anstaltszweckes. Anders als die Körperschaften werden sie nicht von den Mitgliedern getragen; sie haben nur Benutzer.

Beispiele für Anstalten des öffentlichen Rechts: Schulen, die Bundesbank, die Bundesanstalt für Arbeitsvermittlung und Arbeitslosenversicherung, Rundfunkanstalten, Bibliotheken, Friedhöfe.

Anstalten des öffentlichen Rechts erfüllen ihre Aufgabe mit der ihnen verliehenen Hoheitsgewalt. Ihre Bestimmung ist es, unmittelbar öffentlichen Zwecken zu dienen. Dadurch unterscheiden sie sich in erster Linie von den privatrechtlichen Vereinigungen.

Bei den öffentlichen Anstalten ist zu unterscheiden zwischen vollrechtsfähigen und teilrechtsfähigen Anstalten.

Nur die vollrechtsfähigen Anstalten sind juristische Personen des 179 öffentlichen Rechts. Sie bilden nicht nur Dritten, sondern auch dem Anstaltsträger gegenüber eine selbstständige rechtliche Zurechnungs-, Zuordnungs-, Vermögens- und Haftungseinheit mit eigenem Namen. Sie haben eine eigene Satzungsgewalt, verwalten sich selbst und genießen partielle Selbstverwaltungsrechte. Die Selbstständigkeit ist jedoch nur eine beschränkte, weil der Träger der Anstalt (der Anstaltsherr) auf verschiedene Art und Weise Einfluss auf die Leitung der Anstalt nehmen kann.

Ein wesentlicher Unterschied zwischen Vereinigungen des pri- 180 vaten Rechts und Anstalten des öffentlichen Rechts zeigt sich in den Rechtsbeziehungen, die diese Organisationen mit Dritten errichten und unterhalten. Während die Vereinigungen des Privatrechts ihre Rechtsverhältnisse mit Dritten auf der Grundlage des Privatrechts ordnen – etwa privatrechtliche Verträge schließen –, sind die Rechtsbeziehungen zwischen einer öffentlichen Anstalt und ihren Benutzern im Wesentlichen auf der Grundlage des öffentlichen Rechts geregelt. Für die Gestaltung der Rechtsbeziehungen zwischen der Anstalt und ihren Benutzern ist in der Regel die Benutzungsordnung maßgeblich, die Gegenstand und Maß der Anstaltsleistungen und Berechtigungen der Benutzer gegenüber der Anstalt festlegt. Die Benutzungsordnung ist Äußerung der sogenannten Anstaltsgewalt. Als Anstaltsgewalt kann man die abstrakte und konkrete Regelungsbefugnis des Anstaltsträgers und der Anstaltsorgane auf Grund oder im Rahmen der Gesetze bezeichnen.

§ 16. Die rechtsfähige Stiftung des privaten Rechts

Literatur: *Schwinge,* Die Stiftung im Errichtungsstadium, BB 1978, 527ff.; *Seifart/von Campenhausen,* Handbuch des Stiftungsrechts, 3. Aufl. 2007.

I. Die Bedeutung

181 In demokratisch und privatwirtschaftlich verfassten Gemeinwesen, wie z.B. in den USA, hat sich die Institution der Stiftung als geeignetes Mittel für die Förderung kultureller Einrichtungen, wissenschaftlicher Projekte sowie sozialer und gesundheitlicher Hilfsmaßnahmen seit langer Zeit bewährt (siehe zur Stiftung als rechtspolitischem Problem *Kübler/Assmann,* § 12 III). Auch in Deutschland erfreut sich die Stiftung als Organisationsform einer wachsenden Beliebtheit. Die Gründe dafür sind vielfältig.

Neben Forschungs- und Stipendienstiftungen, wie z.B. der Stiftung Volkswagenwerk und der Thyssenstiftung, haben Familienstiftungen stets eine gewisse Rolle gespielt. Das Vermögen der Familienstiftungen besteht in der Regel aus Grundstücken und Beteiligungen (z.B. Aktienbesitz) an Unternehmen, aus deren Gewinnen den Mitgliedern Geld zugewandt wird. Viele Interessengruppen, z.T. in Verbänden organisiert, und die politischen Parteien haben sich inzwischen der Rechtsform der Stiftung bedient, um ihre publizistischen, aber auch wissenschaftlichen und kulturellen Zielsetzungen intensiv verfolgen zu können.

182 Nach dem zweiten Weltkrieg hat die rechtsfähige Stiftung auch für das Unternehmensrecht an Bedeutung gewonnen. Die Stiftung kann als Träger eines oder mehrerer Unternehmen auftreten, wobei das Stiftungsvermögen zugleich das Unternehmenskapital bildet. Anreize, die Stiftung als Unternehmensform zu benutzen, können sich aus folgenden Überlegungen ergeben:

- Die rechtsfähige Stiftung ist juristische Person mit einem eigenen, nur beschränkt haftenden Vermögen. Im Hinblick auf die Haftung gewährt sie die gleichen Vorteile wie die Kapitalgesellschaften (Aktiengesellschaft und GmbH).
- Als Träger des Unternehmens ist die Stiftung Einzelkaufmann im Sinne der §§ 1ff. HGB. Das bringt den Vorzug mit sich, dass die zum Teil starren Vorschriften für die Unternehmensverfassung der Kapitalgesellschaften nicht anzuwenden sind.

Die Unternehmensverfassung kann freier und nach anderen Gesichtspunkten gestaltet werden als bei den Kapitalgesellschaften.

Ein entscheidender Nachteil für ein Unternehmen in der Rechtsform der Stiftung besteht allerdings darin, dass das Stiftungsvermögen, welches das Unternehmenskapital bildet, rechtlich endgültig weggegeben, d.h. als Vermögen der Stiftung juristische Person mit der Folge geworden ist, dass eine andere Person darauf keinen Einfluss mehr nehmen kann.

Eine besondere Form der selbstständigen Stiftung ist die unter- 183
nehmensverbundene Stiftung. Darunter versteht man die Unternehmensträgerstiftung und die Beteiligungsträgerstiftung.

Die Unternehmensträgerstiftung ist eine Stiftung, die als Einzelkaufmann ein Unternehmen betreibt. Sie hat in verschiedenen Stiftungsgesetzen der Länder eine Regelung erfahren. So kann z.B. nach dem Stiftungsgesetz für das Land Nordrhein-Westfalen der Unternehmensträgerstiftung die Genehmigung versagt werden, wenn sie im Hauptzweck ausschließlich oder überwiegend eigennützige Interessen des Stifters oder seiner Erben dient (vgl. MünchKomm-BGB/*Reuter*, Vor § 80 Rn. 43).

Die Beteiligungsträgerstiftung ist hingegen eine Stiftung, die als Gesellschafterin an einer Personen- oder Kapitalgesellschaft beteiligt ist.

Beispiel: Hält die A-Stiftung 22% der Aktien der Blue-Strom-Aktiengesellschaft, so handelt es sich bei der A-Stiftung um eine Beteiligungsträgerstiftung.

II. Begriff und Rechtsquellen

Die rechtsfähige Stiftung ist eine als selbstständiger Rechtsträ- 184
ger anerkannte, mit einem eigenen Vermögen ausgestattete Einrichtung, mit der ein dauernder Zweck, der durch den Willen der Errichtenden festgelegt wird, erreicht werden soll. Sie ist juristische Person, jedoch kein Personenverband. Die Stiftung als eine besondere Organisationsform ermöglicht es, die Verfolgung konkreter Ziele langfristig, auch über den Tod des Stifters hinaus, zu institutionalisieren.

Das Stiftungsrecht ist in den §§ 80ff. BGB nur unvollständig geregelt. Eine Reihe von Bundesländern hat die vom BGB offengelassenen Probleme durch Landesgesetze geregelt, so z.B. Nordrhein-Westfalen mit dem StiftGNW.

III. Die Entstehung der rechtsfähigen Stiftung

185 Die rechtsfähige Stiftung entsteht als juristische Person durch das privatrechtliche Stiftungsgeschäft und die staatliche Genehmigung (§ 80 BGB).

Das Stiftungsgeschäft ist eine einseitige, nicht empfangsbedürftige *Willenserklärung* des Stifters, die darauf abzielt, die Stiftung zur Verwirklichung eines bestimmten Zweckes als selbstständiger Rechtsträger entstehen zu lassen. Zu den wesentlichen Inhalten des Stiftungsgeschäftes gehört die Festsetzung eines bestimmten Zweckes.

Das Stiftungsgeschäft kann sein:
- ein *Rechtsgeschäft unter Lebenden;* es bedarf dann der Schriftform und kann bis zur staatlichen Genehmigung vom Stifter widerrufen werden (§ 81 BGB),

  oder
- eine *Verfügung von Todes wegen* (Testament oder Erbvertrag) (§ 83 BGB). Die Stiftung wird dann als Erbe eingesetzt oder mit einem Vermächtnis bedacht.

186 Die staatliche Genehmigung wirkt rechtsbegründend, d.h. erst durch sie entsteht eine rechtsfähige Stiftung unter der Voraussetzung, dass das Stiftungsgeschäft wirksam ist.

Nach der Genehmigung entsteht ein Anspruch der rechtsfähig gewordenen Stiftung gegen den Stifter auf die Übertragung des in einem *Stiftungsgeschäft unter Lebenden* zugesicherten Vermögens (§ 82 BGB). Ist das Stiftungsgeschäft eine letztwillige Verfügung und hat der Stifter die Stiftung zum Erben eingesetzt, geht das zugesicherte Vermögen durch Gesamtrechtsnachfolge auf die Stiftung über (§ 1922 BGB).

IV. Die Verfassung der rechtsfähigen Stiftung

187 Wie jede andere juristische Person des Privatrechts hat auch die rechtsfähige Stiftung eine *Verfassung.* Diese wird bestimmt durch:
- Bundesrecht: BGB (§§ 85ff., die in § 86 BGB u.a. eine teilweise entsprechende Anwendung des Vereinsrechts vorsehen),
- Landesrecht
- und das Stiftungsgeschäft.

Die rechtsfähige Stiftung muss einen Vorstand haben, für den im Wesentlichen das Vereinsrecht gilt (§ 86 BGB). Die Stiftung hat keine Mitglieder und infolgedessen auch keine Mitgliederversammlung als Organ. Es gibt lediglich diejenigen Personen, die in den Genuss der Stiftung kommen sollen. Sie werden als Bezugsberechtigte oder Destinäre bezeichnet.

Da die Stiftung kein rechtsfähiger Zusammenschluss einer Per- 188
sonenmehrheit ist, haben die Destinäre nicht die Stellung von Mitgliedern; sie sind lediglich Nutznießer des Stiftungsvermögens. Das personale Element sind die in der Verfassung der Stiftung vorgesehenen Organe, insbesondere der Vorstand (vgl. zu alledem *BGHZ* 99, 344, 350). Letzterer allein vertritt die Stiftung im Rechtsverkehr (§§ 86, 26 BGB).

Die Satzung der Stiftung kann vorsehen, dass ein Kuratorium gebildet wird, dem eine zu benennende Zahl von Mitgliedern angehören kann. Aufgabe des Kuratoriums kann es insbesondere sein, den Vorstand zu überwachen und die Beachtung des Stifterwillens sicherzustellen.

Ob die Bezugsberechtigten Ansprüche gegen die Stiftung – etwa Ansprüche auf Zahlung von Geld – haben, richtet sich nach der Verfassung, die durch den im Stiftungsgeschäft niedergelegten Willen des Stifters mitgestaltet wird. Wenn die Verfassung bestimmt, dass der Vorstand oder Dritte auswählen können, welche Personen in welchem Umfang in den Genuss des auszuschüttenden Geldes der Stiftung kommen sollen, besteht jedenfalls vor einer endgültigen Auswahl kein Anspruch auf Zahlung (vgl. *BGH* LM Nr. 1 zu § 85 BGB).

Wenn oberstes Prinzip des Stiftungsrechts auch der Stifterwille 189
ist (vgl. *BVerfGE* 46, 73, 85), so ist doch die Änderung der Stiftungsverfassung nicht von vornherein ausgeschlossen. Bei einer auf Dauer angelegten Einrichtung wie der Stiftung können im Laufe der Zeit unvorhersehbare Veränderungen in den Existenzbedingungen eintreten, die es notwendig machen, die Stiftungsverfassung den veränderten Verhältnissen anzupassen. Eine solche Anpassung ihrer Verfassung kann durch die Stiftung selbst erfolgen; eine Änderungsbefugnis kann auch der Aufsichtsbehörde zukommen (vgl. dazu § 87 BGB). Allerdings ist bei einer solchen Satzungsänderung stets der in der Stiftungsurkunde niedergelegte Stifterwille zu respektieren und zu verwirklichen, denn mit der Genehmigung der Stiftung, durch die diese die Rechtsfähigkeit erlangt, wird der Stifterwille verselbstständigt und objektiviert; er bleibt deshalb auch für Satzungsänderungen maßgeblich (so *BGHZ* 99, 344, 348).

Beispiel: Der sechzigjährige Unternehmer U ist alleiniger Gesellschafter eines in der Rechtsform einer GmbH (Einmann-GmbH) betriebenen Unternehmens, das 450 Arbeitnehmer beschäftigt und eine gute Ertragslage aufweist. Bei den zukünftigen Erben (Kinder) und deren Ehegatten steht zu befürchten, dass wegen mangelnder Eignung und zu erwartender Meinungsverschiedenheiten der Bestand des Unternehmens ernsthaft gefährdet ist. Um seinen Kindern eine Versorgungsquelle zu erhalten und die Arbeitsplätze zu sichern, errichtet U zu seinen Lebzeiten eine Stiftung, in die er das gesamte Unternehmen einbringt. In dem Stiftungsgeschäft, das Bestandteil der Verfassung der Stiftung wird, ist bestimmt, dass der Vorstand der Stiftung jeweils aus drei Personen bestehen soll, die der Aufsichtsrat der X-Bank AG bestimmt. Der Vorstand soll darüber entscheiden, ob und gegebenenfalls welche Beträge halbjährlich nach dem Tode des Stifters an die als Bezugsberechtigte berufenen Kinder ausgezahlt werden sollen. In diesem Fall wird die Errichtung einer Stiftung der Interessenlage aller Beteiligten – in erster Linie der Kinder und der betroffenen Arbeitnehmer – gerecht. Es ist allerdings zu berücksichtigen, dass Zuwendungen erbschaft- und schenkungsteuerpflichtig sind.

V. Die Beendigung der Stiftung

190 Die Beendigung der Stiftung richtet sich nach den §§ 87, 88 BGB, wonach die Liquidationsvorschriften des Vereins (§§ 46 ff. BGB) entsprechend anzuwenden sind, nach Landesrecht und dem Stiftungsgeschäft.

§ 17. Gemeinschaften im Rechtssinne

Literatur: *R. Bork,* Wider die Rechtsfähigkeit der Wohnungseigentümergemeinschaft – eine resignierende Polemik, ZIP 2005, 1205 ff.; *Engländer,* Die regelmäßige Rechtsgemeinschaft, 1914; MüKo/*K. Schmidt,* § 741 Rn. 1 ff.

I. Der Begriff der Gemeinschaft

191 *Gemeinschaft* i.S. des § 741 BGB ist die Innehabung eines Rechts durch mehrere Rechtsträger zu ideellen Bruchteilen (Bruchteilsgemeinschaft) (MünchKomm-BGB/*K. Schmidt,* § 741 Rn. 1). Im Unterschied zur Gesellschaft setzt die Gemeinschaft keinen gemeinsamen Zweck voraus. Ein weiterer Unterschied zur Gesellschaft besteht darin, dass bei der Gesellschaft durch den Gesellschaftsvertrag eine schuldrechtliche Zweck- und Förderungsgemeinschaft geschaffen wird; demgegenüber besteht das Gemeinschaftsverhältnis im Sinne der §§ 741 ff. BGB in der ge-

meinschaftlichen Innehabung eines Rechts (vgl. MünchKomm-BGB/*K. Schmidt,* § 741 Rn. 4).

Beispiel: Die Gemeinschaft nach Bruchteilen der Miteigentümer (§§ 1008 ff. BGB).

Unvereinbare Gegensätze bilden nach inzwischen h. M. (vgl. MünchKomm-BGB/*K. Schmidt,* § 741 Rn. 6 mit Nachw.) Gemeinschaft und Gesamthand. Das folgt vor allem daraus, dass derselbe Gegenstand entweder mehreren Personen zu Bruchteilen zusteht, oder aber er steht einer Gesamthand zu; beides zugleich ist nicht möglich (vgl. MünchKomm-BGB/K. *Schmidt,* § 741 Rn. 6).

Beispiel: Durch die sog. Globalaktien wird eine Vielzahl von Aktien gleicher Art und Gattung in einer einheitlichen Aktienurkunde (Globalaktie) zusammengefasst. An der Globalurkunde haben die einzelnen Aktionäre Miteigentum nach Bruchteilen; die Miteigentümer bilden eine Gemeinschaft gemäß §§ 741 ff. BGB.

Der wichtigste Unterschied zwischen Gemeinschaft und Gesamthand besteht darin, dass die Rechtszuständigkeit bei der Gemeinschaft unter den Teilhabern geteilt, bei der Gesamthand aber ungeteilt ist. Ein weiterer Unterschied wird dadurch deutlich, dass die Gesamthand rechtsfähig und damit Rechtssubjekt sein kann. Bei der OHG zeigt dies der § 124 HGB; für die Gesellschaft bürgerlichen Rechts hat der *BGH* (*BGHZ* 146, 341 ff.) dies inzwischen ebenfalls anerkannt (vgl. dazu oben Rn. 70). Dagegen ist die Gemeinschaft der Anerkennung als Rechtssubjekt nicht fähig (vgl. dazu und zum Streitstand MünchKomm-BGB/*K. Schmidt,* § 741 Rn. 3 f. mit Nachw.).

Um klar zwischen Gesamthand einerseits und Gemeinschaft **191 a**
andererseits abgrenzen zu können, sollte nach alledem stets von der Gemeinschaft als einer Bruchteilsgemeinschaft gesprochen werden (vgl. MünchKomm-BGB/*K. Schmidt,* § 741 Rn. 1).

Im Unterschied zur Gesamthand (vgl. oben Rn. 66 ff.) ist die Bruchteilsgemeinschaft Vielheit, nicht Einheit. Es existiert *kein* Sondervermögen der Gemeinschaft, und es gibt auch *keine* Einbringung von Gegenständen in die Gemeinschaft. Jeder Bruchteil an einem Gegenstand ist uneingeschränkt dem einzelnen Teilnehmer zugeordnet; er kann ihn z. B. auf Dritte übertragen (so MünchKomm-BGB/*K. Schmidt,* § 741 Rn. 2). Die Gemeinschaft ist *kein* organisierter Verband. Sie ist *nicht* fähig, Träger von Rechten und Pflichten zu sein, und nimmt deshalb weder selbst noch durch Vertreter am Rechtsverkehr teil (vgl. MünchKomm-BGB/*K. Schmidt,* § 741 Rn. 3).

Die Bruchteilsgemeinschaft beruht auf der gemeinsamen Rechtszuständigkeit mehrerer Personen. Dies ist zugleich die Grundlage für ein *gesetzliches Schuldverhältnis* zwischen den Teilhabern (vgl. *BGHZ* 62, 243, 246f.; MünchKomm-BGB/*K. Schmidt,* § 741 Rn. 3). In den so begründeten Sonderrechtsbeziehungen wird für die Verletzung derselben nach allgemeinen Regeln gehaftet. Gemeinschaftsrecht ist u. a. noch in den §§ 1008ff., 1415ff. und 2032ff. BGB geregelt.

Keine Gemeinschaft im Sinne der §§ 741ff. ist die nichteheliche Lebensgemeinschaft; denn die Gemeinschaft knüpft an die gemeinsame Rechtszuständigkeit an und nicht an den Sachverhalt einer sozialen Gemeinschaft (vgl. MünchKomm-BGB/*K. Schmidt,* § 741 Rn. 77).

II. Voraussetzungen und Anwendungsfälle der Bruchteilsgemeinschaft

1. Überblick

192 Voraussetzung für das Entstehen und Bestehen bleiben einer Bruchteilsgemeinschaft ist eine Mehrheit von Berechtigten. Es müssen stets mehrere Teilhaber vorhanden sein. Solche Teilhaber können natürliche Personen, juristische Personen, aber auch Gesamthandsgemeinschaften, wie z.B. eine Erbengemeinschaft, sein (vgl. *BGH* NJW 1983, 2020).

Gegenstände von Bruchteilsgemeinschaften sind stets Rechte. Der Hauptanwendungsfall der Bruchteilsgemeinschaft i.S. der §§ 741ff. BGB ist das Miteigentum (§§ 1008ff. BGB). Auch die folgenden Rechte können mehreren Teilhabern in Bruchteilsgemeinschaft zustehen: Hypotheken und Grundschulden, Nießbrauch, Dienstbarkeiten, Vorkaufsrechte (vgl. MünchKomm-BGB/*K. Schmidt,* § 741 Rn. 12) sowie Urheber- und Erfinderrechte.

Eine Bruchteilsgemeinschaft kann entstehen kraft Gesetzes oder kraft Rechtsgeschäfts.

Ein gesetzlicher Entstehungsgrund liegt z.B. dann vor, wenn das Recht als gemeinschaftliches entsteht, wie dies z.B. bei der Gemeinschaftserfindung und bei der Miturhebergemeinschaft das Fall ist.

Durch Rechtsgeschäft entsteht eine Bruchteilsgemeinschaft, wenn ein Recht als gemeinschaftliches begründet wird oder wenn ein Recht, wie z.B. das Eigentum, durch Übertragung auf mehrere Personen oder durch Teilübertragung ideell geteilt wird.

Beispiel: Entstehung von Miteigentum durch gemeinschaftlichen Erwerb (§ 1008 BGB).

2. Die Wohnungseigentümergemeinschaft

Die Rechtsbeziehungen der Wohnungseigentümer untereinander sind kraft besonderer gesetzlicher Ausgestaltung (WEG) intensiver als beim gewöhnlichen Miteigentum nach Bruchteilen. Der *BGH* (*BGHZ* 62, 243, 247) spricht von den „Besonderheiten einer solchen Gemeinschaft, die ihre Gestaltung überhaupt erst dieser gesetzlichen Regelung verdankt."

Der *BGH* (*BGHZ* 163, 154 ff.) hat die Gemeinschaft der Woh- **192a**
nungseigentümer als rechtsfähig anerkannt, soweit sie bei der Verwaltung des gemeinschaftlichen Eigentums am Rechtsverkehr teilnimmt. Der BGH begründet dies u.a. damit, das WEG enthalte keine ausdrückliche Regelung zur Rechtsfähigkeit der Wohnungseigentümergemeinschaft, schließe sie aber auch nicht aus. Wortlaut und Systematik des Wohnungseigentumsgesetzes stünden einer Teilrechtsfähigkeit nicht entgegen; andererseits spreche die organisatorische Struktur der Wohnungseigentümergemeinschaft, die Entstehungsgeschichte und der Regelungszusammenhang des Gesetzes dafür. So verfüge die Wohnungseigentümergemeinschaft über eine eigene Satzung, die Gemeinschaftsordnung, und über eigene Organe, nämlich die Eigentümerversammlung und den Verwalter (*BGHZ* 163, 154, 160 f.). Für die partielle Rechtsfähigkeit der Wohnungseigentümergemeinschaft spreche weiterhin der Umstand, dass nur sie es vermöge, wesentliche, praxisrelevante Rechtsprobleme schlüssig zu lösen und die konzeptionellen Begründungsdefizite der herrschenden Auffassung zu vermeiden.

Vor allem wegen der Haftungsproblematik betont der *BGH* **192b**
(*BGHZ* 163, 154, 170 ff.), die Teilrechtsfähigkeit der Wohnungseigentümer-gemeinschaft bedeute nicht, dass sie als eine besondere Form der BGB-Gesellschaft anzusehen sei. Von dieser unterscheide sie sich in wesentlichen Punkten:

– Während die Gesellschaft bürgerlichen Rechts zur Verfolgung eines gemeinsamen Zwecks begründet werde, stehe bei den Wohnungseigentümern der individuelle Zweck der Wohnungsnutzung im Vordergrund; die damit verbundene Einbindung in den Verband der Wohnungseigentümergemeinschaft müsse als notwendiges Übel hingenommen werden.

- Im Gegensatz zu § 709 BGB bedarf es zur Willensbildung in der Wohnungseigentümerversammlung nach § 25 WEG nur der Mehrheit.
- Anders als bei der Gesellschaft bürgerlichen Rechts ist die Wohnungseigentümergemeinschaft aufgrund der gesetzlichen Anordnung vom Mitgliederwechsel unabhängig und darüber hinaus unauflöslich. Die Wohnungseigentümer haben im Gegensatz zur Gesellschaft keinen nennenswerten Einfluss auf den Eintritt eines neuen Eigentümers in die Gemeinschaft.

192c Die Teilrechtsfähigkeit der Wohnungseigentümergemeinschaft hat Konsequenzen für das Haftungssystem. Vertragspartner ist im Zweifel die Gemeinschaft, die mit dem Verwaltungsvermögen haftet. Daneben kommt eine gesamtschuldnerische Haftung der Wohnungseigentümer nur dann in Betracht, wenn sie sich neben dem Verband klar und eindeutig auch verpflichtet haben (vgl. *BGHZ* 163, 154, 172f.; *BGH* ZIP 2007, 772f.).

Die Wohnungseigentümergemeinschaft vereint also Elemente verschiedener Verbandstypen in sich, ohne dass man sie ohne weiteres etwa dem Verein oder der Gesellschaft zuordnen könnte (so *BGHZ* 163, 154, 171f.).

Beispiel: Die aus A, B und C bestehende Wohnungseigentümergemeinschaft „M Goethestraße 20" schließt, vertreten durch den Verwalter V, mit der D-GmbH einen Vertrag über die Renovierung des Daches. A, B und C haben diese Maßnahme zuvor in der Eigentümerversammlung beschlossen. Die D-GmbH verlangt nach Beendigung der Arbeiten und der Abnahme, bei der keinerlei Mängel beanstandet wurden, die Zahlung einer Vergütung von 37.000 €, die der Höhe nach unstreitig sind. V zahlt lediglich 20.000 € mit der Bemerkung, der Rest könne erst in zwei Jahren geleistet werden. Daraufhin erwägt die D-GmbH, vertreten durch ihren Geschäftsführer G, die Eigentümer A, B und C persönlich in Anspruch zu nehmen.

Die D-GmbH könnte A, B und C jedenfalls dann persönlich aus § 631 BGB in Anspruch nehmen, wenn diese Vertragspartner wären. Nach der Anerkennung der Teilrechtsfähigkeit der Wohnungseigentümergemeinschaft durch den BGH ist nur die Gemeinschaft selbst als teilrechtsfähiges Rechtssubjekt Vertragspartner, es sei denn die Eigentümer hätten sich durch eine entsprechende rechtsgeschäftliche Erklärung auch selbst verpflichtet (vgl. *BGHZ* 163, 154ff.). Das ist hier nicht der Fall. Deshalb könnte die D-GmbH die Eigentümer A, B und C allenfalls aus § 631 BGB in Verbindung mit § 128 HGB analog in Anspruch nehmen. Fraglich ist allerdings, ob hier § 128 HGB analog angewandt werden kann. Nach Auffassung des BGH (*BGHZ* 163, 154ff.) ist die Wohnungseigentümergemeinschaft keine BGB-Gesellschaft und sie ist dieser aus den oben aufgeführten Gründen auch nicht so ähnlich, dass eine Analogie zu § 128 HGB gerechtfertigt wäre. Deshalb kommt eine persönliche Haftung von A, B und C aus § 631 BGB in Verbindung mit § 128 HGB analog nicht in Betracht.

Die haftungsrechtlichen Konsequenzen der BGH-Entscheidung sind aus Gläubigersicht wenig erfreulich. Besser ist nach wie vor die folgende Lösung: Wenn die Eigentümerversammlung beschließt, eine Maßnahme durchführen zu lassen, so ist darin die Vollmachterteilung an den Verwalter zu sehen, die Wohnungseigentümer – notfalls neben der Gemeinschaft – auch selbst als Gesamtschuldner zu verpflichten. Die Eigentümer haften dann gemäß §§ 421, 427 BGB (siehe dazu *R. Bork*, ZIP, 2005, 1205 ff. mit Nachw.).

Folgt man dem so hätten in oben geschilderten **Beispiel** A, B und C den V bevollmächtigt, für sie als Gesamtschuldner einen Werkvertrag abzuschließen. Für die Vergütung der D-GmbH würden A, B und C aus §§ 631, 421 BGB als Gesamtschuldner haften.

III. Die gesetzliche Regelung der Bruchteilsgemeinschaft (§§ 741 ff. BGB)

Die Verbundenheit der Mitglieder einer Gemeinschaft untereinander ist wesentlich lockerer als die der Gesellschafter. Das wird u.a. daran deutlich, dass grundsätzlich jedes Mitglied der Gemeinschaft jederzeit die Aufhebung der Gemeinschaft verlangen (§ 749 BGB) und, anders als bei der Gesellschaft, allein über seinen Anteil verfügen kann (§ 747 BGB). 193

Über seinen Anteil, nicht aber über den gemeinschaftlichen Gegenstand insgesamt, kann jeder Teilhaber verfügen (§ 747 S. 1 BGB). Eine davon abweichende Vereinbarung entfaltet eine schuldrechtliche Wirkung nur unter den an der Vereinbarung Beteiligten; sie berührt die durch § 747 BGB gewährte Verfügungsbefugnis nicht.

Die Verwaltung des gemeinschaftlichen Gegenstandes richtet sich nach den §§ 744 und 745 BGB.

IV. Die Gemeinschaft der Erfinder

Gemeinschaftserfindungen i.S. von § 6 Abs. 2 PatG und § 13 Abs. 3 GebrMG i.V.m. § 6 Abs. 2 PatG begründen eine Bruchteilsgemeinschaft nach § 741 BGB. Gegenstand der Bruchteilsge- 193a meinschaft ist das materielle Erfinderrecht einschließlich des Rechts auf das Patent bzw. Gebrauchsmuster (vgl. MünchKomm-BGB/*K. Schmidt,* § 741 Rn. 60). Das hat zur Folge, dass alle Miterfinder gemeinschaftlich *ein* Patent oder Gebrauchsmuster erwerben.

Für die Regelung der Rechtsbeziehungen der Teilhaber der Gemeinschaft untereinander sind in erster Linie diejenigen Vereinbarungen maßgeblich, die getroffen worden sind. Sind Abreden nicht getroffen worden, so sind die §§ 742 ff. BGB anzuwenden.

Aus § 742 BGB ergibt sich, dass den Teilhabern mangels eine davon abweichenden Abrede gleiche Teile zustehen.

Auf die Verwaltung und Benutzung der Erfindung sind die §§ 744 ff. BGB anzuwenden. Das bedeutet, dass die Verwaltung den Erfindern gemeinschaftlich zusteht (§ 744 BGB). Beschlüsse werden, wenn nichts anderes vereinbart ist, mit Stimmenmehrheit gefasst (§ 745 BGB). Für die Lasten- und Kostentragung gilt § 748 BGB. Danach hat jeder Miterfinder die Lasten und Kosten gemäß seinem Anteil an der Gemeinschaft zu tragen.

193 b Über seinen Anteil an der Gemeinschaft kann jeder Erfinder frei verfügen (§ 747 S. 1 BGB); über das Erfinderrecht selbst können nur alle Erfinder gemeinschaftlich eine Verfügung treffen (§ 747 S. 2 BGB).

Nach § 749 Abs. 1 BGB kann mangels einer entgegenstehenden Abrede jeder Teilhaber jederzeit die Aufhebung der Gemeinschaft verlangen. Die Meinung, die Aufhebung der Bruchteilsgemeinschaft der Erfinder könne nur aus wichtigem Grund verlangt werden, widerspricht § 741 Abs. 1 BGB und ist deshalb bedenklich (vgl. MünchKomm-BGB/*K. Schmidt,* § 741 Rn. 60 mit Nachw.).

5. Kapitel. Die offene Handelsgesellschaft

§ 18. Begriff, Rechtsnatur und Bedeutung der offenen Handelsgesellschaft

Literatur: *Eiselt*, Die Vererbung der Beteiligung an einer OHG, AcP 158 (1959/60), 319ff.; *A. Hueck*, Das Recht der offenen Handelsgesellschaft, 4. Aufl. 1971, §§ 1–4; *Müller/Gugenberger*, EWIV. – Die neue europäische Gesellschaftsform, NJW 1989, 1449ff.

I. Der Begriff der OHG

Die offene Handelsgesellschaft ist eine Personengesellschaft, 194 deren Zweck auf den Betrieb eines Handelsgewerbes unter einer gemeinschaftlichen Firma gerichtet ist und bei der alle Gesellschafter den Gläubigern unbeschränkt haften (§ 105 Abs. 1 HGB). Sie ist eine Unterart der Gesellschaft bürgerlichen Rechts, also ein auf einem Vertrag (Gesellschaftsvertrag) beruhender Zusammenschluss mehrerer Personen mit dem Ziel, durch gemeinsame Leistungen auf der Grundlage des persönlichen Zusammenwirkens der Mitglieder einen gemeinsamen Zweck zu erreichen.

Von der Gesellschaft bürgerlichen Rechts unterscheidet sich die OHG u. a. dadurch, dass

- der angestrebte gemeinsame Zweck der Betrieb eines Handelsgewerbes ist;
- die Haftung der Gesellschafter den Gesellschaftsgläubigern gegenüber bei keinem der Gesellschafter beschränkt sein kann;
- die Gesellschaft eine gemeinschaftliche Firma (§§ 17ff., 105 Abs. 1 HGB) haben muss;
- sie unter dieser Firma Rechte erwerben und Verbindlichkeiten eingehen sowie vor Gericht klagen und verklagt werden kann (§ 124 HGB).

Der Gesellschaftszweck muss bei der OHG ein Handelsgewer- 194a be sein. Was unter einem Handelsgewerbe zu verstehen ist, ergibt sich aus den §§ 1 bis 3 HGB. Ist das, was die Gesellschafter unternehmen, nur als Kleingewerbe im Sinne von § 1 Abs. 2 HGB einzuordnen, d.h. erfordert das Unternehmen nicht einen in kaufmännischer Weise eingerichteten Geschäftsbetrieb, liegt kein

Handelsgewerbe vor. Die Gesellschaft ist dann keine OHG, sondern eine BGB-Gesellschaft, es sei denn, sie ist unter den in § 2 HGB genannten Voraussetzungen in das Handelsregister eingetragen worden.

194b Unter *Gewerbe* ist jede selbständige, außengerichtete und planmäßige Tätigkeit in Gewinnerzielungsabsicht zu verstehen (*BGHZ* 33, 321, 324; 74, 273, 276). Für einzelne Berufsgruppen ist gesetzlich festgelegt, dass sie kein Gewerbe betreiben, wie z. B. für Rechtsanwälte (§ 2 Abs. 2 BRAO) und Patentanwälte (§ 2 Abs. 2 Patentanwaltsordnung). Demnach können Rechts- und Patentanwälte keine OHG gründen.

195 Betreibt eine Gesellschaft bürgerlichen Rechts ein Gewerbe, dann wird sie von Gesetzes wegen ohne jeden Publizitätsakt zu einer personen- und strukturgleichen OHG, sobald das Unternehmen nach Art und Umfang einen in kaufmännischer Weise eingerichteten Geschäftsbetrieb erfordert (§ 105 Abs. 1 i. V. m. § 1 HGB. So *BGHZ* 146, 341, 346).

Übertragen alle Gesellschafter einer Personengesellschaft des Handelsrechts (OHG oder KG) ihre Beteiligungen auf eine BGB-Gesellschaft, dann wird diese dadurch selbst zur Inhaberin des Geschäftsbetriebs der übertragenden Gesellschaft und damit zur Handelsgesellschaft (OHG oder KG) (so *BGH* WM 1990, 586 ff.).

II. Die Rechtsnatur der OHG

1. Die OHG als Handelsgesellschaft

196 Die OHG ist stets *Handelsgesellschaft,* weil sie notwendigerweise ein Handelsgewerbe betreibt. Auf die OHG als Handelsgesellschaft finden stets die für Kaufleute gegebenen Vorschriften Anwendung (§ 6 HGB).

Nach der in der Rechtsprechung (*BGHZ* 45, 282 ff.; *BGH* LM Nr. 1 zu § 406 HGB) und der Literatur noch vertretenen Meinung soll auch der einzelne Gesellschafter der OHG Kaufmann sein, weil er in der Geschäftsführung die notwendige Freiheit haben soll (so *Westermann,* Rn. I 148; *A. Hueck,* OHG, § 3 III). Gegen die Ansicht, der OHG-Gesellschafter sei ohne Rücksicht auf Geschäftsführungs- und Vertretungsbefugnis Kaufmann, spricht, dass nur der OHG, nicht aber dem einzelnen Gesellschafter die Produktionsmittel des Unternehmens zur Verfügung stehen und nur die OHG als übergeordnete Einheit, nicht aber der einzelne Gesellschafter das Handelsgewerbe betreibt. Deshalb ist davon auszugehen, dass nicht jeder OHG-Gesellschafter auch

Kaufmann ist (*Landwehr,* JZ 1967, 198ff.; *Lieb,* DB 1967, 759, 761ff.; MünchKomm-HGB/*K. Schmidt,* § 1 Rn. 58).

2. Die Gesellschafter einer OHG

Gesellschafter einer OHG können alle natürlichen und juristischen Personen sein. Auch andere OHGs und KGs können Gesellschafter einer OHG sein. 197

Besonderheiten können sich allerdings aus der Zusammensetzung der Gesellschafter ergeben. Eine OHG, an der nach dem Ausscheiden aller natürlichen Personen außer einer GmbH nur Kommanditgesellschaften beteiligt sind, deren jeweils einziger persönlich haftender Gesellschafter eine GmbH ist, darf die bisherige Firma nur fortführen, wenn ihr ein Zusatz beigefügt wird, der das Fehlen einer unmittelbar oder mittelbar für die Gesellschaftsschulden haftenden natürlichen Person kenntlich macht (*BGH* WM 1977, 971f.; *BGHZ* 65, 103ff.).

Aus der Anerkennung der Rechtsfähigkeit der BGB-Gesellschaft folgt, dass sie Mitglied eines anderen Verbandes, also auch einer OHG, sein kann (vgl. oben Rn. 75f.).

Nach überwiegender Meinung kann eine *Erbengemeinschaft* nicht Mitglied einer OHG sein (*BGHZ* 68, 225, 237; *Hueck,* OHG, § 2 Ziff. 3). Der *BGH* begründet seine Ansicht im Wesentlichen damit, dass eine Personenhandelsgesellschaft wie die OHG in der Regel eine persönlichkeitsbezogene Arbeits- und Haftungsgemeinschaft darstelle, bei der eine Erbengemeinschaft ihrer Natur nach nicht Mitglied sein könne; die Erbengemeinschaft ist auf Auseinandersetzung angelegt. 198

Einige Autoren halten es allerdings für möglich, dass eine Erbengemeinschaft – jedenfalls für eine gewisse Zeit – Mitglied einer Personenhandelsgesellschaft sein und die ihr damit zugewiesene Rolle auch durchführen kann. *Eiselt* (AcP 158 (1959/60), 319ff.) meint, die personenrechtlichen Elemente der Mitgliedschaft, wie Geschäftsführung, Vertretung, Kontrolle und Ausübung des Stimmrechts, könnten in erbrechtlich zulässiger Weise durch einen gemäß §§ 2038, 745 BGB gewählten Vertreter wahrgenommen werden. 199

3. Die gesetzliche Regelung

Eine gesetzliche Regelung hat die OHG in den §§ 105ff. HGB erfahren. Soweit die §§ 105ff. HGB keine Sonderregelung im Verhältnis zu den §§ 705ff. BGB enthalten, sind auf die OHG die Vorschriften über die Gesellschaft bürgerlichen Rechts (§§ 705ff. BGB) anzuwenden (§ 105 Abs. 3 HGB). Die subsidiäre Anwendung der §§ 705ff. BGB auf OHG, KG, Partnerschaftsgesellschaft 200 und stille Gesellschaft folgt daraus, dass die BGB-Gesellschaft die Grundform für alle Personengesellschaften ist.

Beispiel: In §§ 105 ff. HGB ist nicht geregelt, ob die Gesellschafter zur Zahlung eines höheren als des vereinbarten Beitrages verpflichtet sind (sog. Nachschusspflicht). Wenn sich im Gesellschaftsvertrag eine solche Verpflichtung nicht findet, ist § 707 BGB anzuwenden. Danach sind die Gesellschafter weder zur Zahlung eines höheren als des vereinbarten Beitrages noch zur Ergänzung einer durch Verlust verminderten Einlage verpflichtet.

4. Die Rechtsnatur der OHG als Personenhandelsgesellschaft

201 Die OHG ist eine Personengesellschaft im Sinne des § 705 BGB und kein Verein. Sie ist stets Handelsgesellschaft (vgl. oben Rn. 195) und wird deshalb als *Personenhandelsgesellschaft* bezeichnet. Die OHG ist eine *Gesamthandsgemeinschaft* (vgl. zur Gesamthand oben Rn. 65 ff.).

Wenn schon die Gesamthands-BGB-Gesellschaft fähig ist, Träger von Rechten und Pflichten zu sein, so muss das wegen der gesetzlichen Regelung in § 124 HGB erst recht für die OHG und die KG gelten. OHG und KG sind rechtsfähig und parteifähig. Zuordnungssubjekt des Gesamthandsvermögens, d.h. Berechtigter in Bezug auf die zum Gesellschaftsvermögen gehörenden Sachen und Rechte und Verpflichteter aus den namens der OHG eingegangenen Verbindlichkeiten ist die Gesamthand als solche im Unterschied zu den hinter ihr stehenden, an ihr beteiligten Gesellschaftern (so Großkomm-HGB/*Ulmer,* § 105 Rn. 283).

202 Verbindlichkeiten der OHG sind deshalb ausschließlich Schulden der OHG und nicht solche der Gesellschafter. Die persönliche Haftung der Gesellschafter gemäß § 128 HGB begründet eigene Verbindlichkeiten der Gesellschafter, die von der Gesellschaftsschuld deutlich zu trennen sind (vgl. *K. Schmidt,* Gesellschaftsrecht, § 46 II 2).

203 Es ist darüber gestritten worden, ob die OHG eine juristische Person sei oder nicht. Die Beantwortung dieser Streitfrage hat praktische Bedeutung für die Rechtsanwendung. So hängt von der Beantwortung der Frage z.B. ab, ob Rechtssätze, die für die juristische Person gelten, wie z.B. § 31 BGB, auch für die OHG Anwendung finden sollen. Nach herrschender Meinung ist die OHG keine juristische Person (so Großkomm-HGB/*Ulmer,* § 105 Rn. 39 mit ausführlichen Hinweisen; *A. Hueck,* OHG, § 3 IV). Das Reichsgericht hatte sich schon relativ früh auf den Standpunkt gestellt, die OHG sei keine juristische Person und diese Meinung auch beibehalten (*RGZ* 3, 57 und 165, 193, 203). Der *BGH* (*BGHZ* 34, 293, 296) hat diese Ansicht bestätigt und betont, OHG und KG seien trotz ihrer starken Verselbstständigung keine juristischen

Personen. Wegen der oben genannten Merkmale der OHG war und ist man allerdings in zunehmendem Maße bereit, von einer „juristischen Teilperson" zu sprechen. Schon das Reichsgericht (*RGZ* 136, 402, 406) hatte die vorsichtige Formulierung benutzt, dass sich die OHG „in der Tat der juristischen Person nähert."

Das schließt aber nicht aus, dass die OHG eine *Übergangsform* von der Gesellschaft zur juristischen Person darstellt, auf die z.B. § 31 BGB entsprechend Anwendung finden kann. Bei dem in § 31 BGB zum Ausdruck gekommenen Prinzip der Repräsentationshaftung für Organverschulden handelt es sich um ein allgemeines Rechtsinstitut, das auf diejenigen Verbände Anwendung finden muss, die Träger von Rechten und Pflichten sein können, also auch auf die OHG und die KG. Nachdem der BGH die Rechtsfähigkeit der BGB-Gesellschaft anerkannt hatte, hat er konsequent auch die Anwendung des § 31 BGB auf die BGB Gesellschaft bejaht (*BGHZ* 154, 88ff.; siehe dazu oben Rn. 85a). In entsprechender Anwendung des § 31 BGB haftet die Gesamthandsgesellschaft als Verband, weil ihr das rechtswidrige und schuldhafte Verhalten ihrer vertretungsberechtigten Gesellschafter als Organverschulden zuzurechnen ist. Ob *daneben* die Gesellschafter noch persönlich haften, richtet sich nicht nach § 31 BGB, sondern nach §§ 128 und 171 HGB (vgl. zu alledem *K. Schmidt,* Gesellschaftsrecht, § 10 IV). 204

Bei der Beantwortung der Frage, ob OHG und KG juristische Personen sind oder nicht, ist stets zu beachten, dass das geltende Recht den Gesamthandsgesellschaften nicht alle Konsequenzen der Rechtsfähigkeit zugesteht (dazu und zum Problem der „relativen Rechtsfähigkeit" siehe *K. Schmidt,* Gesellschaftsrecht, § 8 IV und V). Ein wesentlicher Unterschied zwischen Gesamthandsgesellschaft einerseits und juristischer Person andererseits besteht darin, dass die Mitgliedschaft verschiedenartig strukturiert ist. Flume (Personengesellschaft, § 7 II) sieht diese unterschiedliche Strukturierung vor allem darin, dass die Organisation in der juristischen Person verabsolutiert sei, während die Gesamthandsgesellschaft als Gruppe der durch den Gesellschaftsvertrag verbundenen Gesellschafter zu begreifen sei. Darüberhinaus ist mit der Rechtsfigur der juristischen Person typischerweise die ausschließliche Haftung der juristischen Person (wie z.B. bei dem eingetragenen Verein, der AG und der GmbH) ohne Mithaftung der Verbandsmitglieder verbunden, während für die Personengesellschaften (BGB-Gesellschaft, OHG und KG) die persönliche Haftung (Mithaftung) der Mitglieder typisch ist (vgl. *K. Schmidt,* Gesellschaftsrecht, § 8 IV). Deshalb kann die OHG trotz der ihr zuzugestehenden Rechtsfähigkeit nicht juristische Person sein. 205

III. Die Bedeutung der OHG als typische Personenhandelsgesellschaft

Da große Unternehmen in der Regel viel Kapital benötigen, müssen sie in einer Gesellschaftsform organisiert sein, die ihnen die Inanspruchnahme des Kapitalmarktes ermöglicht. Die für 206 größere Unternehmen geeignete Gesellschaftsform ist deshalb die Aktiengesellschaft. Kleinere und mittlere Unternehmen waren lange Zeit überwiegend in der Form der OHG organisiert, weil eine Reihe von Merkmalen der OHG gerade für Unternehmen dieser Größenordnung als besonders geeignet angesehen wurden. Alle Gesellschafter sind in der Regel geschäftsführungs- und vertretungsbefugt; alle Gesellschafter haften voll mit ihrem gesamten Privatvermögen und sind damit in der Lage, eine günstige Kreditbasis zu schaffen. Das volle Haftungsrisiko, das die Gesellschafter einer OHG zu tragen haben, ist allerdings wohl der Hauptgrund dafür, dass das bevorzugte Interesse an der OHG stark gesunken ist und dass Gesellschaftsgründer nach Gesellschaftsformen suchen, die eine geringere Haftungsgefahr mit sich bringen. Als solche Gesellschaftsformen kommen in erster Linie die Kommanditgesellschaft, die GmbH und als Typenvermengung aus beiden die GmbH & Co. KG in Betracht.

207 Die offene Handelsgesellschaft ist nur dann die geeignete Gesellschaftsform, wenn alle Gesellschafter ihre volle Arbeitskraft und ihr gesamtes Vermögen – auch das Privatvermögen – als Haftungsgrundlage dem Unternehmen zur Verfügung stellen wollen, die Ausübung der Gesellschafterpflichten und -rechte den Hauptberuf der Gesellschafter bildet und es erforderlich ist, die Kreditwürdigkeit des Unternehmens durch die unbeschränkte Haftung der Gesellschafter zu stärken.

IV. Die Rechtsform der EWIV

208 Wie oben (Rn. 27) schon erwähnt, ist mit dem Gesetz zur Ausführung der EWG-Verordnung über die Europäische wirtschaftliche Interessenvereinigung (EWIV-Ausführungsgesetz) die Möglichkeit geschaffen worden, dass sich Unternehmen aus jedenfalls zwei Mitgliedsstaaten der EG zu einer Europäischen wirtschaftlichen Interessengemeinschaft (= EWIV) zusammenschließen, die als Handelsgesellschaft i.S. des HGB anzusehen ist und auf die überwiegend die für die OHG geltenden Vorschriften anzuwenden sind.

Nach deutscher Rechtstradition ist die EWIV eine verselbstständigte Gesamthandsgemeinschaft, die der juristischen Person lediglich angenähert ist (vgl. dazu oben Rn. 203 ff.). Anders als bei der OHG hängt der Eintritt der Handlungsfähigkeit allerdings von der Eintragung in das Handelsregister ab (vgl. *Müller/Gugenberger*, NJW 1989, 1449, 1453).

Zwingend vorgeschrieben ist die Mehrstaatlichkeit der Mitglieder, d.h. mindestens zwei Mitglieder einer EWIV müssen verschiedenen Mitgliedsstaaten der EG angehören (Art. 4 I, II EWIV-VO). Der Zweck, der mit der Rechtsform der EWIV verfolgt werden kann, ist auf die *Unternehmenskooperation*, nämlich die Förderung der wirtschaftlichen Tätigkeit der Mitglieder beschränkt (Art. 3 I Halbs. 1 EWIV-VO). 209

Im Außenverhältnis haften alle Mitglieder einer EWIV unbeschränkt persönlich als Gesamtschuldner (Art. 24 Abs. 1 EWIV-VO). Auf diese Weise sind nahezu sämtliche Vorschriften zum Gläubigerschutz, insbesondere zur Aufbringung und Sicherung eines Gesellschaftskapitals, entbehrlich (vgl. dazu *Müller/Gugenberger*, NJW 1989, 1452). Vor der Inanspruchnahme der Mitglieder muss allerdings die EWIV vergeblich zur Zahlung aufgefordert worden und eine angemessene Zahlungsfrist verstrichen sein (Art. 24 Abs. 2 EWIV-VO).

Abweichend vom deutschen Recht der Personenhandelsgesellschaften (OHG und KG) ist die Selbstorganschaft *nicht* zwingend vorgeschrieben. Wie bei der GmbH ist Fremdorganschaft möglich, d.h. auch Nichtgesellschafter können geschäftsführungs- und vertretungsbefugt sein (vgl. zur Problematik unten Rn. 272f.).

§ 19. Errichtung und Entstehung einer OHG

I. Abschluss und Inhalt des Gesellschaftsvertrages

Literatur: *K.-G. Baier*, Die Lehre zum Wegfall der Geschäftsgrundlage im Recht der Personengesellschaften, 2001; *A. Hueck*, OHG, § 5; *K. Schmidt*, Grenzen des Minderjährigenschutzes im Handels- und Gesellschaftsrecht, JuS 1990, 517ff.; *Ulmer*, in: Großkommentar zum HGB, § 105 Rn. 47ff.; *Wiedemann*, Der Gesellschaftsvertrag der Personengesellschaften, WM 1990, Sonderbeilage 8.

Fall: Korte, Minz und Scherz wollen eine OHG gründen, um Glücksspielautomaten herzustellen und zu veräußern. Jeder der Beteiligten verpflichtet sich in einem schriftlichen Gesellschaftsvertrag, eine Kapitaleinlage in Höhe von 25 000,- € zu erbringen. Minz ist gerade 17 Jahre alt geworden. Seine Eltern erklären Korte und Scherz, sie seien nicht einverstanden. Korte und Scherz verlangen nun von Minz, dieser möge seine Kapitaleinlage an die Gesellschaft erbringen. Zu Recht?

1. Einleitung

210 Das Entstehen einer OHG setzt – wie das Entstehen einer jeden Gesellschaft – den Abschluss eines Gesellschaftsvertrages voraus.

Inhalt des Gesellschaftsvertrages ist die Verpflichtung aller Beteiligten, die Erreichung des gemeinsamen Zweckes in der im Vertrage vorgesehenen Art und Weise zu fördern. Zu den im Vertrag häufig geregelten Verpflichtungen der Gesellschafter gehören: die Leistung der vereinbarten Beiträge, die in Geld- und Sachwerten oder Diensten, wie z.B. der Geschäftsführung, bestehen können, und die Gewinn- und Verlustbeteiligung.

Beispiel: Alt, Henke und Schnell gründen unter der Firma „Spielwaren Hermann Alt & Co. OHG“ ein Handelsunternehmen. Sie stellen Kinderspielzeug her und verkaufen es. In § 2 des schriftlichen Gesellschaftsvertrages heißt es: „Gegenstand des Unternehmens ist die Herstellung und der Vertrieb von Kinderspielzeug.“ § 3 Abs. 1 lautet: „Alle Gesellschafter sind zur Geschäftsführung verpflichtet.“ Der gemeinsame Zweck, zu dessen Erreichung sich Alt, Henke und Schnell zu einer OHG zusammengeschlossen haben, ist die Herstellung und der Vertrieb von Kinderspielzeug, um auf diese Art und Weise Gewinn zu erzielen. Zu den Verpflichtungen, die die Gesellschafter mit dem Abschluss des Gesellschaftsvertrages übernommen haben, gehört u.a. die Pflicht, die Geschäfte der Gesellschaft zu führen.

211 Die weitgehend zur Disposition der vertragschließenden Gesellschafter stehenden gesetzlichen Regelungen über die OHG (§§ 105ff. HGB) werden in vielfacher Hinsicht den heutigen geänderten wirtschaftlichen Verhältnissen nicht mehr gerecht. In der Praxis werden deshalb unter Nutzung des durch die Privatautonomie geschaffenen Freiraumes häufig Gesellschaftsverträge abgeschlossen, die mehr oder minder stark von dem im Gesetz vorgegebenen Leitbild abweichen.

2. Die Auslegung des Gesellschaftsvertrages

212 Für die *Auslegung* von Gesellschaftsverträgen gelten die allgemeinen Grundsätze, insbesondere § 157 BGB. Die Auslegung muss vor allem den Willen der Parteien ermitteln; dabei sind der Gesellschaftszweck und die Rechtsstruktur der ins Leben gerufenen Organisation besonders zu berücksichtigen (vgl. dazu *Wiedemann,* WM 1990, Sonderbeilage 8, S. 14ff.). Bei der auch möglichen ergänzenden Vertragsauslegung ist wegen der besonderen Bedeutung der Vertragsfreiheit für das Verhältnis der Gesellschafter untereinander auf den mutmaßlichen Willen der Vertragschlie-

ßenden abzustellen und zu versuchen, im Einzelfall eine interessengerechte Lösung zu finden. Deshalb ist stets zunächst einmal auf der Grundlage des Gesellschaftsvertrages zu ermitteln, wie die Gesellschafter den offengebliebenen Punkt unter Berücksichtigung des Gebots von Treu und Glauben geregelt hätten, wenn sie bei Abschluss des Vertrages an ihn gedacht hätten (so *BGH* BB 1979, 287).

3. Der Abschluss des Gesellschaftsvertrages

Weil der Abschluss des Gesellschaftsvertrages ein Rechtsgeschäft ist, sind die allgemeinen Regeln über Rechtsgeschäfte anzuwenden. 213

So ist u.a. häufig darüber zu entscheiden, ob Personen mit ihren Erklärungen eine rechtliche Bindung, nämlich den Abschluss eines Gesellschaftsvertrages, überhaupt herbeiführen wollten oder nicht.

Beispiel: Kunz betreibt unter der Firma „Wilhelm Kunz e. Kfm. – Elektrogroßhandel" einen Elektrogroßhandel. Als er in finanzielle Schwierigkeiten gerät, erklärt sich sein Schwager Frenzel bereit, sich mit einer Einlage von 75000,– € zu beteiligen und das Unternehmen mit zu betreiben, wenn er die gleichen Rechte und Pflichten wie Kunz erhalte. Kunz ist einverstanden. Beide sind sich in einem längeren Gespräch einig geworden, dass die Firma fortgeführt, die Beteiligungsverhaltnisse 50% zu 50% betragen und Frenzel ebenso wie Kunz mit seinem gesamten Privatvermögen haften soll. Hier haben Kunz und Frenzel mit ihren Erklärungen einen Rechtserfolg angestrebt: Frenzel ist als persönlich haftender Gesellschafter in das Geschäft des Einzelkaufmanns Kunz eingetreten, was zur Folge hat, dass eine offene Handelsgesellschaft entstanden ist. Dieser Erfolg beruht auf einem Rechtsgeschäft. Der Zusammenschluss von Kunz und Frenzel, der erfolgt ist, um den Elektrogroßhandel gemeinsam zu betreiben (die angestrebte Verfolgung eines gemeinsamen Zwecks), ist eine Gesellschaft, und zwar eine offene Handelsgesellschaft.

Der Abschluss eines Gesellschaftsvertrages ist grundsätzlich formfrei. Enthält der Gesellschaftsvertrag allerdings ein Leistungsversprechen, das formbedürftig ist, dann bedarf der gesamte Gesellschaftsvertrag der Form (*RGZ* 50, 163, 165f. und 97, 219, 221). Der ohne die erforderliche Form geschlossene Vertrag ist gemäß § 125 BGB nichtig. 214

Beispiel: Im Gesellschaftsvertrag verpflichtet sich ein Gesellschafter, ein ihm gehörendes Grundstück in die Gesellschaft einzubringen. Gemäß § 311b BGB bedarf dieses Leistungsversprechen einer bestimmten Form, der notariellen Beurkundung, damit es wirksam wird. Dadurch wird der gesamte Gesellschaftsvertrag formbedürftig.

215 Auch wenn der Abschluss eines Gesellschaftsvertrages grundsätzlich formfrei ist, so werden in der Praxis doch die meisten Verträge schriftlich abgeschlossen, um für die Zukunft Rechtssicherheit zu schaffen.

Geschäftsunfähige und in ihrer Geschäftsfähigkeit beschränkte Personen können allein keine wirksame Willenserklärung abgeben, wenn sie einen Gesellschaftsvertrag abschließen wollen. Die Eltern als gesetzliche Vertreter können nur mit Genehmigung des Vormundschaftsgerichts für die Vertretenen einen Gesellschaftsvertrag abschließen (§ 1643 i.V.m. § 1822 Nr. 3 BGB). Auch die Zustimmung der gesetzlichen Vertreter zu Willenserklärungen, die Minderjährige bereits abgegeben haben, um einen Gesellschaftsvertrag abzuschließen, ist ohne Genehmigung des Vormundschaftsgerichts nicht wirksam.

Im oben (vor Rn. 210) geschilderten **Fall** verlangen Korte und Scherz von Minz die Leistung der Kapitaleinlage von 25 000,– € zu Recht, wenn zwischen den drei Personen ein wirksamer OHG-Gesellschaftsvertrag zustande gekommen ist, der eine Einlageverpflichtung des Minz in Höhe von 25 000,– € enthält (§§ 105 Abs. 3, 109 HGB und § 705 BGB). Das Zustandekommen eines Gesellschaftsvertrages setzt voraus, dass sich alle Beteiligten über sämtliche Punkte, auf deren Festlegung auch nur ein Gesellschafter Wert legt, einigen. Der Antrag eines einzelnen Gesellschafters zum Abschluss des Vertrages muss sich an alle anderen Gesellschafter richten, um von diesen angenommen zu werden. Korte und Scherz haben je ein Angebot zum Abschluss eines Gesellschaftsvertrages mit einer Einlageverpflichtung eines jeden Gesellschafters von 25 000,– € abgegeben und auch angenommen. Fraglich ist jedoch, ob Minz ebenfalls ein wirksames Vertragsangebot abgeben und annehmen konnte. Minz war minderjährig (§ 106 BGB). Der Abschluss des OHG-Gesellschaftsvertrages brachte Minz nicht lediglich einen rechtlichen Vorteil im Sinne des § 107 BGB. Seine Eltern haben die nach § 107 BGB notwendige Einwilligung nicht erteilt. Auch eine erteilte Einwilligung hätte allerdings, um wirksam werden zu können, der Genehmigung des Vormundschaftsgerichts bedurft (§§ 1643, 1822 Nr. 3 BGB). Die Willenserklärungen des minderjährigen Minz sind deshalb nichtig. Minz hat also weder ein Angebot zum Abschluss des Gesellschaftsvertrages abgegeben, noch die Angebote des Korte und Scherz angenommen. Mit ihm ist deshalb ein Gesellschaftsvertrag nicht abgeschlossen worden. Deshalb können Korte und Scherz von ihm nicht die Zahlung einer Kapitaleinlage in Höhe von 25 000,– € verlangen.

216 Der Minderjährigenschutz hindert allerdings nicht eine Anwendung des § 15 Abs. 1 HGB. Diese Bestimmung, nach der eine in das Handelsregister einzutragende Tatsache, die nicht eingetragen und bekanntgemacht ist, einen Dritten nicht entgegengehalten werden kann, es sei denn, dass sie diesem bekannt war (sog. ne-

gative Publizität), wirkt auch zu Lasten Minderjähriger. Auf eine zurechenbare Veranlassung der Nicht-Eintragung durch den Betroffenen kommt es dabei nicht an; ein Vorrang des Minderjährigenschutzes vor dem strengen handelsrechtlichen Verkehrsschutz entspricht nach überwiegender Auffassung (vgl. *K. Schmidt,* JuS 1990, 517, 519 mit Nachw.; *Canaris,* § 5 Rn. 21) nicht dem Normzweck des § 15 Abs. 1 HGB.

Hingegen ist Anwendung und damit eine Haftung nach § 15 Abs. 3 HGB bei Geschäftsunfähigkeit oder beschränkter Geschäftsfähigkeit nicht möglich. § 15 Abs. 3 HGB beruht auf dem Gedanken der Zurechenbarkeit. Zurechnung setzt aber Zurechnungsfähigkeit voraus; diese kann sich angesichts der rechtsgeschäftlichen Folgen der Haftung nur nach den allgemeinen Vorschriften über die Geschäftsfähigkeit richten (vgl. *Canaris,* § 5 Rn. 54).

II. Die Rechtsnatur des OHG-Gesellschaftsvertrages

Wie schon zum Gesellschaftsvertrag der Gesellschaft bürgerlichen Rechts ausgeführt (siehe oben Rn. 46ff.), ist der Gesellschaftsvertrag der OHG ein schuldrechtlicher Vertrag, der die wechselseitigen Rechte und Pflichten der Gesellschafter regelt und auch Bestimmungen über die Organisation der Gesellschaft enthält. Da der Gesellschaftsvertrag kein Austauschvertrag ist, können §§ 320ff. BGB auf ihn nicht angewandt werden. Es fehlt an der synallagmatischen Verknüpfung vertraglicher Leistungen (vgl. oben Rn. 49; *K. Schmidt,* Gesellschaftsrecht, § 20 III). Obwohl der Gesellschaftsvertrag kein gegenseitiger Vertrag ist, wollen manche Autoren (vgl. *K.-G. Baier,* S. 214f.) die Lehre von der Geschäftsgrundlage (jetzt § 313 BGB) darauf anwenden, weil dafür allein entscheidend sei, ob der fehlende Umstand in der vertraglichen Risikoverteilung berücksichtigt worden ist oder nicht. Vorrang soll allerdings stets die ergänzende Vertragsauslegung haben. **217**

III. Die Entstehung einer OHG

Der wichtigste Akt für die Entstehung der OHG ist der Abschluss des Gesellschaftsvertrages. Die Gesellschaft ist gemäß § 106 HGB bei dem Gericht, in dessen Bezirk sie ihren Sitz hat, zur Eintragung in das Handelsregister anzumelden. **218**

Der Feststellung des Zeitpunktes, zu welchem die OHG gegenüber Dritten wirksam entsteht, kommt wegen der strengen Haftung der Gesellschafter aus § 128 HGB eine besondere Bedeutung zu.

Was den Zeitpunkt des Entstehens der Gesellschaft angeht, so ist zu unterscheiden zwischen

- dem *Innenverhältnis,* dem Verhältnis der Gesellschafter zu- und untereinander, und
- dem *Außenverhältnis,* dem Verhältnis der Gesellschaft und der Gesellschafter zu Dritten.

Wenn der gemeinsame Zweck der Gesellschaft der Betrieb eines Handelsgewerbes im Sinne des § 1 HGB sein soll, entsteht die OHG im Innenverhältnis bereits mit dem Abschluss des Gesellschaftsvertrages und nicht erst mit dem Beginn des Geschäftsbetriebes (*RGZ* 112, 280ff.).

219 In den Fällen der §§ 2, 3 und 105 Abs. 2 HGB gelangt die OHG erst mit der Eintragung in das Handelsregister zur Entstehung, weil das von der Gesellschaft betriebene Gewerbe erst vom Zeitpunkt der Eintragung an als Handelsgewerbe gilt. In der Zeit zwischen dem Abschluss des Gesellschaftsvertrages und der Eintragung in das Handelsregister ist die Gesellschaft eine Gesellschaft bürgerlichen Rechts. Auf diese können allerdings, was das Verhältnis der Gesellschafter untereinander angeht, bereits die Vorschriften der §§ 105ff. HGB ergänzend Anwendung finden, weil das im Zweifel dem Willen der Gesellschafter entsprechen dürfte, die eine OHG begründen wollen (so zu Recht *A. Hueck,* OHG, § 5 I 2; Baumbach/Hopt/*Hopt,* § 123 HGB Rn. 17f.).

220 Im *Außenverhältnis* gelangt die OHG noch nicht allein durch den Abschluss des Gesellschaftsvertrages zur Entstehung, weil es sich dabei um einen Akt der Gesellschafter handelt, der für Dritte nicht ohne weiteres erkennbar ist. Im Verhältnis zu Dritten ist die OHG entstanden, wenn

- die Gesellschaft in das Handelsregister eingetragen ist (§ 123 Abs. 1 HGB) oder
- auch schon vor der Eintragung, wenn die Gesellschaft mit Zustimmung der Gesellschafter mit ihren Geschäften begonnen hat, soweit sich aus §§ 2 und 105 Abs. 2 HGB nichts anderes ergibt (§ 123 Abs. 2 HGB). Die Zustimmung kann auch konkludent erteilt werden.

Schon die erste dem Gesellschaftszweck dienende, einem Dritten gegenüber vorgenommene Rechtshandlung, auch wenn es lediglich eine Vorbereitungshandlung ist, macht die Gesellschaft zur Handelsgesellschaft, wenn nur der Gesellschaftszweck auf den Betrieb eines Handelsgewerbes gerichtet ist und ausreichende Anhaltspunkte dafür vorliegen, dass das Unternehmen eine entsprechende Ausgestaltung und Einrichtung in Kürze erfahren wird (*BGHZ* 10, 91, 96; *BGH* MDR 2004, 1010).

Beispiel: Ausreichend dafür können z. B. sein die Eröffnung eines Bankkontos für die Gesellschaft oder Verhandlungen über den Erwerb eines Betriebsgrundstücks (so BGH MDR 2004, 1010).

Beispiel: Kramer und Schmitz wollen unter der Firma „Baustoffhandlung Kramer & Co. OHG" eine OHG gründen, deren Gegenstand der An- und Verkauf von Baustoffen sein soll. Sie schließen einen Gesellschaftsvertrag ab. Noch vor der Eintragung in das Handelsregister kauft Schmitz im Namen und unter der Verwendung der Firma 20 t Zement und lässt sich von einer Bank ein Darlehen in Höhe von 25 000,– € gewähren. Beide Handlungen sind solche, die einen Geschäftsbeginn der Gesellschaft im Sinne des § 123 Abs. 2 HGB darstellen, weil sie unter den Begriff des Geschäftsbetriebes fallen. Hier ist die OHG auch im Außenverhältnis vor der Eintragung in das Handelsregister entstanden.

IV. Der Eintritt in das Geschäft eines Einzelkaufmanns (§ 28 HGB)

1. Die Anwendung von § 28 HGB auf OHG und KG

Fall: Einzelkaufmann A betreibt einen Mineralölhandel. Die Rheinische Bank AG hat ihm am 1. 6. 2002 ein Darlehen in Höhe von 300 000,– € gewährt, das nach drei Jahren zurückgezahlt sein soll. Am 1. 1. 2005 tritt B als persönlich haftender Gesellschafter in das Geschäft des A ein. Als die Rheinische Bank AG trotz mehrfacher an A gerichteter Aufforderungen im Juli 2005 die fällige Darlehenssumme nicht zurückerhält, verlangt sie nun Zahlung von 300 000,– € von B. Mit Recht? 221

Wenn jemand als persönlich haftender Gesellschafter in das Geschäft eines Einzelkaufmanns eintritt, entsteht eine OHG oder KG, wenn zwischen dem Einzelkaufmann und dem Eintretenden ein Gesellschaftsvertrag abgeschlossen wird.

Für den Fall eines solchen Eintritts regelt § 28 HGB den Übergang der Forderungen und Verbindlichkeiten, die im Betriebe des Geschäfts des Einzelkaufmanns entstanden sind, auf die Gesellschaft.

Die Gesellschafter der nun entstandenen Gesellschaft haften für die Altschulden und damit auch für die Verbindlichkeiten des früheren Geschäftsinhabers, die jetzt zu Verbindlichkeiten der neuen Gesellschaft geworden sind, nach § 128 HGB, falls es sich um eine OHG handelt. Das gilt für den bisherigen Geschäftsinhaber ebenso wie für den Eintretenden (herrschende Meinung z.B. Koller/Roth/Morck/*Roth,* § 28 HGB Rn. 11; a.A. *Canaris,* § 7 Rn. 92ff.). Soll der eintretende Gesellschafter oder der bisherige Inhaber Kommanditist sein, so bestimmt sich dessen Haftung nach § 171 HGB.

In dem Fall ist durch den Eintritt von B in das Einzelhandelsgeschäft des Kaufmanns A eine OHG entstanden. Gemäß § 28 HGB haftet die Gesellschaft für alle im Betriebe des Geschäfts entstandenen Verbindlichkeiten des früh-eren Geschäftsinhabers. Dazu gehört die Darlehensrückzahlungsforderung der Rheinischen Bank AG in Höhe von 300 000,– €. Da die Darlehensverbindlichkeit des A nunmehr zu einer Verbindlichkeit der Gesellschaft, der OHG, geworden ist, haftet für diese Verbindlichkeit nun auch der Gesellschafter B gemäß § 128 HGB. Diese Haftung bezieht sich auch auf solche Verbindlichkeiten, die vor Eintritt des Gesellschafters entstanden sind.

222 Unter den in § 28 Abs. 2 HGB genannten Voraussetzungen ist eine die Haftung der Gesellschaft ausschließende Regelung zulässig. Nach dem Wortlaut des § 28 Abs. 2 HGB ist mit der abweichenden Vereinbarung in erster Linie der Ausschluss der Haftung der Gesellschaft selbst gemeint. Die persönliche Haftung der Gesellschafter und damit auch die der eintretenden Gesellschafter ergibt sich nicht aus § 28 Abs. 1 HGB, sondern aus § 128 HGB, der eine die persönliche Haftung der Gesellschafter für Gesellschaftsschulden ausschließende Vereinbarung nicht zulässt. Die Interessenlage aller Beteiligten einschließlich der Gläubiger gebietet es indessen, § 28 Abs. 2 HGB so auszulegen, dass der Ausschluss auch auf die persönliche Haftung des oder der neu eintretenden Gesellschafter beschränkt werden kann. Der Sinn der in § 28 Abs. 1 HGB enthaltenen Regelung besteht nämlich darin, den bisherigen Gläubigern das Geschäftsvermögen eines Einzelkaufmanns, das dieser in eine neu gegründete Personengesellschaft einbringt, als Haftungsobjekt zu erhalten. Deshalb ist es möglich, mit einer „abweichenden Vereinbarung" i.S. des § 28 Abs. 2 HGB nicht nur die Haftung der Gesellschaft für Altschulden auszuschließen, sondern diese bestehen zu lassen und lediglich zu vereinbaren, dass der neu eintretende Gesellschafter für jene Verbindlichkeiten nicht haftet (so *OLG Celle OLGZ* 1981, 1).

223 Der Haftungsausschluss i.S. des § 28 Abs. 2 HGB kann Außenwirkung jedoch nur dann haben, wenn die Kundmachung unverzüglich nach dem Wechsel des Unternehmensträgers vorgenommen wird. Sowohl die Handelsregistereintragung als auch die Bekanntmachung müssen deshalb alsbald nach diesem Wechsel bewirkt werden. Das Risiko einer verzögerten Eintragung und Bekanntmachung trifft die neuen Unternehmensträger; es kommt weder auf deren Verschulden noch auf ein solches des Registergerichts an (vgl. *BayObLG* WM 1984, 1533 m. w. Nachw.).

Beispiel (nach *BGH* WM 1989, 1219): Unter Einbringung seines bisher als Einzelkaufmann betriebenen Unternehmens gründet A zusammen mit der X-GmbH eine Kommanditgesellschaft, in der die X-GmbH mit einem Stammkapital von 250 000,– € persönlich haftender Gesellschafter und A Kommanditist sein sollen. Im Gesellschaftsvertrag wird vereinbart, die bis zur Gründung der Gesellschaft entstandenen Darlehensverbindlichkeiten des A (ca. 125 000,– €) sollten im Innenverhältnis zwischen A und der X-GmbH von A getragen werden; diese Vereinbarung wird durch die Verpflichtung des A ergänzt, die nun gegründete Gesellschaft von diesen Verbindlichkeiten freizustellen. Eine Haftungsbeschränkung ist in das Handelsregister nicht eingetragen worden. Eine solche Vereinbarung erfüllt nicht den Tatbestand des § 28 Abs. 2 HGB. Sie setzt vielmehr auf Grund ihrer Beschränkung auf das Innenverhältnis zwischen den Gesellschaftern (A und X-GmbH) die Haftungsübernahme nach § 28 Abs. 1 HGB geradezu voraus (so *BGH* WM 1989, 1219 f.).

2. Zur analogen Anwendung von § 28 HGB

Umstritten ist, ob § 28 HGB (entsprechend) anwendbar ist, **223a**
wenn ein einzelkaufmännisches Unternehmen in eine GmbH oder Aktiengesellschaft eingebracht wird. Der *BGH* (*BGHZ* 143, 314 ff.) hat die unmittelbare oder analoge Anwendung des § 28 HGB auf einen Fall abgelehnt, in dem ein nichtkaufmännisches Einzelunternehmen in eine neu gegründete GmbH eingebracht worden war. Er hat diese Entscheidung insbesondere damit begründet, dass die Vorschrift des § 28 HGB nach ihrem eindeutigen Wortlaut eine Personengesellschaft erfordere; auch die Entstehungsgeschichte zeige eindeutig, dass der Gesetzgeber für juristische Personen bewusst im Bereich des nur einen Sonderfall regelnden § 28 HGB *keine* Haftungsanordnung getroffen und eine sich daraus möglicherweise ergebende Benachteiligung der betroffenen Gläubiger billigend in Kauf genommen habe, was auch für die Vor-GmbH in gleicher Weise gelte (so *BGHZ* 143, 314, 318).

Die Frage nach der unmittelbaren oder analogen Anwendung des § 28 HGB stellt sich ebenfalls, wenn durch den „Eintritt“ eines oder mehrerer Gesellschafter in den bisherigen Gewerbebetrieb keine OHG oder KG, sondern lediglich eine Gesellschaft bürgerlichen Rechts entsteht. Der *BGH* (*BGHZ* 143, 314, 317f.) meint, § 28 HGB könne schon deshalb nicht angewandt werden, weil § 28 HGB die Kaufmannseigenschaft des Einzelunternehmers im Rechtssinne voraussetze.

223b Diese Rechtsprechung des *BGH* ist auf berechtigte Kritik gestoßen. So betont z.B. *M. Lieb* (Anmerkungen zum zitierten Urteil in JZ 2000, 1010f.), das Gesetz enthalte in § 28 Abs. 1 HGB eine zu schmale Teilregelung eines ganz allgemeinen Problems, nämlich der massiven Gläubigergefährdung dadurch, dass die den Gläubigern bisher haftenden Aktiva eines Unternehmens auf ein anderes, dem Gläubigerzugriff ohne eine dem § 28 Abs. 1 HGB entsprechende Vorschrift nicht zugängliches Rechtssubjekt übertragen werde. Damit ist die Gefahr umschrieben, dass den Gläubigern des bisherigen Einzelunternehmens durch dessen Einbringung in eine rechtlich selbstständige Gesellschaft in erheblichem Umfange Haftungsmasse entzogen wird, wenn nicht durch eine entsprechende Anwendung des § 28 Abs. 1 HGB die Möglichkeit geschaffen wird, auch auf das Vermögen der neuen Gesellschaft zugreifen zu können.

Festzuhalten ist deshalb, dass § 28 HGB einen allgemeinen analogiefähigen Rechtsgedanken enthält, der es rechtfertigt, die Haftung für die Altschulden des einbringenden Gesellschafters im Interesse der Altgläubiger auf die entstandene Gesellschaft zu erstrecken (vgl. u.a. *K. Schmidt,* Handelsrecht, § 8 III 1 a bb). Das gilt jedenfalls für die entstandene Gesellschaft bürgerlichen Rechts und die Vor-GmbH. Damit ist bei letzterer noch nichts darüber gesagt, ob auch die Gesellschafter persönlich mit ihrem Privatvermögen haften (was man entgegen der Auffassung des *BGH* mit guten Gründen bejahen kann; siehe dazu unten Rn. 696).

V. Der Vorvertrag zu einem Gesellschaftsvertrag

224 **Fall:** Der Einzelkaufmann A, der Baumaterialien an- und verkauft, gibt seinem Prokuristen B an dessen 25jährigem Dienstjubiläum mündlich das Versprechen, ihn „in absehbarer Zeit mit einem ordentlichen Anteil an seinem Geschäft zu beteiligen". B zeigt sich hocherfreut und äußert, dass ihm dies der schönste Lohn für seine Arbeit in den letzten 25 Jahren sei. Als zwei Jahre später der A den B noch immer nicht in irgendeiner Weise an seinem Geschäft

beteiligt hat, macht B geltend, er habe einen Anspruch auf eine angemessene Beteiligung an dem Geschäft, er könne den Abschluss eines Gesellschaftsvertrages verlangen. Kann B von A den Abschluss eines Gesellschaftsvertrages (OHG-Vertrag) verlangen?

Es kommt häufig vor, dass noch vor dem Abschluss des Gesellschaftsvertrages einer OHG ein Vorvertrag abgeschlossen wird, der die Verpflichtung zum Abschluss eines Gesellschaftsvertrages für die OHG zum Gegenstand hat. Wie andere Vorverträge, die ei-nem abzuschließenden Schuldverhältnis vorausgehen, muss auch der Vorvertrag zu einem OHG-Gesellschaftsvertrag bereits so weit konkretisierte Vereinbarungen enthalten, dass der wesentliche Inhalt des nachfolgenden Vertrages, dessen Abschluss angestrebt wird, bereits erfasst ist. Der Vorvertrag muss jedenfalls so gestaltet sein, dass wichtige Einzelheiten, die fehlen, aber Gegenstand des Hauptvertrages sein müssen, im Streitfall durch ergänzende Vertragsauslegung, notfalls durch das Gericht, festgestellt werden können (*RGZ* 156, 129, 138; *BGH* LM Nr. 3 zu § 705 BGB). Ein Vorvertrag kommt allerdings nur zustande, wenn Einmütigkeit der Parteien darüber besteht, welche Gesellschaftsform angestrebt wird. Auch über die Höhe der Beteiligung der Vertragschließenden an der künftigen Gesellschaft muss in der Regel im Vorvertrag bereits Klarheit geschaffen werden (*OLG Frankfurt* MDR 1973, 759f.).

Ist ein Vorvertrag wirksam zustande gekommen, kann auf **225**
Grund des Vorvertrages der Abschluss des Gesellschaftsvertrages verlangt werden. Ist der Gesellschaftsvertrag selbst – etwa weil ein Gesellschafter ein Grundstück einbringt – formbedürftig, ist auch der Vorvertrag formbedürftig.

Im **Fall** hätte B einen Anspruch auf Abschluss eines OHG-Vertrages, wenn zwischen ihm und A ein Vorvertrag, der auf den Abschluss eines OHG-Gesellschaftsvertrages gerichtet gewesen wäre, zustande gekommen wäre. Nach den oben dargelegten Grundsätzen bestehen hier Zweifel daran, ob der Vorvertrag bereits ein solches Maß an Bestimmtheit enthält, dass im Streitfall der Inhalt des Vertrages richterlich festgesetzt werden kann. Es fehlen notwendige Anhaltspunkte dafür, die fehlende Einigung über wesentliche Punkte des Vertrages richterlich festsetzen oder ergänzen zu können. So ist z.B. nicht klar, welche Höhe die Beteiligung des B betragen soll. Außerdem ist nicht einmal über die Rechtsform und die Art der Beteiligung eine bindende Einigung erzielt worden. Außer einer OHG käme als Rechtsform hier auch noch eine Kommanditgesellschaft oder eine stille Gesellschaft in Betracht. Welche Gesellschaftsform ins Auge gefasst war, lässt sich nicht feststellen. Daraus ist zu entnehmen, dass der zwischen A und B getroffenen Abrede die notwendige Bestimmtheit fehlt, um daraus auf das Bestehen eines Vorvertrages zum Abschluss eines Gesellschaftsvertrages schließen zu können. B hat deshalb gegen A keinen Anspruch auf Abschluss eines Gesellschaftsvertrages.

VI. Die Scheingesellschaft

226 Es kommt vor, dass Personen einen Gesellschaftsvertrag einer OHG nur zum Schein abschließen, um den Namen der Gesellschaft für irgendwelche Zwecke verwenden zu können. Dabei sind sich die Vertragschließenden darüber im klaren, dass zwischen ihnen in Wirklichkeit eine Gesellschaft nicht gewollt ist (vgl. *BGH* LM Nr. 4 zu § 105 HGB). Häufig geschieht dies, um auf unlautere Weise einen Kredit zu erlangen. In solchen Fällen handelt es sich um eine *Scheingesellschaft.*

227 Bei einer Scheinhandelsgesellschaft fehlt es schon am Abschluss eines wirksamen Gesellschaftsvertrages. Es entsteht also keine OHG. Infolgedessen können die Gesellschafter untereinander und Dritten gegenüber keine Rechte geltend machen, die auf dem Recht der OHG beruhen. Das bedeutet, dass der Scheingesellschaft z.B. nicht das Firmenrecht zusteht und sie auch nicht unter der Firma klagen kann. Allerdings können gutgläubige Dritte, die auf Grund des hervorgerufenen Scheins, es bestünde eine OHG, darauf vertrauen, dass sie es mit einer OHG zu tun haben, gegenüber denjenigen, die den Rechtsschein in zurechenbarer Weise hervorgerufen haben, die Rechte geltend machen, die ihnen nach dem OHG-Recht zustehen würden. Das entspricht dem gewohnheitsrechtlich geltenden Satz, dass derjenige, der im Handelsverkehr öffentliche Erklärungen abgibt, sich von gutgläubigen Dritten an diesen Erklärungen festhalten lassen muss. Es handelt sich also um ein Problem des Vertrauensschutzes und der Rechtsscheinhaftung. In der Praxis bedeutet dies, dass insbesondere die Regeln des OHG-Rechts betreffend die unbeschränkte Haftung aller Gesellschafter (§ 128 HGB) zugunsten derjenigen Dritten Anwendung finden, die die Verhältnisse nicht kennen (vgl. zu alledem *Canaris,* Handelsrecht, § 6 III Rn. 27ff.).

228 Der Rechtsschein einer OHG wird im Rechtsverkehr insbesondere durch das Auftreten unter einer gemeinschaftlichen Firma, z.B. durch die Verwendung entsprechender Briefbögen und Zeitungsanzeigen, hervorgerufen.

Deutlich zu trennen sind von dieser Problematik diejenigen Fälle, in denen ein Gesellschaftsvertrag abgeschlossen worden ist, dieser aber an Mängeln leidet. Es handelt sich dann um Probleme der fehlerhaften Gesellschaft (vgl. dazu unten Rn. 341ff.).

§ 20. Die Beziehungen der Gesellschafter untereinander (Das Innenverhältnis)

Literatur: *K.-G. Baier,* Die Störung der Geschäftsgrundlage im Recht der Personengesellschaften, NZG 2004, 356ff.; *Flume,* Gesellschaft und Gesamthand, ZHR 136 (1972), 177f.; *A. Hueck,* OHG, §§ 9 bis 18; *G. Hueck,* Der Grundsatz der gleichmäßigen Behandlung im Privatrecht, 1958; *Leenen,* „Bestimmtheitsgrundsatz“ und Vertragsänderungen durch Mehrheitsbeschluß im Recht der Personengesellschaften, FS Larenz, S. 372ff.; *Mülbert/Gramse,* Gesellschafterbeschlüsse bei der rechtsfähigen Personengesellschaft, WM 2002, 2085; *Plassmann,* Darlehenskonto statt zweitem Kapitalkonto, BB 1978, 413ff.; *Schulze-Osterloh,* Die Rechnungslegung der Einzelkaufleute und Personenhandelsgesellschaften nach dem Bilanzrichtlinien-Gesetz, ZHR 150 (1986), 403ff.

I. Die Rechtsgrundlagen des Innenverhältnisses bei der OHG

Gesetzlich geregelt ist das Verhältnis der Gesellschafter einer offenen Handelsgesellschaft untereinander in den §§ 109–122 HGB und, soweit diese Vorschriften nicht eine Sonderregelung enthalten, ergänzend in den §§ 705ff. BGB. 229

Dem § 109 HGB ist zu entnehmen, dass das Rechtsverhältnis der Gesellschafter untereinander durch den Gesellschaftsvertrag frei geregelt werden kann. § 109 HGB wiederholt für die offene Handelsgesellschaft lediglich den allgemeinen, auch für das Handelsrecht geltenden privatrechtlichen Grundsatz, dass die Vertragschließenden ihre Rechtsverhältnisse frei gestalten können. Wie oben (Rn. 28ff.) bereits dargelegt, gilt der Grundsatz der Privatautonomie auch für das Gesellschaftsrecht, im besonderen Maße für das Recht der Personengesellschaften.

Die §§ 109ff. HGB sind deshalb nur dann anzuwenden, wenn sich aus dem Gesellschaftsvertrag nichts anderes ergibt. Grundsätzlich hat also der Gesellschaftsvertrag Vorrang vor der gesetzlichen Regelung.

Betreffend das Innenverhältnis der Gesellschafter existieren nur 230
wenige gesetzliche Bestimmungen, die durch eine Vereinbarung

im Gesellschaftsvertrag nicht abgeändert oder ausgeschlossen werden können. Zu den Vorschriften, die nicht ausgeschlossen oder geändert werden können, gehört die Bestimmung über das Kontrollrecht der Gesellschafter in § 118 HGB. Die Gestaltungsfreiheit der Gesellschafter findet hier ihre Grenze. Eine das Kontrollrecht eines Gesellschafters ausschließende oder beschränkende Vereinbarung ist unter den in § 118 Abs. 2 HGB genannten Voraussetzungen unwirksam.

II. Überblick über die Rechte und Pflichten der Gesellschafter

1. Der Grundsatz der gleichmäßigen Behandlung der Gesellschafter

231 Auch für die Personenhandelsgesellschaft gilt der Grundsatz der gleichmäßigen Behandlung der Gesellschafter (vgl. oben Rn. 63). Das heißt nicht, dass alle Gesellschafter gleichberechtigt sind. Nach herrschender Auffassung gibt es keinen Grundsatz der Gleichberechtigung der Gesellschafter (so *A. Hueck*, OHG, § 9 III). Der Grundsatz der gleichmäßigen Behandlung der Gesellschafter bedeutet im Wesentlichen ein Verbot unsachlicher Differenzierung zwischen den Gesellschaftern (vgl. *Wiedemann*, Bd. I, § 8 II 2).

Da die Gesellschafter grundsätzlich den Umfang ihrer Rechte und Pflichten abweichend von der gesetzlichen Regelung im Gesellschaftsvertrag frei bestimmen können, ist es möglich, auch vom Grundsatz der gleichmäßigen Behandlung aller Gesellschafter abweichende Regelungen zu treffen. Deshalb können einige Gesellschafter ohne weiteres mehr Pflichten als andere übernehmen. Es kann aber auch vereinbart werden, dass einige Gesellschafter für besondere Leistungen besondere Vergünstigungen erhalten.

232 Im Recht der OHG hat der Grundsatz der gleichmäßigen Behandlung in den §§ 114 Abs. 1 und 125 Abs. 1 HGB seinen Niederschlag gefunden, wonach in der Regel die Gesellschafter in gleichem Maße zu Geschäftsführung und Vertretung berechtigt und verpflichtet sind. Außerdem findet er sich in § 119 Abs. 1 HGB, wonach die von den Gesellschaftern zu fassenden Beschlüsse grundsätzlich der Zustimmung aller Gesellschafter bedürfen.

Der anerkannte verbandsrechtliche Gleichbehandlungsgrundsatz besagt, dass jedes Mitglied unter gleichen Voraussetzungen ebenso zu behandeln ist wie die übrigen Mitglieder. Man kann auch von dem Verbot sachlich nicht gerechtfertigter, willkürlicher Ungleichbehandlung der Gesellschafter sprechen (vgl. MünchKomm-BGB/*Ulmer,* § 705 Rn. 244ff.).

Es ist aber zu betonen, dass *kein* Grundsatz der Gleichberech- 233
tigung der Gesellschafter existiert, sondern nur der Grundsatz der gleichmäßigen Behandlung (so zutreffend *A. Hueck,* OHG, § 9 III). Das bedeutet, dass die Gesellschafter verlangen können, dass sie nach gleichem Maßstab behandelt werden, d.h. dass sie unter gleichen Bedingungen gleiche Vorteile erhalten und gleiche Lasten tragen (vgl. auch *K. Schmidt,* Gesellschaftsrecht, § 16 II 4). So braucht sich z.B. niemand gefallen zu lassen, dass er schlechter behandelt wird als andere Gesellschafter, die ihm bisher gleichstanden; er braucht weder eine Erweiterung seiner eigenen Pflichten noch eine Schmälerung seiner Rechte zuzulassen, wenn andere gleichstehende Gesellschafter nicht in gleicher Weise betroffen werden (so *A. Hueck,* OHG, § 9 III). Inhaltlich ist der Grundsatz der gleichmäßigen Behandlung nicht auf eine schematische oder formale Gleichstellung der Gesellschafter gerichtet; er schließt vielmehr die sachlich nicht gerechtfertigte, willkürliche Ungleichbehandlung aus (so *BGH* WM 1965, 1284, 1286).

Nach herrschender Meinung (vgl. u.a. MünchKomm-BGB/ 234
Ulmer, § 705 Rn. 247 mit Nachw.; *A. Hueck,* OHG, § 9 III) ist der Grundsatz der gleichmäßigen Behandlung der Gesellschafter dispositiver Natur, soweit nicht die Schranke des § 138 BGB eingreift. Aufgrund des Prinzips der Vertragsfreiheit können im Gesellschaftsvertrag Regelungen getroffen werden, die von dem Grundsatz der gleichmäßigen Behandlung des Gesellschafter abweichen. Das kann allerdings nur gelten, wenn die benachteiligten Gesellschafter selbst zustimmen (so *A. Hueck,* OHG, § 9 III), sich also mit der Schlechterstellung einverstanden erklären. Die einzelnen Gesellschafter sind demnach nicht gehindert, in eine sachlich nicht gebotene Vorzugsstellung eines Mitgesellschafters oder eine relative Verschlechterung ihrer eigenen Position einzuwilligen, solange der unverzichtbare Kernbereich ihrer Mitwirkungsrechte dadurch nicht berührt wird (so MünchKomm-BGB/*Ulmer,* § 705 Rn. 247).

Beispiel: Fraglich kann es sein, ob die Schranken der Vertragsfreiheit verletzt werden, wenn ein Gesellschafter sich im Gesellschaftsvertrag damit einverstanden erklärt, dass die Gesellschaft für den Fall seines Todes ohne seine Erben mit den überlebenden Gesellschaftern fortgesetzt wird, während für den Fall des Todes der übrigen Gesellschafter die Gesellschaft mit deren Erben fortgesetzt werden soll. Der Vorwurf der Sittenwidrigkeit, der gemäß § 138 BGB zur Nichtigkeit führt, kann auch auf einer groben Ungleichbehandlung der Gesellschafter beruhen. Das ist insbesondere dann der Fall, wenn die grobe Ungleichbehandlung der Gesellschafter unter Ausnutzung einer wirtschaftlichen Vormachtstellung oder des Vertrauens und der Unerfahrenheit des anderen Teils beruht (vgl. MünchKomm-BGB/*Ulmer*, § 705 Rn. 134 mit Nachw.). Wegen Sittenwidrigkeit nichtig sind auch solche Vereinbarungen im Gesellschaftsvertrag, die einen Teil der Gesellschafter praktisch rechtlos stellen oder unvertretbaren, einer Knebelung gleichkommenden Bindungen unterwerfen (vgl. MünchKomm-BGB/*Ulmer*, § 705 Rn. 134 mit Nachw.). Letzteres soll z. B. dann der Fall sein, wenn Gesellschafter sich in einem weiten Bereich seiner wirtschaftlichen Betätigung selbst entmündigt hat. Eine solche Aufgabe der freien Selbstbestimmung ist nach Auffassung des *BGH* (*BGHZ* 44, 158, 161) mit den Grundwerten der Rechtsordnung nicht vereinbar und deshalb sittenwidrig und damit nichtig.

Von solch krassen Verstößen gegen die guten Sitten kann bei der hier in Frage stehenden Regelung wohl kaum die Rede sein, zumal der betreffende Gesellschafter einer Ungleichbehandlung im Gesellschaftsvertrag ausdrücklich zugestimmt hat. Der unverzichtbare Kernbereich seiner Mitwirkungsrechte ist dadurch nicht berührt worden.

2. Die Sozialansprüche

235 Zu den Ansprüchen, die aus dem Gesellschaftsverhältnis gegen die einzelnen Mitglieder (Gesellschafter) erwachsen können, zählen

- Ansprüche auf Leistung von Beiträgen,
- Ansprüche auf die Erfüllung von Geschäftsführungspflichten,
- Ansprüche auf Erfüllung von gesellschaftlichen Treuepflichten, insbesondere auf die Einhaltung des Wettbewerbsverbots (§ 112 HGB).

Diese Ansprüche, die nach dem Gesellschaftsvertrag der Gesellschaft gegen die einzelnen Gesellschafter zustehen, werden *Sozialansprüche* genannt.

3. Die Sozialverpflichtungen

236 Andererseits erwachsen den Gesellschaftern aus dem Gesellschaftsvertrag Ansprüche gegen die Gesellschaft. Zu diesen Ansprüchen können gehören:

- der Anspruch auf den Gewinnanteil,
- der Anspruch auf Ausübung des Stimmrechts,

- der Anspruch auf Information und Kontrolle,
- der Anspruch auf eine Vergütung für die Geschäftsführung,
- der Anspruch auf Ersatz von Aufwendungen, soweit solche gemacht worden sind.

Der Gesellschaft erwachsen in diesem Rahmen aus dem Gesellschaftsverhältnis gegenüber den einzelnen Gesellschaftern Verpflichtungen, die man *Sozialverpflichtungen* nennt.

III. Die Beitragspflicht der Gesellschafter

Mit dem Gesellschaftsvertrag schließen sich die Gesellschafter 237
zusammen, um den gemeinsamen Zweck, den sie anstreben, zu erreichen. Dieser Zweck ist in der Regel nur zu erreichen, wenn die Gesellschafter sich im Gesellschaftsvertrag verpflichten, Beitragsleistungen zu erbringen, die den gemeinsamen Zweck fördern.

Beiträge der Gesellschafter sind alle Leistungen, zu denen sich die Gesellschafter durch den Gesellschaftsvertrag zur Förderung des Gesellschaftszwecks verpflichten. Dazu können u.a. zählen: Geldzahlungen, die Übereignung von beweglichen Sachen und Grundstücken, die Einbringung von Wertpapieren, das Überlassen von Patenten, die Gestattung des Gebrauchs von Sachen zur gemeinsamen Nutzung, Dienstleistungen, wie z.B. Geschäftsführung, Forderungen, ein ganzes Unternehmen mit Firma und Kundschaft, die Kenntnis von Absatzmöglichkeiten und Bezugsquellen (*RGZ* 95, 147, 150) und technische Erfahrungen.

Beispiel: Alwin, Müller und Groß haben sich zu einer offenen Handelsgesellschaft zusammengeschlossen. In dem notariell beurkundeten Gesellschaftsvertrag hat sich Alwin verpflichtet, ein Kapital in Höhe von 100 000,– € einzubringen. Müller hat sich bereit erklärt, zwei Patente einzubringen. Groß hat sich verpflichtet, der Gesellschaft ein ihm gehörendes Grundstück zu übereignen. Alle Leistungsverpflichtungen, die die Gesellschafter eingegangen sind, sind Beitragsverpflichtungen. Ob sie als gleichwertig anzusehen sind, ist eine Frage der Bewertung.

Gemäß § 707 BGB, der auch auf die OHG Anwendung findet, 238
sind die Gesellschafter weder zur Erhöhung des vereinbarten Beitrages, noch zur Ergänzung einer durch Verlust verminderten Einlage verpflichtet, es sei denn, im Gesellschaftsvertrag ist, abweichend von § 707 BGB, etwas anderes vereinbart. Sollen die Gesellschafter entgegen § 707 BGB zum Verlustausgleich verpflichtet sein, so muss dies aus dem Gesellschaftsvertrag in ver-

ständlicher, nicht nur versteckter Weise hervorgehen (vgl. *BGH* NJW 1983, 164; *BGHZ* 23, 17, 30).

IV. Die Verteilung von Gewinn und Verlust

1. Die gesetzlichen Grundlagen

239 Das Gesetz enthält in den §§ 120–122 HGB Bestimmungen über die Verteilung von Gewinn und Verlust sowie zur Berechnung von Entnahmen. In der Regel finden sich in den Gesellschaftsverträgen Vereinbarungen, die die gesetzliche Gewinn- und Verlustregelung ersetzen, weil diese nur selten der wirklichen Lastenverteilung in der OHG entspricht. Zur Anwendung der gesetzlichen Vorschriften über Gewinn und Verlust kommt es deshalb nur selten.

Die gesetzlichen Vorschriften über die Gewinn- und Verlustverteilung regeln nur die interne Lastenverteilung unter den Gesellschaftern. Sie haben deshalb nichts mit der Haftung der Gesellschafter gegenüber den Gläubigern der Gesellschaft für Verbindlichkeiten der Gesellschaft zu tun. Gegenüber den Gläubigern der Gesellschaft haften alle Gesellschafter unabhängig von der Gewinn- und Verlustverteilung unmittelbar und in voller Höhe mit ihrem gesamten Privatvermögen (§ 128 HGB).

240 Häufig werden in den Gesellschaftsvertrag Vereinbarungen darüber aufgenommen, wie das Gesellschaftsvermögen zu bewerten ist, inwieweit der Gewinn entnommen werden darf und wie etwaige Gehaltszahlungen an einen geschäftsführenden Gesellschafter abgerechnet werden.

Beispiel für eine typische Regelung in einem Gesellschaftsvertrag einer OHG: Von dem Jahresgewinn erhält der Gesellschafter D vorab 25% zum Ausgleich für seine Tätigkeit für die Gesellschaft. Der Restgewinn wird im Verhältnis der Festkapitalanteile verteilt. Ein Verlust wird ebenfalls im Verhältnis der Festkapitalanteile verteilt. Die Gesellschafter sind berechtigt, in monatlichen Teilbeträgen $^1/_{12}$ des auf sie entfallenden Gewinnanteils des vorhergehenden Jahres zu entnehmen. Die Gesellschafter können durch Mehrheitsbeschluss die Ausübung des Entnahmerechts auf die Dauer von höchstens 10 Monaten aussetzen, wenn die wirtschaftliche Lage der OHG, insbesondere die Liquiditätslage, dies erforderlich macht.

2. Bilanzierung

241 Die Jahresbilanz einer OHG unterscheidet sich von derjenigen einer Aktiengesellschaft im Wesentlichen dadurch, dass für die

Gewinnberechnung ohne Rücksicht auf die Verluste, die in früheren Geschäftsjahren etwa gemacht worden sind, allein das Ergebnis des letzten Geschäftsjahres maßgeblich ist.

Die Bewegungen des Kapitalanteils werden bilanztechnisch auf sogenannten Kapitalkonten gebucht, die für die einzelnen Gesellschafter geführt werden müssen. Die Kapitalkonten sollen die Kapitalanteile der Gesellschafter wiedergeben. Der Kapitalanteil ist der wertmäßige Anteil des Gesellschafters am Gesellschaftsvermögen (= an dem nach kaufmännischen Bewertungsgesichtspunkten errechneten Wert des Gesellschaftsvermögens; vgl. *Plassmann*, BB 1978, 413; *Kübler/Assmann*, § 7 III 2c).

Es ist möglich, für jeden Gesellschafter nur ein Kapitalkonto zu führen, auf dem seine Einlage, die er geleistet hat, sowie danach anfallende Gewinne und Verluste zu verbuchen sind. Auf diesem Konto des Gesellschafters sind dann allerdings auch sämtliche Entnahmen zu verbuchen. Wenn nach der Regelung im Gesellschaftsvertrag der in einem Jahr anfallende Gewinn nach dem Stand der Gesellschafterkonten verteilt werden soll, so stehen sich diejenigen Gesellschafter günstig, die ihre auf sie entfallenden Gewinne nicht entnehmen, sondern stehen lassen, so dass ihr Gesellschafterkonto anwächst, solange die Gesellschaft Gewinne macht. Benachteiligt sind diejenigen Gesellschafter, die darauf angewiesen sind, regelmäßig Entnahmen zu tätigen, um etwa davon den Unterhalt für die Familie u. ä. zu bestreiten.

Aus diesen und anderen Gründen werden in der Praxis im Gesellschaftsvertrag häufig Vereinbarungen getroffen, nach denen Festkapitalkonten einerseits und Privatsonderkonten für jeden Gesellschafter andererseits geführt werden. Auf dem sogenannten *Festkapitalkonto* werden nur die nach dem Gesellschaftsvertrage zu leistenden Einlagen verbucht. In der Regel enthält der Gesellschaftsvertrag die Vorschrift, dass der Geschäftserfolg (Gewinn und Verlust) unter den Gesellschaftern im Verhältnis ihrer prozentualen Beteiligung, die sich aus den Festkapitalkonten ergibt, verteilt wird, nachdem zuvor die Gehälter der geschäftsführenden Gesellschafter abgezogen worden sind. Das Festkapitalkonto ist zugleich das Kapitalkonto. Die Beteiligungsverhältnisse an der Gesellschaft richten sich dann nach dem Festkapitalkonto. Sie sind damit unveränderlich, es sei denn, die Gesellschafter vereinbaren eine entsprechende Änderung des Gesellschaftsvertrages. Neben den Festkapitalkonten werden dann noch sogenannte *Privatsonderkonten* geführt, auf denen alle nicht gebundenen Gewinne gutgeschrieben werden, von denen die Entnahmen abzuschreiben sind. Es muss dann allerdings auch vertraglich festgelegt werden, von welchem Konto ein eventueller Verlust abzuschreiben ist. **242**

Die auf Sonderkonten (auch Reserve- oder Darlehenskonten genannt) gebuchten Beträge sind nicht Teil der Einlage. Sie stellen vielmehr Forderungen der Gesellschafter gegen die Gesellschaft dar (vgl. *Grossfeld*, Bilanzrecht, § 14 II 2a). Wird an einen Gesellschafter eine Summe ausgezahlt, die größer ist als das auf dem Sonderkonto verbuchte Guthaben, so kann in Höhe des über- **243** schießenden Betrages eine Forderung der Gesellschaft an den Gesellschafter entstehen. Die bei einer Personenhandelsgesellschaft geführten Sonderkonten der Gesellschafter sind also im Zweifel dazu bestimmt, echte Forderungen und Schulden der Gesellschafter gegenüber der Gesellschaft auszuweisen (*BGH* BB 1978, 630f.).

Bei der OHG muss jährlich die Ermittlung von Gewinn oder Verlust stattfinden. Festgelegte Gewinne oder Verluste müssen auf die Gesellschafter verteilt werden, und zwar so, dass das Ergebnis auf eine der oben geschilderten Arten auf einem Konto sichtbar wird.

244 Die §§ 120–122 HGB bestimmen lediglich, dass und wie der Gewinn unter den Gesellschaftern zu verteilen ist. Hinsichtlich der Gewinnermittlung enthält § 120 HGB die Anordnung, dass der Gewinn auf Grund einer Bilanz zu ermitteln ist. Die näheren Einzelheiten dazu sind in §§ 238–263 HGB geregelt.

Gemäß § 242 Abs. 1 S. 1 HGB ist die OHG als Kaufmann (Formkaufmann gemäß § 6 Abs. 1 HGB) zur Aufstellung einer Bilanz am Ende eines jeden Geschäftsjahres verpflichtet. Der dort ausgewiesene Gewinn ist nach §§ 120–122 HGB zu verteilen. Daneben ist die OHG gemäß § 242 Abs. 2 HGB auch zur Aufstellung einer Gewinn- und Verlustrechnung verpflichtet.

245 Bilanz und Gewinn- und Verlustrechnung, die zusammen den sogenannten „Jahresabschluss" bilden (vgl. § 242 Abs. 3 HGB) müssen den Grundsätzen ordnungsgemäßer Buchführung (GoB) entsprechen (§ 243 HGB). In den §§ 246–256 HGB sind einige dieser Grundsätze präzisiert und konkretisiert. Für die Höhe des Bilanzgewinns ist von großer Bedeutung, welche Posten auf der Aktiv- bzw. Passivseite in die Bilanz einzustellen sind und wie die einzelnen Positionen zu bewerten sind. Dazu enthalten die §§ 246–251 HGB eine Reihe von Ansatzvorschriften. Wie die Bewertung vorzunehmen ist, ist in den §§ 252–256 HGB geregelt. Im Hinblick auf die Bewertung ist § 253 HGB von zentraler Bedeutung. Für die Bewertung der Vermögensgegenstände ist dort eine Wertobergrenze festgesetzt: Es darf maximal mit dem Herstellungs- oder Anschaffungswert, vermindert um Abschreibungen bilanziert werden.

246 Fraglich ist, ob daneben auch eine Wertuntergrenze zu beachten ist. Die Bildung von nicht in der Bilanz ausgewiesenen Rücklagen durch Unterbewertung von Vermögensgegenständen kann für die Gesellschaft von Interesse sein. Zum einen kann sie sich so ein Polster schaffen, auf das sie bei ungünstiger Entwicklung des Unternehmens zur Ausweisung von Gewinnen zurückgreifen kann. Zum anderen lässt sich auf diesem Weg der auszuschüttende Gewinn der Gesellschaft reduzieren. Aus eben diesen Gründen wird eine unbegrenzte Unterbewertung für problematisch gehalten. Durch die stille Auflösung solcher Rücklagen könnte eine ungünstige wirtschaftliche Entwicklung über längere Zeit verheimlicht, eine Unternehmenssanierung dadurch verzögert und Gläubiger getäuscht werden. Außerdem besteht die Gefahr, dass einflusslose Gesellschafter durch die Beeinträchtigung ihrer Gewinnauszahlungsansprüche systematisch „ausgehungert" würden (vgl. *Großfeld,* NJW 1986, 955, 957; *Schulze-Osterloh,* ZHR 150 [1986], 403, 417). Dennoch erlaubt § 253 Abs. 4 HGB Unterbewertungen („Abschreibungen") ohne Bestimmung von Untergrenzen. Abschreibungen dieser Art sind allerdings nur „im Rahmen vernünftiger kaufmännischer Beurteilung zulässig" (§ 253 Abs. 4 HGB). Mit dieser Formulierung wollte der Gesetzgeber eine Bewertungsuntergrenze festlegen. Weitgehende Einigkeit besteht darüber, dass die Grenze dort erreicht ist, wo Abschreibungen willkürlich vorgenommen werden. Abschreibungen sind nur statthaft, wenn und soweit sachliche Gründe sie rechtfertigen (*Großfeld,* NJW 1986, 955, 958; *Schulze-Osterloh,* ZHR 150 [1986], 403, 418 ff.).

Eine zusätzliche Begrenzung kann sich auch aus dem Gesellschaftsrecht ergeben. So kann im Einzelfall ein Verstoß gegen die gesellschaftliche Treuepflicht darin bestehen, durch übermäßige Abschreibungen die Gewinnansprüche der Gesellschafter unter ein bestimmtes Maß zu senken (vgl. *Großfeld,* NJW 1986, 955, 958).

V. Die Treuepflichten der Gesellschafter

1. Überblick

Dadurch, dass sich die Gesellschafter zur Erreichung eines ge- 247
meinsamen Zweckes in einem Vertrage zusammengeschlossen haben, ist zwischen ihnen eine Bindung geschaffen worden, aus der eine Treuepflicht der Gesellschafter untereinander und im Verhältnis der Gesellschafter zur Gesellschaft entsteht (vgl. oben Rn. 61 f.). Diese Treuepflicht besteht im Wesentlichen in folgendem: Die Gesellschafter haben die Verpflichtung, die Interessen der Gesellschaft wahrzunehmen, insbesondere alles zu unterlassen, was den Interessen der Gesellschaft zuwiderlaufen würde.

Die Pflicht, die Interessen der Gesellschaft wahrzunehmen, orientiert sich in erster Linie an dem Zweck, zu dessen Erreichung sich die Gesellschafter zusammengeschlossen haben. Deshalb trifft diese Verpflichtung in erster Linie diejenigen Gesellschafter, die die Geschäfte der Gesellschaft führen.

248 Die Treuepflicht der Gesellschafter findet ihre Grenze an den eigenen berechtigten Interessen, die jedem Gesellschafter auch unter Berücksichtigung der Gemeinschaftsinteressen zugebilligt werden müssen. Wo die Grenze zwischen der Treuepflicht der Gesellschafter und deren eigenen Interessen, die sie wahrnehmen möchten, zu ziehen ist, ist nach den Verpflichtungen zu bestimmen, die die Gesellschafter im Gesellschaftsvertrage übernommen haben. Für die geschäftsführenden Gesellschafter bedeutet dies: sie haben sich durch die Verpflichtung, die Geschäfte der Gesellschaft zu führen, im Zweifel damit einverstanden erklärt, ihre eigenen Interessen denjenigen der Gesellschaft unterzuordnen.

Nach Ansicht des *BGH* (*BGHZ* 14, 25, 38; 65, 15, 18f.) kann die Treuepflicht dem Gesellschafter auch gebieten, von Rechten, die ihm an sich zustehen, keinen Gebrauch zu machen. Das bedeutet allerdings nicht, dass der Gesellschafter ohne weiteres seine eigenen Interessen hinter die der Gesellschaft zurückstellen muss. Es ist vielmehr auf eine Abwägung der beiderseitigen Interessen abzustellen.

Der *BGH* (vgl. z.B. *BGHZ* 64, 253, 257f.; *BGH* JZ 1987, 95, 96) hat wiederholt darauf hingewiesen, dass sich in besonders gelagerten Einzelfällen aus der gesellschaftlichen Treuepflicht des einzelnen Gesellschafters die Verpflichtung ergeben kann, einer Änderung des Gesellschaftsvertrages zuzustimmen. Das gilt auch für den Fall, dass eine Änderung des Gesellschaftsvertrages wegen eines Wechsels im Gesellschafterbestand notwendig wird. Voraussetzung ist allerdings stets, dass die Änderung des Vertrages „mit Rücksicht auf die Rechtsbeziehungen der Gesellschafter zueinander, etwa zum Zwecke der Erhaltung wesentlicher Werte, die die Gesellschafter in gemeinsamer Arbeit geschaffen haben, oder zur Vermeidung erheblicher Verluste, die die Gesellschaft oder einer der Gesellschafter erleiden könnte, erforderlich ist" (so *BGH* JZ 1987, 95, 96). Damit erklärt der *BGH* den Gesellschafter auf Grund seiner Treuepflicht für verpflichtet, an der Verhinderung von Krisen oder Bestandsbedrohungen mitzuwirken. Zu der Frage, ob sich die Zustimmungspflicht zur Vertragsänderung aus der Treuepflicht oder aus der Anwendung der Lehre von der Geschäftsgrundlage ergibt, werden unterschiedliche Meinungen vertreten (siehe *K.-G. Baier*, NZG 2004, 356, 358f.).

2. Das Wettbewerbsverbot

Fall: A ist Gesellschafter einer OHG, die ein Logistikunternehmen betreibt, dessen Tätigkeit sich darauf beschränkt, Exporteuren und Importeuren von Waren das Auslandsgeschäft zu erleichtern. A eröffnet nun ein anderes Beratungsunternehmen, das sich von Anfang an darauf spezialisiert, Betriebe zu überprüfen und Rationalisierungsvorschläge zu erarbeiten. Die übrigen Gesellschafter der OHG verlangen von A, dass dieser an die OHG Schadensersatz leistet. Mit Recht? **249**

Bei der OHG gehört zu den Treuepflichten der Gesellschafter auch das *Wettbewerbsverbot,* das im Gesetz (§§ 112, 113 HGB) ausdrücklich geregelt ist. Das Wettbewerbsverbot bedeutet: Kein Gesellschafter darf in dem *Handelszweig* der Gesellschaft Geschäfte machen. Der Begriff Handelszweig im Sinne des § 112 HGB ist nicht identisch mit dem Zweck der Gesellschaft. § 112 HGB will geschäftliche Handlungen verhüten, die dem Gesellschaftsunternehmen nachteilig sein können (*BGHZ* 70, 331, 333). Deshalb ist das Wettbewerbsverbot beschränkt auf den Handelszweig der Gesellschaft. Geschäfte in dem Handelszweig der Gesellschaft sind also Geschäfte, die die Gesellschaft, so wie der Geschäftsbetrieb ausgerichtet ist und wie er tatsächlich gehandhabt wird, selbst abschließen würde oder könnte (*BGH* BB 1957, 874).

Der Begriff des Handelszweiges der Gesellschaft ist nach dem Zweck zu bestimmen, der mit dem Wettbewerbsverbot erreicht werden soll: Es sollen solche Wettbewerbshandlungen durch Gesellschafter verhindert werden, die dem Gesellschaftsunternehmen nachteilig sein können; ob dies so ist, kann in der Regel nur im Einzelfall entschieden werden (*OLG Hamburg OLGE* 32, 104). Es ist stets zu berücksichtigen, dass das Wettbewerbsverbot zur Förderung des gemeinsamen Zweckes – dem gemeinsamen Betrieb des Handelsgewerbes – beitragen soll, der Inhalt der gegenseitigen Verpflichtungen der Gesellschafter ist. Deshalb darf der Begriff des Handelszweigs nicht eng aufgefasst werden (*BGHZ* 70, 331, 333). Das Wettbewerbsverbot greift nur in den Fällen ein, in denen ein Gesellschafter innerhalb des sachlich und räumlich begrenzten relevanten Marktes der Gesellschaft geschäftliche Aktivitäten entfaltet. **250**

Für den Fall, dass ein Gesellschafter das Wettbewerbsverbot verletzt, können für die Gesellschaft die folgenden Ansprüche entstehen:

- ein Anspruch auf Unterlassung (vgl. u.a. *BGHZ* 89, 162, 170). Es handelt sich dabei um einen Anspruch auf Erfüllung des Gesellschaftsvertrages durch Unterlassung.
- Ein Anspruch auf Schadensersatz (§ 113 Abs. 1, 1. Halbs. HGB)
- oder statt dessen ein Recht der Gesellschaft, in das vom Gesellschafter getätigte Geschäft einzutreten, verbunden mit einem Anspruch auf Gewinnherausgabe (§ 113 Abs. 1, 2. Halbs. HGB).

251 Im **Fall** hat die OHG gegen A einen Schadensersatzanspruch aus § 113 HGB nur dann, wenn A gegen das Wettbewerbsverbot, dem er als Gesellschafter der OHG gemäß § 112 HGB unterliegt, verstoßen hat und der OHG daraus ein Schaden entstanden ist. Das Wettbewerbsverbot im Sinne des § 112 HGB hat A nur verletzt, wenn er ohne Einwilligung der anderen Gesellschafter in dem Handelszweig der Gesellschaft Geschäfte macht oder an einer gleichartigen Gesellschaft als persönlich haftender Gesellschafter beteiligt ist. Betreibt die OHG, wie im vorliegenden Falle, ein Logistikunternehmen, so ist nicht jedes Geschäft, das unter diesen Begriff fällt, verboten. Es kommt vielmehr darauf an, ob es ein Geschäft ist, wie es in dem gerade von der Gesellschaft betriebenen Geschäftszweig vorkommt. Hat sich die OHG auf bestimmte Arten von Geschäften spezialisiert, so sind nach dem Wettbewerbsverbot solche Geschäfte nicht untersagt, die ganz außerhalb dieses Rahmens liegen, wohl aber solche, die im Betriebe der Gesellschaft auch nur gelegentlich vorgenommen werden. Es ist allerdings nicht erforderlich, dass die Gesellschaft das einzelne Geschäft genauso, wie es vom Gesellschafter getätigt worden ist, auch selbst gemacht hätte. Im zu erörternden Falle befasst sich die OHG mit der Betriebsrationalisierung überhaupt nicht. A verstieß deshalb nicht gegen das Wettbewerbsverbot, als er sein Beratungsunternehmen mit diesem Spezialgebiet eröffnete und betrieb. Deshalb kann die OHG gemäß § 113 i.V.m. § 112 HGB keinen Schadensersatz von ihm verlangen.

252 Im Rahmen der Vertragsfreiheit ist es den Gesellschaftern unbenommen, Wettbewerbsabreden zu treffen, die von § 112 HGB abweichen, insbesondere darüber hinaus reichen. So werden häufig Wettbewerbsverbote für die Zeit nach dem Ausscheiden eines Gesellschafters aus der Gesellschaft vereinbart, für die die §§ 112, 113 HGB nicht gelten. Nicht selten kommt es zum Streit darüber, ob solche Wettbewerbsverbotsklauseln gemäß § 138 BGB sittenwidrig sind. Der *BGH* (WM 1990, 2121, 2122) geht davon aus, dass Wettbewerbsbeschränkungen auf das örtlich, zeitlich und gegenständlich notwendige Maß beschränkt bleiben müssen; sie

dürfen nur zum Ziel haben, den Vertragspartner vor der illoyalen Verwertung des Erfolges seiner Arbeit zu schützen. Zu diesem Ergebnis ist der *BGH* (WM 1990, 2121, 2122) unter Berücksichtigung der auch im Privatrecht zu beachtenden verfassungsmäßigen Grundentscheidung für die Freiheit des Berufes gelangt (§ 90a HGB gilt nicht für die Gesellschafter).

VI. Geschäftsführung und Beschlussfassung

1. Die Geschäftsführung

Geschäftsführung ist die auf die Verfolgung des Gesellschaftszweckes gerichtete Tätigkeit der Gesellschafter. Sie kann in tatsächlichen und rechtsgeschäftlichen Handlungen bestehen (siehe dazu oben Rn. 55ff.). 253

Das Gesetz (§§ 114ff. HGB) geht bei der OHG von dem Grundsatz der Einzelgeschäftsführung aller Gesellschafter aus. Das bedeutet: Jeder Gesellschafter ist allein zum Handeln berechtigt und verpflichtet. Er ist in seinem Handlungsspielraum allerdings eingeschränkt durch ein *Widerspruchsrecht,* das jedem Gesellschafter eingeräumt ist. Dieses Widerspruchsrecht haben die anderen geschäftsführenden Gesellschafter nicht nur bei ungewöhnlichen Geschäften. Macht ein Gesellschafter von seinem Widerspruchsrecht Gebrauch, so muss die geplante Geschäftsführungsmaßnahme unterbleiben (§ 115 Abs. 1 HGB). Das Widerspruchsrecht hat seinen Grund in der Gleichberechtigung aller geschäftsführenden Gesellschafter (so *BGH* WM 1988, 968, 969). Die Ausübung des Widerspruchsrechts darf allerdings nicht gegen das Gesellschaftsinteresse verstoßen (vgl. *BGH* WM 1988, 968, 970).

Ein geschäftsführender Gesellschafter einer OHG muss in allen Angelegenheiten, die das Interesse der Gesellschaft berühren, deren Wohl und nicht seinen eigenen Nutzen oder den Vorteil anderer im Auge haben (so *BGH* WM 1985, 1444). Verstößt ein geschäftsführender Gesellschafter schuldhaft gegen diese sich aus der gesellschaftlichen Treuepflicht ergebende Verpflichtung, so kann gegen denselben ein Anspruch aus Pflichtverletzung (§ 280 BGB) entstehen. 254

2. Gesellschafterbeschlüsse

Um Geschäftsführungsmaßnahmen handelt es sich nicht, wenn 255
– der Gesellschaftsvertrag geändert,

– die Gesellschaft aufgelöst,
– außergewöhnliche Maßnahmen getroffen werden sollen (§ 116 Abs. 2 HGB)
– oder verschiedene Maßnahmen in und nach der Liquidation der Gesellschaft zu treffen sind.

Zu den aufgezählten Maßnahmen sind Gesellschafterbeschlüsse notwendig (Zur Rechtsqualität von Gesellschafterbeschlüssen siehe *Mülbert/Gramse,* WM 2002, 2085, 2086f.). Zulässig sind Gesellschafterbeschlüsse grundsätzlich bei allen die Gesellschaft betreffenden Angelegenheiten. Das gilt auch für solche Angelegenheiten der Gesellschaft, die in die Zuständigkeit der Einzelnen geschäftsführenden Gesellschafter gehören. Auch bei solchen Angelegenheiten können die Gesellschafter sich entschließen, Gesellschafterbeschlüsse herbeizuführen.

256 Im Gesellschaftsvertrag kann festgelegt werden, dass bei bestimmten Maßnahmen die Gesellschafter einen Beschluss fassen müssen. Handelt dann ein Gesellschafter ohne den notwendigen Beschluss der Gesellschaft, begeht er eine Vertragsverletzung, die für ihn zu einer Schadensersatzverpflichtung aus Pflichtverletzung gemäß § 280 BGB führen kann.

Gemäß § 119 Abs. 1 HGB sind Gesellschafterbeschlüsse, soweit der Gesellschaftsvertrag nichts anderes vorsieht, grundsätzlich einstimmig in einem formfreien Verfahren zu fassen. Eine solche Beschlussfassung muss nicht auf einer Gesellschafterversammlung geschehen. Schriftliche Abstimmung oder entsprechende Absprachen durch Telefongespräche sind zulässig. Der Gesellschaftsvertrag kann auch eine Regelung enthalten, die vorsieht, dass in manchen oder allen Angelegenheiten, in denen Gesellschafterbeschlüsse herbeigeführt werden sollen, Mehrheitsbeschlüsse gefasst werden müssen. Gemäß § 119 Abs. 2 HGB ist im Zweifel die Mehrheit nach der Zahl der Gesellschafter zu berechnen; jeder Gesellschafter hat dann eine Stimme. Eine allgemein gehaltene Bestimmung im Gesellschaftsvertrag, nach der die Mehrheit der Gesellschafter entscheiden soll, bezieht sich im Zweifel nur auf laufende Geschäftsführungsangelegenheiten, nicht aber auch auf eine Änderung des Gesellschaftsvertrages (vgl. *Leenen,* FS Larenz, S. 372ff.).

257 Beschlüsse der Gesellschafterversammlung können mangelhaft sein, weil sie gegen das Gesetz (§ 134 BGB), gegen die guten Sitten (§ 138 Abs. 1 BGB) oder gegen den Gesellschaftsvertrag verstoßen. Sie sind dann grundsätzlich nichtig. Der *BGH* (*BGHZ* 81, 263, 264; *BGH* WM 1995, 615f.) vertritt die Auffassung, im

Personengesellschaftsrecht sei ein Streit über die Wirksamkeit von Gesellschafterbeschlüssen unter den Gesellschaftern selbst auszutragen. Die Regeln des Körperschaftsrechts, nach denen bei Verstößen gegen Gesetz oder Satzung weitgehend nur eine Anfechtbarkeit des Beschlusses vorgesehen ist, sollen nicht entsprechend anwendbar sein. Demgegenüber will *K. Schmidt* (Gesellschaftsrecht, § 15 II) u. a. wegen des Bedürfnisses nach Rechtssicherheit die Anfechtungsklage auch auf Personengesellschaften ausdehnen.

Nicht selten enthalten die Gesellschaftsverträge von Personenhandelsgesellschaften eine Klausel, die für die Abänderung des Gesellschaftsvertrages einen Mehrheitsbeschluss der Gesellschafter genügen lässt. Zum Streit über die Wirksamkeit solcher Klauseln kommt es häufig dann, wenn sich die Gesellschafter über eine geplante Änderung nicht verständigen können, also vor allem dann, wenn ein Gesellschafter oder eine Minderheit von Gesellschaftern von der Änderung benachteiligt wird oder doch zumindest Nachteile erwartet, wie z. B. bei der nachträglichen Erhöhung von Beiträgen und der Änderung des Gewinnverteilungsbeschlusses oder des Gesellschaftszwecks (vgl. zur Problematik *Leenen,* FS Larenz, S. 371 ff.). Die Rechtsprechung (*BGHZ* 8, 35, 41; 48, 251) hat sich die Auffassung zu eigen gemacht, dass eine unbeschränkte Unterwerfung der Minderheit unter den Willen der Mehrheit, soweit sie sich im Rahmen des rechtlich Erlaubten (§ 138 BGB) hält, einer besonders sorgfältigen Prüfung in der Richtung bedarf, ob auch wirklich der *erklärte Wille der Gesellschafter* bei der Vielgestaltigkeit und der weittragenden Bedeutung der in Betracht kommenden Beschlussgegenstände jeden dieser Gegenstände erfasst hat. Die in einem Gesellschaftsvertrag nur allgemein zugelassene Änderung des Vertrages durch Mehrheitsbeschluss bezieht sich nicht ohne weiteres auf solche Vertragsänderungen, deren Vornahme durch Mehrheitsbeschluss ganz ungewöhnlich ist oder für die eine besondere gesetzliche Vorschrift ausdrücklich Einstimmigkeit verlangt. Ob ein entsprechender *Vertragswille* für jeden einzelnen der jeweils in Betracht kommenden Beschlussgegenstände vorhanden ist, ist durch *Auslegung* des Gesellschaftsvertrages zu ermitteln (so zutreffend *BGHZ* 8, 35, 42). Der *BGH* (*BGHZ* 85, 350, 356) hat betont, die Wirksamkeit eines Gesellschafterbeschlusses mit *ungewöhnlichem Inhalt* sei davon abhängig, dass sich der Beschlussgegenstand *unzweideutig* – allerdings auch im Wege der Auslegung – aus dem Gesellschaftsvertrag ergebe. Dieser sog. *Bestimmtheitsgrundsatz* schützt innerhalb der Personengesellschaft die Minderheit dadurch, dass nicht unterstellt werden kann, dass sie sich blindlings der Mehrheit unter Inkaufnahme möglicherweise weittragender Folgen einer gar nicht bedachten Änderung unterwirft. Die Frage, ob der Bestimmtheitsgrundsatz nur eine Auslegungsregel (und deshalb ein ausdrücklicher Verzicht auf seine Anwendung zulässig und wirksam) ist, oder ob er nicht vielmehr als eine formale Regel des Minderheitenschutzes grundsätzlich unverzichtbar ist, hat der *BGH* (*BGHZ* 85, 350, 357) nicht beantwortet. 258

VII. Informations- und Kontrollrechte

259 Da bei der OHG in der Regel alle Gesellschafter an der Geschäftsführung beteiligt sind, haben sie jederzeit die Möglichkeit, sich über alle Angelegenheiten der OHG selbst zu informieren. Deshalb bedarf es keiner besonderen Informations- und Kontrollrechte. Rechte dieser Art müssen allerdings den von der Geschäftsführung ausgeschlossenen Gesellschaftern zugestanden werden (§ 118 HGB).

VIII. Der Aufwendungsersatz

260 Auslagen, die einem Gesellschafter bei der Führung der Geschäfte der Gesellschaft entstehen, sollen nicht von den einzelnen Gesellschaftern selbst getragen werden. Die Gesellschafter haben deshalb Aufwendungsersatzansprüche gegen die Gesellschaft (§ 110 HGB).

Aufwendungen im Sinne des § 110 HGB sind Vermögensopfer jeder Art, die ein Gesellschafter im Interesse der Gesellschaft gemacht hat, ohne dazu aus dem Verhältnis der Gesellschafter untereinander verpflichtet zu sein. Als Aufwendungen i.S. des § 110 Abs. 1 1. HS. HGB kommen insbesondere die für die Gesellschaft im Rahmen einer Geschäftsreise aufgewendeten Reise- und Unterkunftskosten in Betracht. Einen Verlust i.S. des § 110 Abs. 1 2. HS. HGB erleidet z.B. ein Gesellschafter, der bei einer Geschäftsreise durch einen Unfall, dessen finanzielle Nachteile nur zum Teil durch Versicherungen abgedeckt sind, zu Schaden kommt.

Beispiel: Hat ein geschäftsführender Gesellschafter aus seinem Privatvermögen Geld zur Begleichung von Verbindlichkeiten der Gesellschaft aufgebracht, wozu er nach dem Gesellschaftsvertrag nicht verpflichtet ist, so hat er damit eine Aufwendung gemacht, deren Ersatz er gemäß § 110 HGB von der Gesellschaft verlangen kann.

261 Die Ansprüche, die einem Gesellschafter wegen Aufwendungsersatz gemäß § 110 HGB zustehen, können während des Bestehens der Gesellschaft nur gegen die Gesellschaft, nicht auch gegen die einzelnen Gesellschafter geltend gemacht werden. Das gilt auch für den Fall, dass der berechtigte Gesellschafter Befriedigung aus dem Gesellschaftsvermögen nicht zu erlangen vermag (so

BGHZ 37, 299, 301). Für eine solche Gesellschaftsverbindlichkeit haften die Gesellschafter auch nicht gemäß § 128 HGB, weil sonst die Vorschrift des § 707 BGB in weitem Umfange gegenstandslos werden würde. Zu beachten ist stets, dass während des Bestehens der Gesellschaft kein Gesellschafter gegen seinen Willen gezwungen sein soll, über seine versprochene Einlage hinaus weitere Beiträge für die Gesellschaft zu leisten (so *BGHZ* 37, 299, 301 f.).

Es besteht allerdings weitgehend Einigkeit darüber, dass von 262
diesem Grundsatz dann eine Ausnahme zu machen ist, wenn ein Gesellschafter von einem Gesellschaftsgläubiger gemäß § 128 HGB in Anspruch genommen worden ist und er daraufhin eine Gesellschaftsverbindlichkeit getilgt hat. In einem solchen Fall wäre es nicht gerechtfertigt, dem betreffenden Gesellschafter den Rückgriff gegen seine Mitgesellschafter zu versagen, wenn er von der Gesellschaft keine Befriedigung erlangen kann. Jeder der Mitgesellschafter hätte wie er von den Gesellschaftsgläubigern in Anspruch genommen werden können und hätte diese befriedigen müssen. Es ist letztlich eine Frage des Zufalls, welcher Gesellschafter von einem der Gläubiger in Anspruch genommen wird. Die Gerechtigkeit erfordert es deshalb, dass jeder der Mitgesellschafter den Teil des von dem in Anspruch genommenen Gesellschafter verauslagten Betrages zu erstatten hat, der nach dem Gesellschaftsvertrag auf den einzelnen Gesellschafter entfällt. Dem steht auch nicht der Grundsatz des § 707 BGB entgegen, dass die persönliche Haftung des Gesellschafters für die Gesellschaftsverbindlichkeiten neben der gesellschaftsvertraglich festgelegten Beitragspflicht steht und die Erstattungspflicht im Verhältnis unter den Gesellschaftern eine mittelbare Folge dieser persönlichen Haftung gegenüber den Gesellschaftsgläubigern darstellt (so *BGHZ* 37, 299, 302). Der Ausgleichsanspruch beruht auf § 426 Abs. 1 BGB; die pro-rata-Haftung bestimmt sich im Zweifel – abweichend von der Regel des § 426 Abs. 1 BGB – nicht nach Kopfteilen, sondern nach der jeweiligen Verlustbeteiligung (so *OLG Koblenz* NJW-RR 1995, 486).

Dieser Ausgleichsanspruch aus § 426 Abs. 1 BGB ist nach 263
Ansicht des *BGH* (*BGHZ* 103, 72, 76) allerdings grundsätzlich subsidiär, d.h. der Gesellschafter muss zunächst versuchen, Befriedigung aus dem Gesellschaftsvermögen zu erlangen, weil Gesamthandsverpflichtungen grundsätzlich aus der Gesellschaftskasse zu begleichen sind. Nur wenn die Gesellschaft nicht in der Lage oder nicht bereit ist, den Anspruch zu erfüllen – letzteres ist bereits dann anzunehmen, wenn sie auf Aufforderung nicht zahlt

(*BGH* DB 2002, 318) –, besteht ein Anspruch gegen die Mitgesellschafter. Neben den Ausgleichsanspruch nach § 426 Abs. 1 BGB kann der Anspruch aus der gemäß § 426 Abs. 2 BGB übergegangenen Forderung treten (vgl. *BGHZ* 103, 72, 77f. betreffend die Ausgleichspflichten unter Gesellschaftern einer Gesellschaft bürgerlichen Rechts).

IX. Das Gesellschaftsvermögen

264 Es ist zu unterscheiden zwischen dem Vermögen der OHG einerseits und dem Privatvermögen der einzelnen Gesellschafter andererseits. Das ausschließlich dem Gesellschafter gehörende Vermögen ist dessen Privatvermögen. Das in die Gesellschaft eingebrachte Vermögen eines Gesellschafters wird zum Vermögen der Gesellschaft, zum Gesamthandsvermögen (vgl. dazu oben Rn. 202).

Da für die OHG besondere Vorschriften über das Gesellschaftsvermögen im HGB fehlen, finden die Regelungen über die BGB-Gesellschaft (§§ 718ff. BGB) Anwendung (§ 105 Abs. 3 HGB).

265 Zum Gesellschaftsvermögen gehören die Beiträge, die die einzelnen Gesellschafter in die Gesellschaft eingebracht haben, und die durch die Geschäftsführung für die Gesellschaft erworbenen Gegenstände. Dies können sein: bewegliche Sachen, Grundstücke, Forderungen, Patente und sonstige Rechte, z.B. Nutzungsrechte aller Art. Auch Werte tatsächlicher Art, wie z.B. technisches know how, Geschäftserfahrung und Kundenstamm können Gegenstände des Gesellschaftsvermögens sein (siehe oben Rn. 65ff.).

§ 21. Die Beziehungen der Gesellschafter zu Dritten (Die Außenbeziehungen)

Literatur: *H. Altmeppen,* Zur Enthaftung des ausscheidenden Personengesellschafters, NJW 2000, 2529ff.; *Emmerich,* Erfüllungstheorie oder Haftungstheorie. Zur Auslegung der §§ 126 und 128 HGB, FS Lukes, S. 639ff.; *Flume,* Der Inhalt der Haftungsverbindlichkeit des Gesellschafters nach § 128 HGB, FS Reinhardt, S. 223ff.; *ders.,* Gesellschaftsschuld und Haftungsverbindlichkeit des Gesellschafters bei der OHG, FS Knur, S. 125ff.; *J. Hofmeister,* Beginn der Enthaftung des ausscheidenden Personengesellschafters nach § 160 I 2 HGB, NJW 2003, 93ff.; *A. Hueck,* OHG, §§ 19 bis 22; *Reichhold,* Das neue Nachhaftungsbegrenzungsgesetz, NJW 1994, 1617ff.; *Seibert,* Nachhaftungsbegrenzungsgesetz – Haftungsklarheit für den Mittelstand, DB 1994, 461ff.

I. Die Vertretung

1. Die gesetzliche Regelung

Die Vertretungsmacht als die Befugnis, im Namen der Gesellschaft mit Wirkung für und gegen alle Gesellschafter rechtsgeschäftliche Erklärungen (Willenserklärungen) abzugeben und entgegenzunehmen, steht nach der gesetzlichen Regelung bei der OHG jedem einzelnen Gesellschafter zu (§ 125 HGB). Das bedeutet: Jeder Gesellschafter kann im Namen der OHG wirksame, diese rechtsgeschäftlich bindende Erklärungen (Willenserklärungen) abgeben und entgegennehmen. Die Rechtsfolgen dieser Erklärungen treffen dann die Gesellschaft und die Gesellschafter, für die der handelnde Gesellschafter die Willenserklärung abgibt oder entgegennimmt. 266

Beispiel: Bebel, Kraft und Schmitz gründen eine OHG. Gegenstand des Unternehmens ist der Handel mit Brennstoffen und Erdölprodukten. Die Gesellschaft führt die Firma „Bebel & Co Brennstoffe OHG". Nach dem Gesellschaftsvertrag ist Bebel der alleinige Geschäftsführer. Schmitz kauft im Namen der OHG bei der Erdöl AG 100000 l Heizöl. Als die Erdöl AG von der OHG den Kaufpreis verlangt, erklären Bebel und Kraft, sie seien mit dem von Schmitz abgeschlossenen Kaufvertrag nicht einverstanden. Gemäß § 125 HGB ist jeder Gesellschafter allein zur Vertretung der OHG ermächtigt, es sei denn, dass im Gesellschaftsvertrag eine andere Regelung getroffen worden ist. Hier war ein Ausschluss des Alleinvertretungsrechts eines jeden Gesellschafters im Gesellschaftsvertrag nicht vereinbart. Die Tatsache, dass Schmitz von der Geschäftsführung ausgeschlossen ist, ist nur im Innenverhältnis der Gesellschafter zueinander bedeutsam. Eine Beschränkung der Vertretungsmacht des Schmitz trat hierdurch nicht ein. Der Widerspruch von Bebel und Kraft ist deshalb für die Wirksamkeit der von Schmitz abgegebenen Willenserklärung belanglos. Schmitz konnte im Namen der OHG eine für diese wirksame Willenserklärung, die zum Abschluss eines Kaufvertrages führte, abgeben. Zwischen der Erdöl AG und der OHG ist deshalb ein Kaufvertrag zustande gekommen. Die Erdöl AG kann von der OHG Zahlung des Kaufpreises verlangen. 267

Der Gesellschaftsvertrag kann bestimmen, dass alle oder jedenfalls mehrere Gesellschafter nur gemeinsam die OHG vertreten können (Gesamtvertretung). Eine solche Regelung bildet in der Praxis jedoch die Ausnahme. 268

Gemäß § 126 HGB ist der Umfang der Vertretungsmacht grundsätzlich unbeschränkt. Das bedeutet, dass sich die Vertretungsmacht auf alle gerichtlichen und außergerichtlichen Rechtshandlungen erstreckt; eingeschlossen sind auch die Veräußerung und Belastung von Grundstücken und die Erteilung und der Widerruf einer Prokura (§ 126 Abs. 1 HGB).

269 Was den Inhalt und den Umfang der Vertretungsmacht angeht, so ist im Hinblick darauf der Grundsatz der Vertragsfreiheit wesentlich eingeschränkt. Zum Schutze Dritter, die mit der OHG Rechtsgeschäfte abschließen wollen, ist eine Einschränkung des Umfangs der Vertretungsmacht Dritten gegenüber unwirksam (§ 126 Abs. 2 HGB).

„Alle gerichtlichen und außergerichtlichen Geschäfte und Rechtshandlungen" im Sinne des § 126 Abs. 1 HGB sind nicht nur diejenigen, die der Betrieb des Handelsgewerbes, das die OHG betreibt, mit sich bringt. Der Umfang der Vertretungsmacht ist vielmehr umfassend.

270 Der Grundsatz der Unbeschränkbarkeit der Vertretungsmacht eines vertretungsberechtigten Gesellschafters gilt grundsätzlich nur gegenüber Dritten, die im Rechtsverkehr mit der OHG geschützt werden sollen. Er gilt hingegen nach herrschender Meinung (*BGHZ* 38, 26ff.) nicht im Verhältnis der Gesellschafter zu ihrer eigenen Gesellschaft. Der *BGH* weist zu Recht darauf hin, dass der Grundsatz der Unbeschränkbarkeit der Vertretungsmacht gemäß § 126 HGB dem Schutze Dritter dient, die mit einer Personenhandelsgesellschaft in geschäftliche Verbindungen treten; sie brauche deshalb auch nur gegenüber Dritten rechtlich zwingend zu sein. Die Gesellschafter selber, die mit ihrer Gesellschaft in geschäftliche Verbindung träten, bedürften eines solchen Schutzes nicht, wenn sie selbst eine vom Gesetz abweichende Regelung für richtig gehalten und für die Gestaltung der Vertretungsverhältnisse bei ihren eigenen Geschäftsbeziehungen zu ihrer Gesellschaft einen anderen Weg beschritten hätten. Es sei unbedenklich, den Gesellschaftern in dieser Hinsicht Dispositionsfreiheit zu lassen, ohne damit gegen den gesetzlichen Grundgedanken des § 126 HGB, der den Schutz des Geschäftsverkehrs bezwecke, zu verstoßen.

271 Der *BGH* (WM 1983, 60) hat für den Fall, dass die Gesellschaft, vertreten durch alle übrigen Gesellschafter, auf der Grundlage eines Gesellschafterbeschlusses gegen einen Gesellschafter einen Zahlungsanspruch einklagt, angenommen, dass der verklagte Gesellschafter aus Rechtsgründen von der Vertretung der Gesellschaft ausgeschlossen sei, weil er als Beklagter nicht zugleich

im Namen der klagenden Gesellschaft auftreten könne. In dieser Situation bleibt kein anderer Weg, als den übrigen Gesellschaftern allein die Vertretungsmacht zuzuerkennen. Nach Ansicht des *BGH* (WM 1983, 60) werden dabei auch keine schutzwürdigen Interessen anderer Gesellschafter beeinträchtigt, weil weitere Gesellschafter, deren Interessen durch eine Klage gegen den betroffenen Gesellschafter verletzt werden könnten, nicht vorhanden sind.

2. Das Verbot der Drittorganschaft

Für die OHG als Personenhandelsgesellschaft gilt der Grundsatz der Selbstorganschaft bzw. das Verbot der Drittorganschaft (siehe dazu oben Rn. 80). Einer der Gesellschafter muss also stets geschäftsführungs- und vertretungsbefugt sein. **272**

Die Problematik der Selbstorganschaft für Personengesellschaften, d.h. des Grundsatzes, dass OHG und KG stets allein durch die Gesellschafter, also ohne die Mitwirkung Dritter, handlungsfähig sein müssen, hängt eng zusammen mit dem sog. *Abspaltungsverbot.* Letzteres besagt folgendes: Die Abspaltung einzelner Verwaltungsrechte von dem Gesellschaftsanteil in der Weise, dass sie auf einen anderen übertragen werden, wie das z.B. bei der Übertragung des Stimmrechts eines Gesellschafters auf eine dritte Person der Fall ist, ist nicht zulässig, weil dies mit dem Wesen der Gesamthandsgemeinschaft nicht zu vereinbaren ist (vgl. auch § 717 S. 1 BGB). Die Verwaltungsrechte eines Gesellschafters sind mit seinem Anteil notwendig verbunden und können von ihm nicht losgelöst und selbstständig übertragen werden (so *BGHZ* 3, 354, 356). Damit ist die formale Unteilbarkeit des Gesellschaftsanteils festgelegt, was nicht ausschließt, dass andere privatrechtliche Konstruktionen, die nicht die unmittelbare Übertragung des Verwaltungsrechts zum Gegenstand haben, im Ergebnis aber die gleiche Wirkung haben, zulässig sind (vgl. *Kübler/Assmann,* § 20 II 3). Deshalb ist es z.B. auch nach herrschender Auffassung nicht ausgeschlossen, dass ein Dritter oder mehrere Dritte mit einer umfassenden Vollmacht, die man als Generalvollmacht bezeichnen und die auch noch über den gesetzlich festgelegten Umfang einer Prokura hinausgehen kann, ausgestattet werden, um diesem oder diesen so die Leitung des Unternehmens zu übertragen. In einer Generalbevollmächtigung dieser Art wird keine Umgehung des Verbots einer Übertragung der organschaftlichen Vertretungsbefugnisse gesehen (vgl. dazu *BGHZ* 36, 292, 295). In solchen Fällen liegt keine echte Drittorganschaft vor, weil die Stellung eines gesetzlichen (organschaftlichen) Vertreters der Personengesellschaft unangetastet bleibt. Die Gesellschafter haben nach **273** wie vor die Möglichkeit, dem Fremdgeschäftsführer Weisungen zu erteilen oder auf sonstige Weise in die Geschäftsführung einzugreifen.

274 **Beispiel:** Die A-OHG schließt mit M einen sog. Betriebsführungsvertrag ab. Danach soll M den Hotelbetrieb der A-OHG in deren Namen und auf deren Rechnung führen. Die A-OHG ist nach diesem Vertrag nicht befugt, dem M im Hinblick auf die Führung des Hotels allgemeine oder konkrete Weisungen zu erteilen. Der Vertrag hat eine Laufzeit von 20 Jahren und soll von der A-OHG nur bei Schlechterfüllung durch M und vergeblicher schriftlicher Mahnung kündbar sein. Der *BGH* (WM 1982, 394, 396 f.) hat mit Hinweis auf seine bisherige Rechtsprechung (*BGHZ* 36, 292) betont, der *Grundsatz der Selbstorganschaft* verbiete nur, dass sämtliche Gesellschafter von der Geschäftsführung und Vertretung ausgeschlossen würden und diese auf Dritte übertragen werde; damit vereinbar sei es jedoch, dass ein Dritter in weitem Umfange mit Geschäftsführungsaufgaben betraut und mit einer umfassenden Vollmacht ausgestattet werde. Nach Ansicht des *BGH* (WM 1982, 394, 397) scheidet eine Anwendung dieser Grundsätze nicht in jedem Falle aus, in dem der Dritte bei der Erfüllung der von ihm wahrzunehmenden Geschäftsführungsaufgaben keinen Einzelweisungen unterliegt und nicht jederzeit abberufen werden kann. Für einen ähnlichen wie den zu erörternden Fall hat der *BGH* einen Verstoß gegen das Verbot der Drittorganschaft verneint, weil seiner Ansicht nach der Betriebsführungsvertrag so gestaltet war, dass die Organstellung der A-OHG rechtlich unangetastet geblieben und in ihrem Wesensgehalt nicht beeinträchtigt worden ist.

275 Das Abspaltungsverbot und das Verbot der Drittorganschaft sind jedenfalls dann verletzt, wenn es in der gesellschaftsrechtlichen Organisation und Konstruktion eigenständige Entscheidungsbefugnisse für Dritte (Nichtgesellschafter) „ohne das Korrektiv der gesellschaftsrechtlichen Bindung gegenüber den (Mit-)Gesellschaftern" und der persönlichen Haftung gegenüber den Gläubigern gibt (so zu Recht *Kübler/Assmann,* § 20 II 3 c). Der *BGH* hat eine Überschreitung der Grenze zum Unzulässigen u. a. dort gesehen, wo ein Gesellschafter sich in einem weiten Bereich seiner wirtschaftlichen Betätigung praktisch selbst entmündigt hat (*BGHZ* 44, 158, 161).

276 **Beispiel** (nach *BGHZ* 44, 158 ff.): A, B und C sind Gesellschafter einer OHG. A schließt mit T einen Vertrag, in dem T als Treuhänder bezeichnet wird und durch den T das Recht zur Teilnahme an der Gesellschafterversammlung mit der alleinigen Wahrnehmung des Stimmrechts und des Widerspruchsrechts (§ 116 Abs. 2 HGB) des A erhalten soll. Aufgrund des Vertrages soll T auch das Einsichts- und Auskunftsrecht gemäß § 118 HGB ausüben und an Weisungen des A nicht gebunden sein. Der *BGH* hat in einer derartig weitgehenden Bindung „eine solche Aufgabe der eigenen freien

Selbstbestimmung" gesehen, dass er sie als mit „den Grundwerten unserer Rechtsordnung" nicht vereinbar und deshalb gemäß § 138 BGB für sittenwidrig erachtet hat.

II. Die Haftung der Gesellschafter für Verbindlichkeiten der Gesellschaft

1. Überblick

Fall: Beitz und Krümel gründen unter der Firma „Beitz & Co Elektroeinrichtungen OHG" ein Handelsunternehmen. Die X-Bank gewährt der OHG ein Darlehen in Höhe von 200000,– €. Als bei Fälligkeit die Gesellschaft die Darlehenssumme nicht zurückzahlen kann, nimmt die X-Bank den Gesellschafter Beitz in voller Höhe in Anspruch. Mit Recht? **277**

Beteiligt sich eine Person an einer Gesellschaft, so entsteht die Frage, welche Vermögensmassen für die Verbindlichkeiten, die im Zusammenhang mit der Gesellschaft entstehen, haften, welche Gegenstände also z.B. in der Insolvenz der Gesellschaft von den Gläubigern der Gesellschaft verwertet werden können.

Wie stets (vgl. oben Rn. 264) ist zwischen dem Vermögen der Gesellschaft einerseits und dem Privatvermögen der Gesellschafter andererseits zu unterscheiden. Die eigentliche Frage lautet: Kann wegen der Verbindlichkeiten der Gesellschaft neben dem Vermögen der Gesellschaft auch das Privatvermögen der Gesellschafter in Anspruch genommen werden?

Für die OHG ist charakteristisch, dass alle ihre Gesellschafter unbeschränkt auch mit ihrem Privatvermögen für die Verbindlichkeiten der Gesellschaft haften (§ 128 HGB). Gerade diese Eigenheit als Kredit- und Haftungsgemeinschaft gewährleistet die besondere Kreditfähigkeit der OHG. Andererseits ist die Beteiligung an einer OHG für einen Gesellschafter aus diesen Gründen besonders gefährlich. **278**

Im **Fall** kann die Bank ihren Anspruch auf § 488 Abs. 1 BGB i.V.m. § 128 HGB stützen. Ein Darlehensvertrag ist zwischen der Bank und der OHG zustande gekommen. Aus diesem Vertrag ist für die Bank eine Darlehensrückzahlungsforderung gemäß § 488 Abs. 1 BGB entstanden. Bei der Verpflichtung, das Darlehen zurückzuzahlen, handelt es sich um eine Verbindlichkeit der Gesellschaft. Für die Verbindlichkeit der Gesellschaft haften gemäß § 128 HGB alle Gesellschafter der OHG als Gesamtschuldner. Infolgedessen kann sich die Bank an Beitz halten und von ihm Rückzahlung in Höhe von 200000,– € verlangen (§ 488 Abs. 1 BGB i.V.m. § 128 HGB).

2. Der Inhalt der Haftungsverbindlichkeit gemäß 128 HGB

279 Die Gesellschafter der OHG haften gemäß § 128 HGB für die Verbindlichkeiten der Gesellschaft unmittelbar. Das bedeutet: Der Gläubiger ist nicht gezwungen, sich, bevor er einen der Gesellschafter in Anspruch nimmt, an das Gesamthandsvermögen der OHG zu halten, um Befriedigung wegen seiner Forderung zu erreichen. Er kann sich, ohne vorher den Anspruch bei der OHG geltend gemacht zu haben, direkt an einen oder mehrere Gesellschafter halten.

Zu dem oben (Rn. 277) geschilderten **Fall:** Die X-Bank muss sich also nicht zunächst an das Gesamthandsvermögen der OHG, wie z.B. Warenlager oder Geschäftseinrichtungen, halten. Sie kann auch, ohne zuvor einen solchen Versuch gemacht zu haben, den Anspruch sofort gegen Beitz oder Krümel oder gegen beide richten.

280 Verbindlichkeiten der Gesellschaft sind alle Verbindlichkeiten, die die OHG als solche eingegangen ist und zu erfüllen hat. Dazu gehören sowohl die Verpflichtungen aus den im Namen der OHG abgeschlossenen Rechtsgeschäften wie auch die auf Gesetz beruhenden Verbindlichkeiten ohne Rücksicht auf den Schuldgrund, wie z.B. Steuerschulden.

Die unbeschränkte Haftung der Gesellschafter bedeutet im Einzelnen:

- Jeder Gesellschafter haftet unmittelbar und primär: Die Gläubiger der Gesellschaft können ihn direkt, ohne zuvor bei der Gesellschaft Befriedigung gesucht und nicht gefunden zu haben, in Anspruch nehmen.
- Jeder Gesellschafter der OHG haftet mit seinem gesamten Privatvermögen und nicht nur mit seinem Anteil am Gesellschaftsvermögen.
- Jeder Gesellschafter haftet mit den anderen Gesellschaftern als Gesamtschuldner.

281 Umstritten ist die Frage, ob ein Anspruch gegen den Gesellschafter auf Erfüllung in natura hinsichtlich der Gesellschaftsschuld besteht. Diese Frage wird in erster Linie unter dem Gesichtspunkt erörtert, ob der Gesellschafter mittels eines Erfüllungsanspruchs auch hinsichtlich eines persönlichen Tuns oder Unterlassens und der ihm persönlich gehörenden Gegenstände durch eine Vereinbarung der Gesellschaft mit Dritten zur Erfüllung in natura verpflichtet werden kann (dazu *Flume,* FS Reinhardt, S. 223ff.).

Relevant wird diese Problematik u. a. bei folgenden Fragestellungen: 282

a) Kann die Einhaltung einer Bezugsverpflichtung, die eine OHG eingegangen ist, auch von den einzelnen Gesellschaftern der OHG verlangt werden (*RG* JW 1902, 78)?
b) Kann eine Wettbewerbsvereinbarung der Gesellschaft mit einem daraus erwachsenden Anspruch auf die Unterlassung des Wettbewerbs auch dem einzelnen Gesellschafter gegenüber geltend gemacht werden (*RGZ* 136, 266ff.)?
c) Können Gesellschafter einer OHG aus Verträgen, wie z.B. Dienst- und Werkverträgen, die die OHG eingegangen ist, auch zu persönlichen Leistungen verpflichtet werden?
d) Können Gesellschafter einer OHG aus einem Kaufvertrag, den die OHG abgeschlossen hat, auf Erfüllung in natura durch den Gläubiger des Kaufvertrages in Anspruch genommen werden, etwa dergestalt, dass ein Gesellschafter verpflichtet ist, ihm gehörende Sachen an den Gläubiger zu übereignen?

Der *BGH* (*BGHZ* 23, 302ff.) ist der Auffassung, dass ein Gesellschaftsgläubiger gegenüber dem Gesellschafter jedenfalls dann einen Anspruch auf Erfüllung in natura habe, wenn der Gesellschafter der Gesellschaft gegenüber zur Leistung verpflichtet sei. Der *BGH* (*BGHZ* 73, 217ff.) ist dann aber noch einen Schritt weitergegangen und hat festgestellt, dass, soweit eine Personenhandelsgesellschaft dazu verpflichtet sei, Mängel zu beseitigen, auch die persönlich haftenden Gesellschafter auf Mängelbeseitigung in Anspruch genommen werden könnten. Er hat diese Entscheidung wie folgt begründet: Der Kredit der Personenhandelsgesellschaften, bei denen es sonst keine gläubigersichernden Maßregeln gebe, beruhe auf den Personen der Gesellschafter und ihrer Haftung. Der Zweck dieser Haftung erfordere es, „dass der Gesellschafter auch bei anderen als Geldverpflichtungen jedenfalls dann dasselbe schuldet wie die Gesellschaft, wenn die Erfüllung den Gesellschafter in seiner gesellschaftsfreien Privatsphäre nicht wesentlich mehr als eine Geldleistung beeinträchtigt" (*BGHZ* 73, 217, 221; vgl. auch *BGH* WM 1987, 847, 849). 283

Auch der *BGH* hält also fest an einer Unterscheidung zwischen Verpflichtungen, aus denen die Gesellschafter in natura in Anspruch genommen werden können, und Verpflichtungen, aus denen die Gesellschafter lediglich eine Geldzahlung leisten müssen. Unterschieden wird hier mit einer Abwägung der Gläubigerinteressen einerseits und der schutzwerten Interessen des Gesellschafters auf Freihaltung seiner Privatsphäre andererseits. Dabei soll berücksichtigt werden, dass der Gesellschafter, wenn er nicht ohnehin auch die Gesellschaft zur Leistung zu veranlassen ver- 284 mag, z. B. einen Nachbesserungsanspruch ohne persönlichen Einsatz durch Aufwendung von Geld und Beauftragung eines anderen Unternehmens erfüllen kann; ihm wird etwa im Fall der Mängelbeseitigung nicht mehr zugemutet, als was anderenfalls der Gläubiger tun müsste, um sich selber zu helfen (*BGHZ* 73, 217, 222).

285 Bei Verpflichtungen, die die OHG im Hinblick auf Sachleistungen eingegangen ist, ist der Gesellschafter dem Gläubiger der OHG stets zur Erfüllung in natura bezüglich der ihm persönlich gehörenden Gegenstände verpflichtet, ohne dass es darauf ankommt, ob der Gesellschafter der Gesellschaft gegenüber im Hinblick auf diesen Gegenstand zur Leistung verpflichtet ist (so *Flume,* FS Reinhardt, S. 223, 234). Von der Haftung gemäß § 128 HGB ist, weil sie eine unbeschränkte ist, also kein Vermögensgegenstand des Gesellschafters ausgenommen.

286 **Beispiel:** A, B und C haben eine OHG gegründet. Die OHG verkauft in einem notariell beurkundeten Vertrag an G ein Grundstück, das nicht im Eigentum der OHG, sondern im Eigentum des A steht. Nachdem sich die OHG dem G gegenüber außerstande erklärt hat, ihm das Grundstück zu übereignen, verlangt G das Grundstück nunmehr von A. Nach der hier vertretenen Ansicht hat G gegen A einen unmittelbaren Erfüllungsanspruch aus § 433 BGB i. Vb. m. § 128 HGB auf Übereignung des Grundstücks.

Bei *personenbezogenen (nicht vertretbaren) Leistungen* haften die Gesellschafter einer OHG nur bei solchen von der OHG eingegangenen Verpflichtungen gemäß § 128 HGB auf eigenes Tun oder Unterlassen, soweit sie sich der Gesellschaft gegenüber zu diesem Tun oder Unterlassen verpflichtet haben (so *BGHZ* 23, 302 ff. und *Flume,* FS Reinhardt, S. 223, 233).

Beispiel: Ein Gläubiger, dem eine offene Handelsgesellschaft zur Rechnungslegung verpflichtet ist, kann den geschäftsführenden Gesellschafter der offenen Handelsgesellschaft auf Erfüllung dieser Verpflichtung unmittelbar in Anspruch nehmen (so *BGHZ* 23, 302 ff.). Nach der hier vertretenen Auffassung ist der Gläubiger berechtigt, gemäß § 128 HGB von dem Gesellschafter diese Leistung zu verlangen, weil der geschäftsführende Gesellschafter auch der Gesellschaft gegenüber sich zu diesem Tun im Gesellschaftsvertrag verpflichtet hat.

287 Bei darüber hinausgehenden Ansprüchen ist nach dem *BGH* (*BGHZ* 73, 217, 222) eine Abwägung der Gläubigerinteressen einerseits und der schutzwerten Interessen des Gesellschafters auf Freihaltung seiner Privatsphäre andererseits durchzuführen.

3. Das Verhältnis von Gesellschaftsverbindlichkeit zur Gesellschafterhaftung

Die Literatur geht davon aus, dass die Gesamthandsverbindlichkeit der OHG und die Haftungsverbindlichkeit der einzelnen Gesellschafter nebeneinander bestehen (vgl. u.a. *Flume,* FS Knur, S. 125f.). Zutreffend wird darauf abgestellt, dass im Hinblick darauf, dass das Gesellschaftsvermögen nicht ein Sondervermögen der Gesellschafter, sondern *Vermögen der Gesellschaft sei,* Gesellschaftsschulden nicht Schulden der Gesellschafter, sondern ausschließlich Schulden der Handelsgesellschaft sind. Die persönliche Haftung der Gesellschafter begründet eigene, von der Gesellschaftsschuld deutlich getrennte Verbindlichkeiten (so zutreffend *K. Schmidt,* Gesellschaftsrecht, § 46 II 2). Darauf weist nicht zuletzt auch die Formulierung des Gesetzes in § 128 HGB hin, wo es im Hinblick auf die Haftung der Gesellschaft heißt: „für die Verbindlichkeiten der Gesellschaft". Demnach ist zu unterscheiden zwischen der Schuld der OHG einerseits und der Haftungsverbindlichkeit der Gesellschafter andererseits (so *Flume,* FS Knur, S. 125, 127). 288

Dass zwischen der Verbindlichkeit der OHG und der Haftungsverbindlichkeit der Gesellschafter ein Gesamtschuldverhältnis im Sinne der §§ 421ff. BGB besteht, wird von der herrschenden Meinung abgelehnt (u.a. *Flume,* FS Knur, S. 125, 128ff.). Dieser Meinung hat sich auch der *BGH* angeschlossen (*BGHZ* 44, 229, 233 und 47, 376, 378). Allerdings wird nicht verkannt, dass die Verbindlichkeit der OHG und die Haftungsverbindlichkeit der Gesellschafter jedenfalls in der Nähe zur Gesamtschuld angesiedelt sind, so dass jeweils im Einzelfall zu prüfen ist, ob hierauf die §§ 421ff. BGB anzuwenden sind (so *BGHZ* 47, 376, 378f.). 289

4. Die Einwendungen der Gesellschafter

Alle diejenigen Einreden und Einwendungen, die der OHG gegenüber dem Gläubiger zustehen, kann auch der Gesellschafter, der von einem Gesellschaftsgläubiger in Anspruch genommen wird, geltend machen. Er kann dies allerdings nur solange tun, wie die Einreden und Einwendungen auch noch von der OHG geltend gemacht werden können. 290

Beispiel: Der Gläubiger G hat gegen die aus A, B und C bestehende OHG einen Zahlungsanspruch, der verjährt ist. G macht den Anspruch nun gegenüber C geltend. C kann sich gemäß § 129 HGB auf die Einrede der Verjährung berufen.

Ein gegen die Gesellschaft ergangenes rechtskräftiges Urteil hat auch dem Gesellschafter gegenüber im Hinblick auf das Bestehen der Schuld feststellenden Charakter, ohne Rücksicht darauf, ob der Gesellschafter selbst am Prozess beteiligt war oder nicht. Andererseits folgt aus § 129 HGB auch, dass ein Gesellschafter sich im Hinblick auf einen Anspruch, der gegen die OHG erhoben und vom Gericht rechtskräftig abgewiesen worden ist, auf dieses Urteil berufen kann.

Die persönliche Haftung der Gesellschafter ist nicht abdingbar. Auch ein entsprechender Erlassvertrag, der zwischen einem Gläubiger und der OHG unter Herauslassung eines Gesellschafters abgeschlossen wird, ist grundsätzlich unwirksam (*BGHZ* 47, 376ff.).

5. Die Haftung der eintretenden Gesellschafter

291 Tritt ein neuer Gesellschafter in die bereits bestehende OHG ein, so haftet dieser zwingend auch für die bereits bestehenden Verbindlichkeiten der Gesellschaft (§ 130 HGB). Der neue Gesellschafter haftet also ebenso wie die anderen Gesellschafter gemäß §§ 128 und 129 HGB für diejenigen Verbindlichkeiten der Gesellschaft, die bereits vor seinem Eintritt in die OHG begründet worden sind. Diese Haftung kann durch eine gesellschaftsvertragliche Vereinbarung nicht ausgeschlossen werden. Eine Vereinbarung dieser Art ist Dritten gegenüber nicht wirksam (§ 130 Abs. 2 HGB).

292 Ein Haftungsausschluss für bereits bestehende Verbindlichkeiten zugunsten des neu eintretenden Gesellschafters kann auch nicht wie in den Fällen der §§ 25 und 28 HGB durch eine entsprechende Eintragung in das Handelsregister und Bekanntmachung oder eine besondere Mitteilung an einen Dritten geschehen.

Allein im Innenverhältnis zwischen den Altgesellschaftern und dem neu hinzutretenden Gesellschafter kann vereinbart werden, dass die Altgesellschafter den neu Eintretenden von der Haftung für die bereits bestehenden Verbindlichkeiten der Gesellschaft freizustellen haben. Eine solche Vereinbarkeit entfaltet Wirkung allerdings nur im Verhältnis der Gesellschafter untereinander, nicht aber im Verhältnis zu Dritten (vgl. dazu *BGH* WM 1989, 1219).

6. Die Haftung der ausscheidenden Gesellschafter

Wenn ein Gesellschafter durch Kündigung oder aus einem sonstigen Grunde aus der Gesellschaft ausscheidet, haftet er auch weiterhin gemäß § 128 HGB persönlich für die Verbindlichkeiten der Gesellschaft, sofern diese vor seinem Ausscheiden entstanden sind (§ 160 Abs. 1 HGB). Kein Gesellschafter kann sich also durch das Verlassen der OHG von seiner Haftung ohne weiteres befreien. 293

Allerdings ist der Anspruch gegen den Gesellschafter zeitlich begrenzt.

§ 160 HGB trägt dem Bedürfnis des ausgeschiedenen Gesellschafters Rechnung, seine Nachhaftung zeitlich zu begrenzen, weil er mit der Gesellschaft nichts mehr zu tun hat und am Gesellschaftsvermögen nicht mehr beteiligt ist. Vor allem hat er auf die Geschäftsführung der Gesellschaft und damit auf die Abwicklung der betreffenden Geschäfte keinen Einfluss mehr (*BGHZ* 50, 232, 236; 78, 114, 116f. zu § 159 a.F. HGB). Die Nachhaftung erstreckt sich gemäß § 160 Abs. 1 Satz 1 HGB auf sämtliche Gesellschaftsverbindlichkeiten, die bis zum Ausscheiden des OHG-Gesellschafters begründet waren. Dass sich die Nachhaftung des ausscheidenden Gesellschafters lediglich auf Altverbindlichkeiten erstreckt (so der *BGH* bereits zu § 159 a.F. HGB, vgl. *BGH* NJW 1986, 1690), wird durch die klarstellende Formulierung „für ihre bis dahin begründeten Verbindlichkeiten" zum Ausdruck gebracht (vgl. dazu auch *Reichold*, NJW 1994, 1617 Fn. 39; *Seibert*, DB 1994, 461 Fn. 15). 294

Die Ausschlussfrist gemäß § 160 Abs. 1 Satz 1 HGB gilt für alle Gesellschaftsverbindlichkeiten, so dass die zum Teil schwierige Abgrenzungsproblematik zwischen Dauerschuldverbindlichkeiten und einfachen Verbindlichkeiten entbehrlich geworden ist (vgl. *Reichold*, NJW 1994, 1617, 1620; *Seibert*, DB 1994, 461). 295

Die Fünfjahresfrist beginnt gemäß § 160 Abs. 1 S. 2 HGB „mit dem Ende des Tages, an dem das Ausscheiden in das Handelsregister eingetragen wird". Maßgeblicher Zeitpunkt ist also die Eintragung in das Handelsregister, nicht die Kenntnis des Gläubigers vom Ausscheiden des Gesellschafters (siehe *J. Hofmeister*, NJW 2002, 93ff. mit Nachw.; a.A. *Altmeppen*, NJW 2000, 2529ff.). 296

§ 22. Die Beendigung der Gesellschaft

Literatur: *A. Hueck,* OHG, §§ 23–26; *Ulmer,* in: Großkommentar zum HGB, Anm. zu §§ 131 und 133; *K. Schmidt,* Die Handels-Personengesellschaft in Liquidation. Ein neues Bild des Liquidationsrechts der Gesamthandsgesellschaften, ZHR 153 (1989), 270 ff.

I. Allgemeine Grundsätze

297 Wie bei der Gesellschaft bürgerlichen Rechts vollzieht sich auch bei der OHG die Beendigung in zwei voneinander zu unterscheidenden Abschnitten. Der erste Abschnitt ist die Auflösung der OHG, der zweite die Auseinandersetzung (Liquidation) der Gesellschaft, nach deren Abschluss die Vollbeendigung der OHG erreicht ist.

Wenn einer der Gründe eintritt, die zur Auflösung der Gesellschaft führen können, so ändert die Gesellschaft zunächst nur ihren Zweck. War die OHG zuvor auf Erwerb gerichtet (Erwerbsgesellschaft), so ist sie jetzt auf die Liquidation, auf die Abwicklung eingestellt. Die Auflösung der OHG führt noch nicht zu ihrer Beendigung. Es hat zunächst noch die Auseinandersetzung zu erfolgen, deren Ziel es ist,

- die Gläubiger aus dem Vermögen der Gesellschaft wegen ihrer Forderungen gegen die Gesellschaft zu befriedigen und
- anschließend das noch übriggebliebene Vermögen der Gesellschaft unter die Gesellschafter zu verteilen.

298 Erst der Abschluss der Auseinandersetzung führt zur Vollbeendigung der OHG.

K. Schmidt (ZHR 153 (1989), 270, 273 f.) vertritt mit Hinweis auf die historische Entwicklung des Gesellschaftsrechts (ADHGB) die Auffassung, bei den Personenhandelsgesellschaften reiche „ein Prinzip der Kontinuität von ihrer Errichtung bis zu ihrer Voll-beendigung"; dieses „Prinzip der Kontinuität" könne auf Ziel, Zweck und Verfahren der Liquidation nicht ohne Einfluss sein. Deshalb vollzieht sich die Abwicklung der Personengesellschaft – wie die einer Kapitalgesellschaft – in einem gesellschaftsrechtlich geordneten Verfahren, das auf Vollbeendigung der Gesellschaft als Rechtsträgerin gerichtet ist. Diese lebt bis zu ihrer Vollbeendigung unter ihrem ursprünglichen Status fort, der lediglich durch den Zweck des Liquidationsverfahrens überlagert wird (so *K. Schmidt,* ZHR 153 (1989), 270, 274).

II. Die Auflösungsgründe

299 Da die OHG ein auf Dauer angelegtes Gewerbe betreibt, bildet ihre Auflösung für die Gesellschafter einen erheblichen Einschnitt. Die Gründe, die zur Auflösung der OHG führen können, weichen deshalb zum Teil erheblich von den Gründen ab, die zur Auflösung einer Gesellschaft bürgerlichen Rechts führen können (vgl. oben Rn. 100).

In § 131 Abs. 1 HGB sind die Gründe aufgezählt, die kraft Gesetzes zur Auflösung der Gesellschaft führen. Auflösungsgründe sind demnach:
- Zeitablauf;
- ein Auflösungsbeschluss der Gesellschafter;
- die Eröffnung des Insolvenzverfahrens über das Vermögen eines Gesellschafters;
- eine gerichtliche Entscheidung (§ 133 HGB).

Zweckerreichung oder Unmöglichwerden des Gesellschaftszweckes sind bei der OHG im Gegensatz zur Gesellschaft bürgerlichen Rechts keine Auflösungsgründe. Sie können allerdings Gründe für eine Kündigung durch einen Gesellschafter oder eine Auflösungsklage sein.

300 Während die in § 131 Abs. 1 und 2 HGB genannten Gründe eine *Auflösung* der Gesellschaft bewirken, führen folgende Gründe gemäß § 131 Abs. 3 HGB nur zum *Ausscheiden* eines Gesellschafters bei Fortsetzung der Gesellschaft unter den übrigen Gesellschaftern, soweit der Gesellschaftsvertrag nichts anderes bestimmt:
- der Tod eines Gesellschafters,
- die Eröffnung des Insolvenzverfahrens über das Vermögen eines Gesellschafters,
- die Kündigung eines Gesellschafters,
- die Kündigung durch den Privatgläubiger eines Gesellschafters,
- der Eintritt von weiteren, im Gesellschaftsvertrag vorgesehenen Fällen,
- der entsprechende Beschluss der Gesellschafter.

III. Die Auflösungsklage

301 Wenn ein wichtiger Grund vorliegt, kann auf Antrag eines Gesellschafters die Auflösung der Gesellschaft vor Ablauf der vorgesehenen Frist durch eine gerichtliche Entscheidung ausgesprochen

werden (§ 133 Abs. 1 HGB). Diese Möglichkeit hat das Gesetz an die Stelle einer außerordentlichen Kündigung durch einen Gesellschafter gesetzt, damit die beteiligten Gesellschafter durch gerichtliche Entscheidung Gewissheit darüber haben, ob die OHG, deren Auflösung ein Gesellschafter aus wichtigem Grunde verlangt, noch besteht oder nicht.

Was als wichtiger Grund für eine Auflösung durch gerichtliche Entscheidung anzusehen ist, ist in § 133 Abs. 2 HGB genannt.

Beispiel: Hat ein geschäftsführender Gesellschafter jahrelang falsche Bilanzen zu Lasten seiner Mitgesellschafter erstellt und vorgelegt und den Gewinn in seine eigene Tasche fließen lassen, können die anderen OHG-Gesellschafter durch eine Auflösungsklage die Gesellschaft durch gerichtliche Entscheidung auflösen lassen.

302 Das Recht der Gesellschafter, durch eine Auflösungsklage die Auflösung der Gesellschaft zu bewirken, kann weder ausgeschlossen noch beschränkt werden (§ 133 Abs. 3 HGB). Das bedeutet allerdings lediglich, dass bei Vorliegen eines wichtigen Grundes die Auflösung der Gesellschaft verlangt werden kann, was im Interesse der Rechtssicherheit und Rechtsklarheit erforderlich ist. Die Rechtsform aber, in der sich ein Gesellschafter von der Gesellschaft lösen kann, ist trotz der Regelung in § 133 Abs. 3 HGB abdingbar (so MünchKomm-HGB/*K. Schmidt,* § 133 Rn. 62ff.). Wesentlich ist, dass dem Gesellschafter anstelle der Gestaltungsklage ein gleichwertiges Recht gewährt wird. Dies kann durch die Vereinbarung eines außerordentlichen Kündigungsrechtes bei Vorliegen eines wichtigen Grundes geschehen (*BGHZ* 31, 295ff.; 47, 293, 301f.).

Im Gesellschaftsvertrag kann vorgesehen werden, dass im Falle einer Auflösungsklage nur der Gesellschafter, der klagt, aus der OHG ausscheidet, die Gesellschaft also unter den übrigen Gesellschaftern fortgesetzt wird. Der Gesellschaftsvertrag kann auch vorsehen, dass im Wege der Auflösungsklage nur der Gesellschafter die Gesellschaft verlässt, in dessen Person der wichtige Grund vorliegt, der zur Auflösung der Gesellschaft durch gerichtliche Entscheidung führt.

IV. Auseinandersetzung und Vollbeendigung

1. Die Auseinandersetzung

303 Die gemäß §§ 145ff. HGB zu erfolgende Auseinandersetzung (Liquidation) zielt darauf ab, die Gesamthandsgemeinschaft auf-

zuheben. Soweit das Vermögen der Gesamthand nicht zur Befriedigung der Gläubiger verwandt wird, ist es unter den Gesellschaftern zu verteilen. Erst der Abschluss dieser Verteilung führt zur Vollbeendigung der OHG, die damit erloschen ist.

Bis zu diesem Zeitpunkt können die Gesellschafter noch – einstimmig – die Fortsetzung der Gesellschaft beschließen.

2. Vollbeendigung und Haftung der Gesellschafter

Trotz der Vollbeendigung der OHG bleibt die gesamtschuldne- 304
rische Haftung der Gesellschafter gemäß § 128 HGB bestehen. Das geht unmittelbar aus § 159 Abs. 1 HGB hervor, der die Verjährung von Ansprüchen „gegen einen Gesellschafter aus Verbindlichkeiten der Gesellschaft" von der Auflösung an berechnet.

§ 23. Der Wechsel von Gesellschaftern

Literatur: *Behr,* Neue Tendenzen im Recht der Ausschließung aus der Personengesellschaft, ZGR 1990, 370ff.; *B. Dauner-Lieb,* Abfindungsklauseln bei Personengesellschaften, ZHR 158 (1994), 271ff.; *Eisenhardt,* Sondererbfolge in einen Gesellschaftsanteil bei der Personalgesellschaft, MDR 1969, 521ff.; *ders.,* Die Stellung der Gesellschaftererben am Beispiel der kapitalistisch organisierten Kommanditgesellschaft, JuS 1975, 413ff.; *Esch,* Die Nachlaßzugehörigkeit vererbter Personengesellschaftsbeteiligungen, NJW 1984, 339ff.; *Flume,* Die Nachfolge in die Mitgliedschaft in einer Personengesellschaft beim Tode eines Gesellschafters, FS Schilling, S. 23ff.; *ders.,* Die Nachlaßzugehörigkeit der Beteiligung an einer Personengesellschaft in ihrer Bedeutung für Testamentsvollstreckung, Nachlaßverwaltung und Nachlaßkonkurs und Surrogatserwerb, ZHR 155 (1991), 501ff.; *U. Huber,* Vermögensanteil, Kapitalanteil und Gesellschaftsanteil an Personalgesellschaften des Handelsrechts, 1970; *ders.,* Der Ausschluß des Personengesellschafters ohne wichtigen Grund, ZGR 1980, 177ff.; *A. Hueck,* OHG, §§ 27 bis 29; *Hülsmann,* Abfindungsklauseln: Kontrollkriterien der Rechtsprechung, NJW 2002, 1673ff.; *Marotzke,* Die Nachlaßzugehörigkeit ererbter Personengesellschaftsanteile und der Machtbereich des Testamentvollstreckers nach dem Urteil des Bundesgerichtshofs vom 14. Mai 1986, AcP 187 (1987) 233ff.; *W. Merle,* Die Verbindung von Zustimmungs- und Ausschlußklage bei den Personenhandelsgesellschaften, ZGR 1979, 67ff.; *G. Müller,* Die Buchwertklausel – ein Dauerthema, ZIP 1995, 1561ff.; *Rokas,* Die Teilhaberschaft an der OHG und ihre Vererbung, 1965; *E. Schmitz,* Testamentsvollstreckung bei Personengesellschaftsanteilen, ZGR 1988, 149ff.; *Strothmann,* Die letztwillige Gesellschaftsgründungsklausel. Ein erbrechtlicher Beitrag zu den Grenzen der Gestaltungsfreiheit im Recht der Unternehmensnachfolge, 1983; *Tiedau,* Die Abfindungs- und Ausgleichsansprüche der von der gesellschaftlichen Nachfolge ausgeschlossenen Erben,

NJW 1980, 2446 ff.; *Ulmer,* Gesellschafternachfolge und Erbrecht, ZGR 1972, 195 ff., 324 ff.; *ders.,* in: Großkommentar zum HGB, Anm. 1 ff. zu § 139; *H. P. Westermann,* Die höchstrichterliche Regelung der Erbfolge in Beteiligungen an Personengesellschaften, JuS 1979, 761 ff.; *Wiedemann,* Die Übertragung und Vererbung von Mitgliedschaftsrechten bei Handelsgesellschaften, 1965.

I. Das Ausscheiden von Gesellschaftern

1. Überblick

305 Wie schon erwähnt (vgl. oben Rn. 299), zählt § 131 Abs. 3 HGB diejenigen Gründe auf, die mangels abweichender Regelung im Gesellschaftsvertrag nicht zur Auflösung der Gesellschaft, sondern lediglich zum Ausscheiden von Gesellschaftern führen. Die wichtigsten Gründe für ein Ausscheiden dürften der Tod eines Gesellschafters, die Kündigung durch einen Gesellschafter und der Ausschließungsbeschluss durch die übrigen Gesellschafter sein.

2. Die Kündigung durch einen Gesellschafter

306 Kündigt ein Gesellschafter, so scheidet er gemäß § 131 Abs. 3 Nr. 3 HGB aus der Gesellschaft aus, die unter den übrigen Gesellschaftern fortgesetzt wird. Der kündigende Gesellschafter scheidet allerdings erst mit Ablauf der Kündigungsfrist aus (§ 131 Abs. 3 Satz 2 HGB). Ist die Gesellschaft für unbestimmte Zeit eingegangen, kann die Kündigung nur für den Schluss eines Geschäftsjahres erfolgen; sie muss mindestens sechs Monate vor diesem Zeitpunkt stattfinden (§ 132 HGB).

Bei der Kündigung gemäß § 131 Abs. 3 Nr. 3 HGB kann es sich handeln um eine

- wirksame ordentliche Kündigung oder
- um eine nach dem Gesellschaftsvertrag zugelassene wirksame Kündigung aus wichtigem Grund.

  Ein wichtiger Grund liegt immer dann vor, wenn das Zusammenwirken der Gesellschafter zur Erreichung des Gesellschaftszwecks beeinträchtigt und dem Gesellschafter die Fortsetzung der Gesellschaft unzumutbar ist (vgl. *BGHZ* 69, 160, 169).

In der Regel erwirbt der durch Kündigung ausscheidende Gesellschafter einen Abfindungsanspruch (siehe dazu unten Rn. 335 ff.).

3. Die Ausschließung eines Gesellschafters

Auf Antrag der übrigen Gesellschafter kann das dafür zuständige Gericht statt der Auflösung der Gesellschaft die Ausschließung eines Gesellschafters aussprechen, wenn in der Person dieses Gesellschafters ein Umstand eintritt, der nach § 133 HGB für die übrigen Gesellschafter das Recht begründet, durch gerichtliche Entscheidung die Auflösung der Gesellschaft herbeizuführen (§ 140 HGB). 307

Nach § 133 Abs. 2 HGB liegt ein „wichtiger Grund" i.S. des § 133 Abs. 1 und § 140 HGB insbesondere dann vor, wenn ein Gesellschafter eine ihm nach dem Gesellschaftsvertrag obliegende wesentliche Verpflichtung vorsätzlich oder grob fahrlässig verletzt. Zum Merkmal des „wichtigen Grundes" i.S. des § 133 Abs. 1 HGB gehört im Übrigen, dass die Fortsetzung der Gesellschaft unzumutbar ist, weil für die Zukunft ein sinnvolles Zusammenwirken der Gesellschafter nicht zu erwarten ist (vgl. *BGH* WM 1997, 2169ff.).

Gemäß § 140 HGB muss das Ausschlussrecht im Wege der Gestaltungsklage aller übrigen Gesellschafter gegen den Auszuschließenden durchgesetzt werden (siehe dazu Merle, ZGR 1979, 67ff.). Ein Verschulden des auszuschließenden Gesellschafters muss nicht vorliegen (so *BGH* LM Nr. 2 zu § 140 HGB; *A. Hueck,* OHG, § 29 I 2c). 308

Nach bisher herrschender Meinung stellt die Ausschließung einen besonders schwerwiegenden Eingriff dar, der deshalb nur ausnahmsweise aus äußerst gewichtigen Gründen zulässig sein soll. Dem ist nun *K. Schmidt* (Gesellschaftsrecht, § 50 III 1b) mit der zutreffenden Argumentation entgegengetreten, der wichtige Grund i.S. des § 140 HGB unterscheide sich von dem des § 133 HGB nicht durch seine Schwere, sondern durch seine einseitige Ge-wichtung: § 140 HGB setze voraus, dass zwischen „gesellschaftsfeindlichen" und „gesellschaftsfreundlichen" Gesellschaftern i.S. von „schwarzen und weißen Schafen" unterschieden werden könne. Ist dies der Fall, so liegt ein wichtiger Grund für eine Ausschließung vor.

§ 140 HGB ist nicht zwingendes Recht. Deshalb kann durch eine entsprechende Regelung im Gesellschaftsvertrag das gesetzlich vorgesehene Ausschließungsverfahren in zulässiger Weise dahin abgeändert werden, dass an die Stelle der Gestaltungsklage nach § 140 HGB ein entsprechendes Gestaltungsrecht der Gesellschafterversammlung tritt. Materiell kann die Ausschließung 309 durch die Bezeichnung weiterer, nicht notwendigerweise in §§ 133ff. HGB genannter Ausschließungsgründe erleichtert werden. Dabei sind der Vertragsfreiheit jedoch Grenzen gesetzt. Stets müssen die allgemeinen Grundsätze der Rechtsordnung (§ 138 BGB) und die Grundprinzipien des Gesellschaftsrechts beachtet werden (vgl. *BGHZ* 81, 263, 266; 107, 351, 356; kritisch *U. Huber*, ZGR 1980, 177ff.; *Krämer*, NJW 1981, 2553ff.). So geht nach der Rechtsprechung des *BGH* (*BGHZ* 105, 213, 216f.) eine gesellschaftsvertragliche Regelung, durch die der Gesellschaftermehrheit, einer bestimmten Gesellschaftergruppe oder einem einzelnen Gesellschafter das Recht eingeräumt wird, einen Mitgesellschafter ohne Vorliegen eines sachlichen Grundes aus der Personengesellschaft auszuschließen, „grundsätzlich über den Rahmen des rechtlich und sittlich Erlaubten (§ 138 Abs. 1 BGB) hinaus". Der *BGH* (*BGHZ* 105, 213, 217) begründet dies vor allem damit, dass eine Entscheidung der geschilderten Art geeignet sein kann, die das gemeinsame Unternehmen mittragenden Gesellschafter aus sachfremden – eventuell nur emotional bedingten – Gründen auszuschließen und damit einer Willkürherrschaft innerhalb der Gesellschaft Vorschub geleistet werden könne. Damit ist die Zulässigkeit eines vereinbarten Ausschließungsrechts nun vor allem an den gemäß § 138 Abs. 1 BGB zu findenden Maßstäben zu messen (vgl. *Behr*, ZGR 1990, 370ff.).

Eine Ausschließung ohne wichtigen Grund kann deshalb nicht ohne weiteres im Gesellschaftsvertrag vereinbart werden.

4. Die Haftung des ausscheidenden Gesellschafters

310 Der ausscheidende Gesellschafter haftet auch weiterhin gemäß §§ 128, 160 HGB fünf Jahre lang persönlich für die bis zum Zeitpunkt seines Ausscheidens aus der OHG entstandenen Verbindlichkeiten der Gesellschaft. Kein Gesellschafter kann sich also durch das Verlassen der OHG aus seiner Haftung befreien (vgl. oben Rn. 283ff.).

Der Anteil des ausscheidenden Gesellschafters am Gesellschaftsvermögen geht kraft Gesetzes ohne besondere Übergangshandlungen auf die verbleibenden Gesellschafter über (§ 738 BGB), es sei denn, es wird vereinbart, dass an seine Stelle eine andere Person in die Gesellschaft als Gesellschafter eintreten soll. (Zur Abfindungsproblematik siehe unten Rn. 335ff.)

II. Der Eintritt von Gesellschaftern in die bestehende OHG

Aus vielerlei Gründen kann ein Interesse daran bestehen, dass bisher außenstehende Personen in die Gesellschaft eintreten. Gründe dafür können sein: 311

– Ein Gesellschafter scheidet aus; die Gesellschaft besteht fort. Die Lücke, die durch das Ausscheiden des einen OHG-Gesellschafters entstanden ist, soll durch den Eintritt einer anderen Person in die OHG geschlossen werden.

Beispiel: Blum, Korf, Nickel und Schulte haben eine OHG gegründet, die die Herstellung und den Vertrieb von Elektrogeräten betreibt. Nur Schulte ist Kaufmann, alle anderen Gesellschafter sind Techniker. Als Schulte ausscheidet, besteht das Bedürfnis, einen kaufmännisch ausgebildeten Gesellschafter aufzunehmen. Die verbliebenen Gesellschafter haben das notwendige persönliche Vertrauen zu dem Kaufmann Granatenberg. Dieser möchte in die OHG als Gesellschafter aufgenommen werden.

– Die Gesellschafter sind der Meinung, dass zu den Gesellschaftern, die bereits der OHG angehören, weitere Gesellschafter stoßen sollten, die Kapital, Know-how oder die Fähigkeit zur Geschäftsführung mitbringen.

Beispiel: Krüger, Mertsch und Rust haben eine OHG gegründet, die ein Reisebüro betreibt. Die drei Gesellschafter haben zwar das notwendige Kapital eingebracht, verstehen jedoch nicht genug vom Touristikgeschäft. Mit der Auswahl der Angestellten haben sie keine glückliche Hand gehabt. Nach zwei Jahren gehen die Geschäfte schlecht. Die Gesellschafter beschließen deshalb, eine weitere Person in die Gesellschaft aufzunehmen, die über Erfahrungen im Touristikgeschäft verfügt und maßgeblich in der Geschäftsführung mitarbeiten soll. Auch hier besteht das Bedürfnis, dass ein neuer Gesellschafter in die OHG aufgenommen wird.

Die Aufnahme eines neuen Gesellschafters in die OHG kann sich auf folgende Arten vollziehen: 312

a) Durch Eintritt eines neuen Gesellschafters: Zwischen den bisherigen Gesellschaftern der OHG und dem Gesellschafter, der eintreten will, wird ein entsprechender Vertrag (Aufnahmevertrag) abgeschlossen (*BGHZ* 26, 330 ff.). Die Gesellschaft hat damit einen neuen Gesellschafter, dem ein entsprechender Anteil am Gesellschaftsvermögen zuwächst. Die Identität der Gesellschaft wird dadurch nicht berührt. Der neue Gesellschafter wird nur durch den Aufnahmevertrag Gesamthandseigentümer des Gesellschaftsvermögens. Besondere Eigentumsübertragungshandlungen, wie etwa Auflassung und Eintragung in das Grundbuch bei einem der OHG gehörenden Grundstück, sind nicht erforderlich. Der neue Gesellschafter haftet zwingend auch für die bereits bestehenden Verbindlichkeiten der Gesellschaft (§ 130 HGB).

313 *b) Durch Übertragung des Gesellschaftsanteils:* Mit Zustimmung der übrigen Gesellschafter kann ein Gesellschafter seinen Anteil an der Gesellschaft durch Verfügungsgeschäft auf eine andere Person übertragen, die an seine Stelle in die Gesellschaft eintritt (vgl. zu den Einzelheiten oben Rn. 92). Der Erwerber wird in einem solchen Fall der Rechtsnachfolger des ausscheidenden Gesellschafters (*BGHZ* 44, 229ff.; 81, 82ff.). Der Gesellschaftsvertrag kann eine Zustimmung genereller Art enthalten.

Beispiel: Will, Strahlmann und Behnke betreiben in der Rechtsform einer OHG einen Elektrogroßhandel. Da Strahlmann die Zukunftsaussichten des Unternehmens schlecht beurteilt, möchte er seinen Anteil an der Gesellschaft an Karger veräußern. Da eine arbeitsfähige OHG ein Vertrauensverhältnis zwischen den Gesellschaftern voraussetzt, ist die Mitwirkung der Gesellschafter Will und Behnke erforderlich, wenn Karger an Stelle von Strahlmann Gesellschafter werden soll. Strahlmann kann seinen Anteil an der OHG deshalb nur mit Zustimmung der übrigen Gesellschafter auf Karger übertragen.

314 Nach der herrschenden Meinung ist sogar eine gleichzeitige Auswechselung aller Gesellschafter einer Personenhandelsgesellschaft in der Weise möglich, dass jeder bisherige Gesellschafter seinen Gesellschaftsanteil mit Zustimmung der anderen auf einen Rechtsnachfolger überträgt (*BGHZ* 44, 229ff.; *A. Hueck,* OHG § 27 II).

Bei der Übertragung aller Gesellschaftsanteile auf einen einzigen Erwerber übernimmt dieser im Wege der Gesamtrechtsnachfolge das Gesellschaftsvermögens, wobei die Gesellschaft in der Regel ohne Liquidation erlischt (*BGH* NJW 1993, 1917, 1918).

315 Nicht selten sind Anteile einer Personengesellschaft Gegenstand eines Kaufvertrages, der das Verpflichtungsgeschäft für die Übertragung des Anteils gemäß §§ 413, 398 BGB (= Verfügungsgeschäft) bildet (vgl. zu den dabei auftretenden Problemen *Hommelhoff,* ZGR 1982, 366ff. mit Nachw.). Auf einen Kaufvertrag oder sonstigen Vertrag, in dem sich jemand verpflichtet, über Mitgliedschaftsrechte (Anteile) an einer Personengesellschaft zu verfügen oder solche zu erwerben, findet nach herrschender Meinung (*BGHZ* 86, 367ff.) § 311b Abs. 1 BGB auch dann keine Anwendung, wenn Grundstücke einen mehr oder weniger großen Teil des Gesellschaftsvermögens bilden. Der *BGH* begründet seinen Auffassung damit, dass die nach § 311b BGB vorausgesetzte Verpflichtung, Grundstückseigentum zu veräußern oder zu erwerben, gerade

nicht Gegenstand eines Vertrages sei, mit dem sich jemand verpflichte, in eine Personengesellschaft, zu deren Gesellschaftsvermögen das Eigentum an Grundstücken gehört, einzutreten, aus ihr auszuscheiden oder Anteile an ihr zu übertragen oder zu erwerben. Zutreffend wird der Erwerb oder Verlust der (gesamthänderischen) Mitberechtigung an einem Gesellschaftsgrundstück in Fällen dieser Art nur als eine *gesetzliche Folge* des Erwerbs oder des Verlustes der Mitgliedschaft und als die Konsequenz davon angesehen, dass das Gesellschaftsvermögen auch bei einem Mitgliederwechsel stets dem jeweiligen Gesellschafterkreis zugeordnet bleibt. Für rechtsgeschäftliche Verfügungen über das Eigentum an Gegenständen des Gesellschaftsvermögens, wie z.B. Grundstücken, ist kein Raum (so *BGHZ* 86, 367, 369f.).

III. Die Fortsetzung der OHG mit den Erben der Gesellschafter

1. Einleitung

Im Gesetz ist die Erbfolge in Beteiligungen an Personengesell- 316
schaften nicht besonders geregelt. Das Erbrecht des BGB erfasst die gesamte „Erbschaft" einer Person; besondere gesetzliche Anordnungen für Unternehmen oder die Beteiligung an einem unternehmerisch genutzten Vermögen in Gestalt eines „Unternehmens-Erbrechts" sind nicht getroffen (vgl. *H.P. Westermann*, JuS 1979, 761). Die damit angesprochene Problematik ist für die vielfach noch in der Rechtsform einer Personengesellschaft betriebenen mittelständischen Unternehmen von großer praktischer Bedeutung.

Nach der gesetzlichen Regelung (§ 131 Abs. 3 HGB) wird die Gesellschaft durch den Tod eines Gesellschafters nicht aufgelöst. Die Gesellschaft wird unter den verbleibenden Gesellschaftern fortgesetzt. Der Gesellschaftsvertrag kann auch vorsehen, dass die Gesellschaft mit dem Erben, mehreren Erben oder einem von mehreren Erben des Gesellschafters fortgesetzt werden soll. Ob und gegebenenfalls auf welche Art und Weise ein Erbe, mehrere Erben oder einer von ihnen Gesellschafter einer OHG werden kann, wenn ein Gesellschafter (Erblasser) verstorben ist, bestimmt sich nach Erbrecht im Zusammenwirken mit dem Gesellschaftsrecht.

Ob jemand Erbe eines verstorbenen Gesellschafters ist, ist aus- 317
schließlich nach dem Erbrecht zu bestimmen. Ob der Erbe allerdings Gesellschafter wird oder werden kann, ist in erster Linie nach Gesellschaftsrecht, insbesondere nach der Gestaltung des

Gesellschaftsvertrages zu bestimmen. Voraussetzungen dafür, dass ein oder mehrere Erben für den durch Tod ausgeschiedenen Gesellschafter in die Gesellschaft nachrücken können, sind: Erbenstellung und eine entsprechende Fortsetzungs- bzw. Nachfolgeregelung im Gesellschaftsvertrag.

In Rechtsprechung und Literatur herrscht im Grundsatz Übereinstimmung darüber, dass die Erben eines Gesellschafters auf folgende Arten in die Gesellschafterstellung des durch Tod ausgeschiedenen Gesellschafters nachrücken können:

- durch Erbenstellung und kraft Eintrittsklausel im Gesellschaftsvertrag, verbunden mit einer Eintrittserklärung des Erben, oder
- kraft Erbenstellung und Nachfolgeklausel im Gesellschaftsvertrag.

2. Die Nachlasszugehörigkeit des Gesellschaftsanteils

318 Nach herrschender Meinung (vgl. *BGHZ* 98, 48, 50ff. mit Nachw.; 109, 214) gehört der im Wege der Erbfolge auf einen Gesellschafter-Erben übergegangene Gesellschaftsanteil zum Nachlass. Der Gesellschaftsanteil des Gesellschafters einer Personengesellschaft ist der Inbegriff seiner Rechtsbeziehungen aus dem Gesellschaftsverhältnis zu der Gesellschaft, zu deren Vermögen und zu den übrigen Gesellschaftern (so *BGHZ* 65, 79, 82), kurz seine „Mitgliedschaft" (*BGHZ* 81, 82, 84). Dieser gehört zum Vermögen des Gesellschafters und kann deshalb Gegenstand einer Verfügung unter Lebenden sein (vgl. *BGHZ* 98, 48, 50). Beim Tode des Gesellschafters richtet sich der Verbleib des Gesellschaftsanteils, der „Mitgliedschaft", nach Erbrecht, falls darüber nicht schon durch den Gesellschaftsvertrag oder sonst durch Rechtsgeschäft unter Lebenden eine Bestimmung getroffen worden ist. Allerdings kann das Erbrecht die Rechte des Erblassers nur so auf dessen Rechtsnachfolger weiterleiten, wie es diese beim Erbfall vorfindet. Nach Ansicht des *BGH* (*BGHZ* 98, 48, 50) muss es „das Erbrecht ohne weiteres hinnehmen, wenn ein Recht oder eine Rechtsstellung des Erblassers nicht oder nur beschränkt vererblich ist". Das kann bei einem Gesellschaftsanteil nicht anders sein als bei anderen Rechten, deren Vererblichkeit eingeschränkt ist.

319 Da ein Gesellschaftsanteil an einer Personengesellschaft zum Nachlass gehört, ist es nur konsequent, die Anordnung einer *Testamentsvollstreckung* darüber in der Regel für zulässig zu hal-

ten, und zwar unabhängig davon, ob dies im Gesellschaftsvertrag ausdrücklich zugelassen worden ist oder die Mitgesellschafter ihr zustimmen (so *BGHZ* 98, 48, 57; 108, 187; zustimmend *Marotzke,* AcP 187 (1987) 223; *E. Schmitz,* ZGR 1988, 140).

Nach der früheren Rechtsprechung des *BGH* (*BGHZ* 108, 187, 195 f. mit Nachw.) konnte ein Testamentsvollstrecker den Anteil eines *persönlich haftenden Gesellschafters* allerdings nicht verwalten. Begründet wurde das damit, dass – abgesehen von den zu berücksichtigenden Belangen der übrigen Gesellschafter – „der Testamentsvollstrecker den Erben ohne dessen Einverständnis nur im Rahmen des Nachlassvermögens verpflichten kann, ein persönlich haftender Gesellschafter aber notwendigerweise unbeschränkt haftet" (so *BGHZ* 108, 187, 195; vgl. auch *BayObLG* WM 1991, 131). Dies galt nicht für Kommanditisten, die ja gemäß § 171 Abs. 1 HGB nur beschränkt auf ihre Einlage haften und deshalb, soweit diese geleistet ist, für Gesellschaftsverbindlichkeiten nicht persönlich in Anspruch genommen werden können. Infolgedessen bestehen gegen die Zulässigkeit der Testamentsvollstreckung für einen Kommanditanteil keine Bedenken (so *BGHZ* 108, 187, 195).

Die Frage, ob und inwieweit eine vom Erblasser angeordnete Testamentsvollstreckung den von ihm hinterlassenen Gesellschaftsanteil erfasst, war und ist umstritten (vgl. *Flume,* ZHR 151 (1991), 501 ff. jeweils mit Nachw.). Erschwert werden das Verständnis und die Klärung der Problematik noch dadurch, dass der für Gesellschaftsrecht zuständige II. Senat des *BGH* eine andere Linie zu verfolgen schien als der „Erbrechts-Senat" (IV a-Zivilsenat). Der II. Zivilsenat (*BGHZ* 91, 132) hat wohl die sogenannte *Abspaltungsthese* übernommen, d.h. er vertrat die Auffassung, dass die Beteiligung an einer Personengesellschaft als solche *nicht* zum Nachlass gehöre, der künftige Auseinandersetzungsanspruch und der Gewinnanspruch sich als Vermögenswert aber von der Beteiligung abspalten und dem Nachlass zuzuordnen sind. Demgegenüber vertrat der IV a-Zivilsenat (*BGHZ* 98, 48 ff.; 109, 214 ff.), ohne die Abspaltungsthese auch nur zu erwähnen, die Ansicht, der im Wege der Erbfolge auf einen Gesellschaftererben übergegangene Gesellschaftsanteil gehöre zum Nachlass (vgl. zu alledem *Flume,* ZHR 155 (1991), 501 ff.). 320

Der *BGH* (NJW 1996, 1284 ff.; 1998, 1313 ff.) hat später diese Haltung ausdrücklich aufgegeben. Nunmehr kann es als gesichert angesehen werden, dass der Anteil eines persönlich haftenden Gesellschafters zum Nachlass zählt, der wiederum der Testamentsvollstreckung zugänglich ist. Damit bleibt allerdings offen, wieweit die Befugnisse des Testamentsvollstreckers bei der Verwaltung des Gesellschaftsanteils tatsächlich gehen. Die Frage, ob und wenn ja in welchem Umfang der Testamentsvollstrecker den Erben eines persönlich haftenden Gesellschafters kraft seiner (den Erben grundsätzlich verdrängenden) Verwaltungsmacht persönlich verpflichten kann, ist bisher noch nicht hinreichend geklärt.

Soviel scheint jedoch sicher zu sein: Der Testamentsvollstreckung unterliegen jedenfalls der künftige Anspruch auf das Auseinandersetzungsguthaben und die abtretbaren Gewinnansprüche (vgl. *BGHZ* 98, 48, 57; dazu *E. Schmitz,* ZGR 1988, 140, 159f.).

3. Die Eintrittsklausel

321 Die Eintrittsklausel ist eine Vereinbarung im Gesellschaftsvertrag, die einer bestimmten Person das Recht einräumt, in die Gesellschaft einzutreten. Sie wird so interpretiert, dass der Eintretende mit seinem Eintritt eine gegenüber der Mitgliedschaft des durch den Tod ausgeschiedenen Gesellschafters selbstständige Mitgliedschaft erwirbt. Dies ist konsequent, wenn man davon ausgeht, dass der zur Nachfolge Berufene erst mit seinem Eintritt Gesellschafter wird.

Die Mitgliedschaft des verstorbenen Gesellschafters kann nicht unmittelbar auf den Nachfolger übergehen, da sie den überlebenden Gesellschaftern zuwächst (so *Flume,* FS Schilling, S. 23, 49). Überwiegend ist man der Ansicht,

- entweder sind auf Grund der Eintrittsklausel im Gesellschaftsvertrag als einem Vertrag zugunsten Dritter auf den Todesfall die verbliebenen Gesellschafter verpflichtet, den Eintretenden als Mitglied aufzunehmen – die Aufnahme, auf die dem Nachfolger ein Anspruch zusteht, erfolgt dann durch einen zwischen den überlebenden Gesellschaftern und dem Nachfolger abgeschlossenen Aufnahmevertrag (MünchKomm-HGB/*K. Schmidt,* § 139 Rn. 27ff.; *Wiedemann,* S. 163) –,
- oder man sieht in der Eintrittsklausel ein bindendes Angebot an den in der Klausel Benannten für dessen Eintritt in die Gesellschaft.

322 Wie immer man die Eintrittsklausel auch werten mag, selbst wenn man wie *Wiedemann* (S. 164) und *Flume* (FS Schilling, S. 23, 50f.) davon ausgeht, dass die Eintrittsklauseln zugunsten von Erben eng auszulegen sind und in Wirklichkeit den Sinn der Rechtsnachfolge haben sollen, mag diese auch von dem Eintritt abhängig sein, so gilt doch: der Eintritt des Erben in die Gesellschaft erfolgt

nicht ohne seine Mitwirkung; der oder die Nachfolger müssen ihren Eintritt erklären.

Der Gesellschaftsvertrag kann auch durch eine entsprechende Klausel vorsehen, dass die Mitgliedschaft in einer Gesellschaft *unmittelbar* beim Tode eines Gesellschafters kraft eines Vertrages zugunsten Dritter auf eine andere Person übergehen kann (sogenannte rechtsgeschäftliche Nachfolgeklausel). Bejaht man die Zulässigkeit einer solchen Regelung, so geht im Gegensatz zur oben dargestellten Eintrittsklausel die Mitgliedschaft in der Gesellschaft ohne Eintrittserklärung des Nachfolgers unmittelbar mit dem Todesfall auf den Nachfolger über; der Übergang der Mitgliedschaft vollzöge sich nicht nach Erbrecht, sondern kraft eines Rechtsgeschäfts unter Lebenden (vgl. *Ulmer,* ZGR 1972, 195, 212). Der *BGH* sieht in der Zuwendung von Mitgliedschaftsrechten einer Personenhandelsgesellschaft ein „Bündel" von Rechten und Pflichten. Eine Eintrittsklausel der hier erörterten Art betrachtet er deshalb zum einen als eine unzulässige Verfügung zugunsten Dritter. Vor allem handele es sich aber wegen der gesellschaftsrechtlichen Pflichten, die mit der übertragenen Rechtsposition, auch der eines Kommanditisten, verbunden seien, um einen ebenfalls unzulässigen Vertrag zu Lasten Dritter (*BGHZ* 68, 225, 231 f.). **323**

4. Die Nachfolgeklausel

Hat der durch Tod ausscheidende Gesellschafter durch Testament einen Erben bestellt, so wird im Erbfall der Erbe kraft Erbenstellung und Nachfolgeklausel Mitglied der Gesellschaft an Stelle des verstorbenen Gesellschafters (vgl. *Flume,* FS Schilling, S. 23 ff.; *Ulmer,* ZGR 1972, 195, 197 ff.). **324**

Die erhebliche praktische Bedeutung des Unterschiedes zwischen Eintrittsklausel einerseits und Nachfolgeklausel andererseits zeigt sich u. a. im Übertragungsakt selbst. Bei der Übereinstimmung von gesellschaftsvertraglicher und erbrechtlicher Nachfolgeregelung tritt der Übergang automatisch ein. Das bedeutet: Der Nachfolger wird ohne sein Zutun Gesellschafter, hat aber, wenn der Erblasser persönlich haftender Gesellschafter war, gemäß § 139 HGB das Recht zu wählen, ob er in die Stellung des Erblassers einrücken oder Kommanditist werden will. Entscheidet sich der Erbe für die Kommanditistenstellung, so wird aus der OHG eine Kommanditgesellschaft, falls die übrigen Gesellschafter einen entsprechenden Antrag des Erben annehmen (§ 139 HGB). **325**

326 Schwierigkeiten bereitet die rechtsdogmatische Bewältigung der Nachfolge bei mehreren Erben, wenn der Gesellschaftsvertrag eine Nachfolgeklausel vorsieht und die Nachfolge nicht eines, sondern aller Erben zulässt. Überwiegend wird heute die Einzelnachfolge unter Durchbrechung des Prinzips der gesamthänderischen Erbennachfolge anerkannt, nachdem das Reichsgericht (*RGZ* 16, 40, 56ff.) diese Lösung bereits in einer Grundsatzentscheidung aus dem Jahre 1886 akzeptiert hatte und der *BGH* (*BGHZ* 22, 186ff.) sie übernommen und später wiederholt hatte (*BGHZ* 68, 225, 237; 98, 48; 101, 123). Die rechtliche Begründung für die Annahme einer Einzelnachfolge in die Gesellschafterstellung des Verstorbenen sieht der *BGH* im wesentlichen darin, dass die rein erbrechtliche Regelung sich nicht mit den gesellschaftsrechtlichen Gegebenheiten bei einer Personenhandelsgesellschaft vertrage, weil diese in der Regel eine persönlichkeitsbezogene Arbeits- und Haftungsgemeinschaft darstelle, bei der eine Erbengemeinschaft ihrer Natur nach nicht Mitglied sein könne. Im Übrigen hat der *BGH* (*BGHZ* 98, 48, 50) mit Recht betont, dass das Erbrecht die Rechte des Erblassers nur so auf dessen Rechtsnachfolger weiterleiten könne, wie es sie beim Erbfall vorfindet (vgl. oben Rn. 320).

5. Die qualifizierte Nachfolgeklausel

327 Von einer qualifizierten Nachfolgeklausel bzw. Nachfolgeregelung spricht man im Unterschied zur einfachen Nachfolgeregelung dann, wenn der Anteil des verstorbenen Gesellschafters nicht auf alle Erben, sondern auf einen oder einen Teil der Erben übergehen soll.

Nach der früher vom *BGH* (*BGHZ* 22, 186ff.) vertretenen Ansicht sollte in Fällen dieser Art der Anteil des verstorbenen Gesellschafters zwar unmittelbar auf den oder die begünstigten Erben übergehen, jedoch nur in Höhe von deren Erbquote; der Rest des Anteils sollte den übrigen, überlebenden Gesellschaftern anwachsen, die allerdings u. U. verpflichtet sein sollten, die ihnen so zugewachsenen Anteile an die Erben, die dem Verstorbenen in die Gesellschaft nachfolgen, zu übertragen. Diese Ansicht des *BGH* ist in der Literatur auf einhellige Ablehnung gestoßen (siehe dazu *Eisenhardt,* MDR 1969, 521ff. und die Übersicht bei *Ulmer,* ZGR 1972, 195, 205ff.). Stattdessen hat man sich mit unterschiedlichen dogmatischen Begründungen überwiegend für die unmittelbare Vollnachfolge des oder der durch die qualifizierte Nachfolgeklausel begünstigten Gesellschaftererben ausgesprochen (vgl. dazu *Ulmer,* ZGR 1972, 195, 205ff.; *H.P. Westermann,* JuS 1979, 761, 765ff.).

Die Frage, ob bei der qualifizierten Nachfolgeregelung dem Erben sofort der gesamte Anteil oder nur ein der Erbquote entsprechender Teil zufällt, gewinnt in der Zeitspanne, in der die übrigen Gesellschafter den Zuwachs noch nicht auf den Erben übertragen haben, an erheblicher praktischer Bedeutung, so etwa dann, wenn der Gesellschaftsvertrag das Stimmrecht nach Kapitalbeträgen vorsieht.

Der *BGH* (*BGHZ* 68, 225, 237f.; 98, 48; 101, 122, 125; 108, 187) hat sich schließlich der herrschenden Meinung in der Literatur angeschlossen. Der *BGH* vertritt nun zu Recht die Meinung, dass zwingende erbrechtliche Grundsätze einer unmittelbaren Vollnachfolge mehrerer Erben in die Gesellschafterstellung des durch Tod ausgeschiedenen Gesellschafters nicht entgegenstehen. Nach richtiger Ansicht bedeutet die Erbquote, die das Recht des einzelnen Erben bestimmt, keine gegenständliche Begrenzung seines Erwerbs im Hinblick auf den Gesellschaftsanteil; sie bestimmt lediglich den Anteil am Wert des Gesamtnachlasses, der ihm im Endergebnis zufließen soll. Die Erbquote behält die volle, ihr nach Erbrecht zukommende Bedeutung für die Ansprüche der Miterben untereinander – einschließlich der Gesellschaftererben auf Wertausgleich. 328

Um die dogmatische Begründung für dieses Ergebnis ist viel gestritten worden. Dass der Gesellschaftsvertrag die Fortsetzung der Gesellschaft mit den Erben des Verstorbenen vorsehen oder ausschließen kann und dass – die Gesellschaft betreffend – nicht mehr vererbt werden kann, als der Gesellschaftsvertrag vorsieht, ist unbestritten. Der Gesellschaftsvertrag kann auch festlegen, in welchem Umfang ein Gesellschaftsanteil auf die oder den für den Erblasser in die Gesellschaft einrückenden Erben übergehen soll. Den Schlüssel zum Verständnis der außerordentlich schwierigen Problematik liefert die richtige Kombination gesellschaftsvertraglicher und erbrechtlicher Elemente in der Nachfolgeregelung. Mit Recht betont *H.P. Westermann* (JuS 1979, 761, 766f.), dass die von der Rechtsprechung für zulässig angesehene Nachfolgeregelung (auch als Sondererbfolge bezeichnet) auf einer echten Rechtsfortbildung beruht, die letztlich nur möglich ist, „wenn das Unbehagen an den Begründungsmängeln überwunden und offengelegt wird, dass die Notwendigkeiten des zu regelnden Tatsachenkomplexes eine solche Entwicklung erzwingen“. 329

6. Letztwillige Gesellschaftsgründungsklauseln

330 Der Gesetzgeber hat es weitgehend versäumt, die für die Unternehmensnachfolge so wesentlichen Bereiche des Erbrechts und des Gesellschaftsrechts aufeinander abzustimmen. Die Nachfolgeplanung für ein Unternehmen kann von einer ganzen Reihe von Faktoren abhängen. Sie ist nicht selten verknüpft mit der Problematik der Wahl der „richtigen" Unternehmensform. Dabei können neben erb- und familienrechtlichen sowie handels- und gesellschaftsrechtlichen Aspekten Fragen der Besteuerung und des Arbeitsrechts, insbesondere die Mitbestimmungsproblematik, sowie betriebswirtschaftliche Gesichtspunkte berücksichtigenswert sein. Vor allem bei der Nachfolgeplanung für ein Einzelunternehmen hat sich deshalb häufig das praktische Bedürfnis ergeben, sog. Gesellschaftsgründungsklauseln in die letztwilligen Verfügungen eines Einzelunternehmers aufzunehmen. Eine letztwillige Gesellschaftsgründungsklausel in diesem Sinne ist die in der letztwilligen Verfügung eines Erblassers enthaltene Anordnung, durch die dieser seinen Erben aufgibt, nach seinem Tode eine Gesellschaft zu gründen, die Trägerin seines Unternehmens werden soll (vgl. dazu ausführlich *Strothmann*).

331 Die Geltung des numerus clausus der Anordnungstypen im Erbrecht begrenzt von vornherein die Möglichkeiten des Erblassers, regelnd in das Rechtsverhältnis der Miterben einzugreifen, da diese mit dem Erbfall kraft Gesetzes eine Miterbengemeinschaft gem. §§ 2032ff. BGB bilden, sofern nicht Anteile an einer Personengesellschaft vererbt werden. Da gesetzliche Ermächtigungsnormen fehlen, sind Anordnungen des Erblassers, die auf eine unmittelbare Abänderung des Rechtsverhältnisses der Miterben hinzielen, unzulässig. Deshalb kann der Erblasser mit dem Erbfall eine Gesellschaft unter den Erben nicht entstehen lassen. Der Erblasser kann lediglich, soweit die vom Gesetz allgemein zur Verfügung gestellten Anordnungstypen dies zulassen, die Erben dazu anhalten, die von ihm gewünschten Änderungen – also z.B. die Gründung einer Gesellschaft – herbeizuführen (vgl. *Strothmann,* S. 14).

Eine Gesellschaftsgründungsklausel, die den einzelnen Erben eine unbedingte Verpflichtung zur Gründung einer Gesellschaft auferlegt, ist rechtlich als Verbindung einer Auflage mit einer Teilungsanordnung sowie unter Umständen mit einzelnen Vermächtnissen zu charakterisieren. Der Erblasser kann die von ihm durch die Gesellschaftsgründungsklausel zum Ausdruck gebrachte gewünschte Gründung und Ausgestaltung der Gesellschaft durch die Einfügung einer auflösenden Bedingung in die Erbeinsetzung absichern (vgl. *Strothmann*, S. 37f.; zum Problem der Grenzen der Gestaltungsfreiheit ausführlich *ders.* S. 72ff.). Anderenfalls kann der Erblasser seinen Nachlass schon zu Lebzeiten so strukturieren, dass allen Erben die vom Erblasser gewünschte Gesellschafterstellung zukommt, was freilich häufig dazu führt, dass schon zu Lebzeiten ein Formwechsel oder eine Betriebsaufspaltung vollzogen werden muss.

7. Zusammenfassung

Es bleibt also festzuhalten: 332

- Der Gesellschaftsvertrag kann nicht nur die grundsätzliche Vererblichkeit eines Gesellschaftsanteils bestimmen, sondern zugleich den Umfang der Vererblichkeit festlegen, indem er z.B. vorschreibt, dass der Gesellschaftsanteil eines verstorbenen Gesellschafters voll auf die im Wege der Sondererbfolge in die Gesellschaft einrückenden Miterben übergehen soll;
- der eigentliche Erwerb des Anteils, d.h. der Übergang vom Erblasser auf die gesellschafterfähigen Erben, vollzieht sich nach Erbrecht;
- bei der Aufteilung des Gesellschaftsanteils zwischen mehreren gesellschafterfähigen Erben ist das Verhältnis ihrer quotenmäßigen Beteiligung an der gesamten Erbmasse zu berücksichtigen. Das bedeutet: Sollen z.B. nach dem Gesellschaftsvertrag von drei vorhandenen Erben nur zwei in die Gesellschaft einrücken können und sind die Erben im Testament zu je einem Drittel bedacht, so erhalten die beiden gesellschafterfähigen Erben kraft Sondererbfolge je einen halben Anteil des vererbten Gesellschaftsanteils, sofern der Gesellschaftsvertrag nicht etwas anderes vorsieht (siehe *Eisenhardt,* MDR 1969, 521, 524).

8. Der Umfang des Übergangs von Gesellschafterrechten und Gesellschafterpflichten

Bei einer Nachfolgeklausel hat der Erbe mit dem Tode des Erblassers, bei der Eintrittsklausel mit der Eintrittserklärung in eine OHG grundsätzlich *alle* Rechte und Pflichten eines Gesellschafters. Geschäftsführungs- und Vertretungspflicht sind bei einer OHG wesentliche Bestandteile der Teilhaberschaft. Wenn der Gesellschaftsvertrag keine abweichende Regelung enthält, gehen sie grundsätzlich auf den Erben über (*A. Hueck,* OHG, § 28 II; *Ro-* 333 *kas,* S. 47ff.). Hinsichtlich der Frage, ob der Erbe die gleiche Stellung einnimmt, die der ausgeschiedene Gesellschafter in der Gesellschaft innehatte, ist man in Literatur und Rechtsprechung übereinstimmend der Meinung, dass sich die Stellung der Erben, wie die des Erblassers auch, in erster Linie aus dem Gesellschaftsvertrag ergibt (*BGH* DB 1958, 1417f.). Es wird allerdings nicht deutlich genug betont, dass dann, wenn der Gesellschaftsvertrag die Stellung der Erben nicht klar definiert – er enthält häufig nur die einfache Fortsetzungsklausel, weil zu dem Zeitpunkt der Vereinbarung aus verschiedenen Gründen oft noch keine Bestimmung über die Zukunft der Nachfolge getroffen werden kann –, letztlich durch Auslegung des Vertrages ermittelt werden muss, welche Position der Nachfolger einnehmen soll (*Eisenhardt,* JuS 1975, 413, 418). Schwierigkeiten können entstehen, wenn zu bestimmen ist, auf welche Anhaltspunkte im Gesellschaftsvertrag die Auslegung gestützt werden muss. Dabei ist darauf zu achten, dass die Grenze der Auslegung dort erreicht ist, wo die gesuchte Antwort nicht mehr aus dem Zweck und dem Sinnzusammenhang der vertraglichen Regelung gefunden werden kann.

Probleme treten schon auf, wenn im Hinblick auf die Geschäftsführungs- und Vertretungsbefugnis nicht alle Gesellschafter gleichgestellt sind und der Gesellschaftsvertrag keine ausdrückliche Regelung über die Stellung des Gesellschaftererben enthält. Hier darf als Regel gelten, dass der Erbe grundsätzlich in die Stellung des Erblassers einrückt (vgl. *A. Hueck,* OHG, § 28 II; *Wiedemann,* S. 73ff.). Bestand also für den Erblasser in der OHG eine Pflicht zur Geschäftsführung, so obliegt sie auch dem Erben. Hatte der Erblasser Einzelvertretungsmacht, ist auch der Erbe allein vertretungsberechtigt.

334 Mit Recht ist der *BGH* (DB 1958, 1417 f.) der Auffassung entgegengetreten, dass bei einer OHG schon jede von den gesetzlichen Vorschriften abweichende Regelung, die der Gesellschaftsvertrag im Hinblick auf die Geschäftsführungs- und Vertretungsmacht trifft, dazu nötige, den höchstpersönlichen Charakter der Geschäftsführungs- und Vertretungsbefugnis anzuerkennen, und diese Befugnisse deshalb nicht auf die Erben übergehen zu lassen. Die vom *BGH* kritisierte Meinung lässt außer acht, dass in einer OHG grundsätzlich jeder Gesellschafter, also auch ein Erbe, der an die Stelle des Erblassers in die Gesellschaft eintritt, zur Geschäftsführung und Vertretung in der Gesellschaft berechtigt und verpflichtet ist (so auch *Rokas,* S. 49). Nur wenn greifbare Anhaltspunkte dafür vorliegen, dass die Geschäftsführungs- und

Vertretungsbefugnis nach der Regelung in dem Gesellschaftsvertrag allein bestimmten Personen vorbehalten sein soll, kann daraus geschlossen werden, dass aus diesem Grunde den Erben diese Befugnis abweichend von dem gesetzlichen Regelfall nicht zustehen soll (so *BGH* DB 1958, 1417f.). Bei richtiger Auslegung des Gesellschaftsvertrages kann dem Erben die Geschäftsführungs- und Vertretungsbefugnis in einer OHG nur abgesprochen werden, wenn nach der Gestaltung der Verhältnisse im Einzelfall für diese Befugnisse nicht schon allein die Stellung als Gesellschafter ausreichen soll, sondern noch weitere, persönliche oder sonstige Voraussetzungen erfüllt sein müssen (vgl. *Wiedemann,* S. 75).

IV. Die Abfindung des ausscheidenden Gesellschafters

1. Gesetzliche Regelung und Abfindungsklauseln

Gemäß § 105 Abs. 2 HGB i.V.m. § 738 Abs. 1 S. 2 BGB sind **335** die Gesellschafter, die in der OHG verbleiben, verpflichtet, dem Ausscheidenden dasjenige zu zahlen, was er bei der Auseinandersetzung erhalten würde, wenn die Gesellschaft zurzeit seines Ausscheidens aufgelöst worden wäre (siehe oben Rn. 99ff.). Der ausscheidende Gesellschafter hat einen Anspruch auf das sog. *Abfindungsguthaben,* das gemäß § 155 Abs. 1 HGB und § 738 BGB zu berechnen ist. Diese gesetzliche Regelung ist allerdings nicht zwingend. Die Gesellschafter können im Gesellschaftsvertrag eine davon abweichende Vereinbarung treffen. Solche Vereinbarungen werden häufig als *Abfindungsklauseln* bezeichnet. Diesen wird in der Regel aus folgenden Gründen der Vorzug vor den gesetzlichen Vorschriften gegeben: Ein Abfindungsguthaben, das anhand des wahren Wertes des Gesellschaftsvermögens ermittelt und ausgezahlt werden muss, verringert meist nicht nur die Kapitalbasis des Unternehmens, es beeinträchtigt auch die Liquidität. Mit den entsprechend abgefassten Abfindungsklauseln wird nicht nur der Zweck verfolgt, die auszuzahlenden Geldbeträge zu verringern; sie sind zugleich ein „Instrument der Disziplinierung" (so *Kübler/Assmann,* § 7 VIII 2c), mit dem davor abgeschreckt werden soll, dass es überhaupt zum Ausscheiden von Gesellschaftern kommt.

2. Abfindungsklauseln und Inhaltskontrolle

Wird in Gesellschaftsverträgen die *Abfindung zum Buchwert* **336** vereinbart, wird der Wert des Gesellschaftsvermögens – und der

Wert des Anteils des ausscheidenden Gesellschafters daran – anhand der letzten Jahresbilanz ermittelt, so dass die durch steuerliche Abschreibungen oder durch andere Umstände gebildeten stillen Reserven nicht erfasst werden. Um die Kapitalbasis des Unternehmens zu schonen und seine Liquidität zu sichern, wird die entsprechende Forderung auf Auszahlung des Abfindungsguthabens häufig in der Weise gestundet, dass der zu zahlende Betrag nicht sofort, sondern auf mehrere Jahre gestreckt in Raten zu leisten ist. Unbestritten ist, dass Abfindungsklauseln dieser Art nicht uneingeschränkt zulässig sind. Gestritten wird allerdings über die Grenzen der Zulässigkeit.

337 Der *BGH* (*BGHZ* 123, 281) vertritt seit 1993 die Auffassung, dass eine Buchwertklausel, die eine unter dem wirklichen Anteilswert liegende Abfindung vorsieht, nicht deswegen unwirksam sei, weil sie infolge eines im Laufe der Zeit eingetretenen groben Mißverhältnisses zwischen dem Betrag, der sich auf Grund der vertraglichen Vereinbarung ergibt, und dem wirklichen Wert geeignet ist, das Kündigungsrecht des Gesellschafters in tatsächlicher Hinsicht zu beeinträchtigen. Der in der Literatur geäußerten Kritik an der bisherigen Rechtsprechung folgend (vgl. u.a. *K. Schmidt,* Gesellschaftsrecht, § 50 IV 2c cc mit Hinweisen) ist der *BGH* (*BGHZ* 123, 281, 283f.) nun auch der Meinung, dass eine Abfindungsvereinbarung nicht je nach der Entwicklung des Verhältnisses zwischen Buch- und tatsächlichem Anteilswert zu verschiedenen Zeitpunkten wirksam oder unwirksam sein kann; eine ursprünglich wirksame, zunächst weder nach § 138 BGB zu beanstandende noch das Kündigungsrecht der Gesellschafter entgegen § 723 Abs. 3 BGB faktisch beeinträchtigende Abfindungsklausel wird nicht dadurch nichtig, dass sich – insbesondere bei wirtschaftlich erfolgreichen Unternehmen – Abfindungsanspruch und tatsächlicher Anteilswert im Laufe der Jahre immer weiter voneinander entfernen. Die vertragliche Regelung als solche bleibt wirksam.

338 Es stellt sich dann allerdings die Frage, welchen Inhalt diese Klausel nun unter Berücksichtigung der Grundsätze von Treu und Glauben hat und ob sie gegebenenfalls im Hinblick auf die veränderten Verhältnisse zu ergänzen ist. Der *BGH* (*BGHZ* 123, 281, 286) will diese geltungserhaltende Reduktion im Wege der ergänzenden Vertragsauslegung vornehmen, indem „die Grundzüge des konkreten Vertrages zu Ende gedacht“ werden; dabei sollen in erster Linie Anhaltspunkte herangezogen werden, die sich dem übrigen Vertragsinhalt und den sonstigen im Zeitpunkt des Vertragsschlusses gegebenen Umständen entnehmen und die auf den tatsächlichen Willen der Parteien schließen lassen.

Der *BGH* (*BGHZ* 123, 282, 287) lässt ausdrücklich offen, ob es seiner Meinung nach Fallgestaltungen geben kann, in denen durch eine ergänzende Vertragsauslegung kein befriedigendes Ergebnis zu erzielen ist und in denen sodann die Anwendung der Grundsätze über den Wegfall der Geschäftsgrundlage in Betracht kommen kann. Diese Entscheidung des *BGH* ist auf z.T. berechtigte Kritik gestoßen. Methodisch berechtigte Kritik äußert *G. Müller* (ZIP 1995, 1561, 1569) insofern, als er darauf hinweist, dass es sich in dem konkret entschiedenen Fall nicht um eine Lückenproblematik gehandelt habe, die im Wege der ergänzenden Vertragsauslegung zu lösen gewesen wäre; vielmehr handele es sich um Fälle der nachträglichen Nichtigkeit rechtsgeschäftlicher Vereinbarungen, die nicht mit der ergänzenden Vertragsauslegung einer Lösung zugeführt werden könnten (zur Methodenkritik siehe auch *Dauner-Lieb,* ZHR 158 (1994), 271, 277 f. u. 283 ff.).

Die Bewertung eines Unternehmens und die Ermittlung einer angemessenen **339**
Abfindung unter Beachtung der oben genannten Grundsätze werfen eine Reihe schwieriger Probleme auf. Für die Bewertung können verschiedene Methoden angewandt werden. Eine Vereinbarung im Gesellschaftsvertrag darüber, welche Methode bei der Berechnung einer Abfindung angewandt werden soll, ist häufig empfehlenswert.

Bei der qualifizierten Nachfolgeklausel (vgl. oben Rn. 327 ff.) erhalten die **340**
nicht in die Gesellschaft nachrückenden Erben keinen Abfindungsanspruch gegen die Gesellschaft. Damit ist noch nichts darüber gesagt, ob und gegebenenfalls welche Ausgleichsansprüche die Erben, die nicht Gesellschafter werden, gegen den oder die in die Gesellschaft nachrückenden Miterben haben können.

§ 24. Die fehlerhafte Gesellschaft

Literatur: *Haupt,* Über faktische Vertragsverhältnisse, 1941; *Hueck,* OHG, § 7; *K. Schmidt,* „Fehlerhafte Gesellschaft" und allgemeines Verbandsrecht, AcP 186 (1986), 421 ff.; *Simitis,* Die faktischen Vertragsverhältnisse, 1957; MüKo/*Ulmer,* § 705 Rn. 323 ff.

I. Die Fragestellung

Bei der Gründung einer Gesellschaft oder bei dem Eintritt einer **341**
Person in eine bestehende Gesellschaft können Fehler rechtlicher Art geschehen. Man spricht dann von einer fehlerhaften Gründung oder dem fehlerhaften Beitritt zu einer Gesellschaft.

Es stellt sich in Fällen dieser Art u.a. die Frage, ob die allgemeinen Grundsätze des Zivilrechts über die Nichtigkeit und die Anfechtbarkeit von Rechtsgeschäften auch auf die Willenserklärungen anzuwenden sind, die zur Gründung einer Gesellschaft führen oder den Eintritt eines Gesellschafters in eine bestehende Gesellschaft bewirken sollen. Die Fragestellung bezieht sich also auf die Wirkung fehlerhafter Erklärungen, wenn auf ihrer Grundlage Rechtsverhältnisse in Vollzug gesetzt worden sind. Bei den Kapitalgesellschaften gewinnt diese Frage nicht in demselben Maße an Bedeutung wie bei den Personengesellschaften, weil das Gesetz eine Regelung getroffen hat. Wenn z.B. die Satzung einer Aktiengesellschaft oder GmbH nicht den vom Gesetz vorgeschriebenen Mindesterfordernissen entspricht, ist die Gesellschaftsgründung nicht ohne weiteres nichtig; sie kann vielmehr nur durch eine besondere Klage mit ex-nunc-Wirkung für nichtig erklärt werden und damit in das Stadium der Liquidation gelangen (vgl. für die Aktiengesellschaft §§ 275 ff. AktG). Für die Personengesellschaften gibt es keine gesetzliche Regelung. Deshalb muss geklärt werden, inwieweit die allgemeinen Regelungen des bürgerlichen Rechts auf die Personengesellschaften Anwendung finden.

342 Zu überlegen ist insbesondere, inwieweit die Nichtigkeits- und Anfechtungsfolgen der allgemeinen Regelungen des bürgerlichen Rechts auf die Personengesellschaften, vor allem auf die Handelsgesellschaften, Anwendung finden können. Dabei ist zu unterscheiden zwischen

- dem Verhältnis der Gesellschaft und der Gesellschafter zu Dritten, die mit der nach außen aufgetretenen Gesellschaft in Kontakt gelangt sind, und
- der Frage, wie sich etwaige Nichtigkeits- und Anfechtungsgründe auf das Verhältnis der Gesellschafter untereinander, das sogenannte Innenverhältnis, auswirken.

343 Als Nichtigkeitstatbestände, die zur Fehlerhaftigkeit des Gesellschaftsvertrages führen können, kommen u.a. in Betracht:

- die Anfechtungstatbestände der §§ 119 und 123 BGB,
- die Verletzung gesetzlich vorgeschriebener Formvorschriften, wie z.B. § 311b BGB mit der Folge aus § 125 BGB,
- § 138 BGB, soweit diese Vorschrift zum Schutze eines der Vertragschließenden dient (*RG* DR 1943, 1221 ff.),
- der versteckte Dissens (*BGHZ* 3, 285 ff.),
- die fehlende Geschäftsfähigkeit einer oder mehrerer Personen, die sich am Abschluss des Gesellschaftsvertrages beteiligt haben (*BGH* WM 1983, 305).

Die Entwicklung der Rechtssätze über die fehlerhafte Gesellschaft stellt ein Musterbeispiel richterlicher Rechtsfortbildung dar, bei der der tragende Gedanke der „Bestandsschutz der Unternehmens- und Gesellschaftsorganisation im Interesse der gesellschaftsrechtlichen Bezugsgruppen“ war (*Wiedemann*, Bd. I, § 3 I 2 a).

II. Die Voraussetzungen, bei deren Vorliegen von einer fehlerhaften Gesellschaft gesprochen werden kann

Von einem *fehlerhaften Gesellschaftsvertrag* spricht man, wenn 344
- ein Gesellschaftsvertrag fehlerhaft abgeschlossen oder ein bereits abgeschlossener Gesellschaftsvertrag fehlerhaft abgeändert worden ist

und
- die Gesellschaft bereits in Vollzug gesetzt worden ist.

1. Der Abschluss eines fehlerhaften Gesellschaftsvertrages oder die fehlerhafte Abänderung eines bereits bestehenden Gesellschaftsvertrages

Von einer fehlerhaften Gesellschaft kann nur gesprochen werden, wenn die Gesellschafter ausdrücklich oder stillschweigend einen mit Fehlern behafteten Gesellschaftsvertrag abgeschlossen haben, weil auch die fehlerhafte Gesellschaft eine Zweckgemeinschaft ist, die einer vertraglichen Grundlage bedarf (vgl. zur Problematik MünchKomm-HGB/*K. Schmidt*, § 105 Rn. 234 ff. Nach herrschender Meinung (vgl. u. a. *BGHZ* 55, 5, 8; *BGH* WM 1983, 305) passen die Nichtigkeits- und Anfechtungsfolgen des bürgerlichen Rechts wegen ihrer Rückwirkung auf den Abschluss des Rechtsgeschäfts im Allgemeinen für Gesellschaftsverträge nicht. Die Anwendung der Vorschriften des BGB über die rückwirkende Kraft der Nichtigkeit auf Gesellschaftsverträge würde zu unerträglichen Ergebnissen führen und mit dem recht verstandenen Zweck jener Vorschriften nicht mehr vereinbar sein. Auch durch die mit Fehlern behaftete Gründung einer Gesellschaft ist eine auf Dauer angelegte und tatsächlich vollzogene Leistungsgemeinschaft entstanden, für die die daran Beteiligten Beiträge erbracht und Werte geschaffen, Gewinnchancen genutzt und vor allem gemeinschaftlich das Risiko getragen haben. Eine solche verwirklichte Leistungsgemeinschaft verdient jedenfalls bis zu dem Zeitpunkt, in dem der Anfechtungs- und Nichtigkeitsgrund geltend gemacht wird, Bestandsschutz, sofern nicht „ausnahmsweise die rechtliche Anerkennung des von den Parteien gewollten und tatsächlich vorhandenen Zustands aus gewichtigen Belangen der Allgemeinheit oder bestimmter besonders schutzwürdiger Personen 345 unvertretbar ist" (so *BGHZ* 55, 5, 8). Aus diesen Überlegungen heraus gehört der Grundsatz, dass eine fehlerhafte Gesellschaft regelmäßig nicht von Anfang an nichtig, sondern wegen des Nichtigkeits- und Anfechtungsgrundes nur mit Wirkung für die Zukunft vernichtet werden kann, inzwischen zum gesicherten Bestand des Gesellschaftsrechts.

Beispiel: A und B haben sich mit dem unerkannt geisteskranken C zu einer OHG zusammengeschlossen, deren Zweck darin besteht, gemeinsam einen Gebrauchtwagenhandel zu betreiben. Die Eintragung in das Handelsregister ist erfolgt. Bevor A und B von der mangelnden Geschäftsfähigkeit des C erfahren, kaufen sie im Namen der Gesellschaft mehrere gebrauchte Mercedes der E- und der S-Klasse zu einem Gesamtpreis von 200 000,– € bei Händler D auf. Tritt im Folgenden die Geschäftsunfähigkeit des C offen zu Tage, so können A und B sich gegenüber dem D nicht auf eine durch die Geschäftsunfähigkeit des C bedingte anfängliche Nichtigkeit des Gesellschaftsvertrages berufen. Die OHG gilt vielmehr als fehlerhaft zustande gekommen, aber eben nicht als von Anfang an nichtig.

346 Im Schrifttum (z.B. *Haupt* und *Simitis*) wird die Meinung vertreten, die Tatsache der Betätigung auch ohne rechtsgeschäftliche Grundlage, d.h. ohne Abschluss eines Gesellschaftsvertrages, begründe ein faktisches Vertragsverhältnis, eine *faktische Gesellschaft*, die gleichberechtigt neben der auf Vertrag beruhenden Gesellschaft bestehe. Dass die Betätigung als Gesellschaft (die faktische Gesellschaft) eine ausreichende Grundlage für die rechtliche Anerkennung als Gesellschaft bietet, wird von der herrschenden Meinung abgelehnt (*BGHZ* 11, 190f.). Im Gegensatz zu der Doktrin von den „faktischen Vertragsverhältnissen" hält die Lehre von der fehlerhaften Gesellschaft an der *rechtsgeschäftlichen Grundlage der Verbände* fest und versagt nur im Einzelfall den Nichtigkeitsgründen die Anerkennung. Diese Lehre stellt einen Kompromiss dar: Zwar wird dem Vertragsrecht des BGB nicht insgesamt der Gehorsam versagt, aber die Nichtigkeitsfolgen werden so weit ausgeschaltet, wie sie mit den Belangen der Verbandsordnung unvereinbar sind (so *K. Schmidt,* AcP 186 [1986], 421, 423f.).

347 Ebenso wie der fehlerhafte Abschluss eines Gesellschaftsvertrages die fehlerhafte Gesellschaft begründen kann, kann dies durch die fehlerhafte vertragliche Abänderung eines bereits wirksam abgeschlossenen Gesellschaftsvertrages geschehen, wie das z.B. bei dem Eintritt eines neuen Gesellschafters in eine bereits bestehende Gesellschaft durch einen Aufnahmevertrag (siehe dazu oben Rn. 312) der Fall sein kann (*BGHZ* 26, 330, 335).

Die Grundsätze der fehlerhaften Gesellschaft sind also in der Regel auch für den fehlerhaften Beitritt zu einer fehlerfreien Gesellschaft anzuwenden, wenn ein Gesellschafter auf Grund eines unwirksamen Vertrages beigetreten und dieser Beitritt auch vollzogen worden ist (vgl. *BGHZ* 63, 338, 344; *BGH* NJW 1988, 1321, 1323).

Wie der Beitritt kann auch das auf Vereinbarung beruhende **348** Ausscheiden eines Gesellschafters fehlerhaft sein. Die Grundsätze für die fehlerhafte Gesellschaft können auch darauf anwendbar sein (vgl. *BGH* NJW 1988, 1324f.). Die Rechtsfolge des *vollzogenen* fehlerhaften Ausscheidens besteht in dessen Wirksamkeit unter Anwachsen des Gesamthandsanteils des ausgeschiedenen Gesellschafters bei den verbliebenen Mitgesellschaftern und der Entstehung eines Abfindungsanspruchs.

Die Grundsätze für die fehlerhafte Gesellschaft sind auch für **349** die *fehlerhafte Gesellschafternachfolge* anzuwenden. Das gilt z.B. für den Fall, dass die Rechtsnachfolge in der Weise vollzogen wird, dass der Gesellschafter, der ausscheidet, dem nachfolgenden seinen Anteil mit Zustimmung der übrigen Gesellschafter überträgt. Dabei wird durch die Zustimmung der Gesellschafter deren Zusammensetzung – wenn auch fehlerhaft – geändert; diese Änderung kann, wenn sie einmal vollzogen ist, nicht nachträglich wieder geändert werden (so *BGH* NJW 1988, 1324f.). Die Anwendung der Grundsätze für die fehlerhafte Gesellschaft führt in solchen Fällen dazu, dass der bisherige Anteilsinhaber zum Nichtgesellschafter wird. Das schließt nicht aus, dass dieser die Rückübertragung seines Anteils und von den übrigen Gesellschaftern die Zustimmung dazu fordern kann (so *BGH* NJW 1988, 1324, 1325; kritisch zu diesem Problem *K. Schmidt*, AcP 186 (1986), 421, 439).

2. Das Invollzugsetzen der Gesellschaft

Von einer fehlerhaften Gesellschaft, die lediglich vernichtbar, **350** aber nicht nichtig ist, kann nur gesprochen werden, wenn über den Abschluss des Gesellschaftsvertrages hinaus die Gesellschaft bereits in Vollzug gesetzt worden ist. Denn nur die Tatsache, dass die Gesellschaft bereits am Rechtsverkehr mit Dritten teilgenommen hat, rechtfertigt es, die allgemeinen Nichtigkeitsgründe zu beschränken und deren Rechtsfolgen nicht eintreten zu lassen (vgl. MünchKomm-HGB/*K. Schmidt*, § 105 Rn. 236).

351 In Vollzug gesetzt ist eine Gesellschaft dann, wenn die Gesellschaft „ihre Geschäfte" i. S. des § 123 Abs. 2 HGB begonnen hat, die Gesellschafter also ihre gemeinsame Geschäftstätigkeit aufgenommen haben. Dies muss in der Weise geschehen, dass die Gesellschafter von Dritten als Gesellschafter angesehen und behandelt werden (*RGZ* 165, 193, 205). Ein früherer Zeitpunkt als der der Eintragung kommt praktisch nur beim kaufmännischen Gewerbe i. S. des § 1 HGB, nicht jedoch bei Tätigkeiten i. S. des § 105 Abs. 2 HGB in Betracht.

Nach herrschender Meinung genügt zur Invollzugsetzung nicht die Anmeldung der Eintragung ins Handelsregister. Vielmehr wird gefordert, dass die Gesellschaft auf Grund eines gemeinsamen Entschlusses die Geschäftstätigkeit nach außen aufgenommen hat (vgl. Großkomm-HGB/*Ulmer*, § 105 Rn. 343 mit Nachw.). Nach der Eintragung der Gesellschaft ins Handelsregister greifen die §§ 2, 3, 5 HGB ein.

Haben nicht alle Gesellschafter der vorzeitigen Aufnahme der Geschäfte zugestimmt, so werden diejenigen, die zugestimmt haben, als Schein-OHG (bzw. KG)-Gesellschafter behandelt; die übrigen Gesellschafter können sich auf die §§ 177 ff. BGB berufen.

Die Gesellschaft ist auch noch nicht in Vollzug gesetzt, wenn lediglich im Innenverhältnis mit der Ausführung des Gesellschaftsvertrages begonnen worden ist, ohne dass die Gesellschaft mit Dritten Rechtsgeschäfte abgeschlossen hat.

Im **Beispiel** aus Rn. 345 haben A und B die PKW bei D im Namen der OHG gekauft. Damit haben sie die gemeinsame Geschäftstätigkeit aufgenommen und sind im Rechtsverkehr als Gesellschaft aufgetreten, angesehen und behandelt worden. Das Kriterium des Invollzugsetzens der Gesellschaft ist erfüllt.

Bevor die Gesellschaft in Vollzug gesetzt worden ist, kann jeder Gesellschafter die Nichtigkeit des Gesellschaftsvertrages geltend machen. Das bedeutet z. B., dass ein Gesellschafter, dem ein Anfechtungsrecht gemäß § 119 oder § 123 BGB zusteht, den Gesellschaftsvertrag mit der Rechtsfolge der rückwirkenden (ex tunc) Vernichtung des Vertrages anfechten kann (§ 142 BGB).

III. Die auf die in Vollzug gesetzte fehlerhafte Gesellschaft anzuwendenden Rechtssätze

1. Allgemeine Grundsätze

352 Die in Vollzug gesetzte fehlerhafte Gesellschaft ist bis zu ihrer Vernichtung wie eine durch Rechtsgeschäft wirksam zustande gekommene Gesellschaft zu behandeln. Der tatsächlich vollzogene

gesellschaftliche Zusammenschluss kann nicht rückwirkend vernichtet werden. Er kann nur für die Zukunft durch ein rechtsgestaltendes Urteil aufgelöst werden.

Ist ein Nichtigkeitsgrund nur im Hinblick auf einzelne Regelungen im Gesellschaftsvertrag vorhanden, so ist nach § 139 BGB zu bestimmen, ob der gesamte Gesellschaftsvertrag vernichtbar ist.

Die hier dargestellten, von der Rechtsprechung und Literatur entwickelten Grundsätze über die fehlerhafte Gesellschaft gelten nicht nur für die OHG, sondern auch für die BGB-Gesellschaft und die KG und darüber hinaus für die typischen Formen der stillen Gesellschaft (*BGHZ* 55, 5ff.; *BGH* WM 1983, 305f.).

2. Das Innenverhältnis

Jedenfalls bis zur Geltendmachung des Nichtigkeitsgrundes 353
richten sich die Beziehungen der Gesellschafter untereinander grundsätzlich nach den Vereinbarungen, die in dem fehlerhaften Gesellschaftsvertrag enthalten sind (*BGHZ* 17, 160, 167; *A. Hueck,* OHG, § 7 III 2). Soweit Gewinn- und Verlustbeteiligungen, Geschäftsführung und Vertretung und die Einlageverpflichtungen Inhalt des Gesellschaftsvertrages sind, gilt diese Regelung für das Innenverhältnis der Gesellschafter untereinander. Auch Treuepflichten haben die Gesellschafter zu wahren (vgl. *BGHZ* 17, 160, 167). Bei der fehlerhaften Gesellschaft wird Gesellschaftsvermögen in Gestalt von Gesamthandsvermögen gebildet.

Umstritten ist, ob jeder Nichtigkeitsgrund zur Auflösung der Gesellschaft 354
führen kann. Der *BGH* (*BGHZ* 3, 285ff.) hat jeden Nichtigkeitsgrund als Auflösungsgrund anerkannt und nicht einen wichtigen Grund im Sinne des § 133 HGB verlangt, weil das Bedürfnis, für die Vergangenheit eine Heilung durch die rechtliche Anerkennung der fehlerhaften Gesellschaft eintreten zu lassen, nicht dazu führen dürfe, auch für die Zukunft die Wirkung des vorhandenen Nichtigkeitstatbestandes „einzuschränken oder überhaupt zu leugnen" (*Hueck,* OHG, § 7 III 1b). Davon zu trennen ist die zu bejahende Frage, ob das Geltendmachen eines Nichtigkeitsgrundes als Auflösungsgrund im Einzelfall eine missbräuchliche Rechtsausübung darstellen kann und deshalb unbeachtlich ist (*Hueck,* a.a.O.).

Auch die Abwicklung der aufgelösten fehlerhaften Gesellschaft geschieht nach den Grundsätzen des Gesellschaftsrechts (*BGHZ* 3, 285, 288f.).

3. Das Außenverhältnis

355 Die Tatsache, dass die fehlerhafte Gesellschaft, die in Vollzug gesetzt worden ist, bis zur Auflösung und Beendigung wie eine wirksam zustande gekommene Gesellschaft behandelt wird, bestimmt auch das Verhältnis zu Dritten. Deshalb kann die fehlerhafte Gesellschaft selbst Trägerin von Rechten und Pflichten sein (§ 124 HGB). Im Wesentlichen unterscheidet sich die fehlerhafte Gesellschaft im Verhältnis zu Dritten kaum von der wirksam zustande gekommenen Gesellschaft.

Die Gesellschafter haften für Verbindlichkeiten, die für die fehlerhafte Gesellschaft wirksam begründet werden können, unmittelbar und unbeschränkt mit ihrem gesamten Privatvermögen gemäß § 128 HGB.

Im **Beispiel** aus Rn. 345 haften A und B dem D als Gesellschafter der fehlerhaften, in Vollzug gesetzten Gesellschaft nach § 128 HGB unmittelbar und unbeschränkt. Es besteht kein Unterschied zur fehlerfreien OHG.

IV. Beschränkungen bei der Anerkennung der fehlerhaften Gesellschaft

1. Der Schutz von nichtgeschäftsfähigen oder nicht vollgeschäftsfähigen Personen

356 Der übergeordnete Schutzzweck zugunsten der nicht oder nur beschränkt Geschäftsfähigen gebietet es, dass die Anerkennung der fehlerhaften Gesellschaft *nicht* dazu führen kann, dass nicht Vollgeschäftsfähige in das schuldrechtliche Verpflichtungsverhältnis gesellschaftsrechtlicher Art einbezogen werden können (*BGHZ* 17, 160, 166; *BGH* WM 1983, 305f.). Geschäftsunfähige und beschränkt Geschäftsfähige sollen vor den Rechtsfolgen der von ihnen ohne Zustimmung der gesetzlichen Vertreter abgegebenen Willenserklärung weitestgehend geschützt werden. Deshalb gilt der Grundsatz, dass das allgemeine Vertrauensinteresse hinter dem Schutz der nicht Vollgeschäftsfähigen zurückzustehen hat (so *BGH* NJW 1992, 1503ff.). Das gilt auch im Falle des § 105 Abs. 2 BGB und auch beim Ausscheiden aus der Gesellschaft (so *BGH* NJW 1992, 1503).

Im **Beispiel** aus Rn. 345 könnte der unerkannt geisteskranke und damit nach § 104 Ziff. 2 BGB nicht geschäftsfähige C von D nicht aus § 128 HGB auf Begleichung der Ansprüche aus dem von der fehlerhaften Gesellschaft abgeschlossenen Kaufvertrag in Anspruch genommen werden.

Aus dem gleichen Grunde können nicht Vollgeschäftsfähige auch nicht gemäß § 128 HGB für Verbindlichkeiten in Anspruch genommen werden, die für die fehlerhafte Gesellschaft begründet worden sind.

2. Verstöße gegen die guten Sitten (§ 138 BGB)

Eine fehlerhafte Gesellschaft mit einem gegen die guten Sitten verstoßenden Gesellschaftszweck kann keine rechtliche Anerkennung erfahren, weil es sich um einen Zusammenschluss handelt, der sich von vornherein jeder rechtlichen Billigung entzieht und aus diesem Grunde von der Rechtsordnung nicht anerkannt werden kann (so *Ebenroth/Boujong/Joost,* § 105 HGB Rn. 186). Das ist auch dann der Fall, wenn der Gesellschaftsvertrag auf Grund der Vorschrift des § 134 BGB nichtig ist (vgl. *BGHZ* 75, 214, 217f.). Im Verhältnis nach außen haften die Gesellschafter jedoch gemäß § 128 HGB. 357

3. Die Fehlerhaftigkeit des Gesellschaftsvertrages wegen arglistiger Täuschung (§ 123 BGB)

Für die Verbindlichkeiten der fehlerhaften Gesellschaft haften die Gesellschafter Dritten gegenüber gemäß § 128 HGB. Im Verhältnis der Gesellschafter untereinander sollen denjenigen Personen, die arglistig getäuscht oder gedroht haben, jedoch keine Vorteile erwachsen. Deshalb ist der getäuschte Gesellschafter z.B. nicht verpflichtet, seine Beiträge zu leisten, wenn diese nur denjenigen zugute kommen würden, die vorwerfbar gehandelt haben. Soweit die Beiträge dazu dienen, dritte Personen – Gläubiger der fehlerhaften Gesellschaft – zu befriedigen, sind allerdings auch die Getäuschten zur Leistung verpflichtet (*BGHZ* 26, 330ff.). 358

6. Kapitel. Die Partnerschaftsgesellschaft

Literatur: *M. Henssler,* Partnerschaftsgesellschaftsgesetz, 1997; *Lenz,* Die Partnerschaft – alternative Gesellschaftsform für Freiberufler, MDR 1994, 741 ff.; *L. Mahnke,* Das Partnerschaftsgesellschaftsgesetz, WM 1996, 1029 ff.; *K. Schmidt,* Die Freiberufliche Partnerschaft, NJW 1995, 1 ff.; *Seibert,* Die Partnerschaft für die Freien Berufe, DB 1994, 2381 ff.; *J. Wertenbruch,* Partnerschaftsgesellschaft und neues Umwandlungsrecht, ZIP 1995, 712 ff.

§ 25. Grundzüge der neuen Gesellschaftsform

I. Der Begriff und die Rechtsnatur der Partnerschaftsgesellschaft

359 Mit dem am 1. Juli 1995 in Kraft getretenen Gesetz über Partnerschaftsgesellschaften Angehöriger Freier Berufe – PartGG – (BGBl. 1994 I S. 1744 ff.) eröffnet sich den Freiberuflern – und zwar auch denen, denen es bisher gesellschaftsrechtliche Schranken einerseits und standesrechtliche Einschränkungen andererseits unmöglich gemacht hatten, sich in einer anderen Gesellschaftsform als der Gesellschaft bürgerlichen Rechts zusammenzuschließen (z.B. Rechtsanwälte) – die Möglichkeit, für ihren Zusammenschluss die Rechtsform der Partnerschaft zu wählen, § 1 Abs. 1 Satz 1 PartGG. Ein Rechtsformzwang besteht nicht, so dass z.B. große Wirtschaftsberatungs- und Steuerberatungsgesellschaften weiterhin in den Rechtsformen einer GmbH oder Aktiengesellschaft und andere Zusammenschlüsse von Freiberuflern weiterhin in der Rechtsform der Gesellschaft bürgerlichen Rechts betrieben werden können (vgl. *Seibert,* DB 1994, 2381; *K. Schmidt,* NJW 1995, 1, 2), vorausgesetzt, die dafür notwendigen Voraussetzungen liegen vor. Den Hauptanreiz für die Wahl der Rechtsform der Partnerschaft dürfte die Beschränkung der Haftung für Schäden wegen fehlerhafter Berufsausübung sein (§ 8 Abs. 2 PartGG). Ob und wie weit Rechtsanwälte von der Möglichkeit, eine Partnerschaftsgesellschaft zu gründen, Gebrauch machen, wird angesichts der Neuregelung zur Anwalts-GmbH (vgl. dazu oben Rn. 37) abzuwarten sein.

Die Partnerschaftsgesellschaft ist eine Personengesellschaft. Auf sie sind gemäß § 1 Abs. 4 PartGG grundsätzlich die Vorschriften über die Gesellschaft bürgerlichen Rechts anwendbar. Jedoch finden kraft ausdrücklicher Einzelverweisung im Partnerschaftsgesellschaftsgesetz auch wichtige Regeln über die OHG Anwendung (vgl. z.B. §§ 4 Abs. 1, 6 Abs. 3, 7 Abs. 2 bis 4 PartGG; zur Regelungstechnik siehe *Mahnke,* WM 1996, 1029, 1032). Das zu bildende Partnerschaftsvermögen ist Gesamthandsvermögen (vgl. § 1 Abs. 4 PartGG und § 718f. BGB). 360

Schon die Gesamthands-BGB-Gesellschaft ist fähig, Trägerin von Rechten und Plichten zu sein. Dies muss wegen der Verweisung in § 7 Abs. 2 PartGG auf die Regelung in § 124 HGB erst recht für die Partnerschaft gelten. Die Partnerschaft kann in ihrer Gesamtheit Trägerin von Rechten und Pflichten sein, sie kann also ebenso wie die OHG als rechtsfähig angesehen werden. Sie ist auch parteifähig, kann also auch Partei eines Prozesses sein. Daraus folgt, dass auch das Gesellschaftsvermögen Vermögen der Partnerschaft ist und nicht Sondervermögen der Partner. Die Partnerschaft ist auch selbst Berechtigte bezüglich der zum Gesellschaftsvermögen gehörenden Sachen und Rechte und Verpflichtete aus den im Namen der Partnerschaft eingegangenen Verbindlichkeiten (vgl. *Lenz,* MDR 1994, 741, 743; *Seibert,* DB 1994, 2381, 2383) und nicht etwa die hinter ihr stehenden Partner.

Verbindlichkeiten der Partnerschaft sind daher ausschließlich solche der Gesellschaft und nicht der Gesellschafter. Allerdings haften die Partner gemäß § 8 Abs. 1 PartGG den Gläubigern für die Verbindlichkeiten der Partnerschaft mit ihrem Privatvermögen als Gesamtschuldner. Die §§ 129 und 130 HGB finden entsprechende Anwendung (§ 8 Abs. 1 S. 2 PartGG).

Die Partnerschaft übt kein Handelsgewerbe aus (§ 1 Abs. 1 Satz 2 PartGG); Partner kann nur eine natürliche Person werden (§ 1 Abs. 1 Satz 3 PartGG). Jedoch kann die Partnerschaft Anteile an einer juristischen Person erwerben (vgl. *Seibert,* DB 1994, 2381, 2383). 361

Durch berufsrechtliche Vorschriften kann die Berufsausübung in der Partnerschaft ausgeschlossen oder eingeschränkt werden (§ 1 Abs. 3 PartGG).

Da der Begriff des Freiberuflers kein feststehender ist und er, wenn es zum einen um die Nichtanwendung des Handelsgesetzbuches und zum anderen um die steuerrechtliche Beurteilung geht, unterschiedlich definiert wird (vgl. *K. Schmidt,* NJW 1995, 1 m.w.Nachw.), enthält § 1 Abs. 2 PartGG eine Aufzählung derjenigen Berufe, die Freie Berufe im Sinne des Partnerschaftsgesellschaftsgesetzes sind, z.B. Rechtsanwälte, Ärzte und Journalisten.

Das Partnerschaftsgesellschaftsgesetz enthält keine Einschränkungen für Zusammenschlüsse von Angehörigen verschiedener Berufe. Jedoch schränken zum Teil berufsrechtliche Bestimmungen interprofessionelle partnerschaftliche Zusammenschlüsse ein. So enthält z.B. der neu eingefügte § 59a BRAO (BGBl. 1994 I S. 2278, 2282) eine Beschränkung auf Zusammenschlüsse von Rechtsanwälten mit Patentanwälten, Steuerberatern, Steuerbevollmächtigten, Wirtschaftsprüfern und vereidigten Buchprüfern. (Auch die Neufassungen des Steuerberatungsgesetzes und der Wirtschaftsprüferordnung enthalten eine Zusammenarbeitsregelung in § 56 StBrG, vgl. BGBl. 1994 I S. 1387, 1389 und § 44b WPO, vgl. BGBl. 1994 I S. 1569, 1575.)

II. Die Errichtung der Partnerschaftsgesellschaft

1. Der Partnerschaftsvertrag

362 Die Partnerschaft wird durch schriftlichen Gesellschaftsvertrag gegründet (§ 3 Abs. 1 PartGG), der den Namen und Sitz der Partnerschaft, die vollständigen Namen, den in der Partnerschaft ausgeübten Beruf und den Wohnort eines jeden Partners sowie den Gegenstand der Partnerschaft enthalten muss (§ 3 Abs. 2 PartGG).

2. Die Eintragung in das Partnerschaftsregister

Die Partnerschaft ist zu dem bei dem Amtsgericht geführten (§ 160b FGG) Partnerschaftsregister anzumelden (§§ 4 Abs. 1 PartGG i.V.m. 106 Abs. 1 HGB), in dessen Bezirk sie ihren Sitz hat.

Wegen der Haftung der Partner gemäß § 8 Abs. 1 Satz 1 PartGG kommt der Beantwortung der Frage besondere Bedeutung zu, zu welchem Zeitpunkt die Partnerschaft gegenüber Dritten wirksam entsteht.

Hinsichtlich des Zeitpunkts des Entstehens der Gesellschaft ist zu unterscheiden zwischen
- dem Innenverhältnis, dem Verhältnis der Partner zu- und untereinander, und
- dem Außenverhältnis, dem Verhältnis der Partnerschaft und der Partner zu Dritten.

In der Zeit zwischen dem Abschluss des Gesellschaftsvertrages und der Eintragung in das Partnerschaftsregister handelt es sich um eine Gesellschaft bürgerlichen Rechts (sog. Vor-Partnerschaft). Jedoch können auf diese, soweit es um das Innenverhältnis geht, die Vorschriften des Partnerschaftsgesellschaftsgesetzes ergänzend Anwendung finden, weil dies im Zweifel dem Willen der Partner entsprechen dürfte, die die Partnerschaft gründen wollen (vgl. auch *K. Schmidt,* NJW 1995, 1).

Im Außenverhältnis entsteht die Partnerschaft nicht allein 363
durch den Abschluss des Partnerschaftsvertrages; denn hierbei handelt es sich lediglich um einen internen Akt zwischen den Partnern, der nach außen für Dritte nicht unbedingt zu erkennen ist. Im Verhältnis zu Dritten ist die Partnerschaft entstanden, wenn sie in das Partnerschaftsregister eingetragen ist (§ 7 Abs. 1 PartGG).

Die Eintragung hat konstitutive Wirkung. Dieser konstitutiven Wirkung bedarf es insbesondere deshalb, weil es bei der Partnerschaft – im Gegensatz zu anderen Personengesellschaften – kein erkennbares Abgrenzungskriterium zur Gesellschaft bürgerlichen Rechts gibt (vgl. *Lenz,* MDR 1994, 741, 743).

3. Der Name

Der Name der Partnerschaft muss den Namen (die Angabe des Vornamens ist nicht erforderlich, § 2 PartGG) mindestens eines Partners, den Zusatz „und Partner" oder „Partnerschaft" sowie die Berufsbezeichnung aller in der Partnerschaft vertretenen Berufe enthalten (§ 2 Abs. 1 PartGG). Im Übrigen werden durch § 2 Abs. 2 PartGG die einschlägigen Vorschriften des Firmenrechts des Handelsgesetzbuches für entsprechend anwendbar erklärt. Den Zusatz „und Partner" oder „Partnerschaft" dürfen nur Partnerschaften im Sinne des Partnerschaftsgesellschaftsgesetzes führen.

III. Die Beziehung der Partner untereinander (Das Innenverhältnis)

Das Verhältnis der Partner einer Partnerschaft untereinander ist 364
in § 6 PartGG i.V.m. §§ 110 bis 116 Abs. 2 HGB, §§ 117 bis 119 HGB geregelt und, soweit diese Vorschriften keine Sonderregelungen beinhalten, in den §§ 705ff. BGB.

Aus § 6 Abs. 3 PartGG ergibt sich, dass sich das Rechtsverhältnis der Partner untereinander nach dem Partnerschaftsvertrag richtet; dieser bestimmt also weitgehend das Innenverhältnis zwischen den Partnern. Hierdurch wird für die Partnerschaft lediglich der allgemeine, auch im Handelsrecht geltende Grundsatz der Privatautonomie, der es den Vertragschließenden erlaubt, ihre Rechtsverhältnisse frei zu gestalten, wiederholt.

Zwar bestimmt § 6 Abs. 1 PartGG, dass die Partner ihre beruflichen Leistungen unter Beachtung des jeweils für sie geltenden Berufsrechts erbringen; § 6 Abs. 1 PartGG hat jedoch lediglich klarstellende Funktion: Wenn es sich um die Angehörigen verschiedener Freier Berufe handelt, untersteht die Partnerschaft bei jeder freiberuflichen Tätigkeit dem jeweils einschlägigen Berufsrecht (vgl. *K. Schmidt,* NJW 1995, 1, 4).

365 Ein einzelner Partner kann von der Geschäftsführung, also von der auf die Verfolgung des Gesellschaftszwecks gerichteten Tätigkeit der Gesellschafter, die in tatsächlichen und rechtsgeschäftlichen Handlungen bestehen kann (vgl. oben Rn. 62), nur ausgeschlossen werden, soweit der Ausschluss nicht den von ihm ausgeübten Beruf betrifft (§ 6 Abs. 2 PartGG).

Darüber hinaus kann wegen der Rechte und Pflichten der Partner im Innenverhältnis auf die entsprechend anwendbaren Vorschriften im Recht der OHG, insbesondere über das Wettbewerbsverbot (§§ 112f. HGB [vgl. dazu oben Rn. 249ff.]), den Aufwendungsersatzanspruch (vgl. oben Rn. 260ff.), die Geschäftsführung (§§ 114–117 HGB [vgl. dazu Rn. 253f.]), die Kontrollrechte (§ 118 HGB [vgl. dazu Rdnrn. 230 und 259]) und die Beschlussfassung (§ 119 HGB [vgl. dazu Rn. 255ff.]) verwiesen werden.

IV. Die Beziehung der Partner zu Dritten (Die Außenbeziehungen)

1. Die Vertretung

366 Die Vertretungsmacht steht nach der gesetzlichen Regelung bei der Partnerschaft jedem einzelnen Partner zu (§ 7 Abs. 3 PartGG i.V.m. § 125 Abs. 1 HGB). Daraus folgt, dass jeder Partner im Namen der Partnerschaft wirksame, die Gesellschaft rechtsgeschäftlich bindende Erklärungen abgeben und entgegennehmen kann. Die Rechtsfolgen einer solchen Willenserklärung treffen die Partnerschaft.

Gemäß § 7 Abs. 3 PartGG i. V. m. § 125 Abs. 2 HGB kann durch den Partnerschaftsvertrag festgelegt werden, dass alle oder mehrere Partner nur in Gemeinschaft die Partnerschaft vertreten können (Gesamtvertretung). Der Ausschluss eines Partners von der Vertretung, die Anordnung einer Gesamtvertretung sowie jede Änderung der Vertretungsmacht bedarf der registerrechtlichen Anmeldung und Eintragung, § 7 Abs. 3 PartGG i. V. m. § 125 Abs. 4 HGB (vgl. *K. Schmidt,* NJW 1995, 1, 5).

Der Umfang der Vertretungsmacht ist gemäß § 7 Abs. 3 PartGG i. V. m. § 126 HGB grundsätzlich unbeschränkt. Die Vertretungsmacht erstreckt sich also auf alle gerichtlichen und außergerichtlichen Rechtshandlungen. Die Partnerschaft kann jedoch, anders als die OHG (vgl. dazu oben Rn. 266 ff.), keinen Prokuristen oder Handlungsbevollmächtigten bestellen, da die Partnerschaft keine Handelsgesellschaft ist (vgl. *K. Schmidt,* NJW 1995, 1, 5).

Zum Schutze des Rechtsverkehrs sind andere Einschränkungen des Umfangs der Vertretungsmacht Dritten gegenüber, die mit der Partnerschaft Rechtsgeschäfte abschließen wollen, unwirksam (§ 7 Abs. 3 PartGG i. V. m. § 126 Abs. 2 HGB). Ausnahmsweise kann der erkennbare Missbrauch der Vertretungsmacht, dessen Risiko grundsätzlich der Vertretene alleine trägt, dem Dritten entgegengehalten werden, wenn sich diesem der Verdacht des Treueverstoßes aufdrängte (vgl. *BGHZ* 94, 132, 138; *K. Schmidt,* NJW 1995, 1, 5).

2. Die Haftung der Partner für die Verbindlichkeiten der Partnerschaft

a) Die generelle Regelung

Verbindlichkeiten der Partnerschaft sind alle Verbindlichkeiten, die die Partnerschaft als solche eingegangen ist und zu erfüllen hat (vgl. im Übrigen zur Haftung nach dem der gesetzlichen Regelung in § 8 Abs. 1 PartGG sinngemäß entsprechenden § 128 HGB oben Rn. 277 ff.). 367

Den Gläubigern haften für die Verbindlichkeiten der Partnerschaft neben dem Vermögen der Partnerschaft die Partner als Gesamtschuldner unmittelbar (§ 8 Abs. 1 PartGG). Ein Gläubiger ist also nicht gezwungen zu versuchen, wegen seiner Forderung Befriedigung aus dem Gesamthandsvermögen der Partnerschaft zu erlangen, bevor er einen der Partner in Anspruch nimmt.

Beispiel: Die zu einer Partnerschaftsgesellschaft von Rechtsanwälten zusammengeschlossenen Anwälte K, L und M haben im Gesellschaftsvertrag keine Regelung zur Vertretung der Gesellschaft getroffen. Ohne Wissen seiner Mitgesellschafter kauft K bei H im Namen der Gesellschaft einen Mercedes SL 500 zu Repräsentationszwecken. Obwohl die Mitgesellschafter L und M dem Geschäft widersprochen haben, kann H sich zur Befriedigung gemäß § 8 Abs. 1 Satz 1 PartGG unmittelbar auch an den persönlich haftenden Gesellschafter M wenden.

368 Gemäß § 8 Abs. 1 Satz 2 PartGG i.V.m. § 129 HGB kann der Partner, der von einem Gläubiger der Gesellschaft in Anspruch genommen wird, alle Einreden und Einwendungen, die der Partnerschaft gegenüber dem Gläubiger zustehen, geltend machen (vgl. des Weiteren zu § 129 HGB oben Rn. 290).

369 Tritt ein neuer Partner in die bereits bestehende Partnerschaft ein, haftet er gemäß § 8 Abs. 1 Satz 2 PartGG i.V.m. § 130 HGB auch für bereits bestehende Verbindlichkeiten der Partnerschaft (vgl. zur Regelung des § 130 HGB oben Rn. 291 ff.).

Ausscheidende Partner haften nur für die Altverbindlichkeiten der Partnerschaft (vgl. *K. Schmidt,* NJW 1995, 1, 6). Für sie gilt gemäß § 10 Abs. 2 PartGG die Nachhaftungsbegrenzung des § 160 HGB (vgl. dazu oben Rn. 294 ff.).

b) Die gesetzliche Haftungsbeschränkung

370 Nach § 8 Abs. 2 PartGG haften für berufliche Fehler kraft Gesetzes nur diejenigen Partner, die mit der Bearbeitung eines Auftrags tatsächlich befasst waren. Hierdurch wird die wechselseitige unbeschränkte Schadensersatzhaftung begrenzt. (Vgl. zur berufsrechtlichen Zulassung von vertraglichen Haftungsbeschränkungen bei Rechtsanwälten § 51 a BRAO und bei Steuerberatern § 67 a StBerG.)

Beispiel: Aufgrund einer fehlerhaften due diligence Prüfung des innerhalb der Rechtsanwalts-Partnerschaftsgesellschaft für den M & A-Bereich zuständigen Partners L scheitert die Fusion der C-Bank mit der D-Bank. Die Mandantin der Partnerschaftsgesellschaft, D-Bank, kann sich nunmehr sowohl an die Gesellschaft, als auch unmittelbar an L, jedoch nicht an die Mitgesellschafter K und M halten (§ 8 Abs. 2 PartGG).

V. Die Fortsetzung der Partnerschaft mit den Erben der Partner

371 Gemäß § 9 Abs. 4 Satz 1 PartGG ist die Beteiligung an einer Partnerschaft grundsätzlich nicht vererblich. Wie bei der OHG

führt der Tod eines Partners nicht zur Auflösung der Partnerschaft; der verstorbene Partner scheidet aus, und die Partnerschaft wird, sofern mehrere Partner verbleiben, mit diesen fortgesetzt. Der Anteil des verstorbenen Partners am Vermögen der Partnerschaft wächst entsprechend § 738 BGB ohne besondere Übergangshandlung den verbleibenden Partnern zu (vgl. *Lenz,* MDR 1994, 741, 744).

Jedoch kann der Partnerschaftsvertrag bestimmen, dass die Beteiligung an einer Partnerschaft an Dritte vererblich ist, die Partner im Sinne des § 1 Abs. 1 und 2 PartGG sein können (§ 9 Abs. 4 Satz 2 PartGG). Diese Regelung entspricht der qualifizierten Nachfolgeklausel (vgl. dazu oben Rn. 327 ff.). Der Anteil des verstorbenen Partners fällt dem durch die Bestimmung im Partnerschaftsvertrag begünstigten Erben unmittelbar und ungeteilt zu (vgl. *K. Schmidt,* NJW 1995, 1, 5; siehe auch *Henssler,* § 9 PartGG, Rn. 78 ff.). Der Erbe, der die Nachfolge in die Partnerschaft antritt, kann innerhalb von drei Monaten sein Ausscheiden aus der Partnerschaft erklären und haftet dann nur nach den Grundsätzen der beschränkten Erbenhaftung (§ 9 Abs. 4 Satz 3 PartGG i. V. m. § 139 HGB) (vgl. dazu auch *K. Schmidt,* NJW 1995, 1, 5).

Beispiel: Von den zu einer Partnerschaftsgesellschaft zusammen geschlossenen Rechtsanwälten K, L und M haben L und M erwachsene Kinder. Die Tochter T des L ist promovierte Rechtsanwältin; der Sohn S des M ist Archäologe. Der Partnerschaftsgesellschaftsvertrag enthält eine Nachfolgeklausel i. S. des § 9 Abs. 4 PartGG. Als L und M bei einem Flugzeugunglück ums Leben kommen, tritt gesetzliche Erbfolge ein. T wird Mitglied der Partnerschaftsgesellschaft. S kann nicht in die Gesellschaft einrücken, weil ihm die Qualifikation i. S. des § 1 Abs. 2 PartGG fehlt. Die Gesellschaftsanteile des M wachsen deshalb gemäß § 738 BGB den Partnern zu.

VI. Umwandlung

Die Umwandlung einer in der Rechtsform der BGB-Gesellschaft betriebenen Anwaltssozietät in eine Partnerschaftsgesellschaft kann nicht nach dem Umwandlungsgesetz vorgenommen werden, da dieses die Partnerschaftsgesellschaft weder als formwechselnden Rechtsträger noch als neuen Rechtsträger ausdrücklich erwähnt. Das Analogieverbot des § 1 Abs. 2 UmwG dürfte einer analogen Anwendung der für die Personengesellschaften geltenden Vorschriften auf die Partnerschaft entgegenstehen (vgl. *Wertenbruch,* ZIP 1995, 712, 716). 372

7. Kapitel. Die Kommanditgesellschaft

§ 26. Begriff und Bedeutung der Kommanditgesellschaft als Modifikation der OHG

I. Der Begriff der Kommanditgesellschaft

373 Die Kommanditgesellschaft ist eine Gesellschaft im Sinne des § 705 BGB. Sie ist der OHG nachgebildet und muss deshalb als Sonderform der OHG verstanden werden. Infolgedessen sind auf die KG, sofern sich aus den §§ 161 ff. HGB nichts anderes ergibt, die Vorschriften über die OHG (§§ 105 ff. HGB) und diejenigen über die Gesellschaft bürgerlichen Rechts (§§ 705 ff. BGB) anzuwenden.

Die KG ist wie die OHG eine Gesellschaft, deren Zweck in der Regel auf den Betrieb eines Handelsgewerbes unter gemeinschaftlicher Firma gerichtet ist (§ 161 Abs. 1 HGB). Sie ist – auch darin steht sie der OHG gleich – keine juristische Person, aber eine rechtsfähige Personengesellschaft (§ 14 Abs. 2 BGB). Das zeigt sich insbesondere darin, dass sie unter ihrer Firma Rechte erwerben und Verpflichtungen eingehen, vor Gericht klagen und verklagt werden kann (§ 124 HGB i. V. m. § 161 HGB).

374 Als Gesellschaft i. S. des § 705 BGB ist die KG eine *Gesamthandsgemeinschaft.* Träger des Gesellschaftsvermögens sind alle Gesellschafter, sowohl persönlich haftende Gesellschafter (Komplementäre) als auch Kommanditisten.

Kraft Rechtsform ist die KG stets Kaufmann (§ 6 HGB).

Gesellschafter einer KG können als Komplementäre und Kommanditisten alle natürlichen und juristischen Personen werden.

Beispiel: Der Einzige persönlich haftende Gesellschafter einer KG kann eine GmbH (juristische Person) sein (GmbH & Co. KG). Von dieser Möglichkeit wird aus verschiedenen Gründen häufig Gebrauch gemacht.

375 Begrifflich gehört zur KG, dass es zwei Arten von Gesellschaftern gibt, von denen mindestens je einer vorhanden sein muss:

– *Persönlich haftende Gesellschafter (Komplementäre):* Sie haben im Wesentlichen die gleiche Stellung wie die Gesellschafter einer OHG;

und

– *Kommanditisten:* Ihre Haftung den Gesellschaftsgläubigern gegenüber ist auf den Betrag einer bestimmten Vermögenseinlage beschränkt; sie sind in der Regel von der Geschäftsführung ausgeschlossen und zur Vertretung der Gesellschaft nicht befugt (§§ 161 Abs. 1 und 170 HGB).

II. Die Bedeutung der Kommanditgesellschaft

Die KG hat im Wirtschaftsleben im Vergleich zur OHG ständig an Bedeutung gewonnen. Zunächst war sie die Gesellschaftsform, in der viele Familienunternehmen betrieben wurden, weil die KG eine Gesellschaftszugehörigkeit auch denjenigen Familienmitgliedern ermöglicht, die zur persönlichen Mitarbeit nicht willens oder geeignet sind und nur ein beschränktes Haftungsrisiko tragen möchten. Gerade aber die Tatsache, dass ein Kommanditist nur ein begrenztes Haftungsrisiko zu tragen hat, hat dann zur Vermehrung der Zahl der Kommanditgesellschaften wesentlich beigetragen, zumal die andere Gesellschaftsform, die typischerweise den Gesellschaftern eine begrenzte Haftung garantiert, die GmbH, im Hinblick auf die steuerliche Belastung in der Vergangenheit im Regelfall für die Gesellschafter weniger günstig war als die KG. Nach dem BGH-Urteil zur Haftungsbegrenzung bei den Gesellschaften des bürgerlichen Rechts (*BGHZ* 142, 315ff.) und der Handelsrechtsreform stellt die KG bei den Personengesellschaften die Einzige seriöse Form einer Haftungsbegrenzung für Kleingewerbetreibende und Vermögensverwaltungsgesellschaften dar. Insbesondere die Möglichkeit, bei einer KG eine GmbH zum einzigen persönlich haftenden Gesellschafter zu machen, bringt eine Reihe von Vorteilen für die Gesellschafter mit sich, die auf andere Art und Weise nicht zu erzielen sind: 376

– Da bei der GmbH – der persönlich haftenden Gesellschafterin – den Gläubigern gegenüber nur das Gesellschaftsvermögen für die Verbindlichkeiten der Gesellschaft haftet, haftet, soweit die Kommanditisten ihre Einlage geleistet haben, kein Gesellschafter der KG mit seinem Privatvermögen. Bei allen Gesellschaftern ist die Haftung auf die Einlage beschränkt.
– Für die KG gilt das im Vergleich zum Recht der Kapitalgesellschaft flexiblere Personengesellschaftsrecht, über das eine entsprechende Gestaltung des Gesellschaftsvertrages zu dem Zweck, dem die Gesellschaft dienen soll, leichter möglich ist.

- Da auf die GmbH selbst, den persönlich haftenden Gesellschafter, das GmbH-Recht Anwendung findet, gilt das Verbot der Drittorganschaft nicht. Geschäftsführer der GmbH können auch Nichtgesellschafter sein. Deshalb kann bei einer KG dieser Ausgestaltung die wirkliche Geschäftsführung in den Händen von Personen liegen, die weder Gesellschafter der KG noch der GmbH sind.
- Da die KG eine Personengesellschaft ist, ist ihre Gründung wesentlich weniger bindenden Vorschriften unterworfen, als sie bei der Gründung einer Kapitalgesellschaft – bei der AG in stärkerem Maße als bei der GmbH – beachtet werden müssen.

377 Die einfache – weil auch kaum nachprüfbare – Gründung, die Möglichkeit, über eine entsprechende Ausgestaltung des Gesellschaftsvertrages die KG weitgehend dem mit ihr verfolgten Zweck anzupassen, sowie die Haftungsbeschränkung haben auch dazu geführt, dass sogenannte Publikumsgesellschaften, die meist „*Abschreibungsgesellschaften*" mit vielen Personen sind, in der Rechtsform der KG gegründet worden sind und noch werden.

III. Die Gesellschafter einer Kommanditgesellschaft

1. Die persönlich haftenden Gesellschafter (Komplementäre)

378 Die persönlich haftenden Gesellschafter einer KG, die auch Komplementäre genannt werden, nehmen innerhalb der Gesellschaft und auch nach außen, d.h. Dritten gegenüber, die gleiche Stellung ein wie die Gesellschafter einer OHG. Sie führen die Geschäfte und vertreten die Gesellschaft nach außen. Außerdem haften sie unbeschränkt für die Erfüllung der Verbindlichkeiten der Gesellschaft mit ihrem gesamten Privatvermögen. Die persönlich haftenden Gesellschafter einer KG können den Gesellschaftsgläubigern gegenüber ebenso in natura zur Leistung verpflichtet sein wie die Gesellschafter einer OHG (*BGHZ* 73, 217ff.; vgl. oben Rn. 283).

Komplementäre können auch eine juristische Person, wie z.B. eine GmbH oder eine AG sein.

Die KG muss jedenfalls einen persönlich haftenden Gesellschafter, sie kann auch mehrere haben. Den Gläubigern haften mehrere persönlich haftende Gesellschafter als Gesamtschuldner.

In seiner Eigenschaft als Gesellschafter kann der persönlich haftende Gesellschafter *Kaufmann* sein.

Auch bei der KG kann die organschaftliche Vertretungsbefugnis eines vertretungsberechtigten Gesellschafters grundsätzlich nicht auf Dritte übertragen werden (Verbot der Drittorganschaft; vgl. oben Rn. 69 und 272ff.). Das schließt nicht aus, dass ein Dritter mit einer umfassenden Vollmacht (Generalvollmacht), die noch über den gesetzlich festgelegten Umfang einer Prokura hinausgeht, ausgestattet wird (so *OLG Hamm* MDR 1979, 848f.). Auch wenn darüber hinaus der Dritte bei der Erfüllung der von ihm wahrzunehmenden Geschäftsführungsaufgaben keinen Einzelanweisungen unterliegt und nicht jederzeit abberufen werden kann, muss darin nicht in jedem Fall ein Verstoß gegen das Verbot der Drittorganschaft zu sehen sein (vgl. *BGH* WM 1982, 394ff.). 379

In einer Kommanditgesellschaft kann derselbe Gesellschafter nicht zugleich Kommanditist und Komplementär sein, auch nicht durch späteren Eintritt als weiterer Komplementär (*OLG Hamm* MDR 1982, 55). 380

Nach herrschender Auffassung kann eine BGB-Gesellschaft ebenso, wie sie Gesellschafterin einer OHG sein kann, Komplementärin oder Kommanditistin in einer KG sein (vgl. oben Rn. 75ff.).

2. Die Kommanditisten

Jede KG muss mindestens einen Kommanditisten haben. Das bedeutet: Begriffsnotwendigerweise muss bei einer KG jedenfalls bei einem Gesellschafter die Haftung für die Verbindlichkeiten der Gesellschaft auf den Betrag einer bestimmten Vermögenseinlage beschränkt sein (§ 161 Abs. 1 HGB). 381

Es ist bei der Kommanditistenstellung zu unterscheiden zwischen der Haftung nach außen (den Gesellschaftsgläubigern gegenüber) einerseits und der Verpflichtung zur Leistung einer Vermögenseinlage im Verhältnis der Gesellschafter untereinander andererseits. Das Gesetz lässt diese Unterscheidung nicht mit der wünschenswerten Klarheit erkennen. Die Verpflichtung zur Leistung einer Einlage, die der Kommanditist im Gesellschaftsvertrag übernommen hat, ist darauf gerichtet, für die Erreichung des Gesellschaftszweckes eine umfangmäßig festgesetzte, vermögenswerte Leistung zur Verfügung zu stellen. Die erbrachte Leistung wird Bestandteil des Gesellschaftsvermögens und ist damit auch dem Zugriff der Gläubiger der Gesellschaft ausgesetzt.

382 Die *Haftsumme* bestimmt den Umfang der Haftung eines Kommanditisten nach außen. Der Kommanditist hat seiner Haftpflicht genügt und kann wegen Verbindlichkeiten der Gesellschaft von deren Gläubigern nicht mehr mit seinem Privatvermögen in Anspruch genommen werden, soweit und solange er der Gesellschaft den der Haftsumme entsprechenden Betrag als Einlage zur Verfügung stellt. Das bedeutet nicht, dass der Kommanditist, der seine Einlage einmal erbracht hat, für die Zukunft von jeder Haftpflicht befreit ist. Die persönliche Haftung ist nur solange ausgeschlossen, wie er den der Haftsumme entsprechenden Betrag in das Gesellschaftsvermögen eingebracht hat und dort belässt. Die persönliche Haftung des Kommanditisten lebt also wieder auf, wenn und soweit ihm die Einlage zurückgezahlt wird (§ 172 Abs. 4 HGB).

§ 27. Die Beziehungen der Gesellschafter untereinander (Das Innenrecht der KG)

I. Überblick

383 Während der Komplementär, soweit der Gesellschaftsvertrag nichts anderes vorsieht, im Wesentlichen wie der Gesellschafter einer OHG zu behandeln ist, sehen die §§ 164 ff. HGB für die Kommanditisten eine Reihe von Besonderheiten vor.

Nach der gesetzlichen Regelung nimmt der Kommanditist an der Geschäftsführung nicht teil (§ 164 HGB). § 164 HGB ist allerdings nicht zwingendes Recht. Der Gesellschaftsvertrag kann eine abweichende Regelung vorsehen. So kann abweichend von § 164 HGB zwischen den Gesellschaftern vereinbart werden, dass diese zur Geschäftsführung berechtigt und sogar verpflichtet sind (*BGHZ* 17, 392 ff.).

Die Geschäftsführungsbefugnis kann dem Kommanditisten neben dem persönlich haftenden Gesellschafter oder auch unter Ausschließung von dessen Geschäftsführungsbefugnis erteilt werden. Darin ist keine unzulässige Drittorganschaft zu sehen.

Ist ein Kommanditist geschäftsführungsbefugt, so nimmt er im Verhältnis der Gesellschafter untereinander diesbezüglich die gleiche Stellung ein wie ein persönlich haftender Gesellschafter.

II. Die Beteiligung an Gewinn und Verlust

Der Kommanditist ist gemäß § 167 HGB an Gewinn und Verlust der Gesellschaft beteiligt. Die Grundlage für die Ermittlung des Gewinns oder Verlustes der Gesellschaft und des Anteils des Kommanditisten daran ist der für das abgelaufene Geschäftsjahr festgestellte Jahresabschluss. 384

Der auf den Kommanditisten entfallende Gewinnanteil wird gemäß § 167 Abs. 2 HGB seinem Kapitalkonto nur solange gutgeschrieben, bis der Betrag der bedungenen Einlage erreicht ist. Der Grund für diese durch den Gesetzgeber festgesetzte Beschränkung liegt darin, dass der Kommanditist Dritten nur mit dem festen Betrag seines Kapitalanteils haftet, der persönlich haftende Gesellschafter aber unbeschränkt. Am Verlust nimmt der Kommanditist nach § 167 Abs. 3 HGB lediglich bis zur Höhe seines Kapitalanteils und seiner noch rückständigen Einlage teil.

Da § 167 HGB nur das Verhältnis der Gesellschafter untereinander regelt, handelt es sich nicht um zwingendes Recht (§§ 167, 120, 109 HGB). Die Gesellschafter können im Gesellschaftsvertrag eine davon abweichende Regelung treffen. In der Praxis werden häufig die Errichtung und Führung von Festkapitalkonten und Privatsonderkonten (siehe dazu oben Rn. 242) und Entnahmebeschränkungen derart vereinbart, dass Teile des Gewinns nicht ausgeschüttet werden dürfen.

Gemäß § 169 Abs. 1 S. 2 HGB hat der Kommanditist Anspruch auf Auszahlung des ihm zukommenden Gewinns. Diese gesetzliche Regelung ist jedoch abdingbar. Die Gesellschafter einer KG können deshalb im Gesellschaftsvertrag vereinbaren, dass Kommanditisten Zahlungen auch dann erhalten sollen, wenn die Gesellschaft keine Gewinne erzielt (*BGH* WM 1979, 803 f.).

III. Die Kontrollrechte

Da der Kommanditist im Regelfall von der Geschäftsführung ausgeschlossen ist, er aber gleichwohl an Gewinn und Verlust beteiligt ist und sogar bis zur Höhe seiner Einlage mit seinem Privatvermögen haftet, räumt ihm das Gesetz *Kontrollrechte* ein. 385

Dazu zählen die in § 166 HGB genannten Informations- und Prüfungsrechte.

386 Der Kommanditist ist berechtigt, die Richtigkeit der Jahresbilanz der Gesellschaft nachzuprüfen, bzw. nachprüfen zu lassen. § 166 Abs. 1 HGB gewährt dem Kommanditisten zum Zwecke der sachgerechten Prüfung der Bilanz ein Einsichtsrecht. Der Kommanditist hat also grundsätzlich das Recht zur Einsicht in alle Bücher und Papiere der Gesellschaft. Er darf allerdings nur in dem Umfang Einsicht nehmen, der für die Prüfung der Bilanz erforderlich ist (*BGH* WM 1979, 1061). Nach § 166 Abs. 3 HGB hat der Kommanditist ein *außerordentliches Prüfungsrecht,* wenn das Prüfungsrecht des § 166 Abs. 1 HGB nicht ausreicht, um seine Belange zu wahren. Ein *wichtiger Grund,* der einen Anspruch auf eine außerordentliche Prüfung gibt, liegt immer dann vor, wenn die Erfüllung der ordentlichen Informationsrechte für die sachgemäße Ausübung eines Mitgliedschaftsrechts nicht ausreicht und ein besonderer Gefährdungstatbestand vorliegt. Dafür genügt

- ein durch Tatsachen gerechtfertigter Verdacht, dass eine Schädigung der Gesellschaft oder der Rechte der Kommanditisten droht (so MünchKomm-HGB/*Grunewald,* § 166 Rn. 30) oder
- dass einem Kommanditisten die Abschrift der Jahresbilanz oder die zum Zwecke der Prüfung erforderliche Einsicht in die Bücher und Papiere der Gesellschaft verweigert wird (*OLG Hamm* BB 1970, 509).

387 Das ordentliche Prüfungsrecht des Kommanditisten im Sinne des § 166 Abs. 1 HGB kann durch entsprechende Vereinbarungen im Gesellschaftsvertrag erweitert, aber auch beschränkt werden.

Beispiel: Der Gesellschaftsvertrag einer KG sieht vor, dass das ordentliche Prüfungsrecht der Kommanditisten durch einen von den Gesellschaftern zu wählenden Beirat wahrzunehmen ist, der die Kommanditisten über das Ergebnis der Prüfung unterrichtet.

Aus Sinn und Zweck des § 166 Abs. 3 HGB, nämlich den Kommanditisten einen Mindestschutz zu gewähren, ergibt sich, dass das außerordentliche Prüfungsrecht aus wichtigem Grund durch Vereinbarungen im Gesellschaftsvertrag weder ausgeschlossen noch beschränkt werden kann (*OLG Hamm* DB 1970, 724, 725).

Dem ausgeschiedenen Kommanditisten stehen zwar die Kontrollrechte gemäß § 166 HGB nicht mehr zu; bei Vorliegen eines rechtlichen Interesses kann er jedoch auf der Grundlage der

§§ 810, 242 BGB die Bücher und Papiere aus der Zeit seiner Zugehörigkeit zur Gesellschaft einsehen. Das gilt insbesondere für den Fall, dass diese Unterlagen für die Berechnung seines Abfindungsguthabens von Bedeutung sind (so *BGH* GmbH-Rdsch. 1989, 289f.).

IV. Das Widerspruchsrecht

Kommanditisten können Geschäftsführungsmaßnahmen der persönlich haftenden Gesellschafter widersprechen, soweit diese über den gewöhnlichen Betrieb des Handelsgewerbes der Gesellschaft hinausgehen (§ 164 HGB). **388**

Die herrschende Meinung in Literatur und Rechtsprechung geht davon aus, dass § 164 HGB ein *Zustimmungserfordernis für außergewöhnliche Geschäfte* aufstellt, weil sonst die von der Geschäftsführung ausgeschlossenen Kommanditisten keine Möglichkeit hätten, von ihrem Widerspruchsrecht Gebrauch zu machen (*RGZ* 158, 302, 305f.). Das Zustimmungserfordernis berührt allerdings nur das Verhältnis der Gesellschafter untereinander. Mit außenstehenden Dritten vorgenommene Rechtsgeschäfte sind trotz fehlender Zustimmung voll wirksam.

V. Treuepflicht und Wettbewerb

Auch den Kommanditisten ist die für Personengesellschaften **389**
typische Treuepflicht auferlegt. Allerdings hat der Gesetzgeber die Kommanditisten ausdrücklich von dem für persönlich haftende Gesellschafter geltenden Wettbewerbsverbot des § 112 HGB ausgenommen (§ 165 HGB). Damit ist den Beteiligten aber nicht die Möglichkeit genommen, derartige Verbote sowohl für die Zeit während des Bestehens der Gesellschaft, als auch für die Zeit nach ihrer Auflösung vertraglich zu vereinbaren. Dass Wettbewerbsabreden handelsrechtlich zulässig sind, bedeutet jedoch nicht, dass sie in jedem Fall mit anderen gesetzlichen Vorschriften vereinbar sind. Nicht nur § 138 BGB setzt der privatautonomen Gestaltungsfreiheit der Gesellschafter Grenzen. Fraglich dürfte häufig auch sein, ob zwischen den Gesellschaftern vereinbarte Wettbewerbsabreden von § 1 GWB erfasst werden (vgl. dazu *BGHZ* 70, 331, 335f.; 89, 162, 189). Ist ein Kommanditist Wettbewerber der Gesellschaft, so kann aus § 242 BGB und der Treuepflicht, die

ihm obliegt, folgen, dass er das ihm sonst zustehende Recht, selbst Einsicht in die Bücher und Papiere zu nehmen, nicht ausüben darf, soweit überwiegende Interessen der Gesellschaft entgegenstehen. Entscheidend ist in einem solchen Fall darauf abzustellen, ob und inwieweit die Einsicht in die Bücher und Papiere für die Gesellschaft die Gefahr begründet, dass die dadurch von dem Kommanditisten gewonnenen Kenntnisse zu wettbewerblichen Zwecken – zum Nachteil der Gesellschaft – verwendet werden (zum Wettbewerbsverbot bei einer beherrschenden Beteiligung an einer GmbH & Co. KG siehe unten Rn. 415).

390 Der *BGH* (vgl. u.a. WM 1989, 1216ff.) neigt dazu, die Treuepflichten der Kommanditisten weiter auszudehnen und vertritt die Ansicht, ein Kommanditist dürfe auch dann, wenn er, wie im Regelfall, keinem Wettbewerbsverbot unterliegt, „wegen der ihm als Gesellschafter obliegenden Treuepflicht" keine Geschäfte an sich ziehen, die in den Geschäftsbereich der Gesellschaft fallen und dieser auf Grund bestimmter konkreter Umstände bereits zugeordnet sind.

§ 28. Die Außenbeziehungen bei der KG (Das Außenrecht der KG)

Literatur: *Häsemeyer,* Kommanditistenhaftung und Insolvenzrecht, ZHR 149 (1985), 42ff.; *E. v. Olshausen,* Die Aufrechnung eines Kommanditisten mit einer nicht voll werthaltigen Gegenforderung und ihre Wirkung auf die Einlageverbindlichkeit, ZGR 2001, 175ff. *K. Schmidt,* Was wird aus der unbeschränkten Kommanditistenhaftung nach § 176 HGB? Auslegung, Vertragsgestaltung und Gesetzgebung vor einer haftungsrechtlichen Neubesinnung, GmbH-Rdsch. 2002, 341ff.; *ders.,* Haftungsregress bei Personengesellschaften – BGH –, NJW 2002, 455, JuS 2003, 455ff.

I. Die Vertretung

391 Nach der gesetzlichen Regelung bleiben die Kommanditisten von der Vertretung der Gesellschaft ausgeschlossen (§ 170 HGB). Diese obliegt den persönlich haftenden Gesellschaftern.

§ 170 HGB ist, weil er das Verhältnis der Gesellschaft zu schutzwürdigen Dritten regelt, zwingendes Recht. Der Gesellschaftsvertrag kann deshalb eine davon abweichende Bestimmung, die den Kommanditisten die gesetzliche Vertretung der Gesellschaft und damit eine Organstellung überträgt, nicht wirksam treffen.

Der Kommanditist kann jedoch gewillkürter, d.h. durch Rechtsgeschäft bestimmter Vertreter der Gesellschaft werden. Diese Vollmacht kann auf bestimmte Rechtshandlungen beschränkt sein. Die Möglichkeit, einem Kommanditisten in großem Umfange Vertretungsmacht einzuräumen, bietet die Erteilung der Prokura an ihn (*BGHZ* 17, 392ff.). Von dieser Möglichkeit wird insbesondere dann Gebrauch gemacht, wenn dem Kommanditisten auch die Geschäftsführungsbefugnis übertragen worden ist. **392**

Beispiel: Kunz ist Kommanditist einer KG, deren Gegenstand die Herstellung und der Vertrieb von Scherzartikeln ist. Während der Winterferien, die Kunz in St. Anton am Arlberg verbringt, lernt er den Kaufmann Groß kennen, der mit Reinigungsmitteln handelt. Er erzählt dem Groß, dass er Gesellschafter der oben genannten KG sei und kauft, um Groß einen Gefallen zu tun, im Namen der KG für diese Reinigungsmittel im Werte von 2500,– €. Der persönlich haftende Gesellschafter der KG erklärt, der Betrieb könne mit den Reinigungsmitteln nichts anfangen; er denke nicht daran, sie zu bezahlen. Ein Kaufvertrag mit der KG ist nicht zustande gekommen, weil Kunz gemäß § 170 HGB nicht zur Vertretung der Gesellschaft befugt ist. Er hat als Vertreter ohne Vertretungsmacht im Sinne des § 177 BGB gehandelt. Der zunächst schwebend unwirksame Vertrag ist vom persönlich haftenden Gesellschafter nicht genehmigt worden. Kunz kann daher von Groß aus § 179 BGB in Anspruch genommen werden; die KG selbst haftet nicht.

II. Die Gesellschafterhaftung

Fall: K ist Kommanditist der Hein-Dachau-Elektroartikel KG. Er hat die Einlage in Höhe von DM 15000,– bei der Gründung der Gesellschaft im Jahre 1992 durch eine Geldzahlung in bar erbracht. In den Jahren 1992, 1993 und 1994 werden Gewinne von insgesamt DM 400000,– erwirtschaftet, von denen DM 100000,– auf K entfallen, der davon nichts entnimmt. 1995 und 1996 entstehen der KG Verluste in Höhe von insgesamt DM 500000,–; DM 125000,– davon entfallen auf K. Als im Frühjahr 1997 eine Betriebsprüfung durch das Finanzamt durchgeführt wird, stellt sich heraus, dass K für die Jahre 1992 und 1993 zu wenig Einkommensteuer entrichtet hat. Als das Finanzamt von ihm eine Einkommen- und Kirchensteuernachzahlung in Höhe von DM 11000,– verlangt, veranlasst K, dass dieser Betrag aus der Gesellschaftskasse gezahlt wird. Bereits 1992 hatte die KG bei der X-Bank AG ein Darlehen in Höhe von DM 120000,– aufgenommen, dessen Rückzahlung am 1. Juli 2004 fällig geworden ist. Die X Bank AG verlangt von K nun Rückzahlung eines Teilbetrages in Höhe von ehemals DM 40000,–, nun 20451,– €. Zu Recht?

1. Die generelle Regelung

393 Da die Kommanditgesellschaft lediglich eine Modifikation der OHG darstellt, haften die Gesellschafter – also Komplementäre *und* Kommanditisten – neben der Kommanditgesellschaft für die Verbindlichkeiten der Gesellschaft mit ihrem Privatvermögen.

Für den Komplementär gelten gemäß § 161 Abs. 2 die §§ 128 bis 130 HGB.

Demgegenüber ist die Haftung der Kommanditisten für Verbindlichkeiten der Gesellschaft Dritten gegenüber auf die Höhe ihrer Einlage beschränkt (§ 171 HGB).

2. Die Haftung des Kommanditisten vor der Eintragung in das Handelsregister

394 Wenn eine noch nicht in das Handelsregister eingetragene Kommanditgesellschaft mit Zustimmung des Kommanditisten die Geschäfte bereits aufgenommen hat, haftet der Kommanditist gem. § 176 Abs. 1 HGB wie der Komplementär für die bis zur Eintragung begründeten Verbindlichkeiten der Gesellschaft. Er haftet nicht, wenn dem Gläubiger die Beteiligung als Kommanditist bekannt war. Zweifelhaft ist, unter welchen tatsächlichen Voraussetzungen eine die Haftung ausschließende Kenntnis des Gläubigers bejaht werden kann. § 176 Abs. 1 HGB geht von dem Grundsatz der unbeschränkten Haftung des nicht eingetragenen Kommanditisten aus. Die Vorschrift knüpft die Haftungsbeschränkung an die als Ausnahmetatbestand formulierte Kenntnis des Geschäftspartners von der Kommanditisteneigenschaft und überträgt die Beweislast für diese Kenntnis dem betroffenen Kommanditisten (so *BGHZ* 82, 209, 212f.). Der bloße Nachweis der Verwendung einer KG-Firma sollte für den Haftungsausschluss nicht genügen (vgl. *K. Schmidt,* GmbH-Rdsch. 2002, 341, 344).

Umstritten ist, ob und unter welchen Voraussetzungen ein Kommanditist außerhalb von § 176 Abs. 1 HGB unbeschränkt haften soll, wenn er die Haftungsbeschränkung „missbraucht" (vgl. dazu *K. Schmidt,* Gesellschaftsrecht, § 53 IV 3 d und *BGHZ* 45, 204ff.).

3. Die Haftung des Kommanditisten nach der Eintragung in das Handelsregister (§ 171 HGB)

395 Soweit die Einlage geleistet ist, d.h. wenn der Gesellschaft in Höhe der Einlage ein Vermögenswert zugewachsen ist, ist die

Haftung ausgeschlossen (§ 171 Abs. 1 HGB). Für die Haftungsbefreiung des Kommanditisten durch Leistung der Haftsumme gilt ähnlich wie im Recht der Kapitalgesellschaften das *Kapitalaufbringungsprinzip* (so *BGHZ* 109, 334, 337). Das bedeutet, dass der Kommanditist nur in Höhe des objektiven Wertes seiner Leistung von seiner Haftung gegenüber den Gesellschaftsgläubigern frei wird (so *BGHZ* 95, 188, 197 und 109, 334, 337).

Beispiel: A hat bei seinem Eintritt als Kommanditist in die B-KG seine Einlage in Höhe von 100000,– € dadurch erbracht, dass er der B-KG eine Forderung in gleicher Höhe gegen die C-GmbH abgetreten hat. Noch bevor die B-KG die Forderung gegen die C-GmbH geltend machen kann, wird über die C-GmbH das Insolvenzverfahren eröffnet. Die B-KG kann die Forderung nur noch in Höhe der Insolvenzquote von 5% durchsetzen.

Hier ist A nur in Höhe des objektiven Wertes der Forderung, also 5000,– €, von seiner Haftung gegenüber den Gläubigern der B-KG frei geworden. Die Gläubiger können ihn mithin in Höhe von 95000,– € für Schulden der B-KG in Anspruch nehmen.

Um seine Einlageverpflichtung zu erfüllen, kann der Kommanditist mit einer ihm gegen die KG zustehenden Forderung (etwa aus einem Verkauf an die KG) aufrechnen. Ist die Forderung des Kommanditisten gegen die KG wegen der wirtschaftlichen Lage der Gesellschaft nicht mehr vollwertig, so wird der Kommanditist nur in Höhe des objektiven Wertes der Forderung (= in Höhe der Werthaltigkeit) von seiner Haftung gegenüber den Gläubigern der Gesellschaft frei (so *BGHZ* 95, 188ff., zur Problematik *E. v. Olshausen*, ZGR 2001, 175ff.).

4. Das Wiederaufleben der Haftung gemäß § 172 Abs. 4 HGB

Der Kommanditist, der die Einlage erbracht hat, ist allerdings **396**
nicht unter allen Umständen für die Zukunft von der Haftung ausgeschlossen. Die Haftungsbefreiung dauert nur so lange, wie der Kommanditist den seiner Haftsumme entsprechenden Vermögenswert im Gesellschaftsvermögen belässt. Gemäß § 172 Abs. 4 HGB kann der Kommanditist wieder haftbar gemacht werden, wenn und soweit er die Einlage zurückbezahlt erhält. Den Gesellschaftsgläubigern gegenüber gilt die Einlage in Höhe der Rückzahlung als nicht geleistet (zur dogmatischen Deutung der Kommanditistenhaftung vgl. *Häsemeyer*, ZHR 149 (1985), 42, 44ff.).

Unter Rückzahlung i.S. des § 172 Abs. 4 HGB ist jede Zuwen- **397**
dung aus dem Gesellschaftsvermögen an den Kommanditisten zu

verstehen, mit der dem Gesellschaftsvermögen in Höhe der geleisteten Einlage Vermögenswerte entzogen werden, ohne dass dafür eine gleichwertige Gegenleistung erbracht wird, und die damit die Fähigkeit der Gesellschaft vermindert, die Gläubiger zu befriedigen (*OLG Düsseldorf* GmbH-Rdsch. 1959, 114). Der Rückzahlung stehen gemäß § 172 Abs. 4 Satz 2 HGB die Entnahmen von Gewinnanteilen gleich, wenn diese erfolgen, während der Kapitalanteil des Entnehmenden unter den Betrag der geleisteten Einlage gesunken ist oder soweit durch die Entnahme der Kapitalanteil unter den Betrag der geleisteten Einlage herabgemindert wird.

Im oben geschilderten **Fall** könnte die X-Bank AG gemäß § 488 BGB i. V. m. §§ 171, 172 Abs. 4 HGB einen Anspruch auf Zahlung von 20451,– € gegen K haben. K haftet den Gläubigern der Gesellschaft gegenüber, zu denen auch die X-Bank AG gehört, gemäß § 171 HGB nur in Höhe seiner Einlage. Die Haftung ist ausgeschlossen, soweit die Einlage erbracht ist und der Kommanditist sie zur Verfügung durch die Gesellschaft belässt. Durch die Zahlung von DM 15000,– ist K zunächst von der Haftung ausgeschlossen worden. Die Haftung könnte jedoch durch die Zahlung von DM 11000,– an das Finanzamt wieder aufgelebt sein, wenn es sich dabei um eine Entnahme im Sinne des § 172 Abs. 4 HGB handelte. Durch die Verluste der Jahre 1995 und 1996 waren die Gewinnanteile des K aus den Vorjahren aufgezehrt und sein Kapitalkonto negativ geworden. Der Kapitalanteil des K war unter den Betrag der geleisteten Einlage herabgesunken. Die Einkommen- und Kirchensteuerforderung des Finanzamtes an K bildete eine persönliche Verpflichtung des K, denn dieser und nicht die KG waren einkommen- und kirchensteuerpflichtig. Wenn diese persönliche Verbindlichkeit des K aus der Kasse der Gesellschaft beglichen wurde, so handelte es sich dabei um eine Rückgewähr i. S. des § 172 Abs. 4 HGB. Dadurch lebte die Haftung des K in Höhe von DM 11000,– wieder auf. Gemäß § 488 BGB i. V. m. §§ 171 Abs. 1, 172 Abs. 4 HGB haftet K der X-Bank AG deshalb in Höhe von DM 11000,– (nach der Umstellung auf Euro in Höhe von 5624,– €), nicht aber in Höhe von DM 40000,– nun 20451,– €.

398 § 172 Abs. 4. HGB gewährleistet im Ergebnis den Gesellschaftsgläubigern *nicht* eine bestimmte, aus dem Gesellschaftsvermögen und dem haftenden Gesellschaftervermögen gebildete Gesamthaftungsmasse, die es verbietet, aus dem Vermögen des persönlich haftenden Gesellschafters Einlagen des Kommanditisten in die Gesellschaft mit haftungsbefreiender Wirkung oder eine Rückzahlung der Einlage an ihn mit haftungsbegründender Wirkung zu leisten. Deshalb lebt die Haftung des ausgeschiedenen Kommanditisten nicht wieder auf, wenn ihm der persönlich haftende Gesellschafter aus eigenem Vermögen eine Leistung an Gesellschaftsgläubiger vergütet und aus rechtlichen oder tatsächlichen Gründen bei der Kommanditgesellschaft nicht Rückgriff nehmen kann (so *BGHZ* 93, 246).

III. Der Erstattungsanspruch

Nach § 110 HGB, der gemäß § 161 Abs. 2 HGB auch für die Kommanditgesellschaft gilt, kann der von einem Gläubiger in Anspruch genommene Gesellschafter von der Gesellschaft den Betrag verlangen, den er an den Gläubiger gezahlt hat. Dieses Recht steht auch dem Kommanditisten zu, der im Interesse der Gesellschaft ein Sonderopfer erbracht hat (*BGHZ* 39, 319, 324; *BGH* MDR 2002, 593). **398a**

Fraglich kann sein, ob ein Kommanditist, der ohne Verpflichtung im Außenverhältnis einen Gesellschaftsgläubiger freiwillig befriedigt hat, vom Komplementär in gleicher Weise Ausgleich verlangen kann als hätte er selbst auch die Stellung eines Komplementärs inne, wenn die Gesellschaft auf den Erstattungsanspruch nicht leisten kann. Der *BGH* (MDR 2002, 593, 594) vertritt die Auffassung, der Kommanditist könne den Komplementär nach § 426 BGB in Anspruch nehmen, obwohl die Anwendung dieser Regressvorschrift voraussetzt, dass die mehreren Gesellschafter im Außenverhältnis den Gesellschaftsgläubigern haften. Der *BGH* hält es für geboten, die für mehrere persönlich haftende Gesellschafter geltenden Grundsätze auch dann heranzuziehen, wenn einer der Kommanditisten, ohne im Außenverhältnis hierzu verpflichtet zu sein, freiwillig Schulden der Gesellschaft tilgt „und sich dadurch von sich aus einem persönlich haftenden Gesellschafter gleichstellt" (so *BGH* MDR 2002, 593, 594); allerdings müsse sich der den Mitgesellschafter in Anspruch nehmende Kommanditist seinen eigenen Verlustanteil grundsätzlich von seinem Ausgleichsanspruch abziehen lassen.

§ 29. Der Wechsel von Gesellschaftern und die Beendigung der Kommanditgesellschaft

Literatur: *U. Huber*, Eintragungsfehler bei der Abtretung von Kommanditanteilen, ZGR 1984, 146 ff.; *A. Hueck,* Der gemeinschaftliche Vertreter mehrerer Erben in einer Kommanditgesellschaft, ZHR 125 (1962), 1 ff.; *Kreutz,* Hinauskündigungsklauseln im Recht der Personenhandelsgesellschaften, ZGR 1983, 109 ff.; *Michel,* Die Rechtsfolgen von Vermögensverschiebungen nach einer Kommanditanteilsübertragung, ZGR 1993, 118 ff.; *von Olshausen,* Haftungsprobleme beim Kommanditistenwechsel unter Lebenden – eine wechselvolle unendliche Geschichte, GS Knobbe-Keuk, 1997, 247 ff.; *K. Schmidt*, Kommanditisteneinlage – Kapitalaufbringung und Kapitalerhaltung in der KG, ZGR 1976, 307 ff.; *Ulmer*, Testamentsvollstreckung am Kommanditanteil – Voraussetzungen und Rechtsfolgen, NJW 1990, 73 ff.

I. Der Wechsel von Gesellschaftern

1. Ausscheiden und Eintritt von Gesellschaftern bei der KG

399 Für das Ausscheiden und den Eintritt von Gesellschaftern gilt bei der KG im Wesentlichen das Gleiche wie bei der OHG (vgl. dazu oben ausführlich Rn. 305 ff.). Ein wesentlicher Unterschied besteht allerdings darin, dass gemäß § 177 HGB beim Tode eines Kommanditisten – anders als bei der OHG – die Gesellschaft mit den Erben fortgesetzt wird; der Gesellschaftsvertrag kann etwas anderes vorsehen.

Der Gesellschafterwechsel – meist ein Kommanditistenwechsel – vollzieht sich heute, soweit es sich nicht um die Fortsetzung der KG mit den Erben eines Gesellschafters handelt, in der Regel in der Weise, dass der ausscheidende Gesellschafter seinen Anteil an der Gesellschaft mit der Zustimmung der übrigen Gesellschafter auf die Person überträgt, die für ihn in die Gesellschaft eintreten soll. Der Erwerber des Anteils rückt, wenn nichts anderes vereinbart ist, ohne weiteres in die Rechtsstellung ein, die bis dahin der ausscheidende Gesellschafter innehatte (vgl. *BGHZ* 81, 82, 84).

2. Die Haftung der eintretenden Gesellschafter

400 Gemäß § 176 Abs. 2 HGB haftet der als Kommanditist in eine bereits bestehende Handelsgesellschaft Eintretende unmittelbar und unbeschränkt, soweit es sich um Verbindlichkeiten handelt, die in der Zeit zwischen seinem Eintritt und der Eintragung des Eintritts in das Handelsregister entstanden sind. Voraussetzung für die unbeschränkte Haftung des eintretenden Kommanditisten ist nicht seine Zustimmung zu dem Beginn des Geschäftes oder dessen Weiterführung. Sinn und Zweck des § 176 Abs. 2 HGB entspricht es, dass „unterschiedslos ohne Rücksicht auf interne Erklärungen haftet, wer mitverantwortlich in den Kreis der Gesellschafter eingetreten ist und auf wessen Rechnung das Gesellschaftsunternehmen fortan betrieben wird" (so *BGHZ* 82, 209, 212). Um die unbeschränkte Haftung zu vermeiden, wird daher in der Praxis bereits im Eintrittsvertrag festgelegt, dass der Eintritt erst mit der Eintragung ins Handelsregister wirksam werden soll (vgl. *BGHZ* 82, 209, 212).

Was die bereits vor seinem Eintritt begründeten Verbindlichkeiten der Gesellschaft angeht, so haftet der *neue Gesellschafter* nach § 173 HGB grundsätzlich für alte und neue Verbindlichkeiten gemäß §§ 171 und 172 HGB, d.h. seine Haftung ist grundsätzlich ausgeschlossen, wenn die Einlage vollständig erbracht und weder ganz noch teilweise wieder zurückgewährt worden ist (§ 172 Abs. 4 HGB). 401

3. Die Haftung der ausscheidenden Gesellschafter

Die aus der KG ausscheidenden Gesellschafter haften gemäß § 160 HGB für die bis dahin begründeten Verbindlichkeiten der Gesellschaft. Während die Haftung der Komplementäre eine unbeschränkte bleibt, bemisst sich die Haftung der Kommanditisten auch nach dem Ausscheiden nach §§ 171, 172 HGB. 401a

Durch § 160 Abs. 3 HGB wird für den Fall eine ausdrückliche gesetzliche Regelung getroffen, dass ein persönlich haftender Gesellschafter in die Rechtsstellung eines Kommanditisten überwechselt. Für diesen Kommanditisten gelten die gleichen Haftungsbegrenzungen gemäß § 160 Abs. 1 und 2 HGB wie für einen ausscheidenden persönlich haftenden Gesellschafter, unabhängig davon, ob es sich bei der Gesellschaft schon zuvor um eine Kommanditgesellschaft gehandelt hat oder ob sie es erst durch den Wechsel des persönlich haftenden Gesellschafters in die Kommanditistenstellung geworden ist (vgl. *Seibert,* DB 1994, 461, 462). Durch § 160 Abs. 3 Satz 2 HGB wird diese Haftungsbegrenzung nunmehr auch für den Fall angeordnet, dass der ehemals persönlich haftende Gesellschafter in der Gesellschaft oder einem ihr angehörenden Unternehmen geschäftsführend tätig wird. Das gilt in erster Linie für die Fälle, in denen eine OHG oder KG in eine GmbH & Co KG umgewandelt wird und der ehemals persönlich haftende Gesellschafter nicht nur Kommanditist geworden ist, sondern daneben als Geschäftsführer der Komplementär-GmbH die Geschäfte der Gesellschaft führt (vgl. *Reichold,* NJW 1994, 1617, 1620; *Seibert,* DB 1994, 461, 462).

Ob bei einem Gesellschafterwechsel die Haftung des Altkommanditisten (des Ausscheidenden) gemäß § 172 Abs. 4 HGB wieder auflebt, hängt davon ab, wie der Wechsel der Gesellschafter gestaltet wird:

402 *a)* Tritt der Altkommanditist aus der Gesellschaft aus und lässt er sich von dieser abfinden, während der Neukommanditist unter Zahlung seiner Einlage eintritt, so ist in der Abfindung eine Rückzahlung gemäß § 172 Abs. 4 HGB zu sehen, die die Haftung des Altkommanditisten wieder aufleben lässt.

Wenn diese im Regelfall ja nicht gewünschte Haftungsfolge aus der Kombination von Austritt und Eintritt vermieden werden soll, muss die Anteilsübertragung direkt vom Altkommanditisten an den Neukommanditisten erfolgen (vgl. dazu auch oben Rn. 315f.). Das ist möglich, wenn die übrigen Gesellschafter zustimmen oder der Gesellschaftsvertrag dies vorsieht. Allerdings lebt die Haftung des ausscheidenden Kommanditisten nur dann nicht nach § 172 Abs. 4 HGB wieder auf, wenn ein entsprechender *Rechtsnachfolgevermerk* im Handelsregister eingetragen ist (vgl. *BGHZ* 81, 82, 86; vgl. dazu ausführlich *von Olshausen,* GS Knobbe-Keuk, S. 256ff.). Im Übrigen ist zu berücksichtigen, dass die Kommanditisteneinlage nicht doppelt, sondern nur einmal abgedeckt sein muss (vgl. dazu *K. Schmidt,* Gesellschaftsrecht, § 54 IV 3).

403 *b) Fehlt ein solcher Rechtsnachfolgevermerk,* kann der Anschein erweckt sein, es sei ein neuer Gesellschafter mit einer neuen Einlage in die Gesellschaft eingetreten, und zwar ohne rechtlichen Zusammenhang mit dem Ausscheiden eines anderen (vgl. *BGHZ* 81, 82, 86f.). Nach § 15 Abs. 1 HGB ist in einem solchen Fall die Haftungssituation im Verhältnis zu den Gläubigern wie diejenige beim Eintritt eines neuen Gesellschafters zu bewerten. Der neue Gesellschafter haftet also gemäß § 173 HGB neben dem alten, kann sich allerdings im Gegensatz zu dem Altkommandististen auf die erbrachte Einlageleistung berufen. Denn in einem solchen Fall lebt die Haftung des früheren Kommanditisten wieder auf, „weil mit der Übertragung der Rechtsposition auf den neuen Kommanditisten auf diesen auch das Recht übergegangen ist, sich auf die Einlageleistung seines Rechtsvorgängers und die Wirkung des § 171 Abs. 1 Halbs. 2 HGB zu berufen, so dass die im Handelsregister weiter eingetragene Haftsumme des früheren Kommanditisten durch seine frühere Einlageleistung fortan nicht mehr gedeckt ist"; § 172 Abs. 4 HGB ist entsprechend anzuwenden (so *BGHZ* 81, 82, 89; vgl. zu der Problematik *von Olshausen,* GS Knobbe-Keuk, S. 262ff. und *K. Schmidt,* Gesellschaftsrecht, § 54 IV 3).

404 Besonders schwierig ist die Frage zu beantworten, ob der durch Anteilsübertragung ausgeschiedene Altkommanditist erneut gem.

§ 172 Abs. 4 HGB in die Haftung genommen werden soll, wenn die Einlagenrückgewähr an den neuen Kommanditisten erfolgt (vgl. zur Problematik *von Olshausen,* GS Knobbe-Keuk, S. 268 ff.). Unbestritten ist, dass den *Neugläubigern* nur der neu eingetretene Kommanditist haftet, wenn der ausgeschiedene seine Einlage geleistet und er darauf nichts zurückerhalten hat (so das *RG* in einer Entscheidung aus dem Jahre 1944, die wegen ihrer Bedeutung in WM 1964, 1130 ff. noch einmal veröffentlicht worden ist). Umstritten ist allerdings, ob in solchen Fällen der ausgeschiedene Kommanditist den Altgläubigern haftet. Das *RG* hat in dieser grundlegenden Entscheidung die Auffassung vertreten, dass die Haftung des ausscheidenden Kommanditisten wieder auflebt, wenn der Nachfolger sich Rückzahlungen gewähren lässt. Das *RG* meint, dies folge „notwendig aus dem allgemeinen Rechtssatz, dass sich kein Gläubiger gegen seinen Willen einen anderen Schuldner aufzwingen zu lassen braucht"; eine andere Rechtsgestaltung würde „eine offenbar unbillige Verkürzung" der Rechte der Altgläubiger bedeuten. Die vom *RG* (WM 1964, 1130, 1133) angenommene Rechtsfolge ergibt sich nicht zwingend aus den §§ 171 ff. oder § 15 HGB, wenn der Rechtsnachfolgevermerk in das Handelsregister eingetragen worden ist und der ausscheidende Kommanditist seine Einlage erbracht hatte (kritisch dazu *Michel,* ZGR 1993, 118 ff.).

Umstritten ist, ob § 176 Abs. 2 HGB nach Sinn und Zweck nur 405
auf den „echten Neueintritt" (so *K. Schmidt,* Gesellschaftsrecht, § 55 II 2) oder auch auf den derivativen Anteilserwerb anzuwenden ist (zum Streitstand siehe *von Olshausen,* GS Knobbe-Keuk, S. 286 ff. mit Nachw.). *K. Schmidt* (Gesellschaftsrecht, § 55 II 2) will die strenge Haftung nach § 176 Abs. 2 HGB auf den Fall beschränken, dass die Gesellschaft durch Bildung eines neuen Anteils erweitert wird. Unter § 176 Abs. 2 HGB sind also folgende Fälle **nicht** zu fassen:

– Anteilsübertragung (so aber noch *BGHZ* 66, 98, 100),
– Erbfolge (so auch *BGHZ* 108, 197).

Nach Ansicht des *BGH* (*BGHZ* 82, 209, 211 ff.) haftet gem. § 176 Abs. 2 HGB auch derjenige im Handelsregister nicht eingetragene Kommanditist unbeschränkt mit seinem Privatvermögen, der den Kommanditanteil mit Zustimmung der übrigen Gesellschafter durch Übertragung erworben hat. Der *BGH* betont, der *Gesetzeszweck* – die beschränkte Haftung soll generell von einer entsprechenden Eintragung im Handelsregister abhängig gemacht werden, damit der Rechtsverkehr vor nicht öffentlich bekannt gemachten Haftungsbeschränkungen geschützt und Klarheit über die Höhe der einzelnen Beteiligungen und des gesamten Kommanditistenkapitals einer Gesellschaft herbeigeführt wird (*BGHZ* 82, 209, 213) – werde nur erreicht, wenn die unbeschränkte Haftung zu Lasten nicht eingetragener Gesellschafter an die bloße Tatsache ihrer Zugehörigkeit zu der Handelsgesellschaft anknüpfe; dabei dürfe nicht unterschieden werden, auf welche Weise diese Mitgliedschaft – durch Mitgründung der Gesellschaft, späteren gesellschaftsvertraglichen Beitritt, Erbfolge der Übertragung im oben bezeichneten Sinne – zustande gekommen ist (kritisch dazu *Huber*, ZGR 1984, 146, 160ff.).

4. Die Ausschließung von Gesellschaftern

406 Über § 161 Abs. 2 HGB findet auch § 140 HGB auf die KG Anwendung (vgl. oben Rn. 307ff.). Da Kommanditisten, anders als die Gesellschafter einer OHG, nicht auf eine sehr enge Zusammenarbeit angewiesen sind, können persönliche Spannungen und gesellschaftsbezogene Meinungsverschiedenheiten die Ausschließung eines Kommanditisten aus der Gesellschaft nur in besonders schwerwiegenden Fällen rechtfertigen. Das ist dann der Fall, wenn der Verbleib eines Gesellschafters für die anderen Gesellschafter unzumutbar ist (vgl. *BGH* ZIP 1995, 113).

Nicht selten werden in die Gesellschaftsverträge sog. „Hinauskündigungsklauseln" aufgenommen. Es handelt sich dabei um Vereinbarungen, mit Hilfe derer an die Stelle des gesetzlich vorgesehenen Ausschließungsverfahrens (Gestaltungsklage gem. § 140 HGB) ein entsprechendes Gestaltungsrecht der Gesellschafterversammlung oder einzelner Gesellschafter treten soll. Darüber hinaus wird nicht selten auch materiellrechtlich festgelegt, dass nicht nur ein wichtiger Grund i.S. der §§ 140 und 133 HGB die Ausschließung eines Gesellschafters rechtfertigen soll. Der *BGH* (*BGHZ* 68, 212ff.; 81, 263ff.) hält solche „Hinauskündigungsklauseln" zwar für grundsätzlich zulässig, betont aber, dass stets die der Vertragsfreiheit immanenten Grenzen zu beachten seien. Deshalb dürfen durch solche Klauseln die allgemeinen Grundsätze der Rechtsordnung, vor allem aber auch die Grundprinzipien des Gesellschaftsrechts nicht verletzt werden. Klauseln dieser Art dürfen in Gesellschaftsverträgen nicht so gestaltet sein, dass sie „die nach dem Gesellschaftsvertrag erforderliche Zusammenarbeit der Gesellschafter im Kern treffen, die Erfüllung der dem einzelnen Gesellschafter obliegenden Aufgaben gefährden und die im Rahmen des gemeinsamen Unternehmens gebotene gesellschaftstreue Mitarbeit in Frage stellen" (so *BGHZ* 81, 263, 266. Dazu *Kreutz,* ZGR 1983, 109ff.). Der *BGH* (JZ 1985, 1105ff.) hat im Hinblick auf die Wirksamkeit sog. „Hinauskündigungsklauseln" den Charakter der Personengesellschaft als

„Arbeits- und Haftungsgemeinschaft" betont, der in besonderem Maße auf gegenseitigem Vertrauen beruhe und deshalb eine besondere Treuepflicht begründe. Der *BGH* (JZ 1985, 1105f.) hat deshalb eine Klausel im Gesellschaftsvertrag gemäß § 138 BGB für sittenwidrig und damit nichtig gehalten, die einzelnen Gesellschaftern das Recht einräumen sollte, Mitgesellschafter nach freiem Ermessen aus der Gesellschaft auszuschließen. Der *BGH* sieht durch eine solche Klausel die nach dem Gesellschaftsvertrag erforderliche Zusammenarbeit der Gesellschafter im Kern getroffen und die Erfüllung der dem einzelnen Gesellschafter obliegenden Aufgaben gefährdet (vgl. zur Problematik auch *BGHZ* 105, 213, 216f. u. 107, 351ff.).

5. Die Fortsetzung der KG mit den Erben der Gesellschafter

Anders als bei der OHG wird beim Tode eines Kommanditisten mangels einer abweichenden Regelung im Gesellschaftsvertrag die Gesellschaft mit den Erben fortgesetzt (§ 177 HGB). 407

Der oder die Erben rücken mit dem Erbfall automatisch in die ihnen zugedachte Gesellschafterstellung – Komplementär oder Kommanditist – ein, ohne dass es dazu einer besonderen Erklärung der Erben bedarf. Bei einer entsprechenden Regelung im Gesellschaftsvertrag wird der Gesellschaftsanteil eines persönlich haftenden Gesellschafters unter der vorausbestimmten Umwandlung in eine Kommanditbeteiligung vererbt (so *BGHZ* 101, 123, 125). Der Kommanditist einer KG kann, wenn er Erbe des persönlich haftenden Gesellschafters wird, bei entsprechender gesellschaftsvertraglicher und gesetzlicher Regelung durch Erbfall zum Komplementär werden. Das Kommanditistenverhaltnis entfällt aller-dings (so *OLG Schleswig OLGZ* 1991, 44). Dass in einer KG derselbe Gesellschafter nicht zugleich Kommanditist und Komplementär sein kann, beruht auf dem Grundsatz, dass derselbe Gesellschafter nicht zugleich beschränkt und unbeschränkt haften kann (vgl. *OLG Hamm* NJW 1982, 835; *OLG Schleswig OLGZ* 1991, 44).

Wie oben (Rn. 319ff.) bereits erwähnt, kann ein Testamentsvollstrecker nach Ansicht des *BGH* (*BGH* NJW 1998, 1313ff.; NJW 1996, 1284ff.) den Anteil eines persönlich haftenden Gesellschafters nur sehr begrenzt verwalten. Für den Kommanditisten gelten diese Einschränkungen nicht, soweit er nicht geschäftsführungs- und vertretungsbefugt ist. Der Kommanditist haftet gemäß § 171 Abs. 1 HGB beschränkt auf seine Einlage. Soweit diese geleistet ist, kann er für Gesellschaftsverbindlichkeiten nicht in Anspruch genommen werden. Deshalb bestehen nach Ansicht des *BGH* (*BGHZ* 108, 187, 195) gegen die Zulässigkeit der Testamentsvollstreckung für einen Kommanditanteil keine Bedenken (vgl. zur Problematik *Ulmer*, NJW 1990, 73ff.).

II. Die Beendigung der Kommanditgesellschaft

408 Auf die Auflösung der KG finden gem. § 161 HGB die §§ 131 ff. HGB Anwendung (vgl. dazu oben Rn. 299 ff.).

Auch der Einzige persönlich haftende Gesellschafter (Komplementär) einer KG kann in entsprechender Anwendung des § 140 HGB ausgeschlossen werden (*BGHZ* 6, 113). Das Ausscheiden des einzigen Komplementärs führt zur Auflösung der Gesellschaft, weil eine KG ohne Komplementär nicht bestehen kann.

Stirbt bei einer zweigliederigen Gesellschaft der eine der beiden Gesellschafter und wird er von dem anderen allein beerbt, so wird dadurch die Gesellschaft nicht nur aufgelöst, sondern gleichzeitig auch beendet. Der verbleibende Gesellschafter wird Alleininhaber des Unternehmens (vgl. *BGHZ* 65, 79, 82 f.; *BGH* WM 1991, 224 f.). Das Gesellschaftsvermögen geht wie im Falle der Geschäftsübernahme nach § 142 HGB im Wege der Gesamtrechtsnachfolge auf den früheren Gesellschafter über (vgl. *BGHZ* 113, 132 ff.). Der Kommanditist, der dadurch Alleininhaber des Gesellschaftsvermögens wird, dass er die Beteiligung seines einzigen, persönlich haftenden Gesellschafters erbt, haftet für die bisherigen Gesellschaftsverbindlichkeiten unter den Voraussetzungen des § 27 HGB (so *BGHZ* 113, 132).

§ 30. Die GmbH & Co. KG

Literatur: *Th. Raiser*, Recht der Kapitalgesellschaften, §§ 42 ff.; *K. Schmidt*, Die GmbH & Co – eine Zwischenbilanz, GmbH-Rdsch. 1984, 242 ff.

I. Überblick

409 In der Praxis wird von der Möglichkeit, eine GmbH als einzige persönlich haftende Gesellschafterin einer Kommanditgesellschaft einzusetzen, besonders häufig Gebrauch gemacht.

Die GmbH & Co. KG ist eine Kommanditgesellschaft, also Personengesellschaft.

410 Die rechtliche Zulässigkeit der GmbH & Co. KG steht schon lange außer Frage, zumal das HGB nach entsprechenden Änderungen als selbstverständlich von der Existenz dieser Rechtsform ausgeht (vgl. §§ 130 a und b sowie §§ 131 Abs. 2, 177 a HGB). Zweifel an der Zulässigkeit der GmbH & Co. KG sind früher in erster Linie im Hinblick auf den Gläubigerschutz geäußert worden. Dabei ist die Auffassung vertreten worden, bei der GmbH &

Co. KG gäbe es letztlich keinen Gesellschafter, der unbeschränkt hafte, weil die GmbH als einzige persönlich haftende Gesellschafterin nur mit ihrem Gesellschaftsvermögen hafte. Dazu ist allerdings zu bemerken, dass die Haftung der Komplementär-GmbH eine unbeschränkte – wenn auch auf das Gesellschaftsvermögen beschränkte – ist. Auch wenn eine natürliche Person persönlich haftende Gesellschafterin einer KG ist und als solche unbeschränkt mit ihrem Privatvermögen haftet, darf nicht übersehen werden, dass das Privatvermögen einer natürlichen Person oft ebenso wenig wie das Gesellschaftsvermögen einer GmbH ausreicht, um alle Gläubiger der Gesellschaft zu befriedigen.

II. Die Struktur der GmbH & Co. KG

Eine GmbH & Co. KG kann auf verschiedene Arten strukturiert sein. Im Wesentlichen kommen zwei Arten in Betracht: 411

- die Gesellschafter der geschäftsführenden GmbH sind insgesamt oder zum Teil andere Personen als diejenigen, die die Kommanditisten der KG sind, oder
- alle Gesellschafter sind sowohl Gesellschafter der GmbH als auch gleichzeitig Kommanditisten der KG.

Beispiel: Schmitz und Kargus sind die Gesellschafter einer GmbH, die Einzige persönlich haftende Gesellschafterin einer Kommanditgesellschaft ist. Kohn und Gutzeit sind Kommanditisten. Hier sind verschiedene natürliche Personen an der GmbH einerseits und der Kommanditgesellschaft unmittelbar andererseits beteiligt.

Beispiel für eine GmbH & Co. KG, bei der alle Kommanditisten auch Gesellschafter der GmbH sind: Merker und Fasel sind zu gleichen Teilen Gesellschafter der GmbH, die die Einzige persönlich haftende Gesellschafterin der Kommanditgesellschaft ist. Sie sind zugleich auch die einzigen Kommanditisten.

III. Das auf die GmbH & Co. KG anzuwendende Recht und die Haftung der Gesellschafter

Bei der GmbH & Co. KG werden zwei Gesellschaftsformen miteinander verbunden. Deshalb ist sowohl das Recht der GmbH als auch das Recht der Kommanditgesellschaft anzuwenden. Auf die Kommanditgesellschaft sind die §§ 161 ff. HGB und auf die GmbH die Vorschriften des GmbH-Gesetzes anzuwenden. 412

So werden z.B. die Geschäftsführer der GmbH nach GmbH-Recht bestellt und abberufen. Durch den Gesellschaftsvertrag kann allerdings eine andere Regelung getroffen werden. Die Geschäftsführer der Komplementär-GmbH vertreten auch die KG und führen deren Geschäfte. Die Leitung der KG obliegt also den Geschäftsführern der Komplementär-GmbH.

412a Was die Haftung der Gesellschafter angeht, so sind das Recht der KG (§§ 161ff. HGB) und das GmbH-Recht anwendbar. Komplementäre und Kommanditisten haften für die Verbindlichkeiten der Gesellschaft (der KG) grundsätzlich persönlich, es sei denn, die Haftung ist gem. § 171 HGB beschränkt (Kommanditist) und nach Erbringung der Einlage ausgeschlossen. Die GmbH haftet als Komplementärin gem. §§ 161, 128 HGB unmittelbar, persönlich und unbeschränkt mit ihrem Gesellschaftsvermögen. Die Haftung der Gesellschafter der GmbH für Verbindlichkeiten der GmbH ist gem. § 13 Abs. 2 GmbHG nach der Eintragung der GmbH in das Handelsregister ausgeschlossen.

Beispiel: Gesellschafter der A GmbH & Co. KG sind die A-GmbH als Komplementärin und die Kommanditisten B und C. Gesellschafter der A-GmbH sind A und B. Die A GmbH & Co. KG kauft bei V einen gebrauchten LKW für 17500,– €. Nachdem der fällige Kaufpreis trotz mehrmaliger Aufforderung von der Gesellschaft nicht gezahlt worden ist, wendet sich V an die Gesellschafter. Die Anspruchsgrundlage gegen die A-GmbH ist § 433 Abs. 2 BGB i.V.m. §§ 161, 128 HGB. V kann die Kommanditisten B und C nach § 433 Abs. 2 BGB i.V.m. § 171 Abs. 1 HGB in Anspruch nehmen, wenn diese ihre Einlage (Haftsumme) noch nicht oder noch nicht voll erbracht haben. A und B haften wegen des Anspruchs gegen die Komplementärin A GmbH aus § 433 Abs. 2 BGB i.V.m. §§ 161, 128 HGB als Gesellschafter der GmbH nicht persönlich mit ihrem Privatvermögen (§ 13 Abs. 2 GmbHG).

412b Wenn im Namen der GmbH & Co. KG ein Geschäftsbetrieb eröffnet wird, bevor die Komplementär-GmbH und die KG im Handelsregister eingetragen worden sind, so besteht zunächst eine OHG oder eine Gesellschaft bürgerlichen Rechts. Mit der Eintragung beider Gesellschaften wird die KG, soweit nichts anderes vereinbart ist, ohne weiteres Schuldnerin der ursprünglich für die BGB-Gesellschaft oder die OHG begründeten Geschäftsverbindlichkeiten (*BGHZ* 69, 95, 97ff.). Die Gesellschafter haften für die bis zur Eintragung begründeten Verbindlichkeiten der Gesellschaft gemäß § 128 HGB (*BGHZ* 70, 132, 134).

Auf das Verhältnis der Kommanditisten zur GmbH ist das Recht der Kommanditgesellschaft (§§ 161ff. HGB) anzuwenden.

Das bedeutet z.B., dass die GmbH und ihre Geschäftsführer im Hinblick auf die Geschäftsführung nicht von den Weisungen der Kommanditisten abhängig sind, soweit der Gesellschaftsvertrag nicht eine andere Regelung vorsieht. Auch in der GmbH & Co. KG haftet der nicht im Handelsregister eingetragene Kommanditist gemäß § 176 HGB unbeschränkt (*BGH* WM 1979, 1057 f.).

IV. Das Informationsrecht der Gesellschafter

Ist die GmbH & Co. KG so strukturiert, dass die Kommanditisten gleichzeitig Gesellschafter der GmbH sind, können den Gesellschaftern Informationsrechte einmal gemäß § 166 HGB als Kommanditisten und darüber hinaus als Gesellschafter der GmbH (gemäß § 51 a GmbHG) zustehen (vgl. *BGH* WM 1988, 1447 f. u. *OLG Hamm* NJW 1986, 1693 f.). 413

Gegenstand des Auskunftsanspruchs gemäß § 51 a GmbHG, d.h. über Angelegenheiten der GmbH, die Komplementärin einer KG ist, sind stets auch die Angelegenheiten der KG. Deshalb erstreckt sich das Informationsrecht als Teil eines einheitlichen Informationsanspruchs auch auf die Bücher und Schriften der KG (so *OLG Düsseldorf* WM 1990, 1823). Ein informationsberechtigter Gesellschafter der Komplementär-GmbH, der zugleich Kommanditist ist, braucht sich nicht auf die geringeren Rechte aus § 166 HGB verweisen zu lassen (*OLG Karlsruhe* GmbH-Rdsch. 1998, 691).

V. Kapitalaufbringung und Kapitalsicherung

Die Kapitalsicherung in der GmbH & Co. KG wirft erhebliche Probleme auf (vgl. dazu *K. Schmidt,* Gesellschaftsrecht, § 56 V 1). 414

Was die *Kapitalaufbringung* angeht, so kann man von einer „doppelten Kapitalaufbringung" sprechen (so *K. Schmidt,* Gesellschaftsrecht, § 56 V 1 a). Die GmbH-Regeln gelten neben den Regeln für die KG. Die Einlagen für die GmbH müssen nach §§ 9 ff. GmbHG aufgebracht werden. Will der Kommanditist nicht persönlich für die Verbindlichkeiten der Gesellschaft haften, muss er die Einlage als Kommanditist erbringen (§ 171 HGB).

Was die *Kapitalerhaltung* angeht, so spielt der § 172 a HGB eine zentrale Rolle, der die Regeln der §§ 32 a und b GmbHG über kapitalersetzende Darlehen auf die GmbH & Co. KG anwendbar macht.

Führen Zahlungen der Kommanditgesellschaft an einen oder mehrere Gesellschafter dazu, dass das Vermögen der Komplementär-GmbH nach Abzug der Verbindlichkeiten nicht mehr der Höhe des Stammkapitals entspricht, so liegt darin ein Verstoß gegen § 30 GmbHG (Erhaltung des Stammkapitals) (so *BGHZ* 60, 324, 328; 69, 274, 279). Das gilt auch für den Fall, dass der Kommanditist nicht gleichzeitig Gesellschafter der GmbH ist (so *BGHZ* 110, 342).

VI. Das Wettbewerbsverbot

415 In der KG trifft das Wettbewerbsverbot nach dem Wortlaut des Gesetzes (§§ 161, 165, 112 HGB) nur den Komplementär. Da sich das Wettbewerbsverbot auf das *Innenverhältnis der Gesellschafter* bezieht, kann es jedoch nicht entscheidend darauf ankommen, welche Stellung der verpflichtete Gesellschafter nach außen einnimmt. Maßgeblich ist vielmehr seine Stellung im Innenverhältnis. Bestimmt er im Innenverhältnis ausschlaggebend die Geschicke der Gesellschaft, so trifft ihn auch eine erhöhte Treuepflicht und daraus folgend ein Wettbewerbsverbot. Letzteres gilt insbesondere auch für den die Gesellschaft beherrschenden Mehrheitsgesellschafter oder eine die Gesellschaft beherrschende Gruppe, weil für die Gesellschaft eine besondere Gefährdungslage entsteht, wenn ein herrschender Gesellschafter außerhalb der Gesellschaft unternehmerisch tätig wird (so *BGHZ* 89, 162, 166). Deshalb kann in einer GmbH & Co. KG auch derjenige einem Wettbewerbsverbot unterliegen, der mit hoher Mehrheit sowohl am Kommanditkapital als auch am Kapital der Komplementär-GmbH beteiligt ist und auf Grund dieser mehrheitlichen Beteiligung die Gesellschaft beherrscht (*BGHZ* 89, 162). Das Wettbewerbsverbot gilt gem. §§ 161, 112 HGB auch für die Komplementär-GmbH (a. A. gegen den Wortlaut des Gesetzes *OLG Frankfurt* BB 1982, 1383f. mit nicht vertretbarer Begründung).

Der Geschäftsführer der GmbH unterliegt einem Wettbewerbsverbot, das sich nicht aus dem Recht der Kommanditgesellschaft, sondern aus dem Recht der GmbH ergibt. Demnach unterliegen die Fremdgeschäftsführer während ihrer Amtszeit einem umfassenden Wettbewerbsverbot, auch wenn dies nicht ausdrücklich in der Satzung oder im Anstellungsvertrag geregelt ist. Für die Gesellschafter-Geschäftsführer ergeben sich zudem aus der Treuepflicht der GmbH-Gesellschafter gegenüber der GmbH weiterreichende Wettbewerbsverbote (Scholz/Schneider, § 43 GmbHG, Rn. 126ff.).

VII. Die Firma der GmbH & Co. KG

Die Gesellschaftszusätze „GmbH" und „KG" müssen in dieser 416
Reihenfolge hintereinander gesetzt werden, weil bei einer anderen Reihenfolge der Eindruck entstehen könnte, dass es sich nicht um eine Kommanditgesellschaft, sondern um eine GmbH handelt.

Der *BGH* (*BGHZ* 62, 216, 226; 65, 103, 105; 71, 354, 356) hat nachhaltig betont, dass die Firma einer Kommanditgesellschaft, deren alleinige persönlich haftende Gesellschafterin eine GmbH ist, in entsprechender Anwendung des § 4 Abs. 2 GmbHG und des § 4 Abs. 4 AktG einen Zusatz wie etwa „GmbH & Co. KG" haben muss. Eine entsprechende Anwendung der genannten Vorschriften ist geboten, weil bei der GmbH & Co. KG, obwohl es sich bei ihr um eine Personengesellschaft handelt, den Gläubigern letztlich nur eine beschränkte Vermögensmasse haftet und zum Schutz der Gläubiger diese Haftungsbeschränkung durch einen die wirkliche Rechtsform bezeichnenden Zusatz in der Firma offenbart werden muss (vgl. zu den Einzelheiten *Kübler/Assmann*, § 21 III). Für den Fall der Firmenneubildung ergibt sich die Notwendigkeit einer solchen Bezeichnung bereits aus § 19 HGB.

VIII. Die Geschäftsführerhaftung

Der Geschäftsführer einer Komplementär-GmbH haftet bei 417
Verletzung seiner Geschäftsführungspflichten auch gegenüber der Kommanditgesellschaft. Bei einer vernünftigen, Treu und Glauben und der Interessenlage entsprechenden Betrachtung ist davon auszugehen, dass das wohlverstandene Interesse der ausschließlich oder vorwiegend zur Geschäftsführung der KG eingesetzten Komplementär-GmbH ebenfalls auf eine ordnungsmäßige Leitung der KG gerichtet ist, weil die GmbH auf eine günstige wirtschaftliche Entwicklung ihrer Beteiligung bedacht sein muss und als persönlich haftende Gesellschafterin selbst aus dem Gesellschaftsverhältnis gegenüber der KG zu einer sorgfältigen Geschäftsführung verpflichtet ist. Daraus folgt, dass in einem solchen Fall die Verantwortlichkeit des Geschäftsführers auf Grund seines Dienstverhältnisses zur GmbH und dementsprechend die Haf-

tung aus § 43 Abs. 2 GmbHG auch auf die Kommanditgesellschaft zu erstrecken ist (*BGH* WM 1980, 593; vgl. auch *BGHZ* 75, 321 ff.).

Neben Ansprüchen gegen den Geschäftsführer aus § 43 GmbHG können gegen diesen auch deliktische Ansprüche aus § 823 Abs. 2 BGB i. V. m. § 266 StGB bestehen (vgl. *BGHZ* 100, 190). Auch wenn der Einzige persönlich haftende Gesellschafter eine GmbH ist, kann dieser (der Komplementär-GmbH) in der GmbH & Co. KG gem. §§ 161 Abs. 2, 117 HGB die Geschäftsführungsbefugnis grundsätzlich entzogen werden. Die GmbH muss sich in einem solchen Fall das Tun und Unterlassen ihrer Geschäftsführer zurechnen lassen (*BGH* NJW 1984, 173).

418 Durch § 160 Abs. 3 Satz 2 HGB wird die Haftungsbegrenzung gemäß § 160 Abs. 1 und 2 HGB, die für einen ausscheidenden persönlich haftenden Gesellschafter gilt, auch für den Fall angeordnet, dass der ehemalige persönlich haftende Gesellschafter in der Gesellschaft oder einem ihr angehörenden Unternehmen geschäftsführend tätig wird; also auch für die Fälle, in denen der ehemalige persönlich haftende Gesellschafter einer OHG oder KG, die in eine GmbH & Co. KG umgewandelt worden ist, nicht nur Kommanditist geworden ist, sondern auch als Geschäftsführer der Komplementär-GmbH die Geschäfte der Gesellschaft führt (vgl. dazu oben Rn. 293 ff.).

IX. Insolvenz und Auflösung der Gesellschaft

419 Wenn ein Insolvenzverfahren über die Hauptgesellschaft (die KG) eröffnet wird, so ist das für diese ein Auflösungsgrund gem. § 131 Abs. 1 Nr. 3 HGB. Die Insolvenz der Hauptgesellschaft zieht nicht notwendig die Insolvenz der Komplementär-GmbH mit sich. Anders als bei den übrigen Personengesellschaften löst bei der GmbH & Co. KG nicht nur die Zahlungsunfähigkeit, sondern – wie bei den Kapitalgesellschaften – auch die Überschuldung die Verpflichtung aus, die Eröffnung des Insolvenzverfahrens zu beantragen (§§ 130 a, 177 a HGB).

§ 31. Atypisch gestaltete Kommanditgesellschaften und die Inhaltskontrolle von Gesellschaftsverträgen

Literatur: *Eisenhardt,* Die Stellung der Gesellschaftererben am Beispiel der kapitalistisch organisierten Kommanditgesellschaft, JuS 1975, 413 ff.; *U. Hüffer,* Der Aufsichtsrat in der Publikumsgesellschaft, ZGR 1980, 320 ff.; *ders.,* Organpflichten und Haftung in der Publikumspersonengesellschaft,

ZGR 1981, 348ff.; *Köhler,* Die Willensbildung in der OHG und KG, JA 1983, 168ff.; *H.P. Westermann,* Vertragsfreiheit und Typengesetzlichkeit im Recht der Personengesellschaften, 1970.

I. Die kapitalistisch organisierte Kommanditgesellschaft

1. Die Gründe für die mögliche Abweichung vom gesetzlichen Vorbild der KG

Verschiedene Gründe lassen es häufig geboten erscheinen, eine 420
Kommanditgesellschaft durch den Gesellschaftsvertrag anders zu gestalten, als es die gesetzliche Regelung vorsieht. Dies begegnet rechtlich keinen Bedenken, weil die Vertragsfreiheit der Parteidisposition in weitem Umfange freie Hand lässt.

Ein Grund, vom gesetzlichen Leitbild abzuweichen, kann z.B. die Zahl der Kommanditisten sein. Insbesondere bei den sogenannten Familiengesellschaften kann durch Erbfolge die Zahl der Gesellschafter so stark anwachsen, dass es unzweckmäßig wäre, allen Kommanditisten die Ausübung der Rechte, die ihnen nach dem Gesetz zustehen, unbeschränkt zu überlassen, weil die Mitwirkung aller Kommanditisten die Handlungsfähigkeit der Gesellschaft wesentlich einengen würde.

Beispiel: Drei Personen gründen eine Kommanditgesellschaft. Der Gesellschaftsvertrag sieht vor, dass die Gesellschaft mit den Erben fortgesetzt werden soll. Nach 40 Jahren gehören der Gesellschaft 45 Gesellschafter an. Bei einer so großen Zahl von Gesellschaftern ist es im Regelfall unmöglich, alle Gesellschafter in der gebotenen Eile zu einer Entscheidung zu den Problemen zu bewegen, bei denen die Kommanditisten ihre Zustimmung erteilen müssen. Es ist deshalb zweckmäßig, die den Kommanditisten zustehenden Befugnisse einigen Kommanditisten zu übertragen, die diese für alle Kommanditisten in einem sogenannten Kommanditistenausschuss, Beirat oder Verwaltungsrat ausüben. Häufig ist die Übertragung aller Mitwirkungsrechte der Kommanditisten, die überhaupt übertragbar sind, auf einen solchen Beirat oder Kommanditistenausschuss empfehlenswert.

Andererseits können es die Zusammensetzung der Gesellschaft 421
und ihre Zielsetzung erforderlich machen, die Rechte der Kommanditisten zu vermehren. Dies dürfte in der Regel der Fall sein, wenn der wirtschaftliche Schwerpunkt bei den Kommanditisten liegt, d.h. wenn die Hauptgeldgeber diejenigen Gesellschafter sind, die nicht bereit sind, die persönliche Haftung zu übernehmen und sich, wozu der persönlich haftende Gesellschafter verpflichtet ist, um die alltäglichen Geschäfte zu kümmern. Bei derart

strukturierten Gesellschaften werden die Hauptgeldgeber, wenn die Form einer Kommanditgesellschaft gewählt wird, mehr Einfluss auf die Geschäftsführung zu gewinnen suchen, als das Gesetz den gewöhnlichen Kommanditisten zuspricht.

422 **Beispiel:** Zwei Geschäftsleute haben ein Patent erworben, mit dem sie Zubehörteile für die Automobilindustrie herstellen wollen. Das Unternehmen soll die Rechtsform einer Kommanditgesellschaft haben, an der die beiden Geschäftsleute allerdings nur als Kommanditisten beteiligt sein wollen, weil sie weder die volle Haftung übernehmen noch die Geschäfte führen wollen. Der bisher bei einem der Gesellschafter beschäftigte kaufmännisch erfahrene Angestellte A kann dafür gewonnen werden, sich mit einem geringen Kapitalanteil als persönlich haftender Gesellschafter zur Verfügung zu stellen. Er soll für seine Tätigkeit ein angemessenes Gehalt bekommen, seine Rechte als Gesellschafter werden im Interesse der beiden Kommanditisten im Gesellschaftsvertrag soweit als möglich beschnitten. Im Gesellschaftsvertrag wird vereinbart, dass die beiden Hauptgeldgeber dem persönlich haftenden Gesellschafter im weiten Umfange Weisungen erteilen können. Der Gesellschaftsvertrag sieht vor, dass ein aus den beiden Kommanditisten gebildeter Aufsichtsrat nicht nur die Geschäftsführung des persönlich haftenden Gesellschafters kontrolliert, sondern alle wichtigen Geschäftsführungsmaßnahmen selbst entscheidet und den persönlich haftenden Gesellschafter mit deren Ausführung beauftragt.

2. Der Begriff der kapitalistisch organisierten Kommanditgesellschaft

423 Gesellschaften, die so, wie oben geschildert, strukturiert sind, nennt man kapitalistisch organisierte Kommanditgesellschaften oder kapitalistische Kommanditgesellschaften. Es handelt sich dabei um Personenhandelsgesellschaften, die in mancher Hinsicht durch Elemente des Kapitalgesellschaftsrechts geprägt sind.

Ähnlichkeiten mit den Kapitalgesellschaften werden insbesondere dadurch erreicht, dass die kapitalistische KG in der Regel über drei oder zwei „Organe“ verfügt. Bei einer größeren Anzahl von Gesellschaften gibt es, ähnlich wie bei der Aktiengesellschaft, drei Organe:

- die Gesellschafterversammlung als das Organ der Basis,
- den von dieser gewählten Aufsichts- oder Beirat als kontrollierendes, weisungsberechtigtes Organ im Hinblick auf die Komplementäre; häufig dürfte der Aufsichtsrat auch dasjenige Organ sein, bei dem der Schwerpunkt der Geschäftsführung liegt, und
- der oder die Komplementäre, die mehr oder weniger stark durch den Aufsichtsrat in ihren Befugnissen eingeschränkt sind.

Welche Aufgaben ein Gremium, das als Aufsichtsrat oder Beirat bezeichnet wird, hat, ist häufig eine Frage der Vertragsauslegung. Dabei geht es vor allem um die Abgrenzung zwischen Überwachung und Beratung der Geschäftsführung. Die Bezeichnung des Gremiums kann ein Gesichtspunkt bei der Auslegung sein. So ist z.B. bei der Verwendung des Begriffes Aufsichtsrat zu berücksichtigen, dass die Kommanditisten damit den durch das Aktienrecht vorgeprägten Eindruck eines überwachenden Einflusses verbinden (vgl. *Hüffer,* ZGR 1980, 320, 323f.). Hat der Aufsichtsrat eine Überwachungsaufgabe, so muss dieses Gremium sich im Zweifel neben der Prüfung des Jahresabschlusses regelmäßig von der Geschäftsleitung Bericht erstatten lassen; darüber hinaus muss es die wichtigen Unterlagen einsehen und auftretenden Bedenken nachgehen (vgl. dazu *BGHZ* 69, 207, 221; *Hüffer,* ZGR 1980, 320, 335ff.). 424

Von dem gesetzlichen Vorbild der Kommanditgesellschaft, wie sie in den §§ 161ff. HGB geregelt ist, wird häufig bei der Gründung der sogenannten Massen- oder Publikumsgesellschaften abgewichen, in denen eine große Zahl von Kapitalanlegern zusammengefasst sind, die in erster Linie in den Genuss von steuerlichen Abschreibungsmöglichkeiten gelangen möchten. 425

Bei Gesellschaften dieser Art besteht das Interesse der Geschäftsführung häufig darin, die Rechte der Kommanditisten so weit wie möglich zu beschränken.

3. Die möglichen Abweichungen von der im Gesetz vorgesehenen Struktur der Kommanditgesellschaft

a) Überblick über mögliche Strukturen der kapitalistisch organisierten Kommanditgesellschaft in der Praxis

Die in Grenzen garantierte Vertragsfreiheit ermöglicht eine weitgehende Anpassung des Gesellschaftsvertrages an die Erfordernisse des Einzelfalles. So begegnet es z.B. keinen Bedenken, dass der Gesellschaftsvertrag vorsieht, dass der oder die persönlich haftenden Gesellschafter generell an die Weisungen der Kommanditisten gebunden sind oder eine Reihe von den im Gesellschaftsvertrag genannten Geschäften nur mit Zustimmung der Kommanditisten vorgenommen werden dürfen. Im Verhältnis der Gesellschafter untereinander kann also vereinbart werden, dass der Schwerpunkt der Geschäftsführung bei den Kommanditisten liegen soll. Die mit der Geschäftsführungsbefugnis ausgestatteten 426

Kommanditisten nehmen im Zweifel im Verhältnis der Gesellschafter untereinander dieselbe Stellung ein wie ein persönlich haftender Gesellschafter, der Geschäftsführer ist. Es ist sogar möglich, einem oder mehreren Kommanditisten unter Ausschluss des Komplementärs Geschäftsführungsbefugnis zu erteilen (so *BGHZ* 51,198, 201).

Eine Beschränkung des Umfangs der Vertretungsmacht der persönlich haftenden Gesellschafter ist Dritten gegenüber allerdings ebenso wie bei der OHG unwirksam. Die Stellung der zur Geschäftsführung laut Gesellschaftsvertrag berufenen Kommanditisten kann dadurch noch weiter gestärkt werden, dass ihnen Prokura erteilt wird (*BGHZ* 17, 392ff.). Dennoch bleibt eine Vertretung allein durch die persönlich haftenden Gesellschafter auch durch die Be-stellung eines oder mehrerer Kommanditisten zu Prokuristen unberührt.

427 Bei einer auf die geschilderte Art und Weise an den Interessen der geldgebenden Kommanditisten orientierten und gestalteten Kommanditgesellschaft sind die Kommanditisten die eigentlichen Herren des Unternehmens. Die Stellung des persönlich haftenden Gesellschafters kann dadurch noch weitergehend eingeengt werden, dass der Gesellschaftsvertrag seine Abberufung oder seine Ausschließung durch Mehrheitsbeschluss der Gesellschafter vorsieht (dazu *H.P. Westermann,* S. 259f.).

428 Schwierig zu beantworten ist die Frage nach der Zulässigkeit der Übertragung von Aufsichtsbefugnissen auf Dritte. Es geht dabei um die Frage, ob Dritte (Nichtgesellschafter) auch in Aufsichts- oder Beiräten mitwirken dürfen, denen Kontroll-, Zustimmungs- und Weisungsbefugnisse zustehen. Die Gründe für die Hinzuziehung Dritter können vielfältig sein; u.a. kann das Bestreben ausschlaggebend sein, der Gesellschaft den Rat erfahrener Fachleute zukommen zu lassen. Die Zulässigkeit der Mitwirkung Dritter in Bei- oder Aufsichtsräten ist nicht mit dem Hinweis auf das Verbot der Drittorganschaft zu verneinen, da dieses sich nur auf die Vertretungs- und Geschäftsführungsbefugnis bezieht.

429 Umstritten ist, ob die Gesellschafter einen Dritten unmittelbar an der Willensbildung innerhalb der Gesellschaft beteiligen können, indem sie ihm ein zusätzliches Stimmrecht gewähren, das *neben* dem Stimmrecht der einzelnen Gesellschafter steht (bejahend *BGH* JZ 1960, 490; kritisch dazu *Köhler,* JA 1983, 168, 173). Mit Recht wird die *Übertragung des Stimmrechts* eines Gesellschafters auf einen Dritten für unzulässig gehalten, weil die „Rechtsfigur des bloßen Stimmrechts-Gesellschafters" nicht existiert (so *Flume,* AT I 1, § 14 IV).

Etwas anderes als die Übertragung von Stimmrechten auf Dritte sind Stimmbindungsvereinbarungen, die durch *Stimmbindungsverträge* geschaffen werden. Unter letzteren sind solche Verträge zu verstehen, die lediglich schuldrechtlich eine Verpflichtung eines Gesellschafters schaffen, das Stimmrecht in bestimmter Weise auszuüben, ohne formal in das Stimmrecht des Gesellschafters einzugreifen (vgl. *Wiedemann,* Bd. I, § 7 II 1). Stimmbindungsverträge werden grundsätzlich für zulässig erachtet. Bei der Beurteilung der Zulässigkeit solcher Verträge ist die Grenze mit Rücksicht auf den Schutz der Gesellschafter so zu ziehen, dass sichergestellt wird, dass der einflussberechtigte Vertragspartner nicht selbst Gesellschafter ist. Die auf den Vertrag gestützte Stimmbindung darf nicht zu gesellschaftschädlichem Verhalten führen; außerdem darf der „Verband in keine unangemessene Abhängigkeit von außenstehenden Dritten geraten" (so *Wiedemann,* Bd. I, § 7 II 1). Die Grenzen der Zulässigkeit (§ 138 BGB) sind jedenfalls dann überschritten, wenn einem Außenstehenden, wie z.B. einem Kreditinstitut, ein Weisungsrecht für die Stimmabgabe eingeräumt wird, das auf eine Selbstentmündigung des Gesellschafters und eine Preisgabe der Verbandsautonomie hinausliefe (so *Köhler,* JA 1983, 168, 174).

Die Mitglieder der Beiräte oder Aufsichtsräte in kapitalistisch 430
organisierten Kommanditgesellschaften haften der Gesellschaft gegenüber in entsprechender Anwendung der §§ 116 und 93 AktG, wenn sie, wie z.B. bei einer Publikumsgesellschaft häufig vereinbart, die Geschäftsführung überwachen und kontrollieren; sie können sich dann nicht auf die Haftungsbeschränkung des § 708 BGB berufen (*BGHZ* 69, 207, 208ff.). Eine Haftung dieser Art dürfte allerdings nur dann in Betracht kommen, wenn die Kommanditgesellschaft in sehr starkem Maße einer Kapitalgesellschaft angeglichen ist. Das ist z.B. dann der Fall, wenn der Gesellschaftsvertrag die Besonderheit aufweist, dass er auf die Mitgliedschaft einer unbestimmten Vielzahl rein kapitalistisch beteiligter Gesellschafter angelegt ist und dass der persönlich haftende Gesellschafter ohne Mitwirkung und Zustimmung der übrigen Gesellschafter weitere Kommanditisten aufnehmen darf.

b) Die rechtlichen Grenzen der kapitalistisch organisierten Kommanditgesellschaft

Wenn auch grundsätzlich davon auszugehen ist, dass die gesetz- 431
liche Typenregelung im Gesellschaftsrecht der Parteidisposition in weitem Umfange freie Gestaltungsmöglichkeiten lässt, so sind die Grenzen in der Zulässigkeit der Ausgestaltung und Praktizierung der kapitalistischen KG dort erreicht, wo Formen missbraucht werden und anderen Schaden zugefügt wird (*BGHZ* 45, 204ff.).

Damit wird aber weniger die Möglichkeit, eine Gesellschaft in der geschilderten Art und Weise zu strukturieren, in Frage gestellt, als vielmehr das Problem angesprochen, ob und in wieweit der Kommanditist, der gesellschaftsvertraglich mit der Machtfülle eines persönlich haftenden Gesellschafters ausgestattet ist, Dritten gegenüber, d.h. den Gläubigern der Kommanditgesellschaft gegenüber, unbeschränkt mit seinem Privatvermögen haftet. Der *BGH* (*BGHZ* 45, 204ff.) hat die Grenzen, die bei einer Ausgestaltung der kapitalistisch organisierten Kommanditgesellschaft gezogen sind, aufzuzeigen versucht und festgestellt, dass der der dispositiven gesetzlichen Regelung zugrunde liegende Zusammenhang zwischen Handlungsbefugnis und Haftung bei den Personenhandelsgesellschaften allein nicht dazu führen könne, dass der mit besonderen Befugnissen ausgestattete Kommanditist in einer kapitalistischen KG auch unbeschränkt haftet.

432 Eine Grenze für die zulässige Haftungsbegrenzung bei den Kommanditisten einer kapitalistischen Kommanditgesellschaft sieht die Rechtsprechung allerdings bei solchen Gesellschaftsverhältnissen, bei denen durch das Hinzutreten bestimmter Umstände bei Außenstehenden ein falscher Eindruck oder eine irrige Vorstellung über den Umfang der Haftung oder über die Vermögensverhältnisse der haftenden Gesellschafter erweckt werden (*BGHZ* 45, 204ff.; *OLG Hamm* MDR 1963, 849f.).

II. Gesellschaftsanteile und Treuhandverhältnisse

Literatur: *M. Habersack,* Grenzen der Merheitsherrschaft in Stimmrechtskonsortien, ZHR 164 (2000), 1ff.; *J. Tebben,* Die qualifizierte Treuhand im Personengesellschaftsrecht, ZGR 2001, 586ff.

1. Publikumsgesellschaften und Treuhandkonstruktionen

433 Publikumsgesellschaften, die in der Rechtsform der GmbH & Co. KG organisiert sind, sind ein gesellschaftlicher Zusammenschluss zahlreicher Personen – in der Regel von Privatpersonen –, der in erster Linie dem Zweck dient, bei beschränkter Haftung im Wege mitunternehmerischer Beteiligung an einem Wirtschaftsunternehmen der Investitionsbranche hohe Buchverluste auf Grund steuerlicher Abschreibungsmöglichkeiten zu erzielen. Die entstehenden Verluste werden mit anderen positiven Einkünften der

Gesellschafter verrechnet; dadurch verringert sich die Bemessungsgrundlage für die Einkommensteuer der einzelnen Gesellschafter, was zu einer entsprechenden Steuerersparnis führt. Publikumsgesellschaften dieser Art dienen zur Kapitalansammlung durch eine unbestimmte Vielzahl rein kapitalistisch beteiligter Gesellschafter; in der Regel bestimmen die Kommanditisten den Kreis ihrer Mitgesellschafter – abgesehen von der Einführungsphase – nicht selbst. Ihnen wird häufig das Recht eingeräumt, durch einfache Kündigungserklärung aus der Gesellschaft auszuscheiden. Das Gesellschaftsverhältnis wird dadurch geprägt, dass die Kommanditisten in erster Linie das Gesellschaftskapital aufzubringen haben, aber weder Einfluss auf die Geschäftsführung nehmen können, noch die Möglichkeit zu einer ausreichenden Kontrolle erhalten (vgl. *BGHZ* 69, 207, 209).

Gesellschaften dieser Art werden auch als Massen-KG, Anlage- oder Abschreibungs-KG bezeichnet. Der Form nach handelt es sich um Personengesellschaften; ihrer rechtlichen Ausgestaltung nach kommen sie Kapitalgesellschaften recht nahe. **434**

Wegen der Zwitterstellung, die die Publikums-Kommanditgesellschaften – auch Massen-KG genannt – einnehmen, und im Hinblick auf die erheblichen Mißstände, die bei solchen Gesellschaften aufgetreten sind, hat sich seit Anfang der siebziger Jahre eine Art Sonderrecht für Publikumsgesellschaften herausgebildet. Diese Sonderregelungen, die den Kapitalanleger schützen sollen, sind häufig dem Recht der Kapitalgesellschaften angenähert; sie beruhen einerseits auf der vom gesetzlichen Leitbild abweichenden, köperschaftlichen Struktur der Publikumsgesellschaft, andererseits auf dem öffentlichen Vertrieb der Anteile auf dem Kapitalmarkt an unbestimmte Anleger ähnlich Aktien (vgl. *Baumbach/Hopt,* Anhang zu § 177a HGB, Rn. 52ff. mit Nachw.). **435**

Die Gründe für die Einschaltung von Treuhändern sind vielfältiger Art. Dazu zählt vor allem das Interesse an Verwaltungsvereinfachung bei der GmbH & Co. KG dergestalt, dass die Geschäftsführer der GmbH, die die Einzige persönlich haftende Gesellschafterin der KG ist, nicht mit einer Vielzahl von Kapitalanlegern direkt zu tun haben sollen. Außerdem verstehen die Kapitalanleger – häufig Freiberufler wie Ärzte, Zahnärzte etc. – von den Geschäften, die die Gesellschaft betreibt, nichts und sind schon deshalb an einer treuhänderischen Wahrnehmung ihrer Rechte insbesondere bei Versammlungen, Wahlen und der Ausübung von Prüfungsrechten interessiert. **436**

2. Die echte Treuhand

437 Bei der sogenannten echten Treuhand schließt der Kapitalanleger mit dem Treuhänder, der gleichzeitig Gesellschafter (Kommanditist) einer Kommanditgesellschaft ist, einen Vertrag, der darauf abzielt, dass der Treuhänder den Gesellschaftsanteil des Anlegers hält. Das hat zur Folge, dass die Treugeber nicht Gesellschafter (Kommanditisten) werden. Sie werden weder in das Handelsregister eingetragen noch wird ihre Beteiligung auf andere Weise bekanntgegeben (dazu *OLG Frankfurt* OLGZ 1977, 339ff.). Da die Kapitalanleger selbst nicht Gesellschafter werden, können sie Ansprüche nicht gegen die Gesellschaft geltend machen, sondern nur gegen den Treuhänder aus ihrem vertraglichen Verhältnis mit ihm (so *OLG Frankfurt* OLGZ 1977, 339ff.). Daraus, dass die Kapitalanleger nicht selbst Kommanditisten werden, ergibt sich auch, dass der Publikums-KG mit dieser Treuhandkonstruktion keine Einlageansprüche gegen die Kapitalanleger zustehen (*OLG München* WM 1984, 810). Aus dieser Treuhandkonstruktion folgt weiter, dass den Kapitalanlegern in der Gesellschaft keine Stimmrechte oder sonstigen Verwaltungsrechte zustehen. Der Anleger bzw. Treugeber kann also auf die Ausübung des Stimmrechts in der Gesellschaft keinen unmittelbaren Einfluss nehmen (*BGHZ* 3, 354ff.; *OLG Frankfurt* OLGZ 1977, 339ff.). Der Anleger (Treugeber) kann allerdings mit dem Treuhänder einen Stimmbindungsvertrag schließen und auf diese Art und Weise Einfluss auf die Ausübung des Stimmrechts in der Gesellschaft gewinnen (vgl. *M. Habersack*, ZHR 164 [2000], 1ff.; zu den Stimmbindungsverträgen siehe oben Rn. 429).

438 Umstritten ist, ob der Treugeber noch stärker in das Gesellschaftsverhältnis einbezogen werden kann, ihm z.B. Kontroll- und Anweisungsrechte eingeräumt werden können. Über die Konstruktion der „qualifizierten Treuhand" wird es für möglich gehalten, mit Zustimmung der Gesellschafter den Treugeber in das Innenverhältnis unter den Gesellschaftern einzubeziehen. Auf diese Art und Weise kann der Treugeber neben den Kontroll- und Anweisungsrechten auch das Stimmrecht und das Recht zur Teilnahme an der Gesellschafterversammlung sowie das Recht zur Anfechtung von Gesellschafterbeschlüssen erhalten (so *Tebben*, ZGR 2001, 586ff. mit Nachw.). *Tebben* (ZGR 2001, 586, 593) meint, diese Konstruktion sei zulässig, weil das Innenverhältnis von Personengesellschaften ohnehin frei gestaltbar und das Ab-

spaltungsverbot wegen der Zustimmung aller Gesellschafter nicht verletzt sei.

Das Rechtsverhältnis zwischen dem Treuhänder und dem Treugeber richtet sich nach den Verträgen, die zwischen Treuhänder und Treugeber abgeschlossen worden sind. Seinem allgemeinen Charakter nach ist der Treuhandvertrag, wenn die Treuhandschaft entgeltlich geführt wird, ein Geschäftsbesorgungsvertrag gemäß § 675 BGB (vgl. *BGHZ* 76, 127, 131). Ob zwischen den Treugebern rechtliche Bindungen bestehen, hängt von den Umständen des Einzelfalles ab. In der Regel wird dies zu verneinen sein. Es ist jedoch nicht ausgeschlossen, dass die Treugeber sich zur Erreichung eines gemeinsamen Zweckes zusammenschließen und eine Gesellschaft bürgerlichen Rechts gründen (vgl. *BGHZ* 73, 294, 298). **439**

3. Die unechte Treuhand

Bei der sogenannten unechten Treuhand sind die Kapitalanleger selbst Gesellschafter der Kommanditgesellschaft, also Kommanditisten. Sie haben jedoch mit einem Treuhänder, der ebenfalls Gesellschafter sein kann, aber nicht sein muss, einen Treuhandvertrag abgeschlossen, der zum Inhalt hat, dass der Treuhänder für den Treugeber die Rechte, die diesem als Gesellschafter zustehen, wahrnimmt. **440**

III. Ansprüche der Kapitalanleger (Kommanditisten) aus Prospekthaftung

Literatur: *Assmann,* Entwicklungstendenzen der Prospekthaftung, WM 1983, 138 ff.; *v. Bar,* Vertrauenshaftung ohne Vertrauen, ZGR 1983, 476 ff.; *Coing,* Die Treuhand kraft privaten Rechtsgeschäfts, 1973; *Eisenhardt,* Kapitalanlegerschutz und Schadensersatz nach geltendem Recht, 1978; *Ebenroth/Autenrieth,* Gesellschaftsrechtliche Besonderheiten der Publikums-KG, JA 1980, 8 ff.; *Hopt,* Inwieweit empfiehlt sich eine allgemeine gesetzliche Regelung des Anlegerschutzes? Verhandlungen des einundfünfzigsten Deutschen Juristentages, Bd. I, 1976, Gutachten G; *A. Hueck,* Stimmbindungsverträge bei Personenhandelsgesellschaften FS Nipperdey, Bd. 1, S. 401 ff.; *K. Kiethe,* Prospekthaftung und grauer Kapitalmarkt, ZIP 2000, 216 ff.; *von Knopp,* Abschreibungsgesellschaften und negativer Kapitalanteil, Diss. Göttingen 1972; *Lutter,* Zur Haftung des Emissionsgehilfen im grauen Kapitalmarkt. FS Bärmann, S. 605 ff.; *Sack,* Zur Rechtsnatur der sog. Steuerabschreibungs-Kommanditgesellschaft, DB 1974, 1657 ff.; *Schwark,* Die Haftung aus dem Prospekt über Kapitalanlagen, BB 1979, 897 ff.

1. Überblick

441 Wenn eine Publikumsgesellschaft, an der sich ein Kommanditist als Kapitalanleger beteiligt hat, scheitert oder sich nicht so entwickelt, wie er sich das vorgestellt hat oder wie es ihm versprochen worden ist und den Gesellschaftern ein Schaden entstanden ist, so entsteht die Frage, ob und gegebenenfalls von wem er Schadensersatz verlangen kann. Bei der Beantwortung dieser Frage ist wesentlich darauf abzustellen, mit wem und auf welche Art und Weise der Kommanditist vor dem Abschluss des Gesellschaftsvertrages in Kontakt getreten ist.

Bei dem Problemkreis der hier angesprochenen Anlagen- und Prospekthaftung handelt es sich in der Regel um Sachverhalte aus dem Gesellschaftsrecht. Die Lösungen sind nach den Regeln des Allgemeinen Schuldrechts zu finden (vgl. dazu *K. Schmidt,* Gesellschaftsrecht, § 1 II 2d) u. § 57 IV 3).

442 Nur selten vertreibt ein Unternehmen das von ihm getragene Projekt durch entsprechende Werbeaktionen und Kontaktaufnahmen mit potentiellen Kunden (Kommanditisten) selbst. In der Regel wird eine Organisation eingeschaltet, die – meist mit erheblichem Werbeaufwand – versucht, Kommanditisten als Kapitalanleger zu gewinnen. Das geschieht häufig in der Weise, dass zwischen dem Unternehmen, dessen Anteile vertrieben werden sollen, und dem Vermittler ein Vertrag abgeschlossen wird, der den Vermittler verpflichtet, für das Projekt zu werben und dem Unternehmen Kunden zuzuführen. Die übernommene Aufgabe führt der Vermittler dadurch aus, dass er mehr oder minder umfangreiche Prospekte über das Projekt herstellt oder solche von dem Unternehmen übernimmt und damit bei einem ausgesuchten Kundenkreis mit dem Ziel wirbt, dass die Angesprochenen sich an dem Projekt kapitalmäßig beteiligen. Die Prospekte enthalten in der Regel – mehr oder minder ausführlich – Beschreibungen der Projekte sowie Ausführungen über die Art und Weise der Beteiligung, die Finanzierung, die steuerrechtlichen Probleme, die zu erwartenden Vorteile für den Anleger und die Vertragsgestaltung. Die Vermittler können Einzelkaufleute sein. In der Regel sind es jedoch Handelsgesellschaften, auch Vertriebsgesellschaften genannt (im Folgenden wird der Einfachheit halber nur noch von Vertriebsorganisationen die Rede sein; vgl. zu alledem *Eisenhardt,* Kapitalanlegerschutz).

443 In Fällen dieser Art hat der *BGH* (*BGHZ* 71, 284ff.) dem geschädigten Kommanditisten bei Vorliegen bestimmter Voraussetzungen einen Anspruch aus culpa in contrahendo (§§ 311 Abs. 3, 280 BGB) unmittelbar gegen den persönlich haftenden Gesellschafter, der die KG ihm gegenüber vertreten hat, zugestanden. Da es sich bei dem persönlich haftenden Gesellschafter in der Regel um eine GmbH handelt, deren Gesellschaftsvermögen zur

Leistung von Schadensersatz kaum ausreichen dürfte, sind nach *BGHZ* 71, 284ff. auch die Initiatoren, die als Geschäftsführer der Komplementär-GmbH auftreten, aus culpa in contrahendo (§§ 311 Abs. 3, 280 BGB) für die Vollständigkeit und Richtigkeit der mit ihrem Wissen und Willen in Verkehr gebrachten Werbeprospekte verantwortlich; sie haften deshalb nach den Grundsätzen für die culpa in contrahendo gemäß § 280 BGB auf Schadensersatz.

2. Der Anspruch aus culpa in contrahendo

Eine Haftung der Vertriebsorganisation wegen schuldhafter Verletzung von Aufklärungs-, Informations- und Beratungspflichten kann vor allem aus culpa in contrahendo (§§ 311 Abs. 3, 280 BGB) entstehen. Nach herrschender Meinung kommt eine eigene Haftung desjenigen, der den Abschluss eines Vertrages nachweist und vermittelt (also z.B. eine Vertriebsorganisation im o.g. Sinne und sog. Initiatoren), gerade dann in Betracht, wenn er nicht selbst Vertragspartner ist. Ein solches gesetzliches Schuldverhältnis aus culpa in contrahendo (§§ 311 Abs. 2, 241 Abs. 2 BGB) kann dann angenommen werden, wenn die Vertriebsorganisation die eigentliche Vertrauensperson ist, auf deren besondere Sachkunde der vertragschließende Anleger vertraut. Eine Inanspruchnahme dieser Art wird von manchen als Sachwalterhaftung bezeichnet (vgl. zu der Problematik allgemein: *Ballerstedt,* AcP 151, 1950/51, 501ff.). In erster Linie ist darauf abzustellen, ob und gegebenenfalls in welchem Umfange die Vertriebsorganisation durch ihr Verhalten Vertrauen bei dem Anleger weckt. Nach der Rechtsprechung des *BGH* treten alle diejenigen in ein gesetzliches Schuldverhältnis mit dem künftigen Kapitalanleger ein, die für die Vollständigkeit und Richtigkeit der in Verkehr gebrachten Werbeprospekte einer Publikumskommanditgesellschaft Verrauen in Anspruch genommen und damit auf den Willensentschluss des Kapitalanlegers Einfluss genommen haben (*BGHZ* 74, 103, 109). 444

Der *BGH* sieht gerade in den oben bezeichneten Vertriebsorganisationen solche Personen, die einen zusätzlichen Vertrauenstatbestand schaffen. Er vertritt die Ansicht, dass Personen und Unternehmen, die solche Beteiligungen vertreiben oder vermitteln, dann, wenn sie als in dieser Branche vielfältig erfahren und damit sachkundig auftreten, „den Eindruck besonderer persönlicher Zuverlässigkeit erwecken und so für ihre Verhandlungspart- 445 ner eine zusätzliche, wenn nicht gar die ausschlaggebende Gewähr für die Richtigkeit der in dem Werbeprospekt oder anderweitig über die Kapitalanlage gemachten Angaben bieten" (*BGHZ* 74, 103, 109). Für den Fall, dass eine Vertriebsorganisation die ihr aus diesem Vertrauensverhältnis erwachsenden Verpflichtungen (z.B. Aufklärungs- und Auskunftspflichten) schuldhaft verletzt, haftet sie dem Anleger gemäß §§ 311 Abs. 3, 280 BGB aus culpa in contrahendo auf Schadensersatz. Der *BGH* bezeichnet diese Art der Haftung als *Prospekthaftung* (*BGHZ* 77, 172, 175).

446 Unter den Ausdruck Prospekthaftung fasst der *BGH* einen umfangreichen Tatbestand zusammen: Für die Vollständigkeit und Richtigkeit der in Verkehr gebrachten Werbeprospekte einer Publikumskommanditgesellschaft soll jeder einstehen müssen, der durch von ihm in Anspruch genommenes und ihm entgegengebrachtes Vertrauen auf den Willensentschluss des Kapitalanlegers Einfluss genommen hat (vgl. zur Problematik *K. Kiethe*, ZIP 2000, 216ff.). Die Beitrittsinteressenten (die künftigen Kommanditisten) schenken bei den Beitrittsverhandlungen ihr Vertrauen nicht ihren von der Mitwirkung in der Geschäftsführung der Gesellschaft weitgehend ausgeschlossenen künftigen Mitkommanditisten, sondern allein den persönlich haftenden Gesellschaftern, den Initiatoren, Gestaltern und Gründern sowie den Personen, die daneben Einfluss in der Gesellschaft ausüben und Mitverantwortung tragen; dazu zählt auch eine etwa auftretende Vertriebsorganisation (vgl. *BGHZ* 77, 172, 175f.).

447 Der *BGH* (*BGHZ* 111, 314 u. 115, 213) hat die Prospekthaftung auch auf die sogenannten Bauherrenmodelle ausgedehnt. Es haften den Kommanditisten alle das Management bildenden Initiatoren, Gestalter und Gründer der Gesellschaft aus culpa in contrahendo (§ 280 BGB) für die Vollständigkeit und Richtigkeit der mit ihrem Wissen und Wollen in den Verkehr gebrachten Prospekte (vgl. *Baumbach/Hopt*, Anhang zu § 177a HGB Rn. 63).

Festzuhalten ist, dass es sich bei der aus culpa in contrahendo (§ 280 BGB) hergeleiteten Prospekthaftung um eine *Verschuldenshaftung* und *nicht* um eine verschuldensunabhängige Garantiehaftung handelt (vgl. *Baumbach/Hopt*, Anhang zu § 177a HGB Rn. 65).

448 Der *BGH* (*BGHZ* 79, 337ff. u. 83, 222ff.) hat für den Bereich der Prospekthaftung den Grundgedanken einer Vertrauenshaftung dahin weiterentwickelt, dass Grundlage der Haftung nicht nur das von einer bestimmten Person ausgehende persönliche Vertrauen sein muss. Es kann dies auch ein Vertrauen sein, das sich aus einer Garantenstellung herleitet, die kraft Amtes oder Berufes entsteht oder auf einer besonderen Fachkunde oder einer allgemein anerkannten und hervorgehobenen wirtschaftlichen Stellung beruht. Garanten dieser Art müssen weder aus dem Prospekt ersichtlich noch dem Beitrittsinteressenten vor oder bei den Vertragsverhandlungen bekannt geworden sein. Als Anknüpfungspunkt genügt nach Auffassung des *BGH* (*BGHZ* 83, 222, 224) „die Tatsache, dass sie für die Geschicke der Gesellschaft und damit für die Herausgabe der Prospekte verantwortlich sind". Konsequenterweise haftet nach Ansicht des *BGH* (*BGHZ* 84, 141, 143) deshalb in entsprechender Anwendung des § 278 BGB auch ein Treuhandkommanditist den Kapitalanlegern für unzutreffende, unvollständige und irreführende Prospektangaben, wenn er die Herausgeber des Prospektes zum Abschluss des zwischen ihm und den Kapitalanlegern zustande gekommenen Treuhandvertrages und zur Führung der damit zusammenhängenden Verhandlungen ermächtigt hatte. Im Ergebnis wird damit, was den verantwortlichen Personenkreis angeht, eine weitgehende Übereinstimmung mit der gesetzlich geregelten Haftung für solche unrichtigen Prospekte erzielt, die die Grundlage für die Zulassung von Wertpapieren zum Börsenhandel bilden (§ 45 Börsengesetz). Nach dieser gesetzlichen Bestimmung haften nicht nur diejenigen, die den Prospekt formell herausgeben, sondern auch diejenigen, von denen der Erlass des Prospektes ausgeht (so *BGHZ* 79, 337, 340ff.; vgl. zur Problematik auch *Lutter,* FS Bärmann, S. 605ff. Zur Rechtsprechung des *BGH* siehe *Assmann,* WM 1983, 138ff. und *v. Bar,* ZGR 1983, 476ff. Zur Anwendung der Prospekthaftungsgrundsätze beim Bauherrenmodell *BGH* NJW 1990, 2461).

Ein Anspruch aus culpa in contrahendo (§§ 280, 311 Abs. 2 und 3 BGB) **449**
setzt stets ein Verschulden des Schädigers voraus. Schuldhaft handeln z. B. diejenigen Personen, die Prospekte mit unrichtigen Angaben herausbringen und diese in Kenntnis der wahren Verhältnisse zur Werbung von Kapitalanlegern verwenden (so *BGHZ* 84, 141, 148). In der Praxis bereitet der Nachweis des Verschuldens häufig Schwierigkeiten. Der *BGH* (NJW 1992, 3296) geht davon aus, dass sich aus der Tatsache, dass die Verwender von Prospekten mit unrichtigen Angaben in Kenntnis der wahren Verhältnisse Anleger werben, im Regelfall nicht nur die Verletzung der Aufklärungspflicht der handelnden Personen, sondern auch deren Verschulden ergebe; eine nähere Prüfung des Verschuldens werde nur dann unerlässlich, wenn besondere Umstände vorgetragen werden, die die unterlassene Aufklärung als nicht schuldhaft erscheinen lassen können.

Wenn ein Anleger mit Hilfe unrichtiger Prospektangaben durch arglistige Täuschung zu einem Vertragsabschluss veranlasst worden ist, kann neben der Haftung aus § 280 BGB eine deliktische Haftung aus § 823 Abs. 2 BGB in Verbindung mit § 263 StGB und auch aus § 826 BGB in Betracht kommen.

3. Der Umfang des zu ersetzenden Schadens

Dem geschädigten Anleger ist der Vertrauensschaden zu ersetzen, d. h. der Schaden, der ihm daraus entstanden ist, dass er auf **450** bestimmte Erklärungen oder Auskünfte vertraut hat (vgl. u.a. *BGH* WM 1984, 1529ff.). Dieser Schaden ist nicht nach oben hin durch das Erfüllungsinteresse begrenzt (vgl. *BGHZ* 69, 53, 56 u. *BGH* WM 1990, 145, 148). Wenn der Geschädigte nachweisen kann, dass er ohne die schädigende Handlung einen günstigeren Vertrag abgeschlossen – sein Geld also besser angelegt – hätte, so ist dies für die Bemessung des Schadens maßgeblich (*BGH* BB 1969, 696f.).

4. Die Verjährung der Ansprüche

451 Ansprüche aus culpa in contrahendo (Pflichtverletzung i.S. des § 280 BGB) verjähren gemäß § 195 BGB in drei Jahren.

IV. Die Inhaltskontrolle im Hinblick auf Gesellschaftsverträge bei Publikumskommanditgesellschaften

Literatur: *Flume,* „Hinauskündigung" aus der Personengesellschaft und Abfindung, DB 1986, 629ff.; *Knobbe-Keuk,* Das Steuerrecht – eine unerwünschte Rechtsquelle?, 1986; *Kreutz,* Hinauskündigungsklauseln im Recht der Personenhandelsgesellschaften, ZGR 1983, 109ff.; *Martens,* Bestimmtheitsgrundsatz und Mehrheitskompetenzen im Recht der Personengesellschaften, DB 1973, 413ff.; *Schneider,* Die Inhaltskontrolle von Gesellschaftsverträgen, ZGR 1978, 1ff.; *Schwark,* Kapitalanlegerschutz im deutschen Gesellschaftsrecht, ZGR 1976, 271ff.; *H.P. Westermann,* Kautelarjurisprudenz, Rechtsprechung und Gesetzgebung im Spannungsfeld zwischen Gesellschafts- und Wirtschaftsrecht, AcP 175 (1975), 375ff.; *Wiedemann,* Die Legitimationswirkung von Willenserklärungen im Recht der Personengesellschaften, FS Westermann, S. 585ff.

452 Gemäß § 310 Abs. 4 BGB finden die Vorschriften über die Allgemeinen Geschäftsbedingungen (§§ 305ff. BGB) keine Anwendung bei Verträgen auf dem Gebiet des Gesellschaftsrechts. Deshalb muss sich eine Inhaltskontrolle, wenn sie denn bei Gesellschaftsverträgen überhaupt stattfinden soll, an den Maßstäben der §§ 134, 138 und 242 BGB orientieren.

Fraglich ist, ob sich gleichwohl normative Wertungen der AGB-Regelungen auf bestimmte Arten von Gesellschaftsverträgen übertragen lassen. Wer, wie eine Mitglieder aufnehmende Gesellschaft, in der Lage ist, bei Abschluss des Vertrages fast ausschließlich seine Vorstellungen durchzusetzen, muss sich eine richterliche Angemessenheitskontrolle, die den mangelnden Verhandlungsspielraum der Betroffenen ersetzen soll, gefallen lassen.

Da einem Missbrauch der Gestaltungsmacht des Verwenders entgegengewirkt werden soll, entspricht eine solche Angemessenheitskontrolle dem Ansatzpunkt der §§ 305 ff. BGB (zuvor AGB-Gesetz) (vgl. *U. Schneider,* ZGR 1978, 1, 7; *Wiedemann,* Bd. I, § 3 II 3 a). Darüber besteht allerdings keine Einmütigkeit (vgl. zum Streitstand; *K. Schmidt,* Gesellschaftsrecht, § 5 III 4).

Wenn Gesellschaftsverträge einer Inhaltskontrolle unterzogen werden, so zeigen sich im Vergleich zur Inhaltskontrolle von Allgemeinen Geschäftsbedingungen Unterschiede, sowohl was den Gegenstand, als auch was die Folgen angeht (vgl. dazu im Einzelnen *U. Schneider,* ZGR 1978, 1, 10 ff.). Das wird z.B. daran deutlich, dass sich die Inhaltskontrolle von Gesellschaftsverträgen im Gegensatz zu derjenigen von Allgemeinen Geschäftsbedingungen in der Regel nicht auf vertragliche Nebenbestimmungen, sondern gerade auf die wichtigen Bestandteile des Vertrages, die die Rechte und Pflichten der Mitglieder untereinander festlegen, erstreckt. Gerade daraus, dass ein Gesellschaftsvertrag als Gesamtvertragswerk zu kontrollieren ist, ergeben sich im Gesellschaftsrecht die besonderen Schwierigkeiten einer Inhaltskontrolle (vgl. *Wiedemann,* Bd. I, § 3 II 3 b). **453**

Der *BGH* hat in vielen Fällen die Verträge der sogenannten Publikumskommanditgesellschaften einer Inhaltskontrolle unterzogen und dabei die bis dahin geübte Zurückhaltung im Hinblick auf die Inhaltskontrolle von Gesellschaftsverträgen aufgegeben. Der *BGH* (*BGHZ* 104, 50, 53 ff.) unterzieht auch die Verträge solcher Publikumskommanditgesellschaften der Inhaltskontrolle, die so organisiert sind, dass sich die Anleger an ihr nur mittelbar über einen Treuhänder – über ein zusammengehörendes Bündel von Gesellschaftsvertrag und Treuhandabrede – beteiligen können. In solchen Fällen sind die Kapitalanleger nach der gewählten Vertragsgestaltung weder Kommanditisten der Gesellschaft noch auf Grund schuldrechtlicher Vereinbarungen in das Gesellschaftsverhältnis einbezogen. Obwohl die Rechte und Pflichten der Kapitalanleger auf einem Treuhandverhältnis beruhen, nimmt dies der KG nicht die Eigenschaft einer Publikumsgesellschaft (so zutreffend *BGHZ* 104, 50, 54 ff.). **454**

Für Publikumskommanditgesellschaften, an denen eine große Anzahl von Kommanditisten beteiligt ist, ist es typisch, dass die beitretenden Gesellschafter nicht in der Lage sind, den Gesellschaftsvertrag auszuhandeln und auf dessen Inhalt Einfluss zu nehmen. Es handelt sich vielmehr bei den Gesellschaftsverträgen in der Regel um vorformulierte Verträge, die die Beitrittswilligen **455** nur noch unterzeichnen können, ohne dass sie einen mitgestaltenden Einfluss ausüben können.

456 Der *BGH* (*BGHZ* 64, 238, 241) hat deshalb mit Recht festgestellt, dass die Rechtslage ähnlich wie bei Allgemeinen Geschäftsbedingungen und Formularverträgen ist, die nicht zwischen den Vertragspartnern ausgehandelt werden, bei denen vielmehr für eine Vielzahl von gleichgelagerten Fällen die künftigen Vertragsbeziehungen einseitig festgelegt werden und infolgedessen der Vertragskompromiss als Gewähr dafür fehlt, dass die Interessen aller Beteiligten berücksichtigt werden. Weil die Lage ähnlich wie bei Allgemeinen Geschäftsbedingungen ist, hat der *BGH* zum Schutze der Anlagegesellschafter ein Bedürfnis bejaht, dem unter solchen Umständen leicht möglichen Missbrauch der Vertragsfreiheit mit Hilfe einer an den Maßstäben von Treu und Glauben ausgerichteten Inhaltskontrolle durch die Gerichte zu begegnen, und sich dabei auf § 242 BGB gestützt (so auch *Martens,* DB 1973, 413ff.; *H.P. Westermann,* AcP 175 (1975), 375, 408ff.; *Wiedemann,* FS Westermann, S. 585f.). Bei anderer Gelegenheit (es ging um die Zulässigkeit sog. „Hinauskündigungsklauseln", siehe dazu oben Rn. 406) hat der *BGH* (*BGHZ* 81, 263, 266) sich bei der Inhaltskontrolle auf § 138 BGB und die „Grundprinzipien des Gesellschaftsrechts" gestützt. Schwierig dürfte es sein festzulegen, wie weit diese Inhaltskontrolle gehen soll. Der *BGH* (*BGHZ* 64, 238, 242; 84, 11) vertritt die Auffassung, die Inhaltskontrolle diene der Wiederherstellung der Vertragsgerechtigkeit.

457 Der *BGH* (*BGHZ* 64, 238ff.) hatte einen Fall zu beurteilen, in dem in einer Publikumskommanditgesellschaft ein Aufsichtsrat gebildet worden war, der neben der Kontrolle der Geschäftsführung auch wesentliche Aufgaben der Geschäftsführung ausführen sollte, die für den Bestand und die Entwicklung der Gesellschaft und das Interesse der kapitalgebenden Kommanditisten von erheblicher Bedeutung waren. In § 18 des Gesellschaftsvertrages hieß es u.a.: „Ansprüche gegen die GmbH oder gegen die Mitglieder des Aufsichtsrates wegen Verletzung ihrer gesellschaftlichen Obliegenheiten verjähren in drei Monaten. Die Haftung der GmbH und der Mitglieder des Aufsichtsrates beschränkt sich Gesellschaftern und ehemaligen Gesellschaftern gegenüber auf das in der Gesellschaft angelegte Vermögen der zum Schadensersatz verpflichteten Personen." Der *BGH* ist bei der aus den oben dargestellten Gründen bejahten Inhaltskontrolle des Gesellschaftsvertrages zu dem Ergebnis gekommen, dass der Gesellschaftsvertrag die in dem Aufsichtsrat tätigen Gesellschafter einseitig und in einer Weise unausgewogen begünstige, dass der erforderliche Schutz der Anlagegesellschafter nicht annähernd angemessen gewährleistet sei; ein solcher Schutz wäre hier aber umso mehr erforderlich gewesen, als dem Aufsichtsrat, wie sein Aufgabenbereich zeige, außer der Kontrolle der

Geschäftsführung auch wesentliche Aufgaben der Geschäftsführung selbst übertragen worden seien, die für den Bestand und die Entwicklung der Gesellschaft und das Interesse der kapitalgebenden Kommanditisten von beträchtlicher Bedeutung seien. Den Kommanditisten sei aber durch diese Regelung im Gesellschaftsvertrag die Möglichkeit genommen, wenigstens bei offenkundigen und schnell aufgedeckten Verfehlungen den Bestand des Gesellschaftsvermögens zu erhalten. Außerdem führe die im Gesellschaftsvertrag verankerte Beschränkung der Haftenden auf das in der Gesellschaft angelegte Vermögen zu dem Ergebnis, dass deren Haftung umso geringer werde, je schwerer durch ihre Verstöße das Gesellschaftsvermögen geschädigt und damit auch ihr Anteil verringert werde.

8. Kapitel. Die stille Gesellschaft

§ 32. Begriff und Bedeutung der stillen Gesellschaft

Literatur: *Blaurock,* Handbuch der stillen Gesellschaft, 6. Aufl. 2003; *Schön,* Die stille Beteiligung an dem Handelsgewerbe einer Kommanditgesellschaft, ZGR 1990, 220ff.; *R. Weimar,* Die GmbH & Still im Fortschritt des Gesellschaftsrechts, ZIP 1993, 1509ff.; *Zutt,* Großkomm. HGB, §§ 230ff.

I. Begriff und Rechtsnatur der stillen Gesellschaft

458 Die stille Gesellschaft ist eine Gesellschaft, bei der sich eine Person an dem Handelsgewerbe eines Kaufmanns in der Weise beteiligt, dass sie eine Vermögenseinlage leistet, die in das Vermögen eines anderen übergeht, und dafür am Gewinn, aber nicht notwendigerweise auch am Verlust teilhat.

Die stille Gesellschaft i.S. des § 230 HGB entsteht mit dem Abschluss eines formlosen Gesellschaftsvertrages zwischen dem Geschäftsinhaber und dem stillen Gesellschafter (auch der „Stille“ genannt). Sie ist eine Personengesellschaft im Sinne des § 705 BGB, denn die Beteiligten schließen sich zusammen, um durch die Leistung von Beiträgen einen gemeinsamen Zweck zu erreichen, aber keine Handelsgesellschaft, weil das Gewerbe nur vom Inhaber des Handelsgeschäfts betrieben wird. Hier wird die Besonderheit der stillen Gesellschaft deutlich: sie ist keine Außengesellschaft, sondern lediglich eine sogenannte Innengesellschaft. Das bedeutet: Die stille Gesellschaft tritt als Gesellschaft nicht nach außen in Erscheinung; sie hat keine Firma und auch kein Gesellschaftsvermögen. Die Vermögensmassen der Beteiligten bleiben unabhängig voneinander. Es entsteht kein Gesamthandsvermögen.

II. Die Gesellschafter einer stillen Gesellschaft

459 Aus den bei dem Betrieb abgeschlossenen Geschäften wird lediglich der Inhaber des Handelsgeschäfts, nicht aber der Stille verpflichtet (§ 230 Abs. 2 HGB). Der stille Gesellschafter steht also außerhalb der vom Inhaber des Handelsgeschäfts mit Dritten abgeschlossenen Rechtsgeschäfte.

Beispiel: Klucks handelt mit Kosmetica. Alt und Klucks begründen durch Abschluss eines entsprechenden Vertrages eine stille Gesellschaft. Wenn Klucks nach Gründung der Gesellschaft bei dem Großhändler Huber für 15 000,– Kosmetica einkauft, hat Huber einen Anspruch auf Zahlung des Kaufpreises aus § 433 Abs. 2 BGB nur gegen Klucks, nicht aber gegen Alt (§ 230 Abs. 2 HGB).

Die stille Gesellschaft kann nur aus zwei Gesellschaftern bestehen, dem Inhaber des Handelsgeschäfts und dem Stillen. Es können jedoch mehrere stille Gesellschafter je für sich in einem Gesellschaftsverhältnis i.S. des § 230 HGB zum Inhaber stehen (vgl. *Baumbach/Hopt,* § 230 HGB Rn. 7). Ob es eine mehrgliedrige stille Gesellschaft gibt, an der mehrere stille Gesellschafter beteiligt sind, ist umstritten (vgl. *K. Schmidt,* Gesellschaftsrecht, § 62 II 2 c) cc) mit Nachw.). Wenn mehrere stille Gesellschafter vorhanden sind, gibt es jedenfalls zwei Möglichkeiten: 460

– es existieren so viele stille Gesellschaften wie es stille Gesellschafter gibt,
– oder die Gesellschafter haben sich zu einer BGB-Gesellschaft zusammengeschlossen, die nun als stiller Gesellschafter ein Gesellschaftsverhältnis i.S. des § 230 HGB eingeht.

Der Geschäftsinhaber muss nicht eine Einzelperson sein. Es kommen auch Handelsgesellschaften, d.h. OHG, KG, Kommanditgesellschaft auf Aktien, GmbH und Aktiengesellschaft in Betracht. Ebenso kann der stille Gesellschafter eine Handelsgesellschaft sein. Der Begriff der stillen Gesellschaft setzt ein Gewerbe voraus, das ein anderer betreibt (§ 230 Abs. 1 HGB). Eine stille Gesellschaft kann auch mit einer im Handelsregister eingetragenen GmbH (Kaufmann gem. § 6 HGB) begründet werden, die kein Gewerbe betreibt (vgl. *BFH* WM 1983, 1066 ff.). Beteiligt sich ein Anleger still an einer GmbH, spricht man auch von einer GmbH & Still (vgl. zu den Einzelheiten *R. Weimar,* ZIP 1993, 1509 ff.).

Beispiel: Die Bauträgergesellschaft Treufix GmbH schließt mit dem Makler Schütz einen Vertrag ab, in dem dieser sich zu einer Einzahlung von 100 000,– € verpflichtet. Schütz soll am Gewinn, nicht aber am Verlust beteiligt sein. In dem Vertrage wird auch verankert, dass Schütz „in keiner Weise haften“ und das Verhältnis zwischen der GmbH und Schütz nach außen nicht in Erscheinung treten soll. Es handelt sich hier um eine stille Gesellschaft im Sinne des § 230 HGB. 461

Beispiel: Die Südwestfälische Kunststoff AG möchte sich ohne Risiko, d.h. ohne Haftungsrisiko und ohne dass dies bekannt wird, an einer SB-Warenhauskette, die in der Rechtsform einer GmbH betrieben wird, beteiligen. Dies kann zweckmäßigerweise durch die Gründung einer stillen Gesellschaft geschehen.

Wenn der Stille gemäß §§ 231, 232 HGB und dem Gesellschaftsvertrag am Gewinn und Verlust des Handelsgeschäfts teilnimmt, handelt es sich um eine typische stille Gesellschaft. Allerdings steht es den Vertragsschließenden frei, in welcher Weise sie im Innenverhältnis die Rechtsbeziehungen regeln wollen. So kann der Gesellschaftsvertrag dem Stillen weitergehende Rechte gewähren. Man spricht dann von einer atypischen stillen Gesellschaft.

Beispiel: Der Gesellschaftsvertrag räumt dem Stillen das Recht und die Pflicht zur Geschäftsführung in gleichem Umfange ein wie dem Geschäftsinhaber (vgl. *BGHZ* 8, 157,160)

Die Grundsätze über die fehlerhafte Gesellschaft (siehe oben Rn. 341 ff.) finden auch auf die typische stille Gesellschaft Anwendung (vgl. *BGHZ* 55, 5 ff.; *BGH* ZIP 2005, 753 ff.). Das ist damit zu rechtfertigen, dass diese Grundsätze als ein Instrument zur sachgerechten Abwicklung bewusst durchgeführter Leistungs- und Risikogemeinschaften anerkannt sind. Die Anwendung der Regeln über die fehlerhafte Gesellschaft bedeutet z.B., dass der Anleger bei der in Vollzug gesetzten stillen Gesellschaft seine Mitgliedschaft allein durch ein ex nunc, d.h. für die Zukunft wirkendes Austrittsrecht beenden kann; das gilt auch dann, wenn Nichtigkeitsgründe vorliegen oder ein Anfechtungsrecht wegen arglistiger Täuschung besteht (vgl. *OLG Dresden* WM 2002, 2234, 2236). Auch auf die atypische stille Gesellschaft finden die Grundsätze über die fehlerhafte Gesellschaft Anwendung (vgl. *BGHZ* 8, 157, 160; *OLG Braunschweig* ZIP 2004, 28 f.).

III. Die Bedeutung der stillen Gesellschaft

462 Die wirtschaftliche Bedeutung der stillen Gesellschaft wird durch die Möglichkeiten bestimmt, die diese Gesellschaftsform eröffnet:

- da die stille Gesellschaft Rechtsbeziehungen nur zwischen den Gesellschaftern schafft, also eine reine Innengesellschaft ist, tritt sie nach außen nicht in Erscheinung. Es erfolgt auch keine Handelsregistereintragung. Der stille Gesellschafter kann sich also beteiligen, ohne dass dies bekannt wird;

- der stille Gesellschafter ist zur Mitarbeit nicht verpflichtet;
- er haftet nicht unmittelbar;
- er kann seinen Kapitaleinsatz begrenzt halten.

Auch der stille Gesellschafter kann mit einer stillen Beteiligung an einer GmbH & Co. KG ohne Teilhabe am Verlust Mitunternehmer i. S. des § 15 Nr. 2 EStG sein, wenn er rechtlich und tatsächlich eine Stellung erhält, die ihm einen unternehmerischen Einfluss auf die KG bei gleichzeitig hohem Kapitaleinsatz sichert (*BFH* WM 1979, 316 f.). Mitunternehmer ist nach der Rechtsprechung des *BFH* derjenige, der „eine Unternehmerinitiative entfalten kann und ein Unternehmerrisiko trägt" (*BFH* WM 1979, 316). Ob diese Voraussetzungen vorliegen, ist unter Berücksichtigung aller, die rechtliche oder wirtschaftliche Stellung einer Person insgesamt bestimmenden Umstände zu würdigen. **463**

IV. Rechte und Pflichten der Gesellschafter

Der Inhaber des Handelsgeschäftes ist nach dem Innenverhältnis zum Betrieb des Gewerbes für die Rechnung der Gesellschafter verpflichtet. Daraus ergibt sich, dass ihm die Geschäftsführungspflicht obliegt. **464**

Der stille Gesellschafter ist verpflichtet, die versprochene Einlage in das Vermögen des Geschäftsinhabers zu erbringen.

Beispiel: Hat der stille Gesellschafter sich im Vertrage verpflichtet, eine Einlage in Form einer Geldleistung zu erbringen, so hat er die vereinbarte Geldzahlung an den Geschäftsinhaber zu zahlen.

Wer sich als stiller Gesellschafter am Gewerbe einer GmbH beteiligt, unterliegt den Grundsätzen zur Erhaltung des Stammkapitals entsprechend § 30 GmbHG nach Ansicht des *BGH* (BGHZ 106, 7, 9) ebenso wie ein GmbH-Gesellschafter, wenn er – ähnlich wie dieser – die Geschicke der GmbH bestimmt sowie an Vermögen und Ertrag beteiligt ist (zu den Einzelheiten vgl. *BGHZ* 106, 7, 9 f.). **465**

Der stille Gesellschafter hat einen Anspruch auf Beteiligung am Gewinn (§§ 231 und 232 HGB). Seine Kontrollrechte sind nicht besonders stark ausgeprägt (vgl. § 233 HGB). Der stille Gesellschafter kann allerdings unter gewissen Voraussetzungen ein Einsichtsrecht auch in die Bücher und Papiere von Unternehmen haben, an denen der Geschäftsinhaber beteiligt ist (vgl. *BGH* NJW 1984, 2470 f.).

Aus dem Gesellschaftsvertrag erwachsen für beide daran beteiligte Parteien Treuepflichten, die im Wesentlichen darauf gerichtet sind, dass die Beteiligten dem gemeinsamen Gesellschaftszweck nicht zuwiderhandeln dürfen (vgl. *BGH* NJW 1988, 413 f.). Verwendet der Geschäftsinhaber die Einlage des stillen Gesellschaf- **466** ters nicht bestimmungsgemäß oder entzieht er dem Unternehmen bestimmungswidrig Vermögen, so verletzt er damit seine vertraglichen Verpflichtungen. Dem stillen Gesellschafter kann daraus ein Anspruch aus *Pflichtverletzung* gem. § 280 BGB entstehen, auf Grund dessen er verlangen kann, so gestellt zu werden, als seien die schädigenden Handlungen nicht vorgenommen worden (vgl. dazu *BGH* NJW 1988, 413f.).

V. Die Abgrenzung der stillen Gesellschaft von der Gesellschaft bürgerlichen Rechts und vom partiarischen Darlehen

1. Die Abgrenzung zur Gesellschaft bürgerlichen Rechts

467 Während die BGB-Gesellschaft in der Regel eine Außengesellschaft ist, bei der auch ein Gesamthandsvermögen gebildet wird, ist die stille Gesellschaft lediglich eine Innengesellschaft, die nach außen nicht in Erscheinung tritt. Da die Vermögensmassen des Inhabers des Handelsgeschäfts einerseits und des stillen Gesellschafters andererseits getrennt bleiben, entsteht bei der stillen Gesellschaft kein Gesamthandsvermögen.

2. Die Abgrenzung zum partiarischen Darlehen

468 In der Praxis kann es Schwierigkeiten bereiten, eine stille Gesellschaft von einem partiarischen Darlehen zu unterscheiden, weil beiden gemeinsam ist, dass eine Einlage in das Vermögen eines anderen übergeht und eine Vergütung in Form einer Beteiligung an einem Gewinn vereinbart werden kann.

Bei einem *partiarischen Darlehen* besteht die Gegenleistung für die zeitweilige Überlassung der Darlehenssumme nicht in einem festen Zins, sondern in einer Beteiligung an den vom Darlehensnehmer mit Hilfe des überlassenen Kapitals erwirtschafteten Gewinnen. Es fehlt der für die stille Gesellschaft typische gemeinsame Zweck, nämlich die Verbindung des Inhabers des Gewerbes mit dem stillen Gesellschafter zum Betrieb des Gewerbes durch den Geschäftsinhaber im Interesse der Gesellschaft (vgl. *BFH* NJW 1978, 1280). Wird bei einem Rechtsgeschäft, bei dem dem Vertragspartner eine Geldsumme überlassen wird, eine Beteiligung am Verlust ausgeschlossen, so muss es sich dabei nicht notwendigerweise um ein partiarisches Darlehen handeln, weil auch bei der stillen Gesellschaft die Verlustbeteiligung ausgeschlossen werden kann. Andererseits ist eine Beteiligung am Verlust mit dem Charakter des Darlehens nicht zu vereinbaren. Deshalb ist, wenn eine Gewinn- und Verlustbeteiligung vereinbart worden ist, davon auszugehen, dass es sich im Zweifel um eine stille Gesellschaft und nicht um ein partiarisches Darlehen handeln soll.

Bei der Beantwortung der Frage, ob es sich um eine stille Ge- 469
sellschaft oder ein partiarisches Darlehen handelt, ist entscheidend darauf abzustellen, ob das Verhältnis der beteiligten Personen zueinander eine wirkliche Zweckgemeinschaft im Sinne einer Gesellschaft darstellt. Zu berücksichtigen sind dabei die wirtschaftlichen Ziele der Parteien, ihre bisherigen persönlichen Beziehungen, die geplante Dauer der Beteiligung, das Streben des Geldgebers, sein Risiko zu verringern, sowie das Interesse des Geschäftsinhabers an der Person des Geldgebers (vgl. *BFH* NJW 1978, 1280). Wenn die Beteiligten ohne jeden gemeinsamen Zweck lediglich ihre eigenen Interessen verfolgen und ihre Beziehungen ausschließlich durch die Verschiedenheit ihrer Interessen bestimmt werden, handelt es sich im Zweifel um ein partiarisches Darlehen. Haben sich die Parteien hingegen durch den Vertrag zur Erreichung eines gemeinsamen Zweckes verbunden und tragen die schuldrechtlichen Beziehungen ein gesellschaftsrechtliches Element in sich, liegt eine stille Gesellschaft vor (vgl. *BFH* WM 1983, 1066, 1067). Indizien dafür, dass eine gesellschaftliche Bindung im Sinne einer Zweckgemeinschaft gewollt ist, können vereinbarte Kontrollrechte zugunsten des stillen Gesellschafters bieten, wenngleich auch Darlehensgeber sich Aufsichtsrechte auszubedingen pflegen. Insbesondere lassen sich kreditgewährende Banken häufig die Bilanzen der Darlehensnehmer vorlegen. Je stärker die Kontrollrechte des Geschäftspartners ausgebildet sind, desto mehr Anhaltspunkte sprechen dafür, dass der Parteiwille dahin geht, dass eine stille Gesellschaft gewollt ist. Das dürfte insbesondere dann zutreffen, wenn der Geschäftsinhaber bei wichtigen Geschäften im Innenverhältnis an die Zustimmung des Geldgebers gebunden ist (vgl. dazu auch *BGH* WM 1992, 1576f.).

§ 33. Die Unterbeteiligungsgesellschaft

Literatur: *Blaurock/Berninger,* Unterbeteiligung an einem GmbH-Anteil in zivilrechtlicher Sicht, GmbH-Rdsch. 1990, 11ff. und 87ff.; *Costede,* Unterbeteiligte als Mitunternehmer, ZGR 1976, 188ff.; *Janberg,* Die Unterbeteiligung im Gesellschaftsrecht, DB 1953, 77ff.; *Marsch-Barner,* Gesetz über Unternehmensbeteiligungsgesellschaften – Eine Zwischenbilanz –, ZGR 1990, 294ff.; *Menzel,* Das neue Gesetz über Unternehmensbeteiligungsgesellschaften, WM 1987, 705ff.; *Blaurock,* Handbuch der stillen Gesellschaft, 6. Aufl. 2003; *Schimke,* Die historische Entwicklung der Unterbeteiligungsgesellschaft in der Neuzeit, Schriften zur Rechtsgeschichte Heft 49, 1991; *U. Wagner,* Die Unterbeteiligung an einem OHG-Anteil, 1975.

I. Das Bedürfnis, Unterbeteiligungsgesellschaften zu gründen

470 In der Praxis hat sich ein starkes Bedürfnis gezeigt, Personen durch formlosen Vertrag in der Art an der Gesellschafterstellung einer anderen Person zu beteiligen, dass der Gewinn und der Verlust oder auch nur der Gewinn zwischen dem Gesellschafter und der anderen Person geteilt wird. Gründe für eine solche Unterbeteiligung können sein:
- die Gesellschafterstellung, an der die andere Person beteiligt werden soll, ist wegen der Verweigerung der Zustimmung der anderen Gesellschafter nicht übertragbar;
- der Unterbeteiligte will nach außen nicht in Erscheinung treten;
- der künftige Nachfolger eines Gesellschafters soll, schon bevor er Gesellschafter wird, an den Vorteilen einer Gesellschafterstellung beteiligt werden;
- bei dem Tode eines Gesellschafters, der mehrere Erben hat, von denen aber nur einer in die Gesellschafterstellung nachfolgen soll, kann eine Unterbeteiligung an der Gesellschafterstellung des Nachfolgeerben den Zweck erfüllen, die übrigen Erben abzufinden;
- der Kapitalbedarf eines Hauptgesellschafters: um seine Einlagepflicht in der Hauptgesellschaft erfüllen zu können, sucht der Hauptgesellschafter einen Geldgeber, der sich bereitfindet, sein Geld zu investieren, wenn er an den Gewinnen der Hauptgesellschaft beteiligt wird;
- durch eine Verteilung des Einkommens auf mehrere Personen (insbesondere im Familienkreis) kann mittels einer entsprechenden Gewinnverteilung ein beträchtlicher Progressionsvorteil erzielt werden.

471 **Beispiel:** Albers, Knoll und Rüttgers wollen eine OHG gründen, deren Gegenstand ein Reifengroßhandel sein soll. Jeder Gesellschafter soll eine Einlage von 100 000,– € erbringen. Nach Abschluss des Gesellschaftsvertrages merkt Knoll, dass er sich finanziell übernommen hat. Er kann nur 50 000,– € für die

Einlage aufbringen. Weil er gerne Gesellschafter bleiben möchte, sucht er einen Geldgeber. Zenz ist bereit, 50000,– € zu der Einlage des Knoll beizusteuern, wenn er an der Gesellschafterstellung des Knoll in der Weise beteiligt wird, dass er auf die Dauer der Gesellschaft 50% des auf Knoll entfallenden Gewinns – bei Nichtbeteiligung am Verlust – erhält. Wenn Knoll sich damit einverstanden erklärt, handelt es sich um ein Unterbeteiligungsverhältnis.

Beispiel: Der Unterbeteiligte ist nicht nur Lieferant der Gesellschaft, bei der die Unterbeteiligung begründet werden soll, sondern auch der Lieferant der Konkurrenzunternehmen, die von der Beteiligung nichts wissen sollen, weil der Unterbeteiligte fürchtet, die Konkurrenzunternehmen als Kunden zu verlieren.

Die Unterbeteiligungsgesellschaft, von der hier die Rede ist, **472** darf nicht verwechselt werden mit der Unternehmensbeteiligungsgesellschaft, die durch das Gesetz über Unternehmensbeteiligungsgesellschaften (UBGG) vom 17. Dezember 1986 (in Kraft getreten am 1. Januar 1987, neu bekannt gemacht am 9. September 1998) geregelt ist. Sinn und Zweck dieses Gesetzes ist es, den nicht börsennotierten mittelständischen Unternehmen den indirekten Zugang zum Kapitalmarkt zu eröffnen und auf diese Weise ihre Außenfinanzierungsmöglichkeiten zu verbessern. Darüber hinaus werden mit dem Gesetz noch weitere Ziele verfolgt, u.a. das, einem breiten Anlegerpublikum die Möglichkeit zu verschaffen, sich mittelbar an mittelständischen Unternehmen zu beteiligen. Das UBGG schafft den zur Verwirklichung dieser Ziele notwendigen Organisationsrahmen (vgl. zu alledem *Menzel*, WM 1987, 705ff.; *Ehlermann/Schüppen*, ZIP 1998, 1513ff.). § 2 UBGG lässt als Rechtsform für Unternehmensbeteiligungsgesellschaften – neben der Aktiengesellschaft – die GmbH, KGaA und die KG zu. Für letztere ist darauf hinzuweisen, dass auf Grund der Handelsrechtsreform auch kein Grundhandelsgewerbe oder ein in kaufmännischer Weise eingerichteter Geschäftsbetrieb erforderlich ist, wenn sich die Kommanditgesellschaft ins Handelsregister eintragen lässt (vgl. § 2 HGB). Darüber hinaus schreibt § 15 Nr. 1 UBGG nur die Vorlage des Gesellschaftsvertrages vor; daraus resultiert für die Kommanditgesellschaft – im Gegensatz zu den übrigen zugelassenen Gesellschaften, für die in den einschlägigen Gesetzen die notarielle Beurkundung verlangt wird – nur ein faktischer Schriftformzwang.

Eine Unternehmensbeteiligungsgesellschaft muss mit einem voll eingezahlten Mindestgrundkapital von 1 Million € ausgestattet sein (§ 2 Abs. 4 S. 1 UBGG; dies müsste wohl auch für die Kommanditgesellschaft gelten, obwohl diese kein Mindestkapital besitzen muss); sie muss Sitz und Geschäftsleitung im Inland haben.

II. Die Rechtsform der Unterbeteiligungsgesellschaft

473 Die herrschende Meinung (vgl. *BGHZ* 50, 316ff.) geht als selbstverständlich davon aus, dass Unterbeteiligungen der genannten Art rechtlich möglich und zulässig sind. Sie qualifiziert das auf einem Vertrag beruhende Unterbeteiligungsverhältnis als BGB-Gesellschaft. Um eine stille Gesellschaft i.S. der §§ 230ff. HGB kann es sich nicht handeln, weil der Unterbeteiligte sich nicht „an dem Handelsgewerbe, das ein anderer betreibt" – nach § 230 HGB eine zwingende Voraussetzung – beteiligt (zur Abgrenzung zu verwandten Rechtsverhältnissen vgl. u.a. *Schimke,* S. 20ff.).

Eine Unterbeteiligungsgesellschaft ist demnach eine Innengesellschaft, mit der der Unterbeteiligte an der Gesellschafterstellung eines Hauptgesellschafters beteiligt wird, ohne in direkte Beziehungen zur Hauptgesellschaft selbst zu treten. Der formlos wirksame Gesellschaftsvertrag, der zwischen dem Hauptgesellschafter und dem Unterbeteiligten geschlossen wird, bestimmt, in welchem Maße der Unterbeteiligte an den Rechten und Pflichten des Hauptgesellschafters teilhat. Auf das Rechtsverhältnis zwischen dem „Hauptgesellschafter" und dem Unterbeteiligten finden vor allem die Regelungen der §§ 705ff. BGB Anwendung. Allerdings wird *kein* Gesamthandsvermögen gebildet, weil der Gesellschaftsanteil, auf den sich die Beteiligung bezieht, allein dem Hauptbeteiligten zuzuordnen ist (so zutreffend *Blaurock/Berninger,* GmbH-Rdsch. 1990, 12). Neben den §§ 705ff. BGB kann für einige Bereiche des Rechtsverhältnisses zwischen dem Hauptgesellschafter und dem Unterbeteiligten eine entsprechende Anwendung der §§ 230ff. HGB geboten sein (vgl. *Blaurock/Berninger,* GmbH-Rdsch. 1990, 13; *K. Schmidt,* Gesellschaftsrecht, § 63 II 1).

474 Die vorherrschende Meinung in der rechtswissenschaftlichen Literatur geht davon aus, dass die Unterbeteiligungsgesellschaft auch ohne Zustimmung und ohne Kenntnis der übrigen Hauptgesellschafter zustande kommen kann (u.a. *Janberg,* DB 1953, 77ff.). Das ist nicht unbedenklich, wenn man berücksichtigt, dass das Verhältnis des Hauptgesellschafters zu den anderen Gesellschaftern durch die Unterbeteiligung erheblich belastet werden

kann. Derjenige Hauptgesellschafter, der mit einem Unterbeteiligten eine Unterbeteiligungsgesellschaft gegründet hat, ist im Hinblick auf die Hauptgesellschafter eine doppelte gesellschaftliche Bindung eingegangen. Das kann zu Interessenkollisionen und damit verbundenen Konflikten führen.

Beispiel: Köster, Schmalz und Zander haben eine OHG gegründet, die nach dem neuesten Stand der Technik elektronische Geräte herstellt und veräußert. Faber, der an dem Gesellschaftsanteil des Köster ohne Wissen der übrigen Gesellschafter unterbeteiligt ist, verlangt von Köster, über die streng geheimgehaltenen Produktionsverfahren unterrichtet zu werden. Hier kollidieren die Pflicht des Köster aus dem Vertrag mit den anderen OHG-Gesellschaftern zur Geheimhaltung und die Informationspflicht, die Köster aus dem Gesellschaftsverhältnis (BGB-Gesellschaft) mit Faber erwächst.

Jede natürliche und juristische Person kann mit dem Hauptgesellschafter eine Unterbeteiligungsgesellschaft gründen. 475

Eine Unterbeteiligung ist auch an dem Gesellschaftsanteil eines GmbH-Gesellschafters möglich und durchaus üblich (vgl. dazu *Blaurock/Berninger*, GmbH-Rdsch. 1990, 11f.).

Bei einer in Vollzug gesetzten Unterbeteiligungsgesellschaft kann der Anleger seine Mitgliedschaft nur für die Zukunft durch die Ausübung eines ihm zustehenden Austrittsrechts beenden; denn die Grundsätze über die fehlerhafte Gesellschaft finden auch auf die atypischen stillen Gesellschaften Anwendung (vgl. *OLG Dresden* WM 2002, 2234ff. mit Nachw.).

9. Kapitel. Die Aktiengesellschaft

§ 34. Die Bedeutung der Aktiengesellschaft

Literatur: *Berg/Stöcker,* Anwendungs- und Haftungsfragen zum Deutschen Corporate Governance Kodex, WM 2002, 1569 ff.; *Fleischer,* Der Einfluss der Societas Europea auf die Dogmatik des deutschen Gesellschaftsrechts, AcP 204 (2004), 502 ff.; *Ph. Göz/T. Holzborn,* Die Aktienrechtsreform durch das Gesetz für Unternehmensintegrität und Modernisierung des Anfechtungsrechts – UMAG, WM 2006, 157 ff.; *Kindler,* Die Aktiengesellschaft für den Mittelstand. Das Gesetz für kleine Aktiengesellschaften und zur Deregulierung des Aktienrechts, NJW 1994, 3041 ff.; *Kollmann,* Aktuelle Corporate Governance-Diskussion in Deutschland, WM Sonderbeilage 1/2003; *Schwarz,* Zum Statut der europäischen Aktiengesellschaft, ZIP 2001, 1847 ff.; *Seibert/Köster/Kiem,* Die kleine AG, 3. Aufl. 1996; *Ch. Teichmann,* Die Einführung der Europäischen Aktiengesellschaft, ZGR 2002, 383 ff.; *Thoma/Leuering,* Die Europäische Aktiengesellschaft – Societas Europaea, NJW 2002, 1449 ff.; *P. Ulmer,* Aktienrecht im Wandel, AcP 202 (2002), 143 ff.; *U. Wackerbarth,* Investorvertrauen und Corporate Governance, ZGR 2005, 686 ff.

I. Die Aktiengesellschaft als die geeignete Gesellschaftsform für große Unternehmen

476 Die Aktiengesellschaft ist aus vielerlei Gründen die geeignete Gesellschaftsform für Großunternehmen:

- Sie ermöglicht es, dass ein *großer Kapitalbedarf,* der das Vermögen von einzelnen Personen oder Familien in der Regel übersteigen würde, durch den Verkauf von Gesellschaftsanteilen an eine Vielzahl von anderen Personen gedeckt wird. Das Kapital wird dadurch aufgebracht, dass eine große Anzahl von – meist anonym bleibenden – Personen Aktien gegen eine Einlage – in der Regel die Zahlung eines Geldbetrages – übernimmt.
- Das *Risiko* der an der Gesellschaft beteiligten Aktionäre, der Kapitalgeber, ist begrenzt. Da nur die Aktiengesellschaft als juristische Person mit ihrem Vermögen haftet, nicht aber die Gesellschafter (Aktionäre) mit ihrem Privatvermögen in Anspruch genommen werden können, kann der Aktionär nicht mehr verlieren als den Betrag, den er für den Erwerb der Aktie gezahlt hat.

- Die Bindung des Aktionärs an die Aktiengesellschaft ist im Vergleich zu anderen Gesellschaftsformen eine relativ lose. Der Aktionär kann in der Regel die Aktien jederzeit an jede beliebige Person veräußern.
- Durch die einfache Form der Beteiligung, das geringe Risiko, die freie Übertragbarkeit der Aktien und die Möglichkeit, sich ohne kaufmännische oder sonstige Fähigkeiten an einem Wirtschaftsunternehmen zu beteiligen, können Aktien an eine Vielzahl von Personen verkauft werden, die kein eigenes Interesse an einer wirtschaftlichen Betätigung haben, im Aktienerwerb aber eine zweckmäßige und günstige Form der Geldanlage sehen.
- Die Aktie ist eine geeignete Möglichkeit, eine große Anzahl von Personen am Produktivvermögen zu beteiligen. Durch eine breite Streuung der Aktien könnte der Verteilungskampf um das Bruttosozialprodukt erheblich entschärft werden, weil den Arbeitnehmern bei niedrigen Tariflohnabschlüssen der hierdurch entstehende höhere Gewinn in Form von Aktiendividenden zugute kommen könnte und die Unternehmen notwendige Investitionsmittel zur Verfügung hätten.
- Die Struktur der Aktiengesellschaft ermöglicht im besonderen Maße die Konzentration von Unternehmen.

Über Funktion und Bedeutung der Aktiengesellschaft gehen 477
die Meinungen insbesondere insoweit auseinander, als es um die Bestimmung des *Unternehmensinteresses* und die daraus zu ziehenden praktischen Konsequenzen geht. Im Gesetz ist nur vom „Wohl der Gesellschaft" (§ 121 Abs. 1 AktG) die Rede. Der *BGH* hat darüber hinaus ein „Interesse des Unternehmens" ausdrücklich anerkannt (*BGHZ* 64, 325, 329). Bedeutung kommt insbesondere der Beantwortung der Frage zu, ob und gegebenenfalls wie weit die Mitglieder von Unternehmensorganen bei ihren Handlungen an ein Unternehmensinteresse gebunden sein können (vgl. dazu unten Rn. 569ff.).

Das Aktienwesen ist seit etlichen Jahren einem erheblichem Wandel unterworfen, der durch folgende Merkmale geprägt ist:

- die Zahl der Aktiengesellschaften hat sich stark vermehrt;
- die internationalen Kapitalmärkte haben zunehmenden Einfluss auf die börsennotierten deutschen Aktiengesellschaften gewonnen;
- die ehemals sehr große Macht der Banken ist tendenziell rückläufig;

– von potentiellen Übernahmeangeboten geht erheblicher Druck auf ein erfolgsorientiertes Unternehmensmanagement aus (vgl. zu alledem *P. Ulmer,* AcP 202 [2002], 143 ff.).

478 Die Zahl der deutschen Aktiengesellschaften ging zunächst etwa 60 Jahre lang ständig zurück, ohne dass die wirtschaftliche Bedeutung der Aktiengesellschaft gesunken wäre. Während es im Jahre 1925 in Deutschland noch etwa 13 000 Aktiengesellschaften gab, sank die Zahl der Aktiengesellschaften über 2558 (1960) auf 2190 (Jahresende 1986). Seit 1987 steigt die Zahl der Aktiengesellschaften wieder. Ende 1987 existierten 2508, 1992 3219 Aktiengesellschaften, davon 201 in den neuen Bundesländern. 1993 stieg die Zahl der Aktiengesellschaften weiter auf etwa 3950. Ende 1998 soll es ca. 5500 Aktiengesellschaften gegeben haben; zur Jahreshälfte 2001 waren es schon fast 12 000 Aktiengesellschaften. Im Jahr 2000 waren 1450 Gesellschaften an der Börse notiert. Das Grundkapital ist ständig gestiegen: Betrug das Grundkapital aller Aktiengesellschaften im Jahre 1960 DM 31,7 Milliarden, so waren es 1994 (geschätzte) DM 192,6 Milliarden. Im Vergleich dazu brachten im Jahre 1986 346 371 Gesellschaften mit beschränkter Haftung ein Gesamtstammkapital von DM 147,4 Milliarden auf. Ende 1987 existierten 401 687 Gesellschaften mit beschränkter Haftung (Kapital: DM 180 Milliarden), Ende 1991 465 660 (Kapital: DM 209 Milliarden) (Zahlen aus: AG-Report, AG 1987 R 186; AG-Report, AG 1991 R 60; AG-Report, AG 1993 R 64; AG-Report, AG 1995 R 272; *Hansen,* AG-Report 1999, 67; *Wiedemann/Frey,* Gesellschaftsrecht, Nr. 267 b; *Seibert/Köster/Kiem,* Rn. 15 d; Statistisches Jahrbuch 1990; Statistisches Jahrbuch 1992). Die Zahl der Aktiengesellschaften wuchs bis August 2003 auf 15.175 mit einem Grundkapital von 161 Milliarden € (Quelle: Baumbach/Hueck/*Hueck/Fastrich*, GmbH-Gesetz, Einleitung Rn. 29). Die Zahl der GmbHs wird zum 1. Januar 2005 auf etwa 996 000 geschätzt (vgl. *U. Kornblum,* GmbHR 2006, 28 ff.).

II. Die Aktiengesellschaft als Gegenstand von Kritik und Reform

479 Weil die Aktiengesellschaften immer noch die für Großunternehmen typische Gesellschaftsform darstellen, bilden sie nach wie vor eine große wirtschaftliche und deshalb auch politische Macht. Eine Reihe von Gründen hat dazu geführt, dass das Aktienrecht

in den letzten Jahrzehnten immer wieder Gegenstand von Reformbestrebungen war. Ansatzpunkte für Reformvorhaben boten die Aktiengesellschaften in vielerlei Hinsicht:

- Die große wirtschaftliche Macht der Aktiengesellschaft berührt das Interesse der Allgemeinheit. Die Öffentlichkeit hat deshalb ein Interesse daran, Einblick in die wirtschaftlichen Verhältnisse der großen Aktiengesellschaften zu nehmen. Das gilt allerdings ebenso für die in anderen Rechtsformen betriebenen Großunternehmen. Die Aktienrechtsreform, die ihren Niederschlag im Aktiengesetz von 1965 gefunden hat, brachte deshalb eine Verschärfung der Publizitätsvorschriften, die das sogenannte Publizitätsgesetz aus dem Jahre 1969 auf solche Großunternehmen ausdehnte, die in anderen Rechtsformen betrieben werden.
- Das Aktienrecht räumt mit seinen Vorschriften über Kapital- 480
beteiligung und Stimmrecht demjenigen, der über 50% des Grundkapitals hält, die Möglichkeit ein, das Schicksal der Aktiengesellschaft weitgehend zu bestimmen, ohne selbst das volle Risiko zu tragen. Nicht wenige Aktiengesellschaften in Deutschland befinden sich auf diese Weise in der Abhängigkeit von Großaktionären. Deshalb war die Stärkung des Minderheitenschutzes dringend geboten, ein Ziel, das die Aktienrechtsreform von 1965 teilweise verwirklichen konnte.
- Die Bestrebungen, Arbeitnehmer und Gewerkschaften am Betriebsgeschehen und den wesentlichen wirtschaftlichen Entscheidungen zu beteiligen und sie bei der Leitung der Unternehmen mitbestimmen zu lassen, haben zur Einführung der Mitbestimmung von Arbeitnehmern in den Großbetrieben geführt. Diese Reform wirkt sich nachhaltig auf die Verfassung der Aktiengesellschaft aus. In jüngster Zeit werden Art und Umfang der Arbeitnehmerbeteiligung an der Unternehmensleitung wieder zunehmend streitig diskutiert.

Trotz vieler Reformen konnte und kann es nicht gelingen, den 481
Interessen aller derjenigen gerecht zu werden, die einer Aktiengesellschaft als Arbeitnehmer oder Aktionär verbunden sind. Während es den Großaktionären in erster Linie um die Beherrschung des Unternehmens als Feld für die eigene unternehmerische Tätigkeit geht, haben andere Aktionäre vorrangig ein Interesse daran, am Wertzuwachs der Unternehmen zu partizipieren. Die Arbeitnehmerinteressen orientieren sich u.a. vorwiegend an der Erhaltung der Arbeitsplätze, höheren Löhnen, der Verbesserung der Arbeitsverhältnisse und – in Verfolgung alter Forderungen

der Gewerkschaftsbewegung – einem möglichst hohen Maß an Mitbestimmung.

Versuche, das Aktienrecht zu reformieren (Aktienrechtsreform 1997) hatten verschiedene Schwerpunkte. Das Gesetz zur Kontrolle und Transparenz im Unternehmensbereich aus dem Jahre 1998 stärkt u.a. den Aufsichtsrat und will die Kontrolle durch die Hauptversammlung verbessern, indem es z.B. an das Vollmachtstimmrecht (Depotstimmrecht) der Banken erhöhte Anforderungen stellt. Außerdem wurde die Qualität der Abschlussprüfung verbessert. Stimmrechtsdifferenzierungen, die dem Grundsatz „One share one vote" widersprechen, wurden abgeschafft.

2001 ist das Aktienrecht durch das Gesetz zur Namensaktie und zur Erleichterung der Stimmrechtsausübung (NaStraG) geändert worden. Mit diesem Gesetz sollte das Recht der Namensaktie aktualisiert werden. Gleichzeitig wurde die Nutzung moderner Verfahren der Informations-Technologie bei der Abwicklung der Hauptversammlungen börsennotierter Aktiengesellschaften ermöglicht.

Das Transparenz- und Publizitätsgesetz (TransPuG), dessen letzter Teil am Anfang des Jahres 2003 in Kraft getreten ist, setzt die bereits durch das NaStraG ermöglichte weitere Öffnung des Gesellschaftsrechts für den Einsatz elektronischer Medien fort. Das Gesetz sieht auch eine Reform des Aufsichtsrates vor und verankert durch die sog Entsprechenserklärung in § 161 AktG den Corporate Governance Kodex im deutschen Aktienrecht. Außerdem gibt es Änderungen im Bereich der Rechnungslegung und der Abschlussprüfung.

481a Ein weiteres Mal ist das Aktienrecht durch das am 1. November 2005 in Kraft getretene Gesetz für Unternehmensintegrität und Modernisierung des Anfechtungsrechts (UMAG = BGBl. I 2005, S. 2802) geändert worden. Ziel dieses Gesetzes ist es u.a.,

- die Haftung von Organmitgliedern dadurch effektiver zu gestalten, dass der Bereich des erlaubten Handelns präzisiert wird und Aktionäre von einem bestimmten Quorum ab selbst Haftungsansprüche der Gesellschaft gegen Organe gerichtlich geltend machen können.
- eine missbräuchliche Ausübung des Anfechtungsrechts einzudämmen.
- Vorbereitungs- und Durchführungsregeln für die Hauptversammlung zu schaffen, welche die Hauptversammlung erheblich straffen (vgl. *Ph. Göz/T. Holzborn,* WM 2006, 157ff.).

III. Der Deutsche Corporate Governance Kodex

Wie kaum ein anderes Thema hat in den letzten Jahren die Einführung eines Corporate Governance Kodex die rechtspolitische Diskussion in Deutschland beherrscht. Anlässe dazu boten nicht zuletzt eine Reihe von spektakulären Übernahmen und die dabei auftretenden Leitungsprobleme. **481 b**

Unter „Corporate Governance“ ist die Summe der für eine verantwortliche, auf langfristige Wertschöpfung zielende Unternehmensführung, Unternehmenskontrolle und Transparenz geltenden Maximen zu verstehen (vgl. *K. Schmidt,* Gesellschaftsrecht, § 26 II 3).

Anders als im angelsächsischen Rechtskreis regelt das deutsche Recht das System der Unternehmensleitung und -kontrolle jedenfalls für die Aktiengesellschaften mehr oder minder ausführlich. Das Bedürfnis, eine unvollständige gesetzliche Regelung durch einen Verhaltenskodex zu ergänzen, besteht also in Deutschland nicht (vgl. *Berg/Stöcker,* WM 2002, 1569, 1570). Dennoch entschied man sich in Wirtschaft und Politik mehrheitlich für die Schaffung eines Corporate Governance Kodex, in dem die in Deutschland geltenden gesetzlichen Bestimmungen für die Unternehmensleitung und -überwachung für nationale wie internationale Investoren transparent gemacht werden sollten, umso das Vertrauen in die Unternehmensführung deutscher Gesellschaften zu stärken (zur historischen Entwicklung siehe *K. Kollmann,* WM, Sonderbeilage 1/2003).

Adressaten des Kodex sind die börsennotierten Gesellschaften, deren Vorstände und Aufsichtsratsmitglieder. Den nicht börsennotierten Unternehmen wird eine Beachtung des Kodex empfohlen (vgl. *Berg/Stöcker,* WM 2002, 1570).

Hinzuweisen ist auf die grundlegenden Zusammenhänge zwischen den deutschen Wertpapiermärkten und der Corporate Governance börsennotierter Aktiengesellschaften. Die Basis für funktionierende Wertpapiermärkte ist das Vertrauen der Investoren, das allein durch Kapitalmarktrecht nicht aufgebaut und unterhalten werden kann (zu alledem *U. Wackerbarth,* ZGR 2005, 686 ff.). Der Corporate Governance Codex ist geeignet, das Vertrauen der Investoren in die Leitung deutscher Aktiengesellschaften über die gesetzlichen Regelungen hinaus zu stärken.

Der Kodex enthält zu wesentlichen Teilen eine leicht verständ- **481 c**
liche Zusammenfassung der gesetzlichen Regelungen betreffend

die Unternehmensleitung und -kontrolle. Darüber hinaus wird die Einhaltung einer Reihe von Regeln empfohlen, welche die Schwachpunkte in der deutschen Unternehmensverfassung verringern sollen. Kritisch gesehen werden z.B. die zum Teil als mangelhaft empfundene Ausrichtung auf die Aktionärsinteressen, die mangelnde Transparenz deutscher Unternehmensführung und die eingeschränkte Unabhängigkeit deutscher Aufsichtsräte und Abschlussprüfer. Auch wenn die letztgenannten Regeln keinen echten Rechtsnormcharakter haben, so stellen sie doch Verhaltensregeln auf, deren Verletzung rechtlich nicht irrelevant sind. Zu denken ist hier vor allem an die Konkretisierung haftungsrelevanter Verhaltenspflichten der Gesellschaftsorgane, die bei der Abschlussprüfung im Rechnungslegungswesen eine Rolle spielen und auch als Maßstab für Kapitalmarktsanktionen dienen können (vgl. *K. Schmidt,* Gesellschaftsrecht, § 26 II 3).

Die Empfehlung, auch die nicht gesetzlich vorgeschriebenen Regeln einzuhalten, wird durch die Neufassung des § 161 AktG flankiert. Danach müssen die Vorstände und Aufsichtsräte der börsennotierten Unternehmen jährlich eine Erklärung abgeben, in der sie darzulegen haben, dass sie den Regeln des Corporate Governance Kodex entsprochen haben und welche der Empfehlungen des Kodex sie gegebenenfalls nicht angewendet haben. Diese Erklärung ist den Aktionären dauerhaft zugänglich zu machen.

IV. Die Europäische Aktiengesellschaft – Societas Europaea

481d Mit der Verordnung des Rates über das Statut der Europäischen Gesellschaft (SE-VO) aus dem Jahre 2002 ist mit der Europäischen Aktiengesellschaft – Societas Europaea (=SE) – die Erste supranationale Rechtsform für eine gemeinschaftsrechtliche Kapitalgesellschaft geschaffen worden. Damit soll den europaweit tätigen Unternehmen die Möglichkeit gegeben werden, in der Zukunft mit nur einer Gesellschaft an Stelle einer komplizierten Konzernstruktur zu operieren (vgl. *Thoma/Leuering,* NJW 2002, 1449ff.).

Als europäische Verordnung ist die SE-Verordnung in allen Mitgliedstaaten der Europäischen Union unmittelbar anwendbar. Sie verweist allerdings vielfach auf nationales Recht (zu alledem *Ch. Teichmann,* ZGR 2002, 383, 394f.). Dieser Verweis auf das nationale Recht meint das allgemeine Aktienrecht. Die Verordnung ermächtigt den nationalen Gesetzgeber, bestimmte Bereiche speziell für die SE zu regeln (dazu *Ch. Teichmann,* ZGR 2002, 383, 399). Dies wird zu markanten Unterschieden z.B. zwischen deutschen, englischen und französischen SE führen; denn wenn auch die Aktienrechte in Europa einen hohen Grad an Homogenität aufweisen, so haben sich doch an vielen Stellen nationale Eigenheiten und Vorprägungen behauptet (vgl. *Fleischer,* AcP 204 [2004], 502, 516).

Die SE ist eine Gesellschaft mit eigener Rechtspersönlichkeit **481e**
und beschränkter Haftung, die im Wesentlichen auf Großunternehmen zugeschnitten ist. Sie stellt keine Rechtsform dar, die von den jeweiligen nationalen Regelungen unabhängig ist.

Es gibt vier verschiedene Möglichkeiten, eine SE zu gründen, nämlich (1) durch Verschmelzung, (2) durch Gründung einer gemeinsamen Holding-SE durch mehrere Kapitalgesellschaften, (3) durch Gründung einer gemeinsamen Tochter-SE durch mehrere juristische Personen (4) und durch Umwandlung einer Aktiengesellschaft in eine SE (Art. 2 SE-VO). (Zu Einzelheiten der Gründung siehe *Ch. Teichmann,* ZGR 2002, 383, 409ff. und *Schwarz,* ZIP 2001, 1847, 1850ff.)

Zwingende Voraussetzung für die Gründung einer SE ist es, dass jedenfalls zwei Mitgliedstaaten der EU berührt werden.

Eine große Innovationsleistung der SE-Verordnung wird im Be- **481f**
reich der Organisationsverfassung gesehen. Gemäß Art. 38 lit. b) SE-VO steht es dem Satzungsgeber einer SE frei, ob er die Leitung der Gesellschaft monistisch oder dualistisch ausgestaltet. So muss Deutschland mit seiner traditionellen Trennung von Vorstand und Aufsichtsrat künftig für die SE auch ein einstufiges Verwaltungsorgan anbieten. Großbritannien mit seinem einheitlichen board-System hat demgegenüber für die wahlweise Trennung von Leitung und Kontrolle Sorge zu tragen. Damit ist das Problem verbunden, ob sich die Mitgliedstaaten die für die SE bestehende Wahlfreiheit in der Zukunft auch für ihre nationalen Aktiengesellschaften leisten wollen (vgl. *Fleischer,* AcP 204 [2004], 502, 521ff.).

Ein nicht zu unterschätzendes Problem ist die Mitbestimmungsregelung in der SE. Die dazu im Oktober 2001 verabschiedete SE-Richtlinie überlässt die konkrete Ausgestaltung der Mitbestimmung in erster Linie der freien Verhandlung zwischen der Unternehmensführung und einem eigens dafür einzurichtenden Verhandlungsgremium der Arbeitnehmer (vgl. *Fleischer,* AcP 204 [2004], 502, 533ff.).

§ 35. Begriff und Rechtsnatur der Aktiengesellschaft

I. Begriff und Typen von Aktiengesellschaften

1. Der Begriff

482 Die Aktiengesellschaft ist eine auf Dauer angelegte private Organisation, die gegründet wird, um einen selbstgesetzten Zweck zu erreichen. Sie ist eine juristische Person, für deren Verbindlichkeiten nur das Gesellschaftsvermögen haftet (§ 1 Abs. 1 S. 2 AktG). Die Mitgliedschaftsrechte der Gesellschafter (Aktionäre) ergeben sich aus ihren Anteilen an dem in Aktien zerlegten Grundkapital.

Die Aktiengesellschaft ist als juristische Person Inhaberin des Gesellschaftsvermögens. Sie ist Subjekt der sie betreffenden Rechte und Pflichten.

Kraft ihrer Mitgliedschaft stehen die Aktionäre lediglich mit der Aktiengesellschaft in Rechtsbeziehungen. Nach der Organisation der Aktiengesellschaft bestehen zwischen den einzelnen Gesellschaftern (Aktionären) untereinander keine rechtlichen Beziehungen persönlicher Art (*BGHZ* 18, 350, 365. Zur Frage der Treuepflicht für Aktionäre siehe unten Rn. 647 ff.).

2. Typen von Aktiengesellschaften

483 Je nach der Verteilung von Aktien kann man verschiedene Typen von Aktiengesellschaften unterscheiden:

- Die sog. *majorisierten Gesellschaften,* bei denen die Mehrheit der Aktien von einer kleinen Zahl von Personen (Mehrheitsaktionären) gehalten wird.
- Die sog. *Publikumsgesellschaften:* die Aktien befinden sich in den Händen einer Vielzahl von Aktionären, ohne dass ein Aktionär oder eine kleine Gruppe von Aktionären die Gesellschaft beherrschen.

484 Die besondere Strenge des Aktienrechts mag dazu beigetragen haben, dass der Mittelstand die AG über viele Jahre weitgehend gemieden hat. Man hat sogar von einer „Flucht des Mittelstandes in die GmbH“ gesprochen, die mit dazu beigetragen hätte, dass die Eigenkapitalausstattung deutscher Unternehmen im internationalen Vergleich zu gering sei (vgl. *Kindler,* NJW 1994, 3041). Das im August 1994 in Kraft getretene „Gesetz für kleine Aktiengesellschaften und zur Deregulierung des Aktienrechts“ verfolgt

den Zweck, die Aktiengesellschaft auch für mittelständische Unternehmer wieder interessant zu machen, indem es Anreize für diese Unternehmen schafft, in die Rechtsform der Aktiengesellschaft zu wechseln und sich so den Zugang zu den Börsen zu erschließen.

Der Begriff „kleine Aktiengesellschaft" wird lediglich zur Veranschaulichung benutzt. Er stellt *keine* neue Rechtsform dar.

Eine Aktiengesellschaft kann verlangen, als Rechtsanwaltsgesellschaft zugelassen zu werden, denn die Aktiengesellschaft hat als juristische Person des Privatrechts gemäß Art. 12 GG das Grundrecht auf freie Berufsausübung. Daraus folgt ihr Recht, Aufträge zu übernehmen, die zur Berufstätigkeit von Anwälten gehören, es sei denn, eine solche Tätigkeit ist durch Regelungen verboten, die mit Art. 12 GG vereinbar sind. Da die Bundesrechtsanwaltsordnung derartige Regelungen nicht enthält, hat der *BGH* (BGHZ 161, 376ff.) die Zulassung einer Aktiengesellschaft als Rechtsanwaltsgesellschaft bejaht.

II. Die Rechtsnatur der Aktiengesellschaft

Die Aktiengesellschaft ist körperschaftlich strukturiert und daher auf die Grundform des rechtsfähigen Vereins zurückzuführen. 485
Sie ist eine Gesellschaft mit eigener Rechtspersönlichkeit (§ 1 AktG).

Als juristische Person ist die Aktiengesellschaft rechtsfähig. Sie ist selbst Träger von Rechten und Pflichten.

Beispiel: Eigentümer eines Grundstücks, das der Gesellschaft gehört, ist nur die Aktiengesellschaft. Die Inhaber der Aktien sind nicht die Eigentümer.

Für Verbindlichkeiten der Aktiengesellschaft haftet den Gläubigern nur das Gesellschaftsvermögen, weil nur die Gesellschaft selbst, aber nicht die Aktionäre Schuldnerin der Gesellschaftsverbindlichkeiten ist und, wie bei anderen juristischen Personen auch, die Mitglieder derselben (hier die Aktionäre) *nicht* für die Verbindlichkeiten der Gesellschaft mit ihrem Privatvermögen haften (§ 1 Abs. 1 S. 2 AktG).

Beispiel: Die Chemiefaser Süd-AG hat von der Westfälischen Bank AG ein Darlehen in Höhe von Euro 10 Millionen erhalten. Für die Rückzahlung der Darlehenssumme haftet nur das Gesellschaftsvermögen. Wenn die Chemiefaser Süd-AG nicht imstande ist, die Darlehenssumme zurückzuzahlen, kann die Westfälische Bank AG sich nicht an die Aktionäre der Chemiefaser Süd-AG halten.

486 Da auch bei einer juristischen Person Menschen handeln müssen, muss das Gesetz regeln, welche natürlichen Personen im Namen der Aktiengesellschaft wirksam für diese handeln können.

Die Aktiengesellschaft handelt durch ihre Organe. Geschäftsführung und Vertretung der Aktiengesellschaft liegen grundsätzlich beim Vorstand. Als Kontrollorgan des Vorstandes dient der Aufsichtsrat, der auch den Vorstand bestellt. Die Aktionäre üben ihre Rechte durch die Hauptversammlung aus, die u.a. über die Verwendung des Bilanzgewinns, Satzungsänderungen und die Besetzung des Aufsichtsrates mit Aktionärsvertretern entscheidet.

Die Aktiengesellschaft ist auf Grund ihrer Rechtsform stets Handelsgesellschaft (§ 3 AktG). Das bedeutet: Die Aktiengesellschaft unterliegt stets den HGB-Vorschriften für Kaufleute. Ihre Geschäfte sind Handelsgeschäfte i.S. der §§ 343ff. HGB.

Nach § 4 AktG muss die Firma die Bezeichnung Aktiengesellschaft oder eine allgemein verständliche Abkürzung dieser Bezeichnung, wie z.B. AG enthalten.

487 Ebenso wie jede natürliche Person kann sich auch eine Aktiengesellschaft als juristische Person an anderen Gesellschaften beteiligen. Sie kann z.B. Aktien anderer Gesellschaften erwerben. So werden tatsächlich viele Aktiengesellschaften von anderen Aktiengesellschaften beherrscht, die sich den Mehrheitsbesitz der Aktien verschafft haben oder gar selbst die beherrschte Aktiengesellschaft gegründet haben.

Das Recht der Aktiengesellschaft ist im Wesentlichen im Aktiengesetz geregelt. Ergänzend ist das Vereinsrecht des BGB anzuwenden. Da das Aktiengesetz eine fast erschöpfende Regelung aller Probleme enthält, bleibt für eine ergänzende Anwendung des Vereinsrechts jedoch wenig Raum. Anwendbar ist aber z.B. § 31 BGB.

§ 36. Das Grundkapital

Literatur: *Hirte,* Bezugsrechtsausschluß und Konzernbildung, 1986; *P. Kindler,* Bezugsrechtsausschluß und unternehmerisches Ermessen nach deutschem und europäischem Recht, ZGR 1998, 35ff.; *Knobbe-Keuk,* Obligatorische Nutzungsrechte als Sacheinlagen in Kapitalgesellschaften? ZGR 1980, 214ff.; *Lutter,* Materielle und förmliche Erfordernisse eines Bezugsrechtsausschlusses, ZGR 1979, 401ff.; *Lutter/Gehling,* Verdeckte Sacheinlagen. Zur Entwicklung der Lehre und zu den europäischen Aspekten, WM 1989, 1445ff.; *Marsch-Barner,* Die Erleichterung des Bezugsrechtsausschlusses nach § 186 Abs. 3 Satz 4 AktG, AG 1994, 532ff.; *Martens,* Der Ausschluß des Bezugsrechts, ZIP

1992, 1677ff.; *ders.*, Richterliche und gesetzliche Konkretisierungen des Bezugsrechtsausschlusses, ZIP 1994, 669ff.; *Quack*, Die Schaffung genehmigten Kapitals unter Ausschluß des Bezugsrechtes der Aktionäre, ZGR 1983, 257ff.; *K. Schmidt*, Die sanierende Kapitalerhöhung im Recht der Aktiengesellschaft, ZGR 1982, 519ff.; *Schockenhoff*, Gesellschaftsinteresse und Gleichbehandlung beim Bezugsrechtsausschluß, 1988; *Zöllner*, Die Schranken mitgliedschaftlicher Stimmrechtsmacht bei den privatrechtlichen Personenverbänden, 1963.

I. Der Begriff Grundkapital

Gemäß § 1 Abs. 2 AktG hat die AG ein in Aktien zerlegtes Grundkapital. Das Grundkapital ist der in der Satzung festgesetzte Kapitalbetrag, den aufzubringen sich die Gründer durch die Übernahme von Aktien verpflichten. Das Grundkapital muss mindestens 50000,– € betragen; die Aktien können entweder als Nennbetragsaktien oder als Stückaktien ausgegeben werden (vgl. § 8 AktG). Damit enthält das deutsche Aktienrecht eine Entscheidung für die Nennwertaktie. Das Aktiengesetz ist so gefasst, dass durch eine Vielzahl von Vorschriften erreicht werden soll, dass dieses Grundkapital den Gläubigern der Aktiengesellschaft als Haftungsmasse ungeschmälert erhalten bleibt. 488

II. Grundkapital und Gesellschaftsvermögen

Das Grundkapital der Aktiengesellschaft ist weder mit ihrem Gesellschaftsvermögen identisch noch mit dem Kurswert der Aktien der Aktiengesellschaft. Das Grundkapital ist eine feste, in der Satzung festgelegte Geldziffer; es ist in Anteile, die Aktien, zerlegt. Der Kurswert der Aktien ergibt sich aus einem Marktprozess, bei dem der auf die Aktien zukünftig entfallende Gewinn eine entscheidende Einflussgröße ist. 489

Das *Gesellschaftsvermögen* der Aktiengesellschaft ist die Summe aller der Aktiengesellschaft zustehenden Rechte. Es setzt sich in der Regel zusammen aus Barmitteln, Guthaben, Eigentum an Grundstücken und anderen Sachen (z.B. Maschinen), Forderungen, Beteiligungen und sonstigen Rechten (z.B. Patenten). Das Gesellschaftsvermögen ist daher nicht wie das Grundkapital eine festgelegte Geldziffer, sondern es schwankt je nach der wirtschaftlichen Situation der Aktiengesellschaft. Das Gesellschaftsvermögen kann höher, aber auch niedriger sein als das Grundkapital.

Das Gesellschaftsvermögen ist regelmäßig dann höher als das Grundkapital, wenn die Geschäftstätigkeit der Gesellschaft erfolgreich war.

Beispiel: Die Badische Schaumstoff-Wernheim-AG hat mit einem Grundkapital von Euro 1 Million begonnen. Im ersten Jahr machte sie einen Gewinn von 150000,– €, im zweiten Jahr einen solchen in Höhe von 250000,– € In jedem Jahr schüttete die AG je 50000,– € als Gewinn aus, der Rest (300000,– €) wurde investiert in Grundstücke (180000,– €) sowie Maschinen und Fahrzeuge (120000,– €). Die Wertsteigerung der Grundstücke und die Abnutzung der Maschinen und Geräte heben sich gegeneinander auf. Am Ende des zweiten Jahres beträgt das Vermögen der Aktiengesellschaft Euro 1,3 Millionen (Grundkapital plus Wert der erworbenen Gegenstände).

Das Grundkapital beträgt unverändert Euro 1 Million.

490 Das Gesellschaftsvermögen kann jedoch auch niedriger sein als das ausgewiesene Grundkapital.

Beispiel: Eine Aktiengesellschaft büßt im ersten Jahr durch nicht erfolgreiche Geschäftstätigkeit einen Teil der als Grundkapital eingezahlten Beträge ein.

Die Kursentwicklung der Aktien wird in der Regel der Entwicklung des Gesellschaftsvermögens folgen, da nur das Gesellschaftsvermögen etwas über die wirtschaftliche Situation der AG und damit über die zu erwartende Dividende aussagt.

Das Gesellschaftsvermögen der AG haftet den Gläubigern für die Verbindlichkeiten der Gesellschaft. Es stellt die ausschließliche Haftungsgrundlage dar, weil die Aktionäre selbst nicht haften (§ 1 Abs. 1 S. 2 AktG).

Die Bedeutung der Grundkapitalziffer liegt darin, dass das Aktiengesetz die Aufbringung und Erhaltung eines dem Grundkapital entsprechenden Gesellschaftsvermögens durch eine Vielzahl von Vorschriften zu sichern sucht, um den Gläubigern der Aktiengesellschaft eine Haftungsbasis in dieser Höhe zu sichern.

491 Das Aktiengesetz kann nicht den Eintritt von Verlusten verhindern, durch die das Grundkapital der Aktiengesellschaft aufgezehrt wird. Es verbietet jedoch Auszahlungen und andere Maßnahmen, die eine Verminderung des Gesellschaftsvermögens unter die Höhe der Grundkapitalziffer bewirken würden. Wichtige Vorschriften, die diesem Zweck, nämlich der Erhaltung des Grundkapitals, dienen, sind:

– die Aktien dürfen nicht unter Nennwert oder den auf sie entfallenden Anteil des Grundkapitals ausgegeben werden (§ 9 AktG);

– die Pflicht zur Einzahlung der übernommenen Einlage kann nicht erlassen werden. Die geleisteten Einlagen dürfen auch nicht zurückgezahlt werden (§§ 57 und 66 AktG);
– es darf kein Gewinn ausgeschüttet werden, solange das Gesellschaftsvermögen den Betrag des Grundkapitals nicht übersteigt. Ist in einem Jahr ein Verlust am Grundkapital entstanden, so muss dieser erst aus den Gewinnen der nächsten Jahre gedeckt werden, ehe wieder ein Gewinn verteilt werden kann.

III. Die Einlagepflicht

Die Einlagepflicht des Aktionärs ist die Pflicht, eine Geld- oder Sacheinlage an die Gesellschaft zu leisten. Sie entsteht bei der Gründung der Gesellschaft, bei dem Erwerb einer noch nicht voll eingezahlten Aktie oder durch die Zuteilung der gezeichneten Aktie bei der Kapitalerhöhung. Die Aktiengesellschaft hat einen Anspruch gegen den Aktionär auf Erfüllung der Einlagepflicht. 492

Die Höhe der Einlage richtet sich nach dem Nennbetrag oder den auf die Stückaktien entfallenden anteiligen Betrag des Grundkapitals. In der Regel kommt zu diesem Betrag ein Aufgeld hinzu, das dem Grundbetrag hinzugerechnet werden muss (= Aufgabebetrag). Mit dem Verbot des § 9 AktG (Aktien zu einem geringeren Betrag als dem des Grundbetrages auszugeben) soll sichergestellt werden, dass das Gesellschaftsvermögen voll aufgebracht wird, um den Gläubigern der Gesellschaft zur Befriedigung ihrer Forderungen gegen die Gesellschaft zur Verfügung zu stehen.

Die Anmeldung der AG zur Eintragung in das Handelsregister darf erst erfolgen, wenn auf jede Aktie, soweit nicht Sacheinlagen vereinbart sind, der eingeforderte Betrag ordnungsgemäß einbezahlt worden ist (§ 36 Abs. 2 S. 1 AktG). Bei der Einmanngründung soll die Erfüllung der verbleibenden Bareinlagenverpflichtung dadurch gewährleistet werden, dass der Gründer zusätzlich eine Sicherung zu bestellen hat (§ 36 Abs. 2 S. 2 AktG). Das Gesetz bestimmt nicht, was hier unter Sicherung zu verstehen ist. Es dürften deshalb die üblichen Sicherungsmittel, wie z. B. Grundschuld, selbstschuldnerische Bürgschaft und Schuldbeitritt, in Betracht kommen.

§ 27 AktG regelt, auf welche Art und Weise *Sacheinlagen* erbracht werden können. Als solche kommen nur Vermögensgegenstände in Betracht, deren wirtschaftlicher Wert feststellbar ist. 493

Verpflichtungen zu Dienstleistungen können nicht Sacheinlagen sein (§ 27 Abs. 2 AktG).

Dies entspricht dem für das deutsche Aktien- und GmbH-Recht geltenden Prinzip, dass als Einlage nur solche vermögenswerten Gegenstände erbracht werden können, die Objekt des Rechtsverkehrs sein können und einen fassbaren wirtschaftlichen Wert haben (vgl. *BGHZ* 29, 300, 304). Deshalb kann eine nicht in Geld bestehende Einlage nur als der Geldeinlage gleichwertig erachtet werden, wenn sie im Hinblick auf eine reale Kapitalaufbringung „so gut wie Geld" ist, d.h. für die Gesellschaft keine Risiken mehr bestehen, die aus der Sphäre des Einbringenden herrühren. Aus diesem Grunde sind Geldeinlagen nicht durch schuldrechtliche Verpflichtungen des „einlegenden" Gesellschafters – etwa durch die Einräumung eines obligatorischen Nutzungsrechts – surrogierbar (vgl. *Knobbe-Keuk*, ZGR 1980, 214, 221 f.).

494 Eine Darlehensforderung, die ein Aktionär gegen die Aktiengesellschaft hat, kann als Sacheinlage in die Gesellschaft eingebracht werden. Gegenstand der Sacheinlage ist in diesem Fall die Forderung. Die Verpflichtung zur Leistung der Sacheinlage wird entweder dadurch erfüllt, dass die Forderung auf die Gesellschaft übertragen wird, so dass sie durch Konfusion erlischt, oder dadurch, dass der Aktionär sie erlässt (so *BGHZ* 110, 47, 60). Die Umwandlung von Verbindlichkeiten in haftendes Kapital vollzieht sich als Veränderung nur auf der Passivseite der Bilanz. Dabei wird die Forderung allerdings nicht zu ihrem Nennwert umgewandelt, sondern nur in der Höhe, in der die Gesellschaft sie entsprechend ihrem Leistungsvermögen erfüllen kann, weil sich danach ihre Werthaltigkeit bemisst (vgl. *BGHZ* 110, 47, 61. Zum Problem der verdeckten Sacheinlage siehe *Lutter/Gehling*, WM 1989, 1445 ff.).

495 Eine Befreiung einzelner Aktionäre von der Einlagepflicht ist nicht erlaubt (*RGZ* 156, 23, 25). Aktionäre können gegen ihre Verpflichtung, die Einlage zu erbringen, nicht mit einer gegen die Gesellschaft gerichteten Forderung aufrechnen (§ 66 AktG).

Den Aktionären ist keine Nachschusspflicht auferlegt. Eine solche kann auch nicht durch die Satzung begründet werden. Das hindert jedoch nicht, dass sich Aktionäre untereinander und gegenüber der Gesellschaft vertraglich zu Nachzahlungen verpflichten können, um z.B. etwaige Unterbilanzen zu decken.

IV. Gesetzliche Rücklagen und freie Rücklagen

496 Gemäß § 150 AktG ist eine gesetzliche Rücklage zu bilden. Das bedeutet, dass der Mehrbetrag, um den das Reinvermögen der Gesellschaft, d.h. die Aktiva abzüglich Verbindlichkeiten, das Grundkapital übersteigt, nicht ohne weiteres voll verteilt werden kann. Zweck dieser Regelung ist es, in der Zukunft etwa entstehende Verluste bilanzmäßig auszugleichen.

Darüber hinaus ist es möglich, *freie Rücklagen*, deren Bildung nicht gesetzlich bestimmt ist, zu bilden.

Während die Auflösung der gesetzlichen Rücklagen an bestimmte Voraussetzungen geknüpft ist (§ 150 Abs. 4 AktG), können freie Rücklagen nach Belieben wieder aufgelöst werden, indem sie etwa dem Bilanzgewinn zufließen oder zur Kapitalerhöhung aus Gesellschaftsmitteln verwendet werden (§ 208 AktG).

V. Die Kapitalerhöhung

1. Überblick

Das bei der Gründung in der Satzung festgesetzte Grundkapital 497
kann bei Kapitalbedarf erhöht werden. Die Kapitalerhöhung kann eine geeignete Maßnahme der Unternehmenssanierung, aber auch ein Instrument der Finanzierung von Expansionen sein. Das die Kapitalerhöhung regelnde Recht kann nur ein Beitrag dazu sein, die praktische Durchführbarkeit ökonomisch realisierbarer Sanierungen zu erleichtern und die Konsequenzen für die Zeichner oder Übernehmer von Beteiligungen nicht über das wirtschaftlich unumgängliche Maß hinaus inakzeptabel zu machen (vgl. dazu *K. Schmidt*, ZGR 1982, 519ff.).

2. Die Kapitalerhöhung gegen Einlagen

a) Das Verfahren

Das Verfahren der Kapitalerhöhung richtet sich nach den 498
§§ 182ff. AktG:

- Zunächst beschließt die Hauptversammlung die Kapitalerhöhung (§ 182 AktG);
- erfolgt die Kapitalerhöhung mit Sacheinlagen, so hat eine Prüfung durch gerichtlich bestellte Prüfer (Sachverständige) stattzufinden (§ 183 Abs. 3 AktG);
- sodann erfolgt die Anmeldung des Kapitalerhöhungsbeschlusses zum Handelsregister (§ 184 AktG);
- daraufhin erfolgt die Zeichnung der neuen Aktien durch die Aktionäre, denen ein Bezugsrecht zusteht und die von diesem Bezugsrecht Gebrauch machen können (§§ 185, 186 AktG). Bei einem Ausschluss des Bezugsrechts erfolgt die Zeichnung durch diejenigen, die durch den Ausschluss des Bezugsrechts begünstigt sind.

- Nach der Einzahlung des gesetzlichen Mindestbetrages (§ 188 Abs. 2 in Verbindung mit § 36 Abs. 2 AktG) erfolgt die Anmeldung der Durchführung der Kapitalerhöhung zur Eintragung in das Handelsregister.
- Mit der Eintragung der Durchführung der Erhöhung des Grundkapitals ist das Grundkapital erhöht (§ 189 AktG). Damit sind die neuen Mitgliedschaften entstanden.
- Sodann werden die neuen Aktien ausgegeben (vgl. § 191 AktG).

b) Der Kapitalerhöhungsbeschluss

499 Die Voraussetzungen, unter denen ein Kapitalerhöhungsbeschluss wirksam zustandekommt, regeln §§ 182 und 183 AktG.

In der Praxis erfolgt eine Kapitalerhöhung in der Regel unter Einschaltung von Banken, die die neuen Aktien mit der Verpflichtung übernehmen, sie den Aktionären nach Maßgabe des Bezugsrechts anzubieten. Ein solches Verfahren ist vom Aktiengesetz (§ 186 Abs. 5) ausdrücklich zugelassen. Der Kapitalerhöhungsbeschluss muss mit einer Mehrheit, die mindestens drei Viertel des bei der Beschlussfassung vertretenen Grundkapitals umfasst, gefasst werden (§ 182 Abs. 1 AktG). Weiterhin muss der Kapitalerhöhungsbeschluss auch die Voraussetzung des § 133 Abs. 1 AktG erfüllen; d.h. es muss zugleich auch die einfache Stimmenmehrheit vorhanden sein. Die Satzung kann eine andere Kapitalmehrheit, jedoch keine geringere als durch § 133 Abs. 1 AktG vorgeschrieben, vorsehen.

500 Der Beschluss hat anzugeben, um welchen Betrag das Grundkapital erhöht werden soll. Die Kapitalerhöhung kann nur durch die Ausgabe neuer Aktien ausgeführt werden (§ 182 Abs. 1 S. 4 AktG). Der Kapitalerhöhungsbeschluss muss den Nennbetrag der neuen Aktien bestimmen. Wenn die neuen Aktien zu einem höheren Betrag als dem Nennbetrag ausgegeben werden sollen, muss auch dieser sogenannte Mindestbetrag, unter dem sie nicht ausgegeben werden sollen, im Kapitalerhöhungsbeschluss festgelegt werden (§ 182 Abs. 3 AktG).

Eine Kapitalerhöhung ist bei angemessener Bewertung von Leistung und Gegenleistung auch durch Sacheinlagen möglich (§ 183 AktG. Zum Problem der Sacheinlagen s. oben Rn. 493f.).

Ein Kapitalerhöhungsbeschluss kann in einem Anfechtungsprozess durch Urteil für nichtig erklärt werden (§ 241 Nr. 5 AktG), wenn die Anfechtung begründet ist (zur Anfechtungsklage siehe unten Rn. 632ff.).

c) Die Durchführung der Kapitalerhöhung

Aufgrund der von der Hauptversammlung beschlossenen Kapitalerhöhung ist der Vorstand zur Durchführung derselben nach Maßgabe des Beschlusses verpflichtet. Diese beginnt mit der Zeichnung der neuen Aktien unter Verwendung eines Zeichnungsscheines, dessen Inhalt in § 185 AktG festgelegt ist. 501

Nach herrschender Meinung (vgl. *Lutter,* Kölner Kommentar, § 185 Rn. 5 mit Nachw.) ist die Zeichnung ein *korporationsrechtlicher Vertrag,* den der Zeichnende mit der Aktiengesellschaft schließt. Die Zeichnung ist eine Willenserklärung des Zeichnenden, die zum Abschluss des Zeichnungsvertrages mit der Aktiengesellschaft führen soll. Damit dieser Vertrag zustandekommt, muss auch die Aktiengesellschaft eine entsprechende Willenserklärung abgeben (vgl. *Lutter,* Kölner Kommentar/*Lutter,* § 185 Rn. 7 ff. mit weiteren Nachw.). Nach Ansicht des *RG* (vgl. u. a. *RGZ* 79, 112, 114) und *Wiedemanns* (Großkomm-AktG, § 185 Rn. 10) soll in der Zeichnung zugleich auch eine Erklärung gegenüber der Allgemeinheit liegen.

Dass sich der Zeichner neuer Aktien einerseits und die Aktiengesellschaft andererseits als Vertragspartner gegenüberstehen, ergibt sich aus folgenden Überlegungen: Bei einer Aktiengesellschaft haben nicht die einzelnen Mitglieder über die Aufnahme weiterer Mitglieder zu befinden; sie haben allerdings einen Anspruch auf Beachtung von Gesetz, Satzung und Erhöhungsbeschluss. Nach den allgemeinen Grundsätzen des Korporationsrechts ist die Aufnahme neuer Mitglieder allein Sache der betreffenden Körperschaft, hier also der Aktiengesellschaft (so zutreffend *Lutter,* Kölner Kommentar, § 185 Rn. 6). 502

Mit der Zeichnung gibt der Zeichner die rechtsgeschäftliche Erklärung (Willenserklärung) ab, seine Aufnahme in die Gesellschaft als deren Mitglied herbeiführen zu wollen (vgl. Kölner Kommentar/*Lutter,* § 185 Rn. 11; Großkomm-AktG, § 185 Rn. 9). In der Regel dürfte deshalb in dem Zeichnungsschein das an die Aktiengesellschaft gerichtete Angebot zum Abschluss eines entsprechenden Zeichnungsvertrages zu sehen sein. Die notwendige Annahmeerklärung der Aktiengesellschaft, die zum Zustandekommen des Vertrages führt, kann in der Bestätigung der Zeichnung, der Aufforderung zur Einlageleistung oder auch gemäß § 151 BGB in der Anmeldung der Durchführung der Kapitalerhöhung zur Eintragung in das Handelsregister liegen (vgl. Kölner Kommentar/*Lutter,* § 185 Rn. 11). 503

504 Der Zeichnungsvertrag kann allerdings auch dadurch zustandekommen, dass die Aktiengesellschaft das Angebot zum Abschluss des Vertrages abgibt. Davon kann jedoch nur dann die Rede sein, wenn die Aktiengesellschaft bestimmten einzelnen Personen Zeichnungsangebote unterbreitet, die nach Betrag und Gattung der neuen Aktien bestimmt genug sind, um die Mindestanforderungen an ein Vertragsangebot zu erfüllen (vgl. dazu Kölner Kommentar/*Lutter,* § 185 Rn. 11).

Sobald die gezeichneten Aktien zugeteilt sind, erfolgt die Einzahlung der Bareinlage in der vorgeschriebenen Mindesthöhe. Bei einer Bareinlage muss der angeforderte Betrag jedenfalls ein Viertel des Nennbetrages und bei der Ausgabe der Aktien für einen höheren als den Nennbetrag auch den Mehrbetrag umfassen (§ 36a AktG). Bei einer Kapitalerhöhung mit Sacheinlagen im Sinne des § 183 AktG müssen die Sacheinlagen zurzeit der Anmeldung der Durchführung der Kapitalerhöhung bei Eintragung in das Handelsregister noch nicht erbracht sein (§ 36a Abs. 2 AktG).

Die Durchführung der Kapitalerhöhung ist gemäß § 188 AktG zur Eintragung in das Handelsregister anzumelden. Mit der Eintragung der Durchführung der Kapitalerhöhung ist das Grundkapital erhöht (§ 189 AktG). Gleichzeitig sind die neuen Mitgliedschaften entstanden. Nunmehr dürfen die neuen Aktien ausgegeben werden (§ 191 AktG).

3. Genehmigtes Kapital

505 Während bei der gewöhnlichen Kapitalerhöhung (vgl. oben Rn. 497ff.) die Entscheidung aller wesentlichen Fragen durch Beschluss der Hauptversammlung erfolgt und der Vorstand verpflichtet ist, den Erhöhungsbeschluss auszuführen, besteht die Bedeutung des genehmigten Kapitals im Sinne der §§ 202ff. AktG darin, dass der Vorstand durch Ermächtigungsbeschluss der Hauptversammlung dazu befugt ist, innerhalb der durch Hauptversammlungsbeschluss und Gesetz gezogenen Grenzen nach eigenem Ermessen die Kapitalerhöhung durchzuführen. Der Vorstand kann nicht nur ermächtigt werden, das Grundkapital bis zu einem bestimmten Nennbetrag durch Ausgabe neuer Aktien gegen Einlagen zu erhöhen (§ 202 Abs. 1 AktG); er kann darüber hinaus sogar ermächtigt werden, über den Ausschluss des Bezugsrechts der Aktionäre zu entscheiden (§ 203 Abs. 2 AktG).

506 Sinn und Zweck des genehmigten Kapitals sind darin zu sehen, dass die Aktiengesellschaft damit Bewegungsfreiheit und Hand-

lungsspielraum bei der Beschaffung von Kapital, insbesondere im Hinblick auf den Erwerb bzw. die Angliederung anderer Unternehmen erlangt. Der Vorstand hat dadurch die Möglichkeit, das Grundkapital zu einem von ihm als geeignet angesehenen Zeitpunkt, insbesondere auch unter Ausnutzung einer besonders günstigen Börsensituation, zu erhöhen, ohne den schwerfälligen und teuren Apparat einer Hauptversammlung in Anspruch nehmen zu müssen.

Wie über jede andere Kapitalerhöhung muss auch über das genehmigte Kapital ein Beschluss der Hauptversammlung herbeigeführt werden. Der Hauptversammlungsbeschluss hat eine Ermächtigung des Vorstandes zum Gegenstand, die diesen in die Lage versetzt, anstelle der Hauptversammlung über eine Kapitalerhöhung zu bestimmen. Der Hauptversammlungsbeschluss lässt offen, ob überhaupt eine Kapitalerhöhung stattfindet; sie kann auch deren etwaigen Umfang offen lassen. Dem Vorstand wird demnach nicht nur die Ausführung der Kapitalerhöhung überlassen, sondern auch die Entscheidung darüber, zu welchem Zeitpunkt und in welchem Umfange sie stattfindet. Durch die Schaffung genehmigten Kapitals durch Hauptversammlungsbeschluss wird die Stellung des Vorstandes wesentlich gestärkt.

Sieht die auf Beschluss der Hauptversammlung erfolgte Ermächtigung dies vor, können neue Aktien auch gegen Sacheinlagen ausgegeben werden (§ 205 AktG).

Die Durchführung der Kapitalerhöhung richtet sich gemäß 507
§ 203 Abs. 1 AktG nach den gleichen Vorschriften wie die Kapitalerhöhung gegen Einlagen gemäß §§ 182ff. AktG (vgl. dazu oben Rn. 498ff.).

4. Die Kapitalerhöhung aus Gesellschaftsmitteln

Eine Kapitalerhöhung kann auch aus Gesellschaftsmitteln, bei 508
der bereits vorhandene Mittel der Gesellschaft, nämlich offene, d.h. bilanzmäßig ausgewiesene Rücklagen, in Grundkapital umgewandelt werden, erfolgen (§§ 207ff. AktG).

Beispiel: Die S-Bau AG hat über mehrere Jahre größere Gewinne erzielt und diese im Hinblick auf die unsichere Marktlage nicht an die Aktionäre ausgeschüttet, sondern in die freien Rücklagen gestellt. Nun entschließen sich die Aktionäre auf Vorschlag des Vorstandes, das Geld dauerhaft der Aktiengesellschaft zu belassen. Durch einen Beschluss der Hauptversammlung können die freien Rücklagen in Grundkapital umgewandelt werden, wobei die dann notwendige Ausgabe der neuen Aktien zwingend an die alten Aktionäre gemäß ihrem bisherigen Anteil am Grundkapital zu erfolgen hat (§ 212 AktG).

Handelt es sich allerdings um Stückaktien, dann fließt den Aktionären ohne weiteres die Erhöhung des Grundkapitals zu (§ 207 Abs. 2 S. 2 AktG).

Eine solche Kapitalerhöhung aus Mitteln der Gesellschaft hat nicht den Zweck, der Gesellschaft neues Vermögen durch Einlagen zuzuführen. Sie dient vielmehr dazu, vorhandenes freies Vermögen in gebundenes Gesellschaftsvermögen zu überführen. Sie ist eine Buchmaßnahme, durch die das Gesellschaftsvermögen in seinem Bestand nicht berührt, sondern lediglich dessen rechtliche Lage verbessert wird.

5. Die bedingte Kapitalerhöhung

509 Hat eine Aktiengesellschaft Wandelschuldverschreibungen oder Optionsanleihen ausgegeben, so muss sie diejenigen Aktien, die bei Fälligkeit der Bezugsrechte zur Bedienung derselben notwendig sind, in der Regel durch eine Kapitalerhöhung beschaffen. Diese Kapitalerhöhung erfolgt gemäß §§ 192ff. AktG.

Wandelschuldverschreibungen sind Obligationen, mit denen sich für den Inhaber das Recht zum Bezug einer Aktie (Bezugsrecht) verbindet, und zwar in der Weise, dass der Obligationär bei Fälligkeit der Obligation die Wahl hat, statt Rückzahlung des Kapitals die Obligation gegen eine Aktie zu tauschen oder für den Fall, dass er dazu befugt ist, zu seiner Obligation eine Aktie gegen Zahlung des Einlagebetrages hinzuzuerwerben (sog. „Optionsanleihe"). Optionsanleihen sind Schuldverschreibungen, auf Grund derer den Gläubigern das Recht zusteht, nach Ablauf einer bestimmten Frist zusätzlich zur Obligation gegen Bezahlung des schon bei Obligationsausgabe festgesetzten Bezugsbetrages eine Aktie der emittierenden Gesellschaft zu beziehen; sie gewähren also anstelle des Rechts auf Umtausch ein Bezugsrecht (§ 221 AktG).

6. Das Bezugsrecht der Aktionäre und sein Ausschluss

a) Das Bezugsrecht

510 Das Bezugsrecht dient dem einzelnen Aktionär dazu, seine mitgliedschaftliche und vermögensmäßige Stellung in der Gesellschaft auch im Falle der Kapitalerhöhung zu erhalten. Da der Umfang des Stimmrechts des einzelnen Aktionärs in der Hauptversammlung und damit sein Einfluss auf die Geschäftspolitik der Gesellschaft sich nach dem Verhältnis seines Aktienanteils zum Grundkapital bemisst (vgl. § 134 Abs. 1 S. 1 AktG), sinkt seine

relative Stimmmacht, wenn das Grundkapital erhöht wird, der Aktienanteil des einzelnen Aktionärs jedoch gleich bleibt. Das Bezugsrecht gibt dem Aktionär eine Handhabe, diese für ihn unerwünschte Konsequenz zu vermeiden. Nimmt er es in Anspruch und zeichnet er ein seiner bisherigen prozentualen Beteiligung am Grundkapital entsprechendes Kontingent neuer Aktien, so bleibt die ursprüngliche Relation zwischen Aktienanteil und Grundkapital erhalten. Seine Stimmacht in der Hauptversammlung ändert sich nicht (vgl. *K. Schmidt,* Gesellschaftsrecht, § 29 III 2d); *BGHZ* 71, 40, 45).

Das den Aktionären gemäß § 186 AktG gesetzlich zustehende Bezugsrecht kann also die erforderliche Kompensation für die auf Grund einer Kapitalerhöhung drohenden Nachteile verschaffen; es stellt ein eng mit den Mitgliedschaftsrechten der Aktionäre verbundenes Recht dar. § 186 Abs. 1 S. 1 AktG gewährt jedem Aktionär einen Anspruch auf den Bezug neuer Aktien aus einer Kapitalerhöhung entsprechend dem Verhältnis des Nennwertes seiner Aktien zum bisherigen Grundkapital.

b) Die Problematik der Zulässigkeit des Bezugsrechtsausschlusses

Streitigkeiten über die Wirksamkeit von Beschlüssen über eine **511**
Kapitalerhöhung mit Bezugsrechtsausschluss haben die Gerichte häufig beschäftigt (vgl. dazu *Martens,* ZIP 1992, 1677).

§ 186 Abs. 3 und Abs. 4 AktG regeln den Bezugsrechtsausschluss durch Beschluss der Hauptversammlung. Die Hauptversammlung kann in demselben Beschluss, mit dem sie die Kapitalerhöhung beschließt, auch das Bezugsrecht ausschließen. Die Beschlussfassung über die Kapitalerhöhung und der Ausschluss des Bezugsrechts müssen unzertrennlicher Bestandteil ein und desselben Beschlusses sein (vgl. Kölner Kommentar/*Lutter,* § 186 Rn. 52 mit Nachweisen).

Die Behandlung des Bezugsrechts auf junge Aktien oder neue **512**
Gesellschaftsanteile aus Anlass einer Kapitalerhöhung wird als klassischer Konfliktfall zwischen Mehrheit und Minderheit begriffen (vgl. dazu u. a. *Wiedemann,* Gesellschaftsrecht, § 8 III 2b). Deshalb besteht Einigkeit darüber, dass die Verkürzung oder Beseitigung eines solch bedeutsamen Aktionärsrechts, wie das Bezugsrecht es darstellt, nicht im freien Belieben der Aktionärsversammlung (Hauptversammlung) stehen kann, weil mit ihm regelmäßig ein schwerwiegender Eingriff in die Vermögensinte-

ressen der betroffenen Aktionäre verbunden ist (vgl. u.a. Kölner Kommentar/*Lutter*, § 186 Rn. 58ff.).

Im Übrigen ergeben sich die Grenzen für den Ausschluss des Bezugsrechts aus der Stellung und den Befugnissen der Hauptversammlung. Diese ist als Organ der Gesellschaft dem Gesellschaftsinteresse verpflichtet. Ihre Befugnisse leiten sich aus dem Gesellschaftsinteresse ab und sind gleichzeitig durch dasselbe beschränkt. Eine Hauptversammlung, die in vermögenswerte Interessen der Aktionäre eingreift, ohne damit Gesellschaftsinteressen zu verfolgen, überschreitet ihre Befugnisse (so zutreffend *Zöllner*, Die Schranken mitgliedschaftlicher Stimmrechtsmacht, S. 350).

513 Ein schwerwiegender Eingriff in die Aktionärsrechte, wie ihn der Bezugsrechtsausschluss darstellt, bedarf deshalb eines im Gesellschaftsinteresse liegenden sachlichen Grundes. Fehlt es an einem solchen oder erfolgt der Ausschluss in gesellschaftsfremdem Interesse, also etwa im Interesse einzelner Aktionäre oder außenstehender Dritter, so ist der Bezugsrechtsausschluss nicht zulässig. Die Notwendigkeit eines solchen, den Bezugsrechtsausschluss rechtfertigenden Grundes ergibt sich u.a. aus § 186 Abs. 4 AktG. Danach hat der Vorstand der Hauptversammlung vor der Beschlussfassung über den Bezugsrechtsausschluss einen Bericht über „den Grund" für den teilweisen oder vollständigen Ausschluss zu geben. Der *BGH* (*BGHZ* 83, 319, 326) sieht gerade in dieser Berichtspflicht „eine sinnvolle Ergänzung der in Rechtsprechung und Schrifttum aufgestellten materiellen Grundsätze über die sachliche Rechtfertigung eines Bezugsrechtsausschlusses", hält also das Vorliegen eines sachlichen Grundes für den Bezugsrechtsausschluss für erforderlich.

Nach Ansicht des *BGH* (*BGHZ* 125, 239, 241) ist der Ausschluss des Bezugsrechts der Aktionäre nur dann zulässig, wenn er aus einer auf den Zeitpunkt der Beschlussfassung bezogenen Beurteilung – unter gebührender Berücksichtigung der für die zum Bezug ausgeschlossenen Aktionäre eintretenden Folgen – durch sachliche Gründe im Interesse der Gesellschaft gerechtfertigt ist. In diese Prüfung ist die Abwägung der Interessen und der Verhältnismäßigkeit von Mittel und Zweck einzubeziehen.

514 Nach heute herrschender Meinung (*BGHZ* 33, 175, 186; 71, 40, 44ff.; 83, 319ff.; 125, 239ff.; *Zöllner*, Die Schranken mitgliedschaftlicher Stimmrechtsmacht, S. 349ff.) ist die materielle Rechtmäßigkeit eines Bezugsrechtsausschlusses stets in mehreren Stufen zu prüfen:

(1) Zunächst ist festzustellen, ob im Zeitpunkt der Beschlussfassung ein spezifisches Interesse der Gesellschaft an einer Kapitalerhöhung unter Bezugsrechtsausschluss besteht (Erforderlichkeit eines Sachgrundes).
(2) Ist ein solches Interesse festgestellt, so ist des Weiteren zu untersuchen, ob der Bezugsrechtsausschluss zur Erreichung des angestrebten Zieles geeignet und erforderlich ist, d.h. der erstrebte Zweck nicht auf andere, schonendere Weise erreicht werden kann (Grundsatz der Erforderlichkeit, auch Prinzip des schonendsten Mittels genannt).
(3) Schließlich ist in einem letzten Prüfungsschritt die Frage nach der Verhältnismäßigkeit von Mittel und Zweck zu stellen, d.h. es ist der Grad des Gesellschaftsinteresses am Bezugsrechtsausschluss mit den Nachteilen der Maßnahme für die betroffenen Aktionäre gegeneinander abzuwägen; es muss also geprüft werden, ob der mit dem Bezugsrechtsausschluss verbundene Nachteil für die Gesellschafter nicht außer Verhältnis zu dem für die Gesellschaft erstrebten Vorteil steht (Grundsatz der Verhältnismäßigkeit; vgl. dazu *Martens,* ZIP 1992, 1677, 1692ff.).

Nur wenn sämtliche Voraussetzungen vorliegen, ist der Bezugs- 515
rechtsausschluss gerechtfertigt.

Ein sachliches Interesse der Gesellschaft, das den Ausschluss des Bezugsrechts rechtfertigen kann, hat der *BGH* (*BGHZ* 125, 239ff.) in der Zulassung der Aktie einer größeren AG (Deutsche Bank AG) zum Handel an der ausländischen Börse oder die Erweiterung ihrer Präsenz an ausländischen Finanzmärkten, an denen die Aktie bereits zum Börsenhandel zugelassen war, anerkannt. Dabei hat er die sachlichen Vorteile einer Auslandsnotierung hervorgehoben, die u.a. darin zu sehen sind, dass die Beschaffung von Fremdmitteln erleichtert wird und Finanzierungskonditionen sich günstiger gestalten können. Hervorzuheben ist, dass der *BGH* (*BGHZ* 125, 239, 246) das „unternehmerische Ermessen" betont, das nicht unangemessen beschränkt werden dürfe (vgl. dazu *Martens,* ZIP 1994, 669, 672).

§ 186 Abs. 3 S. 4 AktG soll die Kapitalerhöhung unter Bezugs- 516
rechtsausschluss erleichtern. Diese Vereinfachung beschränkt sich allerdings auf den Ausschluss des Bezugsrechts bei Kapitalerhöhungen gegen Bareinlagen, die nicht mehr als 10% des Grundkapitals betragen sofern der Ausgabepreis den Börsenpreis nicht wesentlich unterschreitet. Damit regelt zum ersten Mal das AktG für die genannte bestimmte Konstellation auch die materielle Zu-

lässigkeit des Bezugsrechtsausschlusses. Das bedeutet, dass ein Bezugsrechtsausschluss, der gemäß § 186 Abs. 3 S. 4 AktG vorgenommen worden ist, nicht mehr der materiellen Prüfung daraufhin unterliegt, ob er im überwiegenden Interesse der Gesellschaft liegt und sachlich gerechtfertigt ist (vgl. *Marsch-Barner,* AG 1994, 532). Diese Regelung hat erhebliche praktische Konsequenzen. Sie ermöglicht den Unternehmen einen, wenn auch begrenzten Bezugsrechtsausschluss zum Zwecke der Unternehmensfinanzierung; es entfällt auch die Rechtsunsicherheit, die mit einer gerichtlichen Überprüfung der sachlichen Rechtfertigung für einen Bezugsrechtsausschluss verbunden ist (vgl. dazu *Marsch-Barner,* AG 1994, 532ff.).

c) Der Bezugsrechtsausschluss bei genehmigtem Kapital

517 Auch bei der Schaffung genehmigten Kapitals (vgl. oben Rn. 505ff.) kann das Bezugsrecht ausgeschlossen werden. Dafür eröffnet § 203 AktG zwei Möglichkeiten:

- der Ermächtigungsbeschluss der Hauptversammlung kann das Bezugsrecht selbst ausschließen (§ 203 Abs. 1 AktG);
- die Ermächtigung durch die Hauptversammlung kann vorsehen, dass der Vorstand über den Ausschluss des Bezugsrechtes entscheidet (§ 203 Abs. 2 AktG). Macht die Hauptversammlung von dieser Variante Gebrauch, wird der Bezugsrechtsausschluss durch einen entsprechenden Vorstandsbeschluss angeordnet.

Fraglich ist, ob für einen Bezugsrechtsausschluss bei genehmigtem Kapital, sei es durch den Ermächtigungsbeschluss der Hauptversammlung (§ 203 Abs. 1 AktG), sei es durch Vorstandsbeschluss (§ 203 Abs. 2 AktG), die gleichen materiellen Rechtmäßigkeitsvoraussetzungen vorliegen müssen, die bei einer einfachen Kapitalerhöhung vorhanden sein und geprüft werden müssen (vgl. dazu oben Rn. 514).

Von 1982 bis 1997 hatte die Rechtsprechung (*BGHZ* 83, 319ff.) für den Bezugsrechtsausschluss bei genehmigtem Kapital die gleichen strengen Anforderungen gestellt wie bei dem Bezugsrechtsausschluss durch einen Hauptversammlungsbeschluss bei einer einfachen Kapitalerhöhung. Das bedeutete, dass die mehrstufige Rechtmäßigkeitsprüfung (siehe oben Rn. 514) auch beim Bezugsrechtsausschluss bei genehmigtem Kapital stattfinden musste.

518 Diese Rechtsprechung hat der *BGH* 1997 (*BGHZ* 136, 133ff.) ausdrücklich aufgegeben. Maßgeblich dafür war die Erkenntnis,

dass die Anforderungen, die der *BGH* bislang an den Bezugsrechtsausschluss bei genehmigtem Kapital gestellt hatte, nach den Erfahrungen in der Praxis der Unternehmen zu streng und nicht praktikabel waren. Die strengen Maßstäbe der Rechtsprechung nahmen dem Institut des genehmigten Kapitals die Flexibilität, die den Unternehmen zur Verfügung stehen muss, um auf dem nationalen oder internationalen Markt rasch und erfolgreich auf vorteilhafte Angebote oder sich sonst bietende Gelegenheiten reagieren und Möglichkeiten zur Unternehmenserweiterung im Interesse der Gesellschaft und ihrer Aktionäre ausnutzen zu können (so *BGHZ* 136, 133 ff.).

Im Rahmen des genehmigten Kapitals soll nunmehr sowohl für den Bezugsrechtsausschluss durch die Hauptversammlung als auch für die Ermächtigung durch den Vorstand, über den Ausschluss des Bezugsrechts zu entscheiden, gelten: 519

- die Maßnahme, zu deren Durchführung der Vorstand ermächtigt werden soll, muss im wohlverstandenen Interesse der Gesellschaft liegen und der Hauptversammlung allgemein und in abstrakter Form bekannt gegeben werden;
- der Vorstand darf von der Ermächtigung zur Kapitalerhöhung und zum Bezugsrechtsausschluss nur dann Gebrauch machen, wenn das konkrete Vorhaben seiner abstrakten Umschreibung entspricht und auch im Zeitpunkt seiner Realisierung noch im wohlverstandenen Interesse der Gesellschaft liegt.

Damit entfällt jedenfalls das bisher verlangte Erfordernis der Verhältnismäßigkeit (zu den Einzelheiten siehe *P. Kindler*, ZGR 1998, 35 ff.).

VI. Die Kapitalherabsetzung

Durch einen Hauptversammlungsbeschluss kann mit ¾-Mehrheit der Stimmen des bei der Beschlussfassung vertretenen Grundkapitals auch eine *Kapitalherabsetzung* beschlossen werden, durch die die satzungsmäßig festgesetzte Höhe des Grundkapitals vermindert wird. Die Kapitalherabsetzung kann u. a. durch die Reduzierung der Zahl der vorhandenen Aktien oder durch die Verminderung des Nennwerts der Aktien erfolgen (§ 222 AktG), wobei jedoch – insbesondere bei Stückaktien – der Mindestnennbetrag von 1 Euro nicht unterschritten werden darf (vgl. § 222 Abs. 4 i. V. m. § 8 Abs. 2, 3 AktG). 520

Eine Kapitalherabsetzung kann zu folgenden Zwecken geschehen:
- Ausgleich von Verlusten oder von Wertberichtigungen;
- Erhöhung der gesetzlichen Rücklagen;
- Zurückzahlung des freigewordenen Betrages an die Aktionäre oder Gewinnausschüttung;
- Sanierung.

521 Um eine *Kapitalherabsetzung zur Sanierung* handelt es sich, wenn eine Kapitalherabsetzung mit einer Kapitalerhöhung verbunden wird. Das hat folgenden Sinn: Die Kapitalherabsetzung passt die satzungsmäßig festgelegte Grundkapitalziffer dem tatsächlichen Vermögensstand der Gesellschaft an. Dadurch wird verhindert, dass ein durch Verluste aufgezehrtes Grundkapital über Jahre hinweg bis zur Bereinigung des Verlustes die Ausschüttung von Gewinnen verhindert, was künftige Geldgeber abschrecken würde. Durch die Kapitalherabsetzung wird der Verlust dann nur von den alten Aktionären getragen, während die neuen Aktionäre sofort in den Genuss von Gewinnausschüttungen kommen können. Die gleichzeitige Kapitalerhöhung durch die Ausgabe neuer Aktien führt der Aktiengesellschaft die zur Sanierung notwendigen Mittel zu.

§ 37. Die Aktien. Erwerb und Verlust der Mitgliedschaft

Literatur: *M. Habersack/C. Mayer,* Globalverbriefte Aktien als Gegenstand sachenrechtlicher Verfügungen?, WM 2000, 1678 ff.; *Immenga,* Vertragliche Vinkulierung von Aktien?, AG 1992, 79 ff.; *R. Kiem,* Der Erwerb eigener Aktien bei der kleinen AG, ZIP 2000, 209 ff.; *U. Noack,* Stimmrechtsvertretung in der Hauptversammlung nach NaStraG, ZIP 2001, 57 ff.; *O. Peltzer,* Die Neuregelung des Erwerbs eigener Aktien im Lichte der historischen Erfahrungen, WM 1998, 322 ff.; *U. H. Schneider,* Gesetzliches Verbot für Stimmrechtsbeschränkungen bei der Aktiengesellschaft?, AG 1990, 56 ff.; *Wirth/Arnold,* Umwandlung von Vorzugsaktien in Stammaktien, ZGR 2002, 859 ff.

I. Aktie und Mitgliedschaft

522 Die Aktie bezeichnet die Mitgliedschaft an einer Aktiengesellschaft. Sie besteht in einem Anteil am Grundkapital (§ 1 Abs. 2 AktG).

Beispiel: Von der Dieta-Bau-AG, deren Grundkapital von 150 000,– € in 1500 Aktien zu je 100,– € zerlegt wurde, besitzen Ertel 1000 Aktien, Michels und Hommen je 250 Aktien. Unabhängig vom wirklichen Gesellschaftsvermögen der Dieta-Bau-AG lauten die Aktien stets auf je 100,– €.

Die Rechte der einzelnen Aktionäre, insbesondere ihr Anspruch auf die Dividende, bestimmen sich nach der Anzahl der Aktien, die ihnen gehören.

Unter der *Mitgliedschaft* werden die gesamten Rechte und Pflichten der Aktionäre gegenüber der Gesellschaft verstanden. Zu den aus der Mitgliedschaft erwachsenden Rechten gehören vor allem der Anspruch auf Gewinn, das Anteilsrecht, das dem Aktionär den Wertanteil am Gesellschaftsvermögen vermittelt, und die Mitverwaltungsrechte.

Nicht ganz einfach ist zu bestimmen, wie sich die Eigentums- **523**
verhältnisse hinsichtlich der neuen Aktienurkunden gestalten. Als unstreitig kann angesehen werden, dass die Entstehung der Mitgliedschaftsrechte an einer AG von der Schaffung von Aktienurkunden unabhängig ist. Aktien verbriefen die Mitgliedschaft an der Aktiengesellschaft; sie können deshalb Inhaber- oder Orderpapiere sein (vgl. dazu *Zöllner*, Wertpapierrecht, 14. Aufl. 1987, § 29 II 1). Bei der Neugründung der AG entstehen die Mitgliedschaftsrechte mit Eintragung der Gesellschaft in das Handelsregister, bei der Kapitalerhöhung mit der Eintragung der Durchführung der Kapitalerhöhung in das Handelsregister als *unverbriefte* Rechte (vgl. Kölner Kommentar/*Lutter*, § 67 Rn. 3 und Anhang zu § 68 Rn. 9).

Die Frage, wie sich die Verbindung von Mitgliedschaftsrecht **524**
und Recht an der Aktienurkunde vollzieht, ist streitig. Das Reichsgericht ging davon aus, dass mit der Schaffung der Aktienurkunde das Eigentum hieran gemäß § 952 Abs. 2 BGB originär beim Inhaber des Mitgliedschaftsrechts, d.h. beim neuen Aktionär entsteht (vgl. *RGZ* 85, 327, 330f.; 94, 61, 64).

Auch die ältere Literatur sprach sich für den originären Eigentumserwerb gemäß § 952 BGB der Neuaktionäre aus (vgl. *E. Ulmer*, Recht der Wertpapiere, 1938, S. 69; *v. Godin/Wilhelmi*, Aktiengesetz, 1937, § 68 Anm. 2). Dagegen wendet sich die heute wohl herrschende Meinung, die davon ausgeht, dass der neue Aktionär das Eigentum an den Aktienurkunden von der AG abgeleitet erwirbt und zwar auf Grund eines Begebungsvertrages zwischen der AG und dem neuen Aktionär. Mit dem Inhalt, dass dieses Papier die Mitgliedschaft künftig verkörpern soll (vgl. Kölner Kommentar/*Lutter*, § 67 Rn. 3 und Anh. § 68 Rn. 9 jeweils mit weiteren Nachw.).

524a In der Praxis hat sich weitgehend der stückelose Verkehr durchgesetzt, denn die massenhafte Verkörperung von Aktien begründet Probleme bei Verwahrung, Verwaltung und Umsatz von Wertpapieren. Durch sog. Globalaktien werden mehrere bisher einzeln verbriefte Aktien gleicher Art und Gattung in einer einheitlichen Aktienurkunde zusammengefasst. An der Globalurkunde haben die einzelnen Aktionäre Miteigentum nach Bruchteilen; die Miteigentümer bilden eine Gemeinschaft nach den §§ 741 ff. BGB.

Die Globalaktie ist eine Sammelurkunde nach § 9a DepotG. Auch bei ihr erfolgt die Verkörperung der Mitgliedschaft in einer Urkunde, jedoch mit der Besonderheit, dass sämtliche Aktien in einer Urkunde zusammengefasst sind. Die Verwahrung der Globalaktien erfolgt im Wege der Girosammelverwahrung. Darunter versteht man die ungetrennte Aufbewahrung von Wertpapieren derselben Art für eine Vielzahl von Hinterlegern in einem einheitlichen Sammelbestand, der von einer Wertpapiersammelbank (Kassenverein) gehalten wird (vgl. §§ 1 Abs. 3, 5 bis 9 DepotG). Die Girosammelverwahrung rationalisiert die Übertragung von Wertpapieren erheblich, da nur noch die Miteigentumsanteile übertragen werden (sog. Effektengiroverkehr). Die Aushändigung der einzelnen Stücke ist dagegen nicht erforderlich (vgl. zu alldem *Habersack/Mayer,* WM 2000, 1678f; MünchKomm-BGB/*Hüffer,* Vor § 793 Rn. 30ff.).

II. Rechtsnatur und Arten von Aktien

1. Überblick

525 Da das Gesetz die Mitgliedschaft in einer Aktiengesellschaft an die Innehabung der Aktienurkunde geknüpft hat, kann man die Aktie auch als Verbriefung der Mitgliedschaftsrechte an der Aktiengesellschaft bezeichnen.

Man unterscheidet zwischen Aktien, die auf den Inhaber (Inhaberaktien), und solchen, die auf den Namen lauten (Namensaktien). Beide Arten von Aktien sind *Wertpapiere.* Die Übertragung der Mitgliedschaft erfolgt deshalb nach wertpapierrechtlichen Grundsätzen.

2. Inhaberaktien

526 Inhaberaktien gehören zur Gruppe der Inhaberpapiere, die dadurch gekennzeichnet ist, dass das in der Urkunde verbriefte

Recht von jedem Inhaber geltend gemacht werden kann und die Übertragung des verbrieften Rechts durch die Eigentumsübertragung der Urkunde gemäß §§ 929ff. BGB erfolgt. Die in der Inhaberaktie verbrieften Mitgliedschaftsrechte an der Aktiengesellschaft werden also wie eine bewegliche Sache gemäß § 929 BGB durch Einigung und Übergabe der Aktienurkunde übertragen. Mit dem Eigentum an der Aktienurkunde geht auch das in dem Papier verbriefte Mitgliedschaftsrecht an der Aktiengesellschaft auf den Erwerber über.

3. Namensaktien

Die Satzung einer Aktiengesellschaft kann festlegen, dass *Namensaktien* ausgegeben werden. Wenn die Aktiengesellschaft Namensaktien ausgibt, muss sie ein Aktienregister führen (§ 67 Abs. 1 AktG). Auch die auf den Namen lautenden Aktien können übertragen werden. Die Namensaktie ist ebenso wie die Inhaberaktie ein Wertpapier. Sie wird allerdings nicht wie die Inhaberaktie, sondern als Orderpapier wie der Wechsel, d.h. durch Einigung und Übergabe der mit der Übertragungserklärung (Indossament) versehenen Aktienurkunde übertragen (§ 68 AktG). Die bei dem Erwerb von Namensaktien beteiligten Kreditinstitute sind zur Übermittlung der Aktionärsdaten an die Aktienregister verpflichtet (§ 67 Abs. 4 AktG). Die Neufassung des Aktienrechts (NaStraG) ermöglicht eine vollelektronische Registerführung und Aktualisierung. 527

Die Übertragbarkeit von *Namensaktien,* nicht aber von Inhaberaktien, kann durch die Satzung in der Weise beschränkt werden, dass sie der Zustimmung der Gesellschaft – erteilt durch den Vorstand – bedarf (§ 68 Abs. 2 AktG). Ist dies geschehen, spricht man von *vinkulierten Aktien,* hinsichtlich derer eine dinglich wirkende Verfügungsbeschränkung besteht.

Um sogenannte „feindliche Übernahmen“ von Aktiengesellschaften abzuwehren, werden zunehmend Vereinbarungen zwischen Vorständen von Aktiengesellschaften und Aktionären getroffen, die Veränderungen des Aktionärskreises verhindern oder zumindest einer Kontrolle unterstellen sollen. Dazu zählen vertragliche Erwerbs- oder Veräußerungsverbote, Vorkaufsrechte oder Vorbehalte zur Bestimmung des Erwerbers von Aktien. Verträge dieser Art, die der Vorstand als gesetzlicher Vertreter der Aktiengesellschaft abschließt, haben lediglich schuldrechtlichen Charakter. Das bedeutet, dass sie *keine* dingliche Wirkung haben können, d.h., dass die Übertragung von Aktien zwischen den daran beteiligten Parteien in ihrer Rechtswirksamkeit unberührt bleibt. Die Übertragung als dingliches Verfügungsgeschäft kann nur im Wege der

Vinkulierung i.S. des § 68 Abs. 2 AktG (vgl. oben) erschwert werden (vgl. zu alledem Immenga, AG 1992, 79ff.).

4. Vorzugsaktien

528 Es ist zulässig, Aktien mit vermögens- oder mitverwaltungsrechtlichen Besonderheiten auszustatten.

So können z.B. *Vorzugsaktien ohne Stimmrecht* ausgegeben werden. Es handelt sich dabei um solche Aktien, die mit einem nachzuzahlenden Vorzug bei der Verteilung des Gewinns ausgestattet sind; das Stimmrecht kann ausgeschlossen werden (§ 139 AktG). Der Vorzug bei der Gewinnverteilung bedeutet, dass eine bestimmte Dividende an die Vorzugsaktionäre zu zahlen ist, bevor eine Dividende an die Stammaktionäre gezahlt werden kann. Die Vorzugsdividende ist also in der Regel vor der Dividende auf die Stammaktien bis zur Höhe der Vorzugsdividende zu verteilen. Außer dem Stimmrecht haben die Vorzugsaktionäre sämtliche sich aus der Aktie ergebenden Mitgliedschafts- und Vermögensrechte (§ 140 Abs. 1 AktG).

529 *Aktien, die Mehrstimmrechte gewähren,* sind heute grundsätzlich unzulässig (§ 12 Abs. 2 AktG). Durch die Reform des Aktienrechts 1998 ist der frühere § 12 Abs. 1 AktG abgeschafft worden. Alte Mehrstimmrechte entfallen nach 5 Jahren gegen einen angemessenen Ausgleich des Wertes dieser Mehrstimmrechte.

Gleichfalls abgeschafft worden sind Höchststimmrechte bei börsennotierten Gesellschaften, die zuvor zulässig waren.

Damit gilt auch im deutschen Aktienrecht das Prinzip „One share – one vote".

Vorzugsaktien können auf unterschiedlichen Wegen in Stammaktien umgewandelt werden. Eine dieser Möglichkeiten ist die, dass die AG eigene Vorzugsaktien erwirbt, diese einzieht und im Wege der Kapitalerhöhung neue Aktien ausgibt (siehe zu den Einzelheiten *Wirth/Arnold,* ZGR 2002, 859ff.).

5. Der Erwerb eigener Aktien

530 Der Erwerb *eigener Aktien* durch die Gesellschaft ist nur unter den in § 71 AktG genannten Voraussetzungen zulässig. Die Gründe dafür sind vielfältig. Der entgeltliche Erwerb eigener Aktien durch die Gesellschaft gefährdet deren Vermögen. Wirtschaftlich entspricht der endgültige Erwerb eigener Aktien einer Einlagenrückgewähr. Dies ist mit dem den Interessen des Gläubigerschutzes dienenden Grundsatz der Aufbringung und Erhaltung des

Grundkapitals unvereinbar. Zudem bestünde die Gefahr, dass der Vorstand einer AG den Kurs manipuliert, indem er etwa zur Stützung eines sinkenden Kurses Aktien mit Mitteln der Gesellschaft ankauft.

Die Neuregeung des Aktienrechts erleichtert den Erwerb eigener Aktien. Nach § 71 Abs. 1 Nr. 8 AktG kann der Vorstand durch einen entsprechenden Ermächtigungsbeschluss der Hauptversammlung berechtigt sein, eigene Aktien im Umfange von höchstens 10% des Grundkapitals zu erwerben. Diese Regelung gilt auch für die sogenannte kleine AG (vgl. *Kiem,* ZIP 2000, 209 ff.).

§ 38. Gründung und Entstehung der Aktiengesellschaft

Literatur: *Weimar,* Die Haftungsverhältnisse bei der Vor-AG in neuer Sicht, AG 1992, 69 ff.; *Werner,* Ausgewählte Fragen zum Aktienrecht, AG 1990, 1 ff.; *K.-U. Wiedemann,* Zur Haftungsverfassung der Vor-AG: Der Gleichlauf von Gründerhaftung und Handelnden-Regress, ZIP 1997, 2029 ff.

I. Die einfache Gründung

1. Überblick

Die Gründung einer Aktiengesellschaft vollzieht sich in mehreren Abschnitten. Das Gründungsverfahren ist im Gesetz genau geregelt. 531

Die Gründung beginnt mit der Feststellung der Satzung durch Abschluss eines Vertrages zwischen den Gründern und endet mit der Eintragung der Aktiengesellschaft in das Handelsregister.

2. Der Abschluss des Gesellschaftsvertrages und die Rechtsnatur der errichteten Gesellschaft

a) Die Feststellung der Satzung

Die Entstehung der Aktiengesellschaft setzt wie bei jeder anderen Gesellschaft den Abschluss eines Vertrages voraus. An der Feststellung des in § 2 AktG als Gesellschaftsvertrag (Satzung) bezeichneten Vertrages „müssen sich eine oder mehrere Personen beteiligen“. Er hat die Verpflichtung des Gründers oder der Gründer zum Gegenstand, Aktien gegen Einlagen zu übernehmen und die Satzung mit Bindung auch für alle späteren Aktionäre, die an der Feststellung der Satzung nicht beteiligt waren, festzustellen. Es handelt sich dabei um einen *Organisationsvertrag*, der, soweit § 23 Abs. 5 AktG dies zulässt, gesetzliche Vorschriften ersetzen oder ergänzen kann. Der Vertrag erzeugt unter den Gründern auch wechselseitige subjektive Ansprüche und Pflichten, so z.B. die Verpflichtungen zur Mitwirkung, um die Aktiengesellschaft als Rechtsperson entstehen zu lassen.

Wie bei der GmbH ist die *Einmann-Gründung* möglich. Wird eine AG nur durch eine Person errichtet, liegt in der Feststellung der Satzung notwendigerweise ein einseitiges Rechtsgeschäft, weil Verträge nur durch die Abgabe von Willenserklärungen von mindestens zwei Personen zustande kommen können (vgl. *Hüffer*, AktG, § 2 Rn. 4a).

b) Die Vor-Aktiengesellschaft

532 Mit der Übernahme aller Aktien durch die Gründer ist die Aktiengesellschaft errichtet (§ 29 AktG). Aus § 41 Abs. 1 AktG ergibt sich, dass sie damit allerdings noch nicht rechtsfähig ist. Welche Rechtsnatur der Gesellschaft in diesem Stadium zuzuerkennen ist, ist umstritten. Nach heute wohl herrschender Meinung ist die Vor-Aktiengesellschaft weder Gesellschaft bürgerlichen Rechts noch Verein, sondern eine Gesamthandsgesellschaft eigener Art (so *Hüffer*, AktG, § 41 Rn. 4). Der *BGH* (*BGHZ* 125, 323, 326) sieht in ihr eine notwendige Vorstufe zu der mit der Eintragung entstehenden juristischen Person; als werdende Kapitalgesellschaft sei sie „bereits ein eigenständiges, von ihren Gründern und Gesellschaftern verschiedenes körperschaftlich strukturiertes Rechtsgebilde mit eigenen Rechten und Pflichten". Deshalb ist die Vorgesellschaft als solche und nicht jeder einzelne Gesellschafter oder eine von ihr verschiedene Gesamtheit Träger der eingebrachten Vermögenswerte (so *BGHZ* 125, 323, 326).

533 Bei der Einmann-Gründung gibt es keine Vorgesellschaft (Vor-Aktiengesellschaft), weil die Gesamthandsstruktur einer solchen Gesellschaft die Mitwirkung mehrerer Personen voraussetzt (str., vgl. dazu *Hüffer*, AktG, § 41 Rn. 3ff.).

Gemäß § 41 Abs. 1 S. 2 AktG haften diejenigen Personen, die vor der Eintragung im Namen der zukünftigen Aktiengesellschaft handeln, persönlich und unbeschränkt. Das sind in erster Linie die schon bestellten und nun handelnden Vorstandsmitglieder (Handelndenhaftung). Die Haftung setzt voraus, dass die Gesellschaft bereits errichtet, also die Vorgesellschaft entstanden ist.

Der Schutzzweck der Handelndenhaftung besteht darin, dem Vertragspartner der Vorgesellschaft einen Schuldner zu verschaffen, wenn die Gesellschaft mangels wirksamer Ermächtigung des Handelnden nicht leisten muss oder sie nicht leisten kann (vgl. *BGH* AG 2004, 508,509).

Als für die Vorgesellschaft handelndes Organ kommt grundsätzlich auch der Aufsichtsrat in Betracht, so z. B. dann, wenn er mit Vorstandsmitgliedern Anstellungsverträge abschließt, wofür ihm die alleinige Vertretungskompetenz zugewiesen ist (vgl. *BGH* AG 2004, 508 f.). Die Handelndenhaftung erlischt mit der Eintragung der AG in das Handelsregister (vgl. zu alledem *K. Schmidt*, § 27 II 3.).

Umstritten ist, ob neben den Handelnden nach Beginn der Unternehmenstätigkeit auch alle Gründer (Aktionäre) den Gesellschaftsgläubigern gegenüber unmittelbar und als Gesamtschuldner für die Verbindlichkeiten der Vorgesellschaft haften. Diese Haftung würde bestehen bleiben, wenn die Eintragung misslingt. *K. Schmidt* (§ 27 II 3. b) bejaht eine solche Haftung u. a. mit dem Hinweis darauf, man dürfe sich als die typischen Gründer nicht Kleinaktionäre, sondern Banken und Großunternehmen vorstellen (Ablehnend u. a. *Hüffer* [§ 41 AktG Rn. 14 mit Nachw.], der allerdings eine Verlustdeckungspflicht im Innenverhältnis annimmt).

Umstritten ist die Haftung für unerlaubte Handlungen, die der Vorstand bei seiner Tätigkeit für die Vor-Aktiengesellschaft begeht. Da die Vor-Aktiengesellschaft körperschaftlich strukturiert ist, gibt es keinen Grund, die Anwendung des § 31 BGB zu verneinen (vgl. *Hüffer*, AktG, § 41 Rn. 13).

Mit der Eintragung in das Handelsregister entsteht die AG als juristische Person; zugleich erlischt die Vor-Aktiengesellschaft. Die bei letzterer begründeten Rechte und Pflichten gehen auf die entstandene AG im Wege der Gesamtrechtsnachfolge über (vgl. *Hüffer*, AktG, § 41 Rn. 16).

3. Die Satzung

Die *Satzung* kann man als die Summe derjenigen rechtsgeschäftlich aufgestellten Normen bezeichnen, die in Ergänzung oder – soweit rechtlich möglich – Abänderung des Gesetzes die körperschaftlichen Rechtsverhältnisse der Gesellschaft regeln und damit die Gesellschaft gegenüber den übrigen Aktiengesellschaften individualisieren. **534**

Die Satzung muss den vom Gesetz bestimmten Mindestinhalt haben. Dazu gehören gemäß § 23 AktG u. a. die Feststellungen über

- die Firma,
- den Sitz der Gesellschaft,
- den Gegenstand des Unternehmens,
- die Höhe des Grundkapitals,
- die Zerlegung des Grundkapitals entweder in Nennbetragsaktien oder in Stückaktien,
- die Anzahl der Mitglieder des Vorstandes.

535 Neben dem Mindestinhalt kann die Satzung auch andere Regelungen treffen. Während die Vorschriften des HGB über die OHG und die KG in großem Umfang von den Gesellschaftern abbedungen werden können, sind die Regelungen des Aktiengesetzes überwiegend zwingend. Abweichungen sind nur dort möglich, wo das Aktiengesetz dies zulässt. Ergänzungen können erfolgen, soweit das Aktiengesetz keine abschließende Regelung enthält. Im Interesse der Verläßlichkeit und Sicherheit sowie zum Schutze vor unterschiedlicher, ja willkürlicher Satzungsauslegung müssen Abweichungen von der gesetzlichen Regelung klar und eindeutig zum Ausdruck gebracht werden (*BGHZ* 9, 279, 283). Die innere und äußere Organisation der Aktiengesellschaft ist vom Gesetzgeber sehr detailliert festgelegt worden. Diese starre Festlegung kann für bestimmte Gesellschaftszwecke nachteilig sein, so dass sich für die Gesellschafter die Wahl anderer Gesellschaftsformen – z.B. der durch weniger zwingende Vorschriften geregelten GmbH – empfehlen kann.

Beispiel: Durch die Satzung kann nicht wirksam bestimmt werden, dass es in der Aktiengesellschaft keinen Aufsichtsrat geben soll.

536 Mit der Feststellung der Satzung müssen die Gründer sich verpflichten, alle Aktien selbst zu übernehmen. Dies besagt, dass die Gründer die Verpflichtung zur Einzahlung des Grundkapitals persönlich übernehmen müssen. Ist dies geschehen, ist die Aktiengesellschaft errichtet. Das bedeutet noch nicht, dass die Aktiengesellschaft als juristische Person entstanden ist, sondern nur, dass die Beteiligten nunmehr rechtlich gebunden sind.

Was die *Auslegung* von Satzungsbestimmungen angeht, so ist zu unterscheiden zwischen formellen und materiellen Satzungsvorschriften. Die formellen Satzungsbestimmungen können gemäß §§ 133, 157 BGB ausgelegt werden (vgl. *Hüffer*, AktG, § 23 Rn. 40). Auf materielle Satzungsbestimmungen finden hingegen trotz des Vertragscharakters der Satzung die allgemeinen Bestimmungen der §§ 133, 157 BGB keine Anwendung. Materielle Satzungsbestimmungen werden nach der Eintragung in das Handelsregister objektiv ausgelegt. Das bedeutet, sie sind lediglich aus ihrem Inhalt heraus auszulegen; Willensäußerungen oder Interessen der Gründer, sonstige tatsächliche Umstände aus der Entstehungsgeschichte oder der späteren Entwicklung der juristischen Person dürfen nicht verwertet werden (so *BGHZ* 96, 245, 250). Objektive Auslegung von Satzungsbestimmungen heißt, dass Wortlaut, Sinn und Zweck der Regelung ebenso eine maßgebliche

Bedeutung zukommen wie dem systematischen Bezug der Klausel zu anderen Satzungsvorschriften; Umstände, für die sich keine ausreichenden Anhaltspunkte in der Satzung finden, können zur Auslegung grundsätzlich nicht herangezogen werden (so *BGHZ* 123, 347, 350; zur Problematik vgl. *Hüffer,* AktG, § 23 Rn. 39f.).

4. Satzungsänderungen

Die Satzung einer Aktiengesellschaft kann geändert werden, etwa um ihren Inhalt den inzwischen veränderten Verhältnissen anzupassen. Jede Satzungsänderung bedarf eines Beschlusses der Hauptversammlung, um wirksam zu sein (§ 179 AktG). Bei dieser Regelung des Aktiengesetzes handelt es sich um zwingendes Recht. Die Hauptversammlung kann ihre Befugnis, die Satzung zu ändern, nicht auf ein anderes Organ übertragen. **537**

Der Vorstand muss jede Satzungsänderung, die die Hauptversammlung beschlossen hat, zur Eintragung in das Handelsregister anmelden (§ 181 AktG). Der Beschluss der Hauptversammlung über die Satzungsänderung wird erst mit der Eintragung wirksam. Die Eintragung ist also konstitutiv (§ 181 Abs. 3 AktG). **538**

Beschließt die Hauptversammlung einer AG über Satzungsänderungen, so hat sie u.a. den *Grundsatz der gleichmäßigen Behandlung aller Aktionäre* zu beachten, der sich zwar nicht unmittelbar aus dem Aktiengesetz ergibt, aber auch ohne ausdrückliche und gesetzliche Regelung für die AG wie für alle anderen Gesellschaften gilt, weil er dem Charakter jeder Gesellschaft entspricht (vgl. *BGH* WM 1987, 1070). Aus § 180 AktG ergibt sich, dass ein Beschluss, der Aktionären Nebenverpflichtungen auferlegt, der Zustimmung aller betroffenen Aktionäre bedarf, um wirksam zu sein.

Die Hauptversammlung kann mit einer Mehrheit von mindestens ¾ des vertretenen Grundkapitals die Satzung ändern (§ 179 Abs. 2 AktG). Diese Änderung darf sich im Allgemeinen auf alles erstrecken, was in der ursprünglichen Satzung enthalten sein kann, d.h. entweder im Gesetz selbst als Regel aufgestellt oder als Abweichung von dieser Regel ausdrücklich zugelassen ist (§ 23 Abs. 5 S. 1 AktG). **539**

Die Frage, ob satzungsändernde Beschlüsse, die gegen zwingende gesetzliche Vorschriften verstoßen, stets nichtig im Sinne der zweiten Alternative des § 241 Nr. 3 AktG sind, oder ob es Fälle gibt, in denen das Gesetz die Anfechtbarkeit genügen lässt, ist umstritten (vgl. *BGH* WM 1987, 1070 mit Nachw., der diese Frage offenlässt).

5. Die Bestellung von Organen

540 Der nächste Schritt, der vom ersten Abschnitt der Errichtung zur selbstständigen Rechtspersönlichkeit der Aktiengesellschaft führt, ist die Bestellung von Organen, durch die die entstehende juristische Person handlungsfähig wird.

Organe der Aktiengesellschaft sind: Hauptversammlung, Aufsichtsrat und Vorstand.

Als erstes Organ bestellen die Gründer, die sämtliche Aktien übernommen haben, einen Aufsichtsrat. Außerdem bestimmen die Gründungsaktionäre auch die Abschlussprüfer (meist Wirtschaftsprüfungsunternehmen) für das erste Geschäftsjahr. Der Aufsichtsrat hat den Vorstand zu bestellen.

6. Gründungsbericht und Gründungsprüfung

541 Die Gründer erstellen über den Gründungshergang einen schriftlichen Bericht, der die Grundlage für die darauf folgende Gründungsprüfung durch die inzwischen bestellten Organe, Vorstand, Aufsichtsrat und besondere Gründungsprüfer, bildet. Dieses komplizierte Verfahren dient dem Zweck, unseriöse Gründungen zu vermeiden, um zukünftige Aktionäre und andere Personen, die mit der Aktiengesellschaft in Rechtsbeziehungen treten, zu schützen.

7. Die Einlage

542 Die Gründeraktionäre müssen ihre Einlage leisten. Bei der einfachen Gründung heißt das: Sie müssen den vereinbarten Geldbetrag für die übernommenen Aktien zur freien Verfügung des Vorstandes einzahlen (vgl. dazu oben Rn. 492ff.).

8. Die Anmeldung zum Handelsregister und die Eintragung

543 Die darauf erfolgende Anmeldung der Gesellschaft bei dem zuständigen Registergericht führt nicht nur zu einer Nachprüfung der Formalien. Das Gericht prüft auch die Ordnungsmäßigkeit der Errichtung selbst. Stellt das Gericht Mängel bei der Errichtung fest, hat es die Eintragung abzulehnen. Das hat zur Folge, dass die Aktiengesellschaft als juristische Person nicht zur Entstehung gelangt. Wegen mangelhafter oder fehlerhafter Bestimmungen der Satzung selbst kann das Gericht nur dann die Eintragung ablehnen, wenn gravierende Satzungsmängel i.S. des § 38 Abs. 3 Nr. 1 bis 3 AktG vorliegen.

Mit der Eintragung in das Handelsregister entsteht die Aktiengesellschaft als juristische Person. Sie erlangt also eigene Rechtspersönlichkeit und ist damit rechtsfähig. Die Vor-Aktiengesellschaft wird zur juristischen Person. *K. Schmidt* (Gesellschaftsrecht, § 27 II 4) spricht von der „Identität zwischen Vorgesellschaft und AG".

II. Die qualifizierte Gründung

Einem noch strenger geregelten Gründungsverfahren unterliegt die sog. qualifizierte Gründung. Eine solche liegt vor, wenn Regelungen geschaffen werden, die für die künftigen Gläubiger oder für die Aktionäre besonders gefährlich sein können. Unter Regelungen dieser Art fallen: 544

– Die *Einräumung von Sondervorteilen* für einzelne Aktionäre (§ 26 AktG).

Beispiel: Einigen Aktionären werden besondere Gewinnanteile zugesichert: Eine GmbH, die einen Baustoffgroßhandel betreibt, gehört zu den Gründeraktionären einer sich im Gründungsstadium befindenden Aktiengesellschaft, bei der der Gegenstand des Unternehmens ein Baugeschäft (Hochbau) sein soll. In die Satzung der AG wird aufgenommen, dass die GmbH, die zu den Aktionären gehört, einen Anspruch darauf haben soll, dass die Aktiengesellschaft pro Jahr eine bestimmte Menge Baustoffe bei der GmbH abnehmen soll.

– *Sacheinlagen* (§ 27 AktG), d. h. Einlagen, die nicht in einer Bargeldzahlung bestehen. Gegenstand von Sacheinlagen kann jeder übertragbare Gegenstand sein, der einen „fassbaren" Vermögenswert darstellt (vgl. oben Rn. 493 f.).

Beispiel: Es wird vereinbart, dass von fünf Gründeraktionären drei ihre Einlage durch eine Geldzahlung erbringen. Die übrigen leisten Sacheinlagen: der eine verpflichtet sich zur Übereignung eines Grundstücks, der andere zur Einbringung eines Patentes.

Um die Gefahr einer Schädigung zu Lasten künftiger Aktionäre und Gläubiger weitgehend einzudämmen, schreibt das Aktiengesetz vor, dass Regelungen dieser Art in der Satzung festgelegt werden müssen, um für alle, die ein Interesse daran haben können, eine Nachprüfungsmöglichkeit zu schaffen (§§ 26, 27 AktG). Regelungen dieser Art, die nicht in der Satzung festgelegt sind, haben keine Gültigkeit. 545

§ 39. Die Organe der Aktiengesellschaft

Literatur: *Baums,* Der fehlerhafte Aufsichtsratsbeschluß, ZGR 1983, 300ff.; *Brüggemeier,* Die Einflußnahme auf die Verwaltung einer Aktiengesellschaft, AG 1988, 93ff.; *M. Dreher,* Das Ermessen des Aufsichtsrats, ZHR 158 (1994), 614ff.; *Eisenhardt,* Zum Problem der Haftung der Aufsichtsratsmitglieder von Aktiengesellschaft und GmbH gegenüber der Gesellschaft, Jura 1982, 289ff.; *Erle,* Das Vetorecht des Vorstandsvorsitzenden in der AG, AG 1987, 7ff.; *Götz,* Zustimmungsvorbehalte des Aufsichtsrats der Aktiengesellschaft, ZGR 1990, 633ff.; *Ph. Göz/T. Holzborn,* Die Aktienrechtsreform durch das Gesetz für Unternehmensintegrität und Modernisierung des Anfechtungsrechts – UMAG, WM 2006, 157ff.; *M. Habersack,* Aktienrecht und Internet, ZHR 162 [2001], 172ff.; *Hefermehl,* Umfang und Grenzen des Auskunftsrechts des Aktionärs in der Hauptversammlung, FS Duden, S. 109ff.; *ders.,* Zur Haftung der Vorstandsmitglieder bei Ausführung von Hauptversammlungsbeschlüssen. In: FS Schilling, S. 159ff.; *Hengeler,* Zum Beratungsgeheimnis im Aufsichtsrat einer Aktiengesellschaft, FS Schilling, S. 175ff.; *Hommelhoff,* Die Autarkie des Aufsichtsrats, ZGR 1983, 551ff.; *Krieger,* Zum Aufsichtsratspräsidium, ZGR 1985, 338ff.; *M. Lutter,* Aktienrechtliche Aspekte der angemessenen Vorstandsvergütung, ZIP 2006, 733ff.; *Meyer-Landrut,* Der „Mißbrauch" aktienrechtlicher Minderheits- oder Individualrechte, insbesondere des Auskunftsrechts, FS Schilling, S. 235ff.; *U. Noack,* Stimmrechtsvertretung in der Hauptversammlung nach Na-StraG, ZIP 2001, 57ff.; *Priester,* Stichentscheid bei zweiköpfigem Vorstand, AG 1984, 191ff.; *Quack,* Beschränkungen der Redezeit und des Auskunftsrechts der Aktionärs, AG 1985, 145ff.; *Raisch,* Zum Begriff und zur Bedeutung des Unternehmensinteresses als Verhaltensmaxime von Vorstands- und Aufsichtsratsmitgliedern, FS Hefermehl, S. 347ff.; *Th. Raiser,* Organklagen zwischen Aufsichtsrat und Vorstand, AG 1989, 185ff.; *B. Riegger,* Hauptversammlung und Internet, ZHR 165 (2001), 204ff.; *G. Roth/U. Wörle,* Die Unabhängigkeit des Aufsichtsrats – Recht und Wirklichkeit, ZGR 2004, 565ff.; *Säcker,* Aktuelle Probleme der Verschwiegenheitspflicht der Aufsichtsratsmitglieder, NJW 1986, 803ff.; *C. Schäfer,* Die Binnenhaftung von Vorstand und Aufsichtsrat nach der Renovierung durch das UMAG, ZIP, 1253ff.; *Scheffler,* Der Aufsichtsrat – nützlich oder überflüssig?, ZGR 1993, 63ff.; *Schreyögg,* Der Aufsichtsrat als Steuerungsinstrument des Vorstands – die Verwaltung der Aktiengesellschaft im Lichte der neueren Managementlehre, AG 1983, 278ff.; *M. Stoffels,* Grenzen der Informationsweitergabe durch den Vorstand einer Aktiengesellschaft im Rahmen einer „Due Diligence", ZHR 165 [2001], 362ff.; *D. Zetsche,* Na-StraG – ein erster Schritt in Richtung Virtuelle Hauptversammlung für Namens- und Inhaberaktien, ZIP 2001, 682ff.

I. Das Verhältnis der Organe zueinander

546 Da die Aktiengesellschaft eine juristische Person ist, bedarf sie, um handeln zu können, bestimmter Organe. Das Aktiengesetz

schreibt zwingend drei Organe vor: Vorstand, Aufsichtsrat und Hauptversammlung.

Während bei der typischen Personenhandelsgesellschaft, der OHG, das mit der Gesellschaft verbundene Risiko und die Unternehmensleitung dieselben Personen trifft, gehört es zu den Wesensmerkmalen der Aktiengesellschaft, dass die Unternehmensleitung und die Mitgliedschaft an der Aktiengesellschaft grundsätzlich getrennt sind. Für die Aktiengesellschaft ist es typisch, dass der einzelne Aktionär zwar das wirtschaftliche Risiko trägt – das allerdings auf den beim Erwerb der Aktien erbrachten Kapitaleinsatz beschränkt ist –, er aber nicht an der Unternehmensleitung beteiligt ist.

Nach der gesetzlichen Regelung liegt die Leitung der Aktiengesellschaft beim Vorstand (§ 76 AktG). Das Kontrollorgan ist der Aufsichtsrat. Er überwacht die Geschäftsführung des Vorstandes und beruft ihn ab. Die Aktionäre üben ihre Rechte in der Hauptversammlung und durch diese aus.

Bei der Aktiengesellschaft gibt es *keine* hierarchische Organverfassung. Deshalb kann auch keine Rede davon sein, dass die Hauptversammlung das oberste Organ der Aktiengesellschaft ist. Für die Aktiengesellschaft ist vielmehr die *Machtbalance* zwischen Vorstand, Aufsichtsrat und Hauptversammlung typisch (vgl. *Hüffer,* § 118 AktG, Rn. 4).

Das Verhältnis der Organe zueinander hängt in der Praxis in 547
erster Linie von der Verteilung der tatsächlichen Macht, nämlich von der Verteilung der Aktien und von den Persönlichkeiten ab, die den Aktienbesitz repräsentieren. Eine wesentliche Machtquelle des Aufsichtsrates beruht auf seinen personalpolitischen Befugnissen. Er bestellt die Vorstandsmitglieder auf höchstens fünf Jahre. Aus wichtigem Grund kann der Aufsichtsrat die Bestellung von Vorstandsmitgliedern jederzeit widerrufen (§ 84 Abs. 3 AktG).

In Theorie und Praxis herrscht Einigkeit darüber, dass sich das System der Kompetenzverteilung zwischen Vorstand, Aufsichtsrat und Hauptversammlung bewährt hat. Deshalb gibt es kaum ernst zu nehmende Diskussionen über eine Änderung dieses Systems, etwa zugunsten des amerikanischen Boardsystems.

Neuerdings sind die Leitungsorgane der AG verpflichtet, die im Deutschen Corporate Governance Kodex niedergelegten Verhaltensregeln zu beachten (siehe dazu oben Rn. 481ff.). Gemäß § 161 AktG müssen Vorstände und Aufsichtsräte der börsennotierten Unternehmen jährlich eine Erklärung abgeben, in der sie darzulegen haben, dass sie den Empfehlungen des Kodex gefolgt sind; haben sie Regeln desselben nicht beachtet, müssen sie erklären, warum sie dies nicht getan haben.

II. Der Vorstand

1. Die Aufgaben

548 Als das Leitungsorgan der Aktiengesellschaft führt der Vorstand die Geschäfte (vgl. § 76 AktG). Er vertritt die Gesellschaft gerichtlich und außergerichtlich (vgl. § 78 AktG).

Die Vorstandsmitglieder haben sich als Geschäftsleiter grundsätzlich um *alle* Angelegenheiten der Gesellschaft zu kümmern. Sie haben insbesondere die Angestellten zu beaufsichtigen, die mit der Erledigung von Geschäftsführungsangelegenheiten betraut sind. Neben der allgemeinen Aufgabe der Leitung der Aktiengesellschaft hat der Vorstand insbesondere noch folgende Funktionen:

- die Ausführung der Hauptversammlungsbeschlüsse (§ 83 Abs. 2 AktG),
- die Berichterstattung an den Aufsichtsrat (§ 90 AktG); die Berichtspflicht erstreckt sich auch auf die künftige Unternehmensplanung,
- die Führung der Handelsbücher (§ 91 AktG),
- die Aufstellung und Vorlegung des Jahresabschlusses und des Geschäftsberichts (§ 148 AktG).

Der Aufsichtsrat setzt die Gesamtbezüge der Vorstandsmitglieder fest. Er hat dafür zu sorgen, dass die Bezüge „in einem angemessenen Verhältnis zu den Aufgaben des Vorstandsmitglieds und zur Lage der Gesellschaft stehen“ (§ 87 AktG). Über die Angemessenheit der Bezüge ist es in den letzten Jahren anlässlich des Falles Mannesmann zu intensiven Diskussionen gekommen (vgl. dazu *M. Lutter*, ZIP, 2006, 733 ff.).

2. Die Bestellung der Vorstandsmitglieder

549 Die Vorstandmitglieder werden vom Aufsichtsrat auf höchstens fünf Jahre bestellt (§ 84 Abs. 1 AktG). Damit steht das Vorstandsmitglied in einem Organverhältnis zur AG. Die Anstellung erfolgt auf Grund eines privatrechtlichen Dienstvertrages i.S. der §§ 611, 675 BGB. Vertragspartner sind auf der einen Seite das Vorstandsmitglied und auf der anderen Seite die Aktiengesellschaft,

vertreten durch den Aufsichtsrat. Nach herrschender Meinung sind Vorstandsmitglieder nicht Angestellte im arbeitsrechtlichen Sinne (so *BGHZ* 12, 1, 8). Für diese Auffassung spricht, dass die arbeitsrechtlichen Gesetze die Vorstandsmitglieder der Aktiengesellschaft durchweg nicht als Arbeitnehmer behandeln (so § 5 BetriebsverfassungsG, § 5 ArbeitsgerichtsG, § 14 KündigungsschutzG). Sie üben kraft ihrer Organstellung die Arbeitgeberfunktion aus.

Ein Aufsichtsratsmitglied kann nicht zugleich Mitglied des Vorstandes sein, weil der Aufsichtsrat sonst seiner Aufgabe, die Geschäftsführung des Vorstandes zu überwachen, nicht nachkommen könnte (§ 105 AktG). Der Aufsichtsrat kann die Bestellung zum Vorstandsmitglied aus wichtigem Grund jederzeit widerrufen. Ein solcher Grund ist namentlich eine grobe Pflichtverletzung (§ 84 Abs. 3 AktG).

Der Widerruf zielt auf die Beseitigung der korporationsrechtlichen Organstellung; er beendet nicht ohne weiteres auch den Anstellungsvertrag (vgl. *Hüffer,* AktG, § 84 Rn. 24). Letzterer muss gekündigt werden. Im Widerruf kann jedoch u.U. die schlüssige Erklärung einer außerordentlichen Kündigung gesehen werden (vgl. *Hüffer,* AktG, § 84 Rn. 24).

3. Die Entscheidungsfindung

Der Vorstand, der aus einer oder mehreren Personen bestehen 550
kann, leitet die Gesellschaft unter eigener Verantwortung (§ 76 AktG). Gem. § 77 Abs. 1 S. 1 AktG gilt das Prinzip der Gesamtgeschäftsführung: Besteht der Vorstand aus mehreren Personen, so sind sämtliche Vorstandsmitglieder nur gemeinschaftlich zur Geschäftsführung befugt, so dass schon der Widerspruch eines Vorstandsmitgliedes die Durchführung einer geplanten Maßnahme verhindern kann. Da aber ein essentielles praktisches Interesse an der Funktionsfähigkeit des Vorstandes besteht, lässt § 77 Abs. 1 S. 2 AktG es zu, dass die Satzung oder die Geschäftsordnung Bestimmungen treffen, die vom Grundsatz der Gesamtgeschäftsführung abweichen. In der Praxis wird von dieser Möglichkeit in erheblichem Umfange Gebrauch gemacht, so dass ein mehrköpfiger Vorstand seine Entscheidungen in der Regel durch Mehrheitsbeschluss fasst. Dabei kann es zu Pattsituationen kommen, wenn bei einem Vorstand mit gerader Mitgliederzahl die eine Hälfte für und die andere Hälfte gegen einen gestellten Antrag stimmt. Pattsituationen dieser Art werden in der Regel dadurch

aufgelöst, dass in der Satzung oder in der Geschäftsordnung des Vorstandes bestimmt wird, dass bei Stimmengleichheit die Stimme eines Vorstandsmitgliedes – regelmäßig die des Vorstandsvorsitzenden – den Ausschlag geben soll. Ein Stichentscheid dieser Art ist nach herrschender Meinung (vgl. *Priester,* AG 1984, 253 mit Nachw.) von der durch § 77 Abs. 1 S. 2 AktG eingeräumten Gestaltungsfreiheit gedeckt.

551 Umstritten ist, ob für den Fall, dass die Satzung für einen mehrköpfigen Vorstand das Mehrheitsprinzip vorsieht, dem Vorsitzenden des Vorstandes ein Vetorecht eingeräumt werden darf. Im Hinblick auf ein der Mitbestimmung unterliegendes Unternehmen hat der *BGH* (*BGHZ* 89, 48) es mit Rücksicht auf die Rechtsstellung des Arbeitsdirektors für unzulässig erachtet, dem Vorsitzenden ein solches Vetorecht einzuräumen. Nach richtiger Ansicht kann wegen der durch § 77 Abs. 1 S. 2, 2. Halbs. AktG für ein nicht der Mitbestimmung unterliegendes Unternehmen nichts anderes gelten (vgl. dazu mit ausführlicher Begründung *Erle,* AG 1987, 7 ff.).

4. Die Haftung der Vorstandsmitglieder

552 Entsprechend dem hohen Maß an Verantwortung, das der Vorstand zu tragen hat, unterliegen die Vorstandsmitglieder auch einer scharfen persönlichen Haftung gegenüber der Aktiengesellschaft. Aus § 93 Abs. 2 AktG kann der Aktiengesellschaft ein Schadensersatzanspruch gegen ein oder mehrere Vorstandsmitglieder erwachsen.

Beispiel: Infolge einer durch Bestechung verursachten Fehlentscheidung des Vorstandes verliert die Aktiengesellschaft bei einem Investitionsprojekt 2 Millionen Euro. Hier kann die Aktiengesellschaft, vertreten durch den Aufsichtsrat, den Ersatz des verursachten Schadens von den Vorstandsmitgliedern als Gesamtschuldnern verlangen.

Voraussetzung für das Entstehen eines Schadensersatzanspruchs der Aktiengesellschaft ist nach § 93 Abs. 2 AktG, dass ein Vorstandsmitglied eine Pflichtverletzung begeht. Ob eine Pflichtverletzung vorliegt, ist anhand der Pflichten zu bestimmen, die dem Vorstand aus seiner Leitungsaufgabe (§ 76 AktG) erwachsen. Die Vorstandsmitglieder sind dabei gehalten, die Regeln des Deutschen Corporate Governance Kodex zu beachten (vgl. dazu oben Rn. 481 ff.). Auch wenn diese Regeln, soweit sie nicht ohnehin gesetzlich verankert sind, keinen echten Rechtsnormcharakter haben, so stellen sie doch Verhaltensregeln auf, deren Verletzung rechtlich relevant ist (vgl. *K. Schmidt,* Gesellschaftsrecht, § 26 II 3).

Nach § 93 Abs. 1 S. 1 AktG haben die Vorstandsmitglieder bei der Geschäftsführung die Sorgfalt eines ordentlichen und gewissenhaften Geschäftsleiters anzuwenden. Weil auch bei der Anwendung dieses Maßstabes sich unternehmerische Entscheidungen später als erfolglos herausstellen können, bestimmt § 93 Abs. 1 S. 2 AktG, dass eine Pflichtverletzung nicht vorliegt, wenn das Vorstandsmitglied bei einer unternehmerischen Entscheidung vernünftigerweise davon ausgehen durfte, auf der Grundlage angemessener Information zum Wohle der Gesellschaft zu handeln. Dem liegt die Überlegung zugrunde, dass unternehmerische Entscheidungen in der Regel durch Prognosen und nicht justiziable Einschätzungen geprägt sind. Das Kriterium der Entscheidungsfindung auf der Grundlage angemessener Information soll verhindern, dass Maßnahmen mit einem hohen Risikopotenzial ohne die gebotene Entscheidungsvorbereitung leichtfertig getroffen werden (vgl. *Ph. Göz/T. Holzborn,* WM 2006, 157). Der Haftungstatbestand des § 93. Abs. 1 S. 2 AktG setzt also beim Merkmal der objektiven Pflichtverletzung an und errichtet den Vorstandsmitgliedern insofern einen „sicheren Hafen der unternehmerischen Entscheidung", als sie gut informiert und frei von Sonderinteressen nur zum Wohle der Gesellschaft gehandelt haben. Eine solche Entscheidung ist auch dann nicht als Pflichtverletzung anzusehen, wenn ein hierbei eingegangenes Risiko zum Schaden der Gesellschaft geführt hat (vgl. *C. Schäfer,* ZIP, 1253, 1255). Die Beweislast für die Anwendung der Sorgfalt eines ordentlichen und gewissenhaften Geschäftsleiters liegt gem. § 93 Abs. 2 Satz 2 AktG bei den Vorstandsmitgliedern.

Der Aufsichtsrat hat auf Grund seiner Aufgabe, die Tätigkeit des Vorstands zu überwachen und zu kontrollieren, die Pflicht, das Bestehen von Schadensersatzansprüchen der AG gegenüber den Vorstandsmitgliedern eigenverantwortlich zu prüfen und durchsetzbare Schadensersatzansprüche grundsätzlich zu verfolgen (*BGHZ* 135, 244 ff.). Ersatzansprüche gegen Organmitglieder können nicht nur durch Organe – Aufsichtsrat gegen Vorstand oder Vorstand gegen Aufsichtsrat – geltend gemacht werden, sondern auch durch eine Aktionärsminderheit (siehe dazu §§ 147, 148 AktG). Dafür genügt eine Beteiligung in Höhe von 1% des Grundkapitals oder im Nennwert von 100 000 €.

Vorstandsmitglieder einer AG können den Aktionären aus § 823 552a
Abs. 2 BGB in Verbindung mit der Verletzung eines Schutzgesetzes oder aus § 826 BGB persönlich haften. Für den Vorsatz im Rahmen des § 826 genügt der Eventualdolus (dolus eventualis). Der Täter

muss nicht im Einzelnen wissen, welche oder wie viele Personen durch sein Verhalten geschädigt werden; es genügt, dass er die Richtung, in der sich sein Verhalten zum Schaden irgendwelcher anderer auswirken könnte, und die Art des möglicherweise eintretenden Schadens vorausgesehen und jedenfalls billigend in Kauf genommen hat (so *OLG München* NJW 2004, 2668, 2670).

Beispiel: Der Vorstand einer AG kann den Aktionären aus § 826 BGB für durch fehlerhafte Ad-hoc-Meldungen verursachte Schäden haften, wenn er, um den Aktienkurs zu verbessern, in Kenntnis der Fehlerhaftigkeit der Angaben eine Schädigung in Kauf genommen hat (vgl. *OLG München* ZIP 2002, 1989ff.).

553 Für zum Schadensersatz verpflichtende Handlungen, die der Vorstand oder ein Mitglied des Vorstandes in Ausführung der ihm zustehenden Verrichtungen begangen hat, entsteht gegenüber Dritten eine Haftung der Aktiengesellschaft aus § 31 BGB i.V.m. der gesetzlichen Vorschrift, die dem Geschädigten einen Schadensersatzanspruch gewährt. Zum Schadensersatz verpflichten z.B. unerlaubte Handlungen (§§ 823ff. BGB) und Leistungsstörungen bei der Abwicklung von Verträgen. So kann die AG z.B. für schädigende Handlungen eines Vorstandsmitgliedes gemäß §§ 280, 241 Abs. 2, 31 BGB zum Schadensersatz verpflichtet sein, wenn das Vorstandsmitglied Unterlassungs- und Verschwiegenheitspflichten einem Kunden gegenüber verletzt und diesem dadurch einen Schaden zufügt (siehe dazu *OLG München* ZIP 2004, 19ff.).

Beispiel: Die D-Bank AG hat dem Kunden K ein Darlehen gewährt, obwohl dessen wirtschaftliche Lage bedenklich ist. Die D-Bank AG hat sich vertraglich verpflichtet, über die wirtschaftliche Situation des K Stillschweigen zu wahren. Das Vorstandsmitglied A der D-Bank AG äußert sich einige Zeit später in einem Fernsehinterview sehr skeptisch über die Kreditwürdigkeit des K. Daraufhin ist es K unmöglich, bei anderen Banken noch Darlehen zu erhalten. Hier hat A die Verschwiegenheitspflicht der D-Bank AG verletzt und damit eine Pflichtverletzung begangen, was sich letztere nach § 31 BGB zurechnen lassen muss. Es liegt eine Pflichtverletzung nach §§ 280, 241 Abs. 2 BGB vor, welche die D-Bank AG zum, Schadensersatz verpflichtet.

III. Der Aufsichtsrat

1. Die Aufgaben des Aufsichtsrates

a) Überblick

554 Der Aufsichtsrat ist das eigentliche Kontrollorgan der Aktiengesellschaft. Er ist das zur sachverständigen Kontrolle der Ge-

schäftsleitung berufene Organ (so *Kübler/Assmann,* § 15 IV). Aufgrund seiner personalpolitischen Befugnisse und der Tatsache, dass in vielen Aktiengesellschaften wichtige Maßnahmen des Vorstandes der Zustimmung des Aufsichtsrates bedürfen (§ 111 Abs. 4 Satz 2 AktG), übt der Aufsichtsrat in der Regel wesentlichen Einfluss in der Gesellschaft aus.

Die Hauptaufgaben des Aufsichtsrates sind:
- die Bestellung und Abberufung des Vorstandes (§ 84 AktG),
- die Überwachung der Geschäftsführung durch den Vorstand (§ 111 AktG).

Auch die Aufsichtsratsmitglieder sind verpflichtet, sich nach den im Deutschen Corporate Governance Kodex niedergelegten Regeln zu verhalten (siehe dazu oben Rn. 481ff.).

b) Die Überwachung der Geschäftsführung

Nach § 111 Abs. 1 AktG hat der Aufsichtsrat also in erster Li- 555
nie die Geschäftsführung zu überwachen. Nach Ansicht des *BGH* (*BGHZ* 114, 127, 129) bezieht sich diese Kontrolle nicht nur auf abgeschlossene Sachverhalte, sondern sie erstreckt sich auch auf grundsätzliche Fragen der künftigen Geschäftspolitik. Das bedeutet, dass die Kontrolle nicht auf eine Rechtmäßigkeitsprüfung beschränkt ist; sie muss vielmehr die „Zweckmäßigkeit und Wirtschaftlichkeit der Geschäftsführung einbeziehen". Einer in der Literatur weit verbreiteten Meinung folgend vertritt der *BGH* (*BGHZ* 114, 127, 130 mit Nachw.) die Ansicht, eine so verstandene Kontrolle könne wirksam nur durch ständige Diskussion mit dem Vorstand und insofern durch dessen *laufende Beratung* ausgeübt werden; die *Beratung* sei deshalb das vorrangige Mittel der in die Zukunft gerichteten Kontrolle des Vorstands (ablehnend *E. Scheffler,* ZGR 1993, 63, 69).

Überwachung der Geschäftsführung durch den Aufsichtsrat (§ 111 Abs. 1 AktG) bedeutet in erster Linie die Aufsicht darüber, dass keine Misswirtschaft betrieben wird (vgl. dazu *Mertens,* ZGR 1977, 270, 277). Keine Misswirtschaft betreiben heißt vor allem, für die Erhaltung und Förderung des Unternehmens im Sinne der Kapitalerhaltung als Minimum des Rentabilitätszieles zu sorgen. Das ergibt sich u.a. aus § 90 AktG, aus dem sich ein Mindestkatalog konkretisierter Aufgaben des Aufsichtsrats ableiten lässt. Gerät eine AG in wirtschaftliche Schwierigkeiten, so ist die Überwachungspflicht des Aufsichtsrates zu intensivieren (vgl. *OLG Stuttgart* ZIP 2006, 756).

Damit der Aufsichtsrat seiner Überwachungsfunktion gerecht werden kann, hat der Vorstand ihm gemäß § 90 AktG umfangreich Bericht zu erstatten. Der Vorstand muss u. a. regelmäßig berichten über die beabsichtigte Geschäftspolitik, die Rentabilität der Gesellschaft und über den Gang der Geschäfte, insbesondere den Umsatz, und die Lage der Gesellschaft (§ 90 Abs. 1 AktG). Der Aufsichtsrat kann über Angelegenheiten der Gesellschaft vom Vorstand jederzeit einen Bericht fordern (§ 90 Abs. 3). Dieses Recht steht auch einem einzelnen Aufsichtsratsmitglied zu; allerdings kann der Bericht nur an den Aufsichtsrat, nicht an das einzelne Mitglied verlangt werden.

556 Maßnahmen der Geschäftsführung können dem Aufsichtsrat nicht übertragen werden (§ 111 Abs. 4 AktG). Dieser soll – diese Vorstellung steht hinter der strengen Funktionsabgrenzung – sicherstellen, dass die Interessen der Aktionäre gegenüber dem Vorstand gewahrt bleiben. Zu diesem Zweck wird der Aufsichtsrat mit Mehrheitsentscheidung von der Hauptversammlung gewählt.

Das Bild, das das Aktiengesetz vom Aufsichtsrat zeichnet, steht allerdings nicht selten in scharfem Kontrast zu dem, was an realer Funktionsweise von Aufsichtsräten in der Praxis bekannt geworden ist. Viele Aufsichtsräte nehmen regelmäßig Aufgaben wahr, die über eine bloße Überwachung weit hinausgehen. So findet z.B. in vielen Aktiengesellschaften häufig schon im Frühstadium bedeutsamer Entscheidungen eine Abstimmung zwischen Vorstand und Aufsichtsrat statt, die einer de-facto-Integration des Aufsichtsrats in den unternehmenspolitischen Entscheidungsprozess gleichkommt (vgl. *Schreyögg*, AG 1983, 278).

Die Aufsichtsratsmitglieder haben nicht die Angelegenheiten der Gesellschaft von Grund auf zu prüfen. Der Umfang der ihnen auferlegten Pflichten in dieser Hinsicht bestimmt sich nach den ihnen zu erstattenden Berichten und den für die Beurteilung einzelner Aufgaben nötigen Unterlagen.

Unter den in § 111 Abs. 3 AktG genannten Voraussetzungen ist der Aufsichtsrat verpflichtet und berechtigt, eine Hauptversammlung einzuberufen.

556a Ob der Aufsichtsrat in vielen Fällen seiner Hauptaufgabe, nämlich der Überwachung der Geschäftsführung, gerecht werden kann, wird zunehmend bezweifelt. Das Hauptproblem wird in der fehlenden Unabhängigkeit derjenigen Aktionärsvertreter von der Unternehmensleitung (Vorstand der AG) gesehen, über die der Vorstand der AG einen maßgeblichen Einfluss auf die Besetzung des Aufsichtsrats ausüben kann. Auf diese Art und Weise kann eine Abhängigkeit des Aufsichtsratsmitglieds vom Vorstand schon dadurch entstehen, dass es diesem seine Position einschließlich der damit verbundenen Vergütung verdankt und eine Verlängerung der Amtszeit durch den Einfluss des Vorstands erwartet. Dazu kommt in manchen Fällen eine mentale Abhängigkeit, die sich aus der Solidarität und der Identifikation der Aufsichtsratspersonen mit dem Vorstand und dessen Sichtweisen ergibt und sich letztlich auf ein Bewusstsein der Zugehörigkeit bzw. Zusammengehörigkeit gründet (zu alledem *D. Roth/U. Wörle,* ZGR 2004, 631 ff.).

c) Die Prüfung von Jahresabschluss und Lagebericht durch den Aufsichtsrat

Gemäß § 170 Abs. 1 AktG hat der Vorstand den Jahresabschluss (er umfasst die Bilanz und die Gewinn- und Verlustrechnung sowie den Anhang) und den Lagebericht unverzüglich nach deren Aufstellung dem Aufsichtsrat vorzulegen. Dieser hat alles dies zu prüfen (§ 171 AktG). Wie schon erwähnt (Rn. 555), muss der Aufsichtsrat die Überwachung des Vorstandes intensivieren, wenn die Gesellschaft in wirtschaftliche Schwierigkeiten gerät. Gleichzeitig steigen auch die Anforderungen an die Berichtspflicht (vgl. *OLG Stuttgart,* ZIP 2006, 756 ff.). 557

Nach der Neufassung des Aktiengesetzes im Jahre 1998 hat der Aufsichtsrat die Abschlussprüfer zu bestimmen und zu beauftragen (§ 111 Abs. 2 AktG). Gemäß § 323 Abs. 1 HGB ist der Abschlussprüfer zur gewissenhaften und unparteiischen Prüfung und zur Verschwiegenheit verpflichtet. Verletzt der Abschlussprüfer diese Pflichten schuldhaft, ist er der Gesellschaft gegenüber zum Schadensersatz verpflichtet (§ 323 Abs. 1 S. 3 HGB).

Durch die Einbeziehung unabhängiger Abschlussprüfer wird die Prüfung objektiviert. Nach der Aktienrechtsreform 1998 wird der Auftrag an die Abschlussprüfer nicht mehr durch den Vorstand, sondern durch den Aufsichtsrat erteilt. Dadurch soll der Abschlussprüfer eine größere Distanz zum Management gewinnen.

Der Aufsichtsrat hat der Hauptversammlung über das Ergebnis seiner Prüfung zu berichten.

d) Zustimmungsvorbehalte

Als besonders wirksames Instrument unter denjenigen, die das 558
Aktiengesetz für die Überwachung des Vorstandes durch den

Aufsichtsrat vorsieht, ist der Zustimmungsvorbehalt des Aufsichtsrats anzusehen. Gemäß § 111 Abs. 4 S. 2 AktG hat die Satzung oder der Aufsichtsrat zu bestimmen, dass bestimmte Arten von Geschäften nur mit Zustimmung des Aufsichtsrats vorgenommen werden dürfen. Für den Fall, dass der Aufsichtsrat seine Zustimmung verweigert, kann der Vorstand verlangen, dass die Hauptversammlung über die Zustimmung beschließt (§ 111 Abs. 4 S. 2 AktG). In der Regel werden nur solche Geschäfte, die für die Gesellschaft von herausragender Bedeutung sind, zustimmungspflichtig gemacht (vgl. zu den Einzelheiten *Götz*, ZGR 1990, 633ff.).

2. Die Besetzung des Aufsichtsrates

559 Die Aufsichtsräte der vom Mitbestimmungsgesetz erfassten Unternehmen bestehen zur Hälfte aus Vertretern der Anteilseigner und der Arbeitnehmer (vgl. dazu unten Rn. 604ff.).

Diejenigen Aufsichtsratmitglieder, die weder nach dem Mitbestimmungsrecht gewählt noch entsandt werden (§ 101 Abs. 2 AktG), werden von der Hauptversammlung gewählt (§ 101 Abs. 1 AktG). Ein solches Aufsichtsratsmitglied kann vor Ablauf der Amtszeit von der Hauptversammlung mit einer Mehrheit von mindestens drei Viertel der abgegebenen Stimmen abberufen werden, wenn die Satzung nicht etwas anders bestimmt (§ 103 Abs. 1 AktG).

Auf Antrag des Aufsichtsrats (für den Beschluss bedarf es lediglich der einfachen Mehrheit) kann das Gericht ein Aufsichtsratsmitglied abberufen, wenn in der Person des abzuberufenden Mitglieds ein wichtiger Grund vorliegt (§ 103 Abs. 3 AktG). Fraglich ist, ob für die Qualifizierung des wichtigen Grundes i.S. von § 103 Abs. 3 AktG nur ein krass gesellschaftswidriges Verhalten bzw. sonst schlechthin untragbare Fälle einer Zugehörigkeit zum Aufsichtsrat in Betracht kommen (vgl. *BGHZ* 39, 116, 123) oder ob auch weitere Tatbestände, die bei Abwägung der beteiligten Interessen eine Unzumutbarkeit des weiteren Verbleibens im Amt gegenüber der Gesellschaft begründen, ausreichen (vgl. *OLG Hamburg* WM 1990, 311, 314). Der Tatbestand des wichtigen Grundes ist im Einzelnen nicht auf Umstände beschränkt, die in der Art und Weise der Mitarbeit im Aufsichtsrat begründet sind oder die sich auf die Funktionsfähigkeit des Aufsichtsrats auswirken. Nach überwiegender Ansicht (vgl. *OLG Hamburg* WM 1990, 311, 314 mit Nachw.) kommen auch andere Sachverhalte in Betracht, die das Verhalten des Organmitglieds außerhalb des Aufsichtsrats betreffen, z.B. bei eindeutig gegen das Unternehmensinteresse (vgl. zu diesem Begriff unten Rn. 569ff.) gerichteten Verbindungen zu Konkurrenzunternehmen, jedenfalls dann, wenn dadurch das Organmitglied einem Interessenwiderstreit ausgesetzt ist, der die konkrete Befürchtung eines Handelns zum Nachteil der Gesellschaft auslöst.

Beispiel: Der Energieminister eines Bundeslandes, der ein entschiedener und aktiver Kernkraftgegner ist, ist Aufsichtsratsmitglied eines Energieversorgungsunternehmens, das auch Kernkraftanlagen betreibt. Wenn dieser Minister in seiner Amtsführung mit Engagement das Ziel verfolgt, dem Unternehmen die Möglichkeit für die von ihm praktizierte Erzeugung von Energie aus Kernkraftanlagen zu nehmen, mit der Folge, dass dem Unternehmen schwere wirtschaftliche Nachteile entstehen, so betätigt sich der Minister gegen die wirtschaftlichen Ziele der Gesellschaft. Für letztere ist es unzumutbar, dass der Minister die Geschicke des Unternehmens im Aufsichtsrat mitgestalten soll. Eine gerichtliche Abberufung gemäß § 103 Abs. 3 AktG ist möglich (vgl. *OLG Hamburg* WM 1990, 311 ff.).

Damit der Aufsichtsrat seine Aufgaben wirksam erfüllen kann, **560**
dürfen seine Mitglieder weder dem Vorstand angehören noch leitende Angestellte der Aktiengesellschaft sein (§ 105 AktG). Die Vertreter der Aktionäre im Aufsichtsrat werden von der Hauptversammlung durch Mehrheitsbeschluss auf höchstens vier Jahre gewählt (§ 102 AktG; faktisch kann die Amtszeit wegen § 102 Abs. 1 S. 2 AktG fünf Jahre betragen). Es gilt der Grundsatz, dass die Rechtsstellung aller Aufsichtsratsmitglieder gleichwertig ist (vgl. u. a. *BGHZ* 99, 211, 215).

Die Zahl der Aufsichtsratsmandate ist auf zehn beschränkt (§ 100 Abs. 2 AktG). Allerdings werden Vorsitzmandate doppelt angerechnet (§ 100 Abs. 2 AktG).

Mit § 100 AktG soll eine Garantie dafür geschaffen werden, dass die in Aufsichtsräte gewählten Personen in der Lage sind und bleiben, die Kontrollaufgaben, die ihnen obliegen, sachgemäß zu erfüllen. Außerdem soll verhindert werden, dass zu viel Macht bei wenigen Personen konzentriert wird.

Um seine Verhandlungen und Beschlüsse vorzubereiten oder die Ausführung seiner Beschlüsse zu überwachen, kann der Aufsichtsrat aus seiner Mitte einen oder mehrere Ausschüsse bestellen (§ 107 Abs. 3 AktG. Zu Besetzung dieser Ausschüsse siehe unten Rn. 616 f.).

Gem. § 111 Abs. 5 AktG hat ein Mitglied des Aufsichtsrats sein **561**
Amt persönlich und eigenverantwortlich auszuüben. Dabei wird vorausgesetzt, dass ein Aufsichtsratsmitglied diejenigen Mindestkenntnisse und -fähigkeiten entweder schon hat oder sich aneignen muss, die es benötigt, um alle *normalerweise* anfallenden Geschäftsvorgänge auch ohne fremde Hilfe verstehen und sachgerecht beurteilen zu können. Mit diesem Grundsatz ist unvereinbar, dass

ein Aufsichtsratsmitglied seine Aufgaben oder einen wesentlichen Teil davon laufend einem Außenstehenden zur selbstständigen Erledigung überträgt oder auch nur bei ihrer Wahrnehmung jeweils einen „ständigen Berater" einschaltet. Denn dadurch könnte nicht nur die Vertraulichkeit leiden, es bestünde auch die Gefahr, dass die vom Aufsichtsrat in eigener Verantwortung zu treffenden Entscheidungen entgegen dem Grundsatz des § 111 Abs. 5 AktG allgemein zu stark nach außen verlagert würden. Dies gilt für die Aufsichtsratsmitglieder der Arbeitnehmer und der Anteilseigner in gleicher Weise (so *BGHZ* 85, 293, 295f.). Die Mitglieder des Aufsichtsrats dürfen sich also weder vertreten lassen noch ihre Aufgaben delegieren (vgl. dazu eingehend *Hommelhoff*, ZGR 1983, 551, 554ff.).

562 Allerdings ist nicht zu erwarten, dass sämtliche Aufsichtsratsmitglieder auf allen Gebieten, in denen der Aufsichtsrat tätig wird, Spezialkenntnisse besitzen. Außerdem können in jedem Aufsichtsrat Probleme auftauchen, zu deren Lösung die Fachkunde und Möglichkeiten der Aufsichtsratsmitglieder nicht ausreichen. Für diese Fälle gibt das Aktiengesetz dem Aufsichtsrat die Möglichkeit und die Befugnis, Sachverständige zur Beratung über *einzelne* Gegenstände hinzuzuziehen (§ 109 Abs. 1 S. 2 AktG) oder solche für *bestimmte* Prüfungsaufgaben zu beauftragen (§ 111 Abs. 2 S. 2 AktG). In dieser gesetzlichen Regelung mit ihrer Beschränkung auf konkrete Einzelangelegenheiten kommt nach Ansicht des *BGH* (*BGHZ* 85, 293, 296) wiederum der für den Aufsichtsrat in seiner Gesamtheit, aber nicht minder für seine einzelnen Mitglieder geltende allgemeine Grundsatz zum Ausdruck, dass sie ihre Funktionen nicht generell auf andere abwälzen dürfen (vgl. zur Problematik eingehend *Hommelhoff,* ZGR 1983, 551ff.).

3. Aufsichtsratspräsidium und Aufsichtsratsausschüsse

563 In der Praxis spielen Aufsichtsratsausschüsse eine große Rolle. Personalausschüsse (vgl. dazu *BGHZ* 79, 38), Kreditausschüsse (bei Banken) und Bilanzausschüsse nehmen wichtige Aufgaben wahr. Etwa 40% der größeren deutschen Aktiengesellschaften verfügen über ein sogenanntes *Aufsichtsratspräsidium,* für das keine gesetzlichen Bestimmungen existieren. Diese Präsidien beschäftigen sich de facto häufig mit Personalangelegenheiten, der Behandlung von Finanzierungsfragen und Fragen der Investitionspolitik. Der Kern der Tätigkeit besteht vielfach darin, mit dem Vorstand des Unternehmens ständig Fühlung zu halten; daneben koordiniert ein solches Gremium üblicherweise die Arbeit im Aufsichtsrat und wirkt bei der Sitzungsvorbereitung mit (vgl. zu alledem *Krieger,* ZGR 1985, 338ff. und *BGHZ* 83, 106, 114).

Die herrschende Meinung (vgl. *BGHZ* 83, 106ff. mit Literaturhinweisen) sieht in einem Präsidium dieser Art einen Aufsichtsratsausschuss i.S. des § 107 Abs. 3 AktG, auf den die allgemeinen Regeln über Aufsichtsratsausschüsse anzuwenden sind (a.A. *Krieger*, ZGR 1985, 338, 364, der in dem Präsidium keinen Ausschuss, sondern ein Gremium eigener Art neben dem Vorsitzenden sieht).

4. Pflichten der Aufsichtsratsmitglieder

§ 116 i.V.m. § 93 AktG regelt Verantwortlichkeit und Sorg- 564
faltspflichten der Aufsichtsratsmitglieder. Aus der gem. § 116 AktG sinngemäßen Anwendung des § 93 Abs. 2 AktG kann die Aktiengesellschaft – nicht ein Dritter – gegen Aufsichtsratsmitglieder einen Schadensersatzanspruch erwerben.

Der Aufsichtsrat hat z.B. auf Grund seiner Aufgabe, die Tätigkeit des Vorstandes zu überwachen und zu kontrollieren, die Pflicht, das Bestehen von Schadensersatzansprüchen der AG gegenüber Vorstandsmitgliedern eigenverantwortlich zu prüfen. Stehen der AG nach dem Ergebnis dieser Prüfung Schadensersatzansprüche zu, hat der Aufsichtsrat diese Ansprüche grundsätzlich zu verfolgen (so *BGHZ* 135, 244ff.).

Gemäß § 116 i.V.m. § 93 AktG haben die Mitglieder des Aufsichtsrats über vertrauliche Angaben und Geheimnisse der Gesellschaft, die ihnen durch ihre Tätigkeit im Aufsichtsrat bekannt geworden sind, grundsätzlich Stillschweigen zu bewahren. Nach Ansicht des *BGH* (*BGHZ* 64, 325, 327) ist das einzelne Aufsichtsratsmitglied allerdings keinem unbeschränkten Schweigegebot unterworfen; die Schweigepflicht soll *objektiv* nach der Geheimhaltungsbedürftigkeit im Interesse des Unternehmens (siehe dazu Rn. 569ff.) bestimmt werden und nicht subjektiv danach, dass Vorstand oder Aufsichtsrat die Geheimhaltung bestimmter Tatsachen beschlossen haben. Nach Auffassung des *BGH* (*BGHZ* 64, 325, 327) wäre ein unbeschränktes Schweigegebot mit den hohen Anforderungen, die das Amt an seine Träger stellt, nicht vereinbar; es würde dem Ratsmitglied die Freiheit nehmen, mit der gebotenen Sorgfalt im Einzelfall eigenverantwortlich zu prüfen und zu entscheiden, ob es schweigen soll oder ob es sogar notwendig ist, „über bestimmte Angelegenheiten offen zu reden" (vgl. zur gesamten Problematik *Säcker*, NJW 1986, 803ff.). *Abstimmungsvorgänge* unterfallen im Aufsichtsrat nur insoweit der Verschwiegenheitspflicht, als dies für die Funktionsfähigkeit des Aufsichtsrates erforderlich ist. Zur Sicherung unbefangener Beratungs- und Abstimmungsteilnahme unterliegt das Abstimmungsverhalten *anderer* Aufsichtsratsmitglieder der Schweigepflicht. Das gilt nicht für das *eigene* Abstimmungsverhalten. Dieses kann von einem Aufsichtsratsmitglied offenbart werden, schon um den Kontakt zu den gesellschaftsrechtlichen und mitbestimmungsrechtlichen Trägern des Unternehmens zu sichern, die es gewählt haben (so zutreffend *Säcker,* NJW 1986, 803, 811).

5. Beschlüsse des Aufsichtsrats und das Klagerecht der Mitglieder des Aufsichtsrats

565 Der Aufsichtsrat trifft seine Entscheidungen durch Beschluss (§ 108 Abs. 1 AktG).

Bislang waren Videokonferenz- oder Telefonkonferenzsitzungen des Aufsichtsrats nur bei einstimmigem Beschluss darüber zulässig; nunmehr sind sie gemäß § 108 Abs. 4 AktG kraft einer entsprechenden Regelung in der Satzung oder in der Geschäftsordnung auch generell zulässig.

Umstritten ist, wie zu verfahren ist, wenn ein Aufsichtsratsbeschluss fehlerhaft ist. Nichtig ist ein Aufsichtsratsbeschluss z.B. dann, wenn er in der Form seines Zustandekommens oder in seinem Inhalt gegen Gesetz oder Satzung verstößt (vgl. u.a. *BGH* ZIP 1993, 1862, 1866). Verfolgt ein Mitglied des Aufsichtsrats das Ziel, die Nichtigkeit eines Aufsichtsratsbeschlusses aussprechen zu lassen, so muss es eine Feststellungsklage gemäß § 256 ZPO gegen die Gesellschaft erheben, weil der Aufsichtsrat den Beschluss als ihr Organ gefasst hat und sie durch die von ihm getroffene Entscheidung und deren weitere Folgen berechtigt und verpflichtet werden kann (so *BGHZ* 122, 342, 344; 124, 111, 115). Das Rechtsschutzinteresse daran, die Nichtigkeit von Aufsichtsratsbeschlüssen auf dem Klagewege feststellen zu lassen, folgt aus der Organstellung der Aufsichtsratsmitglieder und der sich daraus ergebenden gemeinsamen Verantwortung für die Rechtmäßigkeit der von ihnen gefassten Beschlüsse (vgl. *BGHZ* 135, 244, 248f.).

Die mit akzeptablen Argumenten vertretene Gegenmeinung, die im Falle der Geltendmachung der Fehlerhaftigkeit von Aufsichtsratsbeschlüssen eine entsprechende Anwendung der aktienrechtlichen Vorschriften über die Anfechtbarkeit und Nichtigkeit fehlerhafter Hauptversammlungsbeschlüse befürwortet (so vor allem *Baums,* ZGR 1983, 300; *OLG Hamburg* AG 1992, 197ff.), ist vom *BGH* (*BGHZ* 122, 342ff.) verworfen worden. Eine entsprechende Anwendung der §§ 241 ff. AktG auf Aufsichtsratsbeschlüsse ist nach Ansicht des *BGH* (*BGHZ* 122, 342, 351) vor allem deshalb nicht angemessen, weil Aufsichtsratsbeschlüsse, die in verfahrensmäßiger oder inhaltlicher Beziehung gegen zwingendes Gesetzes- oder Satzungsrecht verstoßen, im Grundsatz nichtig und nicht nur anfechtbar sind.

Wenn man es über die Mitglieder des Aufsichtsrates hinaus einem großen Personenkreis ermöglicht, ohne jede zeitliche Begrenzung die Fehlerhaftigkeit von Aufsichtsratsbeschlüssen geltend zu machen, kann es zu Unzuträglichkeiten kommen. Der *BGH* (*BGHZ* 122, 342) hat deshalb im Grundsatz ein gewichtiges Interesse anerkannt, die Möglichkeit zur gerichtlichen Nachprüfbarkeit von Aufsichtsratsbeschlüssen nicht ausufern zu lassen. **566**

Nach Ansicht des *OLG Düsseldorf* (ZIP 1995, 1183, 1190) sind Beurteilungen in Bezug auf die Zweckmäßigkeit und Wirtschaftlichkeit der Unternehmensführung in Anlehnung an den in § 114 VwGO normierten Umfang der gerichtlichen Nachprüfung von verwaltungsrechtlichen Ermessensentscheidungen einer gerichtlichen Kontrolle entzogen. Nach Auffassung des *OLG Düsseldorf* steht dem Aufsichtsrat bei der Wahrnehmung seiner Aufgaben im Rahmen der Gesetzmäßigkeit seines Handelns also ein Ermessensspielraum zu; die Ausübung des pflichtgemäßen Ermessens hat sich an dem Gesellschaftsinteresse zu orientieren.

Gestritten wird darüber, ob einzelne Aufsichtsratsmitglieder oder die Gruppe der Arbeitnehmervertreter im Aufsichtsrat gegen die Gesellschaft und gegen den Vorstand auf Unterlassung rechtswidriger Geschäftsführungsmaßnahmen klagen können. Dabei geht es um mehrere Problemkreise, u. a. um folgende: **567**

- Können dem Gesamtaufsichtsrat als Unternehmensorgan derartige Unterlassungsansprüche zustehen? Dabei ist zu berücksichtigen, dass einzelne Aufsichtsratsmitglieder schwerlich weitergehende Rechte beanspruchen können als das Organ, dem sie angehören.
- Damit steht das Verhältnis zwischen den einzelnen Mitgliedern und dem von der Mehrheitsentscheidung geprägten Gesamtorgan zur Debatte (vgl. dazu *Th. Raiser,* AG 1989, 185 ff. mit Nachw.).

Der *BGH* (*BGHZ* 106, 54) verneint ein Klagerecht eines einzelnen Aufsichtsratsmitglieds; als „Eigenrecht" ergebe sich eine solche Klagebefugnis weder aus dem Aktiengesetz noch aus dem Mitbestimmungsgesetz (§ 25). Der *BGH* (*BGHZ* 106, 54, 62) geht davon aus, dass dem einzelnen Mitglied als Eigenrecht das Recht auf Berichterstattung durch den Vorstand (§ 90 Abs. 3 S. 2 AktG) und auf Kenntnisnahme des erstatteten Berichts zusteht; damit werde das einzelne Aufsichtsratsmitglied in die Lage versetzt, die seiner Ansicht nach für die Erfüllung der ihm obliegenden Überwachungspflicht i. S. des § 111 Abs. 1 AktG erforderlichen Informationen zu erlangen. Der *BGH* (*BGHZ* 106, 54, 62) will aus der Tatsache, dass das Gesetz neben dem Aufsichtsrat auch dem einzelnen Mitglied ein Recht auf Berichterstattung gegen den Vorstand einräumt, *keine* dem einzelnen Mitglied zustehende Klagebefugnis herleiten, da das Überwachungs- **568** recht i. S. des § 111 Abs. 1 AktG, um dessen Schutz es bei Eingriffen in die Informationsrechte nach § 90 AktG geht, dem Aufsichtsrat als Kollegialorgan zustehe; weil der Gesamtaufsichtsrat Träger des Überwachungsrechts sei, könne auch nur er sich auf ein Abwehrrecht gegen Maßnahmen des Vorstandes berufen. Die Frage, ob ein einzelnes Aufsichtsratsmitglied Rechte des Gesamtaufsichtsrats gegenüber dem Vorstand mit Hilfe der Regeln der actio pro socio geltend machen kann, hat der *BGH* (*BGHZ* 106, 54, 66) offengelassen. Allerdings hat er einschränkend darauf hingewiesen, dass die Rechtsfigur der actio pro socio nicht dazu dienen dürfe, „Konflikte, die zwischen Mehrheit und Minderheit im Aufsichtsrat auftreten, über den Umweg einer gerichtlichen Inanspruchnahme des Vorstandes auszutragen".

6. Das Unternehmensinteresse als Verhaltensmaxime für Vorstand und Aufsichtsrat

569 Nachdem der *BGH* (*BGHZ* 64, 325, 329 ff.) das „Interesse des Unternehmens" als einen Maßstab für die Wahrnehmung von Sorgfaltspflichten anerkannt hat, ist das *Unternehmensinteresse* als Verhaltensmaxime sowohl für den Vorstand wie auch für den Aufsichtsrat eingehend diskutiert worden. Nach einer inzwischen weit verbreiteten Auffassung sollen Vorstand und Aufsichtsrat einer Aktiengesellschaft dem Unternehmensinteresse verpflichtet sein (vgl. *Mertens,* ZGR 1977, 270, 275 ff.; *Raisch,* FS Hefermehl, S. 347; *Th. Raiser,* FS Reimer Schmidt, S. 101 ff.; *H. P. Westermann,* ZGR 1977, 219, 222 ff.).

570 Darüber, was unter der Wahrnehmung des Unternehmensinteresses im Einzelnen zu verstehen ist, besteht allerdings keine Einigkeit. Übereinstimmung besteht im Wesentlichen insoweit, dass die Wahrnehmung des Unternehmensinteresses jedenfalls die Verpflichtung zur Erhaltung und Förderung des Unternehmens, nicht zuletzt durch die Kapitalerhaltung als Minimum des Rentabilitätszieles bedeutet (vgl. auch *M. Dreher,* ZHR 158 [1994], 614, 623). Darüber hinaus betonen viele Autoren, wenn auch mit unterschiedlicher Gewichtung, dass das Gemeinwohl bzw. die Interessen der Allgemeinheit – manche reden von „öffentlichem Interesse" – zu beachten sind, wenn es um die Wahrnehmung des Unternehmensinteresses geht.

571 Das Unternehmensinteresse ist bisher in keinem Gesetz ausdrücklich geregelt. Noch nicht einmal Anhaltspunkte dafür, was unter dem Unternehmensinteresse zu verstehen ist, können der gesetzlichen Regelung des Gesellschaftsrechts entnommen werden. Dem steht die teilweise recht weit gefasste Interpretation dieses Begriffes in der Literatur gegenüber. Die Hauptschwierig-

keit dürfte, folgt man manchen Autoren, darin bestehen, die Erhaltung und Förderung des Unternehmens einerseits und die Wahrnehmung des Gemeinwohls bzw. des öffentlichen Interesses andererseits in Einklang zu bringen. Da das Unternehmensinteresse nicht ohne weiteres mit dem Interesse der Aktionäre, aber auch nicht mit dem Arbeitnehmerinteresse gleichzusetzen ist (vgl. dazu *Flume,* ZGR 1978, 678, 689), sind eine Reihe von Fällen denkbar, in denen ein Widerspruch der Interessen der Anteilseigner einerseits und der Arbeitnehmer andererseits entstehen kann.

Beispiel: Ein Großunternehmen gerät in wirtschaftliche Schwierigkeiten. Die Verluste der Letzten beiden Jahre betragen 350 bzw. 450 Millionen €. Bei der gegenwärtigen Konjunkturlage gilt es als sicher, dass die Verluste in den nächsten Jahren eher steigen als geringer werden. Ein ausländisches Unternehmen beabsichtigt, das notleidende Unternehmen mit dem Ziel zu erwerben, einen Teil der Produktion, die zur eigenen in Konkurrenz steht, stillzulegen, was einen Verlust von ca. 10000 Arbeitsplätzen bedeuten würde. Geht man einmal davon aus, dass der Erwerb durch das ausländische Unternehmen für die Anteilseigner die optimale Lösung darstellen würde, tritt der Konflikt mit den Interessen der Arbeitnehmer deutlich zutage.

572 Für eine stärkere Berücksichtigung des Interesses der Allgemeinheit, etwa in Gestalt von kurzfristiger Erhaltung von Arbeitsplätzen auf Kosten des Kapitalerhaltungsinteresses der Anteilseigner, findet sich – auch wenn man dies als wünschenswertes rechtspolitisches Ziel ansehen mag – im Gesellschaftsrecht keine Stütze.

573 Dem Aufsichtsrat wird im Hinblick auf die Beurteilungen in Bezug auf die Zweckmäßigkeit und Wirtschaftlichkeit der Unternehmensführung ein Ermessensspielraum eingeräumt, der gerichtlich nicht nachprüfbar ist (vgl. *OLG Düsseldorf* ZIP 1995, 1183, 1190). Bei der Ausübung des pflichtgemäßen Ermessens hat sich der Aufsichtsrat am Unternehmensinteresse zu orientieren (vgl. *M. Dreher,* ZHR 158 [1994], 614, 644).

IV. Die Hauptversammlung

1. Aufgaben der Hauptversammlung

574 Im aktienrechtlichen Kompetenzgefüge ist die Hauptversammlung das Organ, in dem die Aktionäre ihre Rechte ausüben. Sie ist Organ der Aktiengesellschaft mit der Aufgabe interner Willens-

bildung im gesetzlich vorgeschriebenen Zuständigkeitsbereich (vgl. *Hüffer,* AktG, § 118 Rn. 2).

Da es bei der Aktiengesellschaft *keine* hierarchische Organverfassung gibt, ist die Hauptversammlung nicht das oberste Organ. Für die Aktiengesellschaft typisch ist vielmehr die Machtbalance zwischen Vorstand, Aufsichtsrat und Hauptversammlung (vgl. *Hüffer,* AktG, § 118 Rn. 4).

575 Die Aktionäre üben ihre Rechte in den Angelegenheiten der Gesellschaft überwiegend in der Hauptversammlung, der Versammlung aller Aktionäre der Gesellschaft, aus. Wenn inzwischen auch einige Möglichkeiten der modernen Informationstechniken für die Vorbereitung und Durchführung der Hauptversammlung genutzt werden können – Beispiele sind: Mitteilungen an die Aktionäre per e-mail und die elektronische Bevollmächtigung von Stimmrechtsvertretern –, so ist doch festzuhalten, dass eine **virtuelle Hauptversammlung** nach geltendem Recht **nicht zulässig** ist. Die Hauptversammlung der AG ist – jedenfalls bis zu einer entsprechenden möglichen Gesetzesänderung – die körperliche Zusammenkunft der Aktionäre im Sinne einer Präsenzversammlung. Die elektronische Stimmabgabe durch nicht in der Versammlung anwesende Aktionäre ist deshalb – noch – nicht möglich (vgl. zu alledem *M. Habersack,* ZHR 165 [2001], 172ff.; *B. Riegger,* ZHR 165 [2001], 204, 216ff.; *D. Zetsche,* ZIP 2001, 682ff.).

575a Der Gesetzgeber hat dem technischen Fortschritt Rechnung getragen. Gemäß § 118 Abs. 3 AktG (eingefügt durch das TransPuG v. 19. Juli 2002) kann die Satzung oder die Geschäftsordnung der Hauptversammlung nach § 129 Abs. 1 AktG bestimmen, dass die Hauptversammlung in Ton und Bild übertragen werden darf. Dazu zählen Übertragungen durch das Fernsehen, den Rundfunk und das Internet. Auch die Einladung muss nicht mehr mit Informationen „übersandt", sondern nur noch den Aktionären zugänglich gemacht werden, §§ 121, 125 AktG (siehe dazu auch *K. Schmidt,* Gesellschaftsrecht, § 28 IV 2).

Um die Kommunikation zwischen den Aktionären und auch Aktionärsvereinigungen zu verbessern und zu erleichtern sieht der durch das UMAG eingeführte § 127a AktG ein sog. Aktionärsforum vor, welches im elektronischen Bundesanzeiger zu schaffen ist. In diesem Forum können Aktionäre andere Aktionäre aufrufen, einen Antrag oder ein Verlangen nach dem Aktiengesetz zu stellen oder das Stimmrecht in der Hauptversammlung in einer bestimmten Weise auszuüben.

Die Entscheidungsrechte der Hauptversammlung ergeben sich aus § 119 AktG. Die Hauptversammlung entscheidet durch Beschluss u. a. über:

– die Bestellung der Aktionärsvertreter im Aufsichtsrat,
– die Bestellung des Abschlussprüfers,
– die Verwendung des Bilanzgewinns,
– die Satzungsänderungen,
– Maßnahmen der Kapitalbeschaffung und der Kapitalherabsetzung,
– die Entlastung der Mitglieder des Vorstandes und des Aufsichtsrates.

Diese sog. ordentliche Zuständigkeit der Hauptversammlung 576
ist in ihrem wesentlichen Umfang in § 119 Abs. 1 AktG zusammengefasst. Darüber hinaus ergibt sie sich im Detail noch aus einer Reihe von Einzelvorschriften, die in § 119 Abs. 1 AktG nicht vollständig angesprochen sind, wie z.B. aus § 293 AktG.

Die Hauptversammlung kann die ihr auf Grund der ordentlichen Zuständigkeit gegebenen Kompetenzen autonom ausüben. Vorstand und Aufsichtsrat sind an konkrete Einzelentscheidungsbeschlüsse gebunden. Der Vorstand ist gem. § 83 Abs. 2 AktG zudem „verpflichtet, die von der Hauptversammlung im Rahmen ihrer Zuständigkeit beschlossenen Maßnahmen auszuführen". Insoweit kann man von einem an den Vorstand gerichteten Weisungsrecht der Hauptversammlung sprechen (vgl. *Martens,* ZHR 147 [1983], 377, 385).

Die Hauptversammlung kann unter den in § 103 AktG genannten Voraussetzungen die von ihr gewählten Aufsichtsratsmitglieder abberufen.

Die Hauptversammlung beschließt jährlich über die Entlastung 577
der Mitglieder des Vorstandes und des Aufsichtsrats (§ 120 AktG). Mit der Entlastung billigt die Hauptversammlung die Verwaltung der Gesellschaft durch Vorstand und Aufsichtsrat. Ein Verzicht auf Schadensersatzansprüche ist mit der Entlastung nicht verbunden (§ 120 Abs. 2 AktG). Die Verweigerung der Entlastung hat keine unmittelbaren rechtlichen Folgen für die Betroffenen; sie stellt aber einen Vertrauensentzug durch die Hauptversammlung dar, der ein wichtiger Grund für den Widerruf der Bestellung gemäß § 84 Abs. 3 AktG sein kann (vgl. *Hüffer*, AktG, § 120 Rn. 16).

Von der ordentlichen Zuständigkeit der Hauptversammlung 578
zu unterscheiden ist grundsätzlich die durch den Vorstand initiierte Zuständigkeit über Fragen der Geschäftsführung i.S. des

§ 119 Abs. 2 AktG. Der *BGH* (*BGHZ* 83, 122) vertritt die Ansicht, bei schwerwiegenden Eingriffen in die Rechte und Interessen der Aktionäre könne der Vorstand ausnahmsweise nicht nur berechtigt, sondern auch verpflichtet sein, gem. § 119 Abs. 2 AktG eine Entscheidung der Hauptversammlung herbeizuführen. Der *BGH* (*BGHZ* 83, 122, 131) geht in dieser Entscheidung davon aus, dass es grundlegende Entscheidungen gibt, die durch die Außenvertretungsmacht des Vorstandes formal noch gedeckt sind, die aber gleichwohl so tief in die Mitgliedschaftsrechte der Aktionäre und deren im Anteilseigentum verkörpertes Vermögensinteresse eingreifen, dass der Vorstand vernünftigerweise nicht annehmen kann, er dürfe sie in ausschließlich eigener Verantwortung treffen, ohne die Hauptversammlung zu beteiligen. In solchen Fällen verletzt der Vorstand nach Ansicht des *BGH* seine Sorgfaltspflicht, wenn er von der Möglichkeit des § 119 Abs. 2 AktG keinen Gebrauch macht. Es geht dabei um das Problem der „ungeschriebenen Hauptversammlungszuständigkeiten". Im konkreten Fall hat der *BGH* die Ausgliederung eines Betriebes, der den wertvollsten Teil des Gesellschaftsvermögens bildete, auf eine dazu gegründete Tochtergesellschaft als einen schwerwiegenden Eingriff in die Rechte und Interessen der Aktionäre angesehen.

579 Die Anerkennung einer solchen, nur das Innenverhältnis zwischen Vorstand und Gesellschaft betreffenden ungeschriebenen Hauptversammlungszuständigkeit wird heute im Schrifttum weitgehend gebilligt (vgl. *Habersack,* in: Emmerich/Habersack, Aktien- und GmbH-Konzernrecht 4. Aufl. 2005, vor 311 AktG Rn. 33 mit Nachw. in Fn. 143). Umstritten ist der Anwendungsbereich dieser Grundsätze im einzelnen. Der *BGH* (*BGHZ* 159, 30ff.) hat in jüngerer Zeit klar gestellt, dass ungeschriebene Mitwirkungsbefugnisse der Hauptversammlung bei Maßnahmen, die das Gesetz dem Vorstand als Leitungsaufgabe zuweist, nur ausnahmsweise und in engen Grenzen anzuerkennen sind. Damit soll der Schutz der Anteilseigner vor einer durch grundlegende Entscheidungen des Vorstandes eintretenden nachhaltigen Schwächung des Wertes ihrer Beteiligung gewährleistet werden; den berechtigten Belangen der Aktionäre werde damit präventiv Rechnung getragen (*BGHZ* 159, 30, 40f.).

Zur dogmatischen Begründung meint der *BGH* (*BGHZ* 159, 30, 42f.), die Grundlagen für ein ungeschriebenes Mitwirkungsrecht der Aktionäre bei Geschäftsführungsmaßnahmen der Gesellschaft seien weder aus § 119 Abs. 2 AktG noch aus einer Gesetzesanalogie herzuleiten; vielmehr seien die zutreffenden

Elemente beider Ansätze, nämlich die bloß das Innenverhältnis betreffende Wirkung einerseits und die Orientierung der in Betracht kommenden Fallgestaltungen an den gesetzlich festgelegten Mitwirkungsbefugnissen andererseits, aufzunehmen. Letztlich handele es sich bei dieser besonderen Zuständigkeit der Hauptversammlung um das Ergebnis einer offenen Rechtsfortbildung.

Die Einberufung der Hauptversammlung erfolgt nach Maßgabe der §§ 121 ff. AktG. Dabei können wichtige Mitteilungen an die Aktionäre nun auch in anderer als schriftlicher Form, insbesondere per e-mail gemacht werden, falls der Aktionär damit einverstanden ist (§ 125 Abs. 2 AktG).

2. Hauptversammlungsbeschlüsse und die Ausübung des Stimmrechts in der Hauptversammlung

a) Beschlüsse der Hauptversammlung

Entscheidungen der Hauptversammlung erfolgen durch Be- **580**
schlüsse. Dabei ist die einfache Stimmenmehrheit (die Mehrheit der abgegebenen Stimmen) ausschlaggebend (§ 133 AktG).

Gemäß § 133 Abs. 1 AktG kann die Satzung für Beschlüsse der Hauptversammlung eine größere als die gesetzlich vorgeschriebene einfache Stimmenmehrheit oder andere Erfordernisse vorschreiben. Für Wahlen erweitert § 133 Abs. 2 AktG diese Möglichkeit einer Abweichung dahin, dass auch erleichternde Stimmregelungen erlaubt sind. Auch Erschwerungen der gesetzlichen Voraussetzungen etwa durch das Erfordernis einer qualifizierten Mehrheit sind möglich. Dem Verlangen einer erhöhten Mehrheit in der Satzung können dann Bedenken entgegenstehen, wenn dadurch der Gesellschaft die Erfüllung im öffentlichen Interesse gelegener Pflichten unmöglich gemacht werden könnte (so *BGHZ* 76, 191, 193). Jeder Beschluss bedarf zu seiner Wirksamkeit der notariellen Beurkundung (§ 130 AktG).

b) Das Stimmrecht des Aktionärs und seine Ausübung

Jedem Aktionär steht in der Hauptversammlung das Stimm- **581**
recht zu (§ 12 AktG). Dabei bemisst sich das Stimmrecht nach den Nennbeträgen der Aktien oder bei Stückaktien nach deren Zahl (§ 134 Abs. 1 Satz 1 AktG). Grundsätzlich ist damit im Aktienrecht die Rechtsstellung der Gesellschafter nach ihrer Kapitalbeteiligung bestimmt. Daran hat sich auch eine Gleichbehandlung

der Aktionäre im Allgemeinen zu orientieren (so *BGHZ* 70, 117, 121; *Immenga*, BB 1975, 1042 ff.).

Gemäß § 134 Abs. 3 AktG kann das Stimmrecht durch einen Bevollmächtigten ausgeübt werden. Es steht dem Aktionär frei, sich durch eine beliebige Person vertreten zu lassen. Eine Abweichung davon hat das Gesetz nicht zugelassen. Deshalb wird auch eine ergänzende Satzungsbestimmung, die vorsieht, dass der Kreis der Bevollmächtigten auf die Aktionäre beschränkt sein soll, nicht für zulässig erachtet (so *OLG Stuttgart* AG 1991, 69).

Der Aktionär kann auch einen von der Gesellschaft benannten Stimmrechtsvertreter bevollmächtigen (§ 134 Abs. 3 S. 3 AktG). Damit ist erstmals ohne Beschränkung auf Spezialsachverhalte gesetzlich geregelt, dass Aktionärsstimmen auch von Vertretern aus dem Hause (der AG) wahrgenommen werden dürfen (vgl. zu den Einzelheiten *U. Noack*, ZIP 2001, 57, 61 ff.).

Die Erteilung der Stimmrechtsvollmacht an Kreditinstitute und Aktionärsvereinigungen ist künftig an keine gesetzliche Form gebunden. Das bedeutet: Auch ohne Legitimation durch die Satzung ist die elektronische (formlose) Vollmachterteilung möglich. Die elektronische Vollmacht für Gesellschaftsangehörige, die als Stimmrechtsvertreter fungieren, bedarf hingegen einer Satzungserlaubnis.

c) Das Depotstimmrecht

582 Dass die Aktionäre ihr Stimmrecht in der Hauptversammlung auch persönlich ausüben, ist bei den großen Aktiengesellschaften – oft Publikumsgesellschaften mit sechsstelligen Zahlen von Aktionären – nicht der Regelfall. Die ursprüngliche Konzeption des Aktiengesetzes, die davon ausging, dass die Aktionäre ihre Interessen durch die Hauptversammlung unmittelbar wahrnehmen, ist nur noch bei kleineren Aktiengesellschaften mit einer überschaubaren Zahl von Aktionären zu verwirklichen. Bei den großen Aktiengesellschaften lassen sich die Aktionäre in der Hauptversammlung meist vertreten, so dass aus der Hauptversammlung, die als die Aktionärsversammlung konzipiert war, immer mehr eine „Aktionärsvertreterversammlung" geworden ist.

583 Diese Hauptversammlungen werden entscheidend von den auf Grund ihres Depotstimmrechts als Aktionärsvertreter auftretenden Banken bestimmt. Die starke Stellung der Banken beruht darauf, dass die meisten Kleinaktionäre ihre Aktien bei einer Bank deponiert haben, durch die sie sich in der Regel in der Hauptversammlung vertreten und durch die sie ihr Stimmrecht ausüben

lassen (zum Depotstimmrecht der Banken vgl. § 135 AktG). Die Neufassung des § 128 AktG soll garantieren, dass die Kreditinstitute sich stärker als bisher vom Interesse des Aktionärs leiten lassen. Neuerdings müssen die Kreditinstitute und Gesellschaften die Aktionäre auf alternative Möglichkeiten der Stimmrechtsausübung, z.B. durch Bevollmächtigung einer Aktionärsvereinigung hinweisen (§ 125 Abs. 1 AktG).

Bei Inhaberaktien dürfen die Banken das Stimmrecht nur im 584
Namen, grundsätzlich unter Benennung des Aktionärs ausüben, wenn der Aktionär schriftlich eine entsprechende Vollmacht erteilt hat. Wesentlich ist, dass mit der Vollmachterteilung keine anderen Erklärungen verbunden werden dürfen. Die Vollmachterteilung kann deshalb nicht Gegenstand Allgemeiner Geschäftsbedingungen sein. Die Vollmacht ist jederzeit widerruflich.

Die Aktienrechtsreform 1998 ordnet eine Beschränkung in der Ausübung des sog. Depotstimmrechts an. Gemäß § 135 Abs. 1 und 2 AktG dürfen Kreditinstitute Stimmrechte aus Vollmachtsstimmrechten in einer Hauptversammlung nicht ausüben, wenn sie in dieser Hauptversammlung zugleich Stimmen aus einer Eigenbeteiligung von mehr als 5% ausüben. Zulässig sind allerdings weiterhin Einzelweisungen der Aktionäre.

Bei aller Kritik am Depotstimmrecht der Banken sollte nicht übersehen werden, dass ohne eine Vertretung der Aktionäre durch die Banken Vorstand und Aufsichtsrat von Publikumsgesellschaften noch weniger, als dies ohnehin der Fall ist, von den zahlreichen und damit einflusslosen Kleinaktionären abhängig und kontrolliert wären.

d) Stimmbindungsverträge

Auch Aktionäre können Stimmbindungsverträge (vgl. dazu 585
oben Rn. 429 u. 437) schließen. Es handelt sich dabei um Vereinbarungen, die Aktionäre untereinander oder mit Dritten treffen, die Stimme allgemein oder in Einzelfragen in bestimmter Weise abzugeben. Stimmbindungsverträge dieser Art haben allerdings nur schuldrechtliche, nicht aber organisationsrechtliche Wirkung. Das hat u.a. zur Folge, dass die unter Verletzung des Stimmbindungsvertrages abgegebene Stimme des Aktionärs gültig ist. Werden für die Verpflichtung, die Stimmen nur in bestimmter Weise abzugeben, besondere Vorteile gewährt oder versprochen, so handelt es sich um einen Stimmrechtskauf, der als Ordnungswidrigkeit zu ahnden ist (§ 405 Abs. 3 Nr. 5 AktG).

Aktionäre können *Stimmrechtskonsortien* bilden, indem sie sich gegenseitig zur gemeinsamen Ausübung ihres Stimmrechts in der Aktiengesellschaft zusammenschließen. Solche Zusammenschlüsse in der Rechtsform der Gesellschaft bürgerlichen Rechts (vgl. oben Rn. 38) sind grundsätzlich zulässig (vgl. *Jan Schröder*, ZGR 1978, 578f. mit Nachweisen). Aktionäre bilden solche Konsortien z.B. mit dem Ziel, ihrem Unternehmen den Charakter einer Familiengesellschaft zu erhalten und fremde Einflüsse abzuwehren.

3. Das Auskunftsrecht des Aktionärs

586 **Fall:** Bolte ist Aktionär der Westdeutschen Brauhaus-AG. Er hält 400 Aktien zu einem Nennwert von je 5,– €. Das Grundkapital der Westdeutschen Brauhaus-AG beträgt 1 Million Euro. Auf der Hauptversammlung der Westdeutschen Brauhaus-AG werden nach der Tagesordnung u.a. folgende Tagesordnungspunkte erörtert:

a) Errichtung eines Zweigwerkes in Bayern.
b) Künftige Produktion alkoholfreier Getränke.
c) Gewinnverwendungsbeschluss; den Aktionären soll eine geringere Dividende als im Vorjahr gewährt werden.

Bolte verlangt in der Hauptversammlung Auskunft über folgende Fragen:

(1) Welche Chancen sieht der Vorstand, mit einem Zweigwerk in Bayern angesichts der starken dort ansässigen Brauwirtschaft erfolgreich zu arbeiten?
(2) Wie sollen die Mittel für das Zweigwerk aufgebracht werden? Inwiefern sollen Teile des Jahresgewinnes auch für das Zweigwerk verwendet werden?
(3) Warum sollen künftig auch alkoholfreie Getränke produziert werden, zumal der Umsatz des letzten Geschäftsjahres einen Anstieg im Absatz der bisher ausschließlich produzierten alkoholischen Getränke ausweist?
(4) Warum soll angesichts der günstigen Umsatzentwicklung die Dividende herabgesetzt werden? Bolte verbindet mit dieser Frage die Drohung, einen Hauptversammlungsbeschluss über die Zahlung einer niedrigeren Dividende anzufechten.

In der Hauptversammlung erklärt der Vorstand zu Frage 1, dass bezüglich der Zweigwerkerrichtung in Bayern ein umfangreiches Papier vorliege, das allen Aktionären zur Vorbereitung dieses Tagesordnungspunktes in der Hauptversammlung zugesandt worden sei. Aus diesem Grunde könne Bolte keine weiteren Auskünfte zu dieser Frage verlangen. Zu Frage 2 meint der Vorstand, über die aufzubringenden Mittel könne ebenfalls keine Auskunft verlangt werden. Zu Frage 3 ist der Vorstand der Ansicht, dass die von ihm darüber eingeholten komplizierten Marktanalysen, die zu dem Entschluss geführt hätten, künftig auch alkoholfreie Getränke zu produzieren, ohnehin das Verständnis eines wirtschaftlich nicht genauestens informierten Aktionärs überstiegen. Frage 4 braucht nach Auffassung des Vorstandes nicht beantwortet zu werden, weil

Bolte mit einer Beschlussanfechtung drohe. Er brauche die Auskunft also nicht zur sachgemäßen Beurteilung der Tagesordnung, sondern nur zur Vorbereitung seiner Anfechtung. Sind die Antworten des Vorstandes zutreffend?

a) Umfang und Ausübung des Auskunftsrechts

Ein wesentliches Recht des Aktionärs ist es, dass er in der Haupt- 587
versammlung vom Vorstand Auskunft über alle Angelegenheiten der Gesellschaft verlangen kann, sofern solche Auskünfte zur sachgemäßen Beurteilung der Gegenstände der Tagesordnung erforderlich sind (§ 131 AktG).

Mit dem Auskunftsrecht soll dem Aktionär die Möglichkeit eröffnet werden, sich die Informationen und Einblicke in die Angelegenheiten der Gesellschaft zu verschaffen, die erforderlich sind, um sich zu den Gegenständen der Tagesordnung für die Hauptversammlung eine Meinung bilden und für die Teilnahme an der Beschlussfassung eine sachgerechte Entscheidung fällen zu können.

Das Merkmal der Erforderlichkeit der Auskunft zur sachgemäßen Beurteilung eines Gegenstandes der Tagesordnung der Hauptversammlung soll dazu dienen, Mißbräuche des Auskunftsrechts zu verhindern und einen ordnungsgemäßen Ablauf der Hauptversammlung zu gewährleisten; die Hauptversammlung soll nicht durch Fragen gestört werden, die zwar mit dem Gegenstand der Verhandlung im Zusammenhang stehen, deren Beantwortung jedoch nicht notwendig ist, um ihn sachgemäß zu beurteilen. Diese gesetzliche Regelung will den Auskunftsanspruch des Aktionärs deshalb auf dasjenige Maß beschränken, das ein objektiv urteilender Aktionär zur Meinungsbildung über die Gegenstände der Tagesordnung tatsächlich benötigt (vgl. *OLG Zweibrücken* WM 1990, 185 f.).

Ein Missbrauch des Fragerechts, der durch das Merkmal der Erforderlichkeit verhindert werden soll, liegt dann vor, wenn die Verfolgung sachfremder Ziele derart überwiegt, dass bei der Abwägung nach Treu und Glauben das Verhalten des Aktionärs nicht gebilligt werden kann (so *OLG Karlsruhe* AG 1990, 82).

Der Aktionär kann sein Auskunftsrecht, wenn ihm die verlang- 588
te Auskunft nicht gegeben worden ist, gerichtlich durchsetzen (§ 132 AktG). Auf Antrag des Aktionärs (§ 132 Abs. 2 AktG) entscheidet das Landgericht, in dessen Bezirk die AG ihren Sitz hat, darüber, ob der Vorstand die geforderte Auskunft zu geben hat (§ 132 Abs. 1 AktG).

Das Auskunftsrecht des Aktionärs in der Hauptversammlung ist nicht auf einfache und leicht zu beschaffende Auskünfte beschränkt. Es erfasst auch solche Gegenstände, auf die der Vorstand bei angemessener Vorbereitung und unter Beiziehung bereitzuhaltender Unterlagen und sachkundiger Mitarbeiter ohne wesentliche Verzögerung der Hauptversammlung eingehen kann (so *OLG Düsseldorf* WM 1991, 2148). Der die Auskunft begehrende Aktionär muss sich grundsätzlich *nicht* auf eine schriftliche Beantwortung seiner Fragen verweisen lassen (vgl. *OLG Düsseldorf* WM 1991, 2148).

589 Da das Auskunftsrecht an die Gegenstände der Tagesordnung gebunden ist, kommt der Frage, wer die Tagesordnung bestimmt, besondere Bedeutung zu. Die Bekanntmachung der Tagesordnung ist mit der Einberufung der Hauptversammlung zwingend verbunden (§ 124 AktG). Die Einberufung der Hauptversammlung mit der Festlegung der Tagesordnung geschieht durch den Vorstand (§ 121 AktG). Nach § 111 Abs. 3 AktG hat auch der Aufsichtsrat eine Hauptversammlung einzuberufen, wenn das Wohl der Gesellschaft dies erfordert. Gemäß § 122 Abs. 2 AktG kann jedoch auch eine Minderheit von Aktionären – sie müssen zusammen Anteile von $^1/_{20}$ des Grundkapitals halten oder den Nennbetrag von 500 000 erreichen – weitere Gegenstände zur Beschlussfassung der Hauptversammlung bekannt geben und damit zu Tagesordnungspunkten machen lassen. Will eine Minderheit von Aktionären zu Angelegenheiten der Gesellschaft Auskunft gemäß § 131 AktG verlangen, die der Vorstand nicht auf die Tagesordnung hat setzen lassen – vielleicht gerade deshalb nicht, um den Aktionären nicht Auskunft geben zu müssen –, so muss sie zunächst von ihrem Recht gemäß § 122 Abs. 2 AktG Gebrauch machen und eine entsprechende Erweiterung der Tagesordnung verlangen.

Der Aktionär kann sein Auskunfts- und Rederecht – noch – nicht online ausüben. Er kann es aber durch die in der Präsenzversammlung agierenden Bevollmächtigten ausüben lassen. Aus § 131 Abs. 4 S. 1 AktG ist wohl zu entnehmen, dass der Vorstand den online zugeschalteten Aktionären auch unmittelbar Auskünfte erteilen darf (vgl. *M. Habersack*, ZHR 165 [2001], 172, 183).

590 Lösung des **Falles** Zu Frage (1) ist die Auffassung des Vorstandes zutreffend, wenn auf Grund des vorgelegten Papiers der Inhalt der zu dieser Frage möglichen Auskünfte bereits allen Aktionären bekannt ist. Insofern ist eine weitere Auskunft hier zur sachgemäßen Beurteilung des Tagesordnungspunktes nicht mehr erforderlich. Frage (2) muss beantwortet werden, weil die Beschaffung von Mitteln für ein Zweigwerk eine Angelegenheit der Gesellschaft (§ 131 Abs. 1 Satz 1 AktG) und zur sachgemäßen Beurteilung des Gewinnverteilungsbeschlusses als Tagesordnungspunkt erforderlich ist. Frage (3) muss gleichfalls beantwortet werden. Es handelt sich auch hier um eine Angelegenheit der Gesellschaft. Dabei kommt es nicht darauf an, was der Vorstand für erforderlich hält und ob der einzelne Aktionär in der Lage ist, die Erforderlichkeit zu beurteilen. Entscheidend ist hier der Standpunkt des vernünftigen durchschnittlichen Aktionärs. Dies bedeutet, dass über Produktionsveränderungen und ihre Gründe Auskunft erteilt werden muss. Auch Frage (4) muss beantwortet werden. Der Aktionär muss sich ein Bild über die Gründe machen können, die für die Gesellschaft zum Entschluss einer Dividendenherabsetzung führen. Die Frage wird auch nicht dadurch unsachgemäß, dass der fragende Aktionär mit einer Anfechtung droht.

b) Die Verweigerung der Auskunft

Der Vorstand darf nur unter den im Gesetz genannten Voraus- 591
setzungen die Auskunft verweigern (§ 131 Abs. 3 AktG). Der Vorstand kann von dieser Möglichkeit z.B. dann Gebrauch machen, wenn die Erteilung der Auskunft nach vernünftiger kaufmännischer Beurteilung geeignet ist, der Gesellschaft einen nicht unerheblichen Schaden zuzufügen. Beurteilungsmaßstab dafür ist schon die bloße *Eignung* der Auskunft zur Nachteilszufügung; diese muss jedoch, bezogen auf den Einzelfall, mit an Sicherheit grenzender Wahrscheinlichkeit vorhanden sein und darf nicht nur als mehr oder weniger entfernte Möglichkeit in Betracht kommen. Dieser Maßstab ist objektiv und unterliegt der gerichtlichen Nachprüfung (so *OLG Karlsruhe* AG 1990, 82 mit Nachw.). Die Frage, ob der Vorstand verpflichtet ist, seine die Auskunftserteilung ablehnende Entscheidung in der Hauptversammlung zu begründen, ist umstritten (bejahend *BGHZ* 32, 159, 168; zurückhaltend später *BGHZ* 101, 1, 8f. mit Literaturhinweisen).

Der Vorstand darf die Auskunft u.a. auch dann verweigern, wenn die Auskunft auf der Internetseite der Gesellschaft über mindestens sieben Tage vor Beginn und in der Hauptversammlung selbst ohne Unterbrechung zugänglich gemacht wurde. Auf diese Weise soll die Hauptversammlung von typischen Standardfragen und dem Vortrag von Statistiken etc. entlastet werden.

Der Vorstand kann sich gegenüber einem entsprechenden Aus- 592
kunftsbegehren eines Aktionärs nicht ohne weiteres darauf berufen, die Auskunft sei ihm unmöglich, weil die Frage das präsente Wissen des Vorstandes übersteige. Andererseits ist allerdings auch der Aktionär gehalten, dem Vorstand im Hinblick auf solche Fragen, deren sachgemäße Beantwortung gründlich vorbereitet werden muss, so rechtzeitig vor der Hauptversammlung Kenntnis zu

geben, dass eine ausreichende Vorbereitungszeit vorhanden ist (vgl. *BGHZ* 32, 159, 165 f.).

Der Vorstand darf gem. § 131 Abs. 4 AktG Auskünfte nicht nach § 131 Abs. 3 S. 1 Nr. 1 bis 4 AktG verweigern, wenn er sie bereits einem anderen Aktionär „wegen seiner Eigenschaft als Aktionär" außerhalb der Hauptversammlung gegeben hat. Das trifft allerdings nicht auf solche Informationen zu, die jemandem in seiner Eigenschaft als Aufsichtsratsmitglied oder einem Aktionär auf Grund einer außerhalb des Gesellschaftsverhältnisses begründeten Beziehung zu einem Aufsichtsratsmitglied zugänglich geworden sind (so *BGHZ* 86, 1, 7). In aller Regel darf der Vorstand die Auskunft auf Fragen eines Aktionärs nicht unter Hinweis auf Nachteile für die Gesellschaft verweigern, wenn bestimmte Tatsachen objektiv den hinreichenden Verdacht schwerwiegender Pflichtverletzung der Verwaltung begründen und die Auskunft dazu geeignet sein kann, den Verdacht zu erhärten (*BGHZ* 86, 1).

c) Beschränkung der Redezeit und Wortentzug

593 Gerade bei der Ausübung des Auskunftsrechts durch die Aktionäre taucht immer wieder das Problem auf, unter welchen Voraussetzungen der Versammlungsleiter berechtigt ist, die Redezeit eines Aktionärs zu beschränken und ihm danach das Wort zu entziehen. Die Beschränkung der weiteren Redezeit eines Aktionärs, der Wortentzug und sogar die Verweisung eines Aktionärs aus dem Saal gehören zur Zuständigkeit des Leiters der Hauptversammlung. Von diesen Maßnahmen kann bzw. muss er Gebrauch machen, wenn andernfalls eine sachgemäße Durchführung der Hauptversammlung nicht möglich ist (so *BGHZ* 44, 245). Um die Hauptversammlungen effektiver zu machen, räumt § 131 Abs. 2 AktG die Möglichkeit ein, dass durch die Satzung oder die Geschäftsordnung der Gesellschaft der Versammlungsleiter ermächtigt wird, das Frage- und Rederecht des Aktionärs zeitlich angemessen zu beschränken und dazu Näheres zu bestimmen. So ist es z. B. möglich, das Frage- und Rederecht zusammenzufassen und dafür einen gemeinsamen zeitlichen Rahmen zu setzen.

Der Versammlungsleiter hat allerdings stets abzuwägen zwischen dem Recht des Aktionärs, in ausreichender Zeit sachdienliche Ausführungen zum Gegenstand der Verhandlung zu machen, und dem Gebot, die Hauptversammlung in angemessener Frist durchzuführen (vgl. *LG Frankfurt* AG 1984, 192, 194). Rede- und Fragerechtsbeschränkung können geeignete Mittel sein, um Hauptversammlungen in zumutbarer Zeit abzuwickeln. Eingriffe in das Rederecht des Aktionärs, die auf diese Art und Weise erfolgen, lassen – gleichgültig, ob sie allgemein angeordnet werden oder nur einen bestimmten Redner treffen – das aus § 131 Abs. 1 AktG erwachsende Auskunftsrecht grundsätzlich unberührt.

Beispiel (nach *OLG Frankfurt* WM 1983, 1071 f.): Ein Aktionär fordert in der Hauptversammlung der AG die Bekanntgabe der Einzelheiten jedes einzelnen Erwerbs und jeder einzelnen Veräußerung eigener Aktien der Gesellschaft. Das Auskunftsverlangen erfasst damit annähernd fünftausend Einzelvorgänge. Zur vollen Beantwortung der Fragen müssten fünfundzwanzigtausend Einzelangaben gemacht werden. Das *OLG Frankfurt* hat die geforderte Bekanntgabe der Einzelheiten als zur sachgemäßen Beurteilung des Gegenstandes der Tagesordnung erforderlich angesehen, dem Auskunftsverlangen jedoch mit folgender, nicht unproblematischer Begründung nicht stattgegeben: Der Aktionär habe durch den Umfang seiner Fragen den Ablauf der Hauptversammlung blockiert: ein Auskunftsverlangen des Aktionärs müsse sich, insbesondere was seinen Umfang anlange, im Rahmen des der Hauptversammlung Zumutbaren halten; schließlich finde das Auskunftsrecht seine Schranken dort, wo dem Vorstand die Beantwortung der Fragen nur nach umfangreichen Vorbereitungen auf Grund der Unterlagen möglich wäre. Diese Entscheidung des *OLG Frankfurt* (WM 1983, 1071) ist nicht unproblematisch, weil sie sich nicht auf ein Auskunftsverweigerungsrecht gem. § 131 Abs. 3 AktG stützt. Über die in § 131 Abs. 3 AktG genannten Gründe hinaus hätte die Verweigerung des Auskunftsverlangens allenfalls auf das Schikaneverbot des § 226 BGB gestützt werden können. Denn wie die Geltendmachung aller anderen Rechte unterliegt auch das Auskunftsrecht dem Schikaneverbot (§ 226 BGB), dem Verbot bewusster sittenwidriger Schädigung (§ 826 BGB) und auch dem Gebot von Treu und Glauben (§ 242 BGB) (vgl. *Barz,* Großkomm. AktG § 131 Anm. 12). Allerdings dürfte eine Schikane bei Geltendmachen des Auskunftsrechts nur schwer nachweisbar sein. 594

V. Die Mitbestimmung

Literatur: *Ü. Büdenbender,* Mitbestimmungsrechtlicher Besitzstand im Gesellschaftsrecht, ZIP 2000, 385 ff.; *Loritz,* Sinn und Aufgabe der Mitbestimmung heute, ZfA 1991, 1 ff.; *Lux,* Die Einleitung der Arbeitnehmerwahl nach dem Mitbestimmungsgesetz, BB 1977, 905 ff.; *Krämer,* Zur Rechtsstellung der leitenden Angestellten im Mitbestimmungsgesetz und den Wahlordnungen, NJW 1977, 2142 ff.; *Martens,* Mitbestimmungsrechtliche Bausteine in der Rechtsprechung des Bundesgerichtshofes, ZGR 1983, 237 ff.; *ders.,* Das Recht der unternehmerischen Mitbestimmung, JuS 1983, 329 ff.; *Raisch,* Mitbestimmung und Koalitionsfreiheit, 1975; *T. Raiser,* Mitbestimmung im Betrieb und im Unternehmen, FS Duden, S. 423 ff.; *Rüthers,* Tarifautonomie im Umbruch?, 1977; *Wißmann,* Das Montan-Mitbestimmungsänderungsgesetz: Neuer Schritt zur Sicherung der Montan-Mitbestimmung, NJW 1982, S. 423 ff.; *ders.,* Neues Gesetz zur Sicherung der Montanmitbestimmung, DB 1989, 426 ff.; *Zöllner/Seiter,* Paritätische Mitbestimmung und Art. 9 Abs. 3 GG, 1970.

1. Überblick

595 Die Regelung der Mitbestimmung der Arbeitnehmer durch das Mitbestimmungsgesetz vom 4. Mai 1976 wirkt sich auf die Verfassung der Aktiengesellschaft erheblich aus. Wenn der Begriff Mitbestimmung verwandt wird, ist zu unterscheiden zwischen der *betrieblichen Mitbestimmung* einerseits und der sog. *wirtschaftlichen Mitbestimmung*, der Beteiligung an unternehmerischen Entscheidungen andererseits.

2. Die betriebliche Mitbestimmung

596 Unter betrieblicher Mitbestimmung wird die an den einzelnen Betrieb und nicht die an das Unternehmen anknüpfende Mitwirkung des Betriebsrates bei Entscheidungen, die ursprünglich der Arbeitgeber auf Grund des ihm zugesprochenen Direktionsrechts und seiner Dispositionsbefugnisse allein treffen konnte, verstanden. Als Gegenstand des Arbeitsrechts ist die betriebliche Mitbestimmung im Betriebsverfassungsrecht geregelt (§§ 76ff. BetrVG). Sie betrifft im Wesentlichen soziale und personelle Angelegenheiten. Die Leitungs- und Organisationskompetenz des Unternehmers bleibt dadurch unberührt. Mit der Einführung der betrieblichen Mitbestimmung wollte man in erster Linie einen ausreichenden Schutz für Arbeitnehmer schaffen.

597–602 Die betriebliche Mitbestimmung ist nicht nur im BetrVG geregelt. Ergänzend ist das Gesetz über Sprecherausschüsse der leitenden Angestellten (SprAuG vom 20. 12. 1988, BGBl. 1988 I S. 2312ff.) hinzugetreten. Mit diesem Gesetz ist ein sog. Sprecherausschuss als ein weiteres Organ der betrieblichen Mitbestimmung für die Gruppe der leitenden Angestellten neben dem Betriebsrat geschaffen worden. Für den Bereich der Unternehmensmitbestimmung ergeben sich aus der Neufassung des BetrVG keine Konsequenzen.

2. Das Mitbestimmungsgesetz vom 4. Mai 1976

603 Das Mitbestimmungsgesetz (MBG) gilt für alle Kapitalgesellschaften mit mehr als 2000 Arbeitnehmern. Ausgenommen sind einerseits Montan-Unternehmen – hier gilt das Montanmitbestimmungsgesetz vom 21. Mai 1951 fort –, andererseits die sog. Tendenzunternehmen, d.h. solche, die politischen, konfessionellen, karitativen, erzieherischen, künstlerischen und wissenschaftlichen Bestimmungen oder Zwecken der Meinungsäußerung und

der Berichterstattung (Presse, Rundfunk, Fernsehen) dienen (§ 1 MBG).

Die Aufsichtsräte der vom Mitbestimmungsgesetz erfassten Unternehmen bestehen – je nach Beschäftigungszahl – aus je sechs (bei weniger als 10000 Arbeitnehmern), je acht (bei einer Beschäftigungszahl zwischen 10000 und 20000 Arbeitnehmern) oder je zehn (bei mehr als 20000 Arbeitnehmern) Vertretern der Anteilseigner und der Arbeitnehmer (§ 7 MBG). Die Vertreter der Anteilseigner werden von ihrem gesetzlichen Wahlorgan, der Hauptversammlung der Aktionäre oder der Gesellschafterversammlung bei der GmbH, bestellt (§ 8 MBG). Bei den Arbeitnehmervertretern im Aufsichtsrat ist zunächst zu berücksichtigen, dass ein Teil von ihnen Gewerkschaftsvertreter sind, die dem Unternehmen nicht angehören müssen. Von sechs oder acht Arbeitnehmervertretern sind zwei, von zehn drei Gewerkschaftsvertreter (§ 7 Abs. 2 MBG). Gewählt werden die Arbeitnehmervertreter in Unternehmen mit nicht mehr als 8000 Arbeitnehmern unmittelbar von der Belegschaft, in größeren Unternehmen durch Wahlmänner (§ 9 MBG). 604

Das Verfahren bei der Wahl der Wahlmänner ist kompliziert. Es greift auf Wahlgrundsätze des Betriebsverfassungsgesetzes und des Montanmitbestimmungsgesetzes zurück. Arbeiter und Angestellte wählen ihre Wahlmänner in getrennter und geheimer Wahl nach den Grundsätzen des Verhältniswahlrechts (§ 10 MBG). 605

Grundsätzlich entfällt auf je 60 wahlberechtigte Arbeitnehmer ein Wahlmann. Unter den Wahlmännern der Angestellten müssen die leitenden Angestellten entsprechend ihrem zahlenmäßigen Verhältnis vertreten sein (§ 11 Abs. 2 Satz 2 MBG). Wenn mindestens neun Wahlmänner zu wählen sind, muss mindestens je ein Wahlmann auf die Gruppe der Arbeiter, Angestellten und leitenden Angestellten entfallen. Umfasst aber eine dieser Gruppen in einem Betrieb nicht mehr als fünf Beschäftigte, so stellt sie keinen Wahlmann (§ 11 Abs. 2 Satz 2, 2. Halbsatz MBG).

Diejenigen Arbeitnehmervertreter im Aufsichtsrat, die Gewerkschaftsvertreter (§ 7 MBG) sind, werden auf Grund der Wahlvorschläge der im Unternehmen vertretenen Gewerkschaften von den Wahlmännern – in Unternehmen mit nicht mehr als 8000 Arbeitnehmern unmittelbar von der Belegschaft – gewählt. 606

Arbeiter, Angestellte und leitende Angestellte müssen entsprechend ihren zahlenmäßigen Verhältnissen im Unternehmen repräsentiert sein. Unter den Arbeitnehmervertretern im Aufsichtsrat muss aber mindestens je ein Vertreter jeder Gruppe vertreten sein (§ 15 Abs. 2 und 3 MBG). Die Wahl der Aufsichtsratsmitglieder erfolgt auf Grund der Wahlvorschläge einer jeden Gruppe (§ 15 Abs. 4 MBG).

Die Minderheit der leitenden Angestellten, deren zahlenmäßiger Anteil an der Gesamtbelegschaft stets gering ist, genießt einen besonders starken Schutz. Die leitenden Angestellten können ihre Aufsichtsratskandidaten innerhalb der Gruppe der Angestellten selbst auswählen. Ein Aufsichtsratssitz ist ihnen stets garantiert. Diese Regelung ist auf den Kompromiss der Koalitionsparteien SPD/FDP bei der Ausgestaltung der Unternehmensmitbestimmung zurückzuführen.

607 Der Aufsichtsrat wählt mit einer Mehrheit von $^2/_3$ seiner Mitglieder einen Vorsitzenden und einen Stellvertreter aus seiner Mitte (§ 27 MBG). Kommt eine $^2/_3$-Mehrheit im ersten Wahlgang nicht zustande, so wählen im zweiten Wahlgang die Vertreter der Anteilseigner den Aufsichtsratsvorsitzenden, die Arbeitnehmervertreter den Stellvertreter. Die Anteilseignervertreter können hierdurch die Wahl des Aufsichtsratsvorsitzenden an sich ziehen. Diese Regelung hat wegen der Sonderstellung, die der Aufsichtsratsvorsitzende bei Abstimmungen hat, große Bedeutung.

Beschlüsse des Aufsichtsrats kommen mit der Mehrheit der abgegebenen Stimmen zustande (§ 29 Abs. 1 MBG). Ergibt eine Abstimmung Stimmengleichheit, wird erneut abgestimmt. Wenn sich wieder eine Stimmengleichheit ergibt, hat der Vorsitzende des Aufsichtsrats zwei Stimmen (§ 29 Abs. 2 MBG).

608 Der Aufsichtsrat wählt die Vorstandsmitglieder des Unternehmens mit einer Mehrheit von $^2/_3$ seiner Mitglieder (§ 31 Abs. 2 MBG). Wird diese Mehrheit nicht erreicht, macht ein Vermittlungsausschuss des Aufsichtsrats, der nach § 27 Abs. 3 MBG aus dem Aufsichtsratsvorsitzenden, seinem Stellvertreter und je einem Vertreter der Anteilseigner- und der Arbeitnehmerseite besteht, einen Wahlvorschlag, über den der Aufsichtsrat dann mit einfacher Mehrheit entscheidet (§ 31 Abs. 3 MBG). Eine weitere Beteiligung der Arbeitnehmer an der Unternehmensleitung soll dadurch erreicht werden, dass dem Vorstand ein Arbeitsdirektor als gleichberechtigtes Mitglied angehört (§ 33 Abs. 1 MBG).

Die Regelungen des MBG gelten subsidiär hinter den Montanmitbestimmungsgesetzen (§ 1 Abs. 2 MBG). Sie gehen allerdings den §§ 76 ff. BetrVerfG 1952 vor (§ 1 Abs. 3 MBG).

609–611 Das MBG hat das Verhältnis zwischen Vorstand und Hauptversammlung bei der AG bzw. bei der GmbH zwischen Geschäftsführung und Gesellschafterversammlung unangetastet gelassen.

Das hat zur Folge, dass die Auswirkungen der paritätischen Mitbestimmung auf das Einzelne mitbestimmte Unternehmen sehr unterschiedlich sind. Im entscheidenden Maße sind die Auswirkungen abhängig von der Rechtsform der mitbestimmten Kapitalgesellschaft (vgl. *Raiser,* Mitbestimmungsgesetz 4. Aufl. [2002], § 25 Rn. 6 m.w.N.; *Fitting/Wlotzke/Wißmann,* Mitbestimmungsgesetz, 2. Aufl. [1978] Vorbem. 98).

4. Das Urteil des Bundesverfassungsgerichts vom 1. 3. 1979 zum Mitbestimmungsgesetz

Von Anfang an war die Einführung der paritätischen Mitbestimmung äußerst umstritten. Ein wesentliches Argument der Gegner war der Vorwurf der Verfassungswidrigkeit. 612–614

Das Bundesverfassungsgericht hat durch sein Urteil vom 1. 3. 1979 (*BVerfGE* 50, 290ff.) auf Grund eines Vorlagebeschlusses des *LG Hamburg* (MDR 1979, 1336) sowie der Verfassungsbeschwerde mehrerer Unternehmen und Arbeitgebervereinigungen entschieden, dass die Regelungen im Mitbestimmungsgesetz vom 4. 5. 1976 mit dem Grundgesetz vereinbar sind. Am Anfang seiner Begründung weist das Gericht darauf hin, dass das Grundgesetz – im Gegensatz zur Weimarer Reichsverfassung (Art. 151 Abs. 2) – keine unmittelbare Festlegung und Gewährleistung einer bestimmten Wirtschaftsordnung enthält, das Grundgesetz mithin wirtschaftspolitisch neutral ist. Das bedeutet für den Gesetzgeber, dass er „jede ihm sachgerecht erscheinende Wirtschaftspolitik verfolgen (darf), sofern er dabei das Grundgesetz, insbesondere die Grundrechte beachtet" (*BVerfGE* 50, 290, 338).

5. Probleme des mitbestimmten Aufsichtsrats

Gemäß § 108 Abs. 2 AktG kann die Beschlussfähigkeit des Aufsichtsrats durch die Satzung bestimmt werden, soweit sie nicht gesetzlich geregelt ist. § 28 MBG enthält eine Regelung, kraft derer der Aufsichtsrat nur dann beschlussfähig ist, wenn mindestens die Hälfte seiner Mitglieder an der Abstimmung teilnimmt. Neben manchen anderen Problemen hat das MBG die Frage aufgeworfen, ob die Satzung das Verfahren des paritätisch besetzten Aufsichtsrats regeln, namentlich zugunsten der Anteilseignerseite modifizieren kann. 615

So hatte der *BGH* (*BGHZ* 83, 151ff.) die Frage zu entscheiden, ob die Beschlussfähigkeit des Aufsichtsrats davon abhängig gemacht werden kann, dass mindestens die Hälfte der an der Beschlussfassung teilnehmenden Aufsichtsratsmitglieder Vertreter der Anteilseigner sind und sich unter ihnen der Aufsichtsratsvorsitzende befindet. Nach Meinung des *BGH* verstößt eine solche Bestimmung gegen den schon im Aktiengesetz verankerten und in das Mitbestimmungsgesetz eingegangenen Grundsatz, dass alle Mitglieder des Aufsichtsrats die gleichen Rechte und Pflichten haben. Abgesehen davon, dass dem Vorsitzenden des Aufsichtsrats durch die genannte Satzungsbestimmung praktisch ein Vetorecht eingeräumt wird, wird seiner stimmberechtigten Teilnahme ein ungleich größeres Gewicht beigelegt, als ihr im Verhältnis zu den anderen Mitgliedern des Aufsichtsrats nach dem Mitbestimmungsgesetz zukommt. Unterscheidungen, die an die Zugehörigkeit zu der einen oder anderen Gruppe anknüpfen, sind nur zulässig, soweit das Gesetz sie ausdrücklich vorsieht. Als Bestandteile einer in sich abgeschlossenen Regelung sind diese gesetzlichen Bestimmungen einer Erweiterung durch die Satzung nicht zugänglich (*BGHZ* 83, 151, 155).

616 Nach der abschließenden Regelung des § 107 Abs. 3 S. 1 AktG ist allein der Aufsichtsrat befugt, aus seiner Mitte einen oder mehrere Ausschüsse mit bestimmten Aufgaben und einer bestimmten personellen Besetzung zu errichten. Heftig gestritten wurde und wird noch über die Frage, ob bei der Zusammensetzung der vom Aufsichtsrat einzusetzenden Aufsichtsratsausschüsse (§ 107 Abs. 3 AktG) von der Zusammensetzung des Aufsichtsrats selbst abgewichen werden darf. Unter bestimmten Voraussetzungen kann eine Ungleichbehandlung gerechtfertigt sein, wobei privatautonome Gestaltungen in einer Satzung oder Geschäftsordnung aber nicht dazu führen dürfen, zwingendes Mitbestimmungsrecht nach dessen Sinn und Zweck zu unterlaufen oder zu umgehen. Auch darf die Satzung der AG in die *Organisationsfreiheit des Aufsichtsrates* bei der Entscheidung darüber, ob er Ausschüsse bilden will und wer ihnen angehören soll, nicht dadurch eingreifen, dass sie bindende Vorschriften über die Zuständigkeit und Aufgaben von Ausschüssen mit einer bestimmten personellen Besetzung enthält. Zulässig sind hingegen Klauseln, die das Verfahren in den Ausschüssen generell in bestimmter Weise regeln, soweit diese das pflichtgemäße Ermessen des Aufsichtsrats, wie er seine Arbeit sachlich und personell gestalten will, nicht auf eine dem Wortlaut und Sinn des § 107 Abs. 3 S. 1 AktG widersprechende Weise einengen. Zu solchen zulässigen Satzungsvorschriften zählt auch die über einen *Stichentscheid des Ausschussvorsitzenden.* Aus den gleichen Gesichtspunkten ist es auch zulässig, dem Vorsitzenden des Aufsichtsrats für den Fall, dass er einem Ausschuss angehört und sich dort bei einer Abstimmung Stimmengleichheit ergibt, ein Zweitstimmrecht einzuräumen (*BGHZ* 83, 106ff.). Die Zulässigkeit solcher Regelungen ergibt sich letztlich daraus, dass das Mitbestimmungsgesetz – abgesehen von § 27 Abs. 3 – keine Vorschriften über die Bildung, Zusammensetzung und Organisation von Ausschüssen des Aufsichtsrats enthält. Das im Gesetz angelegte leichte Übergewicht der Anteilseigner kann deshalb auch in den Ausschüssen zur Geltung gebracht werden (so *BGHZ* 83, 144).

Die Rechtsprechung des *BGH* zeichnet sich dadurch aus, dass sie auf jede **617**
mitbestimmungsspezifische Lückenergänzung verzichtet und stattdessen die Verweisung auf das Aktienrecht voll ausschöpft. In konsequenter Verarbeitung von mitbestimmungs- und aktienrechtlichen Vorschriften gelangt der *BGH* zu nicht nur vertretbaren, sondern auch methodisch nachvollziehbaren und gesicherten Ergebnissen (so *Martens,* ZGR 1983, 237, 256).

In Anknüpfung an die Rechtsprechung des *BGH* hat das *OLG Hamburg* (WM 1984, 965ff.) betont, das im Mitbestimmungsgesetz angelegte Paritätsprinzip könne – mit Ausnahme des Vermittlungsausschusses gem. § 27 Abs. 3 MBG – nicht auf die Besetzung einzelner Aufsichtsratsausschüsse angewendet werden. Nach Meinung des *OLG Hamburg* hat eine „interessen- und funktionsgerechte Ausschussbesetzung" nach dem „Grundsatz der Gleichbehandlung aller Aufsichtsratsmitglieder" zu erfolgen. Darauf gestützt hat es die Bildung eines Aufsichtsratsausschusses zur Regelung der Vorstandsangelegenheiten ohne Beteiligung von Arbeitnehmervertretern zugelassen, jedoch gefordert, dass ein oder zwei Arbeitnehmervertretern das Recht eingeräumt werden müsse, an den Sitzungen dieses Ausschusses – ohne Stimmrecht – teilnehmen und alle Vorlagen, Unterlagen und Protokolle einsehen zu können.

Gemäß § 25 MBG haften die Arbeitnehmervertreter im Aufsichtsrat ebenso nach §§ 116, 93 AktG wie die von der Anteilseignerseite entsandten Aufsichtsratsmitglieder.

VI. Die aktienrechtliche Haftungsklausel

Wer als Aktionär, Mitglied des Verwaltungsorgans der Gesell- **618**
schaft oder aber auch als außenstehender Dritter vorsätzlich unter Benutzung seines Einflusses auf die Gesellschaft ein Mitglied des Vorstandes oder Aufsichtsrates, einen Prokuristen oder Handlungsbevollmächtigten dazu bestimmt, zum Schaden der Gesellschaft oder ihrer Aktionäre zu handeln, ist der Gesellschaft zum Ersatz des dieser daraus entstehenden Schadens verpflichtet (§ 117 Abs. 1 Satz 1 AktG). Dieser Schadensersatzanspruch ist ein Anspruch der Gesellschaft. Der Anspruch kann aber auch von den Gläubigern der Gesellschaft geltend gemacht werden, wenn sie

wegen ihrer Forderungen gegen die Gesellschaft von dieser keine Befriedigung erlangen können (§ 117 Abs. 5 AktG).

§ 117 AktG hat den Sinn, die Gesellschaft vor Schädigungen durch eine missbräuchliche Einflussnahme zu schützen. Der Gesetzgeber hat den Konflikt, der sich zwischen den Ansprüchen des Aktionärs einerseits und der Gesellschaft andererseits ergeben kann, durch § 117 Abs. 1 S. 2 AktG gelöst. Dadurch soll ausgeschlossen werden, dass der Aktionär eine mittelbare Auswirkung der Schädigung der Gesellschaft auf sein Vermögen geltend machen und mit einem darauf gestützten Schadensersatzanspruch zu dem Ersatzanspruch der Gesellschaft selbst in Konkurrenz treten kann (so *BGHZ* 99, 55, 58). Damit wird außer dem Grundsatz der Kapitalerhaltung insbesondere die allen Gesellschaftern gemeinsame Zweckwidmung des Gesellschaftsvermögens berücksichtigt. Insbesondere der zuletzt genannte Gesichtspunkt schließt einen Anspruch des mittelbar geschädigten Gesellschafters auf Leistung an sich im Regelfall aus; er gibt ihm vielmehr nur einen solchen auf Leistung an die Gesellschaft. Dadurch wird zugleich auch das Aktionärsinteresse erfüllt (so *BGH* NJW 1987, 1078f.). Dass § 117 Abs. 1 S. 2 AktG einen verallgemeinerungsfähigen Rechtsgedanken enthält, zeigt § 317 Abs. 1 S. 2 AktG (zu Einzelheiten siehe *Brüggemeier,* AG 1988, 93ff.).

Nach heute herrschender Meinung (*Hüffer,* AktG, § 117 Rn. 14) kann ein Anspruch aus § 117 AktG neben einem solchen aus § 826 BGB geltend gemacht werden.

§ 40. Rechte und Pflichten der Aktionäre

Literatur: *Becker,* Der Ausschluß aus der Aktiengesellschaft, ZGR 1986, 383ff.; *Brondics,* Die Aktionärsklage, 1988; *Bühring-Uhle/Nelle,* Aktionärsklage und Konzernklage im amerikanischen Recht – ein Modell?, AG 1989, 41ff.; *Fuhrmann/Simon,* Der Ausschluß von Minderheitsaktionären – Gestaltungsüberlegungen zur neuen Squeeze-out-Gesetzgebung –, WM 2002, 1211ff.; *Geßler,* Nichtigkeit von Hauptversammlungsbeschlüssen und Satzungsbestimmungen, ZGR 1980, 427ff.; *L. Häsemeyer,* Obstruktion gegen Sanierungen und gesellschaftsrechtliche Treuepflichten, ZHR 160 (1996), 109ff.; *Heinze,* Einstweiliger Rechtsschutz im aktienrechtlichen Anfechtungs- und Nichtigkeitsverfahren, ZGR 1979, 293ff.; *J. Hennrichs,* Treuepflichten im Aktienrecht, AcP 195 (1995), 222ff.; *Heuer,* Wer kontrolliert die „Kontrolleure"?, WM 1989, 1401ff.; *Hommelhoff,* 100 Bände *BGHZ:* Aktienrecht, ZHR 151 [1987], 493ff.; *Knobbe-Keuk,* Das Klagerecht des Gesellschafters einer Kapitalgesellschaft wegen gesetz- und satzungswidriger Maßnahmen der

Geschäftsführung, in: FS Ballerstedt 1975, 239ff.; *Lutter,* Zur Treuepflicht des Großaktionärs, JZ 1976, 224ff.; *Noack,* Der Widerspruch des Aktionärs in der Hauptversammlung, AG 1989, 78ff.; *Th. Raiser,* Das Recht der Gesellschafterklagen, ZHR 153 [1989], 1ff.; *Timm,* Treuepflichten im Aktienrecht, WM 1991, 81ff.; *Wardenbach,* Mißbrauch des Anfechtungsrechts und „nachträglicher" Aktienerwerb, ZGR 1992, 563ff.; *Wiedemann,* Organverantwortung und Gesellschafterklagen in der Aktiengesellschaft. Vorträge, Rheinisch-Westfälische Akademie der Wissenschaften: Geisteswissenschaften; G 296, 1989; *Zöllner,* Die sogenannten Gesellschafterklagen im Kapitalgesellschaftsrecht, ZGR 1988, 392ff.; *ders.,* Folgen der Nichtigerklärung durchgeführter Kapitalerhöhungsbeschlüsse, AG 1993, 68ff.; *ders.,* Zur Problematik der aktienrechtlichen Anfechtungsklage, AG 2000, 145ff.; *Zöllner/Noack,* One share – one vote? Stimmrecht und Kapitalbeteiligung bei der Aktiengesellschaft, AG 1991, 117ff.

I. Die Rechte aus der Mitgliedschaft

1. Erwerb und Verlust der Mitgliedschaft

Der *Erwerb der Mitgliedschaft* – der Rechtsstellung des Aktionärs – kann *originär* durch Übernahme von Aktien bei der Gründung (§§ 2, 29 AktG) oder durch Zeichnung neuer Aktien bei einer späteren Kapitalerhöhung (§ 185 AktG) geschehen. Die Mitgliedschaft kann auch von einem Aktionär durch rechtsgeschäftliche Übertragung oder durch Gesamtrechtsnachfolge, etwa bei einem Erbfall, erworben werden (*abgeleiteter* Erwerb). Die rechtsgeschäftliche Übertragung erfolgt nach wertpapierrechtlichen Regeln. Bei *Inhaberaktien* werden Aktienurkunden gem. §§ 929ff. BGB übereignet. *Namensaktien* können als Orderpapiere gem. § 68 AktG durch Indossament übertragen werden. 619

Der *Verlust der Mitgliedschaft* kann eintreten durch Tod, Übertragung, Einziehung (Amortisation bei Kapitalherabsetzung), Auflösung der AG und Ausschluss. Letzterer ist nur im Rahmen eines Kaduzierungsverfahrens gem. § 64 AktG bei Säumnis des Aktionärs mit seiner Geldeinlage möglich.

Diskutiert wird die Frage, ob man für die Ausschließung eines Aktionärs aus wichtigem Grund ein Bedürfnis bejahen und demgemäß die Vorschriften über den Ausschluss eines Gesellschafters aus einer Personengesellschaft (§ 737 BGB und § 140 HGB) auf den Aktionär für entsprechend anwendbar halten soll. Der *BGH* (*BGHZ* 9, 157, 163) hatte dies ehemals verneint; später hat er diese Frage aber ausdrücklich offengelassen (*BGHZ* 103, 183, 192). *Becker* (ZGR 1986, 383, 387ff.) meint, als Rechtsgrundlage für den Ausschluss von Aktionären aus der AG könne wie im GmbH-Recht auf § 140 HGB zurückgegriffen werden; der Anerkennung eines Ausschlusses aus der AG stünden keine aus dem Wesen dieser Rechtsform entspringenden Hindernisse entgegen.

2. Der Grundsatz der gleichmäßigen Behandlung der Aktionäre

620 Auch für die Aktiengesellschaft gilt der verbandsrechtliche Grundsatz der Gleichbehandlung der Gesellschafter, demzufolge die Aktionäre unter gleichen Voraussetzungen gleich zu behandeln sind. Dies bedeutet allerdings keine schematische Gleichberechtigung aller Aktionäre; die Schranken liegen dort, wo eine mögliche unterschiedliche Behandlung gegen Gesetz und gute Sitten verstößt (so *OLG Frankfurt* WM 1986, 1144, 1149).

In § 53a AktG, der mit der Umsetzung der Zweiten EG-Richtlinie zur Koordinierung des Gesellschaftsrechts mit Wirkung vom 1. 7. 1979 in das Aktiengesetz eingefügt worden ist, ist der Gleichbehandlungsgrundsatz seitdem normiert. Auch in vielen anderen Vorschriften des Aktiengesetzes hat dieser Grundsatz seinen Niederschlag gefunden, so u. a. bei der Verteilung der Dividende (§ 60 AktG), bei dem Stimmrecht (§ 134 Abs. 1 S. 1 und 2 AktG) und beim Bezugsrecht (§ 186 AktG).

Eine ungleiche Behandlung der Aktionäre ist allerdings zulässig, wenn sie sachlich berechtigt ist und damit nicht den Charakter der Willkür trägt (*BGHZ* 33, 175 ff.). An diesem Rechtszustand hat sich auch dadurch nichts geändert, dass dieser Grundsatz mit der Bestimmung des § 53a in das Aktiengesetz aufgenommen worden ist. Eine sachliche Änderung des geltenden Rechtszustandes war mit der Einführung dieser Vorschrift nicht verbunden (so *BGHZ* 120, 141, 150).

621 Wenn es in § 12 Abs. 1 S. 1 AktG heißt: „Jede Aktie gewährt das Stimmrecht“, so soll damit ausgedrückt werden: „bei gleichem Nennbetrag gleiches Stimmrecht“ (so *Zöllner/Noack*, AG 1991, 117).

Dieser Grundsatz kann in zweifacher Hinsicht durchbrochen werden:

- Gemäß § 12 Abs. 1 S. 2 i. V. mit §§ 139 ff. AktG können Aktien ohne Stimmrecht geschaffen werden, wenn mit ihnen ein Gewinnvorzugsrecht verbunden ist (Vorzugsaktien ohne Stimmrecht).
- Eine weitere Durchbrechung des oben genannten Prinzips ist – allerdings nur bei börsennotierten (§ 134 Abs. 1 S. 2 AktG erfasst nichtbörsennotierte AG) Gesellschaften – die Beschränkung des Stimmrechts durch Festsetzung

von Höchstbeträgen in der Satzung; dies kann gemäß § 134 Abs. 1 S. 2 AktG auch in Abstufungen erfolgen. So kann die Satzung z. B. bestimmen, dass das Stimmrecht von einem Aktionär nur für Aktien im Gesamtnennbetrag von 5% des Grundkapitals ausgeübt werden kann. Gemäß § 134 Abs. 1 S. 5 AktG können diese Beschränkungen jedoch nicht für einen einzelnen Aktionär angeordnet werden. Eine nicht unerhebliche Anzahl von großen Aktiengesellschaften hatte von dieser Möglichkeit Gebrauch gemacht und ein Höchststimmrecht dieser Art eingeführt (vgl. zu dieser Problematik *Baums,* AG 1990, 221). Zu diesen Gesellschaften zählten u. a. Bayer (5%), Deutsche Bank (5%), Hoesch (15%) und VW (20%) (Angaben nach *Baums,* AG 1990, 221).

Die gegenwärtige Fassung des Aktienrechts will die Möglichkeit, Mehrstimmrechte zu schaffen, für die Zukunft ausschließen und das Prinzip „One share – one vote" realisieren.

3. Vermögensrechte und Mitverwaltungsrechte

Die Rechte des Aktionärs kann man in zwei Gruppen einteilen, nämlich in **622**
- die Vermögensrechte und
- die *Mitverwaltungsrechte* (nichtvermögenswerte Rechte).

a) Das wichtigste *Vermögensrecht* ist das Dividendenrecht, der Anspruch auf Teilhabe am Bilanzgewinn nach dem Verhältnis der Aktiennennbeträge. Ein Anspruch auf Zahlung einer bestimmten Geldsumme entsteht jedoch erst, wenn die Hauptversammlung einen Gewinnverwendungsbeschluss gefasst hat (§§ 60 Abs. 1, 58 Abs. 4, 174 AktG).

Ein weiteres Vermögensrecht ist der Anspruch auf den Anteil, der dem Aktionär im Falle der Liquidation der Gesellschaft an dem nach der Liquidation noch vorhandenen Vermögen der Gesellschaft verbleibt (§ 271 AktG).

b) Zu den wesentlichen *Mitverwaltungsrechten* zählen: **623**
- das Recht auf Teilnahme an der Hauptversammlung,
- das Stimmrecht,
- das Auskunftsrecht,
- das Recht, bei Vorliegen bestimmter Voraussetzungen die Einberufung der Hauptversammlung verlangen zu können,
- das Recht, die Hauptversammlungsbeschlüsse anfechten zu können.

Gemäß § 134 AktG wird das Stimmrecht nach den Nennbeträgen der Aktien oder der Anzahl der Stückaktien ausgeübt. Der Aktionär ist rechtlich nicht in der Lage, seine Mitgliedschaftsstellung beizubehalten und zugleich das ihm zustehende Stimmrecht einem anderen als eigenes Recht zu verschaffen (so *BGH* WM 1987, 70f.); das Stimmrecht kann aber durch einen Bevollmächtigten ausgeübt werden (§ 134 Abs. 3 AktG).

II. Nichtigkeit und Anfechtbarkeit von Hauptversammlungsbeschlüssen

1. Überblick

624 Hauptversammlungsbeschlüsse können mangelhaft sein. Das kann dazu führen, dass sie entweder nichtig sind oder zunächst wirksam, aber anfechtbar sind.

In den letzten Jahrzehnten ist eine deutliche Zunahme gewichtiger aktienrechtlicher Anfechtungs- und Nichtigkeitsverfahren zu verzeichnen, die den Anfechtungs- und Nichtigkeitsklagerechten vor allem in ihrer Form als Individualrechten der Aktionäre besondere Aufmerksamkeit verschafft haben. Dabei bildeten häufig aktuelle Fusions- und Konzentrationsbestrebungen den Ausgangspunkt. Gleichzeitig gelangten hierdurch oftmals Interessengegensätze unter den Aktionären zum Ausbruch (vgl. *Heinze,* ZGR 1979, 293, 294).

2. Die Nichtigkeitsgründe

a) Überblick

625 Nichtigkeit eines Hauptversammlungsbeschlusses bedeutet, dass er auf Grund des ihm anhaftenden Mangels ipso iure unwirksam ist (vgl. *K. Schmidt,* Gesellschaftsrecht, § 15 II 1 b) bb)). Nichtigkeit als Rechtsfolge tritt nur ein, wenn ein besonderer Nichtigkeitsgrund vorliegt. Solche Nichtigkeitsgründe sind im AktG enumerativ aufgeführt. Sie finden sich in den §§ 241, 250, 253 und 256 AktG.

626 Die Unwirksamkeit muss nicht in einer besonderen Form geltend gemacht werden, insbesondere muss sie nicht im Klagewege durch ein Gericht festgestellt werden. Eine solche „Nichtigkeitsklage“ ist zwar vom Aktiengesetz vorgesehen, allerdings bestimmt § 249 Abs. 1 S. 2 AktG ausdrücklich, dass die Nichtigkeit auch auf jede andere Weise geltend gemacht werden kann. Die Nichtigkeit eines Hauptversammlungsbeschlusses kann von jedermann zu jeder Zeit geltend gemacht werden, notfalls im Wege einer Feststellungsklage gemäß § 256 ZPO.

Mängel materieller Art wie auch solche formeller Art können Gründe für die Nichtigkeit von Hauptversammlungsbeschlüssen sein (vgl. z. B. § 241 Nr. 1 und 2 AktG).

b) Der Verstoß gegen § 241 Nr. 3 AktG

Inhaltliche Verstöße eines Hauptversammlungsbeschlusses gegen Rechtsvorschriften i. S. des § 241 Nr. 3 AktG führen nicht stets zur Nichtigkeit; der Beschluss ist vielmehr nur dann nichtig, wenn solche Vorschriften verletzt werden, die „ausschließlich oder überwiegend zum Schutze der Gläubiger der Gesellschaft oder sonst im öffentlichen Interesse gegeben sind" (so § 241 Nr. 3 AktG). Diese Fassung des Gesetzes führt zu schwierigen Problemen der Auslegung. Unstreitig ist, dass zur Nichtigkeit nach § 241 Nr. 3 AktG nur solche Hauptversammlungsbeschlüsse führen, durch deren Inhalt materielles Recht verletzt wird. Verstöße im Bereich des Zustandekommens oder der Form des Beschlusses führen zur Nichtigkeit nur auf Grund anderer Vorschriften, wie z. B. § 241 Nr. 1 und 2 AktG, bzw. auf Grund einer erfolgreichen Anfechtungsklage. Nach herrschender Meinung (vgl. Kölner Kommentar/*Zöllner*, § 241 Rn. 100 mit Nachw.) ist dabei der Inhalt des Beschlusses „für sich allein genommen" an den Rechtsvorschriften zu messen, d. h. in einem „objektiven, von Motiv und Zweck des Beschlusses losgelösten Sinn". Falls der Unrechtsgehalt eines Beschlusses aus Motiv und Zweck herrührt, kommt grundsätzlich nur Anfechtbarkeit gemäß § 213 AktG in Betracht. In diesem wesentlich eingeschränkten Sinn zählen zum Inhalt des Beschlusses nicht die durch ihn verursachten Wirkungen, so z. B. *nicht* der einem anderen durch den Beschluss zugefügte Schaden. 627

Vorschriften, die ausschließlich oder überwiegend dem Schutze der Gläubiger der Gesellschaft i. S. des § 241 Nr. 3 AktG dienen, sind relativ leicht zu identifizieren. Aber auch solche Bestimmungen, die lediglich den Schutz der gegenwärtigen Aktionäre bezwecken, können bei Verletzung die Nichtigkeit des Hauptversammlungsbeschlusses begründen, jedenfalls dann, wenn diese auf den Schutz nach dem Willen des Gesetzgebers nicht verzichten dürfen (so h. M., vgl. Kölner Kommentar/*Zöllner*, § 241 AktG Rn. 111 mit Nachw.). Daraus lässt sich ableiten: werden durch einen Hauptversammlungsbeschluss solche Normen des Aktienrechts verletzt, von denen auch mit Zustimmung der Betroffenen nicht abgewichen werden darf, so ist der Beschluss nichtig. Die so vorgenommene Abgrenzung ist *nicht* mit derjenigen zwischen zwingendem 628 und dispositivem Recht gleichzusetzen. Deshalb soll auch ein Verstoß gegen den Gleichbehandlungsgrundsatz zulässig sein, wenn die dadurch Betroffenen zustimmen (so Kölner Kommentar/*Zöllner,* § 241 AktG Rn. 112). Folgt man dem, so führt ein Verstoß, dem der Betroffene nicht zugestimmt hat, nicht zur Nichtigkeit, sondern zur Anfechtbarkeit des Beschlusses. Ähnlich soll zu entscheiden sein, wenn durch einen Hauptversammlungsbeschluss die Minderheit geschädigt wird (vgl. Kölner Kommentar/*Zöllner,* § 241 AktG Rn. 113).

629 In manchen Fällen sind die Gerichte wegen Verstoßes gegen satzungsändernde Hauptversammlungsbeschlüsse gegen das Mitbestimmungsgesetz (MBG) angerufen worden. Die Vorschriften der §§ 25ff. MBG über die innere Ordnung und die Rechte und Pflichten des Aufsichtsrats sind solche, die im öffentlichen Interesse i.S. des § 241 Nr. 3 AktG gegeben sind und deren Verletzung deshalb ohne Rücksicht darauf, ob hierdurch die Anteilseigner oder die Arbeitnehmer benachteiligt werden, einen Nichtigkeitsgrund i.S. dieser gesetzlichen Bestimmung darstellen (*BGHZ* 83, 106). Der *BGH* begründet dies damit, dass dem MBG von 1976 als dem Ergebnis grundlegender, nach langjährigen Auseinandersetzungen gefundenen Entscheidungen ein besonderes gesellschaftspolitisches Gewicht zukomme; das MBG solle über das Interesse der unmittelbar Betroffenen hinaus dem Wohl der Allgemein-heit dienen (*BVerfGE* 50, 290, 305f.) und nehme mit seiner gesamtwirtschaftlichen Zielsetzung innerhalb der Rechtsordnung einen Rang ein, der es grundsätzlich ausschließe, einzelnen seiner Bestimmungen das öffentliche Interesse i.S. von § 241 Nr. 3 AktG abzusprechen. Das gilt nach Ansicht des *BGH* (*BGHZ* 83, 106, 110) jedenfalls für die Vorschriften der §§ 25ff. MBG, die „als in sich geschlossenes System von Normen über Rechte, Pflichten und innere Ordnung des Aufsichtsrats ein Kernstück des Gesetzes bilden“ (zum selben Ergebnis gelangt mit anderer Begründung *Geßler,* ZGR 1980, 427, 450).

c) Verstoß gegen die guten Sitten gemäß § 241 Nr. 4 AktG

630 Nach herrschender Meinung (vgl. insbesondere *BGHZ* 15, 383, 385; 105, 113, 116f.) ist ein Beschluss gemäß § 241 Nr. 4 AktG nur dann nichtig, wenn er allein durch seinen Inhalt gegen die guten Sitten verstößt. Das bedeutet: Der Beschluss muss „für sich allein betrachtet“ gegen die guten Sitten verstoßen (so schon *RGZ* 131, 141, 145). So ist Nichtigkeit auch dann angenommen worden, wenn der Beschluss seinem Wortlaut nach zwar keine Sittenwidrigkeit beinhaltet, aber seinem Inhalt nach in einer sittenwidrigen Schädigung nicht anfechtungsberechtigter Personen besteht (so *RGZ* 161, 129, 144f.; *BGHZ* 15, 382, 386). „Sittlich indifferente Beschlüsse“ hingegen, d.h. Beschlüsse, bei denen nicht der eigentliche Beschlussinhalt, sondern nur Beweggrund oder Zweck un-

sittlich sind, oder bei denen die Sittenwidrigkeit in der Art des Zustandekommens liegt, sind lediglich anfechtbar (so schon *RG* DR 1942, 276f.; *RGZ* 166, 129, 132; *BGHZ* 8, 348, 355f.; 15, 382, 385; 101, 113, 116f.). Eine Ausnahme soll nur dann gemacht werden, d.h. ein Beschluss soll ausnahmsweise nicht nur anfechtbar, sondern nichtig sein, wenn der Beschluss in unverzichtbare Rechte des Gesellschafters eingreift oder Gläubiger schädigt, weil diese im Gegensatz zum Gesellschafter kein Anfechtungsrecht haben (so *BGHZ* 15, 382, 385; 101, 113, 116f.). Anders ausgedrückt: Die Nichtigkeit beim Eingriff in Aktionärspositionen entfällt immer dann, wenn die Position verzichtbar ist, d.h. wenn der Eingriff mit Zustimmung des Aktionärs zulässig wäre (so Kölner Kommentar/*Zöllner*, § 241 AktG Rn. 125).

d) Die Heilung der Nichtigkeit

Die Heilung nichtiger Hauptversammlungsbeschlüsse richtet **631**
sich nach § 242 AktG. Gemäß § 242 Abs. 2 AktG kann die Nichtigkeit eines nach § 241 Nr. 1, 3 oder 4 AktG nichtigen Hauptversammlungsbeschlusses nicht mehr geltend gemacht werden, wenn der Beschluss in das Handelsregister eingetragen worden ist *und* seitdem drei Jahre verstrichen sind. Das gilt auch für diejenigen Hauptversammlungsbeschlüsse, deren Nichtigkeit darauf beruht, dass sie eine Satzungsänderung zum Gegenstand haben, die mit dem Wesen der Aktiengesellschaft nicht vereinbar ist oder zwingende Vorschriften verletzt, die ausschließlich oder überwiegend zum Schutze der Gläubiger der Gesellschaft oder sonst im öffentlichen Interesse gegeben sind (so *BGHZ* 99, 211).

3. Das Anfechtungsrecht (Die Anfechtungsklage)

Fall: Am 25. März 2004 berief der Vorstand der Badischen Leichtmetall-AG **632**
Dornweiler durch ordnungsgemäße Bekanntmachung die ordentliche Hauptversammlung ein. Auf der bekanntgemachten Tagesordnung stand u.a. der Punkt „Entlastung für das Geschäftsjahr 2003 für Vorstand und Aufsichtsrat auf deren Antrag“. Vorsitzender des Vorstandes der Badischen Leichtmetall-AG, die u.a. Rüstungsgüter herstellt und an Waffengeschäften beteiligt ist, ist Dr. Tresch. Nachdem in einem Nachrichtenmagazin ein Bericht darüber erschienen ist, dass im Zusammenhang mit Waffengeschäften mit Staaten des Nahen Ostens, an denen die Badische Leichtmetall-AG beteiligt ist, erhebliche Beträge an Verteidigungsminister und Generäle in Staaten des Nahen Ostens geflossen sind, schrieb der Kleinaktionär Zelter der Badischen Leichtmetall-AG an Vorstand und Aufsichtsrat. Er kündigte an, in der Hauptversammlung Auskunft darüber verlangen zu wollen, ob der Vorstandsvorsitzende Dr. Tresch

bei seinen Besuchen in Staaten des Nahen Ostens im Jahre 2003 3 Millionen € an Verteidigungsminister und Generäle der besuchten Staaten bezahlt habe. Für den Fall, dass diese Berichte zutreffend sein sollten, kündigte Zelter an, dass er einen Antrag auf Verweigerung der Entlastung des Vorstandes stellen werde. Der Vorstand der Badischen Leichtmetall AG kündigte den Aktionären das Auskunftsverlangen von Zelter sowie die Androhung eines Antrages auf Verweigerung der Entlastung an. In der Hauptversammlung verweigerte der Vorstand die Auskunft über die Frage, ob der Vorstandsvorsitzende Dr. Tresch Geld an Verteidigungsminister und Generäle von Staaten des Nahen Ostens gezahlt habe. Die Hauptversammlung beschloss, Vorstand und Aufsichtsrat zu entlasten. Zelter überlegt nun, ob er den Entlastungsbeschluss der Hauptversammlung anfechten kann.

Das wichtigste Instrument des Aktionärs, einen Hauptversammlungsbeschluss anzugreifen, ist die Anfechtungsklage gemäß § 243 AktG. Sie dient nicht primär einer allgemeinen Rechtskontrolle in der AG, die bei jeglichem Rechtsverstoß durch Hauptversammlungsbeschlüsse von jedem Aktionär ausgelöst werden kann, sondern dient vielmehr dem Schutz der eigenen Interessen des Aktionärs. Das bedeutet, dass der Hauptversammlungsbeschluss die Interessen des Aktionärs negativ betreffen muss. Das zeigt sich z.B. deutlich bei Verstößen gegen den Gleichbehandlungsgrundsatz, die nur von den durch diesen Verstoß benachteiligten Aktionären geltend gemacht werden können (vgl. *Zöllner,* AG 2000, 145, 146).

633 In der Regel führen Mängel von Hauptversammlungsbeschlüssen nur zur Anfechtbarkeit. Sofern ein Hauptversammlungsbeschluss anfechtbar ist, kann er im Wege der Anfechtungsklage (§ 246 AktG) mit dem Ziel angegriffen werden, den Beschluss durch Urteil für nichtig erklären zu lassen (§ 241 Nr. 5 AktG).

Ein Anfechtungsgrund liegt insbesondere dann vor, wenn der Beschluss der Hauptversammlung gegen das Gesetz oder die Satzung verstößt (§ 243 AktG). Gemäß § 243 Abs. 1 AktG kann die Anfechtung dadurch begründet sein, dass ein Hauptversammlungsbeschluss Gesetze verletzt. Es handelt sich bei § 243 Abs. 1 AktG um eine Generalklausel, die stets dann anzuwenden ist, wenn die Rechtsverletzung nicht zur Nichtigkeit des Beschlusses führt. Unter Gesetzen i.S. des § 243 Abs. 1 AktG sind vor allem solche Vorschriften zu verstehen, die dem Interesse und dem Schutze der Aktionäre dienen, wie z.B. die Bestimmungen über die Zulassung zur Teilnahme an der Hauptversammlung, über die Auskunftspflicht und über die gleichmäßige Behandlung der Aktionäre. Auch der § 186 AktG betreffend das Bezugsrecht der

Aktionäre zählt zu diesen Vorschriften. Verweigert der Vorstand auf ein entsprechendes Verlangen eines Aktionärs die Auskunft zu Unrecht, so liegt darin ein Verstoß gegen § 131 AktG (vgl. oben Rn. 586 ff.). Der Aktionär kann einen Hauptversammlungsbeschluss in einem solchen Fall mit der Begründung anfechten, der Vorstand habe eine Auskunft zu Unrecht verweigert.

Da ein öffentliches Interesse an der Beseitigung eines anfechtbaren Beschlusses fehlt, liegt es bei den Aktionären oder den Organen der Aktiengesellschaft, ob sie den Beschluss, der das Gesetz oder die Satzung verletzt, anfechten und damit die Nichtigkeit des Beschlusses herbeiführen wollen. Die Anfechtung wird im Wege der Anfechtungsklage durch diejenigen, die zur Anfechtung befugt sind, durchgeführt (§§ 245 und 246 AktG).

Wenn der Beschluss der Hauptversammlung durch ein rechts- 634
kräftiges Urteil für nichtig erklärt worden ist, wirkt dieses Urteil für und gegen alle Aktionäre sowie gegen die Mitglieder des Vorstandes und des Aufsichtsrates (§ 248 AktG). Nach herrschender Auffassung (vgl. *Zöllner,* AG 1993, 68, 71 f. mit Nachw.) wirkt die Nichtigkeit im Anfechtungsprozess grundsätzlich auf den Zeitpunkt des Beschlusses zurück.

Die Anfechtungsbefugnis gem. § 245 AktG ist Bestandteil des Mitglied- 635
schaftsrechts. Deshalb ist die Aktionärsstellung die materiell-rechtliche Voraussetzung für eine erfolgreiche Anfechtungsklage (vgl. *OLG Celle,* AG 1984, 266, 271). Die herrschende Meinung (vgl. *OLG Celle,* a. a. O. mit Nachw.) leitet daraus ab, dass der Anfechtende sowohl zurzeit der Hauptversammlung als auch während des gesamten Rechtsstreits Aktionär sein muss.

Die Anfechtungsbefugnis hat der in der Hauptversammlung anwesende Aktionär allerdings nur, sofern er die Aktien schon vor Bekanntmachung der Tagesordnung erworben hatte und gegen den Beschluss Widerspruch zur Niederschrift erklärt hat (§ 245 Nr. 1 AktG). Die Widerspruchseinlegung berührt den Beschluss selbst nicht, sondern bewahrt den Aktionär, der ihn erklärt, lediglich vor dem Verlust der Anfechtungsmöglichkeit (zu den Einzelheiten vgl. *Noack,* AG 1989, 78 ff.).

Lösung des **Falles:** Zelter kann eine Anfechtungsklage gegen den Entlas- 636
tungsbeschluss der Hauptversammlung mit der Behauptung, dass das Gesetz verletzt worden sei, erheben. Ein Anfechtungsgrund könnte sich aus § 243 Abs. 1 AktG ergeben. Die gesetzliche Vorschrift, die hier verletzt sein könnte, ist § 131 AktG. Der Vorstand könnte mit der Verweigerung der Auskunft über die von Zelter gestellten Fragen gegen § 131 AktG verstoßen haben. Ein solcher Verstoß liegt nur dann vor, wenn der Aktionär Zelter überhaupt ein Auskunftsrecht hatte. § 131 Abs. 1 AktG gibt dem Aktionär das Recht, Auskunft betreffend die Angelegenheiten der Gesellschaft zu verlangen, wenn die gewünschte Auskunft erforderlich ist, um die Gegenstände der Tagesordnung

sachgemäß beurteilen zu können. Einen Hauptversammlungsbeschluss kann ein Aktionär auch dann mit der Begründung anfechten, der Vorstand habe in der Hauptversammlung eine Auskunft zu Unrecht verweigert, wenn er nicht zuvor ein Auskunftserzwingungsverfahren nach § 132 AktG (vgl. oben Rn. 588) eingeleitet hat (so *BGHZ* 86, 1). Die gewünschten Auskünfte bezogen sich auf die Geschäftsführung des Vorstandes, für die Entlastung erteilt werden sollte. Grundsätzlich ist davon auszugehen, dass die Aktionäre die gewissenhafte Geschäftsführung des Vorstandes nur dann in einem Entlastungsbeschluss zum Ausdruck bringen können, wenn sie sich ein Bild über die Geschäftsführung des Vorstandes machen können. Deshalb muss auch eine Frage nach Spenden und spendenähnlichen Beträgen im Berichtsjahr als zulässig angesehen werden. Fraglich kann allerdings sein, ob der Vorstand im zu erörternden Fall die Auskunft gemäß § 131 Abs. 3 Nr. 1 AktG verweigern durfte, weil die Erteilung der Auskunft nach vernünftiger kaufmännischer Beurteilung geeignet gewesen wäre, der Gesellschaft einen nicht unerheblichen Nachteil zuzufügen. Beurteilungsmaßstab ist nach herrschender Meinung stets die Frage, ob aus der in ihrem konkreten Inhalt dahinstehenden Auskunft abstrakt eine Schadensgefahr erwächst. Die Gefahr der Entstehung reicht aus. Es wird auf die Eignung der Auskunft zur Nachteilszufügung abgestellt. Da sich nicht ausschließen lässt, dass das Nahost-Geschäft des Unternehmens durch Auskünfte der von Zelter geforderten Art Schaden nimmt, dürfte die herrschende Meinung in diesem Fall zu dem Ergebnis kommen, dass die Auskunft, gestützt auf § 131 Abs. 3 Nr. 1 AktG, verweigert werden darf.

4. Der Missbrauch des Anfechtungsrechts

637 Das Dilemma der Anfechtungsklage besteht darin, dass sie einerseits notwendig und wünschenswert ist, um die Interessen der Aktionäre und die aktienrechtliche Ordnung aufrecht zu erhalten, dass sie andererseits aber häufig auch in unbegründeten oder in unverhältnismäßigen Fällen erhoben wird und dass dadurch wichtige Maßnahmen zu Unrecht verhindert oder unnötig aufgeschoben werden können (so *Zöllner,* AG 2000, 145, 147).

In den letzten Jahrzehnten ist über Mißbräuche des Anfechtungsrechts intensiv diskutiert und gestritten worden. Anlass waren die Aktivitäten einer Reihe von „finanzinnovativen Berufsopponenten", die begonnen hatten, das Anfechtungsrecht zu kommerzialisieren und als käufliche Handelsware in einen „Deal" mit dem Vorstand einzubringen (vgl. dazu *Heuer,* WM 1989, 1401 ff.). Manche Aktionäre erklärten in der Hauptversammlung gegen deren Beschlüsse Widerspruch und drohten mit einer Anfechtungsklage, die in vielen Fällen auch erhoben wurde. Anschließend forderten diese Aktionäre vom Vorstand für „Wohlverhalten" – d. h. Verzicht auf die Anfechtungsklage oder Klagerücknahme – finanzielle Zuwendungen. Der Rechtsmissbrauch einer Anfechtungsklage ist durch eine subjektive Zweck-Mittel-Relation gekennzeichnet, indem die Anfechtungsklage dazu benutzt wird, dass der Kläger sich ungerechtfertigt finanzielle Vorteile verschaffen will (so *Wardenbach*, ZGR 1992, 563, 565).

Nach Auffassung des *BGH* (vgl. insbesondere *BGHZ* 107, 296, 311 f.) ist die Erhebung einer Anfechtungsklage dann rechtsmissbräuchlich und damit unbegründet, wenn der Kläger damit das Ziel verfolgt, die verklagte Gesellschaft in grob eigennütziger Weise zu einer Leistung zu veranlassen, auf die er keinen Anspruch hat und billigerweise auch nicht erheben kann. Dabei muss der Kläger nicht von der Vorstellung ausgehen, dass er die Gesellschaft zur Leistung auffordern muss, es genügt, dass er mit der Klage erstrebt und erwartet, die Gesellschaft werde sich unter dem Druck der infolge dieses Vorgehens befürchteten wirtschaftlichen Nachteile an ihn wenden und ihm Zahlungsangebote unterbreiten (so auch *OLG Düsseldorf* WM 1994, 337, 339).

In seinem „Kochs-Adler"-Urteil hat sich der *BGH* (*BGHZ* 107, 297) eingehend mit dieser Problematik befasst und zunächst daran festgehalten, dass eine Anfechtungsklage nicht der Darlegung eines besonderen Rechtsschutzinteresses bedürfe; dieses ergebe sich bereits daraus, dass die Erhebung der Klage der Herbeiführung eines Gesetz und Satzung entsprechenden Zustandes diene (*BGHZ* 107, 297, 308). Der *BGH* (*BGHZ* 107, 297, 310) betont den im allgemeinen Interesse liegenden Kontrollzweck des Anfechtungsrechts, der einerseits einen institutionellen Rechtsmissbrauch ausschließe, dem Einwand des individuellen Rechtsmissbrauchs aber auch nicht entgegenstehe; so könne in Ausnahmefällen eine eigensüchtige Interessenverfolgung den Vorwurf des Rechtsmissbrauchs begründen. Die Voraussetzungen dafür liegen nach Ansicht des *BGH* (*BGHZ* 107, 297, 311) z.B. dann vor, wenn jemand die Anfechtungsklage mit dem Ziel erhebt, die verklagte Gesellschaft werde die geforderte Leistung erbringen, weil sie hoffe, dass der Eintritt anfechtungsbedingter Nachteile und Schäden dadurch vermieden oder zumindest gering gehalten werden könnte (ebenso *BGH* AG 1990, 259, 262 und *BGH* AG 1991, 102, 104). **638**

Durch das UMAG hat der Gesetzgeber nun versucht, die missbräuchliche Nutzung des Anfechtungsrechts einzuschränken. Künftig ist nur noch derjenige Aktionär zur Anfechtung befugt, der die Aktien schon vor der Bekanntmachung der Tagesordnung für die Hauptversammlung erworben hat (§ 245 Nr. 1 AktG). Damit soll verhindert werden, dass gezielt Aktien zu dem Zweck erworben werden, das Anfechtungsrecht ausüben zu können. Die Neuerung besteht im übrigen darin, dass in maßgeblichen Fällen trotz des Vorliegens von Anfechtungsgründen die Wirksamkeit von Hauptversammlungsbeschlüssen unangetastet bleibt und der Aktionär, der sich beschwert fühlt, im Wesentlichen auf Haftungsansprüche verwiesen wird. Das wird dadurch erreicht, dass **639** trotz eines laufenden Anfechtungsverfahrens bestimmte eintragungsbedürftige Beschlüsse in das Handelsregister eingetragen werden können. Damit wird die Blockadewirkung einer Klage verringert. Die Gesellschaft kann nach § 246 a AktG bei dem Gericht, bei dem die Anfechtungsklage erhoben worden ist, ein Freigabeverfahren einleiten, wenn es sich um eine Maßnahme zur Kapitalbeschaffung oder Kapitalherabsetzung (§§ 182–240 AktG) oder um die Zustimmung zu einem Unternehmensvertrag (§§ 291–307 AktG) handelt. Das Gericht erlässt eine Freigabeentscheidung, wenn die Anfechtungsklage unzulässig oder offensichtlich unbegründet ist (§ 246 Abs. 2 AktG). Das Gericht kann die Freigabe auch dann entscheiden, wenn das Vollzugsinteresse der Gesellschaft unter Berücksichtigung der Schwere der Rechtsverletzung das Aussetzungsinteresse des klagenden Aktionärs überwiegt (§ 246 Abs. 2 AktG; zu alledem *Ph. Göz/T. Holzborn*, WM 2006, 157, 161 f.).

In Fällen, in denen ein Rechtsanwalt als Rechtsberater von Anfechtungsklägern an dem Abschluss eines Vertrages über die Zahlung eines unzulässigen Abfindungsbetrages gegen Rücknahme der Klage und den dazu geführten Verhandlungen mitgewirkt hat, ist daran zu denken, ob die AG gegen den Anwalt Ansprüche aus § 826 BGB geltend machen kann (vgl. dazu *BGH* AG 1992, 317).

639 a Mit dem am 1. Januar 2002 in Kraft getretenen Gesetz zur Regelung von öffentlichen Angeboten zum Erwerb von Wertpapieren und von Unternehmensübernahmen (WpÜG) hat der Gesetzgeber eine Möglichkeit zum Ausschluss von Minderheitsaktionären geschaffen (sog. Squeeze-out). Nach den §§ 327 a bis f AktG können durch Hauptversammlungsbeschluss gegen Barabfindung außenstehende Minderheitsaktionäre aus einer Aktiengesellschaft ausgeschlossen werden, wenn dem vom Gesetz als Hauptaktionär bezeichneten Mehrheitsaktionär mehr als 95% der Aktien gehören (vgl. hierzu im Einzelnen *Fuhrmann/Simon*, WM 2002, 1211 ff.).

5. Die Aktionärsklage

640 Nach dem Text des Aktiengesetzes können die Aktionäre nur in einem sehr begrenzten Umfang auf das Verhalten des Vorstandes Einfluss nehmen, nämlich
- durch Beschlüsse im Rahmen ihrer Zuständigkeit gemäß § 119 AktG
  sowie
- durch die Versagung der Entlastung nach § 120 AktG;
- weitere Einflussmöglichkeiten können sich u. a. aus §§ 122, 131 und § 147 AktG ergeben.

Das *geschriebene* Aktienrecht kennt weder einen Anspruch der Aktionäre auf Verhinderung gesellschaftswidrigen Verhaltens der Gesellschaftsorgane („Abwehrklage"), noch einen Anspruch auf gesetz- und statutenmäßiges Verhalten der Organe der Gesellschaft. Die Verweigerung einer solchen Aktionärsklage durch das Aktiengesetz ist als Eigenart des deutschen Rechts beklagt worden (vgl. u.a. *Hommelhoff,* ZHR 151 [1987], 493, 512ff. und *Zöllner,* ZGR 1988, 392, 420ff.). In diesem Zusammenhang wird gern auf die Aktionärsklage nach amerikanischem Recht hingewiesen (vgl. u.a. *Bühring-Uhle/Nelle,* AG 1989, 41ff.).

Knobbe-Keuk (FS Ballerstedt, S. 246ff.) weist in einer auch **641**
rechtshistorisch orientierten Untersuchung darauf hin, dass das Reichsoberhandelsgericht (ROHG) mit Selbstverständlichkeit dem Aktionär ein Klagerecht gegen die Gesellschaft wegen gesetz- und satzungswidriger Maßnahmen des Vorstandes und des Aufsichtsrates gewährt habe (vgl. u.a. ROHG 23, 273ff. und 25, 310), obwohl das ADHGB durch die Aktiennovelle von 1884 lediglich das Anfechtungsrecht gegen gesetz- und satzungswidrige Generalversammlungsbeschlüsse als *eine Erscheinungsform* des allgemeinen Grundrechts des Aktionärs auf gesetz- und satzungsmäßige Betätigung der Gesellschaft übernommen habe. Nach Auffassung des ROHG (23, 273ff.) stand dem Aktionär eine Klagebefugnis zu, mit der er sein Recht verfolgen konnte, „um der Gesellschaft und seiner Mitgliedschaft willen zu verlangen, dass der Geschäftswille sich entsprechend den Gesetzen und den statuarischen Bestimmungen betätige“. Nach Ansicht von *Knobbe-Keuk* (FS Ballerstedt, S. 251) hat die gesetzliche Regelung der Anfechtungsklage „das fundamentale Recht jedes Aktionärs auf gesetz- und satzungsmäßiges Gebaren“ nicht beseitigt, vielmehr sei die Anfechtungsklage gar nicht anders zu begreifen, als dass sie dem Aktionär zur Verwirklichung seines Rechts gegeben sei, „dass der Wille der Gesellschaft gemäß den gesetzlichen und statuarischen Vorschriften betätigt wird“.

Aus dem Recht des einzelnen Aktionärs auf gesetz- und sat- **642**
zungsmäßige Betätigung der Gesellschaft leitet *Knobbe-Keuk* (FS Ballerstedt, S. 251) ein Klagerecht des Aktionärs auch über den Bereich hinaus ab, in dem die Hauptversammlung als Organ der Gesellschaft fungiert. Dabei nimmt sie auf einen allgemein anerkannten Rechtsgrundsatz Bezug, der schon im Allgemeinen Landrecht für die Preußischen Staaten von 1794 (Einleitung § 89) seinen Niederschlag gefunden hat: „Wem die Gesetze ein Recht geben, dem bewilligen sie auch die Mittel, ohne welche dasselbe nicht ausgeübt werden kann.“

Nach *Knobbe-Keuk* (FS Ballerstedt, S. 253) steht dem Aktionär ein *Klagerecht gegen die Gesellschaft* zu, wenn der Vorstand durch einen Verstoß gegen Vorschriften des Aktiengesetzes und der Satzung die der Aktiengesellschaft gesetzte Rechtsordnung sprengt und deshalb das Handeln des Vorstandes nicht mehr als eine Maßnahme der Geschäftsführung zu werten ist. Soweit die gesetz- und satzungswidrigen Maßnahmen der Geschäftsführung noch nicht durchgeführt sind, soll der Aktionär auf Unterlassung und nach der Durchführung auf Beseitigung (= Rückgängigmachung der Maßnahme, falls dies noch möglich ist) klagen können.

Wiedemann (Organverantwortung, S. 54) vertritt die Auffassung, die Aktionäre hätten keinen Anspruch darauf, dass in der Gesellschaft alles „mit rechten Dingen" zugehe, und zwar schon deshalb nicht, weil ein solcher Anspruch für einen Klageanspruch nicht ausreichend konkretisiert werden könne. *Wiedemann* lehnt eine Aktionärsklage allerdings nicht strikt ab, sondern meint, dass die Einzelaktionärsklage mit dem System des deutschen Aktienrechts ohne weiteres verträglich sei. *Brondics* (S. 93, 103 ff.) bejaht die Aktionärsklage ebenfalls und bezeichnet sie als das Instrument, mit dessen Hilfe ein einzelner Aktionär seinen verletzten oder gefährdeten mitgliedschaftlichen Rechten verbandsinterne Geltung verschaffen kann.

643 In seinem „Holzmüller"-Urteil (*BGHZ* 83, 122) hat der *BGH* 1982 eine „Aktionärsklage auf Unterlassung oder Wiederherstellung" anerkannt und damit die „Aktionärsklage als Individualrecht" aufgefasst (so *Hommelhoff,* ZHR 151 [1987], 513). In dem vom *BGH* entschiedenen Fall ging es um einen einschneidenden Eingriff in die Unternehmensstruktur durch die Abspaltung eines wichtigen Betriebsteils und dessen Verlagerung auf eine Tochtergesellschaft. Nach Auffassung des *BGH* (*BGHZ* 83, 122, 133) hat „jeder Aktionär einen verbandsrechtlichen Anspruch darauf, dass die Gesellschaft seine Mitgliedsrechte achtet und alles unterlässt, was sie über das durch Gesetz und Satzung gedeckte Maß hinaus beeinträchtigt". Dieser Anspruch werde verletzt, wenn der Vorstand die Hauptversammlung und damit auch die einzelnen Aktionäre bei einer Entscheidung von der nach der Sachlage gebotenen Mitwirkung ausschließe. Wenn ein Aktionär sich dagegen zur Wehr setzen wolle, so brauche er sich nicht auf eine Klage gegen den Vorstand verweisen zu lassen.

644 Der *BGH* (*BGHZ* 83, 122, 133 ff.) gewährt ein Klagerecht also nur insoweit, wie der Vorstand die Hauptversammlung und damit auch den einzelnen Aktionär bei einer zu treffenden Entscheidung von der gebotenen Mitwirkung ausschließt. Sanktioniert werden sollen also allein Übergriffe des Vorstandes in den Kompetenzbereich der Hauptversammlung, nicht etwa Pflichtwidrigkeiten in jenem Bereich, den der Vorstand eigenverantwortlich wahrzunehmen hat (vgl. *Hommelhoff,* ZHR 151 [1987], 493, 513).

Der *BGH* (*BGHZ* 83, 122, 134) begründet die Zulassung einer Aktionärsklage mit Rechtsschutzgesichtspunkten. Eine vom Aktionär erhobene Leistungs- oder Unterlassungsklage soll den Zweck haben, die vom Vorstand verletzte Ordnung zu erhalten oder wiederherzustellen und damit die eigenen Rechte (des Aktionärs) wahren; wenn ein Aktionär nicht rechtlos gestellt werden solle, müsse er eine solche Klage jedenfalls dann erheben können, „wenn zur Wahrung seiner Rechte ebenso geeignete aktienrechtliche Behelfe nicht zur Verfügung stehen oder nur auf schwierigen Umwegen zum Ziele führen könnten" (so *BGHZ* 83, 122, 134 f.).

Die Zulässigkeit von Leistungsklagen einzelner Aktionäre trotz des Fehlens entsprechender Regelungen im AktG hat auch das *OLG München* (AG 1994, 134) im Anschluss an *BGHZ* 83, 122 ff. grundsätzlich anerkannt.

Die Zulassung der Aktionärsklage mit dem Charakter der Abwehrklage ist auf Zustimmung gestoßen (vgl. *K. Schmidt,* Gesellschaftsrecht, § 21 V 3; *Brondics,* S. 85 ff.; *Hommelhoff,* ZHR 151 [1987], 493, 512 ff. m. Nachw.), aber auch auf Zurückhaltung und Ablehnung. Kritisch äußert sich *Zöllner* (ZGR 1988, 392, 425 ff.) zum „Klagemodell à la Holzmüller" und betont, das praktische Problem der Zuerkennung einer solchen Klagemöglichkeit liege darin, dass zu viele ausschließliche Kompetenzen der Gesellschafter behauptet werden könnten. 645

III. Die Pflichten aus der Mitgliedschaft, insbesondere die Treuepflichten

1. Die Einlagepflicht

Die Hauptverpflichtung des Aktionärs ist die *Einlagepflicht,* die in der Regel durch Einzahlung von Geld erfolgt und die durch den Nennbetrag oder den höheren Ausgabebetrag der Aktien begrenzt ist (§ 54 Abs. 1 AktG). 646

Der Aktionär muss weder einen Nachschuss bei Verlusten der AG leisten, noch trifft ihn bei der Insolvenz der AG irgendeine Haftung.

2. Die Treuepflichten der Aktionäre

647 Da dem Grunde nach eine alle Gesellschafter in allen Gesellschaftsformen betreffende Treuepflicht anerkannt ist (vgl. *L. Häsemeyer*, ZHR 160 (1996), 109, 113), ist inzwischen nicht mehr umstritten, dass die Aktionäre gegenüber der Gesellschaft und auch untereinander durch Treue- und Loyalitätspflichten gebunden sind. Der *BGH* (*BGHZ* 9, 157, 163; 14, 25, 38; 18, 350, 365) hatte zunächst eine Treuepflicht der Aktionäre nicht anerkannt; später hat er (*BGHZ* 103, 183) seine Meinung deutlich korrigiert. Die eigentlichen Probleme beginnen bei der Bestimmung des Pflichtmaßes, das sich für die Gesellschafter aus der Treuebindung ergibt (vgl. *L. Häsemeyer*, ZHR 160 [1996], 109, 113ff.).

648 Der *BGH* (*BGHZ* 103, 183, 194f.) hat nicht nur eine Treuepflicht zwischen Aktionär und Gesellschaft angenommen, sondern das Bestehen einer „gesellschaftlichen Treuepflicht" auch zwischen den Aktionären als möglich anerkannt. Er ist damit von seiner früheren Rechtsprechung (vgl. *BGHZ* 18, 350, 365) abgerückt und hat dies damit begründet, dass er bisher von einer Überbewertung der körperschaftlichen Struktur der AG ausgegangen sei, die zu der Vorstellung geführt hätte, Rechtsbeziehungen bestünden nur zwischen der Gesellschaft und den Aktionären. Der *BGH* folgt damit der im Schrifttum (vgl. insbesondere *Lutter,* JZ 1976, 224ff.; *Wiedemann,* Bd. I, § 8 II 3; *K. Schmidt,* Gesellschaftsrecht, § 28 I 4) vertretenen Auffassung, nach der auch das Verhältnis der Mitglieder einer Korporation untereinander den Charakter einer Sonderverbindung haben kann. Der *BGH* (*BGHZ* 103, 183, 195) betont, dass insbesondere einen Mehrheitsaktionär eine Treuepflicht treffen könne, weil dieser die Möglichkeit habe, durch Einflussnahme auf die Geschäftsführung die gesellschaftsbezogenen Interessen der Mitgesellschafter zu beeinträchtigen; deshalb sei als Gegengewicht dazu die gesellschaftsrechtliche Pflicht – also Treuepflicht – zu fordern, auf diese Interessen Rücksicht zu nehmen. Der *BGH* (*BGHZ* 103, 183, 195) hat gleichzeitig darauf hingewiesen, dass die Gesellschafterpflichten eines Kleinaktionärs in der Regel nicht von der gesellschaftsrechtlichen Treuepflicht bestimmt werden.

649 In einer Entscheidung aus dem Jahre 1995 ist der *BGH* (*BGHZ* 129, 136ff.) noch einen Schritt weiter gegangen und hat betont, in der Aktiengesellschaft sei nicht nur der Mehrheitsaktionär dem Minderheits- oder Kleinaktionär zur Treue verpflichtet; es bestehe umgekehrt auch eine Treuepflicht des Minderheits- oder des Klein-

aktionärs gegenüber dem Mehrheitsaktionär oder gegenüber anderen Minderheits- oder Kleinaktionären. Der *BGH* (*BGHZ* 129, 136, 143f.) begründet das wie folgt: Bestehe der Kern des Treupflichtgedankens, soweit er im Kapitalgesellschaftsrecht allgemein Geltung beanspruchen könne, darin, dass dem Maß des Einflusses des Gesellschafters das Maß seiner Verantwortung mit der sich daraus ergebenden Pflicht zur Rücksichtnahme auf die Interessen der Gesellschaft und die gesellschaftsbezogenen Belange der Mitgesellschafter entspreche, so treffe dieser Gedanke nicht nur auf das Verhalten des Mehrheitsgesellschafters, sondern auch auf das des Minderheitsgesellschafters zu. Der *BGH* räumt ein, dass Verantwortung und Pflicht zur Rücksichtnahme gegenüber den gesellschaftsbezogenen Belangen von Mitgesellschaftern in der AG häufig nur bei dem Mehrheitsgesellschafter oder einer Mehrheit von Aktionären zum Tragen komme, weil die Einflussnahme meist in der Ausübung von Herrschaftsmacht besteht und eine solche nur bei Vorhandensein einer entsprechenden Mehrheit denkbar ist, während die Möglichkeiten des Kleinaktionärs zur Einflussnahme eher gering sind. Allerdings stehen auch dem Kleinaktionär Rechte zu, deren Wahrnehmung im Einzelfall in einer Art und Weise möglich ist, die den gesellschaftsbezogenen Belangen der übrigen Aktionäre nachteilig sein kann und deren Ausübung daher unter das Gebot der Rücksichtnahme auf diese Interessen zu stellen ist. Der *BGH* (*BGHZ* 129, 136, 144) nennt in diesem Zusammenhang das Recht auf Teilnahme an der Hauptversammlung, dessen Wahrnehmung zu Mißbräuchen durch Störung der Hauptversammlung oder bei der Ausübung des Rederechts führen könne; in derartigen Fällen erlangten die von der Treuepflicht gesetzten Grenzen durchaus Bedeutung.

War die Diskussion über die gesellschaftsrechtliche Treuepflicht 650
in der Aktiengesellschaft zunächst vornehmlich unter dem Aspekt einer Pflichtenbindung der Mehrheit gegenüber der Minderheit erörtert worden, so hat sie sich nunmehr den genau umgekehrt gelagerten Konflikten zugewandt, die in der Praxis gelegentlich tatsächlich auftreten (siehe dazu *Timm*, WM 1989, 484ff.). Geht man davon aus, dass das Bestehen von Treuepflichten unabdingbarer Bestandteil jeglicher Mitgliedschaft und deshalb von der Höhe der Beteiligung unabhängig ist, so können lediglich Inhalt und Ausmaß der Treuepflichten für die einzelnen Gesellschafter unterschiedlich sein. Folgt man dem, so ist die Treuepflicht keinesweges ein Instrument des Minderheitenschutzes (so *Timm*,

WM 1991, 481, 483). Nach *Timm* (WM 1991, 481, 483) soll „Adressat" der Treuepflicht schlechthin jeder Gesellschafter sein, auch mitgliedschaftliche Einzelbefugnisse dürften nicht treuwidrig ausgeübt, d.h. nicht missbraucht werden; dieser Gedanke gelte in besonderem Maße für die Geltendmachung von Sperrminoritäten bei Änderungen des Gesellschaftsvertrages oder bei Satzungsänderungen (vgl. auch *K. Schmidt,* Gesellschaftsrecht, § 20 IV 3). Ob darüber hinaus die Treuepflicht als aktive Seite i.S. eines „Fördergebotes" etwa eine Stimmpflicht begründen kann, wie z.B. die Verpflichtung, bei der Anpassung der Satzung an veränderte Umstände mitzuwirken, ist fraglich (bejahend *Timm,* WM 1991, 481, 483).

651 Erörtert wird auch ob bei schuldhafter Verletzung von Treuepflichten der Aktionär zum Schadensersatz aus § 117 AktG, § 826 BGB oder Pflichtverletzung gemäß § 280 BGB verpflichtet sein kann (vgl. *BGH* WM 1995, 882, 889ff.; *L. Häsemeyer,* ZHR 160 (1996), 109, 123f.; *J. Hennrichs,* AcP 195 [1995], 222ff. und *Timm,* WM 1991, 481, 486ff.).

Wenn der Aktionär einen Stimmrechtsbevollmächtigten benannt hat, darf dieser das Stimmrecht nur unter denselben aus der Treuepflicht folgenden Einschränkungen ausüben wie der die Vollmacht erteilende Aktionär selbst. Allerdings trifft den Bevollmächtigten keine eigenständige gesellschaftsrechtliche Treuepflicht (so *BGHZ* 129, 136).

IV. Der Minderheitenschutz

652 Unter Minderheit kann man denjenigen Personenkreis in einer Gesellschaft oder Körperschaft verstehen, „der dauernd und institutionell auf die Willensbildung in einem Verband keinen Einfluss gewinnen kann und dessen Angelegenheiten daher ständig, soweit die Verbandssphäre reicht, von der Mehrheit mitbesorgt werden" (so *Wiedemann,* Bd. I, § 8 I 3). Um der Gefahr vorzubeugen, dass die Mehrheit der Aktionäre die Leitung der Aktiengesellschaft auch in grundlegenden Entscheidungen allein bestimmt oder dass die Mehrheit sich gar auf Kosten der Minderheit bereichert, sieht das Aktiengesetz einen *Minderheitenschutz* vor. Darunter sind jene Tatbestände zu verstehen, in denen eine Minderheitsgruppe von Aktionären in der Lage ist, auf legale Weise einen Mehrheitsbeschluss zu blockieren oder aber ihren Willen auch gegen die ablehnende Haltung der Mehrheit durchzusetzen. Die Realisierung des Willens der geschützten Minderheit geschieht entweder durch eine entsprechende Erklärung der Minderheit oder durch Einschaltung der Gerichte.

Abgeleitet werden die Minderheitsrechte aus der Mitgliedschaft. Berechnet wird die Minderheit deshalb danach, ob sie eine bestimmte Quote des Grundkapitals repräsentiert oder ob die Nennbeträge der Aktien eine bestimmte Summe erreichen. Minderheitsrechte, die ein bestimmtes Kapital- oder Stimmenquorum voraussetzen, werden auch formelle Minderheitsrechte genannt (zum Minderheitenschutz, der nicht von quantitativen Größen abhängt, siehe *Wiedemann*, Bd. I, § 8). **653**

Zu einer Anzahl von Regelungen, die eine Minderheit von Aktionären schützen soll, gehören: **654**

(1) Eine Aktionärsminderheit, die $^{1}/_{20}$ des Grundkapitals repräsentiert, kann die Einberufung einer Hauptversammlung erzwingen, wenn sie Zweck und Gründe angibt (§ 122 Abs. 1 AktG).
(2) Eine Aktionärsminderheit, die $^{1}/_{20}$ des Grundkapitals oder das Aktienkapital von 500 000 Euro repräsentiert, kann verlangen, dass bestimmte Gegenstände auf die Tagesordnung gesetzt werden (§ 122 Abs. 2 AktG).
(3) Eine Aktionärsminderheit kann unter den in § 142 AktG genannten Voraussetzungen die Bestellung von Sonderprüfern erzwingen.
(4) Eine Minderheit von Aktionären, die $^{1}/_{10}$ des Grundkapitals repräsentiert, kann die gesonderte Abstimmung über die Entlastung von Vorstands- oder Aufsichtsratsmitgliedern herbeiführen (§ 120 Abs. 1 AktG).
(5) Eine Minderheit von 25% des Grundkapitals und einer Stimme kann jede Satzungsänderung verhindern, weil ein Beschluss der Hauptversammlung, der eine Satzungsänderung herbeiführen soll, die Mehrheit von mindestens $^{3}/_{4}$ des bei der Beschlussfassung vertretenen Grundkapitals erfordert (§ 179 AktG).
(6) Eine Kapitalerhöhung gegen neue Einlagen sowie eine ordentliche Kapitalherabsetzung können ebenfalls von 25% und einer Stimme des repräsentierten Grundkapitals verhindert werden (§§ 182 und 222 AktG).

§ 41. Jahresabschluss und Gewinnverwendung

Literatur: *Berg/Stöcker,* Anwendungs- und Haftungsfragen zum Deutschen Corporate Governance Kodex, WM 2002, 1569ff.; *Großfeld/Luttermann,* 4. Aufl. 2005; *P. Ulmer,* Aktienrecht im Wandel, AcP 202 (2002), 143ff.

I. Jahresabschluss und Geschäftsbericht

1. Überblick

655 Die Pflicht des Vorstandes zur Aufstellung eines Jahresabschlusses ergibt sich aus §§ 242, 264 HGB. Der Jahresabschluss besteht gemäß §§ 264, 242 HGB aus der Jahresbilanz, der Gewinn- und Verlustrechnung sowie einem Anhang und einem Lagebericht bei den Kapitalgesellschaften.

Welche Verpflichtungen für eine Kapitalgesellschaft im Einzelnen bestehen, ist zum Teil größenabhängig geregelt. Gemäß § 267 HGB werden die Kapitalgesellschaften in kleine, mittelgroße und große unterteilt (§ 267 HGB). Größenmerkmale sind die Bilanzsumme, die Umsatzhöhe in den letzten zwölf Monaten vor dem Abschlussstichtag und die Zahl der im Jahresdurchschnitt beschäftigten Arbeitnehmer. Die Größenmerkmale, die in § 267 Abs. 1 bis 3 HGB geregelt sind, sind in der folgenden Abbildung dargestellt.

Größenmerkmale	Größenklassen der Kapitalgesellschaften		
	klein	mittelgroß	groß
Bilanzsumme in Mio-EURO	3,438	13,75	> 13,75
Umsatz in Mio-EURO	6,875	27,5	> 27,5
Zahl der Arbeitnehmer	50	250	> 250

656 Die Zuordnung einer Gesellschaft zu einer der drei Größenklassen setzt voraus, dass am Abschlussstichtag mindestens zwei der aufgeführten drei Kriterien erfüllt sind (§ 267 Abs. 4 S. 1 HGB). Unabhängig von diesen Größenklassen gelten sogenannte börsennotierte Kapitalgesellschaften stets als groß, § 267 Abs. 3 S. 2 HGB.

2. Der Jahresabschluss

Der Aufbau der Bilanz ist in § 266 HGB, der Aufbau der Gewinn- und Verlustrechnung in § 275 HGB geregelt. Ferner sind allgemeine Grundsätze für die Gliederung von Bilanz *und* Gewinn- und Verlustrechnung in § 265 HGB enthalten. Im Einzelnen ergeben sich Inhalt und Umfang des Jahresabschlusses aus einer Vielzahl von speziellen Bestimmungen aus dem 3. Buch des HGB. Zur Interpretation einzelner unklarer Spezialregelungen und zur Lückenfüllung kann auf die Generalklausel des § 264 Abs. 2 HGB zurückgegriffen werden. Danach muss der Jahresabschluss „unter Beachtung der Grundsätze ordnungsgemäßer Buchführung ein den tatsächlichen Verhältnissen entsprechendes Bild der Vermögens-, Finanz- und Ertragslage der Kapitalgesellschaft vermitteln". 657

3. Der Anhang

Der Anhang hat nach näherer Maßgabe der §§ 284–288 HGB und § 160 AktG die Bilanz und die Gewinn- und Verlustrechnung näher zu erläutern. Mit der Pflicht zur Anhangerstellung werden zwei Zielsetzungen verfolgt: zum einen dient der Anhang zur Erläuterung der Bilanz und der Gewinn- und Verlustrechnung, § 284 HGB; zum anderen muss der Anhang eine Vielzahl sonstiger betriebswirtschaftlich relevanter Informationen enthalten. Welche dies im Einzelnen sind, ergibt sich aus dem Katalog der Pflichtangaben in § 285 HGB. Zur Anhangerstellung sind grundsätzlich alle Kapitalgesellschaften – unabhängig von ihrer Größe – verpflichtet. Für mittlere und kleinere Unternehmen sind Erleichterungen bei der Erstellung und Veröffentlichung vorgesehen. Selbst für eine kleine GmbH besteht aber noch die Verpflichtung, ca. 80% der zum Anhang erforderlichen Angaben zu machen. 658

4. Der Lagebericht

Gemäß § 264 Abs. 1 HGB ist ein Lagebericht nach Maßgabe des § 289 HGB aufzustellen. Der Lagebericht ist kein Bestandteil des Jahresabschlusses, sondern ergänzt diesen. Er muss zukunftorientiert sein und ein *den tatsächlichen Verhältnissen entsprechendes Bild* der Kapitalgesellschaft vermitteln, um den Adressaten die notwendigen Entscheidungsinformationen an die Hand zu geben. Der Lagebericht hat den Sinn, den Jahresabschluss durch zusätzliche Informationen allgemeiner Art zu ergänzen. Zur Darstellung des Geschäftsverlaufs und der Lage i.S. des § 289 HGB 659 gehören Angaben über Marktstellung und Struktur der Gesellschaft sowie Ausführungen über Auftragseingang, Produktion, Beschäftigungsgrad, Umsatzentwicklung (Menge und Wert), Kostenentwicklung, Rentabilität, Liquidität und Finanzierung (u.a. mit Hilfe sogenannter Kapitalflussrechnungen). Der Sozialbericht ist in der Regel Bestandteil des Lageberichts. Zu den in den Lagebericht aufzunehmenden Vorgängen von besonderer Bedeutung i.S. von § 289 Abs. 2 Nr. 1 sind u.a. zu zählen: wichtige Vertragsabschlüsse, Erwerb und Veräußerung von Immobilien und Beteiligungen, besondere Verluste und Kurzarbeit. Jahresabschluss und Lagebericht mittlerer und großer Aktiengesellschaften i.S.d. § 267 Abs. 2 und 3 HGB unterliegen gemäß § 316 Abs. 1 HGB der Prüfung. Die Prüfung erfolgt durch Abschlussprüfer, die von der Aktionärsversammlung gewählt werden (§ 119 Abs. 1 Nr. 4 AktG). Ergibt die Prüfung keine Beanstandungen, so ist dies gemäß § 322 Abs. 1 HGB durch einen Bestätigungsvermerk zu bestätigen.

5. Die Publizitätspflicht

660 Bei großen und mittleren Aktiengesellschaften unterliegen der Jahresabschluss nebst Bestätigungsvermerk oder Vermerk über dessen Versagung, ferner der Lagebericht, der Bericht des Aufsichtsrats gemäß § 171 Abs. 1 AktG sowie der Ergebnisverwendungsvorschlag und -beschluss der Offenlegungspflicht, § 325 Abs. 1 und 2 HGB. Bei kleinen Aktiengesellschaften bezieht sich die Publizitätspflicht nur auf die Bilanz nebst Anhang sowie den Ergebnisverwendungsvorschlag und -beschluss.

Während kleine und mittlere Aktiengesellschaften ihrer Offenlegungspflicht durch Einreichung der Unterlagen beim Handelsregister nachkommen (§§ 325 Abs. 1, 326 HGB), müssen große Aktiengesellschaften sie zuvor im Bundesanzeiger bekannt machen (§ 325 Abs. 2 HGB).

6. Die Entsprechenserklärung

660a Für börsennotierte Aktiengesellschaften (vgl. § 3 Abs. 2 AktG) gelten teilweise Sonderregelungen. Nach dem durch das TransPuG vom 19. 7. 2002 (BGBl. I S. 2681) neu eingefügten § 161 S. 1 AktG haben Vorstand und Aufsichtsrat jährlich zu erklären, dass den vom Bundesministerium der Justiz im amtlichen Teil des elektronischen Bundesanzeigers bekannt gemachten Empfehlungen der „Regierungskommission Deutscher Corporate Governance Kodex“ entsprochen wurde oder wird oder welche Empfehlungen nicht angewendet wurden oder werden. Dieser Kodex fasst international und national anerkannte Standards guter und verantwortungsvoller Unternehmensführung zusammen (vgl. dazu oben Rn. 481 ff.).

Die Entsprechenserklärung ist den Aktionären gem. § 161 S. 2 AktG dauerhaft zugänglich zu machen und zusammen mit dem Jahresabschluss zum Handelsregister einzureichen (§ 325 Abs. I S. 1 HGB). Zudem ist im Anhang zum Jahresabschluss gem. § 285 Nr. 16 HGB anzugeben, dass die Erklärung abgegeben und den Aktionären zugänglich gemacht worden ist (vgl. zu der bislang noch ungeklärten Frage, welche Sanktionen sich möglicherweise an eine falsche Entsprechenserklärung knüpfen, *Ulmer,* AcP 202 [2002], 143, 166 ff. sowie *Berg/Stöcker,* WM 2002, 1569, 1575 ff.).

II. Die Gewinnverwendung

Weist die Bilanz einen Gewinn aus, so beschließt die Hauptversammlung darüber, wie dieser Gewinn zu verwenden ist. Die Hauptversammlung ist an die Vorschläge des Vorstandes über die Verwendung des Gewinns nicht gebunden (§ 174 AktG). Die Entscheidung darüber, ob ein Gewinn vorhanden ist und wie hoch er ist, ist bereits durch die Feststellung des Jahresabschlusses getroffen. An die festgestellte Gewinnhöhe ist die Hauptversammlung gebunden. Nur in der Gewinnverwendung ist die Hauptversammlung von Vorstand und Aufsichtsrat unabhängig. **661**

Beispiel: Ist die Hauptversammlung der Meinung, der Vorstand habe infolge überhöhter Abschreibungen einen zu niedrigen Gewinn im Jahresabschluss festgestellt, so kann sie weder die Höhe der Abschreibungen ändern, noch einen höheren als den festgestellten Gewinn verteilen. (Zur Bilanzierung künftiger Dividendenforderungen siehe *BGHZ* 65, 230 ff.).

10. Kapitel. Die Kommanditgesellschaft auf Aktien

§ 42. Die Kommanditgesellschaft auf Aktien als Mischform aus Elementen der Aktiengesellschaft und Kommanditgesellschaft

Literatur: *Elschenbroich,* Die Kommanditgesellschaft auf Aktien, 1959; *Fischer,* Die Kommanditgesellschaft auf Aktien nach dem Mitbestimmungsgesetz, 1982; *H. A. Graf,* Die Kapitalgesellschaft & Co. KG auf Aktien. Gesichtspunkte der Unternehmensformwahl und Zulässigkeit der Gesellschaftsrechtsform. Augsburger Rechtsstudien Bd. 14, 1993; *Martens,* Der Beirat in der Kommanditgesellschaft auf Aktien, AG 82, 113 ff.; *ders.,* Mitbestimmung, Konzernbildung und Gesellschaftereinfluß, ZHR 138 (1974), 179 ff.; *Reuter/Körnig,* Mitbestimmung und gesellschaftsrechtlich Gestaltungsfreiheit, ZHR 140 (1976), 494 ff.; *J. Wichert,* Die GmbH & Co. KGaA nach dem Beschluß BGHZ 134, 392, AG 2000, 268 ff.

I. Überblick

662 Die Kommanditgesellschaft auf Aktien ist eine Mischform, in der Elemente der Aktiengesellschaft und der Kommanditgesellschaft miteinander verbunden sind. Die Kommanditgesellschaft auf Aktien ist eine juristische Person. Von der Aktiengesellschaft unterscheidet sie sich dadurch, dass es zwei Arten von Gesellschaftern gibt:

- die Kommanditaktionäre, die das in Aktien zerlegte Grundkapital halten und die für die Verbindlichkeiten der Kommanditgesellschaft nicht haften, und
- mindestens einen persönlich haftenden Gesellschafter, der eine ähnliche Stellung einnimmt wie der Komplementär einer Kommanditgesellschaft.

II. Die Organe der Kommanditgesellschaft auf Aktien

1. Die Komplementäre

663 Die Stellung der persönlich haftenden Gesellschafter entspricht der der Komplementäre einer Kommanditgesellschaft. Für alle Verbindlichkeiten der Gesellschaft haften sie daher den Gläubi-

gern der Gesellschaft unbeschränkt mit ihrem Privatvermögen. Ihre Haftung kann nicht beschränkt werden. Geht eine Kommanditgesellschaft auf Aktien in die Insolvenz, haftet der Komplementär für die Verbindlichkeiten der Kommanditgesellschaft auf Aktien auch persönlich mit seinem Privatvermögen, während die Kommanditaktionäre von jeder persönlichen Haftung befreit sind.

Die persönlich haftenden Gesellschafter haben Vertretungsmacht. Ihnen steht die Geschäftsführung zu (§ 278 Abs. 2 AktG i.V.m. §§ 161 ff. HGB; vgl. auch § 283 AktG). Sie können ihre Stellung allein aus der Satzung, d.h. ohne Einwirkungsmöglichkeiten von Aufsichtsrat und Hauptversammlung herleiten; ihre Stellung ist damit eine wesentlich unabhängigere als die des Vorstandes einer Aktiengesellschaft, insbesondere besitzt der Aufsichtsrat gegenüber den Komplementären keine Personalkompetenz. Andererseits kann die Satzung die Stellung der Komplementäre aber auch wesentlich schwächer ausgestalten. 664

Der persönlich haftende Gesellschafter bei einer Kommanditgesellschaft auf Aktien kann auch eine juristische Person sein (*BGHZ* 134, 392 ff.). Der *BGH* fordert jedoch, dass das Fehlen einer natürlichen Person in der Eigenschaft des Komplementärs in der Firma der Gesellschaft kenntlich gemacht wird (GmbH & Co. KGaA). Er meint, weder aus der Struktur der Kommanditgesellschaft auf Aktien noch aus anderen Gesichtspunkten, wie etwa dem Leitbild des historischen Gesetzgebers, der davon ausging, dass der persönlich haftende Gesellschafter eine natürliche Person sein müsse, sei die Unzulässigkeit der GmbH & Co. KGaA abzuleiten. Innerhalb der durch zwingende gesetzliche Regelungen und die unabweisbaren Bedürfnisse des Rechtsverkehrs gezogenen Grenzen, die im Wesentlichen durch die Notwendigkeiten des Gläubiger- und Anlageschutzes bestimmt werden, müsse – so der *BGH* – „Freiheit zu privatautonomer Gestaltung bestehen, die auch vom Gesetz nicht vorgesehene Mischformen und atypische Lösungen zulässt". 665

Scheidet ein persönlich haftender Gesellschafter aus der KGaA aus, so haftet er gemäß § 278 Abs. 2 AktG i.V.m. §§ 161 Abs. 2, 128, 160 HGB für die vor seinem Ausscheiden begründeten Verbindlichkeiten auch noch nach seinem Ausscheiden. 666

2. Die Kommanditaktionäre

Für die Kommanditaktionäre ist grundsätzlich das Aktienrecht anzuwenden. Sie bilden die Hauptversammlung nach den aktien- 667 rechtlichen Vorschriften. Die Komplementäre haben in der Hauptversammlung kein Stimmrecht, es sei denn, sie besäßen Aktien und seien deshalb zugleich Kommanditaktionäre. Aber auch wenn sie zugleich Kommanditaktionäre sind, können die Komplementäre ein Stimmrecht in der Hauptversammlung nicht ausüben bei der Wahl und Abberufung des Aufsichtsrats, der Entlastung der persönlich haftenden Gesellschafter und bei einigen anderen der in § 285 AktG genannten Gelegenheiten.

668 Über § 278 Abs. 3 AktG finden auch die Vorschriften über das Auskunftsrecht der Aktionäre (§§ 131 f. AktG) Anwendung. Fraglich ist z. B., ob sich das den Kommanditaktionären zustehende Auskunftsrecht bei einer GmbH & Co. KGaA auch auf die Belange der Komplementärgesellschaft (einer GmbH oder AG) erstreckt, soweit es um die Leitung der KGaA geht. Diese Frage ist zu bejahen, sofern infolge der gesellschaftsrechtlichen Verflechtung die Belange der Komplementärin zugleich die KGaA betreffen (vgl. *J. Wichert,* AG 2000, 268, 275).

Beispiel: Ein Kommanditaktionär verlangt Auskunft über die Wettbewerbstätigkeit eines Gesellschafters der GmbH, die Komplementärin der KGaA ist.

3. Der Aufsichtsrat

669 Auch für den kraft zwingenden Rechts zu bildenden Aufsichtsrat der Kommanditgesellschaft auf Aktien gelten dieselben Vorschriften wie für den Aufsichtsrat der Aktiengesellschaft. Darüber hinaus hat der Aufsichtsrat, soweit die Satzung keine andere Regelung trifft, die Beschlüsse der Hauptversammlung auszuführen und insoweit Aktionärsinteressen wahrzunehmen und durchzusetzen (§ 287 AktG).

III. Die Auswirkungen des Mitbestimmungsgesetzes auf die Kommanditgesellschaft auf Aktien

670 Das Mitbestimmungsgesetz 1976 findet auch auf die Kommanditgesellschaft auf Aktien Anwendung (§ 1 Abs. 1 MBG). Im Gegensatz zu den übrigen vom Mitbestimmungsgesetz erfassten Gesellschaftsformen bestellt aber bei der Kommanditgesellschaft auf Aktien nicht der paritätisch zusammengesetzte Aufsichtsrat die Mitglieder des zur gesetzlichen Vertretung des Unternehmens befugten Organs (§ 31 Abs. 1 S. 2 MBG). Die persönlich haftenden Gesellschafter werden durch die Satzung bestimmt. In der mitbestimmten Kommanditgesellschaft auf Aktien ist kein Arbeitsdirektor zu bestellen (§ 33 Abs. 1 S. 2 MBG).

Da der Aufsichtsrat das gesetzliche Vertretungsorgan (den oder 671
die persönlich haftenden Gesellschafter) weder bestellen noch abberufen kann, sind die persönlich haftenden Gesellschafter der Kommanditgesellschaft auf Aktien in ihrer Stellung weitgehend unabhängig (vgl. *Martens,* ZHR 138 [1974], 179, 212ff.; *Reuter/Körnig,* ZHR 140 [1976], 494, 514ff.). Dem mitbestimmten Aufsichtsrat verbleiben das Recht zur Überwachung der Geschäftsführung und die eng damit zusammenhängenden Berichts- und Informationsansprüche. Die mitbestimmungsrechtliche Sonderregelung für die Kommanditgesellschaft auf Aktien findet ihren Grund und ihre Rechtfertigung in der teilweise personenrechtlichen Ausgestaltung der Kommanditgesellschaft auf Aktien, insbesondere in der unbeschränkten Haftung der persönlich haftenden Gesellschafter (vgl. *Reuter/Körnig,* ZHR 140 [1976], 516; *Martens,* ZHR 138 [1974]).

11. Kapitel. Die Gesellschaft mit beschränkter Haftung

§ 43. Der Begriff der GmbH und die Bedeutung der GmbH für das Wirtschaftsleben

Literatur: *B. Dauner-Lieb,* Durchbruch für die Anwalts-GmbH?, GmbH-Rdsch. 1995, 259 ff.; *Lutter/Welp,* Das neue Firmenrecht der Kapitalgesellschaften, ZIP 1999, 1073 ff.; *Scholz/H. P. Westermann,* Einleitung vor § 1 GmbHG.

I. Begriff und Rechtsnatur der GmbH

672 Die Gesellschaft mit beschränkter Haftung (GmbH) ist eine mit Rechtspersönlichkeit ausgestattete Gesellschaft (juristische Person), an der sich die Gesellschafter mit Einlagen auf das in Stammanteile zerlegte Stammkapital beteiligen, ohne persönlich für die Verbindlichkeiten der Gesellschaft zu haften. Die GmbH kann zu jedem vom Gesetz zugelassenen Zweck errichtet werden (§ 1 GmbHG); sie ist eine Handelsgesellschaft und als solche stets Kaufmann (§ 13 Abs. 3 GmbHG).

Wenn die GmbH auch ebenso wie die Aktiengesellschaft eine juristische Person ist, so hat sie doch manche Ähnlichkeit mit den Personengesellschaften. Die Nähe zur Personengesellschaft wird z.B. dadurch deutlich, dass die Gesellschafter die innere Struktur der Gesellschaft ohne wesentliche Einschränkungen frei regeln können. Die gesetzlichen Vorschriften über das Innenverhältnis der Gesellschafter sind grundsätzlich abdingbar, während die Struktur der Aktiengesellschaft fast völlig durch zwingendes Recht festgelegt wird. Die hohe Anpassungsfähigkeit im Hinblick auf das Verhältnis der Gesellschafter untereinander bei der GmbH hat den wichtigen Vorteil, dass die GmbH durch den Gesellschaftsvertrag weitgehend so ausgestaltet werden kann, wie die Zwecke der Gesellschaft dies verlangen; die Gesellschafter können ihre Beziehungen in der Gesellschaft z.B. in erheblichem Umfange nach den für Personengesellschaften geltenden Grundsätzen ordnen.

Die GmbH kann wie jede andere natürliche oder juristische Person Gesellschafter einer anderen Gesellschaft sein.

Beispiel: Die „Wurstwaren Dornseifen-GmbH" kann mit dem Metzger Panschmann eine Kommanditgesellschaft gründen, deren Betrieb auf einen Fleischhandel gerichtet ist. Haben die „Wurstwaren Dornseifen-GmbH" und Panschmann vereinbart, dass die GmbH der persönlich haftende Gesellschafter und Panschmann Kommanditist sein soll, handelt es sich um eine GmbH & Co. KG.

Die GmbH & Co. KG hat als eine der möglichen Gesellschafts- **673**
formen, an denen eine GmbH als Gesellschafterin beteiligt sein kann, erhebliche wirtschaftliche Bedeutung erlangt. Ihre Verwendung ist insbesondere dann zweckmäßig, wenn die Gesellschafter der GmbH und der Kommanditgesellschaft dieselben Personen sind und eine allseitige Haftungsbeschränkung erreichen wollen; als Gesellschafter der GmbH haften diese Personen nicht, als Kommanditisten der GmbH & Co. KG haften sie nur beschränkt mit ihrer Einlage, soweit diese noch nicht an die GmbH & Co. KG geleistet wurde (vgl. oben Rn. 393ff.).

II. Die Bedeutung der GmbH für das Wirtschaftsleben in der Bundesrepublik Deutschland

1. Überblick

Die GmbH hat sich seit ihrer Einführung durch den Gesetzge- **674**
ber im Jahre 1892 schnell zu einer bevorzugten Gesellschaftsform entwickelt. Die Zahl der Gesellschaften mit beschränkter Haftung ist in den letzten Jahrzehnten ständig gestiegen. Ende 1991 gab es in der Bundesrepublik Deutschland 465660 Gesellschaften mit beschränkter Haftung mit einem Stammkapital von ca. 209 Milliarden DM (Zahlen aus: Statistisches Jahrbuch 1992). Bis Ende 1992 stieg die Zahl der Gesellschaften mit beschränkter Haftung auf 549659 mit einem Stammkapital von ca. 246 Milliarden DM. Für den Beginn des Jahres 1995 wurde der GmbH-Bestand auf mehr als 650000 Gesellschaften geschätzt (vgl. *H. Hansen,* GmbH-Rdsch. 1995, 507). Ende 1997 gab es sogar ca. 795000 Gesellschaften mit beschränkter Haftung, deren Zahl sich bis Anfang 2005 auf etwa 996000 erhöht hat (*Kornblum,* GmbH-Rdsch. 2006, 28ff.).

Schon diese Zahlen zeigen, dass die Bedeutung der GmbH für das Wirtschaftsleben in der Bundesrepublik Deutschland erheblich ist.

2. Die Vorzüge der GmbH

675 Die Möglichkeiten, die die GmbH bietet, sind Vorzüge vielerlei Art. Sie führen dazu, dass die meisten Unternehmensneugründungen in der Gesellschaftsform der GmbH erfolgen. Zu diesen Vorzügen zählen:

(1) Die GmbH ist juristische Person. Den Gläubigern haftet deshalb nur das Gesellschaftsvermögen. Die Gesellschafter haften nicht mit ihrem Privatvermögen.
(2) Die GmbH kann zu jedem Zweck gegründet werden; sie muss kein Handelsgewerbe betreiben.
(3) Da das Verhältnis der Gesellschafter untereinander nur durch wenige zwingende gesetzliche Vorschriften bestimmt wird, kann die GmbH über den Gesellschaftsvertrag den Besonderheiten des Einzelfalles besonders gut angepasst werden.
(4) Gemäß § 1 GmbHG kann eine Gesellschaft auch als Einmann-GmbH gegründet werden.

676 (5) Ein Wechsel der Gesellschafter ist im Gegensatz zur OHG und KG ohne große Schwierigkeiten unter Lebenden wie auch von Todes wegen möglich. Die Übertragung des Gesellschaftsanteils erfolgt unter Lebenden durch einen notariell zu beurkundenden Vertrag, der grundsätzlich nicht der Zustimmung der Gesellschafter unterliegt.
(6) Die Gründung einer GmbH ist, was das zur Gründung notwendige Kapital anbetrifft, relativ einfach. Das Mindestkapital beträgt lediglich 25000,– €.

677 (7) Für Familienunternehmen ist die GmbH eine geeignete Gesellschaftsform, weil auch ein oder mehrere Geschäftsführer, die nicht Gesellschafter sein müssen, das Unternehmen leiten können, wenn es an geeigneten oder am Unternehmen interessierten Familienmitgliedern fehlt.
(8) Geschäftsführergehälter sind als Betriebsausgaben zu verbuchen und verringern den zu versteuernden Gewinn.

III. Vorschläge für eine GmbH-Reform

677a Die deutsche GmbH ist wegen der starken Konkurrenz ausländischer Rechtsformen, insbesondere der englischen Limited (private limited company, siehe dazu Rn. 781a ff.), die nach EG-Recht in Deutschland tätig werden können, einem verstärkten Wettbewerbsdruck ausgesetzt. Im Vergleich zum deutschen Recht werden in vielen Mitgliedstaaten der EG geringere Anforderungen an die Gründungsformalien und die Aufbringung eines gezeichneten Kapitals (Mindeststammkapital) bei der Gründung einer GmbH gestellt. Eine Reform des deutschen GmbH-Rechts wird deshalb insbesondere im Hinblick auf eine vereinfachte Gründung diskutiert. Der Referentenentwurf eines „Gesetzes zur Modernisierung des GmbH-Rechts und zur Bekämpfung von Missbräuchen“ (MoMiG; Stand: 19. 5. 2006) sieht ein ganzes Bündel von Maßnahmen vor, welche die Attraktivität der GmbH nicht nur in der Gründung, sondern auch als „werbendes“, also am Markt tätiges Unternehmen erhöhen soll. Dazu gehören u. a.:

- Die Beschleunigung der Unternehmensgründung durch eine Erleichterung der Kapitalaufbringung (das Mindeststammkapital beträgt künftig 10.000 € statt bisher 25.000 €) und der Übertragung von Geschäftsanteilen, sowie durch eine Beschleunigung der Registereintragung.
- Es wird eine bessere Transparenz im Hinblick auf die Gesellschaftsanteile geschaffen. Nach dem Vorbild des Aktienregisters sollen künftig nur diejenigen Personen als Gesellschafter gelten, die in eine Gesellschafterliste eingetragen sind. So können Geschäftspartner der GmbH künftig lückenlos nachvollziehen, wer hinter der Gesellschaft steht.
- Die Gesellschafterliste soll künftig auch als Anknüpfungspunkt für einen dann möglichen gutgläubigen Erwerb von GmbH-Anteilen dienen. Wer einen GmbH-Anteil (Geschäftsanteil) erwirbt, soll unter bestimmten Umständen darauf vertrauen dürfen, dass die in der Gesellschafterliste verzeichneten Personen auch Gesellschafter sind.
- Deutsche Gesellschaften haben bisher nicht die Möglichkeit, ihren Verwaltungssitz in einem anderen Staat zu wählen. Künftig soll es deutschen Gesellschaften möglich sein, einen Verwaltungssitz auch in einem anderen Staat zu wählen, der nicht notwendigerweise mit dem Satzungssitz übereinstimmen muss. Damit soll der Spielraum deutscher Gesellschaften erweitert werden, ihre Geschäftstätigkeit auch außerhalb des deutschen Hoheitsgebietes zu entfalten.

§ 44. Errichtung und Entstehung der GmbH

Literatur: *V. Beuthien,* Zum Haftungsprivileg der Vorgesellschafter – Rechtliche Gründungshilfe zu Lasten der Gläubiger?, FS Hadding, 309ff.; *D. Kleindiek,* Zur Gründerhaftung in der Vor-GmbH, ZGR 1997, 427ff.;

Koch, Die Beteiligung einer Gesellschaft bürgerlichen Rechts an der GmbH-Gründung, ZHR 146 (1982), 118 ff.; *C. Meller-Hannich*, Verwendung von Vorrats- und Mantelkapitalgesellschaften und Prüfung durch das Registergericht, ZIP 2000, 345 ff.; *Th. Raab*, Die Haftung der Gesellschafter der Vor-GmbH im System des Gesellschaftsrechts, WM 1999, 1596 ff.; *W.-H. Roth*, Die Gründerhaftung im Recht der Vor-GmbH, ZGR 1983, 597 ff.; *K. Schmidt*, Theorie und Praxis der Vorgesellschaft nach gegenwärtigem Stande, GmbH-Rdsch. 1987, 72 ff.; *ders.*, Vorratsgründung, Mantelkauf und Mantelverwendung, NJW 2004, 1345 ff.; *D. Schultz*, Rechtsfragen der Vor-GmbH im Lichte der jüngsten höchstrichterlichen Rechtsprechung – *BGHZ* 80, 129, JuS 1982, 732 ff.; *Ulmer*, Die wirtschaftliche Neugründung einer GmbH unter Verwendung eines GmbH-Mantels, BB 1983, S. 1116 ff.

I. Der Gesellschaftsvertrag

678 Wie jede Gesellschaft beruht auch die Gesellschaft mit beschränkter Haftung auf einem Vertrag, den die Gesellschafter miteinander abschließen (Gesellschaftsvertrag). Der Gesellschaftsvertrag, auch *Satzung* der GmbH genannt, erfüllt eine doppelte Funktion:

- er enthält einerseits die *Einigung der Gründer* über die Errichtung der GmbH, die Zweckbestimmung der Gesellschaft, die von den Gesellschaftern übernommenen Verpflichtungen zur Leistung der Beiträge und die Aufteilung der Geschäftsanteile;
- andererseits bildet der Gesellschaftsvertrag (die Satzung) die *Grundlage der Gesellschaft* und prägt sowohl Charakter und Aufbau der GmbH als juristische Person, als auch die Beziehungen der in der Zukunft hinzutretenden Gesellschafter zur GmbH und untereinander (so Ulmer in: Hachenburg, § 2 GmbHG Rn. 4).

679 Das Gesetz schreibt für den Gesellschaftsvertrag einen *Mindestinhalt* vor (§ 3 GmbHG). Dazu gehört die Einigung der Gesellschafter (Gründer) über:

(1) den Gegenstand des Unternehmens,
(2) die Firma und den Sitz des Unternehmens,
(3) den Betrag des Stammkapitals,
(4) den Betrag der von jedem Gesellschafter auf das Stammkapital zu leistenden Einlage (Stammeinlage).

680 Das *Stammkapital der GmbH* entspricht dem Grundkapital bei der Aktiengesellschaft. Es ist die Kapitalgrundlage der GmbH und entspricht grundsätzlich der Summe der von den Gesellschaftern übernommenen Stammeinlagen.

Der Abschluss des Gesellschaftsvertrages bedarf der notariellen Form. Der Gesellschaftsvertrag muss von allen Gesellschaftern unterzeichnet sein (§ 2 GmbHG).

II. Die Entstehung der GmbH und die Haftung der an der Gründung Beteiligten

1. Überblick über den Entstehungsvorgang

Ähnlich wie die Aktiengesellschaft entsteht auch die GmbH in 681
mehreren Phasen. In der Regel beginnt der eigentliche Entstehungsvorgang mit dem Abschluss des Gesellschaftsvertrages. Dies ist jedoch meist nicht die erste Stufe der Entwicklung. Fast immer treffen diejenigen Personen, die eine GmbH gründen wollen, schon vor dem Abschluss des Gesellschaftsvertrages verbindliche Abreden im Hinblick auf die Errichtung der Gesellschaft.

Beispiel: Bertram, Klose und Freske erörtern am abendlichen Stammtisch die Möglichkeit, eine GmbH zu gründen, die auf einem Grundstück der zu gründenden GmbH Eigentumswohnungen errichten und an Interessenten veräußern soll. Sie errechnen die möglichen Gewinne und äußern übereinstimmend, der Sache näher treten zu wollen. Hier ist die Möglichkeit, eine GmbH gründen zu wollen, lediglich erörtert worden, ohne dass sich diejenigen, die darüber gesprochen haben, rechtlich binden wollten. Bertram, Klose und Freske haben deshalb keine Willenserklärungen abgegeben, die eine rechtliche Bindung herbeigeführt haben.

Sobald die Verhandlungen über die Gründung einer GmbH 682
ihren unverbindlichen Charakter verloren und zu rechtsverbindlichen Vereinbarungen zwischen den Personen geführt haben, die eine GmbH errichten wollen, beginnt die erste Phase der Gründung. Diese Phase ist in der Regel erreicht, wenn die Gründer *vertragliche Vereinbarungen* über den Zweck und die Ausgestaltung der zu gründenden GmbH sowie über die Höhe des Stammkapitals getroffen haben.

Zu dem oben genannten **Beispiel:** Bertram, Klose und Freske kommen überein, eine Bauträger-GmbH zu gründen, die auf einem noch zu erwerbenden Grundstück Eigentumswohnungen bauen und veräußern soll. Das Stammkapital soll 150000,– € betragen und zu je einem Drittel von jedem Gesellschafter aufgebracht werden. Sie beschließen, alle Anstrengungen zu unternehmen, um die GmbH möglichst bald zu errichten. Bertram und Klose verhandeln bereits mit der Westfälischen Bank AG über einen Kredit, Freske bemüht sich, ein geeignetes Grundstück für die GmbH zu erwerben. In diesem Stadium haben die Gespräche, die die Gründer der GmbH miteinander geführt haben, ihren rechtlich unverbindlichen Charakter verloren.

683 Diese Phase endet mit dem Abschluss des Gesellschaftsvertrages für die GmbH. Bis zu diesem Zeitpunkt hat in der Regel eine Vorgründungsgesellschaft bestanden. Die zweite Phase, die mit dem Abschluss des GmbH-Gesellschaftsvertrages beginnt, dauert bis zur Eintragung der GmbH in das Handelsregister. In dieser Phase besteht eine Vorgesellschaft, die auch Vor-GmbH genannt wird. Die GmbH, und damit die juristische Person, entsteht erst mit der Eintragung in das Handelsregister.

2. Die Firma der GmbH

684 Seit dem Inkrafttreten des Handelsrechtsreformgesetzes am 1. 7. 1998 gilt auch für die GmbH das vereinfachte und liberalisierte Firmenrecht. Nach § 4 GmbHG muss die Firma der GmbH nur noch die Bezeichnung „Gesellschaft mit beschränkter Haftung" oder eine entsprechende Abkürzung dieser Bezeichnung enthalten.

Damit wird die Möglichkeit eröffnet, neben der Personen-, Sach- oder Mischfirma auch unter einer Phantasiefirma im Handelsverkehr aufzutreten (*Lutter/Welp*, ZIP 1999, 1073 ff.).

Grenzen werden der Firmierung jetzt nur noch durch § 18 HGB gesetzt. Demnach muss die Firma nach wie vor zur *Kennzeichnung* und *Unterscheidung* eines Unternehmens im Rechtsverkehr geeignet sein und darf nicht gegen das in § 18 Abs. 2 HGB normierte Irreführungsverbot verstoßen (vgl. zu den Einzelheiten *Lutter/Welp*, ZIP 1999, 1073 ff.).

3. Stammkapital, Stammeinlage und Kapitalaufbringung

685 Alle Stammeinlagen müssen von den Gründern selbst übernommen werden; Sacheinlagen sind zulässig. Wenn solche geleistet werden sollen, so müssen im Gesellschaftsvertrag der Gegenstand der Sacheinlage und der Betrag der Stammeinlage, auf die sich die Sacheinlage bezieht, festgesetzt sein (§ 5 Abs. 4 GmbHG). Die Gesellschafter müssen in einem solchen Fall einen *Sachgründungsbericht* erstellen, in dem sie u.a. die für die Angemessenheit der Leistungen für Sacheinlagen wesentliche Umstände darzulegen haben (§ 5 Abs. 4 S. 2 GmbHG). Falls der Wert der Sacheinlage im Zeitpunkt der Anmeldung der Gesellschaft zur Eintragung in das Handelsregister nicht den Betrag der dafür übernommenen Stammeinlage erreicht, hat der betreffende Gesellschafter gem. § 9 GmbHG eine Geldeinlage in Höhe des Fehlbetrages zu leisten (Differenzhaftung). Mit der Novellierung des GmbH-Gesetzes ist

für Sacheinlagen insofern eine Sonderregelung eingeführt worden, als dieselben vor der Anmeldung der Gesellschaft so zu bewirken sind, dass sie endgültig zur freien Verfügung der Geschäftsführer stehen (§ 7 Abs. 3 GmbHG).

Im GmbHG findet sich keine ausdrückliche Regelung über die nachträgliche Umwandlung von im Gesellschaftsvertrag vereinbarten Bareinlagen in Sacheinlagen und umgekehrt. Die Umwandlung einer vereinbarten, aber noch nicht erbrachten Sacheinlage in eine Bareinlage durch einstimmigen Gesellschafterbeschluss ist grundsätzlich möglich. Hingegen ergibt sich aus §§ 5 und 19 GmbHG, dass die nachträgliche Umwandlung einer in der Satzung vereinbarten Bareinlage in eine Sacheinlage gegen Sinn und Zweck der zwingenden Vorschriften des § 19 Abs. 2 und 3 GmbHG verstößt und deshalb unzulässig ist. 686

4. Die Vorgründungsgesellschaft

Werden vor dem Abschluss des Gesellschaftsvertrages der GmbH im Sinne der §§ 2ff. GmbHG zwischen den Gründern verbindliche Vereinbarungen im Hinblick auf die Errichtung der GmbH getroffen, so entsteht damit eine *Vorgründungsgesellschaft.* Es handelt sich dabei um eine Gesellschaft bürgerlichen Rechts, deren gemeinsamer Zweck, der erreicht werden soll, die Vorbereitung der GmbH-Gründung ist (*BGH* WM 1984, 1507). 687

Beispiel (nach *BGH* WM 1984, 1507): Die Ehepartner A u. B mieten von M ein Gebäude in der Absicht, darin ein Hotel in der Rechtsform einer noch zu gründenden GmbH zu betreiben. Spätestens mit Abschluss des Mietvertrages haben sich A u. B zu einer Gesellschaft bürgerlichen Rechts zusammengeschlossen, denn ihr Zusammenwirken bei Abschluss des Mietvertrages vor Gründung der GmbH lässt erkennen, dass sie sich dem gemeinschaftlichen Zweck verpflichtet haben, den Betrieb des Hotels durch die in Aussicht genommene GmbH bis zu deren Gründung durch bestimmte, auch rechtsgeschäftliche Maßnahmen vorzubereiten.

Auch diese BGB-Gesellschaft beruht auf einem Gesellschaftsvertrag. Der Gründungsvertrag für eine Vorgründungsgesellschaft, durch den sich mehrere Personen zur Gründung einer GmbH verpflichten, bedarf grundsätzlich der Form des § 2 GmbHG (notarielle Form), da anderenfalls der mit der Form bezweckte Schutz vereitelt würde (so *BGH* WM 1988, 163f.). 688

Allerdings kann eine BGB-Gesellschaft durch Abschluss eines entsprechenden Vertrages auch ohne Beachtung der Formerfordernisse des § 2 GmbHG gegründet werden. Der Zweck dieser

Gesellschaft kann jedoch nur auf eine gemeinsame Vorbereitung der GmbH-Gründung gerichtet sein; eine bindende Verpflichtung zum Abschluss des GmbH-Gesellschaftsvertrages entsteht nicht (so *Roth/Altmeppen,* Rn. 50).

War eine Verpflichtung zur Gründung gewollt und ist diese wegen Formmangels nichtig, so scheitert ein Schadensersatzanspruch wegen Nichterfüllung mit dem Inhalt, so gestellt zu werden, als ob die GmbH gegründet worden wäre, an der Formnichtigkeit des Vorgründungsvertrages (so *BGH* WM 1988, 163, 164). Allenfalls kommt ein Anspruch aus culpa in contrahendo in Betracht, wenn die eine Partei den Vertragsschluss als sicher dargestellt und dann die Vertragsverhandlungen ohne triftigen Grund überraschend abgebrochen hat (vgl. *BGH* WM 1988, 163, 164. Dazu *Brandes,* WM 1988, Sonderbeilage Nr. 2, S. 3).

Eine auf diese Weise schon entstandene, die spätere GmbH-Tätigkeit vorbereitende Personenvereinigung hat mit der in Aussicht genommenen GmbH im Rechtssinne noch nichts zu tun. Es handelt sich um eine eigenständige Gesellschaft bürgerlichen Rechts oder, falls bereits ein Handelsgewerbe betrieben wird, um eine OHG (vgl. *BGHZ* 22, 240). Für die Verbindlichkeiten der Gesellschaft haften alle Beteiligten unbeschränkt und persönlich.

Da das GmbH-Recht noch keine Anwendung findet, gehen die entstandenen Rechte und Verbindlichkeiten mit der GmbH-Gründung *nicht* automatisch auf die Vorgesellschaft oder später auf die GmbH über (so *BGHZ* 91, 148; *BGH* GmbH-Rdsch 1992, 164). Allerdings kann eine die Mitglieder der Vorgründungsgesellschaft befreiende Schuldübernahme zwischen den entsprechenden Gläubigern und der Vor-GmbH vereinbart werden (vgl. *BGH* WM 1985, 479).

Solange nicht der Gesellschaftsvertrag der GmbH notariell beurkundet worden ist, greift die in § 11 Abs. 2 GmbHG bestimmte Haftung dessen, der im Namen der GmbH handelt, nicht ein (vgl. *BGHZ* 91, 148; *BGH* WM 1985, 479).

5. Die Vorgesellschaft

a) Überblick

689 Der auf die Schaffung der Vorgründungsgesellschaft folgende Abschnitt im Verlauf des Gründungsgeschehens beginnt mit dem Abschluss des Gesellschaftsvertrages gemäß §§ 2ff. GmbHG. Die GmbH entsteht allerdings noch nicht mit dem Abschluss des Gesellschaftsvertrages in notarieller Form. Mit dem *Abschluss des Gesellschaftsvertrages als dem Zeitpunkt der Errichtung* beginnt vielmehr ein Durchgangsstadium im Gründungsvorgang der GmbH, das mit der *Eintragung der GmbH in das Handelsregister als dem Zeitpunkt der Entstehung der GmbH als juristischer Person* endet.

b) Die Rechtsnatur der Vorgesellschaft

Mit dem Abschluss des Gesellschaftsvertrages haben die Gründer eine *Vorgesellschaft* (auch Vor-GmbH genannt) entstehen lassen, über deren Rechtsnatur und Verhältnis zur GmbH keine einheitliche Meinung besteht. Nach Ansicht des *BGH* (*BGHZ* 117, 323, 326) ist die Vorgesellschaft „eine notwendige Vorstufe zu der mit der Eintragung entstehenden juristischen Person als werdende Kapitalgesellschaft bereits ein eigenständiges, von ihren Gründern und Gesellschaftern verschiedenes körperschaftlich strukturiertes Rechtsgebilde mit eigenen Rechten und Pflichten." Die Vorgesellschaft ist rechtsfähig (heute h.M., vgl. *BGHZ* 117, 323, 326; *K. Schmidt,* Gesellschaftsrecht, § 34 III 3. mit Nachw.). Sie ist auch partei- und insolvenzfähig. Sie kann deshalb Trägerin eines Unternehmens sein und eine eigene Firma führen. 690

Umstritten ist, ob bei einem fehlerhaften Gesellschafterwechsel in der Vorgesellschaft die Grundsätze der fehlerhaften Gesellschaft (siehe oben Rn. 341 ff.) anwendbar sind. Der BGH (WM 2005, 282 f.) betont, die Gesellschaft sei nach § 16 Abs. 1 GmbHG lediglich berechtigt und verpflichtet, diejenigen als Gesellschafter zu behandeln, die als Erwerber eines Geschäftsanteils bei ihr angemeldet sind. Damit sei ihrem Schutzbedürfnis in ausreichendem Maße Rechnung getragen; eines zusätzlichen Schutzes durch die Anwendung der Grundsätze der fehlerhaften Gesellschaft bedürfe es nicht. Damit wendet der BGH auf die Vorgesellschaft die für die GmbH geltenden Regeln an, soweit sie nicht eine Eintragung in das Handelsregister voraussetzen. 690 a

c) Haftung der Gesellschafter?

Schon vor der Eintragung der GmbH in das Handelsregister werden von den Gründern eine Reihe von Rechtsgeschäften mit Dritten getätigt, die nicht nur der Entstehung der GmbH dienen, sondern mit dem Zweck zusammenhängen, zu dem die GmbH gegründet wird. Fraglich ist, ob und gegebenenfalls in welchem Umfang die Gesellschafter der Vorgesellschaft (Vor-GmbH) persönlich, d.h. mit ihrem Privatvermögen für daraus entstehenden Verbindlichkeiten haften. 691

Fall: Die Eheleute A (Ehemann) und B (Ehefrau), die im Güterstand der Zugewinngemeinschaft leben, gründen ein Unternehmen, das die Rechtsform der GmbH haben soll. Gegenstand des Unternehmens soll der Handel mit Computerhardware und -software sein. Am 2. Januar 2003 wird bei dem Notar N der Gesellschaftsvertrag über die künftige GmbH („A-GmbH") abgeschlossen. Das Stammkapital beträgt 30000,– €; die Stammanteile übernehmen A und B zu je ein Halb. Geschäftsführer soll A sein. Im Laufe des Februar 2003 zahlen A und B je 10000,– € Stammeinlage ein.

Im März 2003 nimmt die künftige GmbH schon einen Teil ihrer Geschäfte auf. Mit Zustimmung von B erwirbt A bei V für die GmbH in Gründung eine Büroeinrichtung für 25000,– €.

Am 1. September 2003 wird die A-GmbH in das Handelsregister eingetragen.

Weil auf die Kaufpreisforderung des V (25000,– €) noch nichts gezahlt worden ist, nimmt V am 15. August 2003 A und B in Anspruch.

1. Kann V am 15. August 2003 von A und B Zahlung von 25 000,– € verlangen?
2. Kann V am 15. September 2003 von A und B Zahlung von 25000,– € verlangen?

692 *aa) Die Handelndenhaftung gemäß 11 Abs. 2 GmbHG.* Die Haftung gemäß § 11 Abs. 2 GmbHG trifft nur die Handelnden. Darunter sind nur die Organe, d.h. die bereits bestellten Geschäftsführer zu verstehen, bzw. Personen, die wie Geschäftsführer auftreten (*BGHZ* 80, 129). Gesellschafter, selbst wenn sie der Handlung zugestimmt haben (*BGHZ* 47, 25), sowie Prokuristen und andere Bevollmächtigte kommen für die Handelndenhaftung nicht in Betracht (vgl. *BGHZ* 66, 359). Der Handelnde haftet nach Inhalt und Umfang so, als sei das abgeschlossene Rechtsgeschäft bereits mit der GmbH zustande gekommen.

693 Nach Ansicht des BGH (*BGHZ* 91, 148ff.) unterscheidet sich die Rechtslage nach der „notariellen Gesellschaftsgründung" grundlegend von dem vorher bestehenden Rechtszustand. Da die Vorgründungsgesellschaft eine eigenständige Gesellschaft bürgerlichen Rechts oder OHG ist, deren Rechte und Verbindlichkeiten nicht automatisch auf die Vor-GmbH (Vorgesellschaft) oder später auf die GmbH übergehen (vgl. Rn. 688), besteht zwischen der Vorgründungsgesellschaft und der Vor-GmbH (Vorgesellschaft) *keine* Kontinuität. Deshalb kann auch das GmbH-Recht – wie z.B. § 11 Abs. 2 GmbHG – auf die Zeit vor dem Gründungsvertrag nicht übergreifen (so überzeugend *BGHZ* 91, 148, 151f.).

Solange der Gesellschaftsvertrag noch nicht notariell beurkundet ist, greift die Haftung nach § 11 Abs. 2 GmbHG also nicht ein (vgl. *BGH* WM 1985, 479).

Der *BGH* (*BGHZ* 91, 148, 151f.) verweist mit Recht darauf, dass, wenn eine Person im Namen einer GmbH oder einer GmbH in Gründung auftritt, der wahre Rechtsträger aus dem (betriebsbezogenen) Rechtsgeschäft berechtigt und verpflichtet wird, falls der Handelnde bevollmächtigt war; fehlt die Vollmacht, haftet der Handelnde selbst nach § 179 BGB.

Die Haftung des Handelnden aus Geschäften, die er mit Ermächtigung aller Gründer im Namen der Gesellschaft abgeschlossen hat, erlischt ohne Rücksicht darauf, ob es sich um eine Sach- oder um eine Bargründung handelt, mit der Eintragung der GmbH (*BGHZ* 80, 182).

bb) Gesellschafterhaftung neben der der Handelndenhaftung? 694
Wenn danach gefragt wird, ob es neben der Handelndenhaftung noch die Möglichkeit gibt, die Gesellschafter der Vorgesellschaft wegen der Verbindlichkeiten der Vor-Gesellschaft persönlich in Anspruch zu nehmen, so ist zunächst zu unterscheiden zwischen Außenhaftung und Innenhaftung.

Zu dieser Problematik werden eine Reihe unterschiedlicher Meinungen vertreten (vgl. dazu *K. Schmidt,* Gesellschaftsrecht, § 34 III 3c mit Nachw.). Die Extreme bewegen sich zwischen
(1) dem Ausschluss einer jeden persönlichen Haftung und
(2) der unbeschränkten persönlichen Haftung der Gesellschafter (wie bei der OHG entsprechend § 128 HGB).

Daneben gibt es jedenfalls noch die folgenden Lösungsmöglichkeiten:
(3) eine Haftung nur in Höhe der von den Gesellschaftern noch nicht geleisteten Einlagen (so die frühere Rechtsprechung des *BGH,* u.a. *BGHZ* 65, 378, 382ff.; 72, 45, 48f.);
(4) eine Verlustausgleichspflicht im Innenverhältnis (so nun *BGHZ* 134, 333ff.).

Dass jegliche Haftung der Gesellschafter ausgeschlossen ist (1) 695
hieße, die Rechtswirkung des § 13 Abs. 2 GmbHG vorwegzunehmen, der aber erst nach Entstehung der GmbH Anwendung finden kann; eine Ausdehnung auf die Vor-GmbH kommt wegen § 11 Abs. 1 GmbHG nicht in Betracht (so zutreffend *BGHZ* 134, 333, 336).

Eine Außenhaftung der Gesellschafter nur in Höhe der noch nicht geleisteten Einlagen (3), wie der *BGH* (u.a. *BGHZ* 65, 378, 382ff.; 72, 45, 48f.) sie früher angenommen hat, ist mit der gesetzlichen Regelung kaum zu begründen; denn die Einlagen sind an die Gesellschaft zu leisten und nicht an die Gläubiger; eine Analogie zu § 171 HGB ist kaum zu begründen (vgl. *K. Schmidt,* Gesellschaftsrecht, § 34 III 3c).

Für eine unbeschränkte Außenhaftung der Gesellschafter (2) tritt u.a. *K. Schmidt* (Gesellschaftsrecht, § 34 III 3c) ein, der meint, sobald die Gesellschaft, ohne eingetragen zu sein, unternehmerisch tätig werde, hafteten die Gründer unbeschränkt und akzessorisch neben der Gesellschaft für deren Verbindlichkeiten. *Beuthien* (FS Hadding, 309, 320) betont, dass nur die unbeschränkte Außenhaftung der Vorgesellschafter dem körperschaftlichen Haftungssystem bei nicht eingetragenen Wirtschaftsvereinen entspreche.

Eine solche unbeschränkte Inanspruchnahme der Gesellschafter – ähnlich wie in §§ 128 und 176 HGB geregelt – lehnt der *BGH* (*BGHZ* 134, 333, 339) mit der Begründung ab, wegen der Nähe der Vor-GmbH zur rechtsfähigen GmbH sei diese Haftungsform für die Gesellschafter nicht typisch.

696 Der *BGH* (*BGHZ* 134, 333ff.) nimmt auch für die Vorgesellschaft eine Verlustdeckungshaftung der Gesellschafter als Innenhaftung (4) an. Er greift dabei auf das Institut der *Unterbilanzhaftung* der Gesellschafter zurück, die die Gesellschafter einer GmbH nach deren Entstehen treffen kann (vgl. dazu unten Rn. 698f.).

Mit Unterbilanzhaftung, auch Differenzhaftung oder Vorbelastungshaftung genannt, bezeichnet man die Haftung der mit vorzeitigem Geschäftsbeginn einverstandenen Gesellschafter gegenüber der Gesellschaft auf den Betrag, um den das tatsächliche Gesellschaftsvermögen im Zeitpunkt der Eintragung in das Handelsregister hinter dem Betrag des Stammkapitals zurückbleibt (vgl. *Hüffer,* AktG, § 41 Rn. 8).

Der *BGH* (*BGHZ* 134, 333, 337) begründet die Unterbilanzhaftung der Gesellschafter einer Vorgesellschaft (4) mit dem Wertungswiderspruch, der dann entstünde, wenn die Haftung der Gesellschafter in der Vor-Gesellschaft beschränkt werde, diese Gesellschafter jedoch nach der Eintragung in das Handelsregister in Gestalt der Unterbilanzhaftung einer unbeschränkten Haftung – allerdings auch nur im Innenverhältnis, d.h. der Gesellschaft gegenüber – ausgesetzt wären. Dieses „Ungleichgewicht zwischen einer beschränkten Haftung vor der Eintragung und einer unbeschränkten Einstandspflicht nach der Eintragung“ will der *BGH* dadurch beseitigen, dass er auch die Gesellschafter einer Vorgesellschaft mit einer Verlustdeckungshaftung im Innenverhältnis belastet; er gestaltet dieses Rechtsinstitut allerdings „als Innenregress mit anteiliger Haftung“ aus.

Die Begründung des *BGH* für diese Lösung ist nicht zwingend, zumal sie im Gesetz kaum eine Stütze findet. Mit Recht weist *Beuthien* (FS Hadding, 309, 314ff.) auf die Systemfremdheit der Binnenhaftung hin. Für die unbeschränkte Außenhaftung der Gesellschafter einer Vorgesellschaft spricht hingegen die auch vom *BGH* (*BGHZ* 134, 333, 335) anerkannte Regel, dass nach allgemeinen Grundsätzen des bürgerlichen Rechts und des Handelsrechts derjenige, der als Einzelperson oder in Gemeinschaft mit anderen Geschäfte betreibt, für die daraus entstehenden Verpflichtungen haftet; dieser Grundsatz gilt so lange, wie er nicht durch eine gesetzliche Regelung oder durch eine vertragliche Beschränkung der Haftung ausgeschlossen wird. Das bedeutet: Wenn, wie bei der Vorgesellschaft, die persönliche Haftung der Gesellschafter nicht ausgeschlossen ist, ist die Abweichung von der Regel einer unbeschränkten Haftung zu einer beschränkten begründungsbedürftig (das erkennt auch der *BGHZ* 134, 333, 336 an). Da eine stichhaltige Begründung für eine Abweichung von der Regel nicht vorliegt, haften die Gesellschafter einer Vorgesellschaft unbeschränkt persönlich für alle Verbindlichkeiten der Vorgesellschaft (wie hier u.a. *K. Schmidt,* Gesellschaftsrecht, § 34 III 3c); siehe zu alledem auch *Th. Raab,* WM 1999, 1596ff.).

Die Außenschuld der Vorgesellschafter gegenüber den Gläubigern der Vorgesellschaft erlischt nicht zu deren Lasten mit der Eintragung der GmbH in das Handelsregister; sie existiert weiter, solange die Gläubiger der Vorgesellschaft nicht befriedigt sind oder die Vorgesellschafter bei oder nach der Eintragung für einen entsprechenden Vorbelastungsausgleich gesorgt haben (FS Hadding, 309, 3204).

Für den Fall, dass die Vor-GmbH vermögenslos ist, keinen Geschäftsführer mehr hat oder weitere Gläubiger nicht vorhanden sind, will auch der *BGH* (*BGHZ* 134, 333, 341) den unmittelbaren Zugriff auf das Privatvermögen der Gesellschafter – allerdings wohl anteilmäßig – zulassen (ebenso *BAG* ZIP 2000, 1546, 1549 und *BFH* ZIP 1998, 1149, 1151).

6. Die Eintragung in das Handelsregister

Vor der Eintragung in das Handelsregister ist durch Abschluss des Gesellschaftsvertrages oder durch einen danach gefassten Beschluss der Gesellschafter ein Geschäftsführer zu benennen. 697

Ebenfalls vor der Eintragung in das Handelsregister sind $1/4$ von jeder Stammeinlage einzuzahlen; der Gesamtbetrag der erbrachten

Bareinlagen zuzüglich der Sacheinlagen muss jedoch mindestens die Hälfte des Mindeststammkapitals gem. § 5 Abs. 1 GmbHG erreichen (§ 7 Abs. 2 GmbHG).

Die Gesellschaft ist zur Eintragung in das Handelsregister anzumelden. Das Registergericht prüft, ob die Voraussetzungen vorliegen, unter denen es eine Eintragung vornehmen kann. Eine Gründungsprüfung, wie sie zum Schutze der Gesellschafter und von Dritten, die mit einer Aktiengesellschaft in Beziehung treten, bei der Aktiengesellschaft gesetzlich vorgeschrieben ist, gibt es bei der GmbH nicht. Der Gesetzgeber ist davon ausgegangen, auch zukünftig auf eine umständliche Gründungsprüfung verzichten zu können (vgl. *K. Schmidt,* NJW 1980, 1769, 1771). Allerdings hat nun eine intensive Prüfung durch das Registergericht stattzufinden. Sollen Sacheinlagen geleistet werden, haben die Gesellschafter dem Registergericht einen Sachgründungsbericht vorzulegen (§ 8 Abs. 1 Nr. 4 GmbHG). Darin haben die Gesellschafter persönlich diejenigen Umstände darzutun, die für die Angemessenheit der Leistungen der Sacheinlagen wichtig sind. (§ 5 Abs. 4 S. 2 GmbHG). Bei einer Überbewertung der Sacheinlagen hat das Gericht die Eintragung der GmbH abzulehnen (§ 9c GmbHG).

Die neu gegründete GmbH kann nur eingetragen werden, wenn der Gesellschaftsvertrag vollständig und in sich geschlossen in einem Schriftstück enthalten ist (*BGH* WM 1982, 698, 699). Nach der Neufassung des § 9c Abs. 2 GmbHG ist der Überprüfungsmaßstab der Gerichte reduziert worden (vgl. Nr. 1–3). Die Eintragung wegen einer nichtigen Bestimmung im Gesellschaftsvertrag kann nur noch abgelehnt werden, wenn die nichtige Bestimmung die Nichtigkeit des gesamten Gesellschaftsvertrages zur Folge hat.

Das *OLG Köln* (GmbH-Rdsch. 1984, 156f.) hat die Eintragung einer GmbH wegen der Nichtigkeit des Gesellschaftsvertrages gem. § 134 BGB abgelehnt. Das *OLG* hat den Gesellschaftsvertrag gem. § 134 BGB für nichtig erachtet, weil mit ihm das gesetzliche Verbot der Zuwiderhandlung gegen die einem Ausländer mit der Aufenthaltserlaubnis erteilten Auflagen umgangen werden sollte (Umgehung des Verbots einer selbstständigen Erwerbstätigkeit oder einer vergleichbaren unselbstständigen Erwerbstätigkeit).

Hat das Registergericht gegen die Eintragung der GmbH keine Bedenken, so nimmt es die Eintragung in das Handelsregister vor. Die Eintragung ist durch eine entsprechende Veröffentlichung bekanntzumachen (§ 10 GmbHG). Erst mit der Eintragung in das Handelsregister entsteht die GmbH als juristische Person mit eigener Rechtspersönlichkeit. Die Eintragung ist also ebenso wie bei der Aktiengesellschaft konstitutiv.

Vor der Eintragung der GmbH in das Handelsregister bestehen noch keine Geschäftsanteile, die übertragen werden könnten. Möglich ist allenfalls eine Übertragung künftiger Geschäftsanteile, die allerdings erst mit der Eintragung der GmbH in das Handelsregister wirksam wird (vgl. *BGH* WM 2005, 283f.). Vorher ist eine Veränderung des Gesellschafterkreises nur durch eine Änderung des Gesellschaftsvertrages möglich (BGHZ 29, 300, 303).

7. Die Haftung der Gesellschafter nach der Eintragung in das Handelsregister (Unterbilanzhaftung)

Mit der Eintragung in das Handelsregister entsteht die GmbH; 698
aus der Vor-GmbH wird unter Beibehaltung der Identität eine juristische Person.

Alle Rechte und Pflichten der Vorgesellschaft werden nun Rechte und Pflichten der GmbH, ohne dass es einer besonderen Übertragung von Verbindlichkeiten bedürfte (vgl. *BGHZ* 80, 129ff.; *K. Schmidt,* Gesellschaftsrecht, § 34 III 4a mit Nachw.).

Mit der Eintragung endet jede persönliche Außenhaftung der Gesellschafter für Verbindlichkeiten der Vorgesellschaft (vgl. *BGHZ* 80, 129, 144). Es endet aber auch die Handelndenhaftung nach § 11 Abs. 2 GmbHG (vgl. *BGHZ* 76, 320, 323; 80, 182, 183f.).

Für die Verbindlichkeiten der nun entstandenen GmbH haftet nach § 13 Abs. 2 GmbHG nur das Gesellschaftsvermögen. Eine persönliche Haftung der Gesellschafter daneben gibt es nach dem Wortlaut des Gesetzes nicht.

Nach ständiger Rechtsprechung des *BGH* (vgl. *BGHZ* 80, 129, 141; 105, 300; 124, 282) entsteht mit der Eintragung in das Handelsregister die Pflicht der Gesellschafter der GmbH zum Ausgleich einer etwa bestehenden Unterbilanz.

Der Übergang der Haftung *kann* bei Verbindlichkeiten, die mit 699
einer satzungsgemäß eingebrachten Sacheinlage, wie z.B. einem Handelsgeschäft, notwendigerweise verbunden sind, zur Folge haben, dass der Wert des eingebrachten Gegenstandes den Betrag der dafür übernommenen Stammeinlage in Wirklichkeit nicht (oder nicht mehr) erreicht. In einem solchen Fall müssen die Gesellschafter der Gesellschaft gegenüber den Fehlbetrag gem. § 9 GmbHG in Geld ausgleichen (sog. *Differenzhaftung;* vgl. *BGHZ* 80, 129, 140). Der *BGH* (*BGHZ* 80, 129, 140f.) will den in § 9

GmbHG verankerten Rechtsgedanken auch bei Bargründungen zur Geltung kommen lassen: Auch bei einer Bargründung haften die Gesellschafter der Gesellschaft (GmbH) gegenüber anteilig für die Differenz zwischen dem Stammkapital (abzüglich solcher Gründungskosten, die der Sache nach zu Lasten der GmbH gehen, wie z.B. Eintragungs- und Bekanntmachungsgebühren) und dem Wert des Gesellschaftsvermögens *im Zeitpunkt der Eintragung;* das schließt gegebenenfalls eine Ausfallhaftung gem. § 24 GmbHG ein. Auf diese Weise kann also eine beschränkte anteilige Nachzahlungspflicht der Gesellschafter entstehen (vgl. zur Problematik *W.-H. Roth,* ZGR 1984, 597, 622ff.; *D. Schultz,* JuS 1982, 732ff.). Da diese Haftung nicht auf die Höhe des Stammkapitals beschränkt ist, sondern unbegrenzt jede darüber hinausgehende Überschuldung ausgleicht, kommt es nicht darauf an, worauf die Kapitallücke zurückzuführen ist. Es kann sein, dass das Stammkapital durch Verbindlichkeiten der Vorgesellschaft wertmäßig geschmälert oder dass es, weil von den Gesellschaftern schon vor der Eintragung freiwillig aufgebracht, bis dahin verbraucht worden ist. Der *BGH* (*BGHZ* 105, 300ff.) spricht in diesem Zusammenhang auch von *Unterbilanzhaftung* (vgl. auch *BGHZ* 124, 282).

Die nach der Eintragung der GmbH in das Handelsregister eingreifende Unterbilanzhaftung bleibt auch dann als reine Innenhaftung ausgestaltet, wenn die GmbH vermögenslos ist oder nur einen Gesellschafter hat (vgl. *BGH* MDR 2006, 404 f.).

8. Die gescheiterte Vor-GmbH

700 In der Praxis kommt es hin und wieder vor, dass die Eintragung einer GmbH in das Handelsregister scheitert oder nicht ernsthaft betrieben bzw. weiterbetrieben wird. Hier stellt sich die Frage, ob die Grundsätze der Verlustdeckungshaftung auch in diesen Fällen Anwendung finden sollen. Nach Auffassung des *BGH* (*BGHZ* 152, 290ff.) muss darauf abgestellt werden, ob die Gesellschafter nach der Aufgabe der Eintragungsabsicht, also nach dem Scheitern der Gründung, den aufgenommenen Geschäftsbetrieb fortsetzen oder nicht. Für den Fall, dass die Gründer einer GmbH, die vor der Eintragung ihre Geschäfte bereits aufgenommen hat und in diesem Stadium gescheitert ist, die Geschäftstätigkeit nach aufgegebener Eintragungsabsicht fortsetzen, müssen sie sich so behandeln lassen, als wären sie in einer Personengesellschaft miteinander verbunden. Denn nach aufgegebener Eintragungsabsicht ist der einzige Grund dafür entfallen, den Gläubigern der Vorgesellschaft zu

versagen, die Gründer persönlich in Anspruch zu nehmen (vgl. dazu *Kleindieck,* ZGR 1997, 427, 446).

Die Außenhaftung trifft auch diejenigen Gesellschafter, die an der Geschäftstätigkeit nicht aktiv beteiligt waren, davon jedoch wussten und dennoch nach dem Scheitern der Eintragung weder die Liquidation der Gesellschaft herbeiführen, noch den Gesellschaftsvertrag kündigen (so *OLG Koblenz* WM 2002, 182ff.).

Deshalb haften die Gesellschafter einer unechten Vor-GmbH entweder nach § 128 HGB, wenn sie ein Handelsgewerbe betreiben, oder, wenn das nicht der Fall ist, wie die Gesellschafter einer Gesellschaft bürgerlichen Rechts. In beiden Fällen haften sie persönlich, unmittelbar, unbeschränkt und gesamtschuldnerisch mit ihrem Privatvermögen für die Verbindlichkeiten der Gesellschaft.

Diese Konsequenzen können die Gründer-Gesellschafter nur dadurch vermeiden, dass sie die Geschäftstätigkeit sofort einstellen und die Vorgesellschaft abwickeln. Tun sie dies, finden die Grundsätze der Verlustdeckungshaftung Anwendung (vgl. *BGHZ* 152, 290ff.).

In dem Fall auf S. 392 (Rn. 691) kommt es für die Lösung darauf an, welcher Meinung man folgt. Schließt man sich der Auffassung des *BGH* an, kann der Gläubiger die Gesellschafter nicht persönlich mit ihrem Privatvermögen in Anspruch nehmen. Es entsteht weder vor noch nach der Eintragung der GmbH in das Handelsregister eine Außenhaftung. Die entstehende Unterbilanzhaftung ist eine reine Innenhaftung. Zu einem anderen Ergebnis gelangt man, wenn man der von einigen Autoren vertretenen Ansicht folgt, die eine Außenhaftung bejaht; danach haften die Gesellschafter beide, sowohl vor als auch nach der Eintragung der Gesellschaft so lange, bis die Gesellschafter die Vorbelastung ausgeglichen haben. Bis zur Eintragung in das Handelsregister kann V den H auch aus § 11 Abs. 2 GmbHG in Anspruch nehmen.

9. Die Gründerhaftung

Um die Beteiligten zur Einhaltung der Gründungsvorschriften 701
zu zwingen, hat der Gesetzgeber eine an die §§ 46ff. AktG angelehnte Gründerhaftung geschaffen. Werden zum Zwecke der Errichtung einer GmbH falsche Angaben gemacht, so haben die Gesellschafter und die Geschäftsführer der Gesellschaft u.a. als Gesamtschuldner fehlende Einzahlungen zu leisten und für

den sonst entstandenen Schaden Ersatz zu leisten (§ 9a Abs. 1 GmbHG).

Nach § 9a Abs. 2 GmbHG sind ferner alle Gesellschafter als Gesamtschuldner *der Gesellschaft* gegenüber zum Schadensersatz verpflichtet, wenn diese von Gesellschaftern durch Einlagen oder Gründungsaufwand vorsätzlich oder infolge grober Fahrlässigkeit geschädigt wird.

Die Gründerhaftung ist eine Haftung aus vermutetem Verschulden. § 9a Abs. 3 GmbHG gestattet den Gesellschaftern und den Geschäftsführern, den Entlastungsbeweis anzutreten.

Um Hintermänner bei der Strohmanngründung zu erfassen, haften nach § 9a Abs. 4 GmbHG auch diejenigen Personen, für die die Gesellschafter Stammeinlagen übernommen haben. Dabei wird den Hintermännern auch das Verschulden des für ihre Rechnung handelnden Gesellschafters zugerechnet.

III. Die Gründung einer GmbH unter Ankauf eines GmbH-Mantels

702 Unter einem *GmbH-Mantelkauf* versteht man den Erwerb der Geschäftsanteile einer GmbH, die in der Regel ihren Betrieb eingestellt hat und über kein nennenswertes Vermögen mehr verfügt, durch eine oder mehrere Personen. Letztere verfolgen in der Regel das Ziel, die noch fortbestehende juristische Person für ihre eigenen, von denjenigen der bisherigen Gesellschafter regelmäßig stark abweichenden Zwecke zu verwenden (vgl. *Ulmer,* BB 1983, 1123, 1124). Auch wird häufig beabsichtigt, Gründungskosten und -formalitäten zu ersparen und die Aufbringung von Mindestkapital und Mindesteinlage zu vermeiden.

Gerade letzteres hat Rechtsprechung und Wissenschaft bewogen, der Praxis von Mantelkauf und Mantelverwendung skeptisch gegenüberzustehen und die Nichtigkeit derartiger Rechtsgeschäfte wegen Gesetzesverstoßes (§ 134 BGB) und Verstoßes gegen die guten Sitten (§ 138 BGB) zu erörtern (vgl. dazu *Scholz/Emmerich,* GmbHG, § 3, Rn. 20ff.).

Die Gründung einer GmbH unter Ankauf eines GmbH-Mantels wird heute überwiegend für zulässig gehalten (vgl. u.a. *OLG Hamburg,* BB 1983, 1116; *Ulmer,* BB 1983, 1123; *Meller-Hannich,* ZIP 2000, 345ff.; kritisch Scholz/*Emmerich,* GmbHG, § 3 Rn. 20ff.). Mit Recht werden Probleme im Hinblick auf die Umgehung der Gründungsvorschriften, insbesondere betreffend die Mindestkapitalausstattung, gesehen. Um einen wirksamen Gläubigerschutz zu gewährleisten, sollten die für die Neugründung geltenden Grundsätze der §§ 5, 7 Abs. 2, 9, 9a und 19 GmbHG etc. Anwendung finden (vgl. Baumbach/Hueck/*Hueck/Fastrich,* § 3 Rn. 13). Das bedeutet z.B., dass derjenige, der mit einem erworbenen leeren GmbH-Mantel am Wirtschaftsleben teilhaben will, denselben mit dem eingetragenen Stammkapital ausstatten muss; außerdem haftet er der Gesellschaft auf Erbringung der Stammeinlage in gleicher Weise wie ein Gründungsmitglied (so zutreffend *OLG Frankfurt* GmbH-Rdsch. 1999, 32ff.).

Diesen Bedenken hat sich der *BGH* (*BGHZ* 153, 158ff.) angeschlossen. Er sieht in der Verwendung des Mantels einer „auf Vorrat" gegründeten GmbH wirtschaftlich eine Neugründung, auf die sinngemäß die Gründungsvorschriften anzuwenden seien; andernfalls könnten letztere umgangen werden, was zur Folge haben könnte, dass die gesetzliche und gesellschaftsvertragliche Kapitalausstattung bei Aufnahme der wirtschaftlichen Tätigkeit nicht gewährleistet sei. Deshalb müsse u.a. eine registergerichtliche Prüfung analog § 9c GmbHG stattfinden; eine in diesem Rahmen vorgenommene Gründungsprüfung habe sich jedenfalls auf die Erbringung der Mindeststammeinlagen und im Falle von Sacheinlagen auf deren Werthaltigkeit zu beziehen (so *BGHZ* 153, 158, 162f.). 702a

Der *BGH* (*BGHZ* 155, 318ff.) will die reale Kapitalaufbringung sowohl bei der Mantelverwendung als auch bei der Aktivierung einer Vorratsgesellschaft durch eine entsprechende Anwendung des Haftungsmodells der Unterbilanzhaftung – bezogen auf den Stichtag der Offenlegung der wirtschaftlichen Neugründung gegenüber dem Registergericht – sicherstellen (kritisch dazu *K. Schmidt,* NJW 2004, 1345ff.).

Neben der Unterbilanzhaftung hält der *BGH* (*BGHZ* 155, 318ff.) auch die Handelndenhaftung entsprechend § 11 Abs. 2 GmbHG für anwendbar, wenn vor Offenlegung der wirtschaftlichen Neugründung die Geschäfts aufgenommen werden, ohne dass alle Gesellschafter zugestimmt haben.

§ 45. Die Verfassung der GmbH

Literatur: *Eisenhardt,* Zum Weisungsrecht der Gesellschafter in der nicht mitbestimmten GmbH, FS Pfeiffer, S. 839ff.; *Gaul,* Information und Vertraulichkeit der Aufsichtsratsmitglieder einer GmbH, GmbH-Rdsch. 1986, 286ff.; *W. Gross,* Deliktische Außenhaftung des GmbH-Geschäftsführers, ZGR 1998, 551ff.; *Klamroth,* Auswirkung des Mitbestimmungsgesetzes auf die GmbH & Co. KG, BB 1977, 305 ff.; *D. Medicus,* Deliktische Außenhaftung der Vorstandsmitglieder und Geschäftsführer, ZGR 1998, 570 ff.; *G. Müller,* Zur Haftung des Gesellschafter-Geschäftsführers aus culpa in contrahendo und aus § 64 Abs. 1 GmbHG, ZIP 1993, 1531 ff.; *U. H. Schneider,* Die Abberufung des Gesellschafter-Geschäftsführers einer zweigliedrigen GmbH, ZGR 1983, 535 ff.; *Sudhoff,* Rechte und Pflichten des Geschäftsführers einer GmbH und einer GmbH & Co., 14. Aufl. 1994; *Vollmar,* Die mitbestimmte GmbH – Gesetzliches Normalstatut, mitbestimmungsrechtliche Satzungsgestaltungen und gesellschaftsrechtlicher Minderheitenschutz –, ZGR 1979, 135 ff.; *Zöllner/Noack,* Geltendmachung von Beschlußmängeln im GmbH-Recht, ZGR 1989, 525 ff.

I. Unterschiede zur Aktiengesellschaft

703 Im Vergleich mit der Verfassung der Aktiengesellschaft ist die Verfassung der GmbH nicht nur einfacher, sie ist auch durch weniger zwingende Vorschriften geprägt, lässt also den Gesellschaftern einen erheblich größeren Gestaltungsspielraum bei der Regelung der inneren Struktur der Gesellschaft.

Die GmbH hat nur zwei zwingend vorgeschriebene Organe, nämlich einen oder mehrere *Geschäftsführer* und die *Gesamtheit der Gesellschafter.* Die Bildung eines *Aufsichtsrates* liegt im Belieben der Gesellschafter. Sie können einen Aufsichtsrat bilden, müssen dies aber in der Regel nicht. Allerdings müssen Aufsichtsräte gebildet werden bei Gesellschaften mit beschränkter Haftung, für die die Mitbestimmungsgesetzgebung das vorschreibt.

Anders als bei der Aktiengesellschaft liegt der Schwerpunkt der Zuständigkeit bei der Gesamtheit der Gesellschafter, soweit der Gesellschaftsvertrag nicht etwas anderes vorsieht (§ 46 GmbHG).

II. Geschäftsführer

1. Die Stellung der Geschäftsführer

704 Die Geschäftsführer, die nicht Gesellschafter sein müssen, führen die Geschäfte der Gesellschaft und vertreten die Gesellschaft gerichtlich und außergerichtlich. Geschäftsführer kann nur eine natürliche, unbeschränkt geschäftsfähige Person sein. Auch Gesellschafter können zu Geschäftsführern bestellt werden (§ 6 Abs. 3 GmbHG). Die Zahl der Geschäftsführer wird durch die Satzung bestimmt.

Wer wegen einer Insolvenzstraftat (§§ 283–283 d StGB) verurteilt worden ist, kann auf die Dauer von fünf Jahren nicht zum Geschäftsführer bestellt werden. Ein Berufs- oder Gewerbeverbot führt zur Untauglichkeit für die Geschäftsführung für die Dauer des Verbots (§ 6 Abs. 2 GmbHG).

Beschränkungen der Vertretungsbefugnis, die dem Geschäftsführer durch die Satzung oder die Gesellschafter auferlegt werden, sind nur im Innenverhältnis wirksam. Gegenüber außenstehenden Dritten, z. B. Kunden oder Lieferanten der GmbH, haben sie keine Wirkung. 705

Beispiel: Kahlhoff ist alleiniger Geschäftsführer der „Neue Heimat Filmproduktion GmbH". Wenn Kahlhoff bei der Firma Adolf Gruner Büroausstatter im Namen der GmbH Möbel für insgesamt 29 000,– € kauft, kommt ein Kaufvertrag zwischen der GmbH, für die Kahlhoff als Vertreter aufgetreten ist, und der Firma Gruner zustande, auch wenn Kahlhoff nach der Satzung der GmbH und nach seinem Dienstvertrag mit der GmbH den Kaufvertrag nur nach vorheriger Zustimmung der Gesellschafter hätte abschließen dürfen.

Die Geschäftsführer sind für eine betriebswirtschaftlich einwandfreie Geldpolitik des Unternehmens verantwortlich. Sie haben stets darauf zu achten, dass Stammkapital, Anlagevermögen und Betriebsmittel so zueinander stehen, dass die GmbH nicht illiquide wird.

2. Bestellung und Abberufung

Die Geschäftsführer werden im Gegensatz zur Aktiengesellschaft durch den Gesellschaftsvertrag (§ 6 Abs. 3 GmbHG) oder von der Gesellschafterversammlung bestellt (§ 46 Nr. 5 GmbHG). Ausnahmen hiervon gelten nur für Großbetriebe, die dem Mitbestimmungsgesetz unterliegen. Ein Geschäftsführer einer GmbH, die nicht der Mitbestimmung unterliegt, kann jederzeit abberufen werden (§ 38 Abs. 1 GmbHG). Allerdings kann der Gesellschaftsvertrag die Zulässigkeit der Abberufung auf den Fall beschränken, dass dieselbe aus wichtigen Gründen (z. B. grobe Pflichtverletzung oder Unfähigkeit zur ordnungsmäßigen Geschäftsführung) notwendig ist (§ 38 Abs. 2 GmbHG). 706

Gemäß § 46 Nr. 5 GmbHG entscheidet die Gesellschafterversammlung auch über die Entlastung der Geschäftsführer. In diesem Rahmen befindet sie auch darüber, ob diese innerhalb der Grenzen, die Gesetz, Satzung oder Einzelanweisung ihrer unternehmerischen Entscheidungsfreiheit und Verantwortung ziehen, ihre unternehmerischen Entschließungen zweckmäßig getroffen, ob sie – mit anderen Worten – bei der Führung des Unternehmens 707 eine „glückliche Hand" gehabt haben (so *BGHZ* 94, 324, 326f.). Bei der Beurteilung dieser Frage hat die Gesellschafterversammlung eine breite Spanne des Ermessens, die es ihr erlaubt, die Entlastung zu erteilen oder zu verweigern, ohne gegen das Gesetz zu verstoßen. Sie kann die Entlastung auch aus unsachlichen Gründen, also willkürlich verweigern, ohne dass der betroffene Geschäftsführer die Entlastung durch die Gesellschafterversammlung im Wege der Klage erzwingen kann. Der *BGH* (*BGHZ* 94, 324, 327) versagt eine solche Klagemöglichkeit mit der Begründung, dass auch eine willkürliche Entscheidung der Gesellschafter „regelmäßig zugleich indiziert, dass ihr Vertrauen in die Geschäftsführung – wenn auch unbegründet – unwiederbringlich verschüttet ist."

708 Das GmbHG unterscheidet nicht zwischen der Abberufung eines Gesellschafter-Geschäftsführers und der Abberufung eines Fremdgeschäftsführers. Problematisch ist, ob ein Gesellschafter, der zugleich Geschäftsführer ist, von der Ausübung des Stimmrechts ausgeschlossen ist, wenn über seine Abberufung abgestimmt wird. Diese Problematik verschärft sich noch, wenn der Gesellschafter-Geschäftsführer die Mehrheit der Anteile hält oder zusammen mit einem anderen Gesellschafter je zur Hälfte an der Gesellschaft beteiligt ist (vgl. dazu *BGHZ* 86, 122; dazu *U.H. Schneider*, ZGR 1983, 535ff.).

Der Bestellung als Geschäftsführer einer GmbH liegt ein von dieser zu unterscheidendes *Anstellungsverhältnis* zugrunde, das rein gesellschaftsrechtlicher Art sein kann, bei Fremdgeschäftsführern aber im Regelfall ein Dienstvertrag ist.

709 In einer GmbH, die dem Mitbestimmungsgesetz 1976 oder der Montanmitbestimmung unterliegt, erfolgt die Anstellung von Geschäftsführern ausschließlich durch den Aufsichtsrat (vgl. u.a. § 31 MBG). Auf die Bestellung und Abberufung von Geschäftsführern finden §§ 84, 85 AktG entsprechende Anwendung. Außerdem ist ein Arbeitsdirektor als gleichberechtigter Geschäftsführer zu bestellen (vgl. u.a. § 33 MBG). Bestellungs- und Anstellungskompetenz liegen beim Aufsichtsrat. Das bedeutet: In der mitbestimmten GmbH ist der Aufsichtsrat auch für Abschluss, Änderung und Aufhebung der Anstellungsverträge mit Geschäftsführern und die dazu notwendigen Entscheidungen zuständig (*BGHZ* 89, 48).

710 Das Bestellungsrecht des Aufsichtsrats schließt es grundsätzlich nicht aus, dass der Gesellschaftsvertrag einer mitbestimmten GmbH über die im GmbHG (§ 6) genannten Voraussetzungen für die Bestellung zum Geschäftsführer hinaus weitere Qualifikationserfordernisse festlegt. Als solche Erfor-

dernisse können z. B. in Betracht kommen: fachliche Qualifikationen, Staatsangehörigkeit, Anteilsbesitz und Zugehörigkeit zu einem bestimmten Personenkreis. Voraussetzung ist allerdings, dass die Eignungsvoraussetzung sachlich begründbar ist und dass für den mitbestimmten Aufsichtsrat noch eine angemessene Auswahlmöglichkeit besteht (so Scholz/*Schneider*, GmbHG, § 6 Rn. 25). Im Hinblick auf die Rechtsstellung des Arbeitsdirektors ist es in einem der Mitbestimmung unterliegenden Unternehmen unzulässig, dem Vorsitzenden der Geschäftsführung ein allgemeines Vetorecht einzuräumen (*BGHZ* 89, 48).

3. Die Haftung

Geschäftsführer, die ihre Pflicht verletzen, in den Angelegenheiten der Gesellschaft die Sorgfalt eines ordentlichen Geschäftsmannes anzuwenden, haften gemäß § 43 Abs. 2 GmbHG der *Gesellschaft* gegenüber solidarisch für den entstandenen Schaden. 711

Den Gläubigern der GmbH gegenüber besteht eine direkte Haftung in der Regel nicht, es sei denn, es ist eine Haftung aus Delikt entstanden. In Betracht kommen Ansprüche aus § 826 BGB (vgl. *OLG Düsseldorf* WM 1993, 1747) und § 823 Abs. 2 BGB insbesondere bei Verletzung solcher Normen des GmbHG, die als Schutzgesetze zugunsten der Gläubiger anzusehen sind (vgl. Baumbach/Hueck/*Zöllner/Noack*, § 43 GmbHG Rn. 79 f.). Unter bestimmten Voraussetzungen kann der Geschäftsführer auch aus § 823 Abs. 1 BGB in Anspruch genommen werden. Nach Ansicht des *BGH* (*BGHZ* 109, 297 ff.) können die von der GmbH zum Schutze absoluter Rechtsgüter zu beachtenden Pflichten auch den Geschäftsführer treffen und bei Verletzung dieser Pflichten seine deliktische Eigenhaftung auslösen (vgl. dazu *Medicus*, ZGR 1998, 570 ff. und *Gross*, ZGR 1998, 551 ff.).

In Betracht kann auch eine Eigenhaftung der Geschäftsführer aus Pflichtverletzung gemäß § 280 i. V. m. §§ 311 Abs. 3, 241 Abs. 2 BGB (culpa in contrahendo) kommen (zu den Voraussetzungen vgl. u. a. *BGHZ* 87, 27 und *BGH* MDR 1983, 305; *BGH* WM 1993, 1882 = ZIP 1993, 763; kritisch dazu *G. Müller*, ZIP 1993, 1531 ff.).

Den Geschäftsführer trifft nach § 64 GmbHG auch eine Insolvenzantragspflicht. Bei Verletzung derselben kann er u. U. auf Ersatz des Insolvenzverschleppungsschadens in Anspruch genommen werden.

III. Die Gesamtheit der Gesellschafter

1. Die Kompetenzen

712 Oberstes Willensorgan der GmbH ist die Gesamtheit der Gesellschafter. Nur die Vertretung der Gesellschaft ist nicht durch die Gesamtheit der Gesellschafter möglich. Die Gesellschafter können gem. § 37 GmbHG den Geschäftsführern Weisungen erteilen (vgl. dazu unten Rn. 716f.).

Anders als bei der Aktiengesellschaft liegt auch die Feststellung der Bilanz bei der GmbH in den Händen der Gesellschafter.

713 Zur nichtentziehbaren Grundlagenkompetenz der Gesamtheit der Gesellschafter zählen Satzungsänderungen (§ 53 GmbHG), die Einforderung von Nachschüssen (§ 26 GmbHG) und die Auflösung der Gesellschaft (§ 60 Abs. 1 Nr. 2 GmbHG). Im Übrigen ist die Aufzählung der Angelegenheiten, in denen die Gesamtheit der Gesellschafter bestimmt, nicht zwingend. Gemäß § 45 Abs. 1 GmbHG kann die Satzung der Gesamtheit der Gesellschafter weitere Aufgaben zuweisen.

2. Entscheidungen durch Beschlussfassung

714 Die Entscheidungen, die die Gesamtheit der Gesellschafter in den ihr obliegenden Angelegenheiten fasst, trifft sie in Gesellschafterversammlungen durch Beschluss. Die Stimmen in der Gesellschafterversammlung sind nach Geschäftsanteilen gewichtet. Wenn keine andere Regelung getroffen ist, geben je 50,– € eine Stimme (§ 47 GmbHG).

Gemäß § 47 Abs. 3 GmbHG kann die Stimmrechtsausübung in der Gesellschafterversammlung durch Bevollmächtigte stattfinden. Die Person des Bevollmächtigten kann der Gesellschafter frei wählen. Eine Vertretung durch Mitgesellschafter verstößt nicht gegen § 181 BGB, weil die Stimmabgabe nicht gegenüber den Mitgesellschaftern erfolgt, sondern gegenüber der Gesellschaft (vgl. *BGHZ* 52, 316, 318).

715 Nach der Grundsatzregelung des § 48 Abs. 1 GmbHG ist das Beschlussorgan die Gesellschafterversammlung der erschienenen Gesellschafter. Das bedeutet, dass bei ordnungsgemäßer Einberufung der Gesellschafterversammlung die Zahl der erschienenen Gesellschafter und deren Beteiligung am Stammkapital für die *Beschlussfähigkeit* der Gesellschafterversammlung unerheblich ist. Der oder die zusammengetretenen Gesellschafter können wirksam Beschlüsse fassen (vgl. Baumbach/Hueck/*Zöllner*, § 48 Rn. 2). Allerdings kann

die Satzung die Beschlussfähigkeit der Versammlung regeln, indem sie entweder generell oder für bestimmte Gegenstände der Beschlussfassung eine Mindestanzahl von Erschienenen oder eine Mindestbeteiligungshöhe (am Stammkapital) vorschreibt. Sinn und Zweck von Satzungsregelungen über die Beschlussfähigkeit bestehen darin, den Entscheidungsprozess auf einer hinreichend breiten Basis stattfinden zu lassen (vgl. *OLG Hamburg* WM 1992, 272).

§ 48 Abs. 2 GmbHG erlaubt die Beschlussfassung ohne Abhaltung einer Gesellschafterversammlung nach zwei dort genannten schriftlichen Verfahren.

Auch Beschlüsse der Gesellschafterversammlung, mit denen die Satzung der Gesellschaft ausgelegt werden soll (= satzungsauslegende Beschlüsse), fallen in die Kompetenz der Gesellschafterversammlung einer GmbH (*BGH* ZIP 2003, 116ff.).

Beispiel: Mit einem Beschluss der Gesellschafterversammlung soll über die unter den Gesellschaftern umstrittene Zustimmungsbedürftigkeit einer Anteilsveräußerung und damit über deren Zulässigkeit nach den einschlägigen Satzungsbestimmungen entschieden werden. Dieser satzungsauslegende Beschluss über die Zulässigkeit von Maßnahmen hat regelnden Charakter wie jeder sonstige Gesellschafterbeschluss auch (vgl. *BGH* ZIP 2003, 116, 118).

Beschlüsse dieser Art sind mit einer Anfechtungs- oder Nichtigkeitsklage angreifbar (vgl. *BGH* ZIP 2003, 116ff.).

3. Das Weisungsrecht der Gesellschafter

Die Gesellschafter können den Geschäftsführern gem. § 37 716
GmbHG *Weisungen* erteilen. Diese Weisungen, die gem. §§ 47, 48 GmbHG durch Gesellschafterbeschluss gebildet werden, können jede beliebige Angelegenheit der Geschäftsführung, auch der laufenden, mit beliebigem Inhalt betreffen, so weit dies nicht durch die Satzung ausgeschlossen ist. Sie sind bindend.

Das Weisungsrecht der Gesellschafter kann durch eine entspre- 717
chende Regelung in der Satzung auf den Aufsichtsrat übertragen werden (vgl. Baumbach/Hueck/*Zöllner/Noack*, § 37 GmbHG Rn. 14; Rowedder/Schmidt-Leithoff/*Koppensteiner*, § 37 GmbHG Rn. 30). In welchem Umfange das Weisungsrecht der Gesellschafter auf den Aufsichtsrat übertragen ist, muss gegebenenfalls im Wege der Auslegung des Gesellschaftsvertrages bestimmt werden. Der Aufsichtsrat kann bestimmte Arten von Geschäften an seine Zustimmung binden (vgl. § 111 Abs. 4 AktG i. V.m. § 52 Abs. 1 GmbHG). Heftig umstritten ist die Frage, wie zu verfahren ist, wenn die Gesellschafter den Geschäftsführer zu einer Maßnahme anweisen, der Aufsichtsrat jedoch seine Zustimmung dazu nicht erteilt *(sog. Organkonflikt)* (vgl. dazu *Eisenhardt*, FS Pfeiffer, 839,

847ff.). Probleme können im Hinblick auf die Folgepflicht der Geschäftsführer entstehen, wenn die Weisungen der Gesellschafter auf Beschlüssen beruhen, die fehlerhaft sind. Grundsätzlich sind die Geschäftsführer nur verpflichtet, wirksame Beschlüsse der Gesellschafter zu befolgen (vgl. dazu *Eisenhardt,* FS Pfeiffer, S. 839, 848ff.).

IV. Der Aufsichtsrat

1. Überblick über die Regelung im GmbH-Gesetz

718 Ob eine GmbH einen Aufsichtsrat bilden muss (obligatorischer Aufsichtsrat), richtet nach dem Gesellschaftsvertrag oder nach den gesetzlichen Regelungen über die Mitbestimmung der Arbeitnehmer. Im letztgenannten Fall können eine Reihe gesetzlicher Regelungen einschlägig sein. Die wichtigsten finden sich im Betriebsverfassungsgesetz und im Mitbestimmungsgesetz. Bei allen Gesellschaften mit beschränkter Haftung, die regelmäßig weniger als 500 Arbeitnehmer beschäftigen, steht es den Gesellschaftern frei, ob sie im Gesellschaftsvertrag verankern wollen, dass ein Aufsichtsrat gebildet wird oder nicht (fakultativer Aufsichtsrat). Ein Aufsichtsrat ist nach dem GmbHG nicht zwingend vorgeschrieben (§ 52 GmbHG).

Sieht der Gesellschaftsvertrag einen Aufsichtsrat vor, so sind, wenn nicht der Gesellschaftsvertrag dies anders regelt, eine Reihe von aktienrechtlichen Vorschriften entsprechend anwendbar. Abweichend von der Regelung im Aktiengesetz, die für die Aktiengesellschaft zwingend ist, kann der Gesellschaftsvertrag bei der GmbH Funktion und Aufgabenstellung des Aufsichtsrates anders gestalten. So kann z.B. bestimmt werden,

- dass bestimmte Personen Mitglieder des Aufsichtsrates sein sollen;
- dass die Mitglieder des Aufsichtsrates nicht von der Gesamtheit der Gesellschafter gewählt, sondern von einem Dritten oder einer Reihe von Dritten bestellt werden;
- dass der Aufsichtsrat gegenüber den Geschäftsführern Weisungs-und Kontrollbefugnisse ausüben soll.

719 Gemäß § 52 GmbHG ist auch § 105 AktG anwendbar, wonach ein Aufsichtsratsmitglied nicht zugleich auch Vorstandsmitglied bzw. Geschäftsführer der Gesellschaft sein kann. Die Satzung einer GmbH vermag zwar die Anwendbarkeit von § 105 AktG

abzubedingen, dabei aber nicht das auch für die GmbH zwingend geltende Organisationsprinzip, wonach eine Tätigkeit als Geschäftsführer mit der eines Aufsichtsratsmitgliedes unvereinbar ist, weil dem Aufsichtsratsmitglied Kontrollfunktionen zukommen; denn niemand kann im Rechtssinne sich selbst kontrollieren (vgl. *OLG Frankfurt* WM 1981, 1095).

Aufsichtsratsmitglieder haften der Gesellschaft gegenüber für Schäden, die durch schuldhafte Pflichtverletzungen entstehen (§ 52 GmbHG i.V.m. §§ 116 und 93 AktG).

Die Aufsichtsratsmitglieder einer GmbH sind grundsätzlich 720
zur Verschwiegenheit verpflichtet. Das ergibt sich auch aus § 52 GmbHG, der auf die entsprechenden Vorschriften über die Verschwiegenheitspflicht der Aufsichtsratsmitglieder und Organvertreter einer AG verweist. Danach sind Gegenstand der Verschwiegenheitspflicht vor allem „vertrauliche Angaben und Geheimnisse der Gesellschaft, namentlich Betriebs- oder Geschäftsgeheimnisse" (§ 93 Abs. 1 AktG). (Zu den Einzelheiten vgl. *Gaul,* GmbH-Rdsch. 1986, 296ff.).

2. Der Aufsichtsrat in der mitbestimmten GmbH

Nach den Vorschriften des *Betriebsverfassungsgesetzes* ist der 721
Aufsichtsrat bei Gesellschaften mit beschränkter Haftung, die regelmäßig mehr als 500 Arbeitnehmer beschäftigen, zwingend vorgeschrieben. Für die Zusammensetzung des nach dem Betriebsverfassungsgesetz vorgeschriebenen Aufsichtsrates gelten die gleichen Vorschriften wie für die Aktiengesellschaft.

Das Mitbestimmungsgesetz, das Montanmitbestimmungsgesetz und das Montanmitbestimmungsergänzungsgesetz gelten für die GmbH grundsätzlich ebenso wie für die Aktiengesellschaft.

Die GmbH ist in § 1 Abs. 1 S. 1 MBG ausdrücklich als der 722
paritätischen Mitbestimmung unterliegende Gesellschaftsform erwähnt. Wenn bei einer GmbH mehr als 2000 Arbeitnehmer regelmäßig beschäftigt sind, muss sie einen paritätisch besetzten Aufsichtsrat bilden. Der Aufsichtsrat in der mitbestimmten GmbH hat nicht denselben Umfang an Aufgaben wie der der AG. Jedenfalls hat er die Personalkompetenz im Hinblick auf die Leitung der GmbH. Der Aufsichtsrat bestellt nicht nur die Geschäftsführer (§ 31 MBG), er ist auch für die Gestaltung und den Abschluss der Anstellungsverträge mit ihnen zuständig (*BGHZ* 89, 48). Dem Aufsichtsrat obliegt als wichtige Aufgabe die Überwachung der Geschäftsführung (§ 25 Abs. 1 Nr. 2

MBG i.V.m. § 111 AktG). Dass den Gesellschaftern ungeachtet der Kompetenz des Aufsichtsrats gegenüber den Geschäftsführern noch ein Weisungsrecht (§ 37 GmbHG) zusteht, ist unstreitig. Umstritten ist hingegen, wie weit dieses Weisungsrecht reicht (vgl. oben Rn. 716f.). Gem. § 111 Abs. 4 S. 2 AktG ist der Aufsichtsrat befugt festzulegen, dass bestimmte Arten von Geschäften nur mit seiner Zustimmung vorgenommen werden dürfen.

723 Die zahlenmäßige Zusammensetzung des Aufsichtsrates, das Wahlverfahren sowie die Vorschriften über Ordnung, Rechte und Pflichten des Aufsichtsrates und über das gesetzliche Vertretungsorgan der Gesellschaft einschließlich des Arbeitsdirektors sind im Mitbestimmungsgesetz für AG und GmbH mit mehr als 2000 Arbeitnehmern in gleicher Weise geregelt. Der Wortlaut des § 1 MBG lässt vermuten, dass in einer GmbH & Co. KG nur die GmbH der Mitbestimmung unterliegt, denn in dieser Gesellschaftskonstruktion ist nur die GmbH Kapitalgesellschaft. Wäre dies zutreffend, so ließe sich die Mitbestimmungsregelung in einer GmbH & Co. KG mit über 2000 regelmäßig beschäftigten Arbeitnehmern dadurch umgehen, dass die GmbH mit möglichst wenig eigenen Arbeitnehmern ausgestattet wird, so dass die in § 1 Abs. 1 MBG vorgeschriebene Beschäftigtenzahl unterschritten wird. Die KG als Personengesellschaft würde dann, auch wenn sie regelmäßig mehr als 2000 Arbeitnehmer beschäftigt, nicht der Mitbestimmung unterliegen. Auf diese Weise könnten sich auch große Unternehmen der Mitbestimmung entziehen, wenn sie die Gesellschaftsform der GmbH & Co. KG wählten.

724 Diese Möglichkeit will § 4 MBG verbauen. Danach unterliegt eine Kapitalgesellschaft (AG und GmbH), wenn sie persönlich haftende Gesellschafterin einer KG ist, unter bestimmten Voraussetzungen der paritätischen Mitbestimmung. Wenn die Mehrheit der Kommanditisten in der KG gleichzeitig an der GmbH mit Mehrheit beteiligt ist, gelten die Arbeitnehmer der KG, sofern die GmbH nicht einen eigenen Geschäftsbetrieb mit regelmäßig mehr als 500 Beschäftigten hat, als Arbeitnehmer der GmbH. § 4 Abs. 2 MBG sieht zusätzlich vor, dass die mitbestimmte GmbH von der Führung der Geschäfte der KG nicht ausgeschlossen werden kann. Bei der GmbH & Co. KG ist die Mitbestimmung allerdings auf die Komplementär-GmbH beschränkt (vgl. dazu *Klamroth*, BB 1977, 305, 307). Das hat allerdings zur Folge, dass bei der Komplementär-GmbH ein Aufsichtsrat zu bilden ist, der die Geschäftsführer bestellt, abberuft etc.

Beispiel: A, B, C und D sind Gesellschafter der „ABC Verwaltungs-GmbH" mit einem Kapital von 50 000,– €. Diese GmbH ist persönlich haftende Gesellschafterin der „ABCD Verwaltungs-GmbH & Co KG". Die KG produziert Möbel und beschäftigt regelmäßig 2100 Arbeitnehmer. Die GmbH hat lediglich 50 Angestellte. Die Kommanditanteile sind gleichmäßig auf die vier GmbH-Gesellschafter verteilt. In diesem Fall werden die Arbeitnehmer der KG den Arbeitnehmern der GmbH zugerechnet. Es gibt dann also 2150 nach dem Mitbestimmungsgesetz wahlberechtigte Arbeitnehmer.

§ 46. Die Mitgliedschaft

Literatur: *C. Armbrüster,* Wettbewerbsverbote im Kapitalgesellschaftsrecht, ZIP 1997, 1269 ff.; *Gessler,* Zur Buchwertabfindung bei Ausscheiden aus einer GmbH, GmbH-Rdsch. 1984, 29 ff.; *Grunewald,* Einsichts- und Auskunftsrecht des GmbH-Gesellschafters nach neuem Recht, ZHR 146 (1982), 211 ff.; *Gustavus,* Das Informationserzwingungsverfahren nach § 51 b GmbHG in der Praxis; *Immenga/Werner,* Der Stimmrechtsausschluß eines GmbH-Gesellschafters, GmbH-Rdsch. 1976, 53 ff.; *U. Hüffer,* Beschlußmängel im Aktienrecht und im Recht der GmbH – eine Bestandsaufnahme unter Berücksichtigung der Beschlüsse von Leitungs- und Überwachungsorganen, ZGR 2001, 833 ff.; *Lessmann,* Vinkulierungsklauseln bei der Vererbung von GmbH-Geschäftsanteilen, GmbH-Rdsch. 1986, 409 ff.; *Lutter,* Zum Informationsrecht des GmbH-Gesellschafters nach neuem GmbH-Recht, ZGR 1982, 1 ff.; *Martens,* Die GmbH und der Minderheitsschutz, GmbH-Rdsch. 1984, 265 ff.; *D. Mayer,* Die Zulässigkeit von Stimmrechtsvereinbarungen im GmbH-Recht, GmbH-Rdsch. 1990, 61 ff.; *G. Müller,* Zur Haftung des Verkäufers von GmbH-Anteilen für falsche Auskünfte über den Wert des Unternehmens, ZIP 2000, 817 ff.; *K. Müller,* Schranken des Informationsrechtes nach § 51 a GmbHG, GmbH-Rdsch. 1987, 87 ff.; *Priester,* Nachfolgeklauseln im GmbH-Vertrag, GmbH-Rdsch. 1981, 206 ff.; *Th. Raiser,* 100 Bände BGHZ: GmbH-Recht, ZHR 151 (1987), 422 ff.; *Reuter,* Stimmrechtsvereinbarungen bei treuhänderischer Abtretung eines GmbH-Anteils, ZGR 1978, 633 ff.; *Schopp,* Einberufung einer GmbH-Gesellschafterversammlung durch eine Minderheit, GmbH-Rdsch. 1976, 126 ff.; *Schwerdtner,* Das Kündigungsrecht des GmbH-Gesellschafters, GmbH-Rdsch. 1976, 101 ff.

I. Der Begriff der Mitgliedschaft

Die Mitgliedschaft eines Gesellschafters einer GmbH stellt die 725
Gesamtheit der Rechte und Pflichten dar, in der der Gesellschafter zur Gesellschaft und zu den übrigen Gesellschaftern steht. Das Gesetz bezeichnet die Mitgliedschaft als Geschäftsanteil.

II. Rechte und Pflichten der Gesellschafter

1. Überblick

726 Wie bei der Aktiengesellschaft kann man die Rechte des Gesellschafters an einer GmbH in zwei Gruppen einteilen, in:
- die *Vermögensrechte* und
- die *Mitverwaltungsrechte.*

Der verbandsrechtliche Grundsatz der Gleichbehandlung der Gesellschafter gilt auch für das Recht der GmbH. Demzufolge ist eine willkürliche, sachlich nicht gerechtfertigte unterschiedliche Behandlung der Gesellschafter verboten. Das bedeutet allerdings nicht, dass die Gewährung unterschiedlicher Rechte im Gesellschaftsvertrag nicht erlaubt ist; sie muss lediglich sachlich gerechtfertigt sein und darf nicht den Charakter der Willkür tragen (zu alledem *BGHZ* 116, 359, 373).

2. Die Rechte

a) Die Vermögensrechte

727 Zu den Vermögensrechten zählen vor allem die Ansprüche auf den Gewinnanteil und auf die Abwicklungsquote. Die Verteilung erfolgt im Verhältnis der Gesellschaftsanteile, sofern die Satzung nichts anderes bestimmt (§ 29 GmbHG).

Gemäß § 29 Abs. 1 GmbHG können die Gesellschafter grundsätzlich Vollausschüttung des Gewinns verlangen. Da aber eine ständige Vollausschüttung oder auch nur die Ausschüttung eines überwiegenden Teils der Gewinne betriebswirtschaftlich in der Regel nicht vertretbar ist, wird in der Praxis häufig von der Möglichkeit Gebrauch gemacht, durch den Gesellschaftsvertrag eine andere als die gesetzliche Regelung zu treffen. Gemäß § 29 Abs. 2 GmbHG kann durch Beschluss der Gesellschafterversammlung mit einfacher Mehrheit von der Vollausschüttung des Gewinns abgesehen und Beträge in Rücklagen eingestellt oder als Gewinn vorgetragen werden.

b) Die Informationsrechte

728 § 51 a GmbHG gewährt jedem Gesellschafter ein *Auskunfts- und Einsichtsrecht.* Von dieser gesetzlichen Regelung kann im Gesellschaftsvertrag nicht abgewichen werden (§ 51 a Abs. 3 GmbHG). Der Anspruch des Gesellschafters auf Information richtet sich gegen die Gesellschaft selbst, die Trägerin der Informationspflicht ist (vgl. *BGHZ* WM 1997, 1052f.).

Die Geschäftsführer müssen gem. § 51 a S. 1 GmbHG jedem Gesellschafter auf Verlangen unverzüglich Auskunft über die Angelegenheiten der Gesellschaft geben und die Einsicht in Bücher und Schriften gestatten. Gegenstand des Auskunftsrechts sind die Angelegenheiten der Gesellschaft.

Für dessen Inanspruchnahme es nicht erforderlich ist, dass er ein besonderes Interesse an dem Erhalt der Information dartut (*OLG Stuttgart OLGZ* 1983, 184 ff.). Das bedeutet allerdings nicht, dass der einzelne Gesellschafter ein Recht hat, nach den Alltäglichkeiten in der GmbH zu fragen (vgl. *Grunewald*, ZHR 146 [1982], 211, 237).

Die Einschränkung, die sich für die AG aus § 131 Abs. 1 AktG ergibt (die Auskunft muss zur Beurteilung des Gegenstands der Tagesordnung der Hauptversammlung erforderlich sein), existiert im GmbH-Recht nicht. Der im Vergleich mit dem Aktienrecht weitere Umfang des Auskunftsrechts bei der GmbH wird mit dem sehr viel größeren Risiko der Beteiligung an einer GmbH erklärt (so Baumbach/Hueck/*Zöllner*, § 51 a Rn. 10).

Angelegenheiten der Gesellschaft sind vor allem solche Tatsa- 729
chen, die die Unternehmensleitung betreffen und für die Gewinnermittlung und -verwendung wesentlich sind (vgl. *K. Schmidt*, NJW 1980, 1769, 1773). Zu den Angelegenheiten der Gesellschaft i.S. des § 51 a GmbHG gehören bei einer GmbH & Co. KG zu denen der GmbH auch stets diejenigen der KG (vgl. *OLG Hamm* GmbH-Rdsch. 1986, 384; vgl. auch *BGH* WM 1988, 1447, 1448). Das bedeutet, dass das Einsichtsrecht als Teil eines einheitlichen Informationsanspruchs des GmbH-Gesellschafters sich auch auf die Bücher und Schriften der KG erstreckt. Dafür spricht, dass sich in einer GmbH & Co. KG das unternehmerische Geschehen dann, wenn eine GmbH keinen eigenen Geschäftsbetrieb hat, sondern nur der Geschäftsführung und Verwaltung der KG dient, allein in der KG abspielt. Darüber hinaus wird die Komplementär-GmbH wegen ihrer unbeschränkten Haftung von allen Angelegenheiten der KG maßgeblich berührt (so *OLG Düsseldorf*, WM 1990, 1823).

Ein Recht zur Verweigerung der Auskunft besteht, wenn zu be- 730
sorgen ist, dass der Gesellschafter die Information zu gesellschaftsfremden Zwecken verwenden und dadurch der Gesellschaft oder einem verbundenen Unternehmen einen nicht unerheblichen Nachteil zufügen wird. Die Verweigerung bedarf eines Beschlusses der Gesellschafter (§ 51 a Abs. 2 GmbHG). Das Informationsrecht des GmbH-Gesellschafters gemäß § 51 a GmbHG ist

Element seiner Mitgliedschaft, ihm aber zugleich individuell zugeordnet: ein „mitgliedschaftliches Individualrecht" (so *Lutter*, ZGR 1982, 1, 3). Als solches unterliegt es nicht nur den allgemeinen Rechtsausübungsschranken, die sich aus § 242 BGB (Rechtsmissbrauch) ergeben, sondern auch den übrigen Schranken, die aus der mitgliedschaftlichen Förder- und Treuepflicht eines jeden Gesellschafters erwachsen. Dennoch ist zu betonen, dass die allgemeine materielle Schranke des Informationsrechts des Gesellschafters sehr weit gezogen ist. Deshalb können nur solche Informationswünsche ausgeschlossen werden, die erkennbar funktionslos und zweckwidrig sind. Darunter fallen solche, die „ersichtlich (nur) Sand in das Getriebe der Gesellschaft streuen, unter keinem Gesichtspunkt aber dem Gesellschafter nützen" (so *Lutter*, ZGR 1982, 1, 3). Auch im Rahmen des § 51a GmbHG kann ein Informationsanspruch dort nicht bestehen, wo die Informationsgewährung gegen eine Verbotsnorm – etwa eine solche des Bundesdatenschutzgesetzes – verstoßen würde (vgl. *K. Müller*, GmbH-Rdsch. 1987, 87, 92).

Wird einem Gesellschafter das Auskunfts- und Einsichtsrecht gemäß § 51a GmbHG verweigert, kann er ein Informationserzwingungsverfahren gemäß § 51b GmbHG einleiten (zur Praxis und zu Verfahrensfragen siehe *Gustavus*, GmbH-Rdsch. 1989, 181ff.).

Das Informationsrecht des GmbH-Gesellschafters endet, wenn er nicht mehr Gesellschafter ist (*BGH* NJW 1989, 225).

c) Stimmrechte

731 *aa) Überblick.* Zu den Mitverwaltungsrechten des GmbH-Gesellschafters zählen das Teilnahmerecht an der Gesellschafterversammlung und das Stimmrecht. Das mit jedem Gesellschaftsanteil verbundene Stimmrecht ist das Recht, durch Stimmabgabe an Gesellschafterbeschlüssen mitzuwirken.

732 *bb) Stimmrechtsausschluss und Stimmbindung.* Durch die Satzung der GmbH kann das Stimmrecht der Gesellschafter ausgeschlossen werden (*BGHZ* 14, 264, 269). Allerdings kann der Stimmrechtsausschluss nur für einzelne Gesellschafter, nicht aber für alle Gesellschafter eingeführt werden (so *Immenga/Werner*, GmbH-Rdsch. 1976, 53). Die Stimmrechtsmacht, die einem Gesellschafter nach dem GmbHG zukommt, unterliegt also der freien Satzungsgestaltung durch die Gesellschafter; Grenzen sind nur dort erreicht, wo die allgemeinen Schranken der Mehrheitsherr-

schaft – die u.a. durch den Gleichbehandlungsgrundsatz und die Treuepflichten errichtet sind –, überschritten werden (vgl. *D. Mayer*, GmbH-Rdsch. 1990, 61, 65).

Unter Berücksichtigung des allgemeinen Grundsatzes des Per- 733
sonenverbandsrechts, dass die aus einer Mitgliedschaft fließenden unübertragbaren Verwaltungsrechte, wie das *Stimmrecht*, nicht von der Mitgliedschaft selbstständig und von ihr losgelöst übertragen, somit „abgespalten" werden können, gilt auch für das GmbH-Recht: Das Stimmrecht eines Gesellschafters kann von seinem durch Anteilserwerb begründeten Mitverwaltungsrecht nicht derart abgespalten werden, dass es einem anderen, insbesondere einem Nichtgesellschafter übertragen wird, während die übrigen Mitverwaltungs- und sonstigen Beteiligungsrechte dem Inhaber des Geschäftsanteils verbleiben. Bei einer juristischen Person folgt dies schon aus der „Einheitlichkeit der Mitgliedschaft" (so *BGHZ* 43, 261, 267; vgl. auch *BayObLG* WM 1986, 226f.).

Das GmbH-Gesetz enthält in § 47 Abs. 4 einige Fälle, in denen 734
Gesellschafter von Gesetzes wegen kein Stimmrecht haben und ausüben dürfen (Stimmverbote). So dürfen Gesellschafter, die von folgenden Beschlussgegenständen betroffen werden, nicht mitstimmen: Entlastung von Geschäftsführern und Aufsichtsratsmitgliedern, Vornahme von Rechtsgeschäften sowie Einleitung oder Erledigung eines Rechtsstreites, Befreiung von einer Verbindlichkeit. Diese Regelung beruht auf der Erwägung, „dass von einem selbst Beteiligten eine Zurückhaltung seiner eigenen Interessen nicht erwartet werden kann" (*BGHZ* 51, 209, 215). Allerdings kann dieser Gedanke nicht schon immer dann zu einem Stimmrechtsausschluss führen, wenn sich ein Gesellschafter überhaupt in einem Interessenkonflikt befindet; „eine solche Lösung ginge auf Kosten der Rechtssicherheit und könnte ein sachgerechtes Zusammenwirken der Gesellschafter entsprechend dem Gewicht ihrer Beteiligungen in Frage stellen" (*BGHZ* 68, 107, 109).

Vereinbarungen eines Gesellschafters mit anderen Gesellschaftern oder Dritten über die Ausübung des Stimmrechts sind grundsätzlich zulässig (vgl. *BGHZ* 48, 163). *Stimmbindungsvereinbarungen* dieser Art können eine einmalige Abstimmung betreffen, aber auch auf Dauer angelegt sein.

In der Praxis haben zunehmend *Treuhandverhältnisse* mit *Vereinbarungen* 735
über die Ausübung des Stimmrechts an GmbH-Anteilen an Bedeutung gewonnen. Einen typischen Treuhandvertrag, der sich nach bestimmten Regeln richtet, gibt es nicht. Im Einzelfall sind die Rechtsbeziehungen jeweils aus den Umständen oder den ausdrücklich getroffenen Vereinbarungen zu entnehmen.

Die Rechtsbeziehungen zwischen Treugeber und Treuhänder können durchaus so gestaltet sein, dass sich der Treugeber nicht mit einem schuldrechtlichen Weisungsrecht und der Möglichkeit, durch Kündigung des Treuhandverhältnisses das Treugut wieder an sich zu ziehen, zufrieden gibt, sondern zusätzlich bestimmte Befugnisse sich persönlich vorbehält oder tatsächlich wahrnimmt (vgl. *BGH* WM 1976, 1247). So kann u.a. jemand seinen Anteil an einer GmbH zu treuen Händen an einen Nichtgesellschafter abtreten, sich aber zumindest schuldrechtlich die Ausübung des Stimmrechts wirksam vorbehalten (*BGH* WM 1976, 1247; vgl. zur Problematik *Reuter,* ZGR 1978, 633 ff.).

d) Die Nichtigkeit und Anfechtbarkeit von Beschlüssen der Gesellschafterversammlung

736 Ein weiteres wichtiges Mitverwaltungsrecht des GmbH-Gesellschafters ist das Recht, Beschlüsse der Gesellschafterversammlung angreifen zu können.

Über die Nichtigkeit und Anfechtbarkeit von Beschlüssen, die die Gesamtheit der Gesellschaft fasst, enthält das Gesetz keine Vorschriften. Nach herrschender Meinung (*BGHZ* 11, 231; 87, 1; 101, 113, 116. Vgl. zur Problematik *Zöllner/Noack,* ZGR 1989, 525 ff.) ist die Lücke durch eine entsprechende Anwendung der aktienrechtlichen Vorschriften, insbesondere der §§ 241 ff. AktG, auszufüllen.

So ist z.B. nach dem für die GmbH entsprechend geltenden § 241 Nr. 1 AktG i.V.m. § 121 Abs. 2 AktG der Beschluss einer Gesellschafterversammlung nichtig, wenn diese von Personen einberufen worden ist, die dazu nicht befugt waren (*BGHZ* 87, 1). Sittenwidrige Beschlüsse der Gesellschafterversammlung einer GmbH sind nicht nach § 138 BGB, sondern nur dann nichtig, wenn ihr Inhalt gem. § 241 Nr. 4 AktG gegen die guten Sitten verstößt (*BGHZ* 15, 382, 384 f.; 101, 113, 116 f.).

737 Ob § 246 Abs. 1 AktG – Anfechtungsklage innerhalb eines Monats nach Beschlussfassung – auf die GmbH entsprechend anwendbar ist, hat der *BGH* (*BGHZ* 80, 212, 217; 104, 66, 72) bisher offengelassen. Der *BGH* (*BGHZ* 104, 66, 71 f.) geht schon seit einiger Zeit davon aus, dass die dem Aktionär zugebilligte Zeitspanne von einem Monat nach unten hin das *absolute Minimum* dessen ist, was auch dem Gesellschafter der GmbH zur Verfügung stehen muss, so dass eine kürzere Frist – die etwa durch eine entsprechende Satzungsbestimmung festgesetzt wird – keinesfalls mehr als angemessen gelten kann. Wegen typischer Unterschiede zwischen den Gesellschaftsformen der Aktiengesellschaft und der GmbH sieht der *BGH* (*BGHZ* 111, 224) seit 1990 die

Monatsfrist des § 246 Abs. 1 AktG lediglich als Leitbild an und meint, für die Anfechtung von Gesellschafterbeschlüssen gelte im GmbH-Recht nicht die Monatsfrist des § 246 Abs. 1 AktG, sondern eine nach den Umständen des Einzelfalles zu bemessende angemessene Frist; welche Frist nun angemessen sei, hänge auch davon ab, ob zur Vorbereitung der Klage schwierige tatsächliche oder rechtliche Fragen zu klären sind (vgl. auch *BGH* WM 1992, 2017).

3. Die Pflichten

a) Hauptpflichten

aa) Die Pflicht, die Stammeinlage zu erbringen. Als *Hauptpflicht* übernimmt der Gesellschafter einer GmbH die Pflicht, die Stammeinlage zu erbringen. Das Gesetz erlegt allen Gesellschaftern eine kollektive Haftung nach Anteilen gestaffelt auf, wenn einzelne Gesellschafter ihre Stammeinlage nicht erbringen und die vom Gesetz vorgeschriebenen Maßnahmen, den säumigen Gesellschafter zur Einlage zu zwingen, erfolglos geblieben sind (sog. Ausfallhaftung, § 24 GmbHG). Damit wird, wenn auch subsidiär, die Haftung eines jeden Gesellschafters über seine Stammeinlage hinaus erhöht. Es haften auch die Sacheinleger. Die Regelung dient der Sicherstellung der Kapitalaufbringung. 738

Beispiel: A, B und C gründen eine GmbH und übernehmen eine Stammeinlage von je 20000,– €. A und B legen zahlen je 20000,– € ein, C nur 10000,– €. Die Gesellschaft wird sodann in das Handelsregister eingetragen. Wenn C zahlungsunfähig ist, hat die GmbH gemäß § 24 GmbHG einen Anspruch gegen A und B auf Zahlung von je 5000,– €.

Den Anspruch aus § 24 GmbHG macht der Geschäftsführer geltend. Eines Gesellschafterbeschlusses bedarf es nicht.

Die Gesellschafter müssen die bei der Gründung der Gesellschaft übernommenen Bareinlagen erbringen. Die nachträgliche Umwandlung von im Gesellschaftsvertrag vereinbarten Bareinlagen in Sacheinlagen und umgekehrt ist im Gesetz nicht ausdrücklich geregelt. Die Umwandlung einer vereinbarten, aber noch nicht erbrachten Sacheinlage in eine Bareinlage ist durch einen einstimmig gefassten Gesellschafterbeschluss grundsätzlich möglich. Dagegen ist den §§ 5 und 19 GmbHG zu entnehmen, dass die nachträgliche Umwandlung einer in dem Gesellschaftsvertrag vereinbarten Bareinlage in eine Sacheinlage gegen Sinn und Zweck zwingender gesetzlicher Vorschriften (§ 19 Abs. 2 und 5 GmbHG) verstoßt (so *BayObLG* WM 1978, 526).

739 *bb) Kapitalerhöhung und Bezugsrecht.* Anders als das Aktiengesetz kennt das GmbH-Gesetz eine Nachschusspflicht der Gesellschafter. Eine solche Nachschusspflicht kann durch den Gesellschaftsvertrag festgelegt werden. Die Gesellschafter können dann beschließen, dass weitere Einzahlungen von den Gesellschaftern erbracht werden müssen (§§ 26 und 27 GmbHG).

Durch Beschluss der Gesellschafter kann eine *effektive Kapitalerhöhung,* d.h. eine Kapitalerhöhung unter Zuführung neuer Mittel, beschlossen werden (§ 55 GmbHG). Nach herrschender Meinung (vgl. Baumbach/Hueck/*Z20llner,* § 55 Rn. 20 mit Nachw.) haben die Gesellschafter der GmbH in analoger Anwendung des § 186 AktG ein *gesetzliches Bezugsrecht* auf das erhöhte Stammkapital. Der Ausschluss des Bezugsrechts ist nur unter den gleichen Voraussetzungen wie im Aktienrecht (vgl. dazu auch oben Rn. 511ff.) zulässig (vgl. Baumbach/Hueck/*Zöllner,* § 55 Rn. 25ff.). Die *nominelle Kapitalerhöhung* ist eine Kapitalerhöhung aus Gesellschaftsmitteln (Umwandlung von Rücklagen in Stammkapital).

b) Nebenleistungspflichten

740 *aa) Überblick.* Durch den Gesellschaftsvertrag können den Gesellschaftern *Nebenleistungspflichten* der verschiedensten Art auferlegt werden. Zu solchen durch den Gesellschaftsvertrag festzulegenden Nebenleistungen können z.B. zählen: die Verpflichtung, die Stellung eines Geschäftsführers zu übernehmen, besondere Zahlungspflichten, Dienstleistungspflichten.

741 *bb) Treuepflichten und Wettbewerb.* Der *BGH* (*BGHZ* 65, 15, 18) hat anerkannt, dass nicht nur die Beziehungen zwischen den Gesellschaftern und der GmbH, sondern auch die der Gesellschafter untereinander von der *gesellschaftsrechtlichen Treuepflicht* bestimmt sein können. Der *BGH* sieht den Grund dafür darin, dass bei der GmbH unbeschadet ihrer körperschaftlichen Verfassung die nähere Ausgestaltung ihrer Organisation und ihre wirtschaftliche Betätigung oft in erheblichem Maß dem unmittelbaren Einfluss ihrer Gesellschafter unterliegen und die inneren Verhältnisse der GmbH daher auf eine deutliche Nähe zu den Personengesellschaften angelegt sein können. Zudem verlange insbesondere die für eine Gesellschaftermehrheit bestehende Möglichkeit, durch Einflussnahme auf die Geschäftsführung die gesellschaftsbezogenen Interessen der Mitgesellschafter zu beeinträchtigen, als Gegengewicht die gesellschaftsrecht-

liche Pflicht, auf diese Interessen Rücksicht zu nehmen (*BGHZ* 65, 15, 19).

Die im Personengesellschaftsrecht geltenden Grundsätze, nach denen die Gesellschafter unter dem Gesichtspunkt der gesellschaftlichen Treuepflicht gehalten sein können, einer Änderung des Gesellschaftsvertrages zuzustimmen, finden deshalb grundsätzlich auch auf die personalistisch ausgestaltete GmbH Anwendung (so *BGHZ* 98, 276; grundlegend *BGHZ* 64, 253, 257). Der *BGH* (GmbH-Rdsch. 1991, 62) ist auch der Ansicht, die gesellschaftliche Treuepflicht gebiete es allen Gesellschaftern, der Abberufung eines Gesellschafters zuzustimmen, in dessen Person wichtige Gründe vorliegen, die sein Verbleiben in der Organstellung für die Gesellschaft unzumutbar machen.

Auch in der Literatur wird die gesellschaftliche Treuepflicht bei 742
der GmbH in der Regel mit dem typischen Mehrheits-Minderheitskonflikt in Verbindung gebracht (vgl. *Wiedemann,* Bd. I, § 8 I 2b; *Martens,* GmbH-Rdsch. 1984, 267f.). Während die Treuepflicht der Gesellschafter bei einer stark personalistisch geprägten GmbH ähnlich der eines Gesellschafters einer Personengesellschaft sein kann, können bei einer betont kapitalistisch strukturierten GmbH ebenso wie bei der AG deutlich weniger Treuepflichten bestehen.

Festzuhalten ist, dass die Gesellschafter einer GmbH eine allgemeine Treuepflicht mit dem Inhalt trifft, als Mitglieder der GmbH deren Interessen und auch die Interessen der Mitgesellschafter zu wahren, sie insbesondere nicht durch schädigendes Verhalten zu beeinträchtigen. Das Ausmaß der Treuepflichten wird in erster Linie dadurch bestimmt, ob die GmbH mehr kapitalistisch oder mehr personalistisch strukturiert ist. Die Verletzung der sowohl gegenüber der GmbH als auch gegenüber den einzelnen Mitgesellschaftern bestehenden Treuepflicht kann Schadensersatzansprüche sowohl der Gesellschaft als auch eigene des betroffenen Mitgesellschafters begründen (vgl. *OLG Düsseldorf* GmbHR-Rdsch. 1994, 172, 175). Als Anspruchsgrundlage kommt vor allem die Pflichtverletzung (§ 280 BGB) in Betracht.

Das Recht der GmbH kennt kein gesetzliches Wettbewerbsver- 743
bot wie das Personengesellschaftsrecht in §§ 112f. HGB, das allgemein als Ausprägung der Treuepflicht angesehen wird (vgl. dazu oben Rn. 249ff.). Im Recht der GmbH ist das Wettbewerbsverbot von vornherein aus der Treuepflicht abzuleiten (vgl. *Th. Raiser,* ZHR 151 [1987], 422, 428f.). Der *BGH* hat ein Wettbewerbsverbot für die Gesellschafter zwar nicht generell aner-

kannt, es im Ergebnis aber, gestützt auf die Treuepflicht, bejaht (zurückhaltend *BGHZ* 104, 246, 251 f.). Ein aus der Treuepflicht abgeleitetes Wettbewerbsverbot kann in der GmbH allerdings nur diejenigen Gesellschafter treffen, die maßgeblichen Einfluss auf die Geschäftsführung ausüben können. Einen solchen Einfluss hat der Geschäftsführer, im Zweifel aber auch der Mehrheitsgesellschafter (vgl. *Armbrüster*, ZIP 1997, 1269, 1273).

Die schuldhafte Verletzung von Treuepflichten kann eine Schadensersatzpflicht gegenüber der Gesellschaft, aber auch gegenüber einem Gesellschafter begründen, wenn ein entsprechender Schaden entstanden ist (vgl. *BGHZ* 65, 15, 21; *BGH* GmbH-Rdsch. 1992, 104 ff.). Ein solcher Anspruch ergibt sich aus der Pflichtverletzung gemäß § 280 BGB. Möglich ist auch eine zum Schadensersatz führende Treuepflichtverletzung der GmbH einem Gesellschafter gegenüber. Dabei hat sich die selbst nicht handlungsfähige GmbH ein etwaiges Verschulden ihres für sie handelnden Geschäftsführers gemäß § 31 BGB zurechnen zu lassen (so *BGH* GmbH-Rdsch. 1992, 104, 105).

Beispiel: A hält 51% des Stammkapitals der B-GmbH, die sich darauf spezialisiert hat, Fotopapier mit einer besonderen Farbempfangsschicht so zu präparieren, dass es für herkömmliche Tintenstrahldrucker und damit für den Heimgebrauch geeignet ist. Aufgrund der Satzung der B-GmbH ist A dazu berechtigt, den Geschäftsführer der B-GmbH vorzuschlagen und jederzeit abzuberufen. Als die Nachfrage nach Fotopapier für Tintenstrahldrucker wegen der rasant fortschreitenden Verbreitung von Digitalkameras immer größer wird und die B-GmbH an ihre Kapazitätsgrenzen stößt, beschließt A, auf eigene Rechnung qualitativ gleichwertiges Fotopapier aus Japan zu importieren und in Konkurrenz zur B-GmbH auf dem Markt anzubieten. C und D, die ebenfalls Gesellschafter der B-GmbH sind, haben Bedenken gegen die Zulässigkeit dieses Vorhabens.

Um zu verhindern, dass A durch seine Kapitalmehrheit sowie das ihm durch die Satzung der GmbH zugestandene Sonderrecht das Unternehmen von innen her aushöhlt oder zerstört, und um einen leistungsfähigen Wettbewerb zu Gunsten eigener Aktivitäten auszuschalten, folgt aus der allgemeinen Treuepflicht der Gesellschafter hier ein Wettbewerbsverbot für A. Entsteht der Gesellschaft aus den Aktivitäten des A also ein Schaden, können C und D den A aus Pflichtverletzung nach §§ 280, 241 Abs. 2 BGB in Anspruch nehmen.

4. Die Gesellschafterklage

744 Die Verfolgung mitgliedschaftlicher Ansprüche der Gesellschaft gegen ihre Gesellschafter ist in erster Linie eine Aufgabe der Gesellschaftsorgane. Die herrschende Meinung (vgl. Baumbach/Hueck/*Hueck*, § 13 Rn. 37 ff. mit Nachw.) erkennt auch ein Recht des einzelnen Gesellschafters zur Geltendmachung und gerichtlichen Durchsetzung solcher Ansprüche gegen die Gesellschafter an *(Gesellschafterklage).* Es handelt sich dabei um eine Klage im eigenen Namen auf Leistung an die Gesellschaft (actio pro socio). Sie hat ausschließlich *Ansprüche der Gesellschaft gegenüber Gesellschaftern* zum Gegenstand, nicht aber solche gegenüber Dritten und Geschäftsführern.

5. Minderheitenschutz

Ebenso wie das Aktienrecht kennt auch das GmbH-Recht einen *Minderheitenschutz,* der durch die Verleihung von Minderheitsrechten gewährleistet wird. Allerdings weist das GmbH-Recht keinen dem Aktienrecht vergleichbar hohen Standard eines effizienten Minderheitenschutzes auf (vgl. *Martens,* GmbH-Rdsch. 1984, 265). Ein Minderheitsrecht ist z.B. das Recht von Gesellschaftern, deren Geschäftsanteile jedenfalls 10% des Stammkapitals entsprechen, die Einberufung der Gesellschafterversammlung verlangen zu können (§ 50 Abs. 1 GmbHG). Die gleiche Minderheit kann auch verlangen, dass Gegenstände zur Beschlussfassung der Versammlung angekündigt werden (§ 50 Abs. 2 GmbHG). Zum Instrumentarium des gesetzlichen Minderheitenschutzes zählen auch das Auskunfts- und Einsichtsrecht (§§ 51a, 51b GmbHG). 745

III. Der Erwerb der Mitgliedschaft

1. Überblick

Die Mitgliedschaft an einer GmbH kann auf verschiedene Art und Weise erworben werden: 746
- bei der Gründung durch die Übernahme einer Stammeinlage;
- später durch Erwerb des Geschäftsanteils im Wege eines Veräußerungsgeschäfts oder durch Erbfolge.

Der Geschäftsanteil ist grundsätzlich ohne die Zustimmung der anderen Gesellschafter frei veräußerlich und vererblich. In der Satzung ist jedoch häufig bestimmt, dass die Veräußerung eines Geschäftsanteils der Genehmigung der übrigen Gesellschafter bedarf (§ 15 Abs. 1 und 5 GmbHG). Wenn die Satzung einer GmbH vorsieht, dass die Gesellschaftsanteile nur mit Genehmigung der Gesellschaft abgetreten werden können (§ 15 Abs. 5 GmbHG), so erteilt diese Genehmigung der Geschäftsführer. Falls die Satzung ihm nicht die alleinige Entscheidungsbefugnis zuweist, bedarf er dazu im Innenverhältnis allerdings eines Beschlusses der Gesellschafter (so *BGH* NJW 1988, 2241).

2. Die Veräußerung

747 Die Veräußerung eines Geschäftsanteils erfolgt durch ein Verpflichtungsgeschäft, in dem die Verpflichtung zur Abtretung des Geschäftsanteils begründet wird (in der Regel ein Kaufvertrag), und ein Verfügungsgeschäft, in dem die Abtretung vorgenommen wird (Abtretung). Verpflichtungs- und Verfügungsgeschäfte bedürfen der notariellen Beurkundung (§ 15 GmbHG).

Das GmbHG sieht bisher keinen gutgläubigen Erwerb von Geschäftsanteilen einer GmbH vor. Nach dem vorliegenden Referentenentwurf zur Reform des GmbH-Rechts (siehe oben Rn. 677a soll künftig die einzuführende Gesellschafterliste als Anknüpfungspunkt für den gutgläubiger Erwerb von Geschäftsanteilen dienen.

Die Abtretung eines GmbH-Anteils kann wegen arglistiger Täuschung (§ 123 Abs. 1 BGB) oder Irrtums (§ 119 BGB) nach den bürgerlich-rechtlichen Vorschriften angefochten werden. Die Rückwirkung der Anfechtung (§ 142 BGB) erfasst allerdings lediglichdie Rechtsbeziehungen zwischen Veräußerer und Erwerber. Die Fehlerhaftigkeit des Anteilserwerbs und eine daran anknüpfende Rückwirkungsfolge der Anfechtung ist auf die Rechtsbeziehungen zwischen Gesellschaft und Gesellschafter ohne Einfluss. Der Bestand der Gesellschaft wird ebenfalls nicht berührt (so *BGH* NJW 1990, 1915).

3. Die Vererbung

748 Der GmbH-Anteil ist vererblich (§ 15 Abs. 1 GmbHG). Mit dem Tode seines Inhabers geht er auf den oder die Erben über (§ 1922 BGB). Einer Mitwirkung der übrigen Gesellschafter dazu bedarf es nicht. Ob dann aber der oder die Erben Gesellschafter bleiben können, richtet sich danach, welche Regelung für diesen Fall in dem Gesellschaftsvertrag getroffen worden ist.

Der Gesellschaftsvertrag kann bestimmen, dass an Stelle des durch Tod ausscheidenden Gesellschafters ein oder mehrere neue Gesellschafter in die GmbH eintreten sollen. Er kann auch den Kreis der nachfolgeberechtigten Erben einschränken. (Zur Problematik siehe *BGHZ* 92, 386 ff.) Das kann durch namentliche Nennung, durch zahlenmäßige Beschränkung (Beispiel: „nur ein Erbe"), durch Eingrenzung mittels bestimmter Kriterien (Beispiel: „Der eintretende Gesellschafter muss Betriebswirt sein") oder auch durch ein Auswahlrecht der Mitgesellschafter aus dem Kreise der Erben geschehen. Der Gesellschaftsvertrag kann auch vorsehen, dass bestimmte Personen unabhängig von ihrer Erbenstellung neue Gesellschafter werden sollen (Beispiel: Ein leitender Angestellter wird im Gesellschaftsvertrag als Nachfolger benannt) (siehe zu alledem *Priester*, GmbH-Rdsch. 1981, 206, 208 und *Lessmann*, GmbH-Rdsch. 1986, 409ff.).

Gemäß § 18 Abs. 1 GmbHG können mehrere Erben die Rechte aus dem Geschäftsanteil nur gemeinschaftlich ausüben.

4. Der Erwerb eigener Anteile

Dass die GmbH eigene Anteile erwerben kann, soweit sie damit nicht gegen die Vorschriften des § 33 Abs. 1 und 2 GmbHG verstößt, eine Vorschrift, die der Erhaltung des Stammkapitals dient, ist unbestritten. Diskutiert wird sogar, ob die GmbH sämtliche Geschäftsanteile erwerben kann. In diesem Zusammenhang wird der Begriff der Keinmann-GmbH benutzt (vgl. Baumbach/Hueck/*Hueck/Fastrich*, § 33 Rn. 19 mit Nachw.). Die sogenannte Keinmann-GmbH spielt in der Praxis allerdings keine große Rolle. Grundsätzlich wird aber das Halten sämtlicher Anteile durch die GmbH selbst (also die Keinmann-GmbH) als Dauerzustand für nicht zulässig erachtet, da dann kein funktionsfähiges Willensbildungsorgan mehr vorhanden ist. Gestritten wird lediglich darüber, ob die Gesellschaft für einen nur kurzen Übergangszeitraum als Keinmann-GmbH bestehen kann (vgl. dazu Baumbach/Hueck/*Hueck/Fastrich*, § 33 Rn. 19; Scholz/*Westermann*, § 33 Rn. 44; Hachenburg/*Hohner*, § 33 Rn. 85ff.). 749

Was für den Fall des Erwerbs eigener Geschäftsanteile durch die GmbH mit den aus dem Geschäftsanteil erwachsenden Rechten und Pflichten geschieht, ist nicht gesetzlich geregelt. Grundsätzlich ist wohl davon auszugehen, dass Rechte und Pflichten ruhen (vgl. zu den Einzelheiten Baumbach/Hueck/*Hueck/Fastrich*, § 33 Rn. 22ff. m. Nachw.). 749a

Nach herrschender Meinung (vgl. *BGH* GmbH-Rdsch. 1995, 291; Baumbach/Hueck/*Hueck/Fastricht*, § 33 Rn. 24; Scholz/*Westermann*, § 33 Rn. 37) ruhen die Stimmrechte in der Zeit, in der die GmbH Anteilseigner ist. Das ergibt sich schon aus der Überlegung, dass die Geschäftsführung an einer Abstimmung nicht teilnehmen darf, durch die *ihr* Wille erst gebildet wird. Ließe man die Geschäftsführung das Stimmrecht für eigene Anteile der GmbH ausüben, so könnte das zu einer unangemessenen Verschiebung der Stimmverhältnisse zugunsten der Verwaltung führen.

Ruhen des Stimmrechts bedeutet, dass es nicht ausgeübt werden kann. Bei der Berechnung der Stimmenmehrheit zählen eigene Anteile nicht mit; auch bei der Berechnung einer statuarischen oder gesetzlichen Quote des Stammkapitals sind eigene Geschäftsanteile nicht mitzurechnen (vgl. u. a. Baumbach/Hueck/*Hueck/Fastrich*, § 33 Rn. 24; Rowedder/Schmidt-Leithoff/*Pentz*, § 33

Rn. 47). Auf diese Weise sind die Gesellschaftsanteile, die sich in den Händen der übrigen Gesellschafter befinden, gleich 100% (vgl. Rowedder/Schmidt-Leithoff/*Pentz,* § 33 Rn. 47). Die Konsequenz daraus ist, dass die Stimmkraft der anderen Geschäftsanteile sich ändert. Das kann sogar dazu führen, dass ein bis dahin knapp unter der Grenze der Mehrheitsbeteiligung beteiligter Gesellschafter die Mehrheit gewinnt (vgl. Rowedder/Schmidt-Leithoff/*Pentz,* § 33 Rn. 47; Scholz/*Westermann,* § 33 Rn. 37). Zu den übrigen Mitverwaltungsrechten zählen insbesondere die Minderheitsrechte aus § 50 GmbHG (u. a. das Recht auf Einberufung einer Gesellschafterversammlung), das Auskunfts- und Einsichtsrecht (§ 51 a GmbHG) sowie das Recht zur klageweisen Anfechtung eines Gesellschafterbeschlusses. Diese Mitverwaltungsrechte ruhen ebenfalls (vgl. Scholz/*Westermann,* § 33 Rn. 37).

749 b Was mit dem Gewinnbezugsrecht geschieht, wenn die GmbH eigene Anteile erwirbt, ist streitig (vgl. die Übersicht bei Scholz/*Westermann,* § 33 Rn. 33). Sinnvoll ist wohl die folgende Unterscheidung:

- War der Gewinn auf den eigenen Geschäftsanteil beim Erwerb des Geschäftsanteils durch die GmbH bereits entstanden, weil der Gewinnverwendungsbeschluss schon gefasst, der Gewinn aber noch nicht ausbezahlt war, so steht der Gewinn der Gesellschaft zu (Rowedder/Schmidt-Leithoff/*Pentz,* § 33 Rn. 45).
- Für den Fall, dass ein Gewinnanspruch auf den erworbenen eigenen Anteil noch nicht entstanden war, muss der auf die eigenen Anteile entfallende Gewinn allerdings auch irgendwie in Erscheinung treten. Zweckmäßig ist es, auch weiterhin eine Gewinnberechtigung auf die eigenen Geschäftsanteile anzunehmen. Der zugunsten der eigenen Geschäftsanteile entstehende Gewinn fällt allerdings nicht der GmbH zu; er wächst vielmehr den verbleibenden Gesellschaftern unmittelbar pro rata, d. h. im Verhältnis ihrer Geschäftsanteile untereinander zu (so Rowedder/Schmidt-Leithoff/*Pentz,* § 33 Rn. 45 und Scholz/*Westermann,* § 33 Rn. 33). Den verbleibenden Gesellschaftern steht dieser Gewinnanspruch aus ihren eigenen Mitgliedschaftsrechten und nicht aus einem von der Gesellschaft abgeleiteten Recht zu (so *BGH* GmbH-Rdsch. 1995, 291).

Wenn die Gesellschaft eigene Anteile erworben hat, ist es ihr unbenommen, dieselben jederzeit wieder zu veräußern.

IV. Der Verlust der Mitgliedschaft

1. Überblick

750 Der Verlust der Mitgliedschaft tritt in der Regel durch Veräußerung des Geschäftsanteils oder durch die Beendigung der Gesellschaft ein. Außerdem gibt es noch eine Reihe von Möglichkeiten, der Mitgliedschaft verlustig zu gehen. Es handelt sich dabei um praktisch wenig bedeutsame Fälle, wie z. B. das Ver-

fahren betreffend die Einziehung eines Geschäftsanteils gemäß § 34 GmbHG.

2. Der Austritt eines Gesellschafters

Im Gegensatz zum Personengesellschaftsrecht kennt das GmbH-Recht kein ordentliches Kündigungsrecht der Gesellschafter. Wegen der grundsätzlich freien Übertragbarkeit der Anteile spielen weder das Kündigungsrecht noch das Austrittsrecht für die Gesellschafter von Kapitalgesellschaften, die aus der Gesellschaft ausscheiden wollen, eine Rolle. Die Frage nach einem ordentlichen Kündigungsrecht bei Kapitalgesellschaften wird nur dann aktuell, wenn die Übertragung der Anteile der Zustimmung der Gesellschaft bedarf, was gemäß § 15 Abs. 5 GmbHG durch den Gesellschaftsvertrag festgelegt werden kann. 751

Der Austritt eines Gesellschafters aus der Gesellschaft aus wichtigem Grunde ist zulässig. Die Zulässigkeit eines solchen Austritts, der Kündigung aus wichtigem Grund, ist auch ohne entsprechende Satzungsregelung nach herrschender Meinung zulässig (vgl. dazu *BGHZ* 9, 157, 161 f.; Baumbach/Hueck/*Hueck/Fastrich,* Anhang zu § 34 Rn. 18). Der *BGH* (*BGHZ* 9, 157, 161 f.) sieht die rechtliche Begründung für den Austritt von Gesellschaftern (die Kündigung durch den Gesellschafter) aus wichtigem Grund darin, dass Rechtsverhältnisse von längerer Dauer stark in die Lebensverhältnisse der Beteiligten eingreifen oder eine besondere gegenseitige Interessenverflechtung mit sich bringen und ein persönliches Zusammenarbeiten, ein gutes Einvernehmen oder ein ungestörtes gegenseitiges Vertrauen der Beteiligten erfordern. Nach Ansicht des *BGH* (*BGHZ* 116, 359, 369) gehört das Recht des Gesellschafters einer GmbH, bei Vorliegen eines wichtigen Grundes aus der GmbH auszutreten, als *Grundprinzip des Verbandsrechts* zu den zwingenden, unverzichtbaren Mitgliedschaftsrechten.

3. Die Ausschließung eines Gesellschafters

Ebensowenig wie das Aktiengesetz kennt das GmbH-Gesetz die Ausschließung eines Gesellschafters bei Vorliegen eines wichtigen Grundes. Da die Situation bei einer GmbH im Hinblick auf ein Ausschließungsbedürfnis in der Regel derjenigen bei Personengesellschaften entspricht, haben Rechtsprechung und Literatur schon seit langem die Möglichkeit der Ausschließung eines GmbH-Gesellschafters anerkannt und sich dabei in Analogie 752 zu § 737 BGB und § 140 HGB auf das diesen gesetzlichen Vorschriften zugrundeliegende Prinzip der Lösbarkeit von personengebundenen Dauerrechtsverhältnissen gestützt (*BGHZ* 9, 157ff.; 16, 317ff.; 80, 346ff.).

Der *BGH* (*BGHZ* 9, 157, 159) hat überzeugend ein starkes und dringendes Bedürfnis für die Ausschließung eines Gesellschafters bei Vorliegen eines ausschließlich in der Person eines Gesellschafters liegenden Grundes, der die Fortsetzung des Gesellschaftsverhältnisses mit diesem Mitglied unzumutbar macht, bejaht. Der *BGH* hat in diesem Zusammenhang darauf hingewiesen, dass es eine Möglichkeit geben müsse, „den Störenfried aus der Gesellschaft auszuschließen und das Unternehmen, die Firma, den Betrieb mit allen darin steckenden Werten und die vorhandenen Arbeitsplätze zu erhalten“. Eine Ausschließung aus wichtigem Grund ist auch dann möglich, wenn die Satzung dies nicht vorsieht (vgl. u.a. *BGH* GmbH-Rdsch. 1987, 302). Die Ausschließung als äußerste Maßnahme kann nur im Wege der *Ausschließungsklage* erfolgen (*BGHZ* 9, 157). Der Gesellschaftsvertrag kann die Ausschließung regeln, insbesondere Ausschließungsgründe festlegen und das Ausschließungsverfahren vereinfachen.

752a Die Ausschließungsgründe müssen im Gesellschaftsvertrag genau beschrieben sein. Unzulässig sind solche Klauseln, die das Recht einräumen, einem Gesellschafter nach freiem Ermessen zu kündigen (sog. Hinauskündigungsklauseln; BGHZ 112, 103, 108; vgl. auch *BGH* MDR 2006, 99 f.), weil insbesondere die Mitwirkung an von der Gesellschafterversammlung zu treffenden Beschlüssen Ausfluss freier Willensbildung sein soll. Eine Beschlussfassung, bei der ein Teil der Gesellschafter den Mitgesellschaftern mit der immer gegenwärtigen Drohung, sie ohne weiteres aus der Gesellschaft entfernen zu können, seinen Willen aufzwingen kann, könnte einer Willkürherrschaft der Mehrheitsgesellschafter Vorschub leisten. Ausnahmsweise kann auch eine an keine Voraussetzungen geknüpfte Hinauskündigungsklausel wirksam sein, wenn sie wegen besonderer Umstände sachlich gerechtfertigt ist (BGHZ 112, 103, 108; *BGH* ZIP 2004, 903; MDR 2006, 99 f.).

Ein sachlicher Grund für die Ausschließung eines Gesellschafters kann z.B. in einer auf die Mitarbeit aller Gesellschafter angelegten GmbH die Beendigung der Mitarbeit sein (vgl. *BGH* NJW 1983, 2880).

Ausnahmsweise kann auch eine an keine Voraussetzungen geknüpfte Hinauskündigungsklausel wirksam sein, wenn sie wegen besonderer Umstände sachlich gerechtfertigt ist (BGHZ 112, 103,

108; *BGH* MDR 2006, 99 f.). Eine sachliche Rechtfertigung dieser Art hat der *BGH* (ZIP 2004, 903 f.) für den Fall angenommen, dass in eine bestehende Praxis von Freiberuflern ein neuer Gesellschafter aufgenommen wird und die Altgesellschafter sich durch eine entsprechende Klausel ein zeitlich begrenztes Prüfungsrecht vorbehalten wollen.

Die Satzung einer auf die Mitarbeit aller Gesellschafter angelegten GmbH kann bestimmen, dass die Beendigung der Mitarbeit ein Ausschließungsgrund ist (*BGH* NJW 1983, 2880). Nach Ansicht des *BGH* (WM 1990, 1457) ist eine vertragliche Vereinbarung, die einem Gesellschafter das Recht einräumt, die Gesellschafterstellung eines Mitgesellschafters nach freiem Ermessen zu beenden, gemäß § 138 BGB nichtig, es sei denn, dass eine solche Regelung wegen der besonderen Umstände sachlich gerechtfertigt ist.

4. Die Abfindungsproblematik

Mit der Ausschließung, aber auch mit seinem Austritt verliert der Gesellschafter seinen Geschäftsanteil entweder durch Abtretung an andere Gesellschafter oder durch Einziehung (Amortisation). So können z.B. die Gesellschafter einer GmbH, wenn sie die Satzung dazu ermächtigt, einen Mitgesellschafter dadurch ausschließen, dass sie seinen Geschäftsanteil an Mitgesellschafter oder Dritte, in letzterem Fall mit Zustimmung der Mitgesellschafter, abtreten (*BGH* NJW 1983, 2880). **753**

In allen Fällen der Ausschließung eines Gesellschafters aus wichtigem Grund und des Austritts eines Gesellschafters aus wichtigem Grund wird die Abfindungsproblematik aktuell. Die Satzung *kann* die Abfindung regeln. Die Satzung *kann* auch Art und Höhe der Abfindung, das Berechnungsverfahren und die Zahlungsmodalitäten regeln; denn ebenso wie bei den Personenhandelsgesellschaften (siehe dazu oben Rn. 335 ff.) sind auf Grund der Satzungsautonomie gesellschaftsrechtliche Beschränkungen des Abfindungsrechts eines GmbH-Gesellschafters grundsätzlich zulässig. Ihr Zweck ist darin zu sehen, den Bestandsschutz der Gesellschaft durch Einschränkung des Kapitalabflusses zu gewährleisten und/oder die Berechnung der Höhe des Abfindungsanspruches zu vereinfachen (so *BGHZ* 116, 359, 368). Allerdings können derartige Beschränkungen auch unter der Berücksichtigung solcher Zwecke nicht schrankenlos vorgenommen werden, weil sie den Grenzen, die durch § 138 BGB gezogen werden, unterliegen. Der *BGH* (*BGHZ* 116, 359, 368 f.) sieht diese Grenze insbesondere dann überschritten, wenn durch die im Gesellschaftsvertrag enthaltene Abfindungsbeschränkung ein grobes Mißverhältnis zwischen dem vertraglichen Abfindungsanspruch und dem nach dem vollen wirtschaftlichen Wert zu bemessenden Anspruch entsteht und darin ein Umstand gesehen wird, durch den das Recht des austrittswilligen Gesellschafters, sich zum Austritt zu entschließen, in unvertretbarer Weise eingeengt wird (so *BGHZ* 116, 359, 369 mit Literaturhinweisen. Siehe im Übrigen oben Rn. 337).

Der Informationsanspruch aus § 51a GmbHG (siehe dazu oben Rn. 728ff.) steht nur dem Gesellschafter, nicht aber dem ausgeschiedenen Gesellschafter zu. Letzterem kann aber ein Einsichtsrecht nach § 810 BGB in die Geschäftsunterlagen zustehen, soweit diese für die Prüfung der Frage von Bedeutung sind, ob ihm Forderungen gegen die Gesellschaft aus der Zeit vor seinem Ausscheiden zustehen (vgl. *BGH* WM 1988, 1447, 1448).

5. Die Einziehung von Geschäftsanteilen

754 Die Einziehung von Geschäftsanteilen (Amortisation) mit und ohne Zustimmung des betroffenen Gesellschafters setzt deren Zulassung in der Satzung voraus (§ 34 GmbHG). Eine solche Regelung ist trotz der Zustimmung des betroffenen Gesellschafters nicht entbehrlich, weil durch die Einziehung die Kräfteverhältnisse innerhalb der Gesellschaft durch Veränderung des Stimmengewichts beeinflusst werden können und deshalb gesellschaftsrechtliche Pflichten der verbleibenden Gesellschafter erhöht werden können.

Die Einziehung eines Geschäftsanteils gemäß § 34 GmbHG bedeutet die Vernichtung des Geschäftsanteils und damit der entsprechenden Mitgliedschaftsrechte durch die GmbH.

Die Einziehung eines Geschäftsanteils ist vom Erwerb des Anteils durch die GmbH zu unterscheiden. Der Erwerb lässt den Anteil bestehen. Sinn und Zweck der Einziehung bestehen u.a. darin, dass dadurch der Ausschluss eines mißliebigen Gesellschafters ermöglicht wird; außerdem kann das Eindringen unerwünschter Dritter verhindert werden, wie es etwa durch die Pfändung des Geschäftsanteils eines Gesellschafters oder durch die Insolvenz eines Gesellschafters geschehen kann. Außerdem kann die Einziehung in gewissem Umfange auch eine Strafe für Zuwiderhandlungen eines Gesellschafters gegen die Zwecke der Gesellschaft darstellen.

§ 47. Die Einmann-GmbH

Literatur: *Fezer,* Die Einmanngründung der GmbH, JZ 1981, 608ff.; *K. Schmidt,* Zur Rechtslage der gescheiterten Einmann-Vor-GmbH, GmbH-Rdsch. 1988, 89ff.; *Ulmer,* Die Einmanngründung der GmbH – ein Danaergeschenk?, BB 1980, 1001ff.

I. Begriff und Gründung der Einmann-GmbH

Die Gründung einer Einmann-GmbH, bei der sich alle Gesellschaftsanteile in der Hand einer Person vereinigen, durch allein diese eine Person ist zulässig. An die Stelle des Gesellschaftsvertrages tritt die einseitige notariell beurkundete Erklärung desjenigen, der die Gesellschaft zu gründen beabsichtigt (§ 1 i.V.m. § 2 Abs. 1 GmbHG). Der Gesetzgeber hat damit das wirtschaftliche Bedürfnis an der Einmann-GmbH als einer wichtigen Form der Unternehmensorganisation, das sich in der weiten Verbreitung der Einmanngesellschaften dokumentiert hatte, anerkannt. 755

Zu den unterschiedlichen Zielsetzungen, denen der planmäßige Einsatz der Einmann-GmbH zu dienen bestimmt und geeignet ist, zählen u.a.: die Haftungsbeschränkung im einzelkaufmännischen Unternehmen, die Sicherung der Unternehmenskontinuität, die Wahrnehmung der Geschäftsführung in einer Kommanditgesellschaft (Komplementär-GmbH) und der Einsatz der Einmann-GmbH als Instrument der Konzernbildung (vgl. *Fezer,* JZ 1981, 608, 611).

Auch bei der Gründung einer Einmann-GmbH entsteht zunächst eine *Vorgesellschaft (Einmann-Vorgesellschaft),* die bereits einen Rechtsträger darstellt (vgl. *K. Schmidt,* GmbH-Rdsch. 1988, 39f.). Auf diese Einmann-Vorgesellschaft sind die Regeln über die Mehrpersonen-Vorgesellschaft anzuwenden. Daraus ergibt sich u.a., dass auch die Einmann-Vorgesellschaft mindestens einen Geschäftsführer haben muss (§ 6 GmbHG) (Baumbach/Hueck/*Hueck/Fastrich,* § 11 Rn. 41ff.). 756

Um die Kapitalaufbringung bei einer Einmann-Gründung sicherzustellen, ist der Gründer zum Ausgleich für die fehlende Ausfallhaftung der Mitgründer gemäß § 24 GmbHG nach § 7 Abs. 2 Satz 3 GmbHG verpflichtet, über die in § 7 Abs. 2 Satz 1 und 2 GmbHG allgemein vorgeschriebenen Mindesteinzahlungen hinaus für den verbleibenden Teil der Geldeinlage eine Sicherheit zu bestellen.

757 Auch bei der Einmann-GmbH ist stets zwischen der GmbH als selbstständiger juristischer Person und der Person, in deren Hand sich sämtliche Geschäftsanteile befinden, genau zu unterscheiden.

Beispiel: Müller und Schmitz gründen eine GmbH. Gegenstand des Unternehmens ist ein Getränkegroßhandel. Nach drei Jahren überträgt Schmitz seine Geschäftsanteile auf Müller. Die GmbH hat nun nur noch einen Gesellschafter, nämlich Müller. Es handelt sich um eine Einmann-GmbH. Wenn Müller als Geschäftsführer der Einmann-GmbH bei der Donau-Brauerei-AG 3 Hektoliter Bier kauft, so kommt der Kaufvertrag zwischen der GmbH und der Donau-Brauerei AG zustande. Vertragspartner der Donau-Brauerei AG ist nicht Müller, sondern die GmbH.

758 Nicht zu Unrecht wurde darauf verwiesen, dass die Zulassung der Einmanngründung auch einen Schritt in ungesichertes Neuland bedeutet, der erhebliche Risiken für alle Beteiligten in sich berge (vgl. *Ulmer,* BB 1980, 1001, 1005). Gläubiger der GmbH müssen die Gefahr in Kauf nehmen, dass die Einmann-GmbH ohne ausreichend gesicherte Kapitalaufbringung entsteht und der automatische Übergang der bereits erbrachten Einlagen auf sie nicht gewährleistet ist. Der Einmanngründer muss in Kauf nehmen, dass das Registergericht zur Sicherung der Kapitalaufbringung zusätzliche, gegenüber den bisherigen Strohmanngründungen erheblich belastendere Anforderungen stellt.

Eine Einmann-GmbH ist auch für Bund, Länder und Gemeinden eine beliebte Rechtsform, in der sie ihre Versorgungsbetriebe, wie z.B. Verkehrsbetriebe, aber auch ihre gewerblichen Betriebe juristisch und kaufmännisch verselbstständigen können, wenn sie alle Geschäftsanteile bei sich behalten wollen.

Bei einer Konzernbildung kann eine Einmann-GmbH die Aufgaben einer Dach-, Holding- oder Organgesellschaft übernehmen.

II. Die Verfassung der Einmann-GmbH

759 Bei der Einmann-GmbH hat der alleinige Gesellschafter alle diejenigen Rechte, die bei einer GmbH, an der mehrere Personen beteiligt sind, die Gesamtheit der Gesellschafter hat. Er kann also alle Beschlüsse fassen, für die gemäß §§ 46 und 47 GmbHG ein Gesellschafterbeschluss notwendig ist.

Beschlüsse, die der Gesellschafter (alleine) trifft, sind unverzüglich nach der Beschlussfassung durch eine von ihm unterzeichnete Niederschrift festzuhalten (§ 48 Abs. 3 GmbHG). Wegen der Gefahren, die damit verbunden wären, wenn sich der Gesellschafter in jedem Fall auf die Nichtigkeit eines formwidrig gefassten Beschlusses berufen könnte, führt ein Verstoß gegen § 48 Abs. 3

GmbHG nicht zur unheilbaren Nichtigkeit des Beschlusses. Vielmehr ist davon auszugehen, dass sich der Gesellschafter Dritten gegenüber zwar auf beurkundete Beschlüsse berufen kann, sich aber nicht einseitig von formlosen Kundgabeakten distanzieren darf (vgl. *K. Schmidt*, NJW 1980, 1769, 1776).

Der Gesellschafter einer Einmann-GmbH kann zugleich auch deren Geschäftsführer sein. Gemäß § 35 Abs. 4 GmbHG findet § 181 BGB Anwendung auf Rechtsgeschäfte, die der alleinige Gesellschafter, der zugleich der alleinige Geschäftsführer der GmbH ist, mit der Gesellschaft abschließt. Dies ist z.B. für den Fall bedeutsam, dass der Einmanngesellschafter als Geschäftsführer der GmbH mit sich selbst Darlehensverträge oder Kaufverträge abschließt. Eine Befreiung vom Verbot des § 181 BGB ist nur durch Aufnahme einer (notariell beurkundeten) Bestimmung im Gesellschaftsvertrag möglich. Zweck des § 35 Abs. 4 GmbHG ist es, durch die Publizität des Gesellschaftsvertrages (§ 9 HGB) Gläubiger der Gesellschaft auf die Möglichkeit solcher Geschäfte und damit von Vermögensverlagerungen zwischen dem Gesellschafter und der Gesellschaft hinzuweisen, damit sie sich darauf einstellen können (*BayObLG* NJW 1981, 1565, 1566). Die Befreiung vom Verbot des § 181 BGB kann auch noch nach der Gründung durch eine entsprechende Änderung des Gesellschaftsvertrages (Satzungsänderung) geschehen. Aus § 10 Abs. 1 S. 2 GmbHG folgt, dass die Befreiung des Alleingesellschaftergeschäftsführers von dem Verbot, Geschäfte der GmbH mit sich selbst abzuschließen, im Handelsregister einzutragen ist (so *BGHZ* 87, 59, 60ff.; 114, 167). 760

III. Die mögliche Haftung des Gesellschaftergeschäftsführers

Eine persönliche Haftung des Gesellschaftergeschäftsführers für die Verbindlichkeiten der Gesellschaft *kann* trotz der Regelung des § 13 Abs. 2 GmbHG aus Pflichtverletzung gemäß § 280 i.V.m. §§ 311 Abs. 3 und 241 Abs. 2 BGB (culpa in contrahendo) und bei vorsätzlichem schädigendem Handeln aus § 826 BGB in Betracht kommen. 761

Eine persönliche Haftung des Gesellschaftergeschäftsführers aus culpa in contrahendo kann neben der Entstehung eines Schadens voraussetzen, dass der Geschäftsführer eine *Aufklärungspflicht* verletzt hat. Eine solche Aufklärungspflicht einer Partei kann bei Vertragsverhandlungen u.a. dann entstehen, wenn diese Partei verpflichtet ist, die andere Partei über Bedenken gegen die Wirksamkeit oder Durchführbarkeit des Vertrages aufzuklären, sofern nur ihr die maßgeblichen Umstände bekannt sind und die andere Partei bei Kenntnis dieser Umstände von dem Vertragsschluss Abstand genommen hätte (so *BGH* WM 1991, 1548). Eine Eigenhaftung des Gesellschaftergeschäftsführers als Vertreter kommt insbesondere dann in Betracht, wenn der Verhandlungspartner gerade ihm wegen seiner herausragenden Sachkunde oder Vertrauenswürdigkeit ein besonderes Interesse entgegenbringt oder wenn der Vertreter an dem Abschluss des Vertrages selbst ein unmittelbares, *eigenes* wirtschaftliches Interesse hat (so *BGH* WM 1991, 1548. Zur Problematik siehe auch oben Rn. 443ff.).

§ 48. Die Haftung der Gesellschafter einer GmbH

Literatur: *Altmeppen,* Ausfall- und Verhaltenshaftung der Mitglieder in der GmbH, ZIP 2002, 961ff; *derselbe,* Zur Entwicklung eines neuen Gläubigerschutzkonzeptes in der GmbH, ZIP 2002, 1553ff.; *Hager,* Die verdeckte Gewinnausschüttung in der GmbH, ZGR 1989, 69ff.; *Hommelhoff,* Das Gesellschafterdarlehen als Beispiel institutioneller Rechtsfortbildung, ZGR 1988, 460ff.; *N. Preuß,* Grundsätze der Kapitalaufbringung und Kapitalerhaltung in der GmbH, JuS 1999, 342ff.; *K. Schmidt,* Fortschritte und Abstimmungsprobleme im Recht der kapitalersetzenden Gesellschafterdarlehen, ZGR 1980, 567ff.; *ders.,* Die Eigenkapitalausstattung der Unternehmen als rechtspolitisches Problem, JZ 1984, 771ff.; *ders.,* Die Rechtsfolgen der „eigenkapitalersetzenden Sicherheiten", ZIP 1999, 1821ff.; *P. Ulmer,* Gesellschafterdarlehen und Unterkapitalisierung bei GmbH und GmbH & Co KG – Zehn Thesen, FS Duden, S. 661ff.; *ders.,* Die GmbH und der Gläubigerschutz, GmbH-Rdsch. 1984, 256ff.; *Vonnemann,* Sinn und Zweck des § 32a GmbHG und der Rechtsprechungsregeln zu den sog. eigenkapitalersetzenden Gesellschafterdarlehen, GmbH-Rdsch. 1989, 145ff.; *H.P. Westermann,* § 826 BGB als Grundlage einer „Durchgriffshaftung" des Gesellschafters, Jura 1980, 532ff.; *J. Wilhelm,* Zurück zur Durchgriffshaftung – das „KBV"-Urteil des II. Zivilsenats des BGH vom 24. 6. 2002, NJW 2003, 175ff.

I. Die grundsätzliche Regelung

1. Keine Haftung der Gesellschafter mit ihrem Privatvermögen für Verbindlichkeiten der Gesellschaft

762 **Fall:** A, B und C gründen eine GmbH, deren Gegenstand der An- und Verkauf von Düngemitteln ist. Das Stammkapital in Höhe von 25000,– € ist voll eingezahlt und der Gesellschaft nicht wieder entzogen worden. C ist Ge-

schäftsführer der GmbH und nimmt im Namen der GmbH bei der Südbank-AG ein Darlehen in Höhe von 100000,– € auf. Es wird vereinbart, dass das Darlehen innerhalb von fünf Jahren zurückzuzahlen ist. Als die GmbH nach fünf Jahren nicht in der Lage ist, den Darlehensbetrag vollständig zurückzuzahlen, will sich die Südbank-AG an C halten. Zu Recht?

Nach der Eintragung in das Handelsregister haftet den Gläubigern der GmbH grundsätzlich nur die GmbH mit ihrem Gesellschaftsvermögen (zur Haftung in der Gründungsphase siehe oben Rn. 687ff.). Die Gesellschafter haften für die Verbindlichkeiten der Gesellschaft nicht mit ihrem Privatvermögen (§ 13 Abs. 2 GmbHG). Es ist stets streng zu unterscheiden zwischen dem Vermögen der GmbH als juristischer Person einerseits und dem Privatvermögen der Gesellschafter andererseits.

Zum **Fall:** Die Südbank-AG kann sich mit ihrer Darlehensrückzahlungsforderung nach § 488 BGB nur dann an C halten, wenn dieser für die Verbindlichkeiten der GmbH auch mit seinem Privatvermögen haftet. Nach § 13 Abs. 2 GmbHG haftet jedoch für die Verbindlichkeiten der Gesellschaft allein das Gesellschaftsvermögen. Soweit Gesellschaftsvermögen nicht vorhanden ist, kann der Gläubiger keine Befriedigung erlangen. Etwas anderes könnte dann gelten, wenn ein Gesellschafter seine Einlage noch nicht oder noch nicht in voller Höhe erbracht hätte. Der Gläubiger könnte dann versuchen, auf Grund eines vollstreckbaren Titels gegen die Gesellschaft sich den Anspruch der Gesellschaft gegen den säumigen Gesellschafter pfänden und überweisen zu lassen. Nach dem Sachverhalt ist jedoch die Stammeinlage voll eingezahlt und der Gesellschaft nicht wieder entzogen worden. Aber selbst wenn der Gläubiger in einem solchen Fall gegen einen Gesellschafter vollstrecken könnte, handelte es sich nicht um eine persönliche Haftung des Gesellschafters; vollstreckt wird in das Gesellschaftsvermögen, zu dem der Anspruch gegen den Gesellschafter gehört. Das Gleiche würde für den Fall gelten, dass im Gesellschaftsvertrag eine Nachschusspflicht vereinbart worden wäre und der in Anspruch genommene Gesellschafter diese Verpflichtung noch nicht erfüllt hätte. Hierüber sagt jedoch der Sachverhalt nichts aus, so dass davon auszugehen ist, dass eine solche Vereinbarung nicht getroffen ist. Die Südbank-AG hat daher keine Möglichkeit, sich wegen ihrer Darlehensrückzahlungsforderung an C zu halten.

Auch bei einer Einmann-GmbH ist das Vermögen der GmbH **763**
einerseits und das Vermögen des Alleingesellschafters andererseits streng auseinanderzuhalten. Grundsätzlich haftet für die Gesellschaftsschulden auch hier nur das Gesellschaftsvermögen der GmbH.

Beispiel: Die Strathmann Elektrohandlung GmbH, deren alleiniger Gesellschafter Strathmann ist, hat durch grobe Fehler so große Verluste erlitten, dass sie in die Insolvenz geht. Hier haftet den Insolvenzgläubigern nur das Vermögen der GmbH, nicht aber das Privatvermögen des Alleingesellschafters Strathmann.

2. Der Kapitalerhaltungsgrundsatz

764 Gemäß § 30 GmbHG darf das zur Erhaltung des Stammkapitals erforderliche Vermögen der Gesellschaft nicht an die Gesellschafter ausgezahlt werden. Als zentrale Vorschrift zur Erhaltung des Stammkapitals will § 30 GmbHG jede Art von Schmälerung des Stammkapitals durch Leistung seitens der GmbH zum Vorteil eines Gesellschafters unterbinden (vgl. zu alledem: Baumbach/Hueck/*Hueck/Fastrich*, § 30 GmbHG Rn. 1 ff.). Der Gesellschaft ist es untersagt, Aktivvermögen an ihre Gesellschafter wegzugeben, wenn dadurch eine Unterdeckung oder gar eine Überschuldung herbeigeführt oder vertieft wird (vgl. dazu *Preuß*, JuS 1999, 342, 345 mit Nachw.).

Unter Verstoß gegen § 30 GmbHG erfolgte Zahlungen an die Gesellschafter müssen zurückerstattet werden (§ 31 GmbHG). Aus diesem Erstattungsanspruch ist nur die Gesellschaft berechtigt. Damit soll es ermöglicht werden, das Gesellschaftsvermögen in seiner geschützten Mindesthöhe wiederherzustellen. Der Anspruch aus § 31 GmbHG auf Erstattung von gemäß § 30 GmbHG verbotenen Auszahlungen entsteht, wenn und soweit die GmbH nach den Grundsätzen einer Überschuldungsbilanz überschuldet ist (*BGH* NJW 2003, 3629 ff.). Mit anderen Worten: Für das Entstehen von Ansprüchen aus § 31 Abs. 1 GmbHG sind allein die bilanziellen Verhältnisse zum Zeitpunkt der Auszahlung maßgebend.

Wegen der Beschränkung der Haftung für Verbindlichkeiten der Gesellschaft auf das Vermögen der GmbH kommt den §§ 30 ff. GmbHG besondere Bedeutung zu.

Auch ein bewusster, auf die Umgehung der Kapitalerhaltungsregeln abzielender Verstoß gegen § 30 GmbHG führt nicht zur Nichtigkeit dieses Geschäfts gemäß § 134 BGB mit der Rechtsfolge aus § 812 BGB. Die Rechtsfolge des Verstoßes gegen das Kapitalerhaltungsgebot ergibt sich ausschließlich aus der als Spezialregelung zu verstehenden Rückerstattungsnorm des § 31 GmbHG; diese trägt dem berechtigten Schutzbedürfnis der Gesellschaft und ihrer Gläubiger hinreichend Rechnung (so *BGHZ* 136, 125, 129).

765 § 30 GmbHG ist weit auszulegen, um alle denkbaren Umgehungsversuche zu erfassen. So kann z.B. eine nach § 30 GmbHG verbotene Schmälerung von Stammkapital auch in der Stundung

des Kaufpreises für veräußertes Gesellschaftsvermögen liegen (*BGHZ* 81, 311). Auch ein Austauschvertrag mit einem Gesellschafter kann eine unzulässige Auszahlung von Gesellschaftsvermögen bewirken, wenn der Leistung der Gesellschaft keine gleichwertige Leistung des Gesellschafters gegenübersteht (so *BGH* WM 1987, 348f.).; zum Problem der verdeckten Gewinnausschüttung in der GmbH und der Anwendung der §§ 30, 31 GmbHG siehe *Hager*, ZGR 1989, 71ff.).

Der *BGH* (*BGHZ* 110, 342) sieht einen Verstoß gegen § 30 GmbHG auch darin, dass dem Kommanditisten einer GmbH & Co. KG, der nicht zugleich auch Gesellschafter der GmbH ist, das Vermögen der Gesellschaft in einem Umfange ausgezahlt wird, dass dadurch mittelbar das Vermögen der Komplementär-GmbH unter den Wert des Stammkapitals herabsinkt (vgl. oben Rn. 414).

Beispiel: Gesellschafter der A-GmbH sind A und B. Beide sind Geschäftsführer. Das Stammkapital in Höhe von 30000,– €, das die Gesellschafter zu je ein Halb halten, ist eingezahlt. Mit Billigung von A gewährt die A-GmbH kurz nach der Gründung dem B ein Darlehen in Höhe von 20000,– € zu marktüblichen Zinsen. Diese Darlehensgewährung wird nicht aus Rücklagen oder Gewinnvorträgen bestritten, sondern erfolgt zulasten des gebundenen Vermögens der Gesellschaft.

Fraglich ist, ob darin eine verbotene Auszahlung von Gesellschaftsvermögen im Sinne des § 30 GmbHG zu sehen ist. Dabei ist zu berücksichtigen, dass die Gesellschaft gegen den Gesellschafter, der Darlehensschuldner ist, einen Rückzahlungsanspruch erwirbt, der grundsätzlich vollwertig ist. Der *BGH* (*BGHZ* 157, 72, 75) betont, § 30 GmbHG verpflichte die Gesellschafter nicht, das Gesellschaftsvermögen im Sinne eines gegenständlichen Eigentumsschutzes in einer bestimmten Zusammensetzung zu erhalten; § 30 GmbHG untersage lediglich, das in der Satzung festgelegte Garantievermögen in seiner rechnerischen Wertbindung zu Gunsten eines Gesellschafters anzutasten. Die Gewährung eines Darlehens ist in der Regel im Falle eines vollwertigen Rückzahlungsanspruchs als bloßer Aktiventausch bilanzrechtlich neutral. Eine Darlehensgewährung, wie sie im zu erörternden Falle geschehen ist, wäre also auf den ersten Blick mit § 30 GmbHG vereinbar. Der *BGH* (*BGHZ* 157, 72, 75f.) will allerdings mit Rücksicht auf die Bedeutung des in § 30 Abs. 1 GmbHG verankerten Kapitalerhaltungsgrundsatz eine solche rein bilanzrechtliche Betrachtungsweise nicht gelten lassen. Er meint, der Vermögensschutz erschöpfe sich nicht in der Garantie einer bilanzmäßigen Rechnungsziffer; er gebiete vielmehr die Erhaltung einer die Stammkapitalziffer deckenden Haftungsmasse. Dementsprechend soll nach Sinn und Zweck des § 30 GmbHG das Vermögen der Gesellschaft bis zur Höhe der Stammkapitalziffer dem Zugriff der Gesellschafter entzogen werden. Nach Meinung des *BGH* (*BGHZ* 157, 72, 75f.) verschlechtert der Austausch liquider Haftungsmassen gegen eine zeitlich hinausgeschobene schuldrechtliche Forderung die Vermögenslage der Gesellschaft und damit die Befriedigungsaussichten der Gesellschaftsgläubiger. Mit anderen Worten: Dem Kapitalabfluss steht eine nur rechnerische, nicht aber eine sofort realisierbare Forderung gegenüber. Deshalb soll auch die Gewährung eines ordentlich verzinsten Darlehens an einen kreditwürdigen Gesellschafter nicht mit § 30 GmbHG vereinbar sein.

Folgt man der Auffassung des BGH, so handelt es sich im zu erörternden Fall bei der Darlehensgewährung an den Gesellschafter B, die zu Lasten des gebundenen Vermögens der Gesellschaft geht, um eine verbotene Auszahlung von Gesellschaftsvermögen im Sinne des § 30 GmbHG, die einen Rückzahlungsanspruch der A-GmbH nach § 31 Abs. 1 GmbHG gegen B auslöst.

766 Nach Ansicht des *BGH* (*BGHZ* 110, 342) ist § 30 GmbHG kein Schutzgesetz i.S. des § 823 Abs. 2 BGB. Der *BGH* (*BGHZ* 110, 342, 360) begründet dies damit, dass § 30 GmbHG zwar gewährleisten solle, dass der Gesellschaft im Interesse ihrer Gläubiger das gezeichnete Kapital erhalten bleibe; deren Schutz sei aber in ausreichendem Maße dadurch gewährleistet, dass z.B. die unberechtigte Entgegennahme haftenden Kapitals zur Entstehung von Erstattungs- oder Schadensersatzansprüchen führt, die der Gläubiger jederzeit pfänden und sich zur Einbeziehung überweisen lassen kann.

§ 31 Abs. 3 GmbHG regelt eine subsidiäre Haftung aller – übrigen – Gesellschafter (Ausfallhaftung), soweit der Erstattungsbetrag von dem gemäß § 31 Abs. 3 GmbHG primär verpflichteten Empfänger nicht zu erlangen, aber zur Befriedigung der Gesellschaftsgläubiger erforderlich ist. Die Gesellschafter haften anteilig im Verhältnis ihrer Geschäftsanteile (vgl. zu alledem Baumbach/Hueck/*Hueck/Fastrich,* § 31 GmbHG, Rn. 23 ff.).

Die herrschende Auffassung im Schrifttum hat sich für eine Beschränkung der Ausfallhaftung auf den Betrag des Stammkapitals ausgesprochen und das damit begründet, dass die Solidarhaftung begrenzt werden müsse, um das Risiko der Mitgesellschafter von vornherein in kalkulierbaren Grenzen zu halten; die Vorstellung einer unbegrenzten Solidarhaftung laufe auf eine Nachschusspflicht der Gesellschafter hinaus, die sich aus dem Gesetz nicht ergeben könne (Baumbach/Hueck/*Hueck/Fastrich,* § 31 GmbHG, Rn. 24; Hachenburg/*Goerdeler/Müller,* § 31 GmbHG, Rn. 54; Scholz/*Westermann,* § 30 GmbHG, Rn. 30). Der *BGH* (*BGHZ* 150, 61 ff.) hat sich dieser Auffassung angeschlossen und die Ausfallhaftung von Mitgesellschaftern auf die Stammkapitalziffer beschränkt. Allerdings geht der *BGH* (*BGHZ* 149, 10 ff.) von einer unbegrenzten Verhaltenshaftung der Mitgesellschafter aus, wenn und soweit sie an einer Existenzvernichtung der GmbH zu Lasten der Gläubiger verantwortlich mitgewirkt haben (siehe hierzu im Einzelnen unten Rn. 770a ff.; *Altmeppen*, ZIP 2002, 961 ff.).

II. Die Durchgriffshaftung bei der GmbH

1. Der Begriff des Durchgriffs

Nach Aktien- und GmbH-Recht sind Aktiengesellschaften und Gesellschaften mit beschränkter Haftung auf der einen und die Gesellschafter auf der anderen Seite verschiedene Rechtspersönlichkeiten. Das bedeutet vermögensrechtlich, dass den Gläubigern der Gesellschaft nur das Gesellschaftsvermögen haftet, nicht aber auch das Privatvermögen der Gesellschafter (Trennungsprinzip). 767

Durchgriff bedeutet Nichtanwendung des so verstandenen Trennungsprinzips, um den Gesellschaftsgläubigern den Zugriff auf das Privatvermögen der Gesellschafter zu ermöglichen. Rechtsprechung und Rechtslehre haben nur sehr zögernd einen Durchgriff bei der GmbH zugelassen. Die Möglichkeiten, eine Einmann-GmbH zu gründen, bieten für sich allein keinen ausreichenden Anlass, die mit der Rechtsform der GmbH für die Gesellschafter verbundenen Haftungsbeschränkungen zu durchbrechen. Das gilt auch für den Fall, dass ein Unternehmen nicht von einer GmbH betrieben wird, sondern von einer GmbH & Co. KG, deren persönlich haftende Gesellschafterin eine Einmann-GmbH und deren einziger Kommanditist der Inhaber sämtlicher Geschäftsanteile der GmbH ist (vgl. *H.P. Westermann*, Jura 1980, 532, 533).

2. Die Entwicklung der Rechtsprechung zu Trennungsprinzip und Durchgriff

Die Rechtsprechung des *BGH* zur Durchgriffshaftung bei der GmbH war vorwiegend an der Rechtsform der Einmann-GmbH orientiert (vgl. *BGHZ* 20, 4 ff.; 22, 226 ff.; 26, 31 ff.). Allerdings sind in diesen Entscheidungen einige grundsätzliche Ausführungen enthalten, die über die Einmann-GmbH hinausgehen. 768

Stets wiederholt hat der *BGH* den Grundsatz, über die Rechtsform der juristischen Person dürfe nicht leichtfertig oder schrankenlos hinweggegangen werden; die Rechtsfigur der juristischen Person könne allerdings nur in dem Umfang Beachtung finden, in dem ihre Verwendung dem Zweck der Rechtsordnung entspreche (*BGHZ* 20, 4, 11; 29, 385, 392 f.; 54, 222, 224).

769 Versucht man, die Rechtsprechung des Reichsgerichts und des Bundesgerichtshofes bis zum Inkrafttreten der GmbH-Novelle 1981 zu analysieren, so fällt auf, dass feste dogmatische Grundlagen fehlen. Immer wieder betont wurde der Grundsatz, dass über die Rechtsform der juristischen Person nicht leichtfertig und schrankenlos hinweggegangen werden dürfe (vgl. *BGHZ* 68, 312ff.). Von diesem Grundsatz sollte nur dann abgewichen werden, wenn die Rechtsfigur der juristischen Person in einer § 826 BGB oder § 242 BGB verletzenden Weise missbraucht werde. Letzteres hat der *BGH* im Wesentlichen nur in solchen Fällen bejaht, in denen in einer Treu und Glauben verletzenden Weise bei Einmann-Gesellschaften die Gewährung von Darlehen durch den Gesellschafter an die Gesellschaft zum Zwecke der Konkursabwendung zu Lasten der übrigen Gläubiger benutzt worden war. Der *BGH* (BGHZ 95, 330, 332) hat später in Fällen der Vermögensvermischung eine Durchgriffshaftung bejaht und die persönliche Haftung auf §§ 105, 128 HGB gestützt.

Festzuhalten ist jedoch, dass der *BGH* (vgl. *BGHZ* 54, 222 und *BGHZ* 125, 366) eine Durchgriffshaftung der Mitglieder einer juristischen Person unter der Voraussetzung bejaht hat, dass die Abgrenzung zwischen dem Vermögen der juristischen Person und der oder den hinter ihr stehenden natürlichen Personen in einer gegen Treu und Glauben verstoßenden Weise verschleiert worden ist.

770 In *BGHZ* 54, 222 hat der *BGH* den Durchgriff auf das Vermögen von Vereinsmitgliedern bejaht, weil die Ausnutzung der rechtlichen Verschiedenheit zwischen der juristischen Person und der hinter ihr stehenden natürlichen Person einen Rechtsmissbrauch bedeutet hätte. Der *BGH* (*BGHZ* 54, 222, 224) betont, es sei Aufgabe des Richters, einem treuwidrigen Verhalten der hinter der juristischen Person stehenden natürlichen Person entgegenzutreten und die juristische Konstruktion hintanzusetzen, wenn die Wirklichkeit des Lebens, die wirtschaftlichen Bedürfnisse und die Macht der Tatsachen eine solche Handhabung geböten.

In *BGHZ* 125, 366 ging es um die Inanspruchnahme des Privatvermögens eines GmbH-Gesellschafters wegen der Vermischung des Gesellschafts- mit dem Privatvermögen. Der *BGH* (*BGHZ* 125, 366, 368) ging hier von der Verschleierung der Abgrenzung von Privat- und Gesellschaftsvermögen auf Grund einer undurchsichtigen Buchführung aus; dadurch könnten nach Auffassung des *BGH* die Kapitalerhaltungsvorschriften, deren Einhaltung ein unverzichtbarer Ausgleich für die Beschränkung der Haftung auf das Gesellschaftsvermögen (§ 13 Abs. 2 GmbHG) ist, nicht funktionieren. Deshalb sei es ausnahmsweise gerechtfertigt, den Gläubigern der Gesellschaft außer dem nicht mehr wirksam geschützten Haftungsfonds der Gesellschaft das Privatvermögen der Gesellschafter zur Verfügung zu stellen. Nach Ansicht des *BGH* (*BGHZ* 125, 366, 368f.) kann unter den genannten Voraussetzungen die persönliche Haftung allerdings nur diejenigen Gesellschafter treffen, die auf Grund des ihnen in dieser Stellung gegebenen Einflusses in der Gesellschaft für den Vermögensvermischungstatbestand verantwortlich sind; wer wegen geringer Beteiligung und fehlender interner Mitspracherechte einen solchen Einfluss nicht ausüben könne, dürfe für den Tatbestand, der die Voraussetzungen für die Beschränkung der Haftung auf das Gesellschaftsvermögen entfallen lasse, nicht verantwortlich gemacht werden.

Der *BGH* (*BGHZ* 165, 85ff.) hat – insoweit *BGHZ* 125, 366ff. klarstellend – betont, die Durchgriffshaftung eines GmbH-Gesellschafters wegen Vermögensvermischung, die zum Wegfall des Haftungsprivilegs gemäß § 13 Abs. 2 GmbHG führt, sei keine Zustands-, sondern eine Verhaltenshaftung; sie treffe einen Gesellschafter nur, wenn dieser aufgrund des von ihm wahrgenommenen Einflusses als Allein- oder Mehrheitsgesellschafter für den Vermögensvermischungstatbestand verantwortlich sei.

Für den Fall, dass Gesellschafter ihre GmbH mit einer völlig 770a unzureichenden Kapitalausstattung oder gar ohne eine solche betreiben und eine Gläubigerschädigung angesichts der finanziellen Lage der Gesellschaft absehbar ist, kommt eine Haftung der beteiligten Gesellschafter aus § 826 BGB in Betracht. Die Schwierigkeit dabei besteht allerdings in der Regel darin, dass der Vorsatz der Schädigung häufig schwer nachzuweisen ist. Da bedingter Schädigungsvorsatz genügt, ist daran zu denken, aus objektiv feststellbaren Umständen ohne besondere Ermittlungen zum inneren Tatbestand auf den bedingten Vorsatz zu schließen. Nach Ansicht von *Ulmer* (GmbH-Rdsch. 1984, 256, 261) kommen als solche Sachverhalte u.a. die Verwendung eines vermögenslosen GmbH-Mantels und die Fortsetzung der Geschäfte trotz eines vollständigen Verlustes des Stammkapitals in Betracht. Darüber hinaus wurde die in der Literatur entwickelte Lehre von der Haftung der Gesellschafter wegen eindeutiger, auch nicht durch Gesellschafterdarlehen ausgeglichener (sog. materieller) *Unterkapitalisierung* als Versuch einer Objektivierung der Gesellschafterhaftung unter Verzicht auf den Nachweis eines Schädigungsvorsatzes diskutiert (vgl. zur Problematik *Ulmer*, GmbH-Rdsch. 1984, 256, 262 mit Nachw.). Eine der Hauptschwierigkeiten besteht in diesem Zusammenhang darin, dass nur schwer festzustellen ist, unter welchen Voraussetzungen eine GmbH zu einem bestimmten Zeitpunkt unterkapitalisiert ist. Es handelt sich dabei letztlich um eine betriebswirtschaftliche Problematik (zur Eigenkapitalausstattung von Unternehmen siehe *K. Schmidt*, JZ 1984, 771 ff.).

3. Das neue Modell des BGH zur Durchgriffshaftung (Haftung wegen existenzvernichtenden Eingriffs)

770b In jüngerer Zeit hat der *BGH* (*BGHZ* 151, 181 ff.) seine Zurückhaltung gegenüber einer Durchgriffshaftung der Gesellschafter bei der GmbH aufgegeben und Grundsätze für eine solche entwickelt. Danach können die Gläubiger der GmbH bei Vorliegen bestimmter Voraussetzungen die Gesellschafter einer GmbH wegen Verbindlichkeiten der Gesellschaft auch außerhalb eines Insolvenzverfahrens unmittelbar in Anspruch nehmen.

Nach den vom *BGH* entwickelten Grundsätzen über die Haftung wegen existenzvernichtenden Eingriffs sollen die Gesellschaftsgläubiger wegen ihrer Ansprüche gegen die GmbH (Verbindlichkeiten der Gesellschaft) bei Vorliegen der folgenden Tatbestandsmerkmale einen unmittelbaren Anspruch gegen die Gesellschafter haben (= Durchgriffshaftung. Zu den Anspruchsgrundlagen siehe unten Rn. 770 d):

- Die Gesellschafter entziehen der GmbH Vermögen unter Außerachtlassung angemessener Rücksichtnahme auf dessen Zweckbindung zugunsten der GmbH; der GmbH wird also Vermögen entzogen, das zur Erfüllung von Verbindlichkeiten benötigt wird (vgl. *Ulmer*, JZ 2002, 1051).
- Dadurch kommt es zu einer ins Gewicht fallenden Beeinträchtigung der Fähigkeit der GmbH, ihre Verbindlichkeiten ganz oder teilweise zu erfüllen.
- Ein zum Durchgriff berechtigender Nachteil der GmbH und damit indirekt ihrer Gläubiger liegt allerdings nur dann vor, wenn er nicht nach §§ 30, 31 GmbHG (siehe dazu oben Rn. 764 ff.) ausgeglichen werden kann (zu alledem *Ulmer*, JZ 2002, 1050 f.).

770c Der *BGH* (*BGHZ* 151, 181 ff.) begründet die Durchgriffshaftung dieser Art wie folgt: Das System der auf das Gesellschaftsvermögen beschränkten Haftung beruht auf der unausgesprochenen, für das Recht der Kapitalgesellschaften jedoch grundlegenden Voraussetzung, dass das Gesellschaftsvermögen, das zur Erfüllung der im Namen der Gesellschaft eingegangenen

Verbindlichkeiten benötigt wird, in der Gesellschaft zum Zwecke der Befriedigung ihrer Gläubiger verbleiben muss; es ist damit der Dispositionsbefugnis der Gesellschafter entzogen. Der *BGH* hebt hervor, die Notwendigkeit der Trennung des Vermögens der Gesellschaft von dem Vermögen der Gesellschafter und die strikte Bindung des ersteren zur – vorrangigen – Befriedigung der Gesellschaftsgläubiger bestehe während der gesamten Lebensdauer der GmbH. Beide – Absonderung und Zweckbindung – seien unabdingbare Voraussetzung dafür, dass die Gesellschafter die Beschränkung ihrer Haftung auf das Gesellschaftsvermögen in Anspruch nehmen könnten.

Allein das Zusammenspiel von Vermögenstrennung und Vermögensbindung einerseits und die Haftungsbeschränkung andererseits rechtfertigt nach Ansicht des *BGH* (*BGHZ* 151, 181ff.) das Haftungsprivileg des § 13 Abs. 2 GmbHG. Entziehen die Gesellschafter unter Außerachtlassung der gebotenen Rücksichtnahme auf diese Zweckbindung des Gesellschaftsvermögens der Gesellschaft durch offene oder verdeckte Entnahmen Vermögenswerte und beeinträchtigen sie dadurch in einem ins Gewicht fallenden Ausmaß die Fähigkeit der Gesellschaft zur Erfüllung ihrer Verbindlichkeiten, so liegt darin ein Rechtsmissbrauch der Rechtsform der GmbH. Dieser muss zum Verlust des Haftungsprivilegs führen, soweit nicht der der GmbH durch den Eingriff insgesamt zugefügte Nachteil schon nach §§ 30, 31 GmbHG vollständig ausgeglichen werden kann oder ein ausreichender Ausgleich in das Gesellschaftsvermögen erfolgt. Das gilt auch und erst recht bei Vorliegen einer Unterbilanz.

Der Haftungstatbestand des existenzvernichtenden Eingriffs bezieht sich nicht auf Managementfehler im Rahmen des Betriebs des Unternehmens im weitesten Sinne; er setzt vielmehr den gezielten, betriebsfremden Zwecken dienenden Entzug von Vermögenswerten voraus, welche die Gesellschaft zur Begleichung ihrer Verbindlichkeiten benötigt (*BGH* ZIP 2005, 250, 252).

Danach ist es den Gesellschaftern nicht erlaubt, der Gesell- 770d
schaft ihr Vermögen ohne Rücksicht auf ihre gesetzliche Funktion, anstelle ihrer Gesellschafter als Haftungsträger zu dienen, zu entziehen und ihr dadurch die Möglichkeit zu nehmen, ihre Verbindlichkeiten – ganz oder teilweise – zu erfüllen. Den Gesellschaftern steht innerhalb wie außerhalb der Liquidation nur der Zugriff auf den zur Erfüllung der Gesellschaftsverbindlichkeiten nicht benötigten Überschuss zu (so *BGHZ* 151, 181ff.).

Der *BGH* hat zunächst offen gelassen, auf welche Anspruchsgrundlagen er sich stützt. Ansprüche aus unerlaubter Handlung, insbesondere aus § 826 BGB, kommen nicht in Betracht, weil diese sich ohnehin unmittelbar gegen diejenigen Gesellschafter richten, die den Tatbestand einer unerlaubten Handlung verwirklicht haben. Eine Haftung der Gesellschafter aus unerlaubter Handlung kann neben der Durchgriffshaftung im oben genannten Sinne bestehen. *Wilhelm* (NJW 2003, 175, 180) meint, der *BGH* habe keine neuen Ansätze zur Haftung der Gesellschafter einer GmbH gegenüber den Gesellschaftsgläubigern entwickelt; er habe schlicht in Anlehnung an die alte Lehre von der Durchgriffshaftung eine Haftung wegen Missbrauchs der Rechtsform der GmbH bejaht (kritisch auch *Altmeppen,* ZIP 2002, 1553 ff.). Demgegenüber schlägt *Ulmer* (JZ 2002, 1050) eine Haftung der Gesellschafter in Analogie zu §§ 105, 128 HGB vor. Er begründet das u. a. damit, dass – bei Vorliegen der Durchgriffsvoraussetzungen – eine Gesellschafterhaftung etabliert werden müsse, die gegenüber der Verbindlichkeit der GmbH nicht nur hinsichtlich der Begründung, sondern auch im Fortbestand akzessorisch sei; auf diese Weise könne der in Anspruch genommene Gesellschafter den Gläubigern entsprechend § 129 HGB auch die der GmbH zustehenden Einwendungen und Einreden geltend machen (*Ulmer,* JZ 2002, 1050). Auch der *BGH* (*BGHZ* 165, 85, 89 ff.) stützt die Durchgriffshaftung nun auf § 128 HGB analog.

770e Dies könnte einleuchtend sein, wenn man davon ausgeht, dass das Haftungsprivileg der Gesellschafter des § 13 Abs. 2 GmbHG entfallen soll, sobald die Gesellschafter der GmbH diejenigen Vermögenswerte entziehen, die es der Gesellschaft ermöglicht hätten, ihre Verbindlichkeiten ganz oder teilweise zu erfüllen. Die Gesellschaft fiele dann quasi in den Zustand zurück, in dem sie sich vor der Eintragung in das Handelsregister (= Vorgesellschaft) befunden hatte. Bejaht man eine analoge Anwendung des § 128 HGB im Hinblick auf die Gesellschafter der Vorgesellschaft (siehe dazu oben Rn. 694 ff.), kann eine analoge Anwendung dieser Vorschrift nach Wegfall des Haftungsprivilegs des § 13 Abs. 2 GmbHG konsequent sein.

Beispiel: A und B sind Gesellschafter der A-GmbH, die mit einem Stammkapital von 100 000,– € ausgestattet ist, von dem A und B je die Hälfte als Stammeinlagen übernommen und eingezahlt haben. Ab Februar 2002 lassen sich A und B wegen eigener wirtschaftlicher Schwierigkeiten die wesentlichen Vermögenswerte der GmbH – darunter das Eigentum an Betriebsgrundstücken, PKW und Forderungen gegen Kunden in Höhe von 210 000,– € –

übertragen. Nach einem Vermögensstatus der GmbH per 30. Juni 2002 standen Aktiva in Höhe von 22 000,– € Passiva in Höhe von 350 000,– € gegenüber. Bauunternehmer W, der die Geschäftsräume der A-GmbH aufwändig renoviert hat, hat eine Vergütungsforderung in Höhe von 123 000,– € gegen die Gesellschaft. Diesen Anspruch macht W nun gegen die Gesellschafter A und B persönlich geltend.

W könnte sich, folgt man der von *Ulmer* (JZ 2002, 1050) vertretenen Ansicht, dabei auf § 631 BGB i. V. m. § 128 HGB analog stützen, wenn die oben genannten Voraussetzungen für eine Durchgriffshaftung vorliegen. A und B haben der Gesellschaft Vermögen entzogen, das zur Erfüllung von Verbindlichkeiten der GmbH erforderlich war. Sie haben damit die Zweckbindung des Vermögens außer Acht gelassen. Dadurch ist der GmbH die Erfüllung ihrer Verbindlichkeiten unmöglich geworden. Ein Ausgleich nach §§ 30, 31 GmbHG ist nicht in Sicht. Infolgedessen kann sich W wegen seiner Vergütungsforderung gemäß § 631 BGB i. V. m. § 128 HGB analog an A und B persönlich halten. Diese haften als Gesamtschuldner.

In diesem Fall könnte der Gläubiger W gegen die Gesellschafter A und B allerdings auch einen Anspruch aus § 826 BGB erworben haben. A und B haben durch ihre Handlungsweise den W geschädigt. Dies ist auch in sittenwidriger Weise geschehen, weil die Gesellschafter den Kapitalerhaltungsgrundsatz (§ 30 GmbHG) in besonders grober Weise verletzt haben, indem sie das Vermögen der GmbH sozusagen „ausräumten". Da bedingter Schädigungsvorsatz genügt, kann darauf hier aus objektiv feststellbaren Umständen geschlossen werden. Bejaht man, wie es hier nahe liegt, einen Anspruch aus § 826 BGB, kann der umständliche Weg der Begründung einer Durchgriffshaftung (siehe oben Rn. 770 b ff.) erspart werden.

In einer neueren Entscheidung hat der *BGH* (WM 2004, 2254) 770f
einen Anspruch gegen einen Gesellschafter der GmbH und eine Schwestergesellschaft (ebenfalls eine GmbH) auf § 826 BGB gestützt. Es ging in diesem Fall darum, dass der Gesellschafter einer GmbH und eine von ihm beherrschte Schwestergesellschaft der 1. GmbH planmäßig das Vermögen entzogen und dieses auf die Schwestergesellschaft verlagert hatten, um es dem Zugriff der Gläubiger zu entziehen; mit dem Schwesterunternehmen wurde das zuvor von der 1. GmbH betriebene Unternehmen fortgeführt. Der *BGH* betont, die Gesellschafter einer GmbH seien nicht verpflichtet, deren Geschäftsbetrieb im Interesse von Gesellschaftsgläubigern fortzuführen; sie können den Geschäftsbetrieb sogar mit dem Ziel der Weiterführung durch eine neue Gesellschaft einstellen. Dabei müssen sie jedoch die für die Abwicklung der GmbH geltenden Regeln einhalten. Insbesondere dürfen sie nicht außerhalb eines Liquidationsverfahrens planmäßig das Vermögen einschließlich der Geschäftschancen von der alten Gesellschaft auf die neue Gesellschaft verlagern und so den Glaubigern der alten Gesellschaft den

Haftungsfond entziehen. Tun sie es dennoch, handeln sie sittenwidrig im Sinne des § 826 BGB und schädigen vorsätzlich die Gläubiger der Gesellschaft.

770g Der *BGH* (ZIP 2005, 117ff.) fordert als Voraussetzung für die Auslösung der unbegrenzten Haftung wegen existenzvernichtenden Eingriffs, dass die der Gesellschaft zugefügten Nachteile nicht nach den Regeln der §§ 30f. GmbHG ausgeglichen werden können und der Gesellschafter nicht nachweisen kann, dass der Gesellschaft im Vergleich zu der Vermögenslage bei einem redlichen Verhalten nur ein begrenzter – und dann in diesem Umfang auszugleichender – Nachteil entstanden ist.

Wegen eines existenzvernichtenden Eingriffs soll auch derjenige haften, der zwar nicht an der GmbH, wohl aber an einer Gesellschaft beteiligt ist, die ihrerseits Gesellschafterin der GmbH ist (Gesellschafter-Gesellschafter). Dieser soll jedenfalls dann in die Haftung genommen werden können, wenn er einen beherrschenden Einfluss auf die Gesellschaft ausüben kann. Der *BGH* (ZIP 2005, 117f.) begründet die Haftung des Gesellschafter-Gesellschafters damit, dass es unbillig wäre, wenn sich derjenige, in dessen Händen die Entscheidungsstränge der verschiedenen Gesellschaften zusammenkaufen, mit dem Hinweis auf seinen nur mittelbaren Anteilsbesitz der Verantwortung entziehen und die Gläubiger auf eine Inanspruchnahme der zwischengeschalteten Gesellschaft verweisen könnte; wer wie ein Gesellschafter handele, müsse sich auch wie ein Gesellschafter behandeln lassen.

4. Die Durchsetzung der Ansprüche im Insolvenzverfahren

770h Nach § 93 InsO kann die persönliche Haftung der Gesellschafter einer Personengesellschaft während der Dauer des über das Vermögen der Gesellschaft eröffneten Insolvenzverfahrens nur vom Insolvenzverwalter geltend gemacht werden, weil andernfalls zumindest mittelbar der das Insolvenzverfahren beherrschende Grundsatz der gleichmäßigen Befriedigung der Gläubiger verletzt würde. Der *BGH* (*BGHZ* 165, 85, 89ff.; siehe auch *BAG* ZIP 2005, 1174 ff.) ist der Auffassung, dass der Gesetzgeber in § 93 InsO nicht nur die Fälle einer unmittelbaren, sondern auch diejenigen einer analogen Anwendung des § 128 HGB habe regeln wollen, weil in diesen Fällen der Sinn und Zweck des § 93 InsO in gleicher Weise eingreife; es mache insolvenzrechtlich keinen Unterschied, ob die Haftung eines Gesellschafters für die Gesellschaftsverbindlichkeiten aus einer direkten oder einer analogen

Anwendung des § 128 HGB folge. Deshalb sei der Insolvenzverwalter des Vermögens einer GmbH entsprechend § 93 InsO befugt, eine etwaige Durchgriffshaftung eines Gesellschafters für die Verbindlichkeiten der Gesellschaft (in Anwendung des § 128 HGB analog) geltend zu machen.

5. Die Durchgriffshaftung nach §§ 32a und 32b GmbHG

a) Die grundsätzliche Regelung

§§ 32a und 32b GmbHG enthalten Regelungen über die Behandlung kapitalersetzender Darlehen. 771

Ein Gesellschafter, der der GmbH in einem Zeitpunkt, in dem ihr die Gesellschafter als ordentliche Kaufleute Eigenkapital zugeführt hätten, stattdessen ein Darlehen gewährt, kann den Anspruch auf Rückgewähr des Darlehens im Insolvenzverfahren über das Vermögen der Gesellschaft nicht geltend machen (§ 32a Abs. 1 GmbHG). Es wird also darauf abgestellt, ob in dem Zeitpunkt der Darlehensgewährung „die Gesellschafter als ordentliche Kaufleute Eigenkapital zugeführt hätten". Diese Generalklausel ist unter Berücksichtigung des auf Gläubigerschutz gerichteten Normzwecks ausfüllungsbedürftig (vgl. dazu Baumbach/Hueck/*Hueck/Fastrich,* § 32a GmbHG Rn. 42ff.; *Vonnemann,* GmbH-Rdsch. 1989, 145, 147ff.).

Ein Gesellschafterdarlehen ist z.B. dann kapitalersetzend im Sinne von § 32a GmbHG, wenn es gewährt wurde, um die Insolvenz der Gesellschaft abzuwenden, oder wenn die Gesellschaft im Zeitpunkt der Darlehensgewährung von Dritten keinen Kredit zu marktüblichen Bedingungen hätte erhalten können und deshalb ohne das Darlehen hätte liquidiert werden müssen (*BGHZ* 76, 326, 330). 772

Erfasst wird neben den Gesellschafterdarlehen durch § 32a Abs. 2 GmbHG ferner die Gewährung von Darlehen an die Gesellschaft durch einen Dritten in einem Zeitpunkt, in dem ihr die Gesellschafter als ordentliche Kaufleute Eigenkapital zugeführt hätten, und darüber hinaus ein Gesellschafter für die Rückgewähr des Darlehens eine Sicherung bestellt oder sich für die Rückgewähr verbürgt hat. In diesem Fall muss der Dritte, wenn die Gesellschaft in die Insolvenz gerät, zunächst versuchen, aus der Sicherheit vorzugehen. Er kann nur wegen eines etwaigen Ausfalls aus der Insolvenzmasse verhältnismäßige Befriedigung verlangen (vgl. dazu *K. Schmidt,* ZGR 1999, 1821ff.). 773

774 Hat die Gesellschaft das Darlehen im letzten Jahr vor der Eröffnung des Insolvenzverfahrens zurückgezahlt, so muss der Gesellschafter der Gesellschaft den zurückgezahlten Betrag in der Höhe erstatten, in der er die Forderung gesichert hatte (§ 32b GmbHG).

Ob ein ordentlicher Kaufmann anstelle eines Darlehens Eigenkapital zugeführt hätte, kann nur im jeweiligen Einzelfall entschieden werden. Ansatzpunkte für eine Entscheidung können sich aus der bisherigen Rechtsprechung ergeben (vgl. dazu *BGHZ* 75, 334ff.; dazu eingehend *K. Schmidt,* ZGR 1980, 567ff.). §§ 32a, 32b GmbHG finden auch auf die Einmann-GmbH Anwendung (vgl. zur Problematik *BGHZ* 119, 201ff.).

b) Der Auffangtatbestand des § 32a Abs. 3 GmbHG

775 Nach § 32a Abs. 3 GmbHG gelten die Bestimmungen des § 32a Abs. 1 und Abs. 2 GmbHG sinngemäß für alle Rechtshandlungen eines Gesellschafters oder eines Dritten, die der Darlehensgewährung wirtschaftlich entsprechen. So ersetzt z.B. die von einem Gesellschafter übernommene Bürgschaft Eigenkapital der GmbH, wenn der Gesellschafter diese Bürgschaft in einem Zeitpunkt übernimmt oder aufrechterhält, in dem die Gesellschaft von dritter Seite keinen Kredit zu marktüblichen Bedingungen erhalten kann und deshalb ohne die Finanzierungsleistung des Gesellschafters liquidiert werden müsste (so *BGH* WM 1987, 1488).

776 Unter § 32a Abs. 3 GmbHG lassen sich etwa folgende Fälle subsumieren:

- Darlehensgewährungen durch den Ehegatten des Gesellschafters, die aus Mitteln stammen, die der Gesellschafter selbst seinem Ehegatten zur Verfügung gestellt hat;
- die Stundung einer Forderung, die einem Gesellschafter gegen die Gesellschaft zusteht;
- die Stundung von Miet- oder Pachtverbindlichkeiten der Gesellschaft bei der Überlassung von Betriebsgrundstücken (häufig in der Praxis anzutreffen);
- Sicherungen oder Bürgschaften eines mit einem Gesellschafter oder mit der Gesellschaft verbundenen Unternehmens.

777 Nach herrschender Meinung (vgl. *BGHZ* 90, 370ff. mit Nachw.) weist die Regelung der GmbH-Novelle wesentliche Lücken auf, die es erforderlich machen, die Grundsätze, die von der Rechtsprechung anhand der §§ 30, 31 GmbHG über kapitalersetzende Gesellschafterdarlehen entwickelt worden sind, *neben*

den Vorschriften der GmbH-Novelle von 1980 weiterhin auch auf solche Darlehen anzuwenden, die nach dem 1. 1. 1981 gewährt worden sind.

Danach kann eine Rückzahlung eigenkapitalersetzender Darlehen auch dann unzulässig sein, wenn die Voraussetzungen der §§ 32 a, 32 b GmbHG, § 135 InsO nicht vorliegen. Konnte ein Insolvenzverfahren vermieden werden, greifen diese Vorschriften nicht. Dennoch kann entsprechend § 30 Abs. 1 GmbHG eine Rückzahlung des Darlehens nicht verlangt werden, wenn es zu einem Zeitpunkt gewährt wurde, in dem die Gesellschafter als ordentliche Kaufleute Eigenkapital zugeführt hätten, und diese Krise zum Zeitpunkt des Rückzahlungsverlangens noch besteht. Ist das Darlehen bereits zurückgezahlt werden, besteht ein Erstattungsanspruch der Gesellschaft entsprechend § 31 Abs. 1 GmbHG (zum Ganzen Roth/Altmeppen/*Altmeppen,* § 32 a Rn. 107 ff.).

Nach Ansicht des *BGH* (*BGHZ* 90, 370, 380) wäre es mit dem Gesetzeszweck unvereinbar, die von der Rechtsprechung aufgestellten Grundsätze nicht mehr anzuwenden, ohne dass die neuen Vorschriften einen gleichwertigen Gläubigerschutz bieten, weil damit dem Gesetzgeber zu Unrecht der Wille unterstellt würde, hinter dem von der Rechtsprechung schon erreichten Stand zurückzubleiben. Die weitere Anwendung der von der Rechtsprechung entwickelten Grundsätze neben der neuen gesetzlichen Regelung widerspricht in der Tat nicht der Wertung des Gesetzes, sondern verwirklicht gerade das, was mit den neuen Vorschriften erreicht werden sollte, indem auf diese Weise der Gläubigerschutz dadurch erweitert wird, dass auf einem anderen rechtlichen Wege solche Tatbestände erfasst werden, auf die sich die Neuregelung nicht erstreckt. (Zur Problematik siehe *Hommelhoff,* ZGR 1988, 460 ff.). 778

III. Andere Haftungsnormen

Über die Haftungsvorschriften im Zusammenhang mit der Sicherung der Kapitalaufbringung und -erhaltung hinaus kennt das GmbHG noch die auf die Insolvenz der Gesellschaft bezogene, dem Gläubigerschutz dienende Haftungsnorm, den § 64 Abs. 2 GmbHG (Anspruch der Gesellschaft gegen den Geschäftsführer), dessen praktische Bedeutung wegen der hohen Anspruchsvoraussetzungen allerdings gering ist. Deshalb hat die Frage nach außerordentlichen, dem Gläubigerschutz dienenden Rechtsbehelfen zunehmend an Bedeutung gewonnen. Zu einer Klärung ist es bisher jedoch nur in Teilbereichen gekommen, weil die Eingrenzung solcher Rechtsbehelfe – die wegen der aus der Rechtsform der GmbH sich ergebenden Haftungsbeschränkung auf das Gesellschaftsver- 779 mögen unter grundsätzlichem Ausschluss der persönlichen Außenhaftung von Gesellschaftern und Geschäftsführern notwendig ist – Schwierigkeiten bereitet (vgl. dazu *Ulmer,* GmbH-Rdsch. 1984, 256, 261).

§ 49. Rechnungslegung und Bilanz

Literatur: *Großfeld,* Bilanzrecht für Juristen – Das Bilanzrichtlinien-Gesetz, NJW 1986, 955 ff.

780 Die Pflicht zur Aufstellung der Bilanz sowie der Gewinn- und Verlustrechnung ergibt sich aus § 42 GmbHG i. V. m. §§ 242, 264 HGB.

Hinsichtlich des Jahresabschlusses gelten dieselben Grundsätze wie bei der Aktiengesellschaft. Das ergibt sich schon daraus, dass die §§ 264–289 HGB für Kapitalgesellschaften (AG, KGaA und GmbH) generell gelten. Abweichungen von den für die Kapitalgesellschaften allgemein geltenden Bestimmungen ergeben sich nur aus § 42 GmbHG.

Auch hinsichtlich der Abschlussprüfung und Offenlegung gilt das zur AG Gesagte (vgl. oben Rn. 655 ff.). Das bedeutet, dass nunmehr auch die GmbH's mit Ausnahme der kleinen GmbH's der Prüfungspflicht unterliegen.

Eine Besonderheit ergibt sich aus § 319 S. 2 HGB. Danach kann eine GmbH mittlerer Größe nicht nur von Wirtschaftsprüfern und Wirtschaftsprüfungsgesellschaften (wie bei der AG), sondern auch von vereidigten Buchprüfern und Buchprüfungsgesellschaften geprüft werden. Mit dieser Regelung wird vor allem Rechtsanwälten die Möglichkeit eröffnet, mit einer Zusatzqualifikation Pflichtprüfungen durchzuführen (vgl. *Großfeld,* NJW 1986, 955, 961). Auch für die GmbH gilt die oben (Rn. 658 f.) bereits erwähnte Pflicht, einen Anhang zum Jahresabschluss und einen Lagebericht zu erstellen.

§ 50. Auflösung und Beendigung der GmbH

781 Unter den in §§ 60, 61 GmbHG genannten Gründen kann eine GmbH aufgelöst werden. Auflösung bedeutet bei der GmbH ebenso wie bei anderen Gesellschaftsformen Eintritt in das Liquidations- oder Abwicklungsstadium, nicht aber sofortige Beendigung. § 60 GmbHG nennt eine Reihe von Auflösungsgründen,

wie z.B. einen Auflösungsbeschluss, der, wenn der Gesellschaftsvertrag nichts anderes bestimmt, einer Mehrheit von drei Vierteln der abgegebenen Stimmen bedarf. § 60 Abs. 2 GmbHG lässt es zu, dass im Gesellschaftsvertrag weitere Auflösungsgründe festgelegt werden.

§ 61 GmbHG sieht die Auflösung der GmbH durch ein gerichtliches Gestaltungsurteil auf Grund einer Auflösungsklage vor, die von einem oder mehreren Gesellschaftern erhoben werden kann, deren Geschäftsanteile mindestens den zehnten Teil des Stammkapitals ausmachen. Dieses Auflösungsrecht ist zwingend; es kann durch den Gesellschaftsvertrag auch nicht abgeschwächt werden. Die Voraussetzungen dafür liegen vor, wenn die Erreichung des Gesellschaftszwecks unmöglich wird, oder wenn andere, in den Verhältnissen der Gesellschaft liegende wichtige Gründe für die Auflösung vorhanden sind (§ 61 Abs. 1 GmbHG). Auch ein tiefgreifendes unheilbares Zerwürfnis zwischen den Gesellschaftern kann einen wichtigen Grund zur Auflösung der GmbH bilden. Zwar müssen gemäß § 61 Abs. 1 GmbHG die wichtigen Gründe, die eine Auflösung der Gesellschaft rechtfertigen sollen, in den Verhältnissen der Gesellschaft – nicht der Gesellschafter – liegen. Bei einer GmbH, die auf die persönliche Zusammenarbeit aller Gesellschafter angelegt und angewiesen ist, liegen diese Voraussetzungen auch dann vor, wenn „Zerwürfnisse zwischen den Gesellschaftern eine gedeihliche Zusammenarbeit unmöglich machen. In Fällen dieser Art wird unmittelbar der Bestand der Gesellschaft gefährdet" (*BGHZ* 80, 346, 348).

Nach der Verteilung des verbliebenen Vermögens, d.h. nach Abschluss der Liquidation, ist die Gesellschaft im Handelsregister zu löschen.

§ 50 a. Die englische Limited

Literatur: *Eidenmüller,* Ausländische Kapitalgesellschaften im deutschen Recht, 2004; *Gebauer/Wiedemann,* Zivilrecht unter europäischem Einfluss, 2005; *Goette,* Zu den Folgen der Anerkennung ausländischer Gesellschaften mit tatsächlichen Sitz im Inland für die Haftung ihrer Gesellschafter und Organe, ZIP 2006, 541 ff.; *Heinz,* Die englische Limited, 2004; *Just,* Die englische Limited in der Praxis, 2005; *Müller,* Die Limited in Deutschland: Ein Überblick über das anzuwendende englische Gesellschaftsrecht, DB 2006, 824 ff.; *Römermann,* Die Limited in Deutschland – eine Alternative zur GmbH?, NJW 2006, 2065 ff.; *Schall,* Englischer Gläubigerschutz bei der Limited in Deutschland, ZIP 2005, 965 ff.; *Wachter,* Existenz- und Vertretungsnachweise bei der englischen Private Limited Company, DB 2004, 2795 ff.; *Zöllner,* Konkurrenz für inländische Kapitalgesellschaften durch ausländische Rechtsträger, insbesondere durch die englische Private Limited Company, GmbH-Rdsch. 2006, 1 ff.

781a Wegen der möglichen Rechtswahlfreiheit für Gesellschaftsgründer (siehe dazu oben Rn. 10 d) ist vor allem die englische „private company limited by shares" (im Folgenden „Limited" genannt) in die gesellschaftsrechtliche Diskussion geraten. Gerade diese ausländische Gesellschaftsform wird häufig für Gesellschaftsgründungen anstelle der deutschen GmbH gewählt. Schätzungen zufolge existieren bereits ca. 30000 Ltds. in Deutschland, so dass nahezu ein Viertel aller möglichen GmbH-Gründungen in Deutschland Limited-Gründungen sind (*Römermann,* NJW 2006, 2065 ff.; relativierend *Niemeier,* ZIP 2006, 2237 ff. mit Nachw.).

I. Gründung und Zweigniederlassung

Die rechtlichen Grundlagen für eine Limited sind überwiegend im englischen *Companies Act 1985* (im Folgenden: CA 1985) geregelt. Daneben ist noch der *Companies Act 1989* (CA 1989) von Bedeutung.

1. Die Gründung der Limited

781b Weil europarechtlich die Niederlassungsfreiheit garantiert ist, ist davon auszugehen, dass jedenfalls für das *Innenverhältnis* der Gesellschaft ausschließlich das Recht des Gründungsstaates Geltung beanspruchen kann.

Die Gründungsformalitäten für eine Limited sind nach englischem Recht nicht umfangreich, was zu einer recht unkomplizierten und zügigen Gründung führt. Dies wird u.a. daran deutlich, dass eine Gründung innerhalb von 24 Stunden möglich ist; dafür ist lediglich eine höhere Gebühr zu entrichten (statt 20 80 £-Sterling). Ein Mindestkapital zur Gründung ist *nicht* erforderlich. Die Gründer sind vielmehr völlig frei in der Festsetzung der Höhe des Stammkapitals der Gesellschaft. Häufig werden in der Praxis Gesellschaften von zwei Gesellschaftern mit einem Geschäftsanteil von jeweils 1 £-Sterling gegründet (vgl. *Happ/Holler,* DStR 2004, 730, 731 mit Nachw.). Weil ein komplexes Regelungswerk zur Kapitalaufbringung nicht existiert, entfällt zwangsläufig eine registerrechtliche Überprüfung zur Einhaltung der ordnungsgemäßen Kapitalaufbringung. Darin liegt im Vergleich zur deutschen GmbH eine wesentliche Vereinfachung und Beschleunigung der Gründung (weiterführend *Römermann,* NJW 2006, 2065, 2066). Die Gründung einer Einmanngesellschaft ist zulässig.

In formaler Hinsicht müssen die Gründungsgesellschafter eine Gründungsurkunde *(memorandum of association)* erstellen, deren Inhalt gesetzlich in § 2 CA 1985 vorgeschrieben ist. Unter anderem muss das Dokument Angaben enthalten:
- zum Namen der Gesellschaft mit dem Zusatz limited bzw. Ltd.,
- zum *registered office,*
- zum Geschäftsgegenstand der Gesellschaft, wobei die allgemeine Angabe „to carry on business as a general commercial company" ausreicht,
- zur Aufteilung des Stammkapitals sowie
- zur beschränkten Haftung der Gesellschafter.

Eine notarielle Beurkundung dieser Gründungsschrift ist nicht **781c**
erforderlich. Es genügt, dass das *memorandum of association* von den Gründern unterzeichnet wird (vgl. *Happ/Holler,* DStR 2004, 730, 734).

Die Rechtsfähigkeit erlangt die Limited durch die Ausstellung des *certificate of incorporation.* Dieses ist eine Gründungsbescheinigung, die vom registrar of companies, dem Registrator des englischen Handelsregisters, ausgestellt wird. Zur Ausstellung des Zertifikates bedarf es neben dem memorandum of association noch zusätzlich einer Liste mit folgenden Punkten:
- die Auflistung der oder des Namens des *director* sowie des *secretary;*
- die genaue Angabe des *registered office,* wobei eine Zustellungsadresse ausreicht;
- schließlich eine eidesstattliche Versicherung *(statutory declaration)* eines Rechtsanwaltes, des director oder des secretary, die mit der Gründung beauftragt wurden, darüber, dass die formellen Gründungsvoraussetzungen eingehalten wurden.

Während das *memorandum of association* ein obligatorischer Bestandteil für die Gründung ist, können die Gesellschafter freiwillig sog. articles of association vereinbaren (vgl. § 7 (1) CA 1985), die beim *Companies Registry* zu hinterlegen sind (vgl. *LG Berlin* DB 2004, 2628, 2629). Dabei handelt es sich um einen Gesellschaftsvertrag (Satzung), der ausschließlich das *Innenverhältnis* betrifft. In ihm werden üblicherweise Stimmrechtsbeschränkungen, Mehrfachstimmrechte, Beschränkungen der Anteilsübertragung und die Befugnisse der directors geregelt. Machen die Gesellschafter davon keinen Gebrauch, so findet auf das Innenverhältnis die in den *Companies Regulations 1985 (Table A to F)* geregelte Satzung *Table A* Anwendung. Hierbei handelt es sich um eine gesetzliche Standardsatzung, die Mindestregelungen zum Innenverhältnis vorsieht, wie Stimmrechte, Anzahl und Befugnisse der directors, Auflösung der Gesellschaft, etc. (vgl. *Rehm,* in: Eidenmüller § 10 Rn. 19). Im Gegensatz zu dem *memorandum of association* sind die *articles of association* jederzeit abänderbar, da sie lediglich das Innenverhältnis betreffen.

Der *director* nimmt die Aufgaben des Vorstandes der Limited wahr. Seine Stellung ist vergleichbar mit der des Geschäftsführers einer deutschen GmbH. Aus Verträgen, die er für die Limited abschließt, wird nicht er selbst, sondern nur die Gesellschaft verpflichtet. Die Bestellung der *directors* erfolgt entweder in den *articles of association* oder im nachhinein durch einen gesonderten Beschluss der Gesellschafterversammlung (vgl. *Wachter,* DB 2004, 2795, 2799).

Der *secretary* stellt eine Eigenart des englischen Rechts dar. Er ist kein bloßer Sekretär oder etwa das personifizierte Sekretariat der Geschäftsführung, sondern eine Art oberster Verwaltungsleiter der Gesellschaft, der für die ordnungsgemäße Führung und Verwaltung aller Sitzungsprotokolle, Geschäftsbücher und für die Einhaltung der Registervorschriften verantwortlich ist. Alle wichtigen internen Dokumente, wie etwa Versammlungsprotokolle *(minute book),* sind sowohl von einem director als auch von dem *secretary* zu unterschreiben. Der *secretary* ist die wichtigste Beurkundungsperson der Limited, da er das Firmensiegel *(company's seal)* führt (vgl. *Wachter,* DB 2004, 2795, 2799). Er kann auch zugleich ein director der Limited sein. Dies ist lediglich ausgeschlossen bei einer Limited, deren Gesellschaftsvertrag (Satzung) nur einen director vorsieht.

2. Die Errichtung einer Zweigniederlassung

781 d Die Limited, die in Deutschland gewerblich tätig ist oder werden will, muss eine Zweigniederlassung beim deutschen Handelsregister anmelden. Dabei handelt es sich in den meisten Fällen nicht um eine Zweigniederlassung, sondern eher um die Hauptniederlassung, da in dem Gründungsland keine geschäftlichen Tätigkeiten entfaltet werden. Gleichwohl gilt die Eintragungspflicht nach §§ 13 d–13 g HGB erst recht, wenn es sich faktisch bei der Zweigniederlassung um eine Hauptniederlassung handelt (vgl. *BGH* ZIP 2005, 805). Kommt die Gesellschaft ihrer Eintragungspflicht nicht nach, kann das Registergericht nach § 14 HGB ein Zwangsgeld bis zu 5 000 € festsetzen.

Die Anmeldung der Zweigniederlassung erfordert für die Gesellschafter der Limited einige Formalitäten. Unter anderem sind folgende Unterlagen dem deutschen Registergericht zur Eintragung vorzulegen (vgl. *Baumbach/Hueck/Fastrich,* § 4 a HGB Rn. 22):

- eine Bezeichnung des Geschäftsgegenstandes der Limited, der neben der Eintragung im Handelsregister auch noch im Bundesanzeiger und im Amtsblatt zu veröffentlichen ist; dabei ist Übereinstimmung mit dem in der Gründungsurkunde (dem *memorandum of association*) bezeichneten Geschäftsgegenstand erforderlich (so *OLG Düsseldorf* NZG 2006, 317 ff.; *OLG Hamm* DStR 2005, 1784);
- beglaubigte Abschriften der in England registrierten Gründungsurkunde (dem memorandum of association) und der articles of association;
- eine Bescheinigung des *Registrar* des *Companies House* über die Gründung und die Fortexistenz der Gesellschaft, sowie Angaben über die *directors* und den *secretary* der Gesellschaft.

II. Die Vertretung der Gesellschaft

Das Organ der Limited, welches die Gesellschaft nach außen **781 e**
vertritt, ist der *director.* Er vertritt die Gesellschaft gerichtlich und außergerichtlich. Sind mehrere directors für die Gesellschaft benannt, ist grundsätzlich nur der gesamte *Board of Directors* gemeinschaftlich vertretungsberechtigt. In der Praxis sehen die *articles of association* jedoch in der Regel vor, dass die Vertretung auf einen einzelnen director übertragen wird.

Obwohl der *director* als Organ der Limited eingeordnet wird, hat er gleichwohl keine Vertretungsmacht kraft Organstellung wie der deutsche GmbH-Geschäftsführer (vgl. §§ 35 ff. GmbHG), weil die Organtheorie in England nicht angewandt wird. Der *director* wird deshalb im englischen Recht als rechtsgeschäftlicher Stellvertreter *(agent),* nicht aber als organschaftlicher Vertreter angesehen (vgl. *Schall* NZG 2006, 54, 55; insofern missverständlich *OLG Celle* NJW-RR 2006, 324 ff., da dort von „organschaftlicher Vertretungsmacht" die Rede ist). Dies führt dazu, dass der Umfang der Vertretungsmacht nicht aus dem Handelsregister ersichtlich ist, sondern sich aus der Satzung, den *articles of associa-*

tion, ergibt (vgl. *LG Berlin* DB 2004, 2628, 2629). Da die *articles of association* nicht registerrechtlich veröffentlicht werden, sind etwaige Beschränkungen der Vertretungsmacht in den *articles of association* gegenüber gutgläubigen Dritten gem. § 35 A (1) CA 1985 unwirksam. Der gute Glaube des Dritten wird gesetzlich vermutet (vgl. § 35 A (2) (c) CA 1985).

Umstritten ist, ob neben dem director auch der secretary für bestimmte Erklärungen Vertretungsmacht haben kann. Nach einer Auffassung kann der secretary zumindest wirksame Erklärungen im Außenverhältnis abgeben, die im Rahmen seines Geschäftskreises (Aufgabengebietes) abzugeben sind (vgl. *Just,* Rn. 191). Es geht dabei überwiegend um Erklärungen, die der secretary im Zuge des Schriftverkehrs gegenüber dem Registergericht abzugeben hat (a.A. *BayObLG* DB 1985, 2670; *Müller,* DB 2006, 824, 828).

III. Die Haftung

1. Überblick

781f Wird gegen die Gesellschaft oder gegen die Gesellschafter der Limited prozessiert, die ihren tatsächlichen Verwaltungssitz in Deutschland hat, kann am Sitz der Zweigniederlassung der Gesellschaft geklagt werden, da die deutschen Gerichte zuständig sind (vgl. *BayObLG* NJW-RR 2006, 206f.; *Zöllner,* GmbH-Rdsch. 2006, 1, 9 mit Nachw.). Für die materiellrechtliche Haftungsfrage ist in dem Prozess vor dem deutschen Gericht allerdings wegen des zu beachtenden Gesellschaftsstatuts das englische Gesellschaftsrecht anzuwenden, so dass sich die Beantwortung der Frage nach der Haftung in erster Linie nach den englischen gesellschaftsrechtlichen Regeln richtet. Darüber hinaus ist noch eine Haftung nach deutschem Recht im Wege über das IPR durch sog. Sonderanknüpfungen möglich, etwa nach den Regeln des allgemeinen Deliktsrechts gem. Art. 40 EGBGB oder des deutschen Insolvenzrechts, das wegen Art. 3 Abs. 1 und Art. 4 EuInsVO in der Regel zur Anwendung kommt (vgl. *Zöllner,* GmbH-Rdsch. 2006, 1, 6f. mit Nachw.).

2. Das englische Recht

a) Überblick

781g Seit dem grundlegenden Urteil Salomon v. Salomon aus dem Jahre 1897 ist davon auszugehen, dass das englische Gesellschaftsrecht die Limited als selbständige juristische Person ansieht (*separate legal personality;* vgl. *Schall,* ZIP 2005, 965, 966).

Dem englischen Recht ist der Gesichtspunkt des Gläubigerschutzes durch Aufbringung und Erhaltung eines Stammkapitals fremd. Gleichwohl wird der Gläubigerschutz nicht außer Acht gelassen. Das englische Recht wählt hier einen anderen dogmatischen Ansatz als das deutsche Recht, indem es an die Stelle der Kapitalaufbringung eine verschärfte Haftung der Gesellschafter und der Geschäftsführer anordnet (vgl. *v. Bernstorff,* RIW 2004, 498, 502). Im Übrigen wird von den anderen Marktteilnehmern erwartet, dass sie sich durch entsprechende Sicherungsvereinbarungen *(charges)* mit der Limited absichern (vgl. *Schall,* ZIP 2005, 965). Zu letzterem ist anzumerken, dass Sicherheiten nach CA 1985 Sec. 395, 399 innerhalb von 21 Tagen im Gesellschaftsregister einzutragen sind. Dadurch wird einerseits gewährleistet, dass die Gesellschaftsgläubiger sich nicht darauf berufen können, von bereits bestellten Sicherheiten keine Kenntnis gehabt zu haben, andererseits wird wegen der Publizität einem sonst möglichem Rangverlust durch gutgläubigen Erwerb vorgebeugt.

b) Haftung der Gesellschafter

Die anerkannte beschränkte Haftung der Gesellschafter wird **781h** – mangels gesetzlicher Regelung – im Wege des Case Law für bestimmte Fallgruppen durchbrochen. Hierbei handelt es sich um das Rechtsinstitut *lifting the veil of incorporation,* das vergleichbar ist mit der deutschen Durchgriffshaftung. Ähnlich wie im deutschen Recht, wird von einer Durchgriffshaftung nur sehr restriktiv Gebrauch gemacht. In dem Grundsatzurteil Adams v. Cape ([199] Ch 433 [CA]) hat der Court of Appeal den Durchgriff auf das Privatvermögen der Gesellschafter im Wesentlichen für die folgenden Fallgruppen bejaht:

aa) Agency. Bei dieser Form der Durchgriffshaftung haftet der Hintermann *(principal)* für die Geschäfte seines Vordermanns *(agent),* die dieser im eigenen Namen und auf eigene Rechnung vornimmt, dabei aber nur als „Strohmann" fungiert. Ist z.B. die beherrschende Gesellschafterin selbst eine Gesellschaft mit eigener Rechtspersönlichkeit (Muttergesellschaft), für die die Gesellschaft (Tochtergesellschaft) nur in Vertretung auftritt, so werden die vermeintlichen Schulden der Tochtergesellschaft als Verbindlichkeiten der Muttergesellschaft angesehen, so dass auf deren Vermögen zugegriffen werden kann (vgl. die Nachw. bei *Heinz,* § 10 Rn. 2; *Schröder/Schneider,* GmbH-Rdsch. 2005, 1288, 1289).

bb) Missbrauch der Gesellschaftsform. Um einen solchen handelt es sich, wenn eine Gesellschaft allein zu rechtsmissbräuchlichen oder betrügerischen

Zwecken gegründet wurde oder ihre Gründung ein Scheingeschäft darstellt. Im Vordergrund dieser Fallgruppe steht also die Feststellung und Einordnung des verfolgten Gesellschaftszwecks.

Beispielsweise wurde ein Durchgriff in der Entscheidung Jones v. Lipman bejaht (vgl. [1962], 1 All ER, p. 442). Hier hatte Lipman eine Limited zu dem Zweck gegründet, ein Grundstück auf dieselbe zu übertragen. Zuvor hatte Lipman einen Vertrag über die Übertragung dieses Grundstücks mit Jones abgeschlossen. Die Gesellschaft hatte Lipman also nur zu dem Zweck geschlossen, um den Vertrag mit Jones zu vereiteln und sich dadurch den persönlichen Vertragsverpflichtung entziehen zu können. Im Wege des umgekehrten Durchgriffs wurde die Gesellschaft daher vom Gericht neben Jones zur Übertragung des Grundstücks verpflichtet.

Ein weiteres Beispiel für diese Fallgruppe stellt das Verfahren Gilford Motor Co. v. Horne ([1933] All E R, p. 109) dar. Der Beklagte (Horne) war Arbeitnehmer des Klägers (Gilford Motor Co). In dem Arbeitsvertrag war ein Wettbewerbsverbot enthalten, das Horne im Falle des Ausscheidens die geschäftliche Tätigkeit mit den Kunden des Arbeitgebers untersagt hatte. Im Zuge des Ausscheidens gründete Horne eine Limited zu dem Zweck, in einen geschäftlichen Kontakt zu den Kunden seines ehemaligen Arbeitgebers treten zu können, um so das Wettbewerbsverbot umgehen zu können. Das Gericht sah in der Gründung der Limited einen rechtsmissbräuchlichen Zweck, da die Gründung zur Vereitelung des Wettbewerbsverbotes erfolgte.

781 i *cc) Unterkapitalisierung.* Das Vorliegen einer materiellen Unterkapitalisierung führt für sich allein genommen nach englischem Recht, ebenso wie nach deutschem Recht, nicht zu einer Durchgriffshaftung. Insbesondere führt der Umstand, dass eine Limited mit nur einem Pfund gegründet worden ist nicht per se zu einer Haftung der Gesellschafter wegen Unterkapitalisierung. Für die Eröffnung einer Durchgriffshaftung müssen weitere Voraussetzungen vorliegen, wie etwa betrügerisches Handeln der Gesellschaftsgründer (vgl. *Rehm*, in: Eidenmüller, § 10 Rn. 67; *Schall*, ZIP 2005, 965, 972). Eine Durchgriffshaftung kommt allenfalls in Frage, wenn der Umstand der Unterkapitalisierung kumuliert wird mit einer anderen Fallgruppe. Darüber hinaus knüpft das englische Recht hinsichtlich der Zahlungsfähigkeit der Gesellschaft in erster Linie nicht an das Verhalten der Gesellschafter an, sondern an das der Geschäftsleitung *(directors)*. Letztere ist verpflichtet, die Geschäfte der Gesellschaft in kaufmännisch ordentlicher und angemessener Art und Weise zu führen.

c) Die Haftung der Geschäftsführer (directors)

Eine Haftung der Geschäftsführer (directors) sieht das englische Gesellschaftsrecht grundsätzlich nicht vor. Nur im Insolvenzrecht, im *Insolvency Act 1986* (im Folgenden IA), finden sich zwei Haftungsinstitute (zur etwaigen Haftung nach dem common law weiterführend *Schall*, ZIP 2005, 965, 968). Es handelt sich dabei um Haftungstatbestände, die an ein Fehlverhalten der Geschäftsführer der insolventen Gesellschaft anknüpfen und eine persönliche Haftung der Geschäftsführer vorsehen. Zum einen ist dies das „fraudulent trading“ (§ 214 IA), zum anderen das „wrongful trading“ (§ 213 IA) (zum Sonderfall der Haftung bei sog. „phoenix companies“ vgl. *Schall,* EWiR 2005, 709 f.; 711 f.).

aa) wrongful trading. Bei dem Haftungsinstitut des *wrongful trading* (fehlerhaftes Verhalten) haftet der director, wenn er wusste oder hätte wissen müssen, dass eine Insolvenz unvermeidbar war, und er nicht alles unternommen hat, um die Nachteile der Gläubiger gering zu halten, also vor allem die Abwicklung wegen Insolvenz einzuleiten. Entscheidend ist der Beurteilungsmaßstab in der Krisensituation, der an den jeweiligen director angelegt wird. Grundsätzlich wird ein objektiver Maßstab angelegt, wobei auch ein eventuelles Sonderwissen berücksichtigt wird. Es kommt nach der Abwägung der Gesamtumstände darauf an, ob ein vernünftig handelnder director die Unvermeidbarkeit der Insolvenz erkannt hätte. Insoweit setzen die Gerichte den sog. „moment of truth“, also den Zeitpunkt, von dem an eine Vermeidung der Insolvenz unvermeidlich erscheint, erst relativ spät an und räumen den Geschäftsführern damit einen gewissen Beurteilungsspielraum ein (so *Rehm,* in: Eidenmüller, § 10 Rn. 68). **781 j**

Der director kann die Haftung wegen „wrongful trading“ abwenden, wenn es ihm gelingt, das Gericht davon zu überzeugen, dass er seit dem Moment der Erkennbarkeit einer drohenden Liquidation wegen Insolvenz alles unternommen hat, um mögliche Forderungsausfälle der Gläubiger so gering wie möglich zu halten (vgl. § 214 (3) CA 1985). Hierzu existieren im englischen Recht regelgerechte „Verhaltenschecklisten“, deren Einhaltung eine gewisse Indizwirkung zukommt (vgl. *Schumann,* DB 2004, 743, 747). Im Ergebnis greift bei objektiven pflichtwidrigen Verhalten eine Art Verschuldensvermutung zu Lasten des jeweiligen directors ein (vgl. *Schall,* ZIP 2005, 965, 967; AG *Bad Segeberg* ZIP 2005, 812, 814).

Die Geltendmachung des Anspruchs kann – ähnlich wie bei der Insolvenzverschleppungshaftung nach § 64 I GmbHG – nicht durch die Gläubiger selbst erfolgen, da es sich um eine reine Innenhaftung handelt. Die Geltendmachung ist eine Aufgabe des Insolvenzverwalters, der einen entsprechenden Antrag bei Gericht zu stellen hat (vgl. *Schall,* ZIP 2005, 965, 967; AG *Bad Segeberg* ZIP 2005, 812, 814).

bb) fraudulent trading. Das *fraudulent trading* (betrügerisches Handeln) **781 k**
knüpft nicht an den Zustand der Insolvenzverschleppung an, wie das zuvor genannte *wrongful trading,* sondern an eine subjektive Schädigungsabsicht der handelnden Personen der Gesellschaft. Die Haftung tritt ein, wenn die Geschäfte der Gesellschaft mit der Absicht geführt werden, Gläubiger zu täuschen und zu schädigen. Nach deutschem Verständnis ist dieses Haftungsinstitut vergleichbar mit den Fällen des Eingehungsbetruges. Wegen des erforderlichen Nachweises einer vorsätzlichen Gläubigerschädigung, hat das *fraudulent trading* nur eine geringe praktische Bedeutung (vgl. *Rehm,* in: Eidenmüller, § 10 Rn. 71). Bejaht wurde die Haftung eines directors in einem Fall, in

dem zum Zeitpunkt der Bestellung von Waren bereits erkennbar war, dass die Gesellschaft die Lieferung voraussichtlich nicht mehr bezahlen konnte (vgl. *v. Bernstorff,* RIW 2004, 498, 502 mit Nachw.).

Da beim *fraudulent trading* bezüglich der Haftung auf ein betrügerisches Handeln abgestellt wird, kann diese Haftung nicht nur die Geschäftsführer (directors) treffen, sondern auch einen Gesellschafter, wenn er bei den betrügerischen Geschäften mitgewirkt hat (vgl. *Rehm,* in: Eidenmüller, § 10 Rn. 71). Ebenso wie beim *wrongful trading* sind die geschädigten Gläubiger beim „fraudulent trading" nicht die Anspruchsinhaber, d. h. die Schädiger haften nicht im Außenverhältnis, sondern nur gegenüber der Gesellschaft. Die Geltendmachung des Anspruchs erfolgt wiederum durch den Insolvenzverwalter (vgl. *Just,* Rn. 167).

3. Die Haftung nach deutschem Recht

781l Umstritten ist, ob die Gesellschafter oder Geschäftsführer einer Limited, die ihren Verwaltungssitz in Deutschland hat – also bei sogenannten Scheinauslandsgesellschaften –, nach deutschem Recht in die Haftung geraten können. Diese Problematik ist eng verknüpft mit der Niederlassungsfreiheit bzw. dem Gesellschaftsstatut. Aufgrund des zu berücksichtigenden Gesellschaftsstatuts besteht zumindest im Grundsatz dahingehend Einigkeit, dass die im nationalen Gesellschaftsrecht verwurzelten Haftungsinstitute nicht zur Anwendung kommen können, da dies eine Missachtung des Gründungsrechts darstellen würde und mit dem europäischen Prinzip der Niederlassungsfreiheit nicht vereinbar ist (Art. 43 und 48 EGV). Der BGH hat diese Auffassung bestätigt, indem er eine Entscheidung eines Instanzgerichts aufgehoben hat, das eine Haftung des geschäftsführenden Gesellschafters aus § 11 Abs. 2 GmbHG analog bejaht hatte (so *BGH* ZIP 2005, 805 ff.; a. A. etwa *Paefgen,* GmbH-Rdsch, 2005, 957 ff.). Aus dem gleichen Grund scheidet nach h. M. auch eine Haftung wegen materieller Unterkapitalisierung aus, selbst bei einer Gründung mit nur 1 £-Sterling (vgl. *OLG Hamm* NJW-RR 2006, 1631 ff.; *Weller,* in: Gebauer/Wiedemann, Kap. 18 Rn. 34 mit Nachw.; kritisch *Müller,* DB 2006, 824, 828).

781m Kontrovers wird diskutiert, ob eine Haftung nach Delikts- oder Insolvenzrecht möglich ist. Nach der wohl h. M. ist sowohl das Deliktsrecht als auch das Insolvenzrecht nicht durch die Niederlassungsfreiheit des Art. 43 EGV beschränkt, da sich diese Beschränkung nur auf die Anwendung des Gesellschaftsstatuts, also die gesellschaftsrechtlichen Normen bezieht (vgl. *Bayer,* in: Lutter/Hommelhoff, GmbHG, § 4 a Rn. 17 mit Nachw.). Die daran anknüpfende Frage lautet: welche Haftungsinstitute sind als gesellschaftsrechtliche zu qualifizieren und welche nicht. Problematisch ist u. a. die Einordnung der

Haftung wegen Insolvenzverschleppung nach § 64 I GmbHG oder wegen Existenzvernichtung (vgl. *Bayer,* in: Lutter/Hommelhoff, GmbHG, a. a. O.). Der BGH hat diese Frage bisher offen gelassen, in dem zuvor genannten Urteil jedoch darauf hingewiesen, dass dem Kläger in der Berufungsinstanz Gelegenheit zu geben sei, seinen Sachvortrag nunmehr auf – bislang nicht geltend gemachte – etwaige Haftungstatbestände des materiellen englischen Rechts oder des deutschen Deliktsrechts (§§ 823 ff. BGB) zu stützen (so *BGH* ZIP 2005, 805, 806). Dies dürfte als Indiz dafür zu werten sein, dass der BGH grundsätzlich eine Haftung nach deutschem Recht als möglich ansieht (vgl. hierzu *Goette,* ZIP 2006, 541 ff. sowie die Entscheidung des LG Kiel, das eine Haftung des directors wegen Insolvenzverschleppung aus § 823 II BGB in Verbindung mit § 64 I GmbHG bejaht hat (vgl. *LG Kiel* NZI 2006, 482 ff.).

IV. Beendigung und Liquidation

Das englische Recht kennt sowohl die freiwillige als auch die unfreiwillige **781 n**
Auflösung der Gesellschaft (IA 1986). Die Gesellschaft kann sich freiwillig auflösen, indem einer der in den articles of association (der Satzung) genannten Auflösungsgründe eintritt oder es erfolgt ein davon unabhängiger besonderer Auflösungsbeschluss durch die Gesellschafter. Der Beschluss ist dem Gesellschaftsregister innerhalb von zwei Wochen mitzuteilen; er ist in der *Londoner Gazette* zu veröffentlichen (vgl. § 84 (1) (a)–(c) IA).

Folgende Gründe führen von Amts wegen zur Löschung der Gesellschaft im Register und damit zur Auflösung:

– die Gesellschaft hat ihre Tätigkeit seit über einem Jahr eingestellt,
– die Gesellschaft hat den jährlich fällig werden annual report verspätet abgegeben.

Neben den zuvor genannten Möglichkeiten ist ferner noch eine Löschung mit der Folge der Auflösung bei der insolventen Gesellschaft möglich. Im Fall der Insolvenz führt sowohl das *creditors' voluntary winding up* als auch das *„compulsory winding up"* zur Liquidation der Gesellschaft. Beide Verfahren führen zu dem gleichen Erfolg. Lediglich die Einleitung des Verfahrens unterscheidet sich, da die Antragstellung entweder durch die Gesellschafter selbst oder durch die Gläubiger erfolgt (vgl. dazu *Schall,* ZIP 2005, 965 f.). Die für die Antragstellung erforderliche Zahlungsunfähigkeit wird im englischen Recht bereits dann angenommen, wenn die Gesellschaft mit der Zahlung einer unstreitigen Forderung von mehr als 750 £-Sterling drei Wochen lang in Verzug geraten ist (vgl. *Just,* Rn. 305).

12. Kapitel. Die eingetragene Genossenschaft

§ 51. Zweck, Begriff und Rechtsnatur der eingetragenen Genossenschaft

Literatur: *Beuthien,* GenG, § 1 Rn. 1 ff.; *ders.*, Zur Haftung bei der Vorgenossenschaft, WM 2002, 2261 ff.

I. Der Zweck einer eingetragenen Genossenschaft

782 Die deutsche Genossenschaftsbewegung des 19. Jahrhunderts verfolgte das Ziel, in einer liberalen Wirtschaft die Schwäche einzelner im Konkurrenzkampf mit anderen, hauptsächlich wirtschaftlich Stärkeren, durch Zusammenschluss auszugleichen, ohne dabei die Selbstständigkeit derjenigen, die sich zusammenschlossen, zu beseitigen. In Not geraten waren vor allem die Handwerker in den Städten und die kleineren Betriebe in der Landwirtschaft. Hier sollte im Wege des genossenschaftlichen Zusammenschlusses und der genossenschaftlichen Selbsthilfe die Selbstständigkeit der in Not geratenen Unternehmen durch Vorteile gestärkt werden, die bis zu diesem Zeitpunkt überwiegend nur Großbetriebe hatten in Anspruch nehmen können. Dazu zählen z.B. der billige Einkauf von Rohstoffen, eine bessere Organisation des Absatzes und die Inanspruchnahme günstiger Kredite.

783 Die genannten Ziele sollten mit dem Gesetz betreffend die Erwerbs- und Wirtschaftsgenossenschaften vom 1. Mai 1889 erreicht werden. § 1 GenG nennt deshalb als Vereinigungen, die als „Gesellschaft von nicht geschlossener Mitgliederzahl, welche die Förderung des Erwerbs oder der Wirtschaft ihrer Mitglieder mittels gemeinschaftlichen Geschäftsbetriebes bezwecken (Genossenschaften)", definiert werden:

„1. Vorschuss- und Kreditvereine,
2. Rohstoffvereine,
3. Vereine zum gemeinschaftlichen Verkauf landwirtschaftlicher oder gewerblicher Erzeugnisse (Absatzgenossenschaften, Magazinvereine),

4. Vereine zur Herstellung von Gegenständen und zum Verkauf derselben auf gemeinschaftliche Rechnung (Produktivgenossenschaften),
5. Vereine zum gemeinschaftlichen Einkauf von Lebens- oder Wirtschaftsbedürfnissen im großen und Ablass im kleinen (Konsumvereine),
6. Vereine zur Beschaffung von Gegenständen des landwirtschaftlichen oder gewerblichen Betriebes und zur Nutzung derselben auf gemeinschaftliche Rechnung,
7. Vereine zur Herstellung von Wohnungen."

Alle diese Vereinigungen können „eingetragene Genossenschaften" im Sinne des Genossenschafts-Gesetzes sein. Die Rechtsform der eingetragenen Genossenschaft darf nur zu dem in § 1 Abs. 1 GenG genannten Zweck, nämlich der „Förderung des Erwerbes oder der Wirtschaft ihrer Mitglieder mittels gemeinschaftlichen Geschäftsbetriebes" verwendet werden. Der gesetzlich festgelegte Förderungszweck bildet das entscheidende Abgrenzungskriterium zu anderen Vereinigungen. Er untersagt die Verwendung der eingetragenen Genossenschaft zu solchen Zielen, die ausschließlich oder überwiegend ideeller Natur sind oder aber für die Erzielung und Maximierung von Gewinnen benutzt werden (vgl. *Kübler/Assmann*, § 13 I 1). 784

Was der Inhalt des Förderzwecks im Sinne des § 1 Abs. 1 GenG ist, wird durch den Gesetzeswortlaut nur im Grundsatz festgelegt. Welche Förderleistungen im Einzelnen zu erbringen sind, ergibt sich aus dem Unternehmensgegenstand, der statuarisch festgelegt ist (vgl. *Beuthien*, GenG, § 1 Rn. 6).

Gemäß § 1 Abs. 2 GenG ist eine Beteiligung an Gesellschaften und sonstigen Personenvereinigungen einschließlich der Körperschaften des öffentlichen Rechts zulässig, wenn sie „1. der Förderung des Erwerbes oder der Wirtschaft der Mitglieder der Genossenschaft oder, 2. ohne den alleinigen oder überwiegenden Zweck der Genossenschaft zu bilden, gemeinnützigen Bestrebungen der Genossenschaft zu dienen bestimmt ist". 785

Beispiele für Genossenschaften, die typischerweise die „Förderung der Mitglieder mittels gemeinschaftlichen Geschäftsbetriebes" zum Gegenstand haben, sind u.a.:
– Kreditgenossenschaften, wie z.B. Raiffeisenkassen und Volksbanken;
– Einzelhandelsgenossenschaften der Kaufleute;
– Absatz- und Bezugsgenossenschaften der Landwirte.

II. Begriff und Rechtsnatur der eingetragenen Genossenschaft

786 Die eingetragene Genossenschaft ist eine rechtsfähige Körperschaft nach Art eines Vereins, die die Förderung des Erwerbs oder der Wirtschaft ihrer Mitglieder durch einen gemeinschaftlichen Geschäftsbetrieb zum Gegenstand hat und deren Mitgliederzahl nicht geschlossen ist (§ 1 GenG; vgl. zur Definition im Einzelnen *Kübler/Assmann,* § 13 I 1).

Wie die Aktiengesellschaft und die GmbH ist die Genossenschaft körperschaftlich organisiert, also Verein im rechtstechnischen Sinne. Die Zahl der möglichen Mitglieder ist nicht begrenzt. Von Aktiengesellschaft und GmbH unterscheidet sich die eingetragene Genossenschaft u. a. dadurch, dass die Mitglieder intensiver persönlich an der Genossenschaft beteiligt sind. Das wird z. B. daran deutlich, dass in den Vorstand und in den Aufsichtsrat nur Genossen gewählt werden können (§ 9 Abs. 2 GenG).

Ohne Rücksicht auf die Art ihres Betriebes ist die eingetragene Genossenschaft Kaufmann kraft Rechtsform (§ 17 Abs. 2 GenG). Sie tritt unter einer Firma auf; diese muss die Bezeichnung „eingetragene Genossenschaft", jedenfalls aber die Abkürzung „eG" enthalten (§ 3 Abs. 1 GenG).

787 Die eingetragene Genossenschaft ist juristische Person (§ 17 Abs. 1 GenG). Den Gläubigern der Genossenschaft haftet deshalb nur das Vermögen der Genossenschaft (§ 2 GenG). Für die Verbindlichkeiten der Genossenschaft haften also **nicht** deren Mitglieder mit ihrem Privatvermögen.

Das *Statut* der Genossenschaft muss u. a. eine Bestimmung darüber enthalten, ob die Genossen für den Fall, dass die Gläubiger im Insolvenzverfahren der Genossenschaft nicht befriedigt werden, Nachschüsse zur Insolvenzmasse leisten müssen und ob dies gegebenenfalls beschränkt oder unbeschränkt zu geschehen hat (§ 6 Nr. 3 GenG). Es besteht also die Möglichkeit, durch eine entsprechende Regelung im Statut eine Nachschusspflicht auszuschließen. Wenn eine beschränkte oder unbeschränkte Nachschusspflicht vorgesehen ist, kann diese lediglich Forderungen der in die Insolvenz gefallenen eingetragenen Genossenschaft gegen ihre Mitglieder begründen (§ 105 GenG), die der Insolvenzverwalter zur Insolvenzmasse einzuziehen hat. Unmittelbare Ansprüche der Gläubiger gegen die Mitglieder der Genossenschaft entstehen nicht.

Für das Entstehen der Genossenschaft ist die Eintragung in das *Genossenschaftsregister* erforderlich. Das Genossenschaftsregister wird bei dem Amtsgericht geführt, in dessen Bezirk die Genossenschaft ihren Sitz hat (§ 10 GenG).

Die *Errichtung* der Genossenschaft beginnt in der Regel damit, dass sich mindestens sieben Gründer auf ein Statut einigen, dessen Mindestinhalt gesetzlich festgelegt ist (§§ 6, 7 GenG). Danach sind Vorstand und Aufsichtsrat zu wählen.

Mit der Errichtung des Statuts und der Bestellung eines ersten Vorstands entsteht eine **nichtrechtsfähige Vorgenossenschaft** (vgl. *Beuthien*, GenG, § 13 Rn. 4 mit Nachw.). Die Mitglieder einer Vorgenossenschaft haften für deren Verbindlichkeiten wie die Gesellschafter einer Vor-GmbH für die Verbindlichkeiten dieser Gesellschaft (*BGHZ* 149, 273ff.). Das bedeutet, dass die vom *BGH* (*BGHZ* 134, 133ff.) für das Recht der GmbH entwickelte Verlustdeckungshaftung der Gesellschafter der Vor-GmbH als Innenhaftung (siehe dazu oben Rn. 698ff.) auch auf die Vorgenossenschaft Anwendung findet, weil diese von der Struktur her mit der Vor-GmbH vergleichbar ist. Nach diesem Konzept einer grundsätzlich bestehenden anteiligen, aber unbeschränkten Innenhaftung können diejenigen Mitglieder der Vorgenossenschaft von deren Gläubigern in Anspruch genommen werden, die mit der Geschäftsaufnahme einverstanden waren (*BGHZ* 149, 273ff.; zu alledem *Beuthien*, WM 2002, 2261ff.). 787a

Da die eingetragene Genossenschaft ein wirtschaftlicher Sonderverein ist, sind neben den Vorschriften des Genossenschaftsgesetzes auch die §§ 24 bis 53 BGB anzuwenden (vgl. *Beuthien*, GenG, § 1 Rn. 2).

III. Die Verfassung der eingetragenen Genossenschaft

Ähnlich wie die Aktiengesellschaft hat auch die Genossenschaft drei notwendige Organe: den Vorstand, den Aufsichtsrat und die Generalversammlung. 788

Der Vorstand führt die Geschäfte der Genossenschaft und vertritt sie nach außen. Anders als bei der Aktiengesellschaft wird der Vorstand allerdings von der Generalversammlung gewählt, falls das Statut keine andere Regelung enthält (§ 24 Abs. 2 GenG).

Der Aufsichtsrat hat ähnlich wie bei der Aktiengesellschaft den Vorstand zu kontrollieren.

Oberstes Organ der Genossenschaft ist die Generalversammlung, die eine stärkere Stellung als die Hauptversammlung der Aktiengesellschaft einnimmt. Sie ist zuständig für die Wahl und 789

Entlastung des Aufsichtsrats, die Entlastung des Vorstands (der in der Regel auch durch sie gewählt wird), die Änderung des Statuts, die Entscheidung über den Jahresabschluss und den auf die Genossen etwa entfallenden Betrag des Gewinns oder Verlustes (§ 48 GenG).

Die *Mitbestimmung* der Arbeitnehmer erfasst auch die Genossenschaften. Bei mehr als 500 Arbeitnehmern ist der Aufsichtsrat gemäß § 77 Abs. 3 BetrVG 1952 drittelparitätisch, bei mehr als 2000 Arbeitnehmern nach §§ 1 und 6 MBG „fast paritätisch" zu besetzen.

Die Pflicht zur Aufstellung des Jahresabschlusses und des Anhangs sowie eines Lageberichts ergibt sich aus § 336 Abs. 1 HGB.

Wegen § 17 Abs. 2 GenG gelten für die Rechnungslegung in der Genossenschaft zunächst die Bestimmungen der §§ 238–263 HGB für alle Kaufleute, ergänzend die Vorschriften der §§ 336–339 HGB für die Genossenschaft im Besonderen. Aufgrund der Verweisung in § 336 Abs. 2 HGB gelten eine Vielzahl von Bestimmungen über die Rechnungslegung bei den Kapitalgesellschaften für die Genossenschaft entsprechend.

§ 52. Die Mitgliedschaft

Literatur: *Beuthien,* GenG, § 15 Rn. 1 ff. und § 65 Rn. 1 ff.

I. Erwerb und Beendigung der Mitgliedschaft

790 Die Mitgliedschaft einer eingetragenen Genossenschaft kann erworben werden:

- durch Teilnahme an der Gründung; die Gründungsmitglieder werden auf einer Liste geführt, die bei der Anmeldung der Genossenschaft zur Eintragung in das Genossenschaftsregister anzufügen ist. Die in der Liste aufgeführten Gründer werden mit der Eintragung Genossen;
- nach der Eintragung der Genossenschaft in das Register durch eine schriftliche Beitrittserklärung, die Zulassung des Beitretenden durch die Genossenschaft, die Einreichung der Beitrittserklärung zum Genossenschaftsregister und die Eintragung des Beitretenden in die Liste der Genossen bei dem Register.

Mit dem Tode geht die Mitgliedschaft auf den oder die Erben über. Sie endet allerdings mit dem Schluss des Geschäftsjahres, in dem der Erbfall eingetreten ist (§ 77 Abs. 1 GenG), sofern das Statut nicht die Fortsetzung mit den Erben bestimmt (§ 77 Abs. 2 GenG).

Die Mitgliedschaft endet u.a.:
- durch Tod;
- durch Kündigung (§§ 65f. u. 67a, 67b GenG);
- durch Ausscheiden (§ 67 GenG);
- durch Ausschließung (§ 68 GenG).

II. Rechte und Pflichten der Genossen

Mit der Mitgliedschaft ist der *Förderungsanspruch,* der jedem 791 Mitglied gegenüber der Genossenschaft zusteht, eng verbunden. Dieser Anspruch ist entsprechend dem spezifischen Zweck der Vereinigung auf Nutzung der genossenschaftlichen Einrichtungen und Inanspruchnahme der Leistungen des genossenschaftlichen Geschäftsbetriebes gerichtet. Zu den Förderleistungen, die die Genossenschaft den Mitgliedern gegenüber erbringt und die in der Regel nicht unmittelbar auf genossenschaftsrechtlicher Rechtsgrundlage, sondern in Form vertraglicher Rechtsverhältnisse, wie z.B. Darlehens- und Mietverträgen erfolgen, können zählen: billige Kredite, die Abnahme von Produkten und die Benutzung gemeinschaftlicher Einrichtungen. Außerdem stehen den Genossen die Rechte auf Mitverwaltung, wie z.B. das Stimmrecht, zu.

Zu den Pflichten eines Mitgliedes zählt vor allem die Verpflichtung, Einlagen (Einzahlungen oder Gewinnanteilsgutschriften) zu erbringen. Das Statut muss eine entsprechende Bestimmung über Art und Weise der Einlagen enthalten (§ 7 Nr. 1 GenG). Durch die Einlagen entsteht ein *Geschäftsguthaben,* das die effektive finanzielle Beteiligung des Mitglieds an der Genossenschaft kennzeichnet (im Gesetz findet sich – leicht mißverständlich – die Bezeichnung „Geschäftsanteil"). Je nach Art und Zweck der Genossenschaft können die Mitglieder noch andere Verpflichtungen übernehmen, wie z.B. die Pflicht, bestimmte Produkte zu liefern oder abzunehmen.

Genossenschaft und Genossen stehen in einem wechselseitigen Treueverhältnis zueinander (*BGHZ* 27, 297, 304). Die genossenschaftliche Treuepflicht fordert vom Genossen die solidarische Rücksicht auf das gemeinschaftliche Förderinteresse aller Genossen (vgl. *Beuthien,* GenG, § 18 Rn. 37).

13. Kapitel. Die Umwandlung von Gesellschaften

§ 53. Gründe und Möglichkeiten für die Umwandlung von Gesellschaften

Literatur: *Lüttge,* Das neue Umwandlungs- und Umwandlungssteuerrecht, NJW 1995, 417 ff.

I. Überblick

792 Die Rechtsordnung stellt denjenigen Personen, die eine Gesellschaft gründen wollen, eine Vielzahl von Rechtsformen zur Verfügung, zwischen denen sie wählen können. Da auch im Gesellschaftsrecht in weitem Umfange die Privatautonomie gilt, sind die Gesellschaftsgründer dann, wenn sie sich für eine bestimmte Gesellschaftsform entschieden haben, in der Lage, auch abweichend von der gesetzlichen Regelung die Gesellschaft weitgehend nach ihren Bedürfnissen zu gestalten. Dabei können auch Mischgebilde entstehen, bei denen Merkmale verschiedener Gesellschaftsformen miteinander verbunden werden. Ein typisches Beispiel dafür ist die GmbH & Co KG.

Bei der Wahl der Gesellschaftsform spielen häufig die persönliche Haftung der Gesellschafter, steuerliche Gesichtspunkte, Art und Umfang der durch die Gesellschafter zu übernehmenden Pflichten und die Kreditwürdigkeit eine ausschlaggebende Rolle. Die Umstände, die bei der Gründung einer Gesellschaft für die Wahl einer bestimmten Gesellschaftsform ausschlaggebend waren, können sich im Laufe der Zeit durch die Veränderung der personellen Zusammensetzung, durch wirtschaftliche und technische Entwicklungen oder durch die Änderung der Steuergesetzgebung entscheidend wandeln. Das kann dazu führen, dass die Gesellschafter zu dem Ergebnis kommen, dass das Unternehmen nicht mehr in der zweckmäßigen Gesellschaftsform betrieben wird. Es besteht dann das Bedürfnis, die Gesellschaftsform den veränderten Umständen anzupassen. Das kann einmal dadurch geschehen, dass die vorhandene Gesellschaftsform beibehalten wird und diejenigen Veränderungen, die auf Grund der nun anderen Verhältnisse notwendig geworden sind, durch eine Umgestaltung des Gesellschaftsvertrages geschaffen werden. Es kann aber auch notwendig sein, die Gesellschaftsform als solche zu wechseln, indem etwa aus einer offenen Handelsgesellschaft eine GmbH oder aus einer GmbH eine Aktiengesellschaft gebildet werden muss. In diesen zuletzt genannten Fällen handelt es sich um echte Umwandlungen von Gesellschaften, um Wechsel der Unternehmensformen.

II. Die Möglichkeiten der Umwandlung

Das Umwandlungsgesetz sieht vier Grundtypen der Umwandlung vor: 793
- die Verschmelzung (§§ 2–122 UmwG),
- die Spaltung (§§ 123–173 UmwG),
- die Vermögensübertragung (§§ 174–189 UmwG),
- den Formwechsel (§§ 190–304 UmwG).

Daneben lässt das Umwandlungsgesetz Umwandlungen außerhalb dieser gesetzlich geregelten Fälle zu, wenn sie durch ein anderes Bundes- oder Landesgesetz ausdrücklich vorgesehen sind (§ 1 Abs. 2 UmwG). Diese Regelung bezieht sich auf die dem Handelsgesetzbuch entsprechenden Umwandlungen von Personengesellschaften in andere Personengesellschaften, etwa die Umwandlung einer OHG in eine KG oder die Umwandlung einer BGB-Gesellschaft in eine OHG oder KG (vgl. *Lüttge,* NJW 1995, 417, 422).

§ 54. Die formwechselnde Umwandlung

Literatur: *E. Kießling,* Der Rechtsformwechsel zwischen Personalgesellschaften, WM 1999, 2391 ff.; *Lüttge,* Das neue Umwandlungs- und Umwandlungssteuerrecht, NJW 1995, 417 ff.

I. Begriff und Möglichkeiten

Da bei der formwechselnden Umwandlung die Gesellschaft lediglich ihre Rechtsform ändert, ohne ihre Identität einzubüßen, bleibt die vorhandene Gesellschaft Trägerin des Gesellschaftsvermögens. Sie haftet mit diesem Vermögen für die vorhandenen Verbindlichkeiten der Gesellschaft, deren Form gewechselt hat, weiter. Ebenso wie die umgewandelte Gesellschaft Trägerin der Pflichten bleibt, bleibt sie auch Trägerin der vorhandenen Rechte. 794

Formwechselnde Umwandlungen sind z. B.: 795
- die Umwandlung einer OHG in eine KG,

- die Umwandlung einer BGB-Gesellschaft in eine OHG, eine Partnerschaftsgesellschaft oder eine KG,
- die Umwandlung einer Kapitalgesellschaft in eine andere Kapitalgesellschaft, wie z.B. die Umwandlung einer Aktiengesellschaft in eine GmbH,
- die Umwandlung einer Körperschaft oder Anstalt des öffentlichen Rechts in eine Kapitalgesellschaft.

Ein Formwechsel kann sich bei Personengesellschaften auch vollziehen, ohne dass es eines Umwandlungsbeschlusses (i.S.d. § 193 UmwG) bedarf. Diese Umwandlung geschieht kraft Gesetzes automatisch (vgl. *E. Kießling*, WM 1999, 2391 ff.). Das ist z.B. dann der Fall, wenn bei einer Gesellschaft bürgerlichen Rechts Voraussetzungen eintreten, nach denen gem. § 105 HGB eine OHG entsteht.

II. Die Umwandlung einer Gesellschaft bürgerlichen Rechts oder einer OHG in eine KG als typisches Beispiel für eine formwechselnde Umwandlung

796 Häufig entsteht in der Praxis eine Kommanditgesellschaft nicht durch die Neugründung einer Gesellschaft, sondern durch Umwandlung aus einer Gesellschaft bürgerlichen Rechts oder einer OHG. Eine solche Umwandlung kann dadurch geschehen, dass

- neue Gesellschafter aufgenommen werden, die nur beschränkt haften wollen. Die bisherigen OHG-Gesellschafter werden dann persönlich haftende Gesellschafter der Kommanditgesellschaft, die neu hinzutretenden Gesellschafter Kommanditisten;
- bei den bisher unbeschränkt haftenden Gesellschaftern der OHG die Haftung später beschränkt wird. Allerdings muss ein unbeschränkt haftender Gesellschafter als persönlich haftender Gesellschafter der KG verbleiben;
- aus einer OHG eine KG wird, wenn ein Gesellschafter stirbt und der Gesellschaftsvertrag eine Regelung darüber enthält, dass die Gesellschaft mit den Erben fortgesetzt werden soll. Gemäß § 139 HGB steht dem Erben, der in die Gesellschaft einrückt, das Recht frei, sein Verbleiben in der Gesellschaft davon abhängig zu machen, dass er die Stellung eines Kommanditisten einnehmen kann.

797 In allen oben aufgezählten Fällen bleibt die Identität der Gesellschaft unberührt.

Beispiel: A, B und C haben eine OHG gegründet. Im Gesellschaftsvertrag ist vereinbart, dass die Gesellschaft mit den Erben der Gesellschafter fortgesetzt wird. Die OHG nimmt bei der X-Bank ein Darlehen in Höhe von 150 000,– € auf. Als A stirbt, rückt sein Erbe N in die Gesellschaft als Gesellschafter ein. Gemäß § 139 HGB verlangt N, dass er Kommanditist wird. B und C sind damit einverstanden. Nunmehr ist aus der OHG eine KG geworden; es hat eine formwechselnde Umwandlung stattgefunden, ohne dass die Identität der Gesellschaft dadurch berührt worden ist. Deshalb haftet der X-Bank für die Darlehensrückzahlungsforderung weiterhin das gesamte Gesellschaftsvermögen. Darlehensnehmerin ist nun die Kommanditgesellschaft. B und C haften als persönlich haftende Gesellschafter der KG unbegrenzt, N lediglich in Höhe seiner Einlage, sobald die Rechtsänderungen in das Handelsregister eingetragen worden sind.

III. Die Umwandlung einer BGB-Gesellschaft in eine OHG oder KG

Für die Gründung und Existenz von Gesellschaften bürgerlichen Rechts mit erwerbswirtschaftlichen Zielen hat der Gesetzgeber Grenzen gezogen. So kann der gemeinsame Zweck einer Gesellschaft bürgerlichen Rechts nicht der Betrieb eines kaufmännischen Gewerbes sein. Ein kaufmännisches Gewerbe kann von einer Personengesellschaft nur in der Form der OHG oder der KG betrieben werden. Deshalb wandelt sich eine Gesellschaft bürgerlichen Rechts, die zunächst kein Gewerbe oder lediglich ein Kleingewerbe betrieben hat, automatisch in eine OHG oder KG um, sobald der Geschäftsbetrieb den Stand eines Handelsgewerbes erreicht. Auch hier handelt es sich um eine formwechselnde Umwandlung. 798

Wenn die Gesellschafter einer offenen Handelsgesellschaft nicht nur vorübergehend den Betrieb ihres Handelsgewerbes aufgeben, wird die Gesellschaft zu einer BGB-Gesellschaft (*BGHZ* 32, 307 ff.). Dabei ist es ohne Bedeutung, ob die Aufgabe des Geschäftsbetriebes auf Grund einer freien Entschließung oder unabhängig davon eingetreten ist (*BGHZ* 32, 307 ff.). Auch hier handelt es sich um eine formwechselnde Umwandlung. Allerdings kann diese Umwandlung Dritten gegenüber erst geltend gemacht werden, wenn die OHG im Handelsregister gelöscht ist (§ 5 HGB). 799

IV. Die formwechselnde Umwandlung nach dem Umwandlungsgesetz

1. Überblick

800 Das Umwandlungsgesetz sieht folgende Varianten der formwechselnden Umwandlung vor:
- von Kapitalgesellschaften in Gesellschaften bürgerlichen Rechts,
- von Kapitalgesellschaften in Partnerschaftsgesellschaften oder in Personenhandelsgesellschaften,
- von Kapitalgesellschaften in Kapitalgesellschaften anderer Rechtsform,
- von Kapitalgesellschaften in eingetragene Genossenschaften,
- von Personenhandelsgesellschaften und Partnerschaftsgesellschaften in Kapitalgesellschaften,
- von eingetragenen Genossenschaften in Kapitalgesellschaften,
- von rechtsfähigen Vereinen in Kapitalgesellschaften oder eingetragene Genossenschaften,
- von Versicherungsvereinen auf Gegenseitigkeit in Aktiengesellschaften,
- von Körperschaften und Anstalten des öffentlichen Rechts in Kapitalgesellschaften.

Die formwechselnde Umwandlung wird im fünften Buch des neuen Umwandlungsgesetzes (§§ 190ff. UmwG) geregelt.

801 Für alle formwechselnden Umwandlungen gelten grundsätzlich die §§ 190–213 UmwG.

Formwechselnde Umwandlungen nach den §§ 190ff. UmwG setzen einen Umwandlungsbericht des jeweiligen Vertretungsorgans des formwechselnden Rechtsträgers voraus, es sei denn, an dem formwechselnden Rechtsträger ist nur ein Anteilseigner beteiligt oder alle Anteilsinhaber haben in notariell beurkundeter Form auf den Umwandlungsbericht verzichtet (§ 192 UmwG). Diesem Umwandlungsbericht ist auch eine Vermögensaufstellung beizufügen, die den wirklichen Wert jedes Vermögensgegenstandes und der Verbindlichkeiten anzugeben hat. Da der wirkliche Wert anzugeben ist, handelt es sich nicht um eine nach den handelsrechtlichen Grundsätzen ordnungsgemäßer Buchführung aufzustellende Schlussbilanz (vgl. *Lüttge,* NJW 1995, 417, 423).

Vor allem setzt die Umwandlung einen Umwandlungsbeschluss der Anteilsinhaber des formwechselnden Rechtsträgers voraus

(§ 193 UmwG). Der Mindestinhalt dieses Beschlusses wird in § 194 UmwG festgelegt. Er muss demnach unter anderem folgende Angaben enthalten:

– die Rechtsform, die der Rechtsträger durch den Formwechsel erlangen soll,
– den Namen oder die Firma des neuen Rechtsträgers,
– genaue Angaben zu den Beteiligungsverhältnissen an dem neuen Rechtsträger,
– ein Abfindungsangebot nach § 207 UmwG, sofern der Umwandlungsbeschluss nicht zu seiner Wirksamkeit der Zustimmung aller Anteilsinhaber bedarf oder nur ein Anteilsinhaber an dem formwechselnden Rechtsträger beteiligt ist,
– die Folgen des Formwechsels für die Arbeitnehmer und ihre Vertretung und die insoweit vorgesehenen Maßnahmen.

Binnen eines Monats nach der Beschlussfassung kann Klage ge- 802
gen die Wirksamkeit des Umwandlungsbeschlusses erhoben werden (§ 195 Abs. 1 UmwG). Eine zulässige Anfechtungsklage führt zu einer Sperre der Registereintragung der Umwandlung (§ 198 Abs. 3 i. V. m. § 16 Abs. 2 Satz 2 UmwG).

Grundsätzlich sind auf den Formwechsel die für die neue Rechtsform geltenden Gründungsvorschriften, bis auf die der Mindestzahl der Gründer und der Bildung und Zusammensetzung des ersten Aufsichtsrates, anzuwenden (§ 197 UmwG).

Der Formwechsel ist bei dem Register, in dem der formwechselnde Rechtsträger eingetragen ist, zur Eintragung anzumelden und daneben in dem Register, in dem der neue Rechtsträger einzutragen ist, wenn es sich hierbei um verschiedene Register handelt oder durch die mit dem Formwechsel verbundene Sitzverlegung ein anderes Registergericht zuständig wird oder der formwechselnde Rechtsträger nicht in einem Register eingetragen war (§ 198 UmwG).

Mit der Registereintragung besteht der formwechselnde Rechtsträger in der neuen, im Umwandlungsbeschluss bestimmten Rechtsform weiter, und etwaige Mängel der notariellen Beurkundung des Umwandlungsbeschlusses oder gegebenenfalls erforderlicher Zustimmungs- und Verzichtserklärungen einzelner Anteilsinhaber werden geheilt (§ 202 UmwG).

2. Die Umwandlung einer Kapitalgesellschaft in eine Personengesellschaft

a) Überblick

803 Durch die §§ 228ff. UmwG werden die formwechselnden Umwandlungen von Kapitalgesellschaften in Personengesellschaften geregelt. Bei der Umwandlung einer Kapitalgesellschaft in eine Personengesellschaft bedarf der Umwandlungsbeschluss grundsätzlich einer Mehrheit von $^3/_4$ der bei der Gesellschafterversammlung der GmbH abgegebenen Stimmen oder des bei der Beschlussfassung einer Aktiengesellschaft oder einer Kommanditgesellschaft auf Aktien vertretenen Grundkapitals. Jedoch können der Gesellschaftsvertrag oder die Satzung der formwechselnden Gesellschaft eine größere Mehrheit und weitere Erfordernisse bestimmen (§ 233 Abs. 2 UmwG). Dem Formwechsel einer Kommanditgesellschaft auf Aktien müssen, wenn die Satzung keine Mehrheitsentscheidung dieser Gesellschafter vorsieht, alle persönlich haftenden Gesellschafter zustimmen (§ 233 Abs. 3 UmwG).

b) Die Umwandlung einer Kapitalgesellschaft in eine Gesellschaft bürgerlichen Rechts

804 Soll eine Kapitalgesellschaft in eine Gesellschaft bürgerlichen Rechts umgewandelt werden, bedarf der Umwandlungsbeschluss der Zustimmung aller Gesellschafter und zwar auch derer, die nicht in der Gesellschafterversammlung oder Hauptversammlung erschienen sind (§ 233 Abs. 1 UmwG). Die Umwandlung in eine Gesellschaft bürgerlichen Rechts kommt allerdings nur dann in Betracht, wenn die umgewandelte Gesellschaft kein Handelsgewerbe betreibt (§ 228 Abs. 2 UmwG).

Hierunter fallen u.a. die Tatbestände, in denen der Formwechsel von einer GmbH in eine Gesellschaft bürgerlichen Rechts stattfindet. Dabei können schwierige haftungsrechtliche Probleme entstehen. So ist z.B. zu klären, ob die BGB-Gesellschafter für die Verbindlichkeiten der ehemaligen GmbH haften.

3. Die Umwandlung einer Kapitalgesellschaft in eine Kapitalgesellschaft anderer Rechtsform

805 Auch wenn eine Kapitalgesellschaft in eine Kapitalgesellschaft anderer Rechtsform umgewandelt wird, handelt es sich um eine formwechselnde Umwandlung. Von großer praktischer Bedeutung

sind die Umwandlungen von Gesellschaften mit beschränkter Haftung in Aktiengesellschaften oder Kommanditgesellschaften auf Aktien sowie von Aktiengesellschaften und Kommanditgesellschaften auf Aktien in Gesellschaften mit beschränkter Haftung. Insbesondere die Möglichkeit der Umwandlung einer Gesellschaft mit beschränkter Haftung in eine Aktiengesellschaft spielt nicht zuletzt deshalb eine bedeutende Rolle, weil sie eine Inanspruchnahme des Kapitalmarktes für die Eigenkapitalbildung ermöglichen kann (vgl. zu den Einzelheiten *K. Schmidt*, AG 1985, 150ff.).

Die Umwandlung einer Kapitalgesellschaft in eine Kapitalgesellschaft anderer Rechtsform ist in den §§ 238ff. UmwG geregelt. Der Umwandlungsbeschluss, der anderenfalls lediglich eine Mehrheit von ³/₄ der abgegebenen Stimmen oder des vertretenen Grundkapitals voraussetzt, erfordert bei der Umwandlung einer Aktiengesellschaft oder einer GmbH in eine Kommanditgesellschaft auf Aktien die Zustimmung aller Gesellschafter, die in der neuen Gesellschaft die Stellung eines persönlich haftenden Gesellschafters einnehmen sollen (§ 240 Abs. 2 UmwG). Bei der Umwandlung einer Gesellschaft mit beschränkter Haftung in eine Aktiengesellschaft oder in eine Kommanditgesellschaft auf Aktien müssen auch alle zu Nebenleistungen verpflichteten Gesellschafter, deren Verpflichtungen wegen der einschränkenden Regelung des § 55 AktG nicht aufrechterhalten werden können, dem Formwechsel zustimmen (§ 241 Abs. 3 UmwG). Wird eine Kommanditgesellschaft auf Aktien in eine Kapitalgesellschaft anderer Rechtsform umgewandelt, müssen dem Umwandlungsbeschluss, wenn die Satzung keine Mehrheitsentscheidung dieser Gesellschafter vorsieht, alle persönlich haftenden Gesellschafter zustimmen (§ 240 Abs. 3 UmwG).

Der Umwandlungsbeschluss muss auch den Gesellschaftsver- 806
trag der GmbH oder die Satzung der Aktiengesellschaft oder der KGaA, in die umgewandelt werden soll, enthalten (§ 243 Abs. 1 i.V.m. § 218 UmwG).

In der Regel sollen auch die Beteiligungsverhältnisse insofern erhalten bleiben, als die Gesellschafter Anteile an der Gesellschaft neuer Rechtsform entsprechend dem Nennbetrag der Aktien bzw. der Geschäftsanteile der formwechselnden Gesellschaft erhalten. Bei einer nicht verhältniswahrenden formwechselnden Umwandlung bedarf es grundsätzlich der Zustimmung derjenigen Gesellschafter, die nicht entsprechend den Nennbeträgen der alten Anteile beteiligt werden (§§ 241 Abs. 1, 242 UmwG).

Durch den Formwechsel wird das bisherige Stammkapital einer Gesellschaft mit beschränkter Haftung zum Grundkapital der Gesellschaft neuer Rechtsform oder das bisherige Grundkapital der formwechselnden Aktiengesellschaft oder Kommanditgesellschaft auf Aktien zum Stammkapital der Gesellschaft mit beschränkter Haftung (§ 247 UmwG). Die Geschäftsanteile der rechtsformwechselnden Gesellschaft mit beschränkter Haftung werden in Aktien der Aktiengesellschaft oder der Kommanditgesellschaft auf Aktien umgetauscht oder umgekehrt (§ 248 UmwG).

807 Beim Formwechsel einer Kommanditgesellschaft auf Aktien in eine Kapitalgesellschaft anderer Rechtsform haftet ein persönlich haftender Gesellschafter der rechtsformwechselnden KGaA für Verbindlichkeiten, die im Zeitpunkt des Formwechsels bestanden haben, fünf weitere Jahre, wenn die Verbindlichkeiten innerhalb dieser Frist fällig werden und Ansprüche daraus gegen ihn gerichtlich geltend gemacht werden (§ 249 i.V.m. § 224 UmwG).

Bei Rechtsformwechseln zwischen Aktiengesellschaften und Kommanditgesellschaften auf Aktien bedarf es keines Angebots einer Barabfindung (§ 250 UmwG), weil die Rechtsstellung des einzelnen beim Formwechsel einer Aktiengesellschaft in eine Kommanditgesellschaft auf Aktien und umgekehrt im Wesentlichen unverändert bleibt, so dass es ihm auch bei der Umwandlung infolge eines Mehrheitsbeschlusses zugemutet werden kann, Gesellschafter zu bleiben oder seinen Anteil selbst zu veräußern.

4. Die Umwandlung einer Personenhandelsgesellschaft oder Partnerschaftsgesellschaft in eine Kapitalgesellschaft

808 Personenhandelsgesellschaften und Partnerschaftsgesellschaften können in Kapitalgesellschaften oder in eingetragene Genossenschaften umgewandelt werden. Bei derartigen Umwandlungen bedarf es eines Umwandlungsberichts nicht, wenn alle Gesellschafter zur Geschäftsführung berechtigt sind (§ 215 UmwG), so wie es bei der OHG grundsätzlich der Fall ist (siehe oben Rn. 253). Allen nicht zur Geschäftsführung befugten Gesellschaftern sind spätestens mit der Einberufung der Gesellschafterversammlung, die den Formwechsel beschließen soll, der Beschluss über den Formwechsel schriftlich anzukündigen und der Umwandlungsbericht und ein Abfindungsangebot zu übersenden (§ 216 UmwG). Dem Umwandlungsbeschluss müssen grundsätz-

lich alle Gesellschafter zustimmen. Der Gesellschaftsvertrag kann jedoch auch eine Mehrheitsentscheidung der Gesellschafter vorsehen; diese Mehrheit muss jedoch mindestens $^3/_4$ der Stimmen betragen (§ 217 Abs. 2 UmwG).

Bei einem Formwechsel in eine Kommanditgesellschaft auf Aktien müssen alle Gesellschafter zustimmen, die in dieser Gesellschaft die Stellung des persönlich haftenden Gesellschafters haben sollen (§ 217 Abs. 3 UmwG). In dem Umwandlungsbeschluss muss auch der Gesellschaftsvertrag der GmbH, das Statut der Genossenschaft oder die Satzung der Aktiengesellschaft oder der KGaA festgestellt werden, in die umgewandelt werden soll (§ 218 Abs. 1 UmwG). Um die Aufbringung des Stamm- bzw. des Grundkapitals zu sichern, darf dieses das Vermögen der formwechselnden Personenhandelsgesellschaft nach Abzug der Verbindlichkeiten nicht überschreiten (§ 220 Abs. 1 UmwG). Die persönlich haftenden Gesellschafter der formwechselnden Personenhandelsgesellschaft haften den Gläubigern dieser Gesellschaft für deren Verbindlichkeiten ab dem Formwechsel fünf Jahre, wenn die Ansprüche innerhalb dieser Zeit fällig werden und gegen den ehemaligen persönlich haftenden Gesellschafter gerichtlich geltend gemacht oder von diesem schriftlich anerkannt werden (§ 224 Abs. 1, 2 und 4 UmwG). § 224 Abs. 5 UmwG stellt klar, dass diese Nachhaftungsbegrenzung auch für die ehemaligen persönlich haftenden Gesellschafter gilt, die in dem neuen Rechtsträger geschäftsführend tätig sind.

5. Die Umwandlung einer eingetragenen Genossenschaft in eine Kapitalgesellschaft

Eine formwechselnde Umwandlung einer eingetragenen Genossenschaft ist nach dem Umwandlungsgesetz nur in eine Kapitalgesellschaft möglich (§ 258 Abs. 1 UmwG). Vor der Einberufung der Generalversammlung, die den Formwechsel beschließen soll, ist ein Gutachten des Prüfungsverbandes (vgl. dazu §§ 54 ff. GenG) einzuholen, ob der Formwechsel mit den Belangen sowohl der Genossenschaft als auch der Gläubiger der Genossenschaft in Einklang steht (§ 259 UmwG). Spätestens mit der Einberufung der Generalversammlung ist den Genossen ein Abfindungsangebot zu unterbreiten (§ 260 Abs. 2 i. V. m. §§ 231 Satz 1, 207 UmwG). 809

Zur Vorbereitung der Generalversammlung, die den Formwechsel beschließen soll, hat der Vorstand der Genossenschaft diesen Formwechsel als Gegenstand der Beschlussfassung schriftlich anzukündigen. In der Ankündigung ist auch auf die für den Umwandlungsbeschluss erforderlichen Mehrheiten, die Möglichkeit des Widerspruchs und die sich daraus ergebenden Rechte hinzuweisen (§ 260 Abs. 1 UmwG).

Der Umwandlungsbeschluss bedarf grundsätzlich einer Mehrheit von $3/4$ der abgegebenen Stimmen. Wenn spätestens bis zum Ablauf des dritten Tages vor der Generalversammlung mindestens 100 Genossen bzw. bei Genossenschaften mit weniger als 1000 Genossen mindestens ein Zehntel der Genossen durch eingeschriebenen Brief Widerspruch gegen den Formwechsel erhoben haben, bedarf der Umwandlungsbeschluss einer Mehrheit von $9/10$ der abgegebenen Stimmen. Das Statut der Genossenschaft kann jedoch auch größere Mehrheiten und weitere Erfordernisse bestimmen (§ 262 Abs. 1 UmwG).

Der Umwandlungsbeschluss muss auch den Gesellschaftsvertrag der GmbH oder die Satzung der Aktiengesellschaft oder der KGaA enthalten (§ 263 Abs. 1 i. V. m. § 218 UmwG).

6. Die Umwandlung von rechtsfähigen Vereinen

810 Bei rechtsfähigen Vereinen ist eine rechtsformwechselnde Umwandlung, sofern Satzung und Landesrecht nicht entgegenstehen, nur in eine Kapitalgesellschaft oder in eine eingetragene Genossenschaft möglich (§ 272 UmwG).

Ebenso wie bei der eingetragenen Genossenschaft muss auch bei der Umwandlung eines eingetragenen Vereins der Vorstand zur Vorbereitung der Mitgliederversammlung, die den Formwechsel beschließen soll, diesen Formwechsel als Gegenstand der Beschlussfassung schriftlich ankündigen. In der Ankündigung ist auch auf die für den Umwandlungsbeschluss erforderlichen Mehrheiten, die Möglichkeit des Widerspruchs und die sich daraus ergebenden Rechte hinzuweisen (§ 274 Abs. 1 bzw. § 283 Abs. 1 i. V. m. § 260 Abs. 1 UmwG).

Der Umwandlungsbeschluss bedarf, wenn der Zweck des Rechtsträgers i. S. v. § 33 Abs. 1 Satz 2 BGB geändert werden soll oder wenn das Statut der Genossenschaft eine Nachschusspflicht vorsieht, der Zustimmung aller Mitglieder (§ 275 Abs. 1 bzw. § 284 Satz 1 UmwG).

Der Umwandlungsbeschluss muss auch die Satzung der Kapitalgesellschaft oder das Statut der Genossenschaft enthalten (§ 276 Abs. 1 i. V. m. § 218 UmwG bzw. § 285 Abs. 1 i. V. m. § 253 Abs. 1 UmwG).

7. Die Umwandlung einer Körperschaft des öffentlichen Rechts in eine Kapitalgesellschaft

Nach dem Umwandlungsgesetz können rechtsfähige Körperschaften oder Anstalten des öffentlichen Rechts rechtsformwechselnd nur in Kapitalgesellschaften umgewandelt werden, allerdings unter der Voraussetzung, dass maßgebliche Bundes- oder Landesrecht nicht entgegensteht (§ 301 UmwG). 811

Die Vorschriften der §§ 190–213 UmwG sind bei dem Formwechsel nur anwendbar, soweit sich aus dem für die Körperschaft oder Anstalt maßgebenden Bundes- oder Landesrecht nichts anderes ergibt (§ 302 UmwG). Beim Formwechsel in eine KGaA bedarf der Formwechsel der Zustimmung aller Anteilsinhaber, die in der KGaA die Stellung eines persönlich haftenden Gesellschafters einnehmen sollen (§ 303 Abs. 2 UmwG). Neben den Gründungsvorschriften für die jeweilige Kapitalgesellschaft ist zu beachten, dass der Nennbetrag des Stammkapitals der GmbH oder des Grundkapitals der Aktiengesellschaft oder der KGaA das nach Abzug der Verbindlichkeiten verbleibende Vermögen der Körperschaft oder Anstalt nicht übersteigt (§ 303 Abs. 1 i.V.m. § 220 UmwG).

Mit der Eintragung der Kapitalgesellschaft in das Handelsregister wird der Formwechsel wirksam (§ 304 Satz 1 UmwG).

§ 55. Die Verschmelzung

Literatur: *Ihrig,* Gläubigerschutz durch Kapitalaufbringung bei Verschmelzung und Spaltung, GmbH-Rdsch. 1995, 662ff.; *Kübler/Assmann,* Gesellschaftsrecht, § 27; *Streck, Mack, Schwedhelm,* Verschmelzung und Formwechsel nach dem neuen Umwandlungsgesetz, GmbH-Rdsch. 1995, 164ff.

I. Die Entwicklung des Verschmelzungsrechts

Bislang war die verschmelzende Umwandlung als Form der übertragenden Umwandlung im Umwandlungsgesetz geregelt; daneben regelten die §§ 339ff. AktG und die §§ 19ff. KapErhG die Verschmelzung von Kapitalgesellschaften. Nunmehr wird die Verschmelzung von Rechtsträgern im zweiten Buch des Umwandlungsgesetzes geregelt. 812

II. Die Verschmelzungsmöglichkeiten

813 Die Dynamik wirtschaftlicher Entwicklungen zwingt häufig dazu, Unternehmensstrukturen veränderten Umständen anzupassen. Nicht selten führt das dazu, dass zwei bisher selbstständige Unternehmen zu einer neuen Einheit verschmolzen werden.

Eine Verschmelzung (Fusion) ist die nicht nur wirtschaftliche, sondern auch rechtliche Vereinigung der Vermögen – aller Aktiva und Passiva – mehrerer Rechtsträger ohne Abwicklung. Sie führt dazu, dass jedenfalls ein Rechtsträger untergeht, dessen Anteilsinhaber durch Anteile des übernehmenden Rechtsträgers entschädigt werden (so *Kübler/Assmann,* § 26 I).

Bei der Verschmelzung geht das Vermögen eines oder mehrerer Rechtsträger unter Auflösung ohne Abwicklung auf einen anderen Rechtsträger über. Die Anteilsinhaber des übertragenden Rechtsträgers oder der übertragenden Rechtsträger erhalten für ihre Anteile am übertragenden Rechtsträger im Wege des Anteilstauschs Anteile am aufnehmenden bzw. neugegründeten Rechtsträger (§ 2 UmwG). Dabei gibt es zwei Gestaltungsmöglichkeiten:

- Es wird entweder das gesamte Vermögen eines oder mehrerer übertragender Rechtsträger als Ganzes auf einen anderen bereits bestehenden Rechtsträger übertragen (Verschmelzung durch Aufnahme)
- oder das gesamte Vermögen zweier oder mehrerer übertragender Rechtsträger wird auf einen neuen, von ihnen dadurch gegründeten Rechtsträger übertragen (Verschmelzung durch Neugründung).

Durch § 3 UmwG wird geregelt, welche Rechtsträger an einer Verschmelzung beteiligt sein können. Danach können unter anderem als übertragende, übernehmende oder neue Rechtsträger beteiligt sein:

- Personenhandelsgesellschaften und Partnerschaftsgesellschaften,
- Kapitalgesellschaften,
- eingetragene Genossenschaften,
- eingetragene Vereine,
- Versicherungsvereine auf Gegenseitigkeit.

Wirtschaftliche Vereine i. S. v. § 22 BGB kommen nur als übertragende Rechtsträger in Betracht (§ 3 Abs. 2 Nr. 1 UmwG).

Nach § 3 Abs. 2 Nr. 2 UmwG können natürliche Personen, die Alleingesellschafter einer Kapitalgesellschaft sind, diese Gesellschaft im Wege der Verschmelzung übernehmen (vgl. §§ 120ff. UmwG).

Grundsätzlich können an der Verschmelzung gleichzeitig sowohl Rechtsträger derselben Rechtsform als auch Rechtsträger unterschiedlicher Rechtsform beteiligt sein (§ 3 Abs. 4 UmwG).

Das deutsche Recht enthält bislang Vorschriften nur für inner- **813 a**
staatliche, nicht aber für grenzüberschreitende Verschmelzungen. Stets ist die Eintragung in das Handelsregister vorgesehen. Anträge auf grenzüberschreitende Verschmelzungen wurden deshalb zurückgewiesen. Demnach stehen nach deutschem Recht keine Mittel zur Umwandlung von Gesellschaften zur Verfügung, wenn eine der Gesellschaften ihren Sitz in einem anderen Mitgliedsstaat der EG hat. Das führt zu einer unterschiedlichen Behandlung von Gesellschaften nach Maßgabe dessen, ob es sich um eine innerstaatliche oder grenzüberschreitende Verschmelzung handelt.

Nach Auffassung des *EuGH* (WM 2006, 92 ff.) ist diese unterschiedliche Behandlung geeignet, Gesellschaften davon abzuhalten, von der im EG-Vertrag verankerten Niederlassungsfreiheit Gebrauch zu machen. Der EuGH sieht in dieser unterschiedlichen Behandlung eine Beschränkung im Sinne der Art. 43 und 48 EGV, die im Widerspruch zur Niederlassungsfreiheit stehe und nur zulässig sein könne, wenn mit ihr ein legitimes mit dem EG-Vertrag vereinbares Ziel verfolgt werde und wenn sie durch zwingende Gründe des Allgemeininteresses gerechtfertigt sei.

III. Die Durchführung der Verschmelzung

Sowohl die Verschmelzung durch Neugründung, auf die grund- **814**
sätzlich die Vorschriften über die Verschmelzung durch Aufnahme entsprechend anwendbar sind (vgl. § 36 Abs. 1 UmwG), als auch die Verschmelzung durch Aufnahme setzen einen notariell beurkundeten Verschmelzungsvertrag voraus (§§ 4, 6 UmwG). Der Mindestinhalt dieses Vertrages wird in § 5 UmwG geregelt. Danach muss der Vertrag unter anderem folgende Angaben enthalten:

– den Namen oder die Firma und den Sitz der beteiligten Rechtsträger,
– eine Vereinbarung über den Anteilstausch,
– das Umtauschverhältnis der Anteile und die Höhe etwaiger barer Zahlungen,
– den Zeitpunkt der Beteiligung am Bilanzgewinn des übernehmenden Rechtsträgers,
– den Verschmelzungsstichtag.

815 Bei der Verschmelzung durch Neugründung muss der Verschmelzungsvertrag auch den Gesellschaftsvertrag, die Satzung oder das Statut enthalten oder feststellen (§ 37 UmwG). Daneben müssen die allgemein für die Gründung des neuen Rechtsträgers geltenden Gründungsvorschriften beachtet werden (§ 36 Abs. 2 UmwG).

Die Vertretungsorgane der an der Verschmelzung beteiligten Rechtsträger haben einen Verschmelzungsbericht zu erstatten, der insbesondere das Umtauschverhältnis der Anteile oder die Angaben über die Mitgliedschaft bei dem übernehmenden oder neuen Rechtsträger sowie die Höhe einer anzubietenden Barabfindung rechtlich und wirtschaftlich zu erläutern und zu begründen hat (§ 8 Abs. 1 UmwG). Auf den Verschmelzungsbericht kann verzichtet werden, wenn alle Anteilsinhaber aller beteiligten Rechtsträger in notariell beurkundeter Form auf seine Erstattung verzichten oder sich alle Anteile des übertragenden Rechtsträgers in der Hand des übernehmenden Rechtsträgers befinden (§ 8 Abs. 3 UmwG).

816 Der Verschmelzungsvertrag setzt zu seiner Wirksamkeit einen sogenannten Verschmelzungsbeschluss, also die Zustimmung der Anteilseigner der beteiligten Rechtsträger voraus (§ 13 Abs. 1 UmwG). Bei der Verschmelzung eines Rechtsträgers mit einem Rechtsträger anderer Rechtsform hat der übernehmende oder neue Rechtsträger jedem Anteilsinhaber, der gegen den Verschmelzungsbeschluss des übertragenden Rechtsträgers Widerspruch zu Protokoll erklärt, den Erwerb seiner Anteile oder Mitgliedschaften gegen eine angemessene Barabfindung anzubieten (§ 29 Abs. 1 Satz 1 UmwG). Aktiengesellschaften und Kommanditgesellschaften auf Aktien gelten im Verhältnis zueinander jedoch nicht als Rechtsträger anderer Rechtsform (§ 78 Satz 4 UmwG).

Binnen eines Monats nach der Beschlussfassung kann Klage gegen die Wirksamkeit des Verschmelzungsbeschlusses erhoben werden (§ 14 Abs. 1 UmwG). Die zulässige Anfechtungsklage führt zu einer Sperre der Registereintragung der Umwandlung (§ 16 Abs. 2 Satz 2 UmwG). Sie kann jedoch nicht darauf gestützt werden, dass das Umtauschverhältnis der Anteile zu niedrig bemessen sei, dass die Mitgliedschaft bei dem übernehmenden oder neuen Rechtsträger kein ausreichender Gegenwert für die Anteile oder die Mitgliedschaft ist oder dass die angebotene Barabfindung zu niedrig bemessen worden sei (§§ 14 Abs. 2, 32 UmwG). Stattdessen kann der Anteilsinhaber von dem Rechtsträger einen Ausgleich durch bare Zuzahlung bzw. eine angemessene Barabfindung verlangen (§§ 15, 34 UmwG). Über die Höhe der Zahlung entscheidet das Landgericht, in dessen Bezirk der Rechtsträger, dessen Anteilsinhaber antragsberechtigt sind, seinen Sitz hat, in einem Spruchverfahren (§§ 305ff. UmwG).

Grundsätzlich haben die Vertretungsorgane aller an der Verschmelzung beteiligten Rechtsträger die Anmeldung zur Eintragung der Verschmelzung bei dem jeweiligen Registergericht ihres Sitzes vorzunehmen (§§ 16, 38 UmwG). Daraus folgt, dass eintragendes Registergericht stets auch das für den Sitz jedes übertragenden Rechtsträgers zuständige Gericht ist. Aber erst die Eintragung am Sitz des übernehmenden bzw. neuen Rechtsträgers hat konstitutive Wirkung (§ 19 Abs. 1 Satz 2 UmwG). 817

Das Registergericht hat die jeweils von ihm vorgenommene Eintragung der Verschmelzung von Amts wegen durch den Bundesanzeiger und mindestens ein anderes Blatt bekanntzumachen. Mit dem Ablauf des Tages, an dem das letzte der die Bekanntmachung enthaltenden Blätter erschienen ist, gilt die Bekanntmachung für den sie betreffenden Rechtsträger als erfolgt (§ 19 Abs. 3 UmwG).

Zwar gehen die Verbindlichkeiten der übertragenden Rechtsträger auf den übernehmenden bzw. neuen Rechtsträger über, darüber hinaus wird dem Gläubigerschutz dadurch Rechnung getragen, dass mit Ablauf dieses Tages die sechsmonatige Meldefrist beginnt, innerhalb derer den Gläubigern der übertragenden Rechtsträger, soweit sie nicht Befriedigung verlangen können, grundsätzlich Sicherheit zu gewähren ist, wenn sie ihren Anspruch nach Grund und Höhe schriftlich anmelden und glaubhaft machen, dass durch die Verschmelzung die Erfüllung ihrer Forderung gefährdet wird (§ 22 UmwG). Daneben enthält das Umwandlungsgesetz auch Schutzbestimmungen zugunsten der Inhaber von Sonderrechten. Nach § 23 UmwG sind den Inhabern von Rechten, die kein Stimmrecht gewähren (z.B. Vorzugsaktien ohne Stimmrecht, Wandelschuldverschreibungen oder Genussrechte) gleichwertige Rechte in dem übernehmenden oder dem neuen Rechtsträger zu gewähren.

Durch die Eintragung der Verschmelzung in das Register am Sitz des übernehmenden bzw. neuen Rechtsträgers wird folgendes bewirkt (§ 20 UmwG): 818

- Das Vermögen der übertragenden Rechtsträger geht einschließlich der Verbindlichkeiten auf den übernehmenden bzw. den neuen Rechtsträger über.
- Die übertragenden Rechtsträger erlöschen, ohne dass es einer besonderen Löschung bedarf.

- Die Anteilsinhaber der übertragenden Rechtsträger werden Anteilsinhaber des übernehmenden bzw. neuen Rechtsträgers.
- Etwaige Mängel bei der Beurkundung und gegebenenfalls erforderlicher Zustimmungs- oder Verzichtserklärungen der Anteilsinhaber werden geheilt.

Ist die Eintragung erfolgt, wird die Wirksamkeit der Verschmelzung durch einen nichtigen oder unvollständigen Verschmelzungsvertrag nicht mehr berührt. Auch kann die Geltendmachung der Nichtig- oder Anfechtbarkeit von Verschmelzungsbeschlüssen (vgl. §§ 241, 243 AktG) keine Auswirkungen mehr auf die Wirksamkeit der Verschmelzung haben. Die Rechtsnachfolge auf Grund einer Verschmelzung scheidet jedoch dann aus, wenn der Mangel derart gravierend ist, dass die Verschmelzung als nichtig anzusehen ist. Davon ist auszugehen, wenn die Umwandlungsform oder die Gesellschaftsform, in die umgewandelt werden soll, nicht dem Gesetz entsprechen (*BGH* ZIP 2001, 2006).

IV. Die Verschmelzung unter Beteiligung von Personengesellschaften

819 Bei einer Verschmelzung unter Beteiligung einer Personenhandelsgesellschaft bedarf der Verschmelzungsbeschluss grundsätzlich der Zustimmung aller Gesellschafter der Personenhandelsgesellschaft (§ 43 Abs. 1 UmwG); jedoch kann der Gesellschaftsvertrag die Mehrheitsentscheidung der Gesellschafter mit mindestens $^3/_4$ Stimmenmehrheit vorsehen (§ 24 Abs. 2 Satz 1 UmwG). Widerspricht ein persönlich haftender Gesellschafter eines übertragenden oder eines übernehmenden Rechtsträgers der Verschmelzung, so ist ihm in der übernehmenden oder neuen Personenhandelsgesellschaft die Stellung eines Kommanditisten einzuräumen (§ 43 Abs. 2 Satz 2 UmwG). Einem Gesellschafter, der nicht unbeschränkt persönlich haftet, ist grundsätzlich die Stellung eines Kommanditisten einzuräumen, es sei denn, die betroffenen Gesellschafter stimmen dem Verschmelzungsbeschluss des übertragenden Rechtsträgers zu (§ 40 Abs. 2 UmwG).

Lässt der Gesellschaftsvertrag einen Verschmelzungsbeschluss durch Mehrheitsentscheidung zu, kann jeder Gesellschafter die Prüfung des Verschmelzungsvertrages oder seines Entwurfes nach den §§ 9–12 UmwG verlangen (§ 44 UmwG).

Persönlich haftende Gesellschafter einer übertragenden Personenhandelsgesellschaft haften für deren Verbindlichkeiten, wenn das Vermögen der Gesellschaft durch Verschmelzung auf einen Rechtsträger anderer Rechtsform ohne unbeschränkt persönlich haftende Anteilsinhaber übertragen wird, falls diese Verbindlichkeiten vor Ablauf von fünf Jahren seit dem Ablauf des Tages, an dem die Eintragung der Verschmelzung in das Register des übernehmenden Rechtsträgers nach § 19 Abs. 3 UmwG als bekannt gemacht gilt, fällig werden und die Ansprüche gegen ihn gerichtlich geltend gemacht oder von ihm schriftlich anerkannt werden (§ 45 UmwG).

Für die Verschmelzung unter Beteiligung von Partnerschaftsgesellschaften gelten die vorstehenden Ausführungen in Verbindung mit den in §§ 45a–45e UmwG enthaltenen Modifikationen sinngemäß.

V. Die Verschmelzung unter Beteiligung von Gesellschaften mit beschränkter Haftung

Auf Verlangen eines jeden Gesellschafters muss der Verschmel- 820
zungsvertrag oder sein Entwurf nach den §§ 9–12 UmwG geprüft werden (§ 48 UmwG).

Der Verschmelzungsbeschluss der beteiligten Gesellschaft mit beschränkter Haftung bedarf grundsätzlich einer Mehrheit von mindestens 3/4 der abgegebenen Stimmen, sofern der Gesellschaftsvertrag keine größere Mehrheit und weitere Erfordernisse bestimmt (§ 50 Abs. 1 UmwG). Werden durch die Verschmelzung bestimmte Sonderrechte der Gesellschafter der übertragenden Gesellschaft (z.B. bei der Bestellung der Geschäftsführer oder eines Vorschlagsrechts bei der Geschäftsführung) beeinträchtigt, bedarf der Beschluss zusätzlich der Zustimmung der betroffenen Gesellschafter (§ 50 Abs. 2 UmwG).

Will eine übernehmende Gesellschaft zur Durchführung der Verschmelzung ihr Stammkapital erhöhen, darf die Verschmelzung erst eingetragen werden, wenn die Kapitalerhöhung eingetragen worden ist (§ 53 UmwG).

Die Verschmelzung einer GmbH mit dem Vermögen ihres Alleingesellschafters, der nicht Istkaufmann ist, ist nicht möglich, weil die Verschmelzung die Eintragung in das Handelsregister voraussetzt (§§ 19, 20 UmwG; so *OLG Zweibrücken* ZIP 1996, 460f.).

VI. Die Verschmelzung unter Beteiligung von Aktiengesellschaften

821 Die Prüfung des Verschmelzungsvertrages oder seines Entwurfs nach den §§ 9–12 UmwG ist für Aktiengesellschaften obligatorisch (§ 60 Abs. 1 UmwG).

Der Verschmelzungsbeschluss bedarf einer Mehrheit von $^3/_4$ des bei der Beschlussfassung vertretenen Grundkapitals, sofern die Satzung nicht eine größere Mehrheit und weitere Erfordernisse bestimmt (§ 65 Abs. 1 UmwG). Sind mehrere Gattungen von Aktien vorhanden, müssen die stimmberechtigten Aktionäre jeder Gattung der Verschmelzung durch einen Sonderbeschluss zustimmen, für den die gleichen Voraussetzungen aufgestellt sind (§ 65 Abs. 2 UmwG).

Auch bei der Beteiligung einer Aktiengesellschaft darf die Verschmelzung, zu deren Durchführung das Grundkapital der übernehmenden Aktiengesellschaft erhöht werden soll, nur eingetragen werden, wenn die Kapitalerhöhung eingetragen worden ist (§ 66 UmwG).

VII. Die Verschmelzung unter Beteiligung von Kommanditgesellschaften auf Aktien

822 Bei der Verschmelzung unter Beteiligung von Kommanditgesellschaften auf Aktien sind die Vorschriften der Verschmelzung unter Beteiligung von Aktiengesellschaften grundsätzlich entsprechend anwendbar. Der Verschmelzungsbeschluss bedarf jedoch auch der Zustimmung aller persönlich haftender Gesellschafter, soweit die Satzung der KGaA keine Mehrheitsentscheidung dieser Gesellschafter vorsieht (§ 78 UmwG).

§ 56. Die Spaltung

Literatur: *Hennrichs,* Zum Formwechsel und zur Spaltung nach dem neuen Umwandlungsgesetz, ZIP 1995, 794 ff.; *Kübler/Assmann,* Gesellschaftsrecht, § 27.

I. Die Entwicklung des Spaltungsrechts

823 Die Spaltung von Gesellschaften war vor Inkrafttreten des Umwandlungsgesetzes am 1. 1. 1995 gesetzlich nur für von der

Treuhandanstalt verwaltete Unternehmen auf dem Gebiet der ehemaligen DDR geregelt (Gesetz über die Spaltung der von der Treuhand verwalteten Unternehmen, BGBl. I 1991 S. 854). Daher konnte, abgesehen von diesen Spezialfällen, die Spaltung von Gesellschaften nur als Sachgründung einer neuen Gesellschaft oder als Sachkapitalerhöhung einer bestehenden Gesellschaft durchgeführt werden, regelmäßig verbunden mit einer Kapitalherabsetzung in der Ursprungsgesellschaft oder deren Liquidation.

II. Die Spaltungsmöglichkeiten

Bei der Spaltung geht das Vermögen eines übertragenden Rechtsträgers unter Auflösung ohne Abwicklung auf einen oder mehrere andere bestehende Rechtsträger (Spaltung durch Aufnahme) oder auf einen oder mehrere andere durch den übertragenden Rechtsträger dadurch neu gegründete Rechtsträger (Spaltung durch Neugründung) gegen Gewährung von Anteilen oder Mitgliedschaften dieser Rechtsträger an die Anteilsinhaber des übertragenden Rechtsträgers über und zwar durch **824**
- Übertragung der Vermögensteile als Gesamtheit auf andere Rechtsträger (Aufspaltung, § 123 Abs. 1 UmwG) oder durch
- Abspaltung eines Teils oder mehrerer Teile seines Vermögens auf einen oder mehrere Rechtsträger (Abspaltung, § 123 Abs. 2 UmwG).

Daneben besteht die Möglichkeit der Spaltung durch Aufnahme oder Neugründung durch die Ausgliederung eines Teils oder mehrerer Teile des Vermögens des übertragenden Rechtsträgers auf einen oder mehrere Rechtsträger gegen Gewährung von Anteilen oder Mitgliedschaften dieses Rechtsträgers oder dieser Rechtsträger an den übertragenden Rechtsträger (Ausgliederung, § 123 Abs. 3 UmwG).

Als übertragende, übernehmende oder neue Rechtsträger können an der Spaltung die gleichen Rechtsträger beteiligt sein wie an der Verschmelzung, also unter anderem Personenhandelsgesellschaften, Kapitalgesellschaften, eingetragene Genossenschaften, eingetragene Vereine und Versicherungsvereine auf Gegenseitigkeit (§ 124 Abs. 1 i.V.m. § 3 Abs. 1 UmwG). Daneben kommen als übertragende Rechtsträger z.B. noch wirtschaftliche Vereine, Einzelkaufleute und Stiftungen in Betracht (§ 124 Abs. 1 UmwG).

III. Die Durchführung der Spaltung

825 Grundsätzlich gelten für die Spaltung die gleichen Vorschriften wie für die Verschmelzung (§ 125 UmwG).

Bei der Aufspaltung und bei der Abspaltung ist stets eine Prüfung durch Sachverständige erforderlich und zwar auch dann, wenn sich alle Anteile des übertragenden Rechtsträgers in der Hand des übernehmenden Rechtsträgers befinden (§ 125 Satz 1 i.V.m. § 9 Abs. 2 UmwG), da es bei Aufspaltung und Abspaltung stets zu einem Anteilstausch kommt. Eine Prüfung ist bei der Ausgliederung nicht erforderlich (§ 125 Satz 2 UmwG), da es zu keinem Anteilstausch bei den Anteilsinhabern kommt.

Von den Verschmelzungsvorschriften abweichende Regelungen werden in den §§ 126ff. UmwG getroffen. Daneben enthalten die §§ 138ff. UmwG Vorschriften für die Spaltungen unter der Beteiligung verschiedener Rechtsträger. Da die Verweisung in § 125 UmwG auch die Besonderen Vorschriften des Zweiten Buches erfasst (§§ 39–122 UmwG), beschränken sich die §§ 138ff. UmwG auf hiervon abweichende Regelungen.

826 An die Stelle des Verschmelzungsvertrages tritt bei der Spaltung zur Aufnahme der notariell zu beurkundende Spaltungs- und Übernahmevertrag (§ 126 UmwG), bei der Spaltung zur Neugründung der Spaltungsplan (§ 136 UmwG). Der Spaltungs- und Übernahmevertrag (§ 126 Abs. 1 Nr. 9 UmwG) und der Spaltungsplan (vgl. § 136 Satz 2 UmwG) müssen eine genaue Bezeichnung und Aufteilung der Aktiva und Passiva, die an jeden der übernehmenden oder neuen Rechtsträger übertragen werden, und eine Zuordnung der übergehenden Betriebe oder Betriebsteile enthalten. Anderenfalls besteht die Gefahr, dass die Übertragung der Vermögensgegenstände nicht dem sachenrechtlichen Bestimmtheitsgrundsatz genügt und die Übereignung daher unwirksam ist.

Ist bei der Aufspaltung ein aktiver Vermögensgegenstand keinem der übernehmenden Rechtsträger zugeordnet worden, wird dieser Mangel durch verhältnismäßige Zuordnung zugunsten der übernehmenden Rechtsträger oder, wenn er nicht teilbar ist, durch verhältnismäßige Aufteilung des Gegenwertes geheilt (§ 131 Abs. 3 UmwG). Für Passiva besteht eine gesamtschuldnerische Haftung der an der Spaltung beteiligten Rechtsträger (§ 133 Abs. 1 Satz 1 UmwG).

827 Bei der Aufspaltung und der Abspaltung müssen der Spaltungs- und Übernahmevertrag bzw. bei einer Spaltung zur Neugründung

der Spaltungsplan auch Angaben darüber enthalten, wie die Anteile der übernehmenden oder neuen Rechtsträger auf die Anteilsinhaber des übertragenden Rechtsträgers aufgeteilt werden; der Maßstab für die Aufteilung ist anzugeben (vgl. §§ 126 Abs. 1 Nr. 10, 136 Satz 2 UmwG). Zum Schutz der Anteilsinhaber bei nicht verhältniswahrenden Spaltungen sieht § 128 UmwG die Zustimmung aller Anteilsinhaber des übertragenden Rechtsträgers zum Spaltungs- und Übernahmevertrag bzw. zum Spaltungsplan vor (siehe § 136 Satz 2 UmwG).

Die Vertretungsorgane der an der Spaltung beteiligten Rechtsträger haben einen Spaltungsbericht zu erstatten, der die gleiche Funktion wie der Verschmelzungsbericht gemäß § 8 UmwG hat (§ 127 UmwG) (vgl. oben Rn. 815).

IV. Die Ausgliederung aus dem Vermögen eines Einzelkaufmannes

In § 152 UmwG sind die Möglichkeiten ausgewiesen, die im 828
Hinblick auf die Ausgliederung aus dem Vermögen eines Einzelkaufmanns bestehen. Neben der Übertragung seines Geschäftsvermögens im Wege der Ausgliederung zur Aufnahme auf bereits bestehende Kapitalgesellschaften, an denen er dann eine seiner Sacheinlage entsprechende Beteiligung erwirbt, hat der Kaufmann auch die Möglichkeit, in eine Personenhandelsgesellschaft oder Genossenschaft einzutreten. Da es sich hierbei um Fälle der Sonderrechtsnachfolge handelt, wird hierdurch die sogenannte Einbringung erleichtert, denn der Einzelkaufmann kann seine Einlage in einem Akt in die Gesellschaft überführen. Die Ausgliederung zur Neugründung bleibt auf die bisher schon möglichen Fälle der Errichtung einer Kapitalgesellschaft beschränkt, denn die Gründung einer Einmann-Personenhandelsgesellschaft oder einer Einmann-Genossenschaft ist begrifflich nicht möglich.

In der Praxis besteht ein großes Interesse daran, das Unternehmen eines Einzelkaufmanns in eine GmbH umwandeln zu können.

Der Vorteil gegenüber der Gründung einer normalen Einmann-GmbH durch den Inhaber eines einzelkaufmännischen Unternehmens besteht darin, dass die Vermögensgegenstände nicht einzeln auf die GmbH übertragen werden müssen.

§ 57. Die Vermögensübertragung

829 Schließlich bietet das neue Umwandlungsrecht auch die Möglichkeit der Vermögensübertragung (§§ 174 ff. UmwG). Die Vermögensübertragung ist ein Sondertatbestand der Übertragung von Kapitalgesellschaften auf den Bund, ein Land, eine Gebietskörperschaft oder einen Zusammenschluss von Gebietskörperschaften (§ 175 Nr. 1 UmwG) sowie zwischen Versicherungsunternehmen verschiedener Rechtsformen (§ 175 Nr. 2 UmwG). Die Vermögensübertragung entspricht als Vollübertragung der Verschmelzung und als Teilübertragung der Spaltung, so dass die diesbezüglichen Vorschriften grundsätzlich entsprechend anzuwenden sind (§§ 176 Abs. 1, 177 Abs. 2 UmwG). Der Hauptunterschied besteht darin, dass als Gegenleistung keine Anteile gewährt werden (vgl. § 174 UmwG), die es auf Grund der Struktur der meisten in Betracht kommenden übernehmenden Rechtsträger nicht gibt, sondern dass den Anteilsinhabern der übertragenden Rechtsträger andere Gegenleistungen zu gewähren sind, also Geld oder andere geldwerte Güter.

§ 58. Die steuerlichen Aspekte der Umwandlung

830 Der Übergang von einer Unternehmensform zur anderen kann u. a. steuerliche Probleme aufwerfen, wenn es dabei zur Aufdeckung und damit Versteuerung stiller Reserven kommt. Um die Umwandlung von Gesellschaftsformen zu erleichtern, sind im Umwandlungssteuergesetz steuerrechtliche Erleichterungen geschaffen worden, deren Besonderheit es ist, etwaige dem Wechsel der Unternehmensform entgegenstehende steuerliche Hindernisse durch begünstigende Abweichungen von den Normalregeln der Steuergesetze aus dem Weg zu räumen, um die volkswirtschaftlich erwünschte Wahl der sachgemäßen Unternehmensform zu ermöglichen.

Durch das Umwandlungssteuergesetz (vgl. BGBl. I 1994 S. 3267) wird eine Rechtsvereinheitlichung und erhöhte Rechtssicherheit erreicht, da das bisherige Umwandlungssteuerrecht nicht nur durch das „Gesetz über steuerliche Maßnahmen bei Änderung der Unternehmensform", sondern daneben auch in zahlreichen Verwaltungsrichtlinien geregelt war. Durch das Umwandlungssteuergesetz sollen für Umwandlungen, die nach den Vorschriften des

Umwandlungsgesetzes durchgeführt wurden, steuerrechtliche Hemmnisse insofern beseitigt werden, als grundsätzlich auf die Besteuerung stiller Reserven verzichtet wird, sofern das von der Umwandlung betroffene Unternehmensvermögen als Steuersubstrat erhalten bleibt.

14. Kapitel. Verbundene Unternehmen

§ 59. Probleme und Bedeutung der verbundenen Unternehmen

I. Einleitung

831 Durch das Gesellschaftsrecht wird der Zusammenschluss mehrerer Personen zu einer bestimmten Organisation geregelt. Neben natürlichen Personen können sich auch juristische Personen zu einer bestimmten Organisation zusammenschließen. So können z.B. mehrere Gesellschaften mit beschränkter Haftung eine neue GmbH gründen. Die Vorteile, die natürliche Personen zu einer Beteiligung an einer Gesellschaft bewegen, gelten auch für juristische Personen.

Das Wirtschaftsleben in der Bundesrepublik Deutschland ist u.a. dadurch geprägt, dass nicht nur natürliche Personen, sondern auch viele Gesellschaften untereinander gesellschaftsrechtliche Verbindungen eingegangen sind.

832 Verflechtungen von Unternehmen führen in der Regel zu Bindungen, aus denen Einfluss- und Abhängigkeitsverhältnisse zwischen den Unternehmen erwachsen, die die Entscheidungsfreiheit der verflochtenen Unternehmensführung beeinflussen. Hierdurch entstehen zahlreiche kartellrechtliche Probleme sowie Gläubigerschutz- und Aktionärsschutzprobleme.

Beispiel: Die Vogelsang Heizöl AG erwirbt an einer konkurrierenden GmbH 60% der Geschäftsanteile und benutzt anschließend ihren Einfluss dazu, dass die GmbH ihre Geschäftstätigkeit in den ehemaligen Konkurrenzgebieten einstellt.

In einem solchen Fall kann die Wettbewerbsordnung durch den Wegfall eines unabhängig handelnden Konkurrenten der AG beeinträchtigt sein. Der Zusammenschluss der beiden Gesellschaften unterliegt daher den Vorschriften des GWB über die Fusionskontrolle.

Auch die Interessen der Minderheitsgesellschafter der GmbH können beeinträchtigt sein: Verzichtet die GmbH auf Grund der Weisungen des Mehrheitsgesellschafters auf gewinnbringende Geschäfte, erleidet sie einen Schaden, dem nicht wie bei der herrschenden AG ein Vorteil gegenübersteht.

Auch die Gläubiger einer Gesellschaft können benachteiligt sein, wenn die abhängige Gesellschaft nicht mehr selbstständig gewinnbringende Geschäfte vornehmen kann.

II. Rechtsquellen

Das *Aktiengesetz* enthält in den §§ 15–19 sowie in den §§ 291 ff. Vorschriften über verbundene Unternehmen. Das eigentliche *Konzernrecht* ist in den §§ 291 ff. AktG geregelt. §§ 15–19 AktG enthalten Definitionen von Unternehmensverbindungen. 833

Das im Aktiengesetz enthaltene Konzernrecht findet unmittelbar allerdings nur Anwendung, wenn mindestens eines der miteinander verbundenen Unternehmen eine AG oder KGaA ist.

Ein besonderes GmbH-Konzernrecht ist nicht kodifiziert. Weil aber die GmbH in großem Umfang als Instrument der Konzernierung Verwendung findet, wird eine Regelung des GmbH-Konzernrechts als dringlich angesehen. Die Definitionen der §§ 15 bis 19 AktG werden als rechtsformneutral angesehen. Sie können deshalb auch für die GmbH Geltung beanspruchen (vgl. *Emmerich/Sonnenschein/Habersack,* § 29 I). Auch die GmbH kann demnach ein verbundenes Unternehmen i.S. des § 15 AktG sein.

Vorschriften über Konzerne enthalten auch das MBG und die Steuergesetze.

Die Verbindung von Unternehmen führt häufig zu größerer Marktmacht. Dies bringt die Gefahr mit sich, dass der Wettbewerb nicht unerheblich beeinträchtigt wird. Der Bekämpfung von Marktmacht, die durch Konzernbildungen entstehen kann, sollen die §§ 19 und 35 ff. GWB dienen, die die Fusionskontrolle regeln und dem Bundeskartellamt die Möglichkeit geben, Zusammenschlüsse, die zu marktbeherrschenden Stellungen führen oder eine marktbeherrschende Stellung verstärken, zu untersagen. Das GWB dient dem Zweck, auf allen Märkten Wettbewerb zu erhalten und Beeinträchtigungen des Wettbewerbs zu verhindern. Es wird damit auch das Ziel angestrebt, möglichst viele Unternehmen auf jedem Markt zu erhalten. Der Schutz vor übermäßiger Konzentration soll vermeiden, dass Produktion und Verkauf von Waren nur auf wenige Unternehmen, die den Markt beherrschen würden, beschränkt bleiben. 834

Sinn und Zweck der im Aktiengesetz enthaltenen konzernrechtlichen Regelungen ist es, die „Unternehmensverbindungen rechtlich zu erfassen, sie durch Publizitätsvorschriften durchsichtig zu machen und Schutzvorschriften für die außenstehenden Aktionäre und die Gläubiger der verbundenen Unternehmen zu treffen" (Deutscher Bundestag, Drucksache 4/171, S. 94 f.).

§ 60. Die verschiedenen Verbundformen von Unternehmen

Literatur: *Emmerich*, Der heutige Stand der Lehre vom GmbH-Konzernrecht, AG 1987, 1 ff.; *Emmerich/Habersack*, Konzernrecht, 8. Aufl. 2005; *Leßmann/Wied*, Die abhängige Gesellschaft im Personengesellschaftskonzern – Ein Überblick über Lösungsansätze und Rechtsfolgen, JuS 2000, 959 ff.; *Lutter*, 100 Bände BGHZ: Konzernrecht, ZHR 151 (1987), 444 ff.; *K. Schmidt*, Gleichordnung im Konzern: terra incognita?, ZHR 155 (1991), 417 ff.; *Werner*, Die Grundbegriffe der Unternehmensverbindungen des Konzerngesellschaftsrechts, JuS 1977, 141 ff.; *Zöllner*, Zum Unternehmensbegriff der §§ 15 ff. AktG, ZGR 1976, 1 ff.

I. Überblick

835 Das Aktiengesetz definiert in § 15, was unter verbundenen Unternehmen zu verstehen ist.

Danach sind *verbundene Unternehmen rechtlich selbstständige Unternehmen*, die im Verhältnis zueinander

- in Mehrheitsbesitz stehende Unternehmen und mit Mehrheit beteiligte Unternehmen (§ 16 AktG),
- abhängige und herrschende Unternehmen (§ 17 AktG),
- Konzernunternehmen (§ 18 AktG),
- wechselseitig beteiligte Unternehmen (§ 19 AktG)
- oder Vertragsteile eines Unternehmensvertrages (§§ 291, 292 AktG)

sind.

836 Die in § 15 AktG enthaltene Aufzählung ist die zusammenfassende Bezeichnung für alle Unternehmensverbindungen, für die eine Reihe von gesetzlichen Vorschriften gemeinsam gelten soll. Zu den wichtigsten Vorschriften, die auf alle verbundenen Unternehmen angewandt werden müssen, zählen z. B.

- § 90 AktG: Der Vorstand hat bei gegebenem Anlass dem Aufsichtsrat auch über verbundene Unternehmen zu berichten.
- § 131 Abs. 1 Satz 2 AktG: Die Aktionäre haben das Recht, über die rechtlichen und geschäftlichen Beziehungen der Gesellschaft zu einem verbundenen Unternehmen Auskunft zu verlangen.

II. Der Begriff des Unternehmens in §§ 15ff. AktG

Die Vorschriften der §§ 15ff. AktG über verbundene Unternehmen finden unmittelbar nur Anwendung, wenn eine Aktiengesellschaft an der Verbindung beteiligt ist und dieser in der Verbindung ein rechtlich selbstständiges *Unternehmen* gegenübersteht. Nur Unternehmen können einen Konzern bilden, voneinander abhängig oder wechselseitig beteiligt sein. Auch die meisten Unternehmensverträge i.S. der §§ 291ff. AktG können nur zwischen Unternehmen abgeschlossen werden. **837**

Beispiel: Treffen auf den Großaktionär die Merkmale des Unternehmens i.S. von §§ 15ff. AktG nicht zu, so sind die gesetzlichen Vorschriften des Aktiengesetzes (Konzernrecht), die vor Machtmissbräuchen eines Großaktionärs schützen sollen, nicht anwendbar.

Das Aktiengesetz enthält für das Konzernrecht keine Definition des Unternehmens. Von einer genaueren Umschreibung des Begriffs Unternehmen hat der Gesetzgeber wegen der großen praktischen Schwierigkeiten bewusst abgesehen (*BGHZ* 69, 334, 335). Auch in anderen Gesetzen findet sich kein einheitlicher Unternehmensbegriff. Dieser Begriff hat nicht nur je nach dem Rechtsgebiet, in dem er verwendet wird, einen unterschiedlichen Inhalt, auch im Aktienrecht selbst gab es eine nach Art und Zweck der einzelnen Vorschriften differenzierende Auslegung (*BGHZ* 69, 334, 336). Es nimmt deshalb nicht wunder, dass ein lebhafter Meinungsstreit zu der Frage geführt wird, was denn als Unternehmen i.S. der §§ 15ff. AktG zu verstehen sei. (Zum Meinungsstand: *Emmerich/Habersack*, § 2). **838**

Von großem praktischen Interesse ist die Beantwortung der Frage, ob ein einzelner Gesellschafter mit einer mehrheitlichen oder herrschenden Beteiligung an einer oder mehreren Gesellschaften selbst als Unternehmen i.S. der §§ 15ff. AktG zu qualifizieren ist. Der *BGH* (vgl. *BGHZ* 115, 187ff. und 122, 123ff.) hat dies im Hinblick auf GmbH-Gesellschafter grundsätzlich bejaht. In den Fällen *BGHZ* 115, 187ff. und 122, 123ff. waren die betroffenen Gesellschafter jedoch auch noch jeweils als Einzelkaufleute unternehmerisch tätig. Der *BGH* (*BGHZ* 69, 334 = „Veba/Gelsenberg") musste sich 1977 zum Erstenmal dieser Problematik annehmen. Er stellte fest, dass auch ein einzelner Gesellschafter ein Unternehmen i.S. des Rechts der verbundenen

Unternehmen sein könne. Allerdings soll allein eine noch so hohe Beteiligung an einer Gesellschaft den Gesellschafter noch nicht zum herrschenden Unternehmen stempeln; es müsse vielmehr eine „wirtschaftliche Interessenbindung außerhalb der Gesellschaft hinzukommen, um die ernste Besorgnis zu begründen, der Aktionär (also ein Gesellschafter) könnte um ihretwillen seinen Einfluss zum Nachteil der Gesellschaft geltend machen". Nur in einem solchen Fall kommt nach Ansicht des *BGH* (*BGHZ* 69, 334, 337) „der Zweck des Gesetzes zum Tragen, Minderheiten gegen die Folgen fremdbestimmter wirtschaftlicher Machtausübung zu schützen."

839 Nur wenig später stellte der *BGH* (*BGHZ* 74, 359, 365 – WAZ) fest, eine „wirtschaftliche Interessenbindung" des Gesellschafters außerhalb der Gesellschaft könne auch allein darin begründet sein, dass maßgebliche Beteiligungen an mehreren Unternehmen bestünden, die zu marktstrategischen Planungen und Entscheidungen führten. In einem weiteren Fall (*BGHZ* 95, 330, 335 – Autokran) hat der *BGH* eine Einzelperson als herrschendes Unternehmen i.S. des § 17 AktG angesehen, weil sie auf die abhängigen Unternehmen unmittelbar, d.h. über selbst gehaltene Geschäftsanteile, oder mittelbar über andere Gesellschaften oder Treuhandverträge und Generalvollmachten einen beherrschenden Einlfuß ausüben konnte. Die Einzelperson war an sieben Leasing-Gesellschaften und im Übrigen auch an anderen ähnlichen Gesellschaften beteiligt. Da die Geschäftsführung in der Hand dieser Person konzentriert war, nahm der *BGH* eine einheitliche Leitung unter ihr als herrschendem Unternehmen an, unter dem die oben genannten Gesellschaften in einem Konzern i.S. des § 18 AktG zusammengefasst waren.

In der Entscheidung *BGHZ* 122, 123, 127f. hat der *BGH* noch einmal klargestellt, dass es für die Ausgestaltung besonderer konzernrechtlicher Haftungsregeln grundsätzlich keine Rolle spielen könne, welche Rechtsform der noch in anderer Weise unternehmerisch tätige Gesellschafter habe; denn das Ausmaß der durch die Konzernierung begründeten Gefahren für die außenstehenden Gesellschafter und die Gläubiger hänge nicht davon ab, ob die Gesellschaft von einer anderen Gesellschaft oder einer natürlichen Person beherrscht werde. Nach Auffassung des *BGH* (*BGHZ* 122, 123, 127f.) besteht der „ordnungspolitische Grund" für ein besonderes Recht der verbundenen Unternehmen nicht darin, solche beherrschenden Gesellschafter gegen in beschränkt haftenden Gesellschaften ausgelagerte Risiken auszunehmen, die sonst durch eine doppelte Haftungsbeschränkung geschützt wären, sondern in der bei anderwärtiger unternehmerischer Betätigung bestehenden Gefahr einer Interessenkollision.

Die Rechtsprechung des *BGH,* insbesondere die Autokran-Entscheidung (*BGHZ* 95, 330, 335) ist in der Literatur auf heftige Kritik gestoßen (vgl. insbesondere *K. Schmidt,* ZHR 155 [1991], 417, 432f. mit Nachw.). 840

Man kann die herrschende Meinung in etwa wie folgt zusammenfassen: Abgestellt wird auf diejenigen Konflikte, die sich daraus ergeben können, dass die eine AG oder GmbH beherrschende Einzelperson zugleich außerhalb der Gesellschaft unternehmerisch engagiert ist. Dazu ist es nicht erforderlich, dass diese Einzelperson selbst ein Gewerbe betreibt; es genügt, dass sie zugleich an einer anderen Handelsgesellschaft maßgeblich beteiligt ist. Nach der Rechtsprechung des *BGH* ist Konzernrecht anzuwenden, „wenn einer der Gesellschafter noch anderweitig Unternehmensinteressen verfolgt und innerhalb der Gesellschaft die Einwirkungsmöglichkeiten besitzt, um deren Geschäftstätigkeit an seinen anderen unternehmerischen Interessen auszurichten" (so *BGHZ* 95, 330, 335, bestätigt durch *BGHZ* 115, 187, 189 und *BGHZ* 122, 123ff.; vgl. dazu *Kübler/Assmann,* § 29 II). *Emmerich/Habersack,* § 2 II 1 stellen darauf ab, ob der beherrschende Gesellschafter außerhalb der Gesellschaft noch an einer weiteren Gesellschaft in der Weise beteiligt ist, die die Gefahr heraufbeschwört, dass es für ihn interessant sein könnte, die eine Gesellschaft zugunsten der anderen zu benachteiligen; denn genau das sei der Interessenkonflikt, dem das Konzernrecht u. a. begegnen solle, so dass hier das Konzernrecht eingreifen müsse, und zwar über die Bejahung der Unternehmerqualität des betreffenden Gesellschafters.

Man kann auch sagen: Unternehmensqualität besitzt jeder Gesellschafter, der nicht nur in der Gesellschaft, sondern auch außerhalb der Gesellschaft unternehmerische Interessen verfolgt.

Aus der Definition des Unternehmensbegriffs ergibt sich auch, 841
dass die Rechtsform, in der das Unternehmen betrieben wird, unerheblich ist. Unter den Unternehmensbegriff der §§ 15ff. AktG können deshalb fallen:

- Kapitalgesellschaften (AG, GmbH),
- Personengesellschaften,
- Einzelkaufleute.

Schon seit einiger Zeit ist die Existenz von Personengesellschaftskonzernen anerkannt. Als verbundenes Unternehmen kann die Personengesellschaft sowohl in der Rolle des herrschenden als auch in der Rolle des beherrschten Unternehmens auftreten (vgl. zur Problematik *Leßmann/Wied,* JuS 2000, 959ff.).

Auch eine *Holding-Gesellschaft* – eine Gesellschaft, die selbst keinen Geschäftsbetrieb unterhält, sondern deren Hauptzweck darauf gerichtet ist, die Anteile eines oder mehrerer Gesellschafter an anderen Gesellschaften zu verwalten – ist ohne Rücksicht auf die Rechtsform, in der sie betrieben wird, ein Unternehmen i.S. der §§ 15ff. AktG, wenn sie an mehreren anderen Gesellschaften maßgeblich beteiligt ist (vgl. dazu *Emmerich/Habersack*, § 2 II 3).

842 Umstritten war, ob der *Staat* (Bund, Länder und Gemeinden), der sich an privaten Kapitalgesellschaften beteiligt, als Unternehmer dem Konzernrecht unterworfen ist. Die früher herrschende Meinung hat eine Bindung des Staates an das Konzernrecht mit der Begründung verneint, der Staat diene mit der Beteiligung an Kapitalgesellschaften der Erfüllung öffentlicher Zwecke (vgl. *Werner*, JuS 1977 141, 143).

Die herrschende Meinung (vgl. *Emmerich/Habersack*, § 2 III 2 und 3 mit Nachw.) *verneint* einen Vorrang des öffentlichen Rechts vor dem Privatrecht; dem Staat sei es nicht gestattet, sich bei der Verfolgung öffentlicher Interessen über die allgemeine Rechtsordnung hinwegzusetzen. Es trifft nach dieser Meinung auch nicht zu, dass der Staat bei der Beteiligung an privatrechtlichen Unternehmen ausschließlich öffentliche Zwecke verfolgt.

843 Der *BGH* (*BGHZ* 69, 334ff.) hat die Bundesrepublik Deutschland unter gewissen Voraussetzungen als herrschendes Unternehmen i.S. der §§ 17, 320 AktG angesehen und dies u.a. damit begründet, dass die spezifische Aufgabenstellung einer solchen juristischen Person durchaus mit dem wirtschaftlichen Interesse der Privataktionäre am Gedeihen der Gesellschaft typischerweise kollidieren kann.

Nach § 15 AktG zählen zu den verbundenen Unternehmen nur *rechtlich selbstständige Unternehmen.* Dem Konzernrecht unterliegen deshalb nur Unternehmen, die trotz einer – mehr oder weniger weitgehenden – Aufgabe der wirtschaftlichen Selbstständigkeit ihre rechtliche Selbstständigkeit bewahrt haben.

Beispiel: Ist eine AG zu 100% an einer GmbH beteiligt, so bleibt die GmbH rechtlich selbstständig. Macht die AG unter ihrem Namen neue Filialbetriebe auf, so sind diese nur Teile des Hauptunternehmens und rechtlich nicht selbstständig.

III. In Mehrheitsbesitz stehende Unternehmen und mit Mehrheit beteiligte Unternehmen (§ 16 AktG)

1. Der Begriff

Verbundene Unternehmen liegen vor, wenn ein Unternehmen den Mehrheitsbesitz an einem anderen Unternehmen hat und eines dieser Unternehmen eine AG oder KGaA ist (§ 16 Abs. 1 AktG). Die Mehrheit kann eine Mehrheit der Anteile, aber auch eine Mehrheit der Stimmrechte sein. In der Regel dürfte beides zusammenfallen. Die Einzelheiten der Berechnung enthält § 16 AktG. 844

Unter *Anteilen* i.S. des § 16 Abs. 1 AktG sind alle in den verschiedenen Rechtsformen verwandten Bezeichnungen für die Beteiligungen der Gesellschafter am Kapital, wie z.B. Geschäftsanteil, Kapitalanteil und Anteil am Gesellschaftsvermögen, zu verstehen. *Stimmrecht* i.S. des § 16 Abs. 1 bedeutet die Stimmen, die die Gesellschafter des Unternehmens bei Beschlussfassungen, wie z.B. in der Hauptversammlung oder in der Gesellschafterversammlung, haben. Ob die Stimmen auf Gesetz, Satzung oder Gesellschaftsvertrag basieren, ist unerheblich.

Beispiel: Die Norddeutsche Bau AG ist zu 51% an der Ostsee-Ferienhaus AG beteiligt. Die Ostsee-Ferienhaus AG ist gemäß § 16 AktG ein in Mehrheitsbesitz stehendes Unternehmen, die Norddeutsche Bau AG ein an diesem mit Mehrheit beteiligtes Unternehmen. Es handelt sich folglich um verbundene Unternehmen.

Beispiel: Die Bayerische Chemie Werke AG ist an der Pharma Dortmund AG mit 33%, die Hermann Keil Arzneimittel AG, ein Tochterunternehmen der Bayerischen Chemie Werke AG (abhängiges Unternehmen), mit 20% beteiligt. Nach § 16 Abs. 4 AktG – einer Zurechnungsvorschrift, die Umgehungen des Gesetzes verhindern soll – werden die Anteile der Bayerischen Chemie Werke AG und der von dieser abhängigen Hermann Keil Arzneimittel AG zusammengerechnet (53%). Demnach ist die Pharma Dortmund AG ein in Mehrheitsbesitz der Bayerischen Chemie Werke AG stehendes Unternehmen. Diese beiden sind verbundene Unternehmen.

Gemäß § 17 Abs. 2 AktG wird *vermutet,* dass ein in Mehrheitsbesitz stehendes Unternehmen von dem mit Mehrheit beteiligten Unternehmen abhängig ist. Diese Vermutung ist widerlegbar. Dies hat durch den Nachweis zu erfolgen, dass das mehrheitsbeteiligte Unternehmen nicht in der Lage ist, das in seinem Mehrheitsbesitz stehende Unternehmen auf Grund der Beteili- 845 gung zu beherrschen. Bis zur Widerlegung der Vermutung sind auf die in Mehrheitsbesitz befindlichen Unternehmen alle konzernrechtlichen Vorschriften anwendbar, die sich auf herrschende und abhängige Unternehmen beziehen.

2. Die Rechtsfolgen

846 An die Mehrheitsbeteiligungen i.S. des § 16 AktG sind eine Reihe von Rechtsfolgen geknüpft, zu denen u.a. gehören:
- Mitteilungspflichten und die Folgen aus ihrer Verletzung (§ 20 Abs. 4 und 5 AktG);
- kein Zeichnungsrecht bei Kapitalerhöhungen (§ 56 Abs. 2 AktG);
- kein Stimmrecht des beherrschten Unternehmens in der Gesellschafterversammlung des herrschenden Unternehmens und das Verbot, weitere Anteile an dem herrschenden Unternehmen zu erwerben (§ 71 Abs. 2, § 71 d und § 71 b AktG);
- Abfindung (§ 160 Nr. 1, 8 AktG);
- § 305 Abs. 2 Nr. 2 AktG (Gestaltung des Anhangs zum Jahresabschluss).

Aus dem HGB finden Anwendung:
- §§ 266 Abs. 3, 271, 290 Abs. 1 (Ausweisungspflicht in der Bilanz).

IV. Abhängige und herrschende Unternehmen (§ 17 AktG)

1. Der Begriff

847 Ein Unternehmen wird als *herrschend* bezeichnet und ein anderes als *abhängig,* wenn das eine Unternehmen auf das andere unmittelbar oder mittelbar einen beherrschenden Einfluss ausüben kann.

Infolge der Möglichkeit der entscheidenden Beeinflussung der Abstimmung in der Hauptversammlung wird gemäß § 17 Abs. 2 AktG vermutet, dass ein in Mehrheitsbesitz befindliches Unternehmen von dem an ihm mit Mehrheit beteiligten rechtlich selbstständigen Unternehmen abhängig ist.

848 Es gibt eine Reihe von Kriterien der Abhängigkeit – bzw. des beherrschenden Einflusses –, die jedes für sich allein oder in Verbindung mit anderen den Tatbestand der Abhängigkeit i.S. des § 17 Abs. 1 AktG erfüllen. Als solche kommen in Betracht:

- organisatorische und rechtliche Mittel, die geeignet sind, bestimmenden Einfluss auf die Unternehmenspolitik, Geschäfts- und Personalpolitik auszuüben;
- Minderheitsbeteiligungen i.V.m. Satzungsbestimmungen bzw. Regelungen in einem Gesellschaftsvertrag, wie z.B. die Gewährung von mehrfachen Stimmrechten in dem Gesellschaftsvertrag einer Personenhandelsgesellschaft, die für ein beteiligtes Unternehmen trotz einer Minderheitsbeteiligung eine *Stimmenmehrheit* sichert;
- die Einflussnahme über Kontroll- und Einsichtsrechte von stillen Gesellschaftern und Kreditgebern, allerdings in der Regel nur dann, wenn sie die Unternehmenspolitik oder die Geschäftsführung im ganzen betreffen.

Der beherrschende Einfluss eines Unternehmens kann auch 849 durch einen Vertrag zwischen herrschendem und beherrschtem Unternehmen hergestellt werden. Das geschieht in der Regel durch einen sogenannten *Beherrschungsvertrag* i.S. des § 291 AktG, durch den eine AG oder KGaA die Leitung ihrer Gesellschaft einem anderen Unternehmen unterstellt. Aufgrund dieses Vertrages ist das herrschende Unternehmen berechtigt, dem Vorstand der anderen Gesellschaft Weisungen im Hinblick auf die Leitung der Gesellschaft zu erteilen (§ 308 AktG).

2. Schaffung einer Abhängigkeit auch durch „außergesellschaftsrechtliche Einflüsse"?

Von großer praktischer Bedeutung ist inzwischen die Beant- 850 wortung der Frage geworden, ob eine Abhängigkeit im Sinne des § 17 AktG durch eine Verbindung von gesellschaftsrechtlich begründetem Einfluss in Verbindung mit „außergesellschaftsrechtlichen Einflüssen" geschaffen werden kann.

Der *BGH* (vgl. *BGHZ* 90, 381, 395 – BuM) vertritt die Auffassung, eine Abhängigkeit im Sinne des § 17 AktG müsse in erster Linie gesellschaftsrechtlich bedingt oder zumindest vermittelt sein. Denn nicht nur die vom Leitbild der Mehrheitsbeteiligung ausgehende Abhängigkeitsvermutung des § 17 Abs. 2 AktG, sondern z.B. auch die §§ 20 bis 22 AktG (Mitteilungspflichten) oder die für den Konzernbegriff grundlegende Bestimmung des § 18 AktG stellten auf Tatbestände ab, die typischerweise aktien- oder jedenfalls gesellschaftsrechtlich geprägt seien. Schon deshalb liegt es nach Meinung des *BGH* (*BGHZ* 90, 381, 395) nahe, die Begriffsbestimmung des § 17 Abs. 1 AktG auf gesellschaftsrechtlich bedingte oder zumindest vermittelte Einwirkungsmöglichkeiten zu begrenzen.

851 Allerdings hatte der *BGH* (*BGHZ* 62, 193, 199) in Anlehnung an die Gesetzesbegründung zu § 1 AktG zuvor schon die Auffassung vertreten, nicht nur vertragliche oder organisatorische Bindungen, sondern auch rechtliche oder tatsächliche Umstände sonstiger Art könnten die Grundlage für einen beherrschenden Einfluss im Sinne dieser Vorschrift sein. Zu diesen Möglichkeiten zählte der *BGH* (*BGHZ* 62, 193, 199) z.B. den Fall, dass eine Gruppe von Gesellschaften mit gleicher personeller Zusammensetzung mehr als die Hälfte der Anteile eines anderen Unternehmens innehat. In einem anderen Fall hat der *BGH* (*BGHZ* 69, 334, 347) festgestellt, auch eine unter 50% liegende Beteiligung könne unter verlässlichen Umständen rechtlicher oder tatsächlicher Art einen beherrschenden Einfluss im Sinne von § 17 Abs. 1 AktG begründen. Auf diese Entscheidungen Bezug nehmend hat der *BGH* (*BGHZ* 90, 381, 395f.) klargestellt, in den genannten Fällen handele es sich um solche Umstände, die in der Verbindung mit der Ausübung von Beteiligungsrechten von Bedeutung gewesen seien und deren Gewicht verstärkt hätten; damit habe der *BGH* nicht den Standpunkt vertreten, die Definition des § 17 AktG erfasse auch rein wirtschaftliche, gesellschaftsrechtlich nicht abgesicherte Abhängigkeiten, die allein durch externe Austauschbeziehungen, wie etwa durch Liefer-, Lizenz- oder Kreditverträge, begründet sind und einem Partner einen durch die Marktlage bedingten Einfluss auf das geschäftliche Verhalten der Gesellschaft sichern. Mit Hinweis auf Sinn und Zweck der aktienrechtlichen Vorschriften betont der *BGH* (*BGHZ* 90, 381, 395f.), die Einbeziehung solcher nichtgesellschaftlicher Einflüsse in die aktienrechtlichen Vorschriften über verbundene Unternehmen würde bei der Vielzahl und Vielfalt möglicher wirtschaftlicher Abhängigkeiten tief und in einem kaum mehr überschaubaren Ausmaß in das Marktgeschehen eingreifen und damit weit über das Ziel dieser Vorschriften hinausschießen.

852 Allerdings weist der *BGH* (*BGHZ* 90, 381, 397) ausdrücklich darauf hin, damit sei nicht die Möglichkeit ausgeschlossen, dass „bei einem Zusammenfallen gesellschaftsinterner und außergesellschaftsrechtlicher Einflüsse in einer Hand ein Abhängigkeitsverhältnis im Sinne von § 17 AktG anzunehmen" sei und die sich daraus ergebenden aktienrechtlichen Folgerungen gezogen werden müssten. So könne sich z.B. ein ohnehin schon bestehender gesellschaftsinterner Einfluss durch das Hinzutreten außergesellschaftsrechtlicher Druckmittel zu einem beherrschenden Einfluss verstärken.

In dem vom *BGH* (*BGHZ* 90, 381) 1984 konkret entschiedenen Fall (BuM) hatte die Beklagte, die Hausbank des in Konkurs gefallenen Unternehmens (BuM), einen Aktienbesitz gehalten, der nicht einmal 25% erreicht hatte; die Beklagte hatte als Hausbank eine bedeutende Gläubigerrolle und war mit einem Vorstandsmitglied im Aufsichtsrat von BuM vertreten. Gleichwohl ist der *BGH* zu dem Ergebnis gelangt, der nicht einmal 25% erreichende, geschweige denn einer Mehrheitsbeteiligung nahekommende Aktienbesitz der Beklagten und der Sitz ihres Vorstandsmitgliedes im Aufsichtsrat von BuM hätten auch in Verbindung mit ihrer wirtschaftlich gewiss bedeutsamen Gläubigerrolle keine ausreichende Grundlage für eine gesellschaftsrechtlich abgesicherte, umfassende und beständige Einflussmöglichkeit auf die Unternehmensleitung und -politik von BuM von solcher Stärke gebildet, wie § 17 AktG dies verlange. Allerdings hat der *BGH* bei dieser Entscheidung auch berücksichtigt, dass die BuM in einem anderen Unternehmen eine mit 44% beteiligte Großaktionärin hatte, angesichts derer eine gleichzeitige und dauerhafte Abhängigkeit der BuM von der Beklagten, der Hausbank, schwer vorstellbar gewesen sei.

Der *BGH* (*BGHZ* 121, 137, 145) hat diese Linie später bestätigt **853** und lapidar festgestellt, der beherrschende Einfluss i.S. von § 17 AktG müsse „gesellschaftsrechtlich bedingt oder vermittelt sein"; nichtgesellschaftsrechtliche Einflüsse könnten allenfalls in Verbindung mit der Ausübung von Beteiligungsrechten, nicht jedoch losgelöst von diesen, also allein einen beherrschenden Einfluss im Sinne von § 17 AktG begründen. Damit geht der *BGH* nicht über die BuM-Entscheidung (*BGHZ* 90, 381) hinaus und macht vor allem keine konkreten Ausführung zu den hier in erster Linie interessierenden Fragen, nämlich, welche außergesellschaftsrechtlichen Umstände in Verbindung mit gesellschaftsrechtlichen Bindungen unter welchen Voraussetzungen eine Abhängigkeit entstehen lassen.

Das *OLG Düsseldorf* (ZIP 1993, 1791 – Feldmühle Nobel/Stora) hat 1993 ebenfalls zu diesem Problemkreis Stellung genommen und sich dabei auf die BuM-Entscheidung des *BGH* (*BGHZ* 90, 381) bezogen. Das *OLG Düsseldorf* (ZIP 1993, 1791, 1793 f.) betont, der beherrschende Einfluss müsse auf einer ausreichend gesicherten Grundlage bestehen; nur gelegentliche oder zufällige Einflussmöglichkeiten reichten nicht aus. Zudem müssten diese Einflussmöglichkeiten gesellschaftsrechtlich bedingt oder zumindest vermittelt sein, während eine allein auf schuldrechtlicher Vertragsgrundlage begründete wirtschaftliche Abhängigkeit nicht genüge. Allerdings braucht nach Ansicht des *OLG Düsseldorf* (ZIP 1993, 1791, 1793 f.) der beherrschende Einfluss nicht vollständig gesellschaftsrechtlich abgesichert zu sein; es genüge auch, wenn die gesellschaftsrechtlich begründeten Einwirkungsmöglichkeiten erst in Verbindung mit weiteren Umständen rechtlicher oder auch nur tatsächlicher Art einen beherrschenden Einfluss begründeten. In diesem Zusammenhang können auch wirtschaftliche Abhängigkeiten Bedeutung gewinnen, die zwar allein keinen Einfluss im Sinne des § 17 AktG begründen, aber einen gesellschaftsrechtlich begründeten Einfluss verstärken können.

Auch das *OLG Düsseldorf* (ZIP 1993, 1791, 1793 f.) macht keine konkreten Ausführungen zu der Frage, welche Umstände tatsächlicher Art in Verbindung mit gesellschaftsrechtlich begründeten Einwirkungsmöglichkeiten einen beherrschenden Einfluss entstehen lassen. Es bleibt im Vergleich mit der BuM-Entscheidung des *BGH* (*BGHZ* 90, 381), was Konkretisierungen angeht, weit hinter dieser zurück.

854 In der Literatur ist die BuM-Entscheidung des *BGH* (*BGHZ* 90, 381) im Wesentlichen auf Zustimmung gestoßen. Insbesondere *Koppensteiner* (FS Stimpel, 1985, S. 811 ff. mit Nachweisen) hat sich eingehend mit der Auslegung des § 17 AktG befasst und dabei betont, es spreche mehr dafür, die wirtschaftliche Herrschaftsmöglichkeit aus dem Abhängigkeitstatbestand zu eliminieren als umgekehrt.

3. Die Rechtsfolgen

855 Aus dem Tatbestand der Abhängigkeit erwachsen eine Reihe von Rechtsfolgen.

Wenn die Abhängigkeit auf Beteiligungsbesitz des herrschenden Unternehmens beruht, ergeben sich bereits die oben unter Rn. 846 genannten Rechtsfolgen (z.B. §§ 20, 21 AktG).

Im Einzelnen sind dies:

- Ein Organmitglied (gesetzlicher Vertreter) eines von der AG abhängigen Unternehmens kann nicht Mitglied des Aufsichtsrats der herrschenden AG werden (§ 100 Abs. 2 Nr. 1 AktG).

856 – Durch §§ 311 ff. AktG soll versucht werden zu verhindern, dass das herrschende Unternehmen seinen Einfluss zum Nachteil des abhängigen Unternehmens missbraucht. § 311 AktG sieht deshalb vor, dass ein herrschendes Unternehmen, wenn kein Beherrschungsvertrag besteht, seinen Einfluss nicht dazu benutzen darf, eine abhängige Aktiengesellschaft oder KGaA zu einem für sie nachteiligen Rechtsgeschäft zu veranlassen oder Maßnahmen zu ihrem Nachteil zu treffen. Nach § 317 AktG ist das herrschende Unternehmen, wenn es gegen § 311 AktG verstößt, zum Ersatz des dem abhängigen Unternehmen daraus entstehenden Schadens verpflichtet, es sei denn, dass es den der abhängigen Gesellschaft entstehenden Nachteil tatsächlich ausgleicht. Es ist auch den Aktionären zum Ersatz des ihnen entstehenden Schadens verpflichtet.

- Gemäß § 136 Abs. 2 AktG kann das Stimmrecht nicht so ausgeübt werden, dass die herrschende Gesellschaft über das abhängige Unternehmen in ihre eigene Hauptversammlung hineinregiert.

Beruht die Abhängigkeit auf einem Beherrschungsvertrag i.S. des § 291 AktG, ergeben sich einschneidende Rechtsfolgen aus §§ 300ff. AktG.

V. Konzern und Konzernunternehmen (§ 18 AktG)

1. Der Begriff des Konzerns

§ 18 AktG definiert, was unter einem Konzern zu verstehen ist: 857
Danach sind im Wesentlichen zwei Arten von Konzernen zu unterscheiden: der Unterordnungskonzern (vertikaler Konzern; § 18 Abs. 1 AktG) und der Gleichordnungskonzern (horizontaler Konzern; § 18 Abs. 2 AktG).

2. Der Unterordnungskonzern

Der *Unterordnungskonzern* (§ 18 Abs. 1 AktG) setzt voraus: 858

– Unternehmen mit rechtlicher Selbstständigkeit,
– ein herrschendes Unternehmen,
– ein oder mehrere Unternehmen, die i.S. des § 17 AktG von dem herrschenden Unternehmen abhängig sind, und
– die Zusammenfassung unter der einheitlichen Leitung des herrschenden Unternehmens.

Leitung ist die unternehmerische Entscheidung über die Unternehmensführung. 859

Wegen der vielfältigen Formen, die die Wirtschaft für die Leitung eines Konzerns herausgebildet hat, hat das Aktiengesetz bewusst davon abgesehen, den Begriff der einheitlichen Leitung zu definieren. Aus der Begründung zum Regierungsentwurf zum Aktiengesetz 1965 ergibt sich allerdings, dass eine Zusammenfassung unter einheitlicher Leitung angenommen werden kann, wenn die Konzernleitung die Geschäftspolitik der Konzerngesellschaften und sonstige grundsätzliche Fragen ihrer Geschäftsführung aufeinander abstimmt. Allerdings besteht nach wie vor keine Einigkeit darüber, welche Anforderungen an das Vorliegen einer einheitlichen Leitung i.S. von § 18 AktG zu stellen sind (vgl. dazu *Emmerich/Habersack,* § 4 III 1).

Der sogenannte *engere Konzernbegriff* sieht mit seinem wirt- 860
schaftswissenschaftlichen Vorverständnis den Konzern als wirtschaftliche Einheit. Die Vertreter dieser Ansicht gehen deshalb nur

dann von einem Konzern im Sinne des § 18 AktG aus, wenn die Konzernspitze für die zentralen wirtschaftlichen Bereiche eine einheitliche Planung aufstellt und diese bei den Konzernmitgliedern ohne Rücksicht auf deren Selbständigkeit durchsetzt; zu den zentralen unternehmerischen Bereichen in diesem Sinne zählt u. a. das Finanzwesen (vgl. *Emmerich/Habersack,* § 4 III 1 mit Nachw.).

860 a Demgegenüber stimmt der *weitere Konzernbegriff,* zu dem auch die Rechtsprechung tendiert, mit dem engeren nur im Ausgangspunkt überein. Ein Konzern soll jedenfalls dann bestehen, wenn die Finanzplanung für den gesamten Konzern durch die Konzernspitze erfolgt. Für das Vorliegen eines Konzerns soll jedoch unter bestimmten Voraussetzungen auch die einheitliche Planung in anderen zentralen Unternehmensbereichen gehören, wenn die Koordinierung der Unternehmen in diesen Bereichen Rückwirkungen auf das Gesamtunternehmen hat. Zu solchen Bereichen können etwa gehören Einkauf, Verkauf, Organisation und Personalwesen (vgl. *Emmerich/Habersack,* § 4 III 1 mit Nachw.).

Die Mittel der einheitlichen Leitung spielen keine Rolle; sie sind vielfältig (vgl. *Emmerich/Habersack,* § 4 III 1 mit Nachw.).

861 Möglichkeiten für eine einheitliche Leitung im Sinne des § 18 AktG bieten u. a.:

- die Gründung eines gemeinsamen Geschäftsführungsorgans, das die Geschäftspolitik der beteiligten Unternehmen bestimmt, koordiniert und kontrolliert. Zu diesem Zwecke können die beteiligten Unternehmen eine GmbH oder Gesellschaft bürgerlichen Rechts gründen;
- die Personalunion in den Verwaltungsorganen;
- die Schaffung eines gemeinsamen Verwaltungsrates.

Da die Unterordnungskonzerne auch unter § 17 AktG fallen, finden auf sie auch alle Vorschriften, die für die abhängigen und herrschenden Unternehmen gelten, Anwendung.

3. Der Gleichordnungskonzern

862 Der Gleichordnungskonzern (§ 18 Abs. 2 AktG) ist dadurch gekennzeichnet, dass

- die zum Konzern gehörenden Unternehmen rechtlich selbstständig und voneinander unabhängig sind und
- die Konzerneigenschaft letztlich durch die einheitliche Leitung begründet wird.

Auf welche Art und Weise die *einheitliche* Leitung, die das typische Merkmal des Konzerns ist, erreicht und verwirklicht wird, ist unerheblich.

Verträge, mit denen sich gleichgeordnete Unternehmen auf die geschilderte Art und Weise eine gemeinsame (einheitliche) Leitung schaffen und sich verpflichten, sich dieser Leitung zu unterstellen, sind keine Beherrschungsverträge; sie schaffen keine Abhängigkeit (§ 291 Abs. 2 AktG).

4. Vertragskonzern und faktischer Konzern

Außer zwischen Unterordnungs- und Gleichordnungskonzernen wird noch zwischen Vertragskonzernen und faktischen Konzernen unterschieden. *Vertragskonzerne* werden nur durch den Abschluss eines Beherrschungsvertrages begründet, weil daraus ein echtes Weisungsrecht erwächst. Alle anderen Arten von Konzernen, wie sie z.B. auf Grund faktischer Leitungsmacht durch Beteiligung bestehen können, sind *faktische Konzerne.* 863

5. Die Rechtsfolgen

Auf den Konzernbegriff i.S. des § 18 AktG beziehen sich eine Reihe von gesetzlichen Vorschriften, die sowohl auf den Unterordnungs- als auch auf den Gleichordnungskonzern Anwendung finden. Zu den wichtigsten zählen: 864

- die Vorschriften über die *Rechnungslegung* im Konzern (§§ 290ff. HGB);
- die Auskunftsrechte der Sonderprüfer und Abschlussprüfer gegenüber verbundenen Konzernunternehmen (§ 145 AktG, §§ 320 Abs. 3 und 323 Abs. 1 HGB).

VI. Wechselseitig beteiligte Unternehmen (§ 19 AktG)

1. Der Begriff

Um verbundene Unternehmen in Gestalt wechselseitig beteiligter Unternehmen handelt es sich, wenn zwei inländische Kapitalgesellschaften oder bergrechtliche Gewerkschaften untereinander mit jeweils mehr als 25% beteiligt sind. Für die Berechnung der Höhe der Beteiligung ist die Zurechnungsvorschrift des § 16 Abs. 4 AktG anzuwenden (§ 19 Abs. 1 AktG). 865

Im Gegensatz zu den bisher genannten Möglichkeiten, verbundene Unternehmen zu bilden, ist § 19 AktG auf inländische Kapitalgesellschaften beschränkt.

2. Die Rechtsfolgen

866 Die wechselseitige Beteiligung zweier Kapitalgesellschaften kann durch die Massierung des Grundkapitals zu einer Gefährdung für die Gläubiger der Gesellschaft werden. Zudem kann es auch zu einer Herrschaft der Unternehmensverwaltung in der Hauptversammlung kommen, weil die Rechte aus wechselseitigen Beteiligungen durch die Unternehmensverwaltung ausgeübt werden, die dadurch die Willensbildung in der Hauptversammlung der anderen Gesellschaft erheblich, bei größerer Beteiligung sogar maßgebend, beeinflussen kann und dann keiner Kontrolle durch die Aktionäre der Gesellschaften mehr unterliegt. Um diesen Gefahren zu begegnen, sind an den Tatbestand der wechselseitigen Beteiligung i.S. des § 19 AktG eine Reihe von Rechtsfolgen geknüpft, zu denen u.a. die Angabe der wechselseitigen Beteiligung im Anhang zur Bilanz gemäß § 160 Abs. 1 Nr. 7 AktG zählt. Die Bestimmungen der §§ 20, 21 AktG, wonach ein Unternehmen, dem mehr als der 4. Teil der Aktien einer Aktiengesellschaft, der Anteile einer anderen Kapitalgesellschaft oder der Anteile einer bergrechtlichen Gewerkschaft mit Sitz im Inland gehört, dies der betroffenen Gesellschaft unverzüglich mitzuteilen hat, gilt auch für wechselseitig beteiligte Unternehmen. Nach § 328 Abs. 1 AktG können bei wechselseitig beteiligten Unternehmen die Rechte aus Anteilen, die dem einen Unternehmen an dem anderen gehören, nur für höchstens den 4. Teil aller Anteile des jeweils anderen Unternehmens ausgeübt werden, sobald dem einen Unternehmen das Bestehen der wechselseitigen Beteiligung bekannt geworden ist oder ihm das andere Unternehmen eine Mitteilung nach § 20 Abs. 3 oder § 21 Abs. 1 AktG gemacht hat. Wechselseitig beteiligte Unternehmen haben darüber hinaus nach § 328 Abs. 3 AktG einander unverzüglich die Höhe ihrer Beteiligungen und jede Änderung schriftlich mitzuteilen.

Weitere Rechtsfolgen, wie z.B. Mitteilungspflichten, die der Feststellung der wechselseitigen Beteiligung und ihrer Höhe dienen, sowie eine Reihe von Beschränkungen der Rechte ergeben sich aus §§ 20, 21 und 328 AktG.

Wird bei einer wechselseitigen Beteiligung i.S. von § 19 Abs. 1 AktG eine *einheitliche Leitung* geschaffen, entsteht ein Konzern i.S. des § 18 AktG.

VII. Vertragsteile eines Unternehmensvertrages gemäß §§ 291, 292 AktG

1. Überblick

Gemäß § 15 AktG kann eine Unternehmensverbindung auch auf einem Unternehmensvertrag i.S. der §§ 291, 292 AktG beruhen. 867

In den §§ 291, 292 AktG sind abschließend die Verträge aufgezählt, die zwischen Unternehmen, von denen jedenfalls eines eine AG oder KGaA sein muss, abgeschlossen werden können und als Unternehmensverträge eine Reihe von Rechtsfolgen hervorrufen. Zu diesen Verträgen zählen:
(1) Beherrschungsverträge (§ 291 Abs. 1 S. 1 1. Alt. AktG)
(2) Gewinnabführungsverträge (§ 291 Abs. 1 S. 1 2. Alt. AktG)
(3) Gewinngemeinschaftsverträge (§ 292 Abs. 1 Ziff. 1 AktG)
(4) Teilgewinnabführungsverträge (§ 292 Abs. 1 Ziff. 2 AktG)
(5) Betriebspacht- und Betriebsüberlassungsverträge (§ 292 Abs. 1 Ziff. 3 AktG).

2. Der Beherrschungsvertrag (§ 291 AktG)

Unterstellen eine AG oder KGaA durch einen Vertrag die Leitung ihrer Gesellschaft einem anderen Unternehmen, so handelt es sich dabei um einen Beherrschungsvertrag i.S. des § 291 Abs. 1 S. 1 1. Alt. AktG. Die durch den Vertrag verbundenen Unternehmen bilden einen *Konzern* i.S. von § 18 AktG. 868

Aufgrund des Beherrschungsvertrages erhält das herrschende Unternehmen ein *Weisungsrecht* gegenüber dem Vorstand der durch den Vertrag abhängig gewordenen Gesellschaft (§ 308 Abs. 1 AktG).

3. Der Gewinnabführungsvertrag (§ 291 AktG)

Durch einen Gewinnabführungsvertrag i.S. des § 291 Abs. 1 S. 1 2. Alt. AktG verpflichtet sich eine AG oder KGaA, ihren gesamten Gewinn an den Vertragspartner oder einen Dritten abzuführen. 869

4. Die Kombination von Beherrschungs- und Gewinnabführungsvertrag

Häufig werden ein Beherrschungs- und ein Gewinnabführungsvertrag aus steuerlichen Gründen miteinander verbunden. 870

Bekanntlich haben oft steuerliche Auswirkungen mehr Einfluss auf die zivilrechtliche Gestaltung von Konzernen als sonstige betriebswirtschaftliche Überlegungen.

Der Abschluss eines kombinierten Beherrschungs- und Gewinnabführungsvertrages führt zu einer *finanziellen, wirtschaftlichen und organisatorischen Integration*, die man als *Organschaft* bezeichnet.

5. Der Gewinngemeinschaftsvertrag (§ 292 AktG)

871 Dieser Vertrag hat die gesamte oder teilweise Poolung von Gewinnen der Unternehmen und die Aufteilung der Gewinne zum Gegenstand. Der Abschluss eines solchen Vertrages führt zur Entstehung einer Gesellschaft bürgerlichen Rechts i.S. von § 705 BGB (*Werner*, JuS 1977, 141, 149).

Sinn und Zweck solcher Verträge bestehen in der Regel darin, das Risiko unternehmerischer Tätigkeit zu vermindern. Das kann dazu führen, dass ein Unternehmen, das Vertragspartner eines oben geschilderten Vertrages ist, auch in einem Fall, in dem es selbst Verluste hinnehmen muss, dennoch an einem Gewinn teilhaben kann, den das andere Unternehmen erwirtschaftet hat.

6. Der Betriebspacht- und der Betriebsüberlassungsvertrag (§ 292 AktG)

872 a) Durch *Betriebspachtvertrag* überlässt sich eine AG oder KGaA einem Pächter zu Besitz und Nutzung, so dass dieser gegen Zahlung eines Pachtzinses den Betrieb im eigenem Namen und für eigene Rechnung betreibt (vgl. *Würdinger*, § 68 III 1). Ein solcher Vertrag liegt nur dann vor, wenn das *gesamte Unternehmen* verpachtet wird, ohne dass die verpachtete AG oder KGaA selbst noch geschäftlich tätig ist.

Auf den Pachtvertrag finden die §§ 581ff. BGB Anwendung, sofern die Vereinbarungen davon nicht abweichen oder diese ergänzen.

In der Regel sind die Partner des Pachtvertrages *konzernverbunden.* Deshalb kann häufig zwischen den als Steuersubjekten selbstständigen Partnern durch eine steuermindernde Festsetzung des Pachtzinses für den einen und eine steuererhöhende Festsetzung des Pachtzinses für den anderen Vertragspartner eine im Endergebnis steuersenkende Gewinnverschiebung erreicht werden.

b) Der *Betriebsüberlassungsvertrag* unterscheidet sich von dem Betriebspachtvertrag dadurch, dass die AG oder KGaA ihren Betrieb mit den erwirtschafteten Gewinnen dem Vertragspartner überlässt, im Innenverhältnis der Übernehmer das Unternehmen selbst und für eigene Rechnung betreibt, nach außen aber im Namen der ihr das Unternehmen überlassenden Gesellschaft auftritt (sog. Innenpacht). 873

Der Überlassungsvertrag kann auch so gestaltet sein, dass eine AG ihr Unternehmen nicht selbst betreibt, sondern damit für ihre Rechnung ein anderes Unternehmen beauftragt, das nach außen im eigenen Namen oder im Namen der Überlassenden handelt.

Beispiel: Ein privates in der Rechtsform einer AG betriebenes Omnibus-Unternehmen überlässt die Führung seines Betriebes dem Verkehrsunternehmen einer Großstadt.

7. Die Besonderheiten von Unternehmensverträgen

Unternehmensverträge haben in der Praxis eine große Bedeutung. Sie bergen allerdings für die daran beteiligten Unternehmen sowie für die Gesellschafter und Gläubiger dieser Unternehmen eine große Anzahl von Gefahren. Deshalb sieht das Aktiengesetz eine Reihe von Vorschriften vor, die vor diesen Gefahren schützen sollen. 874

Hierzu gehören u. a.:

- Um wirksam zu sein, bedürfen die Unternehmensverträge bei der beteiligten AG oder KGaA eines zustimmenden Beschlusses der Hauptversammlung mit mindestens einer $^3/_4$-Mehrheit des vertretenen Kapitals (§ 293 AktG); der Vertrag bedarf der Schriftform und wird erst mit der Eintragung in das Handelsregister wirksam (§ 294 AktG).
- Es existieren besondere Vorschriften über die Auffüllung gesetzlicher Rücklagen (§ 300 AktG) und die Beschränkung der Gewinnabführung (§ 301 AktG).
- Zum Schutze außenstehender Aktionäre muss ein Beherrschungs- oder Gewinnabführungsvertrag die Verpflichtung des herrschenden Unternehmens enthalten, auf Verlangen der Aktionäre die Aktien gegen eine angemessene, im Vertrag verankerte Abfindung zu erwerben. Ein Vertrag, der entgegen § 304 Abs. 1 AktG keinen Ausgleich vorsieht, ist nichtig (§ 304 Abs. 3 S. 1 AktG).
- Ebenfalls zum Schutz der Aktionäre muss der Vertrag zwischen den Unternehmen eine Ausgleichszahlung der herrschenden an

die abhängige Gesellschaft vorsehen, wobei diese Zahlung unter die Aktionäre zu verteilen ist, oder unmittelbar an die Aktionäre selbst geleistet wird, damit die Ertragsaussichten der Aktionäre im Vergleich zu dem bis zum Vertragsschluss vorhandenen und zu erwartenden Gewinn nicht unangemessen verringert werden (§ 304 AktG).

- Bei einem Beherrschungs- oder Gewinnabführungsvertrag hat das herrschende Unternehmen jeden während der Vertragsdauer entstehenden Jahresfehlbetrag auszugleichen (§ 302 AktG).
- Wenn ein Beherrschungs- oder Gewinnabführungsvertrag endet, hat das herrschende Unternehmen den Gläubigern der abhängigen Gesellschaft Sicherheit zu leisten (§ 302 AktG).

VIII. Rechnungslegung im Konzern

875 Das neue Bilanzrecht sieht eine Konzernrechnungslegung für die Mutterunternehmen solcher Konzerne vor, die unter der einheitlichen Leitung einer Kapitalgesellschaft stehen, § 290 HGB. Die Rechnungslegung erfolgt in Form eines Konzernabschlusses, der aus Konzernbilanz, Konzern-GuV-Rechnung und Konzernanhang besteht, § 297 Abs. 1 HGB. Ferner ist ein Konzernlagebericht nach Maßgabe des § 315 HGB zu erstellen.

In den Konzernabschluss sind neben dem Mutterunternehmen grundsätzlich alle Tochterunternehmen einzubeziehen. Das gilt ohne Rücksicht auf deren Sitz, § 294 Abs. 1 HGB. Man spricht deshalb auch vom Konzernabschluss als „Weltabschluss" (*Großfeld,* NJW 1986, 959). Dabei ist der Abschluss so aufzustellen, als seien Mutter- und Tochterunternehmen ein einziges Unternehmen. Um dieses Ziel zu erreichen, genügt es nicht, die Ansätze der Einzelabschlüsse der Unternehmen einfach in den Konzernabschluss zu übernehmen. Es ist vielmehr ein sogenanntes „Konsolidierungsverfahren" vorgesehen, das im Einzelnen in den §§ 300–307, 310–312 HGB geregelt ist.

876 Von der Verpflichtung, einen Konzernabschluss zu erstellen, sind kleine Konzerne befreit, § 293 Abs. 1 HGB. Ob ein Konzern klein i.S. des § 293 HGB ist mit der Folge, dass er von der Konzernrechnungslegung befreit ist, richtet sich nach den in § 293 HGB niedergelegten Größenkriterien. Der Gesetzgeber hat also auch für Konzerne – wie in § 267 HGB für Kapitalgesellschaften – Größenklassen geschaffen. Die Befreiung zur Konzernrechnungslegung tritt ein, wenn zwei der drei Größenkriterien entweder in unkonsolidierter oder in konsolidierter Berechnungsweise unterschritten werden.

Eine weitere Befreiung von der Rechnungslegungspflicht ist für sogenannte mehrstufige Konzerne vorgesehen. Es handelt sich dabei um Konzerne, in denen einzelne Unternehmen sowohl Töchter, gleichzeitig aber auch Mutterunternehmen anderer Töchter sind. Um eine Vielzahl von Stufenabschlüssen zu vermeiden, ist unter den Voraussetzungen der §§ 291, 292 HGB ein Mutterunternehmen, das zugleich Tochterunternehmen einer anderen Mutter ist, durch den Konzernabschluss der auf der höheren Stufe befindlichen Mutter von der Erstellung eines Konzernabschlusses befreit.

Der Konzernabschluss unterliegt der Prüfung, § 316 Abs. 2 HGB, und der Offenlegung nach Maßgabe des § 325 Abs. 3 HGB.

§ 61. Probleme eines GmbH-Konzernrechts

Literatur: *Altmeppen,* Ausfall- und Verhaltenshaftung des Mitgesellschafters in der GmbH, ZIP 2002, 961 ff.; *ders.,* Grundlegend Neues zum „qualifiziert faktischen" Konzern und zum Gläubigerschutz in der Einmann-GmbH, ZIP 2001, 1837 ff.; *G. Bitter,* Das „TBB"-Urteil und das immer noch vergessene GmbH-Vertragskonzernrecht, ZIP 2001, 265 ff.; *Flume,* Das Video-Urteil und das GmbH-Recht, DB 1992, 25; *ders.,* Das Video-Urteil als eine Entscheidung des II. Senats des *BGH* aus dessen Selbstverständnis der Innehabung gesetzgeberischer Gewalt, ZIP 1992, 817; *K. Schmidt,* Zum Stand des Konzernhaftungsrechts bei der GmbH, ZIP 1991, 1325; *ders.,* „Konzernhaftung" nach dem TBB-Urteil – Versuch einer Orientierung, ZIP 1993, 549; *ders.,* Gesellschafterhaftung und „Konzernhaftung" bei der GmbH, NJW 2001, 3577 ff.; *Stimpel,* Haftung im qualifizierten faktischen GmbH-Konzern, ZGR 1991, 144; *ders.,* „Durchgriffshaftung" bei der GmbH: Tatbestände, Verlustausgleich, Ausfallhaftung. In: Bilanz- und Konzernrecht. FS *R. Goerdeler* zum 65. Geburtstag, 1987, S. 601, 618; *Timm/Geuting,* Abschied von der Strukturhaftung im qualifizierten faktischen Konzern?.

I. Überblick

Als GmbH-Konzerne werden üblicherweise solche Unterneh- 877
mensverbindungen bezeichnet, an denen in der Rolle der abhängigen Gesellschaft u. a. Gesellschaften mit beschränkter Haftung beteiligt sind.

In der Konzernpraxis spielt die GmbH eine wichtige Rolle, zumal die Möglichkeiten, die GmbH in den Konzernkonstruktionen zu verwenden, recht vielfältig sind. Genaue Zahlen über die Verbreitung von GmbH-Konzernen existieren nicht.

Wie alle anderen Konzerne auch, werfen GmbH-Konzerne in erster Linie Probleme des Gläubiger- und des Minderheitenschutzes auf. Der Minderheitenschutz wird im GmbH-Konzern sogar als besonders dringlich angesehen, weil die Minderheit in GmbH-Konzernen von sämtlichen Vorgängen in der Gesellschaft in der Regel weit stärker betroffen wird als ein ohnehin einflussloser Kleinaktionär in einer großen AG.

878 Eine Kodifizierung des GmbH-Konzernrechts existiert bisher nicht (vgl. oben Rn. 833). Erste gesetzliche Regelungen einzelner Aspekte des GmbH-Konzernrechts enthält das Bilanzrichtlinien-Gesetz von 1985. Die vom Gesetzgeber bislang geübte Abstinenz hat zwangsläufig dazu geführt, dass die Entwicklung eines Konzernrechts in den letzten Jahrzehnten eine Aufgabe für Wissenschaft und Rechtsprechung war.

879 Was die Rechtsquellen des GmbH-Konzernrechts angeht, so ist zunächst festzuhalten, dass die §§ 15 bis 19 AktG rechtsformneutral sind und deshalb auch auf den GmbH-Konzern angewandt werden können (vgl. *Hüffer,* AktG, § 15 Rn. 4). Keine letzte Klarheit herrscht darüber, welche der übrigen gesetzlichen Regelungen aus dem AktG auf den GmbH-Konzern anwendbar sind. Eine Lösung der Problematik hatte man sich zunächst so vorgestellt, dass das Konzernrecht des Aktiengesetzes als Kern eines allgemeinen Unternehmenskonzernrechts verstanden und deshalb die Vorschriften des Aktiengesetzes entsprechend auf GmbH-Konzerne angewandt werden sollten. Die vielen nicht geregelten Fragen des GmbH-Konzernrechts wurden also in erster Linie mit Hilfe einer Analogie zum Aktienrecht gelöst. Heute besteht im Wesentlichen Übereinstimmung darüber, dass eine derartige Analogie wegen der nicht unerheblichen Strukturunterschiede zwischen Aktiengesellschaft und GmbH allenfalls teilweise in Betracht gezogen werden kann (vgl. u.a. *BGHZ* 95, 330, 340; 107, 7, 16; 115, 187, 192ff.). Der *BGH* (*BGHZ* 149, 10, 16) hat in seiner Rechtsprechung eine deutliche Wende vollzogen, indem er eine analoge Anwendung des Haftungssystems des Konzernrechts im Aktiengesetz (§§ 291ff. AktG) ausdrücklich ablehnte (vgl. unten Rn. 884ff.).

880 Im GmbH-Konzernrecht ist eine Analogie zum Aktienrecht, wenn überhaupt, dann nur von Fall zu Fall zu erwägen. Dabei sind aus konzernrechtlicher Sicht vor allem die Unterschiede in der Verfassung der GmbH, in der Frage der Vermögensbindung und bei den Mitverwaltungsrechten der Gesellschafter zu beachten.

II. Mögliche Rechtsfolgen der Bildung eines GmbH-Konzerns

1. Der einfache und der qualifizierte faktische GmbH-Konzern

Wie im Aktienkonzernrecht muss auch im GmbH-Konzernrecht unterschieden werden zwischen Vertragskonzernen einerseits und faktischen Konzernen andererseits. Innerhalb der faktischen Konzerne ist wiederum zu unterscheiden zwischen den einfachen und den qualifizierten faktischen Konzernen. **881**

Ein einfacher faktischer GmbH-Konzern liegt – ähnlich der aktienrechtlichen Regelung – dann vor, wenn eine GmbH von einem anderen Unternehmen abhängig ist, ohne dass ein Beherrschungsvertrag besteht. Nach der Rechtsprechung des *BGH* (vgl. *BGHZ* 95, 330, 344; 107, 7, 17; 115, 187, 193f.) besteht hingegen ein qualifizierter faktischer Konzern dann, wenn das herrschende Unternehmen die Geschäfte der abhängigen GmbH dauernd und umfassend führt.

Für diesen Fall hat der *BGH* (*BGHZ* 115, 187, 193) ein ausreichendes Indiz darin gesehen, dass der gleiche, die etwaigen Minderheitsgesellschafter und die Gesellschaftsgläubiger gefährdende Zustand eingetreten ist, an den im aktienrechtlichen Vertragskonzern die Haftung geknüpft ist. Im aktienrechtlichen Vertragskonzern ist die Sachlage dadurch gekennzeichnet, dass eine Gefahrdung der Interessen der abhängigen Gesellschaft, ihrer außenstehenden Gesellschafter und ihrer Gläubiger besteht, die sich dort aus der unwiderleglich vermuteten umfassenden Leitungsmacht des herrschenden Unternehmens ergibt. Es sollte deshalb, was die entsprechende Anwendung der §§ 302, 303 AktG angeht, darauf ankommen, unter welchen Voraussetzungen im faktischen GmbH-Konzern von einer ähnlichen Gefährdung ausgegangen werden muss (so *BGHZ* 107, 7, 17). Die Vermutung, die an die dauernde und umfassende Ausübung der Leitungsmacht geknüpft wurde, dass nämlich die Interessen der abhängigen Gesellschaft, ihrer außenstehenden Gesellschafter und ihrer Gläubiger gefährdet sind, konnte allerdings – anders als im Vertragskonzern – entkräftet werden. Denn anders als dem an einem Beherrschungsvertrag beteiligten Unternehmen ist es den Gesellschaftern einer GmbH trotz ihrer gesetzlichen Weisungsbefugnis nicht erlaubt, die abhängige Gesellschaft im Konzerninteresse zu benachteiligen (so *BGHZ* 115, 187, 193). **882**

883 Der *BGH* (*BGHZ* 122, 123ff.) hat später seine Rechtsprechung dahingehend modifiziert, dass nun nicht mehr die dauernde und umfassende Leitung der abhängigen Gesellschaft für den konzernrechtlichen Tatbestand maßgebend sein sollte. Nach Ansicht des BGH begründete die dauernde und umfassende Ausübung der Leitungsmacht durch das herrschende Unternehmen allein noch nicht die Vermutung, dass keine angemessene Rücksicht auf die Belange der abhängigen Gesellschaft genommen worden war. Derjenige, der daraus Ansprüche herleiten wollte, musste vielmehr diejenigen Umstände darlegen und beweisen, die eine solche Annahme nahe legten.

Diese Rechtsprechung des Bundesgerichtshofs stieß in der rechtswissenschaftlichen Literatur zum Teil auf heftige Kritik (vgl. u.a. *Altmeppen,* DB 1991, 2225; *G. Bitter,* ZIP 2001, 265 mit Nachw.; *Flume,* DB 1992, 25; *K. Schmidt,* ZIP 1991, 1325; *Stimpel,* ZGR 1991, 144).

884 Später hat der *BGH* (*BGHZ* 149, 10ff. – „Bremer Vulcan") seine Rechtsprechung zur analogen Anwendung der §§ 302 und 303 AktG aufgegeben. Der Schutz einer abhängigen GmbH gegenüber Eingriffen ihres Alleingesellschafters soll nun **nicht** dem Haftungssystem des Konzernrechts des Aktiengesetzes (§§ 291ff. AktG) folgen; der Schutz beschränke sich auf die Erhaltung ihres Stammkapitals im Sinne der §§ 30, 31 GmbHG, für die im Rahmen des § 43 Abs. 3 GmbHG auch ihre Geschäftsführer haften. Der Schutz soll sich aber auch auf die Gewährleistung des Bestandsschutzes in dem Sinne beziehen, dass ein Alleingesellschafter bei Eingriffen in das Vermögen der GmbH und ihre Geschäftschancen angemessene Rücksicht auf ihre seiner Disposition entzogenen eigenen Belange zu nehmen habe. An einer solchen angemessenen Rücksichtnahme auf die Belange der abhängigen GmbH fehlt es nach Ansicht des *BGH* (*BGHZ* 149, 10, 16) jedenfalls dann, wenn die GmbH infolge der Eingriffe ihres Alleingesellschafters ihren Verbindlichkeiten nicht mehr nachkommen kann. In dieser Entscheidung wird ein „endgültiger Abschied vom qualifiziert faktischen Konzern" gesehen (so *Altmeppen,* ZIP 2001, 1838; abwertend und skeptisch *K. Schmidt,* NJW 2001, 3577ff.).

2. Die Rechtsfolgen

885 Die aktienrechtlichen Grundregeln des faktischen Konzerns, nämlich die §§ 291ff. und 311ff. AktG, sind nach Ansicht des *BGH* (*BGHZ* 95, 330, 340; 149, 10ff.) auf den faktischen GmbH-

Konzern nicht anzuwenden, weil sich Aktiengesellschaft und GmbH strukturell wesentlich voneinander unterscheiden. Stattdessen stellt der *BGH* (*BGHZ* 149, 10ff.) nun auf die Kapitalerhaltungsvorschriften des GmbH-Gesetzes (§§ 30, 31) und die Geschäftsführerhaftung (§ 43 GmbHG) ab. Damit ist eine Wende von einem konzernrechtlichen zu einem gesellschaftsrechtlichen Haftungsmodell vollzogen. Dieses Modell dürfte nicht nur auf die Einmann-GmbH, sondern auch auf die mehrgliedrige GmbH anwendbar sein.

Weil eine entsprechende Anwendung der §§ 302 und 303 AktG ausgeschlossen ist, steht der beherrschten GmbH in erster Linie ein Anspruch aus § 31 GmbHG gegen die Gesellschafter zu. Selbst bei einem „existenzvernichtenden Eingriff" kommt eine Haftung eines Alleingesellschafters nur dann in Betracht, wenn „sich die Fähigkeit der GmbH zur Befriedigung ihrer Gläubiger nicht schon durch die Rückführung entzogenen Stammkapitals gemäß § 31 GmbHG wieder herstellen lässt" (So *BGHZ* 149, 10, 16).

Der *BGH* (*BGHZ* 150, 61ff.) hat das neue Konzept einer gesellschaftsrechtlich begründeten Verhaltenshaftung der Gesellschafter in der GmbH weiterentwickelt und den Gläubigern der GmbH auch außerhalb des Insolvenzverfahrens im Wege einer Durchgriffshaftung einen Anspruch gegen die Gesellschafter gewährt. Ein Durchgriff auf das Privatvermögen der Gesellschafter soll dann möglich sein, wenn diese der GmbH Vermögen unter Außerachtlassung einer angemessenen Rücksichtnahme auf die Zweckbindung zugunsten der GmbH entziehen und die Gesellschaft dadurch die Fähigkeit verliert, ihre Verbindlichkeiten ganz oder teilweise zu erfüllen (vgl. dazu oben Rn. 770b ff.). Das Haftungsprivileg des § 13 Abs. 2 GmbHG entfällt dann. **886**

In einer neueren Entscheidung (Urteil vom 20. 9. 2004 (II ZR 302/02) WM 2004, 2254) hat der *BGH* einen Anspruch gegen einen Gesellschafter der GmbH und eine Schwestergesellschaft (ebenfalls eine GmbH) auf § 826 BGB gestützt. Es ging in diesem Fall darum, dass der Gesellschafter einer GmbH und eine von ihm beherrschte Schwestergesellschaft der 1. GmbH planmäßig das Vermögen entzogen und dieses auf die Schwestergesellschaft verlagert hatten, um es dem Zugriff der Gläubiger zu entziehen; mit dem Schwesterunternehmen wurde das zuvor von der 1. GmbH betriebene Unternehmen fortgeführt (Siehe dazu oben Rn. 770f.).

Paragraphenverzeichnis

Die Zahlen verweisen auf die Randnummern des Buches.

Sachverzeichnis